KB124596

이규채기억록

3·1운동 100주년
대한민국 임시정부 수립
100주년 기념

경성 창신서화연구회 서종書宗
상해 대한민국 임시정부 의정원 의원
만주 한국독립당 총무위원장 겸 한국독립군 참모장

이규채기억록

독립 · 민주공화국을 향한 고난의 역정

이규채 지음 / 박경목 엮음

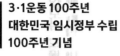

나의 정치적 견해는 한국 독립이지 자치 따위의 문제는 전혀 고려할 여지가 없다.

일본이 한국 독립을 승인하느냐 아니냐는 나로서 그다지 중요하지 않다.

한민족 2천만이 일본에 대해 어떤 감정을 가지고 있는가는 귀하들이 잘 알고 있을 터이다.

독립군이 귀화했다 하더라도, 혹은 또 일본군 때문에 한 사람도 남지 않고 살멸되었다 하더라도

2천만 민중의 마음을 귀순시키는 것은 도저히 불가능한 일이다.

2천만 민중이 한 사람도 남지 않고 죽임을 당하기 전까지는 독립운동은 종식되지 않을 것이다.

일빛

1. 「이규채 연보」「한국독립군과 중국의용군 연합 항일 기실」「재판기록」의 원문과 탈초문은 원문을 수록하고, 그 아래에 탈초문을 수록하였다.

2. 「재판기록」은 국사편찬위원회 한국사데이터베이스의 내용을 수록하였으며, 번역의 순서는 기록문서의 날짜순으로 하였다.

3. 중국의 인명과 지명, 사항은 우리 한자음으로 표기하였다. 일본의 인명과 지명은 일본어 표기법을 따랐다.

4. 인명이나 지명, Term(용어, 술어, 개념어, 전문어)의 한자와 외국어는 처음에 나올 때만 괄호에 넣어 원문을 표기하는 것을 원칙으로 하였다.

5. 문헌 부호의 경우

   1) 단행본은 『 』, 단행본의 장이나 절·신문·잡지·논문은 「 」로 표시하였다.

   2) 완전한 문장과 인용문·대화는 큰따옴표(" "), 불완전한 문장과 강조는 작은따옴표(' '), 말줄임표 다음에는 마침표를 찍지 않았다.

6. 명사와 명사는 한 말이 아닌 경우에는 띄어 쓰는 것을 원칙으로 하였다(단체명 등 고유명사의 경우는 예외).

7. 외국어 우리말 표기는 교육부에서 펴낸 편수자료를 따랐다. 사전이나 표기 용례에 나오지 않는 단어는 그에 준하여 통일적으로 교정하였다.

■ 글머리에 : 『이규채 기억록』을 발간하며

　엮은이가 재직하고 있는 서대문형무소역사관은 1908년 경성감옥으로 개소된 이래 1912년 서대문감옥, 1923년 서대문형무소로 개칭되면서 일제 강점기 전국 최대 규모의 감옥으로 운영된 식민지 근대 감옥이다. 해방 후에도 1987년까지 서울구치소로 이용되면서 80여 년간 감옥으로 운영되었다. 수감 인원과 운영 기간이 방대하여 일제 강점기와 해방 후 이곳에 어떤 이들이 얼마큼 수감되었는지, 그리고 그들의 활동에 대한 개별적인 연구가 미비한 실정이다.

　이에 해마다 기획 전시를 추진하면서 알려지지 않은 독립운동가에 대한 자료를 축적해 가고 있다. 그 일환으로 2006년 '대한민국 임시정부와 서대문형무소'라는 주제로 특별 기획전을 개최하게 되었다. 이때 그간 알려지지 않았던 할아버지의 사진을 전시로 처음 대면한 후손 한 분이 사무실로 찾아와 자료 수집의 어려움과 처음 대면한 사진에 대한 회한을 토로했다.

　지금은 정부의 기록물 구축이 체계화 되고, 인터넷을 통해 대부분의 자료를 접할 수 있지만 당시만 해도 일반인이 수형기록카드나 신문조서, 판결문 등을 접하기 어려운 상황이었다. 그럼에도 불구하고 후손 분은 국사편찬위원회에서 탈초, 인쇄한 『한민족독립운동사자료집』43집의 「중국지역 독립운동 재판기록」의 '한국독립당 관련 이규채 사건'을 탐독하면서 관련 자료들을 수집하고 있었다. 그러던 차에 서대문형무소역사관 '특별 기획전'에서 관련 사진을 접하게 되었고, 금번 『이규채 기억록』에 대한 발간 구상은 이 일이 시초가 되었다.

　평소 서대문형무소 수감자에 관심을 갖고 연구하고 있던 엮은이로서는 더없이 반가운 일이 아닐 수 없었다. 이규채는 1920년대 대한민국 임시정부 의정원 충청도 대표와 1930년대 한국독립당 한국독립군의 참모장으로 최초의 한·중 연합 항일전투를 승리로 이끈 인물이다. 이후 1934년 피체되어 서대문형무소와 경성형무소에 수감되었다. 그의 활동이 독립운동사에 끼친 영향이 적지 않음에도 불구하고 잘 알려지지 않았던 것을 안타까워하면서 이 시기부터 후손 분과 면담을 하며 집안에서 전해져 오는 이야기와 관련 유품 및 자료 등에 대해 관심을 갖게 되었다.

마침 이규채가 직접 기록한 연보 형식의 기록이 있어 검토한 결과 놀라울 정도로 다른 사료와 기록이 일치하였다. 이 기록은 평소 저자가 접하지 못했던 독립운동의 이면이 담겨 있었다. 독립운동사에 있어 그간 관심의 대상이었던 독립운동가들의 활동상은 물론이고, 독립운동을 실행에 옮기기 위한 지난한 삶의 여정이 담담하게 서술되어 있었다. 특히 중국 관내와 만주를 오가며 생과 사를 넘나들었던 위험한 순간과 독립운동가가 아닌 일개인으로서의 고단한 삶의 흔적이 역력했다. 독립운동사가 운동사 위주의 서술에 국한되었던 한계를 극복하고 독립운동가 개인의 삶 자체를 추적할 수 있는 기록이었다. 이에 이규채의 기록을 2013년 한국고전번역원 정선용 선생님께 번역을 의뢰했고, 이것을 『한국독립운동사연구』 47집(독립기념관, 2014)에 소개함으로써 연구자들에게 알리게 되었다.

이규채의 궤적을 따라 중국 현지 답사도 진행했다. 1920~1930년대에 중국 관내는 물론 만주 지역까지 종횡무진하였던 이규채의 행적을 모두 따라갈 수는 없으나 그가 상해 현지에 도착했을 것으로 추정되는 황포 강변의 16포와 이시영을 대면했던 영경방 10호, 항주에서 머물렀던 옛 고려사 터, 생매장을 당했던 반석현(盤石縣) 영통산(燼筒山) 인근을 추적하며 한 독립운동가의 고달픈 여정을 떠올릴 수 있었다.

이 책에 실린 연보와 일제 강점기의 경찰 및 검찰 신문조서를 비롯한 「재판 기록」, 「혁명공론」 등의 기록들을 하나로 묶어 기억으로 남기고자 마음먹은 때로부터 벌써 10여 년이 흘렀다. 그간 이규채의 행적을 따라 상해, 항주, 남경 일대를 답사하고, 신문조서와 판결문 등 관련 자료를 모으는 작업을 일부 진행했으나 다른 연구와 업무에 쫓겨 이렇다 할 진전을 이루지 못한 채 시간을 보냈다. 그러나 후손인 이성우 선생은 그간 『한민족독립운동사자료집』 43 「중국지역 독립운동 재판기록 Ⅰ」(국사편찬위원회, 2000)에 실린 이규채 관련 경찰 신문조서와 검찰 신문조서의 내용을 하나하나 대조해 가며 오류를 바로 잡고, 전문 연구자 못지않게 심도 깊게 자료를 분석해 나갔다. 이러한 노력의 결실로 본 책의 발간이 이루어지게 되었다. 집안의 일이라 한 걸음 물러나 있지만 이 책을 발간하는 것은 전적으로 후손인 이성우 선생의 열정과 노력 때문이다. 아울러 부족한 가운데 이 책을 발간하게 되었음을 밝히며, 미흡한 부분들은 향후의 과업으로 계속해서 채워 나가고자 한다.

이규채의 기록에는 독립운동가로서의 삶뿐만 아니라 인간 이규채로서의 고민, 독립운동의 과정 중 사람들간의 관계와 갈등, 그리고 고단한 삶의 흔적이 구석구석 베여 있다. 흔히 결과보다 과정이 중요하다는 말은 독립운동가에게는 통용되지 않았다. 결정적 결과가 남아 있는 독립운동가들만이 지금까지 기억되고 기념되는 것이 현실이다. 그러나 독립운동의 과정에서 그들이 목숨을 담보로 이동하고 계획을 세우는 등 결과 못지않은 어려움과 도전에 직면했었다는 것도 기억되어야 한다. 이 책을 통해서 이규채 뿐만 아니라 이름 없이 사라져 간 수많은 독립운동가들의 삶이 우리들에게 다시금 기억되고 그 이름이 불리어지는 계기가 되길 바란다.

『이규채 기억록』의 발간까지 많은 분들의 도움이 있었다. 이규채의 기록을 꼼꼼히 탈초하고 기꺼이 번역을 맡아 주신 정선용 선생님께 깊이 감사드린다. 선생님의 치밀한 번역이 이 책의 발간에 큰 동인이 되었다. 방대한 자료를 꼼꼼히 정리하고 편집해 주신 이수경 님과 손일수 주간, 강석규 님, 1930년대 일본어 원문을 대조하고 수정하는데 꼼꼼한 도움을 주신 정종주 님께도 감사드린다. 근 3개월여에 걸친 작업과 몇 차례 바뀐 편집 방향에도 자료 하나하나 정성을 다해 치밀하게 구성하고 교정에 임하여 책자의 완성도를 높일 수 있었다.

이 책에 실린 자료 원문을 제공해 주신 국사편찬위원회와 서울역사박물관, 서대문형무소역사관 관계자 분께도 감사드린다. 그리고 자신을 드러내지 않고 이 책의 기획부터 발간까지 전 과정을 총괄하신 이규채의 후손 이성우 선생께 감사드린다. 후손의 입장으로 자신의 이름이 지면에 오르는 것을 염려하였으나 이렇게나마 그의 노력을 알리지 않을 수 없다.

무엇보다도 엄혹한 일제 강점기에 자신을 버리고 정의로운 투쟁에 몸담은 이 땅의 모든 독립운동가들에게 감사와 경의를 표한다.

2019년 6월 서대문형무소역사관 관장 박경목

● 차례

3장 이규채 형사소송기록(치안유지법 위반) 225

新韓〇〇黨暗殺隊

朝鮮潜入情報로

各道警察猛烈捜査

'자술 연보'를 통해 본 이규채의 삶과 독립운동

박경목[*]

1. 이규채의 '자술 연보'

이 자료는 상해에서 대한민국 임시정부 의정원 의원을 역임하고 만주 한국독립당 총무위원장 및 한국독립군 참모장으로 활약한 독립운동가 이규채(李圭彩)가 그의 삶을 날짜별로 회고하면서 기록한 글이다. 특별한 제목이 없으나 육십간지(六十干支)를 사용하여 연대순으로 정리하였기 때문에 「이규채(李圭彩) 자술 연보(自述年譜)」로 칭하고자 한다.

이규채는 만주 지역 독립운동사에서 한국독립당(韓國獨立黨), 한국독립군(韓國獨立軍), 및 쌍성보전투(雙城堡戰鬪), 지청천(池靑天), 박찬익(朴贊翊), 오광선(吳光善) 홍진(洪震), 신숙(申肅), 조경한(趙擎韓) 등이 언급될 때마다 빠지지 않고 관계되었던 인물이었고, 일제 측 재판기록[**]을 통해 보면 만주 지역 독립운동의 핵심을 차지하고 있음에도 불구하고 그의 활동이 상세히 알려지지 않았다.

마침 집안에 전해져 내려오던 이규채의 친필 기록에 대해 관심을 갖고 「이규채 자술 연보」를 한국고전번역원 정선용 선생님께 의뢰하여 탈초와 정서를 거쳐 해석까지 마치고 이 책에 소개하게 되었다.

---

[*] 서대문형무소역사관 관장.
[**] 국사편찬위원회, 『한민족독립운동사자료집』43, 2000.

「이규채 자술 연보」의 서지 사항은 다음과 같다.

작성시기 : 1944년
기록방법 : 필사본
크　기 : 가로 26.4cm, 세로 18.4cm
종이재질 : 얇은 갱지, 습자지 / 상점의 계산서
수　량 : 총 32장, 내용 54쪽
차　례 : 60간지 순
기　타 : 기록 위쪽에 천·지(天·地), 인·예·인·성(人·禮·人·聖), 현·황·우
　　　　(玄·黃·宇), 갑·을·병·정(甲·乙·丙·丁) 등으로 장 수를 구분함.

　기록의 작성 연대가 별도로 기재되어 있지 않으나 1944년으로 볼 수 있는
것은 기록의 마지막 시점이 1944년 5월이기 때문이다. 이규채는 1940년 출
옥 직후 1942년 10월까지 모친의 여막살이를 마치고 1943년에는 큰 병으로
고생하였기 때문에 기록을 남기지 못하였고, 1944년에 와서야 그간의 독립
운동 여정을 연보 형식으로 기록한 것으로 보인다.

　기록한 용지는 일반 종이가 아니라 1940년대 포천군 소흘면 송우리에 소
재한 '김수명 상점(金守命商店)'의 계산서 용지이다. 일반 종이를 구하기 힘
들었기 때문에 위 상점의 계산서 묶음을 얻어서 기록한 것이다. 이 연보가
작성되었던 1944년 무렵 이규채의 생활 정도가 넉넉지 않았음을 알 수 있
다. 계산서 묶음은 왼쪽으로 편철되어 있었고, 일반 갱지 사이에 습자지 한
장씩이 끼워져 있었다. 이규채는 이 계산서 묶음에 자신의 기록을 연대 순
서대로 하나하나 써 내려갔다. 순서는 계산서의 뒷면부터 쓰기 시작하였다.
따라서 연보의 편철 방향은 오른쪽이 되는 것이다. 갱지로 된 계산서의 앞
뒷면 양면을 모두 이용하여 필서(筆書)하였고, 습자지로 된 계산서는 비치는
관계로 뒷면 한 면만 이용하였다.

이 때문에 자료의 분량은 총 32장인데, 습자지의 한쪽 면은 이용하지 않았기 때문에 기록이 된 면은 총 54면이다.

목차는 별도로 없으며 육십간지를 이용하여 태어난 해 1890년(庚寅)부터 1944년(甲申)까지 54년간의 일을 썼고, 각 장 수를 구분하기 위해 종이 상단부에 '천·지·물·지·유·예·인·성·현·황·우·정·성·월·맹·갑·을·병·정·무·기·신·계(天·地·物·地·有·禮·人·聖·玄·黃·宇·精·成·月·盟·甲·乙·丙·丁·武·己·辛·癸)'의 순으로 표식하였다. 그 표식 옆에 각 장의 숫자가 써져 있으나 이것은 후대에 누군가가 써 놓은 것으로 보인다. 표식의 종류가 현·황·우 등의 천자문도 있고, 갑·을·병·정 등의 간지도 있어 무엇이 기준인지는 명확하지 않다. 뒷부분의 간지 표식에서 '경(庚)' 자와 '임(壬)' 자가 빠진 것으로 보아 후에 이 부분이 누락된 것으로 보인다. 순서상 이 부분은 습자지가 놓인 부분으로 어떤 이유에서인지 뜯겨 나갔을 가능성이 크다. 혹은 작성자의 실수로 '경' 자와 '임' 자를 건너뛰었을 가능성도 배제할 수는 없으나, 내용이나 문맥상으로 누락되었는지 확인하기는 어렵다.

한편 시기적으로 활동 당시가 아닌 길게는 30~40년, 짧게는 10~20년 후에 회고한 기록임에도 불구하고 이 연보의 연대와 날짜는 일제 측 신문조서나 청취서, 1933년 7월 남경에서 발행된 「혁명공론(革命公論)」 창간호 및 기타 자료 등과 비교하면 거의 일치하고 있어 자료의 신빙성이 매우 높다. 또한 관계 인물들에 대한 행적, 단체의 설립과 합작, 전투 내용 등도 일치하는 것으로 보아 이규채의 기억이 뚜렷했거나 혹은 독립운동 과정에서 중간 중간 메모해 두었던 것을 참고로 기록하였을 가능성도 배제할 수 없다.

2. 이규채의 삶 그리고 독립운동

1) 이규채의 삶

「자술 연보」를 쓴 이규채(본관 : 경주, 1890. 6. 7(음력)~1947. 3. 2(양력))는 이명(異名)으로 '이우정(李宇精, 李宇貞, 李禹正), 이규보(李圭輔), 이경산(李庚山), 이공삼(李公三), 동아(東啞)'라고 불리었다. 특히 '이우정(李宇精)'이라는 이름은 한국독립당 임원 명단뿐만 아니라 독립운동 전기간을 통하여 많이 등장한다. 그는 경기도 포천군 가산면 방축리 484번지에서 1890년에 태어났다. 그의 생년월일은 기록마다 편차가 있다. 족보에는 1884년으로 되어 있고, 일제 측이 기록한 수형기록카드에는 1888년으로 되어 있다. 또한 가승(家乘)으로는 1890년으로 전해 내려오고 있다. 한편 1934년 피체 당시 신문조서에는 당시 45세, 1890년으로 되어 있다. 본 글에서는 이규채가 직접 기록한 연보에 나와 있는 1890년으로 보고자 한다.

그는 5세부터 가숙(家塾)에 입문하여 25세까지 한문을 배웠다. 이로 인하여 글씨에 능통하였고, 1921년 서울 종로 공평동 2번지에 창신서화연구회(創新書畵研究會)*를 발족·설립하여 서예 대중화에 기여하였다.**

이규채의 능통한 글씨는 중국 전역에도 알려져 1925년 그가 항주에 머무를 때, 중국 전역의 서화인들이 전람회를 열자 회장인 정만리(程萬里)가 수레까지 보내어 초대할 정도였다.*** 또한 사방에서 글씨 써 주기를 요청하여 매우 피곤하였고, 수감 중에도 간수들이 글씨를 청해 오거나 문패를 써 달라고 하고, 간판 공장에서 글씨 쓰는 노역을 했다. 한편, 1917년에는 청성학교(靑城學校)에서 교편을 잡아 후학 양성에도 관심을 기울였다.

---

* 국사편찬위원회, 「이규채 신문조서(제2회)」, 『한민족독립운동사자료집』43, 2000, 42쪽.
** 「동아일보」 1923. 3. 14 '규수서화전람회 : 1923. 3. 17~18 이틀 동안 김정수 양 등 여러 처녀들의 서화 전람회 전시'.
*** 「이규채 자술 연보」, 을축, 1925. 이하 연보의 전거 생략.

그가 독립운동에 본격적인 관심을 기울인 것은 1923년 중국 상해(上海)와 항주(杭州) 등지의 독립운동 정세를 둘러보고 1924년 귀국했을 때부터다. 이규채는 이로 인하여 관할 포천경찰서에서 시시때때로 경찰이 찾아와 시찰하자, 지역에서의 활동이 어려워지고 경제적으로도 곤란하게 되었다. 그런데 그의 중국행은 1921년 발족한 창신서화연구회의 비밀 항일 활동에 기인한다.* 이규채가 이 조직을 항일운동의 비밀 조직으로 활용했던 정황이 드러나자 일제의 감시를 피해 본격적인 독립운동을 위해 1924년 3월 상해로 향했던 것이다. 그리고 같은 해 4월 하순(음력 3월 하순) 대한민국 임시정부 의정원 충청도 대표의 직임을 맡았다.

1925년 항주에 도착한 그는 신건식(申建植), 손경여(孫慶餘), 오종수(吳宗洙) 등 독립운동가와 매점괴(梅占魁) 등 현지인들과 교분을 쌓아가면서 독립운동의 방략을 모색하였다. 그 즈음 대한민국 임시정부의 의정원 의원직을 사임하였다. 이유는 임시정부의 체제로는 독립운동을 이끌 수 없다고 판단하였기 때문이다.

이후 서성구(徐成求), 후경소(候景昭), 이회영(李會榮), 서경석(徐竟錫), 김좌진(金佐鎭), 이장녕(李章寧), 홍만호(洪晚湖), 황학수(黃學秀), 여시당(呂是堂), 박일만(朴一萬), 윤상갑(尹相甲), 이진구(李鎭求) 등 독립운동가 및 현지인들과 교류하면서 서로 일을 도모하거나, 혹은 도움을 받으면서 독립운동을 전개하였다. 그러던 중 1930년 7월 한국독립당 창당에 참여하여 한국독립당의 정치부 위원 겸 군사부 참모장에 선임되었고, 선전위원(宣傳委員)으로도 임명되어 당원 모집과 지방부 조직을 위해 길림성(吉林省) 중동선(中東線), 연수(延壽), 수하(洙河) 등지를 순회하면서 조선 농민 동포의 생활 상태를 시찰하고 독립사상을 선전 주입하였고, 한국독립당 지부를 조직하기 위해 본부와 연락을 취하고 출입하며 지방을 순시하였다. 그리고 1932년 총무위원장 등으로 활동하였다. 1931년 11월 한국독립당에서 조직한 한국독립군에

---

* 이종명, '이규채 선생', 「대동정론」 1, 대동신문사, 1946, 48~49쪽.

참여하여 암살대 대장,* 중국 길림 육군 제3군 소교참모(小校參謀), 중교참모(中校參謀) 등을 맡았다. 특히 1932년 9월 제1차 쌍성보전투에 한국독립군 참모장으로 참전하여 승리를 이끌었다.

1933년에는 남경에서 박찬익 등과 군관학교를 설립하기로 하고, 그해 11월 하남성(河南省) 낙양군관학교(洛陽軍官學校) 제17대(조선대朝鮮隊)에 한인들을 입교시켰다.

1933년 12월 북경에서 한국독립당회의 때 일본 특무기관원의 회유를 받아들이는 척 역이용한 것이 오인되어 당직을 박탈당했다가 다음해 1934년 2월 남경에서 한국독립당과 한국혁명당의 합작으로 신한독립당이 창단되자 감찰원 위원장에 선임되었다. 그러나 이규채는 취임하지 않았다. 이후 사관생도를 모집하고, 미국으로 가 재정과 인력을 취합하고자 했으며, 지청천에게 이동 자금을 전달하기 위해 이동 중 1934년 11월 2일 상해의 '경여당(慶餘堂)'이라는 한약방에서 일본 경찰에 피체되어 상해총영사관에서 약 3개월간 취조를 받고 서울로 압송, 서대문형무소와 경성형무소에 수감되었다.

이때 10년형을 언도 받고 수감 생활을 하던 중 1940년 10월 가석방(假釋放)이 되어 출소하였다. 이후 1940~1942년 사이 3년간 모친의 시묘살이를 했고, 1943년에는 옥고로 인한 병으로 고생하였다. 이후 후학들을 가르치기도 하였다.

1945년 해방 후에는 단군전봉건회, 대종교 총본사 경의참의, 신탁통치반대국민총동원위원회 상무위원, 비상국민회의 국방위원, 대한독립촉성국민회 부위원장 겸 중앙감찰위원장, 미·소공동회의 대책 국민연맹 대표위원, 대한독립촉성국민대회장 등을 맡아 활동한 이력과 그가 담임했던 직위로 볼 때 해방 공간내에서 상당히 유력한 인물이었음을 알 수 있다.

이렇게 활동하던 중 1947년 3월 1일 제28주년 3·1운동 기념식에 참석했다가 급격히 발병하여 다음날 3월 2일 급환으로 서거했다.

---

* 박환, 『만주지역 한인민족운동의 재발견』, 국학자료원, 2014, 500쪽.
  지복영, 『역사의 수레를 끌고 밀며』, 문학과지성사, 1995, 219쪽.

2) 이규채의 여정과 독립운동

「자술 연보」에는 이규채의 중국 내 이동 여정이 생생히 담겨 있다. 이 여정을 통해 그는 각지에서 동지를 규합하고 조직을 결성하면서 일제와의 항전을 펼쳤다. 이러한 그의 이동 경로를 시기별로 살펴보면 크게 네 시기로 나눌 수 있다.

첫 번째 시기는 처음 상해를 방문했던 1923년의 방문 여정이다. 이때 그는 천진(天津)에 도착해서 기선 성경륜(星景輪)을 타고 상해에 도착한다. 상해 도착 지점은 기선이 드나들었던 황포 강변의 16포(十六浦)로 추정된다. 현재 이곳은 큰 선박들이 정박하고 황포강 유람선 선착장으로 이용되고 있다.

두 번째 시기는 1924년 중국 망명 직후 상해에서 항주, 북경(北京), 천진 등지를 왕복하며 독립운동가들과 교류하는 1927년까지의 경로이다. 항주 고려사(高麗寺)에서 머물면서 이를 중건하려는 신건식(申健植)과 조우하고, 우당(友堂) 이회영(李會榮)을 비롯한 다수의 독립운동가들과 운동방략을 모색한다. 특히 이 시기 그는 중국에 거주하는 조선인들의 자립 경제를 위해 종이 제조공장, 정미공장 등의 설립을 도모하기도 했다. 그 과정에서 중국 인사들과의 교류가 있었다. 또한 유려한 서체로 중국 서예가들로부터 초청을 받아 전람회에 참석했다. 이러한 관심은 토지 개간을 통한 자립 경제 체제 구축에 목표를 두고 둔전에 대한 관심과 노력으로 이어졌다.

세 번째 시기는 1928년부터 1932년까지 본격적으로 만주로 이동하는 경로이다. 이 시기에는 조선인들이 다수 거주하는 만주로 이동하여 독립운동을 모색하고 조선인의 자립 경제, 즉 '생육(生育)'을 추진했다. 상해에서 선박을 이용해 천진으로, 다시 영구(營口)로 이동하여 육로로 봉천(奉天), 길림(吉林)으로 향한다. 길림 오상현(五常縣) 충하진(沖河鎭)에서 농촌 야학을 개설하고, 토지를 매입하여 본격적인 생육 사업을 펼쳐 농가 30여 호를 이전시키기도 했다. 이 시기 한국독립당을 창당하여 독립운동을 위한 일보 진전을 이룬다.

이때 중국 군대가 조선인들을 일본인의 일종으로 파악하고 강간 등 갖은

폐해를 입히자 조선인 보호에 앞장선다. 1932년 만주사변 이후 일본군과 만주괴뢰군이 중국 내륙으로 침략해 오자 무장투쟁 방략을 선택했다. 한국독립당 한국독립군의 참모장이 되어 1932년 9월 제1차 하얼빈 쌍성보전투에서 중국 길림자위연합군과 연합하여 승리로 이끄는 데 기여했다. 그러나 10월 2차 전투에서 지청천에게 후퇴를 건의했으나 받아들여지지 않고 결국 패배하고 만다.

네 번째 시기는 쌍성보전투 이후 1933년부터 1934년까지 재기를 위한 노력과 고난기이다. 이 시기 그는 쌍성보전투 패배 이후 군대를 재건하기 위해 노력했고, 남파(南坡) 박찬익(朴贊翊)으로부터 600원의 자금을 지원 받아 지청천에게 전달하여 만주에 있던 한국독립군이 관내로 이동하는 자금으로 사용케 했다. 백방으로 재기를 도모하던 중 그의 개인적인 삶은 많은 상처를 입었다. 소실 사이에서 낳은 쌍둥이 형제가 잇달아 사망하고, 소위 '거지꼴'로 풍찬노숙을 하며 이동해야만 했다. 그럼에도 불구하여 사관생도를 모집하고, 낙양군관학교에 한인들을 입교시키는 등 독립의 일념을 포기하지 않았다. 그러나 한때 배장(排長)이었던 이민달(李敏達)의 음모로 상해 영국 조계에 있는 한약방 경여당(慶餘堂)에서 일제 경찰에 의해 피체, 상해 일본 총영사관에 수감되어 취조를 받으며 고초를 겪었다. 일제의 혹독한 고문보다 견디기 어려웠던 것은 망명 직후부터 피체까지 그에 대한 감시 기록이 7권 분량이나 된다는 것과 밀정들의 암약이 널리 퍼져 있다는 사실, 그 또한 막대한 현상금으로 밀고 당했다는 사실이었다.

피체 후 그는 상해 포동(浦東)을 거쳐 청도(靑島)로 이송되었다. 이곳에서도 역시 독방에 수감되었다. 청도에서 다시 인천(仁川)으로 압송되었고, 서울 서대문형무소를 거쳐 경성형무소에 수감되었다.

이규채의 이동 경로는 다음과 같은 특징을 보인다.

첫째, 상해로의 망명이다. 상해를 중심으로 독립운동 세력을 결집시키고, 조선인들의 자립 경제를 도모하기 위해 중국 인사들과 교류하기 위한 이동이다.

둘째, 조선인들이 다수 거주하는 만주로의 이동이다. 길림을 중심으로 야학과 토지 매입을 통해 생육을 추진하기 위한 이동이라 할 수 있다.

셋째, 일본군과의 무장 항일투쟁을 위한 이동이다. 한·중 공동 항전의 대표적 사례로 손꼽히는 쌍성보전투를 위한 진격이라 할 수 있다.

넷째, 한국독립군 재건을 위한 이동이다. 쌍성보전투 패배 이후에도 군자금 마련을 위해 자신을 돌보지 않고 풍찬노숙을 하며 혼신을 다했다. 이로 인해 병마로 몸과 마음이 지치기도 했다.

다섯째, 끊임없는 투쟁의 이동이다. 북경으로, 남경으로, 결국 군관학교가 있는 낙양까지 그의 이동은 독립을 향한 쉼 없는 발걸음이었다.

3. 이규채 「자술 연보」의 사료적 가치와 의의

1) 이규채 행적의 재구성

「이규채 자술 연보」는 독립운동가 판결문, 신문조서, 청취서 등 일제에 의해 기록된 자료와 달리 독립운동가 본인이 자신의 삶을 기록한 것으로, 다른 자료에서 볼 수 없는 삶의 생생함이 담겨 있다. 자료의 신뢰도가 높아 다른 관련 자료의 내용과 비교해 보면 연도나 내용 등이 일치한다. 이를 통해 우선 이규채에 대해 잘못 알려진 부분에 대한 수정이 가능하고, 독립운동가의 생생한 노정을 추적해 볼 수 있으며, 만주 지역 항일무장투쟁 독립운동사에 대한 새로운 사실 확인의 단초를 제공하고 있다.

먼저 그간 공훈록 및 각종 자료집 등에 기술되어 있는 이규채의 행적 내용 중 일부 오류가 있는 부분을 바로잡을 수 있는 근거를 제시하고 있다.

대표적인 사례로 첫째, 이규채가 상해에서 체포된 날짜가 기존 기록들에 의하면 1935년 9월 25일로 되어 있다. 그러나 「이규채 자술 연보」에 의하면 피체 날짜가 1934년 9월 25일(음)이고, 부기로 양력 11월 1일(실제 양력 환산 날짜는 11월 2일로 1일의 차이가 있음)로 기록되어 있다. 이를 뒷받침하는 공식 자료도 있다. 이규채 피체 후 서대문형무소에서 기록한 수형기록카드에 의하면 사진 촬영 날짜가 소화 10년 2월 8일, 즉 1935년 2월 8일로 기재되어 있다. 적어도 피체 시기가 1935년 2월 이전임을 알 수 있다. 1935년 9월 25일로 기록된 피체 일자는 전혀 사실과 맞지 않는다. 따라서 이규채의 실제 피체 일자는 1934년 9월 25일(음) 또는 11월 2일로 수정되어야 한다.

서대문형무소 수감 당시 이규채 수형기록카드
(1935. 2. 8 사진 촬영), 국사편찬위원회 소장

한편, 상해에서 피체된 후 인천을 거쳐 서울 본정경찰서에 압송되어 와 찍은 사진에는 1934년(소화 9년) 1월 25일로 되어 있으나 이는 1935년(소화 10년)의 분명한 오기이다. 1934년 1월에 그는 남경에 있었기 때문이다. 따라서 다음 수형기록카드상의 사진 촬영 날짜 오기도 1935년으로 바로잡아 인식해야 한다.

둘째, 청성학교의 교원 생활 시기와 창신서화연구회의 창립 시기에 오류가 있다. 그간 전자의 시기를 1908~1910년으로, 후자의 시기를 1919년 3·1

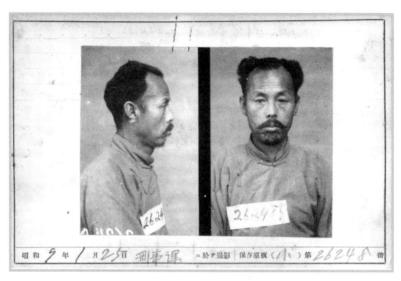

서울 압송 후 경찰서에서 조사 받을 당시 이규채 수형기록카드
(1935. 1. 25. 사진 촬영, 소화 9년은 기록 착오)

운동 이후로 보고 있으나 「이규채 자술 연보」에 의하면 청성학교 교원 생활
은 1917년에, 창신서화연구회는 1921년에 발족하였음을 확인할 수 있다. 또
신한독립당 감찰원 위원장의 직임도 '취임하지 않았다'는 것으로 보아 실제
활동하지 않았음에도 그간 감찰위원장으로 활동한 것으로 알려져 왔다. 이
러한 오류들을 이번 기회로 정정되어야 할 것이다.

　셋째, 한국독립군과 중국측 항일의용군 길림자위군이 연합해 장춘, 하얼
빈 간 철도 사이에 있는 쌍성보에서 일본군과 만주군을 상대로 벌인 쌍성보
전투를 생생하게 기록한 「혁명공론(革命公論)」 창간호*와 제4호**에 두 편으
로 나누어 실린 「한국독립군과 중국의용군 연합항일 기실(韓國獨立軍與中國
義勇軍聯合抗日記實)」(동북통신東北通信)이 그간 조경한(趙擎韓 : 이명 안일청

＊혁명공론사(革命公論社)에서 발행한 잡지. 창간호는 1933년 7월 1일 남경에서 발간되었다. 이규채가 쓴 1편
　은 창간호에 실렸고, 조경한이 쓴 속편은 제4호에 실렸다.
＊＊『革命公論』제4호, 1934. 4. 15 발간.

安一靑)이 쓴 것으로만 알려져 왔는데, 이 「혁명공론」이 다름아닌 이규채가 「자술 연보」에서 언급한 「남경잡지(南京雜誌)」가 같은 것임을 확인할 수 있다. 이를 통해 1편은 이규채가, 속편은 조경한이 쓴 것임을 확인할 수 있다.[*]

2) 독립운동가 삶의 궤적 추적

　「이규채 자술 연보」는 한 독립운동가의 생생한 삶의 궤적과 그 현장을 추적해 볼 수 있다는 점에서 기록의 가치와 의의가 있다. 그간 독립운동가에 대한 연구는 운동 관계와 활동 내역 등 독립운동 자체에만 초점이 맞추어졌는데, 이 연보는 독립운동을 위한 이면의 고단한 여정에 대해서도 가감 없이 기술하고 있어 독립운동가의 역경과 고뇌의 모습을 생생히 살펴볼 수 있다.

　「자술 연보」에 의하면 이규채는 독립운동의 여정에서 목숨을 위협 받은 일이 많았다. 이규채가 1930년 5월 반석현(盤石縣) 영통산(靈筒山) 인근에서 공산주의자들과의 갈등으로 생매장 당했다가 석주(石州) 이상룡(李相龍)의 조카 이광민(李光民)에 의해 구사일생으로 구출되었던 일이 있었다. 1932년 4월에는 '대도회(大刀會)'라는 중국 민간 비밀 결사를 만나 수색을 당했는데 '일본의 정탐꾼'으로 오인 받아 몸이 묶이고, 그 밧줄이 말안장에 묶인 채 말을 달리게 하여 죽음의 위기에 빠지기도 하였다. '자칫 한 번이라도 넘어지면 죽음을 면할 수 없었다'고 한다. 이때에도 구사일생으로 중국인 장군 장상신(張常臣)의 도움으로 위기를 면했는데, 일생에 가장 위험한 순간이었다고 한다. 1933년 일본 특무기관에서 오철주(吳鐵周)와 김약수(金若水)를 파견해 이규채를 회유하여 귀화시키고자 했던 일이 있었는데, 이로 인하여 오해를 받아 1933년 12월 북경에서 한국독립당 회의가 개최되어 총무위원 직을 박탈당하고 최병권(崔秉權), 김원식(金源植) 등의 변론으로 사형을 면한 일 등의 노정이 연보에 기록되어 있다.

---

[*] 국사편찬위원회, 「청취서(제2회)」, 『한민족독립운동사자료집』 43, 2000, 71쪽.

또한 전투의 고단함과 각지를 다니며 겪은 다양한 에피소드 그리고 일본의 감시망을 피해야 하는 역경이 고스란히 드러나 있다. 1932년 중국 병사들의 약탈과 강간으로부터 한인들을 보호하기 위해 몇날 며칠을 잠도 못 자고 밥도 못 먹은 일이 있었고, 1차 쌍성보전투에서는 왼손에 총상을 입은 사실을 전투가 끝난 한참 후에나 알게 된 일도 있었다. 이러한 일은 그나마 독립전쟁 중에 생긴 일로 의미 있는 편이었다. 길림 인근 북쪽 산에서 도적을 만나 모든 소지품을 빼앗기는 어처구니없는 일도 있었다. 그밖에 일본에 의해 현상금이 걸렸는데 그 금액이 현상 수배자 5명 중 두 번째로 높았고, 일본군의 감시를 피하기 위해 걸인 행세를 하거나 벙어리 행세로 풍찬노숙하며 이동한 일 등 일본의 감시와 탄압 외에도 독립운동을 위한 주변 여건이 결코 녹녹한 상황이 아니었음을 생생히 보여주고 있다.

3) 독립운동사의 미시사적 접근

「이규채 자술 연보」는 그간 만주 지역 독립운동사에서 간과되었던 생육사(生育社), 민족주의자와 공산주의자 간의 갈등, 일제의 독립운동가 감시와 체포 양상, 독립운동가 속의 밀정, 독립운동의 새로운 방략 모색 등에 대한 몇 가지 사실의 단초를 보여주고 있다.

첫째, 1925년 항주에 도착한 이규채는 여러 지사들과 인적 관계를 형성하는 동시에, 한인들의 자생을 위하여 지창(紙廠), 정미창(精米廠) 등의 설립을 도모했다.* 그리고 천진, 길림 등지에 개간을 계획하여 야학을 설립하려고 노력하다가 1928년 '윤씨(尹氏)와 황씨(黃氏) 등 여러 사람들이 생육(生育)하는 일'에 합류하였다. 그런데 이 '생육(生育)'은 1929년 봄 길림 오상현 충하진에서 결성된 비밀 결사 '생육사'인 것이다. 생육사는 홍진(홍면희), 황학

---

* 이규채는 만주 지역에 정착한 조선인 농민들에게 최대한 피해가 가지 않도록 한국독립군의 규율을 엄히 하였고, 농민들과의 이해관계를 중시하였다.

수, 지청천, 김좌진, 이장녕, 김창환, 박일만 등이 발기하여 창립하였고, 표면적으로 친목, 식산, 수양이 목적이지만 생산 저축을 장려하여 독립운동자금을 충당하고, 혁명적 인재를 양성하기 위한 단체로 조직된 독립운동 단체였다.[*]

그간 생육사(生育社)가 1929년에 결성된 단체로 알려져 왔으나 그 기초는 이미 1928년부터 형성되었던 것을 알 수 있다. 생육사는 한국독립당과 한국독립군 창설의 기반이 되었고, 만주지역 항일무장투쟁의 기초가 되었던 단체이다.[**] 이규채는 생육사 결성 당시 위원(委員)으로 선임되었고, 1930년 2월 13일 생육사 제2차 정기회의 때 중앙집행위원 간사와 중앙상무원 직을 맡았다. 따라서 이규채는 한국독립당 창당 준비에도 깊게 관여했던 것을 알 수 있다.

둘째, 이규채는 확고한 민족주의자임을 알 수 있다. 「이규채 자술 연보」에는 그가 공산주의자들과의 갈등 관계가 매우 깊었던 사실이 곳곳에서 드러난다. 이규채가 공산주의자들에 의해 자본주의자로 지목받고 사형선고를 받는 등 위협을 당해 1930년 1월 한때 박일만(朴一萬)의 집에 은거해 있었고, 그해 5월에는 반석현으로 향할 때 뒤따라 온 공산주의자들에 의해 생매장까지 당하는 일을 겪기도 하였다.

피체 후 경성형무소 수감 중에도 공산주의자들이 감옥 내 투쟁을 지도해 줄 것을 청하자 미동도 하지 않았으며, 공산주의자 가운데 이규채에게 위협을 가하는 자도 있었다. 그가 평생 동안 공산주의와 거리를 둔 것은 바로 독립운동을 시작하면서부터 지속된 신념이라 할 수 있다. 민족주의와 공산주의의 갈등 관계가 언제부터 어떻게 시작되었는지, 그 갈등의 골이 어느 정도인지 한 독립운동가를 통해서 알 수 있는 부분이다. 나아가 한국독립당의 창당 또한 한인 공산주의자들의 공세에 대한 대응 과정의 하나였음을

---

[*] 독립운동사편찬위원회, 『독립운동사자료집』 10, 1984, 488~489쪽.
[**] 지복영, 『역사의 수레를 끌고 밀며』, 문학과지성사, 1995, 192쪽.

알 수 있다.[*]

셋째, 독립운동가에 대한 일본의 철저한 정탐과 미행, 회유 공작, 자료 수집 사실을 확인할 수 있다. 이규채는 피체된 직후 상해 일본총영사관에서 조사 받을 당시 일본 경찰이 7권 분량의 책자를 가지고 와 펼쳐 놓고 신문했다고 한다. 이 책자에는 이규채 자신도 기억하지 못하는, 한국에서 중국으로 건너 온 후의 사정과 행적이 하나하나 기록되어 있었다. 또한 이동 중 형사로 추정되는 정탐꾼이 따라붙어 짐을 모두 버리고 도망가기도 하고, 대문구(大門口)에서 유숙할 때 형사의 조사를 받기도 했다. 나아가 일제는 특무기관원을 통해 귀화 공작까지 하는 등 집요한 정탐과 회유가 끊이지 않았다. 이를 통해 독립운동가의 활동만큼이나 그 독립운동가에 대한 일제의 감시와 회유 공작이 집요했음을 알 수 있다.

넷째, 한국인 사이의 배신과 음모를 보여준다. 이규채가 일본 경찰에 체포된 것도 '지난날 함께 활동하였던 이민달'이라는 자의 밀고 때문이었음이 「이규채 자술 연보」에 기록되어 있다. 특히 일본 경찰이 심문 과정에서 이규채에게 그가 체포된 이유를 말해 주었는데, '이민달에게 애초에 10,000원을 주기로 했는데, 4,000원만 주었다'는 것이다. 또한 함께 활동하였던 최중산(崔中山)과 김우진(金禹鎭)도 체포되었는데, 이 역시 이민달의 밀고 때문이었다. 이규채에 의하면 이민달이 '한때 배장이었던 자'라고 한 것으로 보아 이규채의 휘하에서 한국독립군에 참여했던 인물로 추정된다. 독립운동단체 내부 구성원들 사이에서도 배신과 음모가 있었으며, 급기야 일제에 협력하여 정보를 팔고, 독립운동가를 팔아넘기는 행태가 있었음을 보여 준다.

다섯째, 만주 지역 독립운동의 장기 계획에 대한 단서를 보여 준다. 독립운동가들은 중국 관내뿐만 아니라 미주에서도 재정과 재원을 확보하려는 계획을 갖고 있었다. 「자술 연보」에 "나는 미국으로 건너가기로 계책을 정

---

[*] 황민호, 「한국독립군의 성립과 항일무장투쟁」, 『한국독립운동과 대전자령 전투』, 독립기념관 한국독립운동사연구소, 2013, 50~51쪽.

하였다. 재정은 이□□의 힘을 빌려야 하고, 사람 구하는 것 역시 이□□에게 의논하여야만 뜻을 같이 할 수 있었기 때문이었다"라고 기록되어 있어 이규채가 미국으로 건너가 이□□과 교섭할 계획을 가졌음을 알 수 있다. '이□□'은 연보에 일부러 이름을 쓰지 않고 누락시켜 누구인지 확정할 수 없다. 다만 당시 정황으로 보아 미국 쪽에서 활동하였던 이승만으로 추정할 수 있지 않을까 한다.

또한 이규채가 피체될 당시 소지하고 있었던 지청천에게 받은 통신문에는 '이우정을 군수부장 겸 해내외 각 혁명단체 연락 교섭위원장에 임명함'[*]이라고 되어 있어 해외 각지의 단체들과 연합하려는 의지가 있었음을 알 수 있다.

이상 「이규채 자술 연보」를 통해 이규채의 행적에 관한 사실 확인은 물론, 그와 교류한 독립운동가들과의 관계, 독립운동 여정의 주변 상황과 역경, 일제의 감시, 내부의 배신 등 그동안 관심 받지 못했던 사실들을 알 수 있다. 이렇듯 「이규채 자술 연보」는 만주 지역 독립운동사 연구에 보다 확장된 시각을 제시하는 자료로 널리 활용될 수 있을 것이다. 이 책의 출간을 통해 연구자들의 많은 관심과 새로운 시각에서의 접근과 분석을 기대해 본다.

---

[*] 국사편찬위원회, 「청취서(제2회)」, 『한민족독립운동사자료집』43, 2000, 73쪽.

1장
이규채 자술 연보

1. 이규채 자술 연보*

경인년(庚寅年) 1890. 1세.
○ 6월 7일 자시(子時)에 군자정(君子亭)에 있는 옛 집에서 태어났다.

신묘년(辛卯年) 1891. 2세.

임진년(壬辰年) 1892. 3세.

계사년(癸巳年) 1893. 4세.

갑오년(甲午年) 1894. 5세.**
○ 1월에 가숙(家塾)에 입학하였다.

을미년(乙未年) 1895. 6세.
○ 봄에 어머니를 따라 문 밖에 나갔을 때 뒤에 쳐져서 가면서 앞서 가려
고 하지 않았다. 어머니가 앞장서서 가라고 하자, 대답하기를, "장자(長
者)의 뒤에서 가려는 것입니다" 하였다. 아버지가 그 말을 듣고는 "오
늘 아침에 배운 것이다" 하였다.

병신년(丙申年) 1896. 7세.

---

* 이 글은 이규채가 자신의 삶을 연보 형식으로 회고하여 기록한 글이다.
별도의 제목이 없으나 육십 간지를 사용하여 연대순으로 정리했기 때문에 「이규채 자술 연보(李圭彩自述
年譜)」로 칭한다.
** 여기부터는 원문에 나이가 기록되어 있지 않아 엮은이가 임의로 붙인 것이다.

정유년(丁酉年) 1897. 8세.

○ 여름에 여러 형들을 따라 헤엄을 치다가 어떤 벌레에게 왼쪽 발을 물렸는데, 네 달이 지나서야 비로소 나아 예전처럼 되었다.

무술년(戊戌年) 1898. 9세.

○ 『대학(大學)』을 읽었다.

기해년(己亥年) 1899. 10세.

○ 큰 형을 따라 『통감(通鑑)』을 배웠다. 매번 여러 동학(同學)들과 더불어 전국시대(戰國時代) 전쟁놀이를 하였다.

경자년(庚子年) 1900. 11세.

신축년(辛丑年) 1901. 12세.

○ 경성(京城)에 사는 최 수문장(崔守門將)과 김상린(金相麟) 두 손님과 함께 선영(先塋)에 올라갔는데, 손님이 누구의 산소이며 어떤 벼슬을 지냈고 몇 대 조인가를 묻기에, 아주 상세하게 대답하였다. 두 손님이 내려와서 이 사실을 아버지에게 말했다. 그때 마침 붓을 파는 장사꾼이 왔는데, 두 손님이 각각 붓과 먹을 사서 주기에 기쁜 마음으로 받았다. 또다시 백동화(白銅貨) 50냥을 주기에 사양하고 받지 않았다. 그러자 손님들이 하인을 시켜 어머니에게 이를 주자, 어머니가 이를 받지 않았다. 손님이 다시 여종을 시켜 재차 어머니에게 주면서 "이 뒷날에 종이 값으로 쓰기 바랍니다" 하였다.

임인년(壬寅年) 1902. 13세.

○ 봄에 유중회(柳仲懷)란 분을 맞아들여 스승으로 삼았다.

○ 12월 말에 속수(束脩 : 제자가되려고 스승을 처음 뵐 때 가지고 가던 예물)가 부족하여 스승이 도로 돌아가게 되었다. 전송하기 위하여 동구 밖에 이

르러서는 하루 종일 눈물을 삼키면서 훌쩍였는데, 이는 대개 집안이 가난하여 학문을 계속하기 어려웠기 때문이다.

계묘년(癸卯年) 1903. 14세.

갑진년(甲辰年) 1904. 15세.
○ 족숙(族叔)에게 향음주례(鄕飮酒禮)를 익혔다.

을사년(乙巳年) 1905. 16세.
○ 둘째 형으로부터 법첩자(法帖字)를 배웠는데, 글씨를 쓴 종이가 10필이나 되었다.
○ 12월에 관례(冠禮)를 행하였는데, 망건(網巾)이 없어서 종씨(從氏 : 사촌형)의 망건을 빌려서 썼다.

병오년(丙午年) 1906. 17세.
○ 2월 21일에 청해(靑海) 이씨(李氏)와 결혼하였다.

정미년(丁未年) 1907. 18세.
○ 이석초(李石樵)에게 가서 학문을 익혔다.
○ 겨울에 정류(井柳) 강익구(姜翼求) 씨에게 가서 『주역(周易)』을 배웠다.

무신년(戊申年) 1908. 19세.
○ 조양(朝陽) 신환(申鵝) 씨에게 가서 「태극변설(太極變說)」을 배웠다.

기유년(己酉年) 1909. 20세.
○ 금강산(金剛山)에 가서 유람하였다.
○ 직조기(織造機)를 만들어 시험해 보았다.

경술년(庚戌年) 1910. 21세.

○ 종계(宗契)를 만들었다.

○ 7월에 한일합병(韓日合幷)이 되었다.

신해년(辛亥年) 1911. 22세.

○ 흥학계(興學契)를 만들었다.

○ 강청농(姜靑農)에게 가서 사율(四律)을 배웠다.

임자년(壬子年) 1912. 23세.

○ 아버지께서 견비통(肩臂痛)을 앓으셨는데, 약을 써보아도 효험이 없어 오른쪽 손이 마비되는데 이르러 밥을 먹을 때 왼손으로 드셨다. 백방으로 의원들을 찾아다녔으나, 모두 효험이 없었다. 이종렬(李鍾烈)이라는 신의(神醫)가 경성의 구곡동(九曲洞 : 현 서울시 종로구 체부동 인근)에 있는데 처방을 하면 능히 아이를 낳지 못하던 사람이 아이를 낳으며, 어떤 병을 막론하고 완쾌시킨다고 하였다. 이에 즉시 그 집을 찾아갔다.

아주 큰 집이 한 채 있었는데 집 가득히 손님들이 있어서 적어도 60~70명은 넘었으며, 좌우에서 약을 조제하는 사람들만도 5~6명이나 되었다. 사람들에게 어느 분이 의원인가를 물어보았으나 모두 대답해 주지 않았다. 위쪽에 있는 방의 벽 아래에 있는 은궤(隱几)에 한 사람이 있었는데, 아주 한가로워 보였다. 그 분의 앞에 가서 절을 올리고는 "처방을 내려주시기 바랍니다"라고 하자, 그 분이 일어나면서 말하기를, "그대는 어떻게 나를 알아보았는가?" 하기에, 똑바로 서서 공손하게 "선생의 모습이 속되지 않았기 때문에 알아본 것입니다" 하였다. 그러자 그 사람이 얼굴빛을 고치면서 말하기를, "…… 내일 아침 다시 오라"고 하였다. 다음날 아침에 다시 가니, 여전히 자리에 누워 있었으므로 드디어 절을 하고 나왔다.

그 다음날 새벽에 그 집으로 가서 문이 열리기를 기다렸다가 곧바로 들어가서 절을 올린 뒤 공손한 자세로 오래 동안 똑바로 서 있었다. 그러자 봉지에 단단히 싼 물건을 하나 주면서 말하기를, "갈 때에는 성심으로 잘 받들고서 가되 쉴 때에도 앉지 말고, 밥 먹을 때에도 앉지 말며, 대변을 보거나 소변을 보아서도 안 된다” 하였다. 이에 그것을 공손히 받아들고 곧바로 인사를 하고 나왔다.

그런 다음 올 때에는 그 분이 말한 것처럼 하여 배가 고픈 것을 참고 왔는데, 집에 도착하니 날이 이미 완전히 어두웠다. 곧바로 아버지께 그것을 올리고는 후원으로 가서 자리를 만든 다음 서울쪽을 바라보면서 수없이 많은 절을 올렸다. 다시 돌아와 아버지께 병세를 여쭈니, 잠깐 사이에 병세가 완전히 회복되어 이미 팔에 감았던 끈을 풀고 있었는데, 팔뚝을 움직여 보니 평상시와 같았다. 그 뒤로 돌아가실 때까지 다시는 견비통이 재발되지 않으셨다. 이것은 참으로 기이한 일이므로 특별히 기록해 둔다. 그 신의의 거취에 대해서 알지 못하는 것이 평생의 한이다.

계축년(癸丑年) 1913. 24세.
○ 여러 학생들과 더불어 한문(漢文)을 읽었다.
○ 아들 종성(鍾性)이 태어났다.

갑인년(甲寅年) 1914. 25세.
○ 족형(族兄)인 극재(克齋)가 아버지에게 편지를 보냈는데, 그 편지에 ······

을묘년(乙卯年) 1915. 26세.

병진년(丙辰年) 1916. 27세.
○ 여러 곳에서 온 사람들과 더불어 법첩자를 익혔다.

정사년(丁巳年) 1917. 28세.
○ 청성학교(靑城學校)* 교원(敎員) 직임을 맡았다.

---

* 신소설 「자유종(自由鐘)」의 작가 이해조(李海朝)의 부친 이철용(李哲鎔)이 대원군으로부터 포천 신평리 일대의 땅을 받아 1906년 포천에 화야의숙(華野義塾)이라는 사립학교를 설립. 1908년 이해조가 이 학교를 청성제일학교(靑城第一學校)로 개명하여 운영하다가 이후 옥성의숙(玉成義塾) 등과 청성학교로 통합.

무오년(戊午年) 1918. 29세.

○ 2월에 아버지의 상을 당하였다. 고기를 먹지 않았다.

기미년(己未年) 1919. 30세.

○ 장(張) 진사(進士)와 경(慶) 박사(博士)가 와서 바깥나들이하기를 권하였으나 응하지 않았다.

○ 백제(百濟)의 고도(古都)를 유람하였다. 여러 사람들과 더불어 법첩자를 익혔다.

○ 아들 종건(鍾健)이 태어났다.

경신년(庚申年) 1920. 31세.

○ 마한(馬韓)의 고도(古都)에 이르렀다. 사인(士人) 김옥배(金玉培)의 초청으로 인해서였다.

신유년(辛酉年) 1921. 32세.

○ 서빙고(西氷庫)에 이르러 머물러 있었다. 현백당(玄白堂)*에게 가서 서법(書法)에 대해서 논하였다. 안진경(顏眞卿)의 쟁좌위(爭座位)**를 1,000번 썼다.

○ 경성(京城)에서 창신서화연구회(創新書畫研究會 : 종로구 공평동 2번지에 있었다)를 창립하였다. 일본의 키구치(菊池)에서 와서 배우는 자도 있었다.

임술년(壬戌年) 1922. 33세.

○ 여러 사람들과 더불어 매일신문사(每日新聞社 : 매일신보)에서 전람회(展覽會)***를 열었다. 세상에서 …… 와서 교유하는 자가 아주 많았다.

---

* 조선 말기의 학자이자 서예가인 현채(玄采, 1886~1925)를 말한다. 백당(白堂)은 그의 호이다.
  글씨는 안진경체(顏眞卿體)를 잘 썼으며, 국사(國史)에도 조예가 깊었다. 저서에 『월남망국사(越南亡國史)』, 『동국사략(東國史略)』 등이 있다.

** 중국 당나라의 서예가인 안진경(顏眞卿)의 행초(行草) 작품. 초고(草稿)이므로 꾸밈이 없으며 그의 기상과 충절을 느끼게 하는 작품으로, 후대의 서예가들에 많은 영향을 미친 작품이다.

*** 1923년 3월 14일자 동아일보 기사에 창신서화연구회 주관으로 '규수서화전람회(閨秀書畫展覽會)'를

계해년(癸亥年) 1923. 34세.

○ 여러 사람들과 더불어 삼남(三南) 각지에서 전람회를 열었다. 대구(大邱)의 서석재(徐石齋)가 특별히 같은 회*를 설립해서 전람하였다.

○ 「사임당서첩(師任堂書帖)」의 발문을 써서 판각해 인쇄하고자 하였으나 시사(時事)로 인하여 반포하지 못하였다. 외지에서 서신을 보내어 찾는 것이 자못 급하였다.

○ 10월에 집으로 돌아와 어머니께 바깥에서 있었던 일을 고하였다. 어머니께서 몹시 기뻐하면서 경계하기를, "아버지의 뜻을 잘 이어라" 하셨다. 이에 4일에 남문(南門)을 통해서 나왔다.

○ 진문(津門 : 천진天津의 별칭)에 도착하였다.** 다시 성경륜(星景輪)을 타고 호(滬 : 상해의 별칭)로 향하였다.***

연다는 기사가 있다. 연도의 차이는 이규채가 음력을 기준으로 기술했기 때문이다.

매일신보 본사 내청각(來靑閣)에서 서종(書宗) 이규채(李圭彩)와 화백(畵伯) 석계(石溪) 김권수(金權洙) 두 사람의 가르침을 받은 김정수(金貞洙 : 20세), 김효진(金孝鎭 : 17세), 정기임(鄭己妊 : 20세), 이정환(李貞煥 : 17세), 이정만(李正萬 : 17세) 등의 규수(閨秀) 작가들이 1923년 3월 17~18일 양일에 걸쳐 개최한 '규수서화전람회'를 말한다. 이 전람회는 8월에 부산 등 지방 순회전시를 개최하는 의욕적인 활동을 보였으나 1923년 9월 20일 전주 순회 전시 이후 기록은 전해지지 않고 있다.

「매일신보」 1923년 2월 28일, 3월 18일 등의 기사 참조.

* 대구 출신의 서예가 석재 서병오(徐丙五 1862~1935)가 대구에서 발족한 교남서화연구회(嶠南書畵研究會)를 말한다.

** 이때 이규채는 중국에서 독립운동을 하고 있던 친척 이시영(李始榮)을 방문하여 중국 정세를 시찰하고, 아울러 독립운동의 상황을 살펴보기 위하여 갔다. 이시영은 당시에 임시정부의 재무총장으로 있었다. 『한민족독립운동사자료집43(국사편찬위원회, 2000) 40쪽』

*** ……1923년 상해에서 쓰여진 한 폭의 대련(對聯)으로서 '한국인사우정(韓國士人字精)'이라는 서명이 있다. 집에 와서 자세히 대련 위의 낙관(落款)을 살펴보니 전서체(篆書體)로 '이규보(李圭補)'라고 찍혀 있었다. 그렇다면 '우정(字精)'은 이규보라는 이의 호일 가능성이 크다.

이 대련의 전련은 '주호인유호사(做好人留好事)' 후련은 '열호활독호서(說好活讀好書)'라 적혀 있다. 우정은 특히 이것이 삼국시기 충신으로 유명한 관운장(關雲長)을 본 따 작성한 것이라고 밝히고 있다. 우정은 아주 학문이 깊고 중국 전통문화와 서예에 정통한 것으로 보인다. 그가 쓴 이 변체 전서체는 중국인 중에서도 서예에 조예가 있는 소수만이 알아볼 수 있는 서체이기 때문이다.

그는 도대체 누구이며 1923년 상해에서 무엇을 하고 있었는지 참으로 궁금한데, 가지고 있는 일부 한국 독립운동 자료에 근거하여 찾아보기도 하고 한국 친구들에게 묻기도 하였으나 그가 누구인지 알아내지 못하고 있다가 위에서 언급한 대련은 한국의 독립운동가 이규채(李圭彩) 선생이 쓴 것임이 확인되었다…… 「신민만보(新民晚報)」 '그때 그 자리엔 당신들이 살고 있었다.' 팡위창(方毓强) 기자.

갑자년(甲子年) 1924. 35세.

○ 환국하였다. 한 달 남짓 있다가 드디어 밖으로 나갔다[*]. …… 맡았다.^{**}

을축년(乙丑年) 1925. 36세.

○ 절강성(浙江省) 항주(杭州)에 이르러 서호(西湖)의 고려사(高麗寺)에 머
물러 있었다. 서성효(徐成孝)^{***}를 대면하여 정사(正邪)에 대해 논변하였
다. 신술(神術)을 쓴다고 하는 이(李)아무개를 내쫓았다.

○ 당시에 신건식(申建植)^{****}과 더불어 어떤 일을 주선하였다. 군(軍) 부사
령(副司令)인 주요동(朱曜東) 및 안휘성(安徽省)의 손경여(孫慶餘), 오종
수(吳宗洙)와 더불어 모두 지극한 교분을 맺었다. 대주(台州) 통령(統領)
매점괴(梅占魁 : Bishop Jeam-Josepj-Georges Deymier)가 손경여로 인하여
와서 만나보았는데, 역시 그와도 망년(忘年)의 교분을 맺었다. 이로부
터 음식물을 보내주는 것이 많아졌다.

○ 서성효는 바로 조선의 큰 상업가인데, 미리 우리나라의 경제가 스스로
지탱할 수 없다는 것을 헤아리고는 동생과 더불어 외국으로 나가서 대
륙의 물정을 탐색해 보았다. 그리고는 항주 독군(督軍) 손전방(孫傳芳)
의 물력(物力)을 끌어들이고자 하였다. 여러 해 동안 이를 경영하던 즈
음에 영남(嶺南) 사람인 이아무개란 자가 스스로 신술이 있다고 하면서
그와 더불어 일을 하기를 청하였다. 그러므로 서성효가 그와 함께 갔는

---

[*] 이때 이규채는 중국에서 돌아온 뒤로 일경(日警)의 감시가 심해지자 독립운동을 할 목적으로 경성에서 출
발하여 열차를 타고 중국의 안동(安東), 봉천(奉天)을 경유하여 천진으로 갔다가 다시 상해로 갔다. 『상동』
^{**} 대한민국 임시정부 의정원 의원에 선임된 것을 말한다.
^{***} '재목(材木), 연료 및 각종 물산의 무역 및 위탁판매'를 하는 조선물산무역(朝鮮物産貿易)(경성부 서
린동 135)의 대주주이자 이사였으며, '금융신탁업'을 하는 동아흥업(東亞興業)의 이사였다는 기록이
있다(「조선은행회사요록朝鮮銀行會社要錄」, 1921년 판·1923년판·1925년판. 동아경제시보사東亞經
濟時報社).
^{****} 신건식(申健植, 1889~1963). 일명 신환(申桓).
충청북도 청원 출생으로 대한민국임시정부 법무총장과 외무총장 등을 역임한 독립운동가 신규식(申圭
植)의 동생이다.

데, 그러다가 거의 사기를 당할 뻔하였으므로 쫓아낸 것이다.

○ 항주에 있을 때 안남(安南 : 베트남)의 지사(志士) 여러 사람들*과 한번 만나보고 싶었으므로 그들을 맞이해서 만나보았으며, 별도로 의논한 바가 있었다.

○ 소흥(紹興)의 유문발(劉文發)이 찾아와서 종이를 만드는 일에 대해 물었다. 인(因)하여 지창(紙廠)을 설립하고는, 이지성(李芝性)과 이건종(李健鍾) 두 조지공(造紙工)을 초빙하였다. 그러나 손장(孫張)의 싸움**으로 인하여 폐하였다.

○ □□직***을 사임하였다. 박(朴)□□****이 여러 차례 서신을 보내어 머물러 있으라고 하였으나 역시 들어주지 않고, 드디어 기권(棄權)하였다.

○ 5.3 참안(慘案)을 후원하는 일로 전성(全省)의 서화인(書畵人)들이 모여 전람회를 열었는데, 회장인 정만리(程萬里)가 수레를 보내면서까지 초대하였다. 이에 두세 차례 초대한 뒤에 나가 참석하였다.

글씨를 써주기 요청하는 사람들이 아주 많아서 일일이 다 써줄 수가 없으므로 찌를 뽑아 써주기로 하였는데, 하루에 써준 것이 200여 괘축(掛軸 : 족자)에 50여 선면(扇面 : 부채의 겉면)이나 되었으며, 만장(挽章)과 수시(壽詩)는 그 숫자를 이루 다 헤아릴 수가 없었다. 3일 뒤에는 피곤하여 사양하였다.

병인년(丙寅年) 1926, 37세.

○ 서성구(徐成求)*****와 함께 북경(北京) 아방(鵝房)에 둔전(屯田)을 개간하는 일을 계획하였다. 그러나 녹종린(鹿從麟)과 이경림(李景林)의 난으로

---

* 현채의 『월남망국사』를 통해 1905년부터 알려지기 시작한 베트남 독립운동가 판 보이 쩌우(Phan Boi Chau 즉 반패주潘佩珠, 1867~1940) 등이 1925년 당시 상해, 항주 등을 방문하고 있었다.

** 손문(孫文)과 장종창(張宗昌)의 내전.

*** 대한민국 임시정부 의정원 의원직.

**** 박찬익(朴贊翊).

***** 앞의 서성효의 동생.

인하여 낭패를 보았다.

정묘년(丁卯年) 1927. 38세.

○ 정미창(精米廠)을 설립하였으나 완공하지 못하였다. 당시에 복건성(福建省)의 후경소(候景昭)와 함께 일을 하였는데, 자본주는 바로 후씨였다. 그런데 모해하는 자가 투서질을 하여 이간하였다. 어느날 후 씨가 편지 한통을 꺼내어 보여주면서 말하기를, "조선 사람들이 서로 불화하기가 이 정도에 이르렀으니, 아마도 두 사람에게 해가 미칠 것 같다"고 하였다.

○ 이 해 여름에 전병훈(全秉勳)*이 어떤 일에 대해 뜻을 두고서 일을 한 지가 수십 년이나 되었는데, 이 때에 이르러 그와 더불어 며칠 간 말을 나누어 보았는데, 그가 말하기를, "갑진년 이후로 외국으로 나온 자가 수천 명은 되는데, 지금 그대를 만나보니 나의 마음이 몹시 흡족하다" 하였다. 그리고는 3만 엔(円)의 금표(金票)를 꺼내 보여주었다. 그 당시에 총독부(總督府)에서 영유(永柔)**에 수리조합(水利組合)을 설립하였는데, 전 씨 전답(田畓)의 현 시가가 3만 엔 정도 되었으므로 총독부에서 지급해 준 금표이다. 이에 드디어 의논을 정하였다.

○ 상해에 이르러 조(趙)□□와 더불어 약속한 뒤에 진문(津門)에 이르러 족숙(族叔)인 이회영(李會榮)*** 씨를 배알하고는 역시 머물러 있었다.

○ 다시 북경(北京)으로 돌아오자 이고광(李古狂)****이 자신의 집으로 오라

---

* 호는 성암(成庵), 자는 서우(曙宇). 평안남도에서 출생.
철종 9년(1857)에 태어나 고종 29년(1892)에 의금부 도사, 대한제국 광무 3년(1899)에 중추원 의관을 지냄. 순종이 즉위하던 해(1907)에 중국 광동으로 건너감. 1920년 북경에서 『정신철학통편(精神哲學通編)』을 발간하기도 함.
** 영유(永柔) : 평안남도 서북부에 위치한 평원(平原) 지역의 옛 지명
*** 우당(友堂) 이회영(1867~1832). 초대 부통령 이시영(李始榮)의 중형(仲兄).
**** 청양 출신 의병장 이세영(李世永, 1869~1938).

고 초청하고는, 하는 일이 무어냐고 물었다. 이에 웃으면서 말하기를, "머지않아 알게 될 것이며, 또한 함께 일을 할 수 있을 것이다"라고 하였다. 그러자 이고광이 말하기를, "지금 그대의 목숨이 이 세상에 오래도록 살아 있지 못할 것이다. 그러니 그대는 좀 쉬라"라고 하였다.

모임을 가졌으며, 그의 처지 역시 좋지 않아 나는 찬성하지 않았다. 이건종(李健鍾)이란 자는 완력이 있는 사람이었으므로 동향(同鄕) 기호인(畿湖人) 사람인 영원(永元)이 임용하기를 군이 청하였으나 나는 모두 저지하였다. 그 당시에 민(閔)아무개의 일에 대해서 나는 모두 비루하게 여겼다. 나는 조영원과 더불어 모든 일마다 의견이 상반되었다. 조영원은 항상 나를 구덩이 속에 밀어 넣으려고 하였다. 그러나 나는 조금도 위축되지 않았다. 대장부가 어찌 이해관계를 따져서 염치 없는 짓을 할 수 있겠는가.

어느 날 서경석(徐竟錫)이 바깥으로 나갔다가 한참이 지나도 돌아오지 않았다. 마음속으로 괴이하게 여기면서 사람들로 하여금 찾아보게 하였으나 찾을 수가 없었다. 나는 몹시 의아해하면서 장차 두루 찾아보려고 하던 차에 마침 서경석이 돌아와서는 나에게 묻기를, "노형(老兄)이 저에 대해서 과연 이렇게 할 수 있습니까? 제가 이곳에 온 것은 전적으로 노형의 말을 믿고서 온 것입니다. 그런데 하필 이와 같이 한단 말입니까?"라고 하였다. 이에 나는 서경석을 그날 바로 본국으로 돌려보냈다. 그리고는 탐문해 보니, 이 역시 조영원이 어떤 곳으로 데리고 가 강제로 의연금(義捐金) 2,000원을 내게 한 것이었다. 이 일로 해서 나는 조영원을 더욱더 경원시하였다. 동성(東城)에 이르러서도 조영원은 역시 무고한 사람들을 많이 죽였다. 또한 공□당(共□黨)을 끼고서 김백야(金白冶)를 살해하는 것을 협찬하였다. 김백야를 살해할 때 조영원이 접주(接主)로 있었다.

내가 상해(上海)에 있을 때 경제적으로 자립할 수가 없었다. 어느 날 꿈속에서 선군(先君)께서 오시어 나에게 채표(彩票 : 일종의 복권)를 사게 하였는데, 그 채표가 마침 당첨되었다. 그런데 이때에 이르러서 또 선군께서 꿈속에 나타나 나로 하여금 빨리 상해를 떠나라고 하였다. 그러므로 불시에 항주로 향하였다. 그로부터 몇 달이 지나지 않아서 황규성(黃葵性)이 영사관(領司館)으로 들어갔다가 귀국하였고, 김우진(金禹鎭)은 사형을 당하였다. 나 역시 상해에 있었다면 어떤 피해를 입었을지 알 수 없다.

그리고는 인하여 말하기를, "어제 아무개와 아무개(배裵씨와 김金씨 두 사람)가 보통지(普通紙) 두 장을 가지고 와서 보여 주면서 말하기를, '이것은 이우정(李宇精 : 이규채)이 진문(津門)의 영사(領事)에게 보고한 글인데, 아무개가 진문에 있으면서 우정국(郵政局) 15호 상자에서 수취(收取)하여 얻은 것이다. 그러므로 어제 밤에 긴급회의를 열어 사형(死刑)시키기로 결의하였다'라고 하였다. 이에 내가 땅을 치면서 큰소리로 말하기를, '오늘에서야 여러분들의 속마음을 알았다. 이우정을 죽이고자 하는 자들이 어찌 이우정에 대해서 모른단 말인가? 이우정은 본디 일본어를 한 구절도 모르는 사람이다. 그런데 이 글의 전편(全篇)은 모두 일본어가 뒤섞여 쓰여 있다. 그렇다면 주구(走狗) 노릇을 하는 자가 별도로 서기(書記)를 두고 있다는 것인가? 그렇다면 이우정은 우선 놔두고 먼저 그 서기를 잡아야 할 것이다'라고 하자, 그 두 사람이 한참 있다가 말하기를, '그렇다면 이 글은 이우정이 쓴 것이 아니다' 하였다. 그리고는 물러간 지가 지금 얼마 안 된다" 하였다. 이에 드디어 이고광에게 사은(謝恩)하였다.

○ 전병훈 씨가 있는 곳에 이르러 그의 뜻을 파악해 보았는데, 보신(補身)하기 위한 계책을 아주 신중하게 생각하고 있었다. 대개 모사(某事)가 일어난 뒤로부터 불량배들이 전(全) 씨의 방명(芳名)을 빙자하여 작당해서 흉측한 짓을 하면서 하지 못하는 짓이 없었는데, 도처에서 모두 그러하였다. 이는 이에 인사(人事)의 대변괴(大變怪)였다. 그러니 사람의 힘으로 어찌 멈추게 할 수가 있는 것이겠는가.

무진년(戊辰年) 1928. 39세.

○ 천진(天津)에 이르러서 개간(開墾)하는 일에 대한 계획을 세웠는데, 역시 남북(南北)의 전란*으로 인하여 깨졌다.

○ 6월에 윤선(輪船)을 타고서 영구(營口 : 중국 요령성 남부 요하遼河 어귀 항만 도시)에 이르렀다가 도적을 만났다. 봉천(奉天)으로 들어갔는데, 정탐꾼이 뒤를 따라왔다(개성開城의 음험 형사刑事이다). 가지고 가던 물품을 모두 버리고 몰래 공태보(公太堡)에 있는 임학근(林學根)의 집으로 피신하였다.

○ 길림(吉林)으로 들어가 여시당(呂是堂)과 홍 씨(洪氏)와 이 씨(李氏) 등 여러 동지들을 만났다. 혼자서 농촌의 야학(夜學)을 창설하였다.

○ 김□진(金□鎭)**이 함께 가자고 굳게 청하였으나 응하지 않았다.

○ 윤 씨(尹氏)와 황 씨(黃氏)*** 등 여러 사람들이 생육(生育)하는 일을 하였는데, 나에게 위원(委員)의 직임을 맡겼다. 이에 고심을 하면서 온 힘을 다하였다.

기사년(己巳年) 1929. 40세.

○ 4월에 김백야가 화전(樺田)에 있으면서 어느 날 세 장의 서신을 윤주영(尹冑榮)에게 보내어 나로 하여금 속히 몸을 일으켜 그곳으로 와서 북만주(北滿州)의 일을 도모하라고 하였으나 나는 모두 응하지 않았다.

○ 오상(五常)의 노흑정자(老黑頂子)로 들어갔다. 백우(白愚) 이장녕(李章寧)의 집에서 홍만호(洪晩湖)와 황학수(黃學秀) 및 여시당과 함께 민주

---

* 중국 북쪽의 장종창(張宗昌) 군과 남쪽의 장개석(蔣介石) 군의 전란.

** 김좌진(金佐鎭, 1889~1929).

*** 1930년 2월 13일 길림현 춘등하(春登河)에서 열린 생육사(生育社) 제2회 정기총회에서 중앙집행간사(5명) 겸 중앙상무원(15명)으로 선임된 이규채(총회 회록에는 이규채의 가명인 이우정李宇貞으로 기록됨)와 함께 중앙집행간사의 한 사람으로 선임된 윤좌형(尹佐衡)과 중앙상무원의 한 사람으로 선임된 황학수(黃學秀)를 말함.

주의(民主主義)에 대해서 강론하였다.

○ 12월에 김동삼(金東三)·김응섭(金應燮)·이탁(李卓) 등 여러 사람들이 보낸 통문(通文)을 받았다. 홍만호와 함께 길림으로 들어갔다. 김좌진 (金佐鎭)이 화요회(火曜會) 회원인 김모(金某)에게 피살되었다는 소식을 들었다. 제문(祭文)을 지어 보내 조문하였다.

○ 5월에 반석현에 있는 영통산에 이르렀을 때 □□당(□□黨)이 뒤따라 왔는데, 회피하지 못하고 한밤중에 생매장을 당하게 되었다. 아, 아무 것도 모르는 무리들이 횡행하여 이런 지경에 빠지게 되었다. 그런데 하 늘이 도움이 있어서 면할 수가 있었다. 당시에 어떤 여자가 그의 남편 에게 부탁하여 이광민(李光民)*에게 고해서 구해 주게 하였다.

경오년(庚午年) 1930. 41세.

○ 염석주(廉錫柱)의 돈을 가지고 오상현(五常縣) 충하진(沖河鎭)에다가 땅 을 사고는 내지(內地)에서 30여 호의 농가를 옮겨왔다. 당시에 □□당 이 우리를 자본주의자(資本主義者)라고 지목하였다. 그리고는 드디어 사형선고를 선포하고 도처에서 소란을 일으켜 많은 사람들을 살상하 였다. 이에 드디어 유수현(楡樹縣)에 있는 박일만(朴一萬)의 집으로 피 신하였다. 윤상갑(尹相甲)과 이진구(李鎭求)가 길림에서 와 보호해 주었 다. 생육(生育)에 대한 일로 하얼빈(哈爾濱)의 태평교(太平橋)에 이르러 둔간(屯墾)에 대한 계책을 세웠다.

○ 12월 그믐날에 합부(哈阜)로부터 서둘러 오주현(烏珠縣)으로 갔다. 당시 에 홍만호가 먼저 이르러 오기를 재촉하였으므로 간 것이다. 이청천(李 靑天)이 와서 만났다.

○ 이보다 앞서(7월 쯤이다) 아무개와 아무개의 발문(跋文)에 응하여 위 사현(葦沙縣)에 가서 독립당(獨立黨)을 결성하고는 선전위원(宣傳委

---

* 석주(石州) 이상룡(李相龍)의 조카. 1927년 5월 길림성 반석현에 기반을 둔 한족노동당(韓族勞動黨)의 한 인 보호 조직 '보호회'를 조직할 때 중앙위원으로 선출되어 활동함.

員)의 직임을 맡았다.* 11월에 하얼빈에 이르러 충하진에서 볍씨를 탈취당한 일에 대해 주선하였다. 당시에 홍호자(紅鬍子 : 중국의 만주 지역에서 활동했던 말을 탄 무장집단)로써 염씨(廉氏) 성을 가진 자가 우심철(于深澈)에게 귀화하고는 마음내키는 대로 약탈을 하여 농호(農戶)들 전부가 농사 지은 것을 빼앗겼으므로 가게 된 것이다.

신미년(辛未年) 1931. 42세.

○ 하빈(河濱)으로 가서 황가소과(黃家燒鍋)에 있는 집에 머물렀다. 여러 해 동안 외지에 있었던 탓에 사업이 어느 때나 성공하게 될지 알 수 없었으며, 또한 어느 해에나 귀국하게 될지 알 수 없었다. 그런데 피비린내가 진동하는 속에 백발이 성성하게 되었다. 여러 친구들이 나에게 장가들기를 권하였다. 이에 내가 직접 어떤 성씨의 여인을 골라서 동거하였다.

○ 9월 18일에 봉천(奉天)이 일본의 다문단(多門團)에게 함락되었다.

○ 10월 19일에 한응호(韓應浩)와 함께 아성(阿城)의 대사하(大寺河)에 이르렀다. 이진영(李鎭榮)이 찾아와 만나서 어떤 일을 계획하고는 아성현(阿城縣)에서 만나기로 약속하였다.

○ 당시에 풍점해(馮占海 : 중국의 동북군벌계東北軍閥系의 군벌)가 아성현을 점거하고 있었으며, 성이성(成以省)이 빈주(濱州)에 오래도록 머물러 있으면서 스스로 남만(南滿)이라고 하였는데, 이들이 이른바 반만군(反滿軍)이다. 이들은 도처에서 약탈을 하였는데, 조선 사람들을 만나면 문득 '일본을 따른다'고 하거나 '작은 일본'이라고 하면서 조금도 용서치 않았다. 여자들의 경우에는 14~15세 이상부터 40세 이하에 이르기까지의 여인들에 대해서는 강간을 일삼아 강간을 모면한 자가 100명 가운

---

* 1930년 6월 한국독립당 창립 때 이규채는 정치부 위원 겸 군사부 참모장에 선정되고, 이청천과 함께 유수현 담당하였으며, 당 집행위원회 위원에 선임되어 "…… 얼마 지나지 않아 출발하여 길림성 하중동(下中東), 연수(延壽), 수하(洙河) 등 각 지방 일대를 순회하면서 조선인 동포와 농업 실태를 시찰하고 혁명의식의 주입 선전에 힘쓰며, 지부를 조직하기 위해 동분서주하면서 독립당 본부에 연락을 취하고 또 출입하면서 지방을 순시했다(『한민족독립운동사 자료집 43』 「중국지역 독립운동 재판기록」 68쪽, 본서의 234쪽)."

데 한두 명도 되지 않았다. 이에 □립당(□立黨)의 격고문(格告文)으로 여행증명서를 만들어 주었다. 9월 18일 봉천이 함락당할 때 조선 사람들이 앞장서서 약탈을 하였으므로 본래부터 도적의 근성을 가지고 있던 중국 사람들이 이와 같이 조선 사람들을 학대한 것이다.

거주하고 있던 조선 사람들이 도처에서 흩어져 도망쳤다.

임신년(壬申年) 1932. 43세.

○ 1월에 호로군(護路軍) 사령(司令) 양문빈(楊文彬)이 합부에서 와서 황가소과에 도착하였다. 길림 여장(旅長) 왕지유(王之維)가 화전(華田)에서 연가소과(燕家燒鍋)로 왔다. 당시에 이곳에 살고 있던 조선 사람들이 모두 나 한 사람의 지도만을 바라보고 있었다. 중국 병사들은 모두 규율이 없어서 약탈과 강간을 일삼고 있었다. 이를 모면하기 위하여 백방으로 힘쓰다 보니 잠시도 쉴 겨를이 없어 밥을 먹지 못하고 잠을 자지 못하는 것이 10여 일이나 계속되었다.

○ 18일에 이청천·신태인(申泰仁)·김영선(金永善)이 빈주(濱州)로부터 왔는데, 군용(軍容)이 아주 형편없어 어떻게 해 볼 수가 없었다. 더구나 중국 병사들은 모두 약탈을 일삼고 있어서 어찌 해볼 만한 일이 하나도 없었다.

○ 21일 밤에 일본의 다문군(多文軍)이 만주의 병사들과 연합하여 세 방면에서 공격해 왔다. 이에 거느리고 있던 병사들을 이끌고 하빈현(河濱縣)으로 들어갔다. 이청천과 신태인 및 오광선(吳光善)(대대장이다)과 더불어 토의한 다음 길을 나누어 갔다. 김영선(金永善)과 함께 물러나서 중동로(中東路)의 모아산(帽兒山)으로 들어갔다. 이는 대개 독립당의 군사들을 수습하여 이청천의 뒤를 이으려는 뜻이었다. 그런데 이때에 사람들을 움직이는 것은 실로 광복군(光復軍)이 정책으로 정해 놓은 원래의 법이 아니었다. 그러나 동족들이 반만군에게 살상되는 것을 구해낼 만한 계책이 없었으므로 잠시 중국 군사들과 합세하는 정책을 취해서 조선 사람들이 그들과 더불어 다르지 않다는 것을 드러내 보이기 위해

서 한 것이었다. 그러므로 이때부터 조선 사람들이 비로소 화를 면하게 되었다.

○ 25일에 왕지유의 군사들이 전부 일면파(一面坡)의 일본 영사(領事)에게 귀화하였다.

○ 4월에 아성의 대사하에 이르렀다. 오광선이 이청천이 보낸 편지를 가지고 와서 보고하였다. 처음에 김준(金俊)·최관용(崔寬容)이 합부에 와서 귀화하였다. 그러므로 또다시 오광선과 이원방(李元芳)으로 하여금 서신을 전하게 하였는데, 이원방이 합부에 이르러서 일본 경찰에 체포되었다. 그러므로 오광선이 혼자 와서 보고한 것이다.

　　그 서신에 이르기를, "지금 신태인과 함께 동흥(東興)에 있으면서 집 한 채를 새로 짓고서 오래도록 머물러 있을 계획을 하고 있다. 그런데 군량(軍糧) 문제가 아주 곤란하니, 좌하(座下)께서 힘써 주시면 다행이겠다. 중동로(中東路) 일대가 모두 좌하의 힘에 의지하고 있으니, 지금 이 외로운 군사들이 살고 죽는 것도 역시 좌하의 지도에 의지하고 있다. 운운" 하였다.

○ 7일에 쌍둥이 종환(鍾桓)과 종명(鍾明)이 태어났다.

○ 초5일에 안해강(安海岡)과 함께 이층전자(二層甸子)에 갔다. 대도회(大刀會)* 대대(大隊)가 있어서 수색을 하면서 말하기를, "이놈들은 실로 일본의 정탐꾼이다"라고 하고는, 우리를 꽁꽁 묶어서 어떤 회청(會廳)으로 끌고가 가두었다. 얼마쯤 있다가 칼을 가지고 와서는 말하기를, "참수해야 한다" 하였다. 그러자 안해강이 몹시 두려워하면서 말하기를, "어찌하면 좋겠는가"라고 하기에, 내가 웃으면서 말하기를, "저들은 작은 도적 무리들이니 감히 손을 쓰지 못할 것이다"라고 하였다. 조금 지나서 두 명의 마병(馬兵)이 와서 말 안장에다 우리를 묶은 끈을 잡아매고서 말을 달려갔다. 만약 한 번만 쓰러지면 수족이 떨어져 나가 목숨

---

* 중국 청나라 말기의 민간 비밀결사단체.

을 잃을 것만 같았다. 이에 대변이 마렵다고 애걸하였는데, 기침이 나와서 말을 할 수가 없었다. 한 마병이 대변을 누도록 허락하였다. 이에 곧바로 쓰러졌다가 다시 일어나 앉았다. 안해강이 공손한 태도로 있었다. 조금 지나 기침이 멎어들었다. 또다시 앞서와 같이 말을 몰아 달려갔는데, 마치 개장수가 개를 끌고 가는 것과 똑같았다. 만약 한 번이라도 실족하면 형세상 다시 일어날 수가 없었다. 2~3리쯤 갔을 때 남쪽에서 마병 부대가 작은 진을 펼치고 다가왔다. 앞머리에 있던 한 병사가 말에서 내려 채찍을 들어 저지하면서 말하기를, "멈춰라, 멈춰라" 하였다. 고개를 들어서 쳐다보니 대도병(大刀兵)이 말에서 내려서 앞으로 다가왔다. 그 마병이 손을 들어 이마에 대어 경례를 하면서 말하기를, "이(李) 참모(參謀)께서 어찌하여 이런 곤경을 당하십니까" 하였다. 그러자 22명의 마병이 모두 말에서 내려 경계를 하였다. 그리고는 "저 하찮은 도적놈들이 이에 감히 이와같이 하였단 말인가" 하였다. 가장 앞에 선 자는 바로 지난날에 왕지유가 귀화할 때 따라가지 않고 호로군 사령 양문빈에게 붙은 배장(排長)인 장상신(張常臣)이었다. 장 배장이 곧바로 우리를 끌고 온 대도회 사람의 성명을 물은 다음, 하나의 명자(名刺 : 상대방에게 자신을 알리기 위해 성명이나 주소, 근무처, 신분 등을 적은 종이쪽)을 내어 이 광경을 써서 한 군인에게 주어 본단(本團)에 돌아가 보고하게 하였다. 그리고는 이어 우리를 끌고 온 대도회 사람에게서 그들이 타고 있던 말을 빼앗아 우리에게 주어 타게 하였다.

아, 인생의 화복이 이와 같이 알기가 어려운 것이다. 평생토록 위험한 고비에 처하여 파란을 겪은 것이 몇 차례인지 모르고, 목숨이 경각에 달했을 정도로 힘들었던 적도 몇 번인지 모를 정도였으나 이번에 겪은 위험이 가장 심하였으며, 육신의 고통을 겪은 뒤에는 인생의 화복은 알 수 없다는 것이 더욱더 증명되었다. 말 위에서 아래로 대도회 사람이 도리어 꽁꽁 묶여 있는 모습을 보니, 참으로 앙천대소할 만한 것이었다. 안해강이 말하기를, "오늘은 이에 내가 새로 태어난 날이다. 선생으로부터 다시 목숨을 받았다. 운운" 하였다.

○ 아성의 사하자(沙河子)에 도착하였다. 단장(團長) 고봉림(考鳳林)*과 참모장(參謀長) 조인(趙麟)이 나와서 맞이하면서 위로하였다. 참모 오종백(吳宗伯)이 성찬을 마련하여 대접하였다.

　당시에 장개석(蔣介石)이 하사기(何斯期)를 임명하여 동로36군장(東路三十六軍將)으로 삼았는데, 이 사람이 반가유방(潘家油房)으로 와서 흩어진 병사들을 불러 모았다. 그리고는 나에게 합세하기를 간청하였는데, 사자(使者)가 자주 잇달아 왔다. 그러나 고봉림의 군대는 본디 상마적(上馬賊)으로서 의병(義兵)을 일으킨 사람들이어서 병사들이 모두 정예롭고 용맹하였으며, 군대의 위엄이 정숙하였다. 그러므로 드디어 하사기를 버리고 고봉림의 군대와 더불어 합세하였다.

○ 4월 7일에 계사처장(稽査處長)의 직임을 맡았다. 안해강을 대사하로 보내어 오광선과 김창환(金昌煥) 등 여러 동지들을 불러들였다. 그리고는 곧바로 재차 동원령(動員令)을 내렸다. 나는 자칭(自稱) …… 모여든 자들이 수백 명이나 되었다. 김창환을 부사령(副司令)으로 삼고 오광선을 대대장(大隊長)으로 삼았다. 군용이 점차 정돈되었는데, 이 때에 하강(河江) 한영서(韓永舒)가 수고하면서 힘쓴 바가 많았다.

○ 5월에 쌍성(雙城)**을 향하여 출발하였다. 당시에 공로가 있다는 이유로 소교참모(小校參謀)를 맡았다. 당시에 양요균(楊耀鈞)은 본디 봉천군(奉天軍) 여장(旅長)으로서 전투를 하면서 이곳에 이르러 각처에 흩어진 병사들을 불러 모았다. 그리고는 총지휘에 추대되어 삼군(三軍)을 조직하였다. 전 길림군 여장 손경림을 제1군의 대장으로 삼고, 전 호로군 중동로(中東路) 영장(營長)을 제2군 대장으로 삼고, 전 단장 고봉림을 제3군 대장으로 삼았으며, ……으로 선견대(先遣隊)를 삼아 제3군에 소속되게 하였다. 나는 군부(軍部)에 있으면서 조린과 더불어 조직부의 일체 군

---

* 중국자위연합군 제3군장.

** 만주 장춘(長春)과 하얼빈 사이에 있는 도시. 친일부호와 고관들이 많이 살고 있는 일제 침략의 거점. 쌍성보전투가 있었던 곳.

무를 총람(總攬)하면서 처리하였다.

○ 6월에 쌍성의 영발둔(永發屯)을 공격하였다. 3일 밤낮 동안 격전을 치렀다. …… 소대장 박영묵(朴英默)이 전투에 참여하여 공을 세웠다.

○ 8월에 이청천과 신숙이 왔다. 독립당 총무위원장(總務委員長)에 임명되었다.

○ 13일에 쌍성을 향하여 출발하였다. 병세(兵勢)가 크게 떨쳐졌다. 남가둔(南家屯)에 이르자 자위단(自衛團)이 굳게 항거하였다. 전 홍창회(紅槍會)*의 법사(法師)인 유도명(劉道明)이 부하들을 거느리고 나가서 싸웠는데, 싸움에 임할 때마다 모두 말에서 내리고는 상의를 벗어 상체를 드러내고는 부적을 불살라 물에 타서 마셨다. 그리고는 왼손으로 향을 잡아 사르고 주문을 외우고 오른손으로는 창을 잡고 전진하였으며, 20보나 혹 30보마다 꿇어앉아서 향을 살랐다. 그러자 적병들이 신령이 도우는 것이라고 하면서 손발을 덜덜 떨어 총알이 날아오는 소리가 천지를 진동하였지만 능히 맞추지를 못하였다. 창을 잡은 선발대가 이미 앞장서서 올라가자 적병들이 어지럽게 도망쳤다. 여기에서 이들이 훈련을 받지 않은 병사들임을 알 수가 있었다. 또한 미신이 사람들을 홀리는 것이 놀랄 만하다.

○ 얼마 지나지 않아 적의 진지를 점령하였다. 촌민 전체가 모두 나와서 맞이하였다. 부녀자들 가운데 나이 어린 사람들은 모두 나와서 □□기(□□旗) 아래에 모였다. 군대를 일으킨 이래로 중국 군사들은 모두 약탈과 강간을 일삼았지만 독립군만은 규율을 지켜 흐트러지지 않아 털끝만치도 범하는 바가 없었다. 이에 어느 지역이고를 막론하고 민간인들이 모두 나와서 맞이하였으며, 음식이나 식량 및 양이나 돼지 등도 모두 가장(家長)이 마련해 내어주었다. 심지어는 눈물을 흘리면서 탄복하는 자들도 있었다.

○ 14일에 쌍성의 동쪽 교외에 이르렀다. 군사들이 100여 리에 길게 늘어

---

* 중화민국 출범 이후 화북의 농촌지역에서 조직된 민간의 자위적인 무장단체.

섰다. 비행기 3대가 합부에서 날아와 습격하였는데, 포탄을 쏟아대는 것이 비가 내리듯 하였다. 하강 한영서가 말하기를, "군사들의 마음이 흩어져 어지러우니 어떻게 하면 좋겠는가"라고 하였다. 참모장 조인이 몹시 두려워하면서 즉시 명령을 내려 행군을 중지하게 하였다. 군사들이 모두 들판과 밭두둑 사이에 엎드려 숨었다. 그런데도 독립군만은 홀로 두려워하는 기색도 없이 5일이 한 대(隊)가 되어 각각 나누어져서 똑바로 서서 공중을 향하여 총을 쏘았다. 비행기가 더욱더 공중을 나르면서 포탄을 투하하였으나 한 발도 명중되지 않았다. 이 행군에서 제1군은 손해를 본 것이 많았다.

○ 하오(下午)에 드디어 쌍성의 성 아래에 도달하였는데, 날이 이미 완전히 어두워졌으며, 달빛이 은은하게 비쳤다. 독립군들은 서쪽 문으로부터 돌격해 들어가 성을 격파하였다. 온 성안에 화광이 충천하여 대낮과 같았다. 이 싸움에서 노획한 말과 차 및 병기가 적지 않았다. (원문 빠짐) 김창환은 나이가 64세나 된 사람인데도 칼을 빼들고 앞장서서 나아가면서 말하기를, (원문 빠짐) 하니, 뒤에 따라가면서 보는 자들이 모두 혀를 빼물고 감탄하면서 "노인네가 참으로 씩씩하기도 하다" 하였다.

○ 야수양(冶樹陽)이 저녁에 주둔할 계책에 대해서 참모부에 말하였다. 야수양은 봉천(奉天) 강무학당(講武學堂) 출신으로서 자못 병법에 대해 밝은 자였다.

○ 이 전투에서 동족들을 구원하기 위한 계책으로 각 사람마다 한 자쯤 되는 붉은 천 반 폭(幅)씩을 가지고 있게 하였다. 이때 만주국 군사들은 모두 백황색(白黃色)의 천을 가지고 팔뚝에 둘렀으며, 중국 군사들은 붉은색 천을 가지고 팔뚝에 둘렀다. 그러므로 붉은색 천을 가지고 팔뚝에 두른 자들은 살아남을 수 있었다.

○ 나는 서쪽 문의 성루(城樓) 아래에서 조옥서(趙玉書)(옥서는 조린의 자字이다)와 오종숙과 더불어 각각 한 부대를 거느리고 성안의 형편을 정찰하였다. 어떤 한 부대의 □□군(□□軍)이 길 가에 있는 나무판자로 된 덮개를 뜯고 있었는데(길 가의 양쪽 물길에는 모두 나무판자로 덮개를 만들

어 덮었다), 내가 그 까닭을 묻자 말하기를, "일본 장사꾼 한 사람이 이 물길로 도망쳐 들어갔기 때문에 그를 찾아내어 죽이고자 해서입니다" 라고 하였다. 나는 한 장사꾼을 죽이는 것은 크게 중요치 않은 일이며, 또한 전군(全軍)이 개인적인 일을 해서는 안 된다고 여겨 찾지 말라고 하였다.

○ 새벽녘이 되어서야 왼쪽 손에 총을 맞아 부상을 당하였다는 것을 알았다. 곁에 있던 사람이 먼저 보고서는 깜짝 놀랐다.

○ 16일에 납림하(拉林河)로 후퇴하여 주둔하였다. 민간인들이 앞 다투어 나와서 맞이하였다. 납림창(拉林廠)의 상무회장인 사택분(史擇芬)이 보위단(保衛團) 단장으로서 나를 초청하여 대접하였다. 그리고는 스스로 휘하를 이끌고 선봉대가 되겠다고 하였다. 중교참모(中校參謀)로 승진하였다.

○ 이 때에 추수하는 일이 한창 급하였다. 하빈과 쌍성에 거주하고 있는 조선인들이 몇 천 호가 되는데, 우군(友軍)들이 군량을 빌려가는 것이 날이 갈수록 심해졌다. 이에 우리 백의민족이 의지하여 살아가는 것이 단지 이들이 가지고 있는 볍씨에 있을 뿐이었는데도 지탱해 나갈 만한 힘이 없었다. 그러므로 본군(本軍)에서는 장교회의를 열어 백미(白米)만을 양식으로 삼기로 결의하였다.

그런데 독립군 사령부로부터 조회(照會)하는 글이 내려왔다. 나는 이 때 막 밥을 먹고 있다가 입에 있던 밥을 뱉어내고는 급히 그 명령을 취소하라고 하면서 말하기를, "만약 10만이나 되는 군사들이 조선 사람들이 벼농사를 지은 것을 먹는다면 두 달도 채 지나지 않아서 다 먹어 치우고 말 것이다. 그럴 경우 수만 명이나 되는 조선 사람들의 목숨은 어떻게 구할 것인가. 그리고 이 전쟁은 이에 일본의 전중(田中) 내각 때 이미 만들어 놓은 만몽(滿蒙) 지역에 대한 정책에서 발단되어 일어난 것으로, 한두 해만에 끝장이 날 전쟁이 아닌 것이다. 그러니 마땅히 전 중국의 목숨을 건 전쟁이 되어야 할 것이다. 지금 조선 사람들이 본국으로 돌아가고자 하는 것 역시 이 벼이삭 때문이다. 그러니 민간인들을 위한 계책을 세우지 않아서는 안 된다" 하였다. 그리고 내가 외로운 군사들을 거느리고 중국 군사들과 합세한 것은 본디 중국 사람들이 우리 동족들을 죽이고 약탈하기 때문이었다.

이에 군부(軍部)와 모의해서 삼성(三成)의 법을 정하였다. 10두를 타작하였을 경우에는 3두는 군부에 납입하고 7두는 민간인이 차지하며, 조자(租子)와 소포사장전(小舖賒帳錢)은 모두 군부에 납입하여 군용(軍用)에 충당하는 것으로 법령을 만들었다. 그리고는 조선 사람들이 거주해 사는 곳에 법령을 선포하고는 배장 한 사람을 보내어 주민들 가운데 나이 많은 사람을 보대(甫貸)(고용雇傭하는 것을 말한다)하여 속속 타작하게 하였다. 또 우군(友軍)들이 식량을 빌리는 폐단을 금하였다. 그러자 백성들이 모두 길길이 뛰며 기뻐하였다. 이로써 귀국하는 자들이 기한(飢寒)을 면하고 귀국하게 되었으며, 돌아와서 머물러 살기를 원하는 자들 역시 무사하게 되었다.

○ 10월 3일에 이공래(李公來)가 사형 당하게 된 것을 구제해 석방하였다. 이공래란 자는 농민들 가운데에서 뛰어난 점이 있어서 입당(入黨)하였는데, 이번 전쟁이 일어났을 때 적과 내통하여 도망치려고 하였다고 한다. 그러므로 사령부로부터 사형에 처하라는 명령이 있으면서 나에게 서명할 것을 요구하였다. 나는 민생이 도탄에 빠진 것에 대해 분명하게 말하고는 이르기를, "가령 이 한 사람을 죽임으로써 모든 국민에게 이로움이 있다면 죽여도 괜찮지만, 그렇지 않을 경우에는 공연스레 백성 한 사람만 죽이는 것이니, 무슨 보탬이 있겠는가"라고 하였다. 그리고는 판결을 뒤집어서 곧바로 석방한 것이다.

○ 어떤 정탐꾼 한 명을 붙잡아서 죽이고자 하였다. 그런데 나는 조사를 해 본 다음 전권(全權)으로 석방하였다. 그러자 본군(本軍)의 일지(日誌)에 "이 참모(李參謀)가 적의 정탐꾼을 석방하였다. 천하 만고에 어찌 적의 정탐꾼을 석방하는 일이 있단 말인가" 하였다. 그러나 나는 이런 것을 모두 생각하지 않고 처리하였다.

○ 박승직(朴承稷)과 한형권(韓衡權)이 사형을 당하는 것을 구해 주었다.

박승직과 한형권은 모두 배반을 한 정황이 있어서 역시 사형에 처할 것으로 논하였다. 나는 이들 두 사람을 죽이는 것은 아무런 이득이 없으니 살려두고서 군중(軍中)에서 불을 때는 일을 하게 하는 것이 더 낫다고 하였다. 이에 죽이지 않게 된 것이다.

ㅇ 재차 쌍성을 공격하였다가 패배하였다. 이 전투에서 사택분의 온 가족 70여 명이 비행기에서 퍼붓는 포탄에 의해 몰살되었다.

조린이 목을 놓아 통곡하면서 말하기를, "이 참모의 말을 듣지 않았다가 이 지경에 이르렀다"라고 하였다. 이보다 앞서 내가 '오서(五舒)로 돌아가서 도랑을 깊이 파고 보루를 높이 쌓은 다음 중앙정부에 보고하여 송군(宋軍)이 와서 합세하기를 기다리고, 또 풍점해와 더불어 서로 표리(表裏)를 이루어 호응하자'고 하였으나 군장이 듣지 않았다. 그러므로 조린이 이렇게 말한 것이다.

ㅇ 오상의 건랍하(乾拉河)에 이르러 전군이 고개 동쪽에 주둔하였다. 나는 홀로 한(韓) 군수(軍需)와 더불어 모아산으로 돌아와 당무(黨務)를 수습하였다. 최동만(崔東滿)과 최병권(崔秉權)이 모두 와서 나를 따랐다. 입관(入關 : 산해관 안으로 들어가다. 즉 동북 지역에서 중국 관내로 들어가다)하기로 계책을 정하였다.

ㅇ 쌍성을 재차 공격한 이래로 여러 곳에 있던 중국 군사들이 모두 투항하였는데, 풍점해만은 홀로 열하(熱河)로부터 산해관(山海關) 안으로 들어갔다. 당시에 일본의 특무기관에서 유화책을 써서 귀화할 경우 100엔을 주었다. 박관해(朴觀海) 등이 하얼빈에 있으면서 이매(李梅)를 보내어 나의 동정을 탐색하면서 감히 곧바로 귀화하지 못하였다. 이는 모두가 금전에 대한 욕심으로 그렇게 한 것이다. 그들 이외에 열하를 왕래하는 자들이 이루 형언할 수 없을 정도로 많았다. 그리고 일본 영사가 현상금을 내걸고 반드시 체포하고자 하는 자가 다섯 사람이었는데, 내가 그 가운데 두 번째에 들어 있었다.

그 당시의 형편을 살펴보면 참으로 누란(累卵)의 위기와 똑같아서 숨어 있을 곳이 한 곳도 없었다. 그리고 중동(中東) 일대에는 나 이우정을 모르는 사람이 없었다. 그러니 제아무리 경천위지(經天緯地)하는 재주가 있다고 하더라도 도망칠 만한 틈새가 하나도 없었다.

어느 날 팔가자(八家子)의 보위단(保衛團)으로 가서 오성삼(吳省三) (오성삼은 보위단의 단장으로서 일본 영사와 친한 자이다)을 만나 말하기를, "현상금을 내걸고 나를 잡으려고 하니, 그대는 복이 있는 사람이다"라고 하였다. 그러자 오성삼이 양손으로 포권을 하여 공손한 태도를 지으면서(중국 사람들은 손님을 공경할 경우 양 손으로 포권을 하여 절한다) 말하기를, "차라리 죽을지언정 감히 현상금을 노려 대인을 해치지 않을 것입니다. 각하(閣下)께서는 마음을 놓으시기 바랍니다. 이것은 제가 책임지겠습니다"라고 하였다. 그리고는 좌우에 있던 사람들을 불러서 말하니, 좌우 사람들이 모두 포권의 예를 올리면서 말하기를, "우리들은 중국 사람입니다. 지금은 비록 형세가 여의치 못해 이와 같이 하고 있지만 공께서 어찌 우리들이 현상금을 노릴까 의심하신단 말입니까?"라고 하였다. 이에 드디어 술자리를 마련하여 환대해 주었는데, 그 자리에 있던 자들이 30여 명이나 되었다. 그리고 밖에서 오가는 병사들 역시 모두 시끄러이 떠들어 대면서 약삭빠르게 처신하는 자들에 대해 욕하였다. 이날 술에 몹시 취하였는데, 평상시보다 훨씬 더 많이 취하였다. 심지어는 길을 갈 적에 나의 얼굴을 알아보는 자들이 모두 허리를 굽히면서 말하기를, "현상금을 내걸고 공(公)을 잡으려고 하니 공께서는 조심하시기 바랍니다"라고 하였다. 대개 중국 사람들은 돈을 좋아하여 자신의 목숨과도 바꾸는데 나에 대해서는 이와같이 대우해 주었으니, 참으로 헤아리기 어려운 점이 많다.

계유년(癸酉年) 1933. 44세.

○ 1월에 홍만호가 와서 모였다. 대대장 오광선 역시 대사하(大寺河)로 돌아왔다. 조선일보(朝鮮日報) 하얼빈 지국장(支局長) 오철주(吳鐵周)가 대사하로 와서 만나보기를 요청하기에 허락하였다.

그와 더불어 말을 나누었는데, 그 뜻은 대개 나로 하여금 일본에 귀화하게 하고자 하는 것이었다. 이에 나는 기회를 얻었다고 생각하고는 즉시 그에게 "일본이 2,000만 원을 빌려주고, 또 동성(東省)의 개간권(開墾權)을 주며, 내지(內地)의 총독부로부터 500명 이상의 이민(移民)을 인준받아 주면 내가 귀화할 것이다"라고 하였다. 그러자 오철주가 난색을 표하면서 그렇게 할 수 없을 것 같다고 하였다. 이에 내가 말하기를, "그렇게 할 수 없다면 없었던 일로 하자" 하였다. 오철주가 이에 하직하고서 갔다. 그 뒤 며칠 뒤에 오광선으로부터 또 오철주와 김약수(金若水)란 자가 만나보기를 청한다는 전갈이 왔기에 역시 허락하였다. 김약수란 자는 하얼빈의 특무기관원 가운데 한 사람이었다. 그의 학식과 언변은 오철주에 비해 열 배는 더 우수하였으며, 늘어놓는 교묘한 말들은 단지 나를 일본에 귀화시키고자 하는 것이었다. 나 역시 위에서 말한 세 가지의 일이 성사된 뒤에 다시 말하자고 하였다. 김약수가 회보해 줄 기일을 정하고 떠나갔다.

사흘 뒤에 김약수와 오철주가 태평산(太平山)으로 찾아와서는 소매 속에서 세 통의 서신을 꺼내어 주었다. 한 통은 합부(哈阜)의 일본 특무기관장으로 있는 죽목(竹木)이 나에게 보내는 편지로, 완곡한 말로 나에게 귀화하기를 요청하는 편지였다. 또 한 통은 이량(李亮)과 나와 이씨(李氏)와 신 씨(申氏)에게 보내는 편지였다. 또 한 통은 이 씨에게만 보내는 편지였다.

그러나 특별한 내용은 없었다. 이에 나 역시 완곡한 말로 거절하였다. 이것은 몸을 빼어 산해관 안으로 들어갈 계책을 하였기 때문에 이렇게 한 것이다. 당시에 이른바 중국 군사라고 하는 자들은 모두 귀화하였기 때문에 고군약졸(孤軍弱卒)로는 지탱해 나갈 수가 없었다. 그런즉 산해관 안으로 들어가 전체가 탈출할 수 있도록 하는 것이 가장 좋은 계책이었다. 그러므로 이와 같은 완곡한 계책을 쓴 것이다.

○ 2월에 아들 종명이 죽었다. 또 7월에 아들 종환 또한 죽었다.

○ 드디어 몸을 일으켜 샛길로 해서 길을 떠났다. 홍만호 역시 동행하였다. 소실(小室)이 따라오기를 원하였으며, 최동만과 최병권도 모두 따

라왔다. 팔가자(八家子)에 있는 허점동(許占東)의 집에 이르렀다. 건량(乾糧)을 만들어 가지고 납림(拉林 : 현재 흑룡강성 오상시 납림진의 중심)의 상류에서 배를 탔다.

　홍만호가 강물을 가리키면서 말하기를, "이 속에 빠져 죽는다면 다시는 걱정할 일이 없을 것이다"라고 하였다. 이에 내가 몹시 꾸짖기를, "비록 강을 건널 면목이 없기는 하지만, 일생의 사업을 어찌 이 정도의 곤란을 겪는다고 그만두겠는가. 일을 당하여서는 스스로 죽을 필요가 없다"고 하였다. 그러자 홍만호가 부끄러워하였다.

○ 길림의 북쪽 산에 이르러 도적을 만나 가지고 있던 물품을 모두 빼앗겼다. 대문구(大門口)에 이르러 유숙하였다.

　형사가 와서 조사하는데 '이름은 김경화(金敬和)이며, 난리를 피해 왔다'고 하였다. 집 주인 남 씨(南氏) 역시 "연전에 우리 집으로 와 있었으며, 학문을 가르치는 선생이다"라고 하여 모면할 수 있었다.

○ 홍만호·최동만·최병권 세 사람을 사간방자(四間房子)에 있는 성세영(成世永)의 집으로 보내어 나의 회답을 기다리게 하였다. 그리고는 드디어 소실과 더불어 걸인 모양으로 꾸미고 갔는데, 혹 화차(火車)를 타고 가거나 혹 걸어서 갔다. 노자 돈은 남 씨와 족인(族人)인 이규동(李圭東) 형이 변통해 주었다.

○ 장춘(長春)에 있는 신원균(申元均)의 집에 이르렀다. 옷을 전당 잡혀서 8원의 은자(銀子)를 얻었다. 소실과 헤어지고서 곧바로 봉천에 이르렀다. 김상덕(金尙德)을 만났으며, 또 이규동(李圭東)을 만났다.

○ 김상덕과 더불어 천진의 북양대학(北洋大學)에 있는 김규식(金奎植)을 찾아갔는데, 김규식은 먼저 남경(南京)으로 향해 떠나고, 그의 아내인 김순애(金順愛) 씨가 나와서 맞이하였다. 또 홑옷 한 벌을 내주었다. 이에 비로소 손톱과 발톱을 깎고 머리를 감고 몸을 씻고서 하룻밤을 묵었다.

○ 북경에 도착하니 황부(黃孚)가 남경으로부터 와서 일본과 더불어 협정을 맺어 정전(停戰)하기로 조약을 맺었다고 알려주었다. 이고광 및 조

성환(曺成煥)을 방문하였다. 이고광과 더불어 구국군후원회(救國軍後援會)에 들른 뒤 드디어 남경으로 향하였다.

○ 박찬익(朴贊翊)을 방문하고서 남경로(南京路)에 있는 김영철(金永哲)의 집에 머물렀다. 남경에 있는 여러 사람들이 와서 문안하였다. 남경에 있는 신문계(新聞界)의 요인들이 나에게 한마디 해 주기를 요청하였다. 한구(漢口)와 상해와 남경과 복건(福建) 각처에 있는 신문계 사람들이 합동으로 환영해 주었다. 그 다음날 내가 말한 것이 전부 실렸다. 연원명(延圓明)이 동북전쟁(東北戰爭)에 대한 전말을 말해주기를 요청하기에, 내가 대략 써서 주었다. 이것이 남경잡지(南京雜誌)* 상편(上篇)이다. 그 하편(下篇)은 안일청(安一靑)** 이 뒤를 이어서 썼다. 이것이 구라파(歐羅巴 : 유럽)의 각국에 전파되었다.

○ 남파(南坡)(박찬익의 호이다)와 더불어 군관학교(軍官學校)를 설립하는 일에 대해 약속하였다. 1,000원짜리 은표(銀票)를 가지고 북경으로 돌아왔다. 노비(路費)를 내몽고(內蒙古)의 성인호(成仁浩)에게 주어 그로 하여금 이청천이 있는 곳에 보내주게 하려고 하였는데, 성인호가 마침 어머니 상을 당하여 오지 않았다. 이에 부득이하여 또다시 걸인의 모양으로 변장을 하고 진문에 이르러 윤선(輪船)을 탔다.

○ 영구에 도착하자 배 위에서부터 한 사람 한 사람씩 배에서 내리게 하고, 헌병이 두 줄로 서서 하나하나 조사하였다. 이에 남루한 옷을 걸치고서 발을 끌면서 비틀거리며 갔는데, 아주 위험하였다. 매번 반벙어리 행세를 하고, 또 돈을 달라고 구걸하는 말을 하여 무사할 수 있었다. 차참(車站 : 정거장)에 이르자 일본 헌병이 만주 헌병에게 조사하라고 떠맡겼으므로 역시 무사하게 모면할 수가 있었다.

---

* 남경에서 발행된 「혁명공론(革命公論)」을 말함.
  이규채가 쓴 '한국독립군과 중국의용군 연합 항일 기실'은 「혁명공론」 창간호(1933.7.)에 실렸으며, 조경한이 쓴 속편은 「혁명공론」 4호(1934. 4.)에 실렸다.
** 조경한(趙擎韓 1900~1993)의 이명(異名).

○ 장춘에 도착하여 신원균(申元均)의 집으로 들어가니 소성(小星 : 첩의 다른 이름)이 몹시 기뻐하였다. 화차를 타고서 소주참(小珠站)에 이르러 하차하였다. 당시는 6월이라서 무더위가 한창이어서 뜨거웠고, 배를 타고 차를 타는 도중에 모두 마음 편하게 잠을 자거나 밥을 먹지 못하였다. 이에 드디어 이질(痢疾)에 걸려 설사가 자주 나왔으며, 기운 역시 다하였다. 한 걸음도 내딛기가 힘들었으며 하루가 마치 한 해와도 같아 반쯤은 길가에 누워 있었다. 저물녘에 육대문구(六大門口)에 도착하여 홍만호가 있는 곳으로 사람을 보내어 전하였다. 또다시 사간방자에 이르러 홍만호로 하여금 오상현에 서신을 전하게 하고 머물러 있었다.

○ 또다시 만리구(萬里口)에 있는 이상준(李相俊)의 집에 이르렀다. 예전에 내 얼굴을 알고 있던 자들이 모두 나를 놀리면서 말하기를, "이 씨의 아들은 어디로부터 왔는가?"라고 하였으며, 이상준의 며느리 역시 나를 '이 씨'라고 불렀다. 그리고는 인하여 일본이 대성공을 거둔 것에 대해 장황하게 말하였다. 그러나 나는 이 모든 말들을 듣고도 못 들은 척하였다. 심지어는 아주 심하게 조롱하는 자도 있었는데, 모두 아무런 말도 하지 않고 묵묵히 받아들였다. 그러면서 혹 밭을 갈기도 하고, 소를 먹이기도 하면서 날을 보냈다. 병세가 예전대로 회복되었으나, 오상으로부터는 소식이 깜깜하였다. 이에 강동대둔(江東大屯)으로 가서 이곡산(李谷山)을 찾아가 이청천이 있는 곳으로 초낭(草囊)을 전해달라고 부탁하였다. 담배 주머니의 끈을 백지(白紙)로 꼬아 만들고서 그 안에 '이번 걸음에 좋은 성과가 있었으니, 이 편지를 읽게 되면 이곳으로 오라'고 하고는 말하기를, "병사들은 모두 농사짓도록 돌려보내고, 장교들은 모두 거느리고 오라. 여비는 이곳에 있다" 하였다. 하루 뒤에 최병권이 오상으로부터 왔다. 정남전(鄭南田) 역시 왔으며, 오광선 또한 와서 머물러 있었다.

○ 600원의 은(銀)을 성주해(成柱海)에게 주어 이청천에게 전해달라고 부탁하였다. 여러 사람들이 길을 나누어 입관(入關 : 중국 관내에 들어가다)하였다. 재차 남경에 이르렀다. 또다시 오광선을 보내어 관문을 나가게

했다.

○ 10월에 이청천이 여러 장교들을 거느리고 북경에 이르렀다.

○ 11월에 모두 낙양(洛陽)의 군관학교(軍官學校) 17대(隊)에 들어가 □인
학생반(□人學生班)이 되었다.

○ 12월에 북경에 있으면서 독립당 회의를 개최하였다. 총무위원(總務委
員)에서 면직되었으며, 겸하여 여러 곳의 당권(黨權)도 정지되었다. 당
권을 정지당한 죄목은 바로 오철주와 김약수와 서로 만난 것과 돈을 빌
려달라고 한 세 조항으로, 이것은 실제로 일본에 귀화하려고 한 정황이
라는 것이다.

　당시에 최병권과 여러 청년들이 모두 큰소리로 말하기를, "처음에
군사를 일으키고 당을 결성한 것 등의 일은 모두 이우정이 아니었으면
할 수가 없었다. 그리고 지금 관문을 들어온 것 역시 이우정이 꾀한 것
이다. 그런데 지금 계책을 써서 몸을 빼낸 것을 가지고 도리어 죄목으
로 삼는다면, 이 뒤로는 일을 맡아서 할 자가 다시 누가 있겠는가"라고
하였다. 그리고 김원식(金源植)은 말하기를, "이우정의 일은 반란을 한
것이 아니라 바로 계책을 쓴 것이다. 또 지금 여러 사람들이 무사히 관
문으로 들어온 것은 모두가 그의 공이 아니겠는가?"라고 하였다. 이
에 드디어 사형은 면하게 되었다. 그러나 무기한 당권을 정지당하였
다. 이때 홍만호와 이청천은 외론(外論)이 무서워서 한 마디도 하지 못
하였다.

○ 이보다 앞서 왕정위(王精衛)*의 말로써 주배덕(朱培德)**을 남경정부(南
京政府)에서 만나 둔전(屯田)의 일에 대해서 언급하였으며, 장개석(蔣介
石)과 더불어서 역시 둔전 및 조선 군병들을 써서 훈련하는 일에 대해
서 말을 나눴다. 이것은 박남파의 소개로 인한 것이었다.

선전부장 은주부(殷周夫)를 만나서 역시 둔전을 일으킬 땅을 달라고 요청하였다.

갑술년(甲戌年) 1934. 45세.

○ 2월에 남경에서 독립당(獨立黨)과 남경당(南京黨 : 한국혁명당)이 합작하였다. 나는 이에 대해서 몹시 반대하였다. 그런데도 이에 합작하여 신한독립당(新韓獨立黨)을 만들고는 나에게 감찰원(監察院) 위원장(委員長)을 맡기었으나 취임하지 않았다.

○ 11월에 63군장(六十三軍長) 풍점해가 편지를 보내와 극찬하면서 말하기를, "한국에 □□가 있으니, 마땅히 광복이 있을 것이다. 운운" 하였다. 화원반점(花園飯店)에 이르러서 몇 시간 동안 정겨운 대화를 나누었다. 이로부터 풍점해가 길에서 서로 만나면 반드시 차에서 내려와 말을 나누었는데, 몹시 겸손해 하였다.

○ 심윤구(沈允求)를 보내어 관문을 나가 사관생도(士官生徒)들을 모집하게 하였다. 연원명의 소개로 안남지사(安南志士) 사현기(謝賢己)와 회담하였다.

○ 은주부의 소개로 진강(鎭江)에 이르러 냉인추(冷仁秋)를 방문하여서 통주(通州)의 땅을 달라고 청하였다. 상해에 이르러 경찰청장 심경손(沈慶孫)과 더불어 역시 둔전에 대한 일을 의논하였다. 냉인추는 강소성(江蘇省) 이장(理長)으로 있으면서 진립부(陳立夫)와 아주 친하였는데, 여러 차례나 내가 동성(東省)의 일에 공로가 있었다고 말하였다. 진립부는 당시에 강소 주석(主席)으로 있었다. 공패성(貢沛成) (공패성은 본디 군인으로서 독일에 가서 군관학교를 졸업하였는데, 매번 다른 사람과 교제하는 것을 좋아하였다) 역시 내가 한 일에 대해서 몹시 칭찬하면서 정부(政府)에 말해 주었다.

○ 남파(南坡) 박찬익과 함께 망현(芒縣) (한漢 패공沛公이 태어나서 자란 곳이다)에 가서 황하(黃河)의 옛 물길을 살펴보았다. 그리고는 드디어 둔전할 계책을 정하고 돌아왔다. 이것이 제1구역이다. 진립부 역시 강소

성의 자림진(柘林鎭) 일대를 허가해 주었다. 자림진은 본디 명(明)나라 때 바다를 방어하던 중진(重鎭)이었는데, 돌을 쌓아서 성을 만들고 땅을 파서 해자를 만들어 시설이 자못 웅장하였다. 본진은 서해(西海)의 한쪽 가에 있으며, 부속지(附屬地)가 700여 리나 되어 수십만 명의 군사를 기를 수 있는 땅이다. 나는 신강(申江)에 도착한 이후로 여러 형세를 살펴보았으나 모두 허망한 것에 불과하여 해 볼 만한 곳이 없었다. 그러므로 항상 둔전을 하여 10만 명의 군사를 기른 이후에야 대업을 이룰 수 있을 것이라고 여겼다. 이에 도처에서 모두 땅을 개간하는 일을 시행하였다.

○ 미국부인회(米國婦人會)의 동북전사위로금(東北戰士慰勞金)을 받아 그 가운데 절반을 떼어 장춘으로 보내어 주덕윤(周德允)을 옥에서 구출해 낼 자본으로 삼게 하였다.

○ 드디어 이민을 시킬 계획을 세우고는 몇 곳에 서신을 보냈다. 그러나 사람과 재력이 모두 딸려서 몹시 걱정이 되었다.

○ 낙양(洛陽)에 이르러 고축동(顧祝同)이 조선 사람들의 일에 대해서 열심히 일하는 데 대해 사례하였다. 당시에 교관으로 있는 왕무훤(王茂萱)·희박(姬璞)·만양옥(萬良玉)이 모두 와서 위로하는 말을 해주면서 아주 다정하게 대해 주었다.

○ 이청천이 말한 바가 많이 있었는데, 모두 기억하지 못하겠다. 나는 미국(米國)으로 건너가기로 계책을 정하였다. 재정은 이□□(李□□)의 힘을 빌려야만 하였으며, 사람을 구하는 것 역시 이□□에게 의논하여야만 뜻과 같이 할 수 있었기 때문이었다. 이청천이 몹시 칭찬하면서 말하기를, "두 사람은 다행히 서로 잊지 않았다" 하였다. 그리고는 한 장의 소개장을 써 주었는데, 거기에 쓰기를, "국내와 국외의 백의인(白衣人)들은 모두 이규보(李圭輔)의 지도에 의지하여 나라 일을 행해주기 바란다. 운운" 하였다.

○ 자림현(柘林縣)으로 다시 돌아왔다. 여러가지 일을 남파 박찬익 및 성인호에게 부탁하였다. 최중산(崔中山)과 안일청이 항상 남파에 대해서

불만을 가지고 있었는데, 심지어는 나를 원망하는 일까지 있었다. 그러나 나는 이를 생각하지 않았다. 곧바로 출발하여 상해에 이르러 신신여사(新新旅舍)에 머물렀다.

○ 9월 25일(11월 1일이다)에 일본 경찰에 체포되었다. 이보다 이틀 전에 이민달(李敏達)(일찍이 배장排長으로 있던 자이다)이 와서 저녁을 함께 하기를 청하였다. 그때 마침 그의 무리인 학(鶴)이 그 자리에 있어 함께 밥 한 끼를 먹었다. 내가 자림현에서 구기자(枸杞子) 다섯 근(斤)을 따가지고 왔으므로 그것을 팔고자 하였다. 그러자 이민달이 말하기를, "공동조계(共同租界)에 있는 경여당(慶餘堂)에서 현재 여러 약재들을 사들이고 있는데, 내가 한번 탐문해 보겠다"고 하였다. 이민달이 그 다음날 와서는 말하기를, "참으로 많은 약재들을 사들이고 있으며, 또한 이 약재를 몹시 좋아한다"고 하면서 곧바로 가기를 청하였다. 이에 드디어 의심하지 않고 각자 양차(洋車)에 앉아서 갔다. 경여당의 문 앞에 이르러서 뒤를 돌아보니, 이민달이 보이지 않았다. 나는 이미 차에서 내렸으므로 계단을 올라갔는데, 중국옷을 입은 어떤 사람 둘이 내 곁에 다가와서는 "선생께서는 수고가 많습니다" 하였다. 나는 중국말을 잘 못하였으므로 못 들은 체하니, 한 사람이 내 손을 잡고 다른 한 사람은 나를 등 뒤에서 떠밀었다. 한 사람은 왼쪽에 있고 한 사람은 오른쪽에 있어서 형세상 도망쳐 피할 수가 없었다. 잠시 뒤에 자동차에 올랐다.

○ 어떤 한 곳에 이르자 영국 사람이 나와서 그들과 말을 나누었다(무슨 말을 하는지는 몰랐다). 드디어 차를 달려서 일본 영사관에 이르렀다. 차에서 내리자 한 사람이 맞이하면서 좌우에 있는 사람들에게 말하기를, "이와 같이 무례하게 대해서는 안 된다"고 하였다(한어韓語로 하였다). 그리고는 이어 수갑을 풀어주면서 의자를 가지고 오게 하였으며, 접대에 필요한 도구들을 모두 갖추게 하고는 철창 안에 가두었다. 어떤 조선인 경찰이 와서 나의 몸을 수색하였다. 이에 내가 질책을 하면서 물러가라고 하였다. 부영사(副令使)란 자도 역시 나에게 함부로 손을 대

지 못하였다. 이로부터는 단지 한 번 죽을 마음만 있어서 혹 며칠 동안을 밥을 먹지 않기도 하였으며, 혹 대나무 젓가락을 가지고 귀 사이를 스스로 찌르기도 하였다. 그러나 모두 나의 고통만 될 뿐이었으며, 나를 지키는 자가 잠시도 내 곁을 떠나지 않고 있었다. 이와 같이 지낸 것이 20여 일이나 되었다.

○ 조사를 할 시간이 되면 7권으로 장정된 책자를 펼쳐놓고서 물었다(이보다 앞서 군관학생軍官學生을 불러 모으는 일로 특별히 군수처장軍需處長 심윤구沈允求를 보내어 길림에 가게 했을 때 심윤구가 장춘에서 체포되었는데, 그에 대한 전후의 사정이 소상하게 기재되어 있었다). 내가 본국에서 중국으로 건너온 이후의 사정에 대해서 하나하나 기재되어 있었으며, 항주 및 북경 등에서 한 일에 대해 내가 잊고 있었던 것도 그들은 오히려 기록해 놓고 있었는데(후문后門 밖의 후원회에 갈 때 부하 두 사람을 거느리고 간 일과 서성구의 집에서 봉변을 당한 일 및 항주에서 이병헌李丙憲과 언쟁한 일, 주배덕朱培德을 만났을 때 신숙이 소란을 일으킨 일 등이다), 이런 일들은 모두 나로서는 기억할 수 없는 것이었다.

○ 경부(警部) 등정충부(藤井忠夫 : 후지이 다다오)란 자는 경성에서 10년 동안 있었던 자인데, 조선말을 잘 하였다. 나에 대해서 몹시 공경하는 모습을 보였으며, 안창호(安昌浩)・이유성(李裕聖)・여운형(呂運亨)이 겪은 일에 대해 말해주고는 나에게 말하기를, "선생이 듣지 못한 것이 있는 듯하다. 선생을 4,000원을 주고서 압송해 왔는데, 이민달과 처음에는 1만원을 주기로 약속하였었다"고 하였다.

○ 매번 나에게 글씨를 한 장 써주기를 요구하였으며, 또한 나에게 가는 글씨로 끝에다가 써주기를 간절히 요구하였다. 또한 이청천에게 준 편지를 달라고 요구하였으나, 나는 하나도 응하지 않았으며, 심지어는 붓을 땅바닥에 내던진 것이 마흔 차례나 되었다.

○ 8일에 최중산 역시 잡혀왔는데, 그 역시 이민달의 술수에 빠졌다는 것을 알았다. 김우진 역시 잡혀와서 구류되었는데, 아편 때문이었다. 김우진이 나갈 적에 내가 큰소리로 말하기를, "우진아 네가 나가면 곧바

로 내가 이곳에 잡혀 있다고 통고하라" 하였다.

○ 50일 뒤에 포동(浦東)에 도착하였다. 이 날 날씨가 몹시 추웠는데, 영사 (슈司)가 털옷 한 벌을 내주었으나 내가 물리쳤다.

○ 11월 14일에 두 사람의 경찰이 와서 나를 압송하여 출발하였다. 15일에 청도(靑島)에 도착하여 하룻밤을 묵었는데, 매번 독방에 가두었다.

○ 18일 오시(午時 : 11~13시)에 인천(仁川)에 도착하였다. 역시 독방에 가 두었는데, 아주 불결하여 상해나 청도에 있을 때와는 전혀 달랐다. 다 섯 시간이 지났을 쯤에 형사 두 명이 들어와서는 나의 성(姓)을 물었으 나 답하지 않았다. 그러자 성난 눈으로 나를 노려보더니 포승줄로 나를 아주 꽁꽁 묶었는데, 손목이 끊어지는 것 같이 아팠다. 이에 내가 소리 치기를, "짐승 같은 놈아, 어찌 이렇게 심하게 한단 말이냐"라고 하였 으나, 그들은 모두 들은 척도 않으면서 몹시 불경스럽게 대하였다. 일 본인 경부가 일어나서 한 책자를 보여준 뒤에 포승줄을 조금 풀어주면 서 말하기를, "이는 본디 내 책임이다"라고 하였으며, 머리를 조아리고 좋은 말로 나를 위로해 주면서 아주 공손하게 대하였다. 그러자 이를 본 자들이 모두 나를 회피하면서 가까이 오지 않았다. 차 안에서 어떤 소녀(나이는 대략 20여 세쯤 되었다) 하나가 형사에게 청하여 배 하나를 나에게 주었다.

○ 저물녘에 광화문(光化門) 앞에 이르러서 제3부(第三部)로 들어갔다. 다 시 나와서 니현(泥峴 : 진고개)에 있는 본정경찰서(本町警察署)에 도착하 였다. 그로부터 며칠 뒤에 또다시 제3부로 돌아왔다. 식사를 주는 것이 상해에 있을 때와는 조금 차등이 있었다.

○ 12월 28일에 검사국(檢査局)에 도착하였다. 전중(田中)라고 하는 자가 그 동안의 경과에 대해 캐물었는데, 모두 제3부에 있을 때와 똑같았으 며, 방화한 일 등에 대해서 자못 상세하게 캐물었다. 그믐날에 집에서 의복을 보내왔다.

을해년(乙亥年) 1935. 46세.

○ 1월 25일에 중씨(仲氏 : 둘째 형)가 면회를 왔다. 26일에 동생이 면회를 왔다.

○ 2월 23일에 산기(山騎)* 판사(判事)가 □호(□號) 법정에서 개정하였는데, 방청을 금하여 법정 안에는 단지 4촌 이내의 종형제들만 있었다. 일에 대해서 물을 때 나로 하여금 기립하게 하였는데, 나는 일어나지 않은 채 말하기를, "의자를 가지고 오라"고 하였다. 그리고는 이어 의자에 앉아서 문답을 하였는데, 서로간에 많은 말을 하였다. 나는 말하기를, "네가 편한 대로 처리하고 나를 번거롭게 하지 말라. 죽이고 살리는 것을 모두 너의 뜻대로 하라. 누가 재판을 해 달라고 한단 말인가"라고 하였다. 그러자 산기 판사가 말하기를, "형이 면장(面長)으로 있으니 그대 역시 귀화하면 좋지 않겠는가?" 하였다. 이에 내가 말하기를, "형은 형이고 나는 나다" 하였다. 또 묻기를, "중동로(中東路)에 있을 적에 죽하(竹下) 대좌(大佐)께서 편지를 보냈는데 어찌하여 들어주지 않았는가"라고 하기에, 내가 답하기를, "비록 억만금을 준다고 하더라도 나는 원하지 않았을 것이다. 어찌 중간에 뜻을 바꾸는 일이 있겠는가"라고 하였다. 또 묻기를, "자녀가 셋이나 있는데 그들 역시 생각하지 않는가"라고 하기에, 내가 답하기를, "나에게 노모가 계시는데도 생각할 겨를이 없다. 그런데 어찌 자녀를 염두에 두겠는가. 많은 말을 할 필요 없이 단지 우리 강산만 돌려주면 그만이다"라고 하였다. 이 때 동생과 형이 눈물을 흘렸다. 검사가 도형(徒刑) 11년을 구형하자, 판사가 말하기를, "만약 소회가 있으면 7일 이내에 상소하라"고 하기에 내가 말하기를, "어디에다가 상소한단 말인가? 나는 많은 말을 하지 않을 것이니, 너희들이 편한 대로 하라"고 하였다.

○ 3월 1일에 역시 개정하였다. 법정 안에는 가족이라고는 한 사람도 없었

---

* 야마시타 히데키(山下秀樹)의 착오.

으며, 단지 아내만이 앞을 바라보고 있을 뿐이었다. 드디어 도형(徒刑) 10년을 선고하였다. 산기 판사가 말하기를, "상해 정부에 있었던 것이 한 죄이고, 중동(中東)에 있으면서 독립당으로 중국 군대와 내통한 것이 한 죄이고, 남경에 있으면서 신한독립당(新韓獨立黨)을 조직한 것이 한 죄이고, 낙양에 있으면서 군관학교를 건립한 것이 한 죄이다"라고 하였다. 변호사 이인(李仁)이 일어서서 말하기를, "신한독립당에 대한 것은 감찰위원장 직에 취임하지 않았으니 죄가 될 수 없고, 군관학교 역시 깊이 관련된 바가 없으니, 이 역시 죄가 될 수 없다"고 하자, 산기 판사가 말하기를, "이 사람이 남경에 들어가지 않았으면 신한독립당은 만들어지지 않았을 것이다. 또 이 사람이 없었다면 낙양학교 역시 학생이 없어서 자립할 수 없었을 것이다"라고 하였다. 언도하는 날에 이르러서도 역시 이 4가지 일을 가지고 도형 10년을 언도하였다.

○ 2일에 종씨(從氏)가 면회를 와서 말하기를, "어찌하여 상고하지 않는가?"라고 하기에, 내가 말하기를, "상고하는 일은 내 뜻이 아니다. 차라리 죽을지언정 어찌 내가 상소하는 일이 있겠는가. 집으로 돌아가서 어머니에게 '이 자식으로 하여금 여한이 없게 하시려면 10년을 더 사셔야 한다. 그러면 돌아가서 효성을 다해 봉양하겠다. 그렇지 않으면 심방산(沈坊山) 아래에서 시묘살이를 할 것이다'라고 전해 주시면 고맙겠다"고 하였다. 그 다음날 붉은 옷으로 갈아입었다.

○ 그날로 공덕리(孔德里)에 있는 경성감옥(京城監獄)으로 옮겨졌다. 1주일이 지난 뒤에 비로소 여러 사람들이 있는 방으로 옮겨졌다. 망(網)을 짜는 노역을 하게 하였다. 공장에 나가서 김오석(金烏石)·유정근(兪正根)과 서로 만났다. 김동삼(金東三)·이백파(李白波)도 모두 만나보았다.

○ 3주일이 지난 뒤에 교회사(敎會師)로부터 초대가 있었다. 가족들의 근황에 대해 묻고는 지나치게 슬퍼하지 말라는 말을 전해달라고 부탁하였다. 어머니가 돌아가신 것을 알았다. 상을 당하였다는 이유로 노역을 면제 받았으며, 식사를 하지 않았다. 3일 뒤에 또다시 노역을 나갔다. 며칠 뒤에 아내가 면회를 왔다.

○ 간판을 만드는 공장으로 옮겨져 노역을 하였다. 이로부터는 전적으로 글씨를 쓰는 노역만 하였다.

병자년(丙子年) 1936. 47세.

○ 죄수들로서 배우기를 원하는 자들이 방으로 모여들어 마치 학당(學堂)과 똑같았다. 간수(看守) 가운데에도 역시 중국말을 배우는 자도 있었다. 또 법첩(法帖)을 쓰기를 원하는 자도 많이 있었다. 일본으로부터 문패(門牌)를 써 주기를 주문하는 자들은 반드시 나의 이름을 문패 뒤에 써 달라고 요구하였다. 다른 사람들에 비하여 아주 편하게 있었으며, 심지어는 공장 안을 산보하게 하는 일도 있었다.

정축년(丁丑年) 1937. 48세.

○ 감옥 안의 일이 돌변하였는데, 모두 음식물이 충분치 않아서 큰 소동이 일어났던 것이다. 공□당(共□黨)인 장재욱(張載旭)과 김봉춘(金奉春) 등 다섯 사람이 죽었다. 1,000여 명의 죄수들이 모두 나에게 우두머리가 되어 달라고 부탁하였으나, 응하지 않았다.

○ 어머니의 대상(大祥) 날에도 역시 식사를 하지 않았다.

무인년(戊寅年) 1938. 49세.

○ 장손(長孫)인 문우(雯雨)가 출생하였다.

○ 7월에 북지사변(北支事變 : 중일전쟁)이 일어났다. 옥중의 교회사(敎會師)가 나에게 북지사변에 대한 감상을 물었다. 내가 모르겠다고 대답하자, 굳이 말해주기를 요청하였다. 이에 "아무런 감상이 없다"고 하였다. 잇달아 서너 번이나 말해달라고 요청하였으나, 모두 답하지 않았다. 어느 편이 이길 것 같으냐고 묻기에, 답하기를 "일본이 이길 것이다. 그러나 일본에는 대정치가(大政治家)가 없어서 반드시 이롭지만은 않을 것이다"라고 하였는데, 이 말이 화근이 되어 몹시 고초를 당하였다.

○ 어머니의 기신(忌辰)에 또 식사를 하지 않았다.

기묘년(己卯年) 1939. 50세.

○ □□당(□□黨) 가운데 감옥 안에서 나를 모해하는 자가 있었으나 모두 괘념치 않았다.

○ 7월에 죄수 전원이 소동을 일으켜 4일 동안 노역을 하지 않았다. 이는 전 세계에서 처음 있는 일이었다.

경진년(庚辰年) 1940. 51세.

○ 형기 가운데 4분의 1을 감형 받았다. 일본의 기원(紀元) 2600년을 기념해서이다. 또 푸른 옷으로 갈아입었다.

○ 10월 11일에 출감하였다.

○ 13일에 차손(次孫)인 장우(章雨)가 출생하였다.

○ 이때는 전쟁이 한창인 때라서 각종 물품에 대해 모두 배급제를 시행하였으므로 뒤늦게 상을 입는 데 필요한 여러 가지 물품들을 구할 수가 없었다. 이에 단지 짚신만을 사고 흰 옷을 입고 송양리(松陽里)에 이르렀다. 마포(麻布) 두 필을 구하여 심방산(沈坊山)에 있는 어머니 산소 아래에서 성복(成服)하였다. 토굴을 파서 여막으로 삼으려고 하였으나, 땅이 이미 얼어붙어서 팔 수가 없었다. 이에 우선은 묘지기의 집에 붙어살았다. 먹을 것은 신명득(申明得), 김삼성(金三成), 이우태(李愚泰)가 도와주었다.

○ 배우고자 하는 자들이 모여들어서 방이 부족하였다. 이에 다시 이웃집의 비어 있는 방을 빌려서 강독하였다.

○ 지난날에 흩어져 살았던 처자식들이 모두 함께 살기를 청하였다. 이에 신촌(新村)에 있는 이용직(李容穆)의 집 두 칸을 빌려서 살았다.

신사년(辛巳年) 1941. 52세.

○ 2월에 어머니 묘소 동쪽 편에 여막(廬幕)을 지었다. 10월 14일을 소상(小祥) 날로 잡아 날짜를 헤아려서 제사를 지냈다. 옷이 모두 남루하게 되어 상의는 앞을 뀔 수가 없고 하의는 무릎조차 가릴 수가 없었는데,

마포를 살 수가 없었다. 그러므로 끈으로 대충 얽어 잇대었으며, 한 달 뒤에 이르러서야 한덕구(韓德求)가 마포 한 필을 가지고 와 비로소 바꾸어 입었다.

임오년(壬午年) 1942. 53세.

○ 10월 14일에 상복(喪服)을 벗고 여막을 철거하였다. 군자정(君子亭) 서쪽 뜰 아래에 다섯 칸짜리 집을 지어 이사하였다.

계미년(癸未年) 1943. 54세.

○ 봄에 진사(進士) 서병규(徐丙奎) 씨를 곡하였다.

○ 관동(關東)으로 가서 온천에 목욕하였다. 서옥(西獄 : 서대문형무소)에 있을 적에 신경통으로 고생하였는데, 이 때에 이르러 다시 그 증세가 있었으므로 목욕하러 간 것이다.

○ 여름에 송도(松都)에 있는 죽림당(竹林堂)에서 나에게 현판(懸板)을 써 달라고 부탁하였다.

○ 여름에 크게 병이 나서 하룻밤 내내 깨어나지 못하였으므로 심지어는 소렴(小殮)을 하자고 의논하기까지 하였는데, 세 차례나 이렇게 하였다. 박도숙(朴道淑)이란 사람은 도립의회(道立醫會)의 강사(講師)로 있는 사람인데, 내가 병들었다는 소식을 듣고는 무더운 날씨도 아랑곳하지 않고 먼 길을 와서 처방을 내려주었으며, 겸하여 약값도 보태주었다. 김사일(金思馹)은 본디 나에게 학문을 배우던 사람으로서 서양 의학을 공부한 사람인데, 경성에서 약을 보내왔다. 김사일이 보내준 약을 두 달 정도 복용하자 비로소 일어나 앉을 수가 있었다. 이것은 모두 옥중에서 병이 쌓여 일어난 병이었다.

○ 겨울에 김종완(金鍾完)이 나를 맞아들여 서예를 익혔는데, 내 생활에 도움이 된 바가 많았다.

갑신년(甲申年) 1944. 55세.

○ 계초(啓礎) 방응모(方應謨)가 그의 손자인 방일영(方一榮)의 공부를 위하여 나를 초청해 함께 살았다.

○ 국당공(菊堂公)의 묘제(墓祭)에 대한 홀기(笏記)를 수정하였다.

○ 5월에 숙부인 박사공(博士公)을 포천(抱川)에 있는 선영(先塋)에 장사지냈다.

■ 내가 감옥에서 나와 돌아온 뒤에 늙은 아내가 살아온 과정에 대해서 대략 들었는데, 내가 오늘날에 이 세상에 살아있는 것과 같은 따위는 말하고 말고 할 것도 없을 정도였으며, 아내가 목숨을 보전할 수 있었던 것은 참으로 희한한 일이라고 할 수 있었다.

대개 이 세상의 궁박한 사람들이 그 얼마나 되는지 모를 정도로 많으나, 그들 가운데 무한한 궁박함을 겪는 사람들은 자기 자신의 한 몸을 보전할 수 없는 데에서 그칠 뿐이다. 그러므로 성인(聖人)께서 정사(政事)를 펼침에 있어서 반드시 이들 넷에 대해서 말하였다. 그리고 또 "궁박한 사람이 돌아갈 곳이 없는 것 같다"고 하는 원망의 말을 하기도 하였다. 그런즉 만약 그에 해당되는 자로 하여금 직접 말하게 한다면, 말로는 이루 형용할 수 없는 것이 속에 숨어 있는 법이다.

아내 이씨(李氏)가 우리 집안으로 시집온 지는 26년이 되었다. 이 씨는 나와 멀리 헤어지고서 두 아들과 한 딸을 거느리고 살아왔다. 그런데 안으로는 몸을 의탁할 만한 친척이 없었고, 밖으로는 생활을 도와줄 만한 친구가 없었다. 초근목피로 굶주림을 면할 수 있는 것은 하루이틀에 불과할 뿐이다. 그런즉 다섯 살 난 아이가 수시로 밥을 달라고 하는 것은 오히려 빈 젖을 물려서 달랠 수 있지만, 조금은 지각이 있는 여덟 살 난 아이가 배고프다고 울어대는 것은, 차라리 죽는 것이 더 낫지 차마 우는 소리를 들을 수가 없었다.

어느날 구걸을 하여 살아갈 계획을 하고 문을 나서서 서울로 향하였다. 그러던 중 어떤 약원(藥院)에 이르러 하룻밤을 묵었다가 그 집에서 고용살이를 할 수 있게 되었다. 그 이후로는 굶어죽는 것을 면할 수는 있었다. 그러나 남의 집에서 고용살이를 하는 것은 또 아내가 할 수 있는 일이 아니었던 바, 아내가 감당해 내기 어려웠다는 것은 굳이 말하지 않더라도 잘 알 수가 있다.

3년이 지난 뒤에 돌아가신 어머니의 생신날이 되어 아들과 아내 세 사람이 어머니께 생신 술잔을 올려드리기 위해 고향으로 돌아왔다. 돌아온 지 하루가 지난 뒤에 어머니가 눈물을 흘리면서 말하기를, "네가 너희 세 모자 때문에 마음이 도리어 편치 않다. 차라리 빨리 나가는 것이 낫겠다" 하였다. 이에 두 아들과 함께 나와 장림(長林)을 지나서 탑동(塔洞)에 이르렀는데, 마침 장마물이 크게 불어났었다. 모자 세 사람이 다리를 걷고서 시내를 건너다가 물길을 알지 못하여 앞서 가던 아이가 물에 넘어졌는데, 구하려고 하였으나 구하지 못하였다. 세 사람이 모두 물에 떠내려가 거의 죽을 뻔하다가 버드나무 가지를 잡고서 일어설 수가 있었다. 아이가 우는 소리를 듣고 사람들이 시끄럽게 떠들면서 말하기를, "모두 살아 있다" 하였다. 그리고는 물가 언덕에 올라가 바라보니 큰 냇물 가운데가 물결이 갈라지면서 섬처럼 된 곳이 있었는데, 작은 배 모양으로 된 모래밭 위에서 형과 동생 두 아이가 몹시 다급하게 어미를 불러대고 있었다. 마을 사람들이 손을 잡고 길 가로 끌어내와 목숨을 보전할 수가 있었다. 이것은 참으로 신령이 도운 것이라 할 만하다.

동두천(東豆川)에 이르러보니 친동생인 규년(奎秊)이 이미 이사를 가고 없었다. 그러므로 풍찬노숙(風餐露宿)을 면치 못하면서 다시 또 경성으로 들어가 다른 사람들의 옷을 빨아주면서 살아갔다. 이에 아들과 딸을 시집보내고 장가보내는 것은 어느 때나 할 수 있게 될지 몰랐다.

남편인 내가 체포되었다는 소식을 들은 뒤로는 내가 살고 죽는 것에 따라서 그대로 하려고 하였다. 7년 동안 옥중에 있는 동안 매일 면회를 하는 것만으로도 일생의 다행으로 여겼다. 돌아가신 어머니의 영연(靈筵)을 뒤에 설치하였을 때에는 조석으로 상식(上食)을 올리는 절차를 모두 내가 지시하는 데 따라서 하였다. 그러나 몇 개월도 지나지 않아서 이에 대해 지나치게 한다고 주위에서 말들을 하였으며, 약한 몸과 외로운 처지에서는 형세상 또 능히 계속 행할 수가 없었다. 그러므로 끝내 정성을 다하지 못하게 되었는데, 이것 역시 일생의 대한(大恨)이 되었다. 19년 동안 생이별을 한 가장(家長)으로서 다시금 집안을 온전히 꾸릴 수 있었으니, 이것은 기대 밖이었다.

■ 일제 강점기 활동 이력

1922년 경성에서 창신서화연구회를 창립하고 서종(書宗)으로 근무함.

1923년 3월~7월 매일신보 사옥 내청각에서 '규수전람회'를 개최, 전국을 순회하며 전람회를 개최함.

1923년 10월~1924년 1월 초까지 3개월 동안 상해 대한민국 임시정부 재무총장 이시영을 방문하고, 김구·여운영·윤기섭·조완구·곽헌·노백린·최창식 등과 교유하며 독립운동의 정세를 살펴보고 귀향함.

1924년 2월 18일 밤 경성에서 막차를 타고 중국으로 출발, 상해로 망명함.

1924년 4월 상해 대한민국 임시정부 의정원 의원으로 선임됨.

1925년 4월 대한민국 임시정부 의정원 의원직을 사임함.

1930년 2월 생육사(生育社) 제2회 정기총회에서 중앙집행간사 겸 중앙상무원으로 선임됨.

1930년 7월 만주 한국독립당 창립에 참여, 정치부 위원 겸 군사부 참모장으로 선임됨.
또 선전위원으로 임명되어 길림성 하중동, 연수, 수하 등 각 지방을 순회하고 조선인 동포의 상태를 시찰하며 독립사상을 선전 주입하는데 힘씀. 그리고 한국독립당 지부를 조직하기 위해 본부와 연락을 취하며 출입하면서 지방을 순시함.

1931년 11월 한국독립군 임시 체계 편성 당시 암살대 대장으로 선임됨.

1932년 2월 길림성 아성현 대석하 한국독립당 임시대회에서 총무위원장으로 선임됨.

1932년 5월 길림자위연합군 총지휘 양요균을 방문, 중한합작을 역설하여 한국독립군 60여 명을 합병시키고, 중국자위연합군 제3군 중교참모에 취임.

1932년 9월 한국독립군 참모장으로 길림자위연합군과 연합하여 공동 항전을 벌여 제1차 쌍성보전투에서 승전함.

1933년 3월~5월 길림성 아성현에서 북경을 거쳐 남경으로 가 박남파를 만남. 한국독립당을 비롯한 독립군의 활동 상황 및 상태를 설명하고, 이청천및 독립군을 만주에서 구출하여 중국 본토로 이주시키기 위한 자금 마련을 부탁. 또 이청천을 낙양군관학교 교관으로, 대원들은 학생으로 입학시키는 협약을 맺고 북경으로 돌아옴.

1934년 1월 한국독립당과 한국혁명당이 합병하여 조직한 신한독립당 감찰위원장에 선임되었으나 사임함.

1934년 6월 이청천으로부터 '군수부장 겸 해내외 각 혁명단체 연락교섭위원장'에 임명되었다는 통지를 우편으로 받음.

1934년 10월 상해 공동조계에 있는 한약방 경여당에서 피체됨.

1935년 1월 상해 포동을 거쳐 청도로 이송되었다가 인천으로 압송되어 서대문형무소에 수감됨.

1935년 3월 경성지방법원에서 치안유지법 위반으로 10년형을 선고받음.

1938년 3월 경성형무소로 이감됨.

1940년 10월 가출옥 이후 포천 가산면 금현리 선영에서 움막을 짓고 3년 모친상을 치르고 해방을 맞음.

■ 1945년 해방 후 활동 이력

1945년 10월 20일 대한민국 군사촉성위원회 위원

1945년 10월 26일 단군전봉건기성준비회(奉建殿奉建期成準備會) 창립 사회
　　　　　　　　단군전봉건기성준비회 중앙위원

1945년 12월 31일 신탁통치반대국민총동원위원회 상무위원

1946년 1월 2일 반탁국민총동원위원회 탁치반대운동 경기도 대표

1946년 2월 1일 비상국민회의 국방위원 겸 경기도 대의원

1946년 2월 8일 대한독립촉성국민회 임원

1946년 3월 경주 이씨 화수회 규칙 기초
　　　　　경주 이씨 화수회 초대 이사장

1946년 4월 10일 대한독립촉성국민회 부위원장 겸 중앙감찰위원장

1946년 4월 16일 대종교 어천절(御天節) 경하식(慶賀式) 하사(賀辭) 봉독

1946년 5월 7일 이준열사추념대회 준비회 발기인

1946년 6월 21일 미국·필리핀 독립기념 축하준비회 재정부장

1947년 1월 26일 반탁독립투쟁위원회 종교부 책임자

1947년 3월 2일 3·1운동 기념식 참석 후 급환으로 서거.

1947년 3월 8일 정오 국민장(國民葬)으로 포천군 가산면 방축리 자택에서 영결식 거행.

1947년 3월 23일 오후 1시 서울 사직동 사직공원 내 단군전봉건회 사무소에서 대종교 총본사
　　　(總本司)와 단군전봉건회가 연합 주최하여 '고 우정 이규채 추도식'을 거행.

1949년 4월 16일 김구(金九) 일행 포천을 방문하여 대한민국 임시정부 요인이었던 고 이규
　　　채 씨 묘소에 성묘하고 동일 오후 5시에 귀경.

1963년 3월 1일 대한민국 건국훈장 독립장에 추서됨.

■ 이규채 관련 신문기사 목록

규수 화가가 모여서 / 「매일신보」, 1923. 2. 28.

초일의 성황인 서화전 / 「매일신보」, 1923. 3. 18.

○○군 총사령 이청천, 풍옥상 동맹군에 가담, 현재 앵목현에서 활동 중 / 「동아일보」, 1933. 7. 31.

독립군 총사령 이청천 씨, 현재 앵목현에서 활동이라고 / 「신한민보」 1933. 9. 31.

이규채 송국, 치안유지법위반 / 「매일신보」 1935. 1. 31.

조선○○군사령 이규채 공판, 판결언도는 3월 5일로 결정 / 「동아일보」, 1935. 2. 27.

반만항일회사건의 이규채 공판개정 / 「조선중앙일보」, 1935. 2. 27.

10년형 언도, 상해에서 잡혀온 사상범 공판 / 「매일신보」, 1935. 3. 6.

○○운동자 이규채 징역10년을 언도 / 「조선중앙일보」, 1935. 3. 6.

신한○○당 암살대 조선잠입정보로 / 「조선중앙일보」, 1935. 4. 11.

대한민국 군사촉성위원회 창립 / 「신조선보」, 1945. 10. 20.

단군전 봉건기성회, 중앙위원결정 정식 출발 / 「신조선보」, 1945. 10. 26.

단군전봉건기성회 제1회 중앙집행위원회 개최 / 「매일신보」 1945. 10. 26.

김구 주석의 환영회, 순연한 친지만으로 계획 / 「자유신문」, 1945. 11. 4.

김구 주석 환영의 전주 / 「자유신문」, 1945. 11. 9.

민족정신을 앙양, 대종당의 신발족 / 중앙신문 1945. 11. 12.

국민생활에 직접 관계있는 파, 휴업은 하지 말라 / 「자유신문」, 1946. 1. 1.

상점, 극장 즉시 개문하라 / 「자유신문」, 1946. 1. 3.

유흥만 파업계속, 반탁중앙위원회 지령 / 「동아일보」, 1946. 1. 3.

비상국민회의초청자 / 「자유신문」, 1946. 2. 1.

단군전봉건회 진용정비하고 활동 / 「자유신문」, 1946. 3. 30.

인사기구와 의안을 통과, 독립촉성국민회의의 제2일 / 「자유신문」, 1946. 4. 12.

애국심으로 통합 강조, 영수 추대 문제는 도 대표가 재교섭

독립지부장 회의 개막 / 「한성일보」 1946. 4. 13

단군 어천절 경하식, 어제 대종교 총본사에서 성대히 거행 / 「한성일보」 1946. 4. 17

어천절경하식, 대종교 남도본사서 거행 / 「중앙신문」, 1946. 4. 17.

독촉국민회 부회장과 회견기 / 「공업신문」, 1946. 4. 27.

만국회의에서 독립절규, 해아밀사이준열사추념을 준비 / 「동아일보」, 1946. 5. 7.

미비 독립기념축하회, 위원과 부서를 결정 / 「가정신문」, 1946. 6. 23.

반탁독립투쟁위원회, 금후 운동방침, 각부 부서도 결정 / 「현대일보」, 1947. 1. 29

전애국적인 각 단체를 규합코 반탁운동을 적극 전개!

실천위원 등 부서 책임자를 선정 / * 「동아일보」, 1947. 1. 28.

우정 이규채 씨 장서 / 「독립신문」, 1947. 3. 7.

이규채씨 별세 / 「현대일보」, 1947. 3. 8.

고 이규채씨 추도식 / 「현대일보」, 1947. 3. 20.

고 이규채씨 연합추도식 / * 「경향신문」, 1947. 3. 19.

김구씨 일행 래포 / 「경향신문」, 1949. 4. 23.

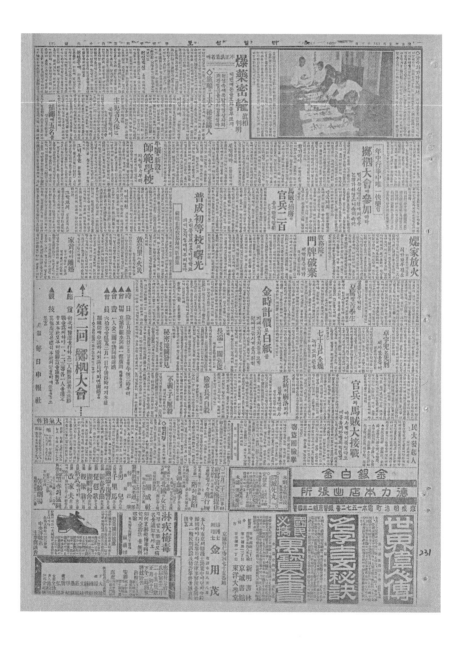

「매일신보」, 1923. 2. 28

규수 화가가 모여서

시내 공평동(公平洞) 2번지에는 새로이 서화를 연구하는 창신서화회(創新書畵會)라는 것이 하나 생겼다. 여성들 중에서는 서화에 연세적 기분을 가졌다할 만한 김정수(金貞洙)(20), 김효진(金孝鎭)(17) 양과 또한 정기임(鄭己妊)(20), 이정환(李貞煥)(17) 양 외에 이정만(李正萬)(17)이라는 수재 청년 등 다섯 사람이 서종(書宗) 경산(庚山) 이규채(李圭彩) 씨와 화백(畵伯) 석계(石溪) 김권수(金權洙) 씨 등 두 선생의 가르침 아래 작년 12월 29일부터 배우기를 비롯한 것이 지금에는 그 필법이 자못 놀라울만하다는데 그들의 작품을 소개하고자하여 3월 중순경에는 전람회 전시 개회할 모양(사진은 여러 규수들이 선생의 앞에서 쓰고 그리는 서화회 실내의 광경).

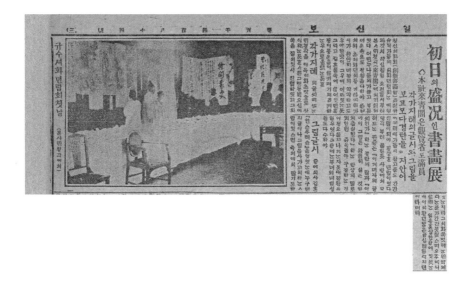

「매일신보」, 1923. 3. 18

초일(初日)의 성황(盛況)인 서화전(書畵展)

본사 내청각은 관람자로 만원

갖가지 체의 글씨와 그림을 보고 모두 경탄해 마지않아

창신서화회(創新書畵會) 주최 규수 작가들의 서화전람회는 예정과 같이 어제 17일 오전 10시부터 본사 내청각(來靑閣)에서 개최되었다. 어린 누나들의 가늘고 부드러운 손으로 정성을 다하여 쓴 해서와 초서와 전서 등 기타 여러 가지가 완연히 여성의 싹싹하고도 우아한 맛이 그 위에 어리었는 듯 그리고 깊은 물속에 숨어있던 흑룡이 풍운을 일으키며 기세 좋게 하는 위로 오르는 듯한 갖가지 체의 글씨며 또는 내청각을 이윽히 화초밭으로 장식하는 듯한 서른 그림 등 150여 폭을 질서 있이 진열하였고 그 외에 여러 대가들의 참고품도 간간 진열이 되어 굉장한 전람이었다. 정각부터 물밀 듯 사방에서 모여드는 관중은 "이게 여자글씨인가" 하는 경탄의 말과 "이 아이 그림은 완연히 살은 것일세. 참 잘 했다" 하는 탄성의 말로써 한번 주욱 돌아 구경하는 것이 정오를 지나서는 자못 대성황을 이루었다. 그 중에는 부녀와 여학생들도 다수하야 그림 글씨 중에서 깊은 '인스피레이션'을 얻었는데 누구든지 글이나 그림을 사가고자 하는 사람이 있으면 즉석에서 팔기도 하는지라 그 서화 폭 밑에는 예약돼라는 표가 간간 붙었으며 오후에 이르러서는 일층 혼잡한 중에 성황 전람은 금 18일까지 전이라더라.

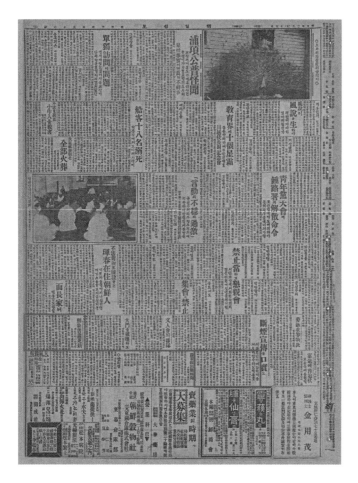

「매일신보」, 1923. 3. 31. 5면 9~10단.

창신서화(創新書畵) 갱신

재단이나 사단법인으로 조직할 서화회

시내 공평동 2번지 창신서화회에서 청년 남녀에 대한 미술사상을 함양하야 써 그의 향상을 도모하고자 규수와 ㅇㅇ자들을 모집하여 서화를 가르친다함은 다 아는 바이오 또한 본사 래청각에서 서화전람회를 개최하여 공천한 환영을 널리 받았음도 일반의 주지하는 바이라. 이러하여 동 회에서는 다시 정성을 다하여 쓰고 그린 서화 4~5폭을 이왕비 전하(李王妃 殿下)께 헌상하는 동시에 또한 재등(齋藤) 총독에게도 3~4폭을 진정하여 이왕비 전하께서는 그것을 받으시고 그저께 실수가 업다는 말씀이 계시다고 승문하였다하며, 또한 재등 총독도 그저 있을 수가 없다는 말이 있었다고 말하는데, 그 외에서는 이것을 기회로 내부를 일층 확장하고 재단법인으로 하던가 혹은 사단법인으로 기초를 공공히 하고 저 회의 조직을 새로이 하였는데, 회장 최송설당(崔松雪堂) 여사외에 남녀의 간사가 12인이오 평의원으로는 위관식(魏寬植)씨와 네사람이며, 강사는 이규채(李圭彩) 화백, 김권수(金權洙) 등 양씨이오, 고문으로는 후작 이완용(李完用)씨외의 유수한 신사숙녀들로만 43인을 망라하였다더라.

○○軍總司令李靑天
馮玉祥同盟軍에加擔
現在、額穆縣에서活動中

【上海特信】모처情報에 의하면 ○○軍 總司令 李靑天은 中東鐵道 沿線 額穆縣 地方에 根據地를 두고 活動中인데 最近 參謀 申肅(申肅) 李宇精(李宇精) 等을 南京 上海로 派遣하야 國民政府와 抗日團(抗日團)과 連絡을 取하고 돌아갓다 한다. ○○軍은 馮玉祥(馮玉祥)의 抗日同盟軍(抗日同盟軍)에 加入되엇다는데 ○○軍의 幹部는 아래와 갓다 한다.

▲總司令 李靑天 ▲副司令 金昌煥(舊韓國將校出身) ▲總參謀 洪晩湖 ▲參謀 申肅 ▲參謀 李宇精 全軍은 三個大隊(大隊)에 나누어 編成하얏는데 第一軍은 李靑天이 兼任하고 第二軍은 柳東說 第三軍은 吳光鮮이라 한다.

「동아일보」, 1933. 7. 31.

○○군 총사령 이청천
풍옥상 동맹군에 가담
현재, 액목현에서 활동 중

【상해특신】 모처 정보에 의하면 ○○군 총사령 이청천은 중동철도(中東鐵道) 연선 액목현(額穆縣) 지방에 근거지를 두고 활동중인데 최근 참모 신숙(申肅) 이우정(李宇精) 등을 남경 상해로 파견하여 국민정부와 항일단(抗日團)과 연락을 취하고 돌아갔다 한다.

○○군은 풍옥상(馮玉詳)의 항일동맹군(抗日同盟軍)에 가입되었다는데 ○○군의 간부는 아래와 같다 한다.

▲총사령 이청천 ▲부사령 김창환(광무 정부의 장교출신) ▲총찬모 홍만호 ▲참모 신숙 ▲참모 이우정 전군은 3개 대대에 나누어 편성하였는데 제1군은 이청천이 겸임하고 제2군은 유동열 제3군은 오광선이라 한다.

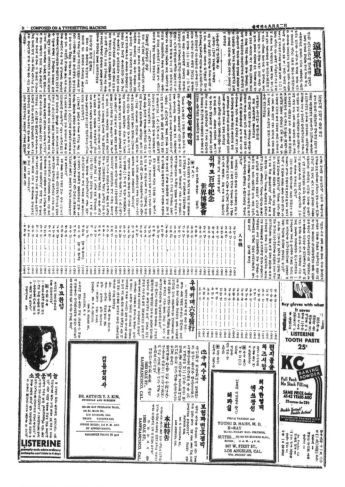

「신한민보」1933. 9. 31
독립군 총사령 이청천 씨
현재 앵목현에서 활동이라고

모처 정보에 의하면 한국독립군총사령 이청천은 중동철도연선 앵목현 지방에 근거지를 두고 활동중인데, 최근 참모 신숙, 이우정 등을 남경 상해로 파견하여 국민 정부와 항일단과 연락을 취하고 돌아갔다고 한다.

독립군은 풍옥상의 항일 동맹군에 가입되었는데 독립군의 간부는 아래와 같다하더라,

총사령 이청천, 부사령 김창환(광무 정부의 장교출신), 총참모 홍만호, 참모 신숙, 이우정 제씨 등인데, 이 독립군은 3개대대로 나누어 편성하였는데, 제1군은 이청천 씨가 겸인하고, 제2군은 유동열 씨가 영솔하고, 제3군은 오광선 씨가 영솔하였다 한다.

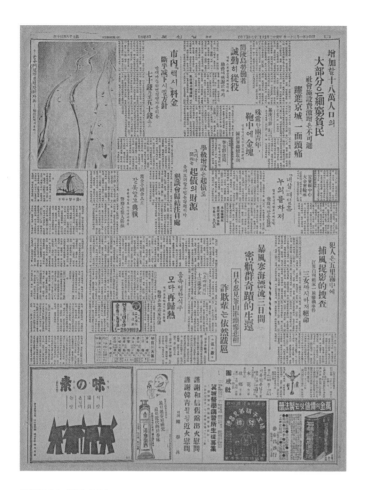

「매일신보」 1935. 1. 31

이규채 송국

치안유지법위반

경기도 경찰부에서는 수개월 전부터 상해 가정부원 이규채(李圭彩)(48)를 검거 취조중이던 바 최근에 이와 같이 지명의사가 조선 안에 많이 있는 처지라 그들을 증인으로 소환 취조하더니 30일 그 취조도 끝이나 일건 서류와 함께 치안유지법위반으로 경성지방법원으로 송치하였다고 한다.

「동아일보」, 1935. 2. 27. 2면.

조선○○군사령(朝鮮○○軍司令)

이규채(李圭彩)공판

판결언도는 3월 5일로 결정

10년 징역을 구형

조선 임시정부 역원이오 조선 ○○군 사령이었던 이규채에 관한 치안유지법위반 공판을 기보와 같이 방청 금지 리에 계속되어 결심되고 입회검사로부터 10년징역으로 구형하였는데 이에 대하여 이인(李仁) 변호사로부터 양 형에 대한 반론이 있었다하며 판결 언도는 3월 5일로 결정 선언하고 동 오후 2시 반에 체정하였다 한다.

「조선중앙일보」, 1935. 2. 27. 2면 1~3단.
반만항일회사건(反滿抗日會事件)의 이규채(李圭彩) 공판개정
방청금지리(傍聽禁止裡)에 사실을 심리
26일 경성법원에서

상해에 있는 조선××을 목적한 ××××정부에서 조선××운동을 하다가 만주로 건너와 반만항일회(反滿抗日會)를 조직 활동중 체포된 포천군 가산면 방충리(抱川郡 加山面 芳忠里) 489번지에 본적을 두고 조소 부정인 이규채(李圭彩)(46)에 대한 치안유지법 위반 공판은 26일 오전 10시 경성지방법원에서 산하(山下)재판장 주심 촌전(村田)건사 입회로 개정되어 동 20분에 이르러 피고의 대략 경력을 물은 뒤 방청금지를 선언하고 비밀리에 속해하여 오후 3시에 이르러 검사로부터 10년 징역이 구형이 있은 뒤에 폐정하였는데 언도는 오는 3월 5일이라며 그 사건의 내용을 보면 대략 다음과 같다.

▲사건개요 : 피고인은 본적지에서 24~5세까지 한문공부를 하다가 서화를 연구하려고 경성부 계동(桂洞)에 와있던 중 대정(大正) 12년 음 12월경에 서화연구차로 상해로 건너가 당시 대정 8년에 창립된 조선××목적의 ××××정부 재무총감(財務總監)으로 있던 이시영(李始榮), 윤기섭(尹起燮), 김규(金圭) 등과 만나가지고 ××에 대한 회합을 하고 대정 13년 1월 15일 고향 포천으로 왔다가 포천서(抱川署)에 검거되어 3차의 취조를 당했으나 그때까지 하등 관계를 맺지 않았었으므로 무사 석방되어 동년 2월 27일 재차 상해로 건너가 전기 동지들과 수차 회합하고 소화(昭和) 7년 만주사변 이래 만주로 들어와 반만항일을 목적한 비밀결사를 조직하고 활동하다가 작년 가을경에 조선에서 경기도 경찰부의 손에 체포된 것이다.

「매일신보」, 1935. 3. 6.

10년형 언도

상해에서 잡혀온 사상범 공판

판결받은 이규채

일정한 주소가 없이 북경, 상해 등지로 전전, 조선 ○○운동에 종사하다가 상해 일본영사관원에게 피착되어 경기도경찰부로 이송, 취조를 받고 경성지방법원으로 넘어와 촌전(村田) 검사로부터 징역 10년 구형을 받은 이규채(46)은 금 5일 오전 10시 산하(山下) 재판장으로부터 구형대로 10년 징역의 언도를 받았다.

「조선중앙일보」, 1935. 3. 6. 2면 1~2단.

○○운동자 이규채(李圭彩)

징역10년을 언도

5일에 경성지방법원에서

구형대로의 판결

다년간 상해(上海)를 비롯하여 해외 각지로 다니며 조선××운동에 종사한 이규채(李圭彩)(46)는 지난 1월 초순 상해 일본영사관(日本領事館) 경찰에 검거되어 2월 초순경 경기도 경찰부로 압송되어 이래 취조를 받다가 2월 26일 경성지방법원에서 치안유지법 위반으로 10년 구형을 받았었는데 드디어 5일 오전 10시 역시 동 법원에서 구형대로 산하(山下) 재판장으로부터 10년 징역의 언도가 되고 말았다.

「조선중앙일보」, 1935. 4. 11. 2단 5~7단.

신한○○당 암살대(新韓○○黨 暗殺隊)

조선잠입정보(朝鮮潛入情報)로

각도경찰 맹렬수사(各道警察 猛烈搜査)

모처 정보 상해에 본거를 둔 신한○○당에서는 그동안 떨치지 못한 당세를 회복키 위하여 모종의 운동을 획책하고 있다는데 최근에는 용인(龍仁) 출생의 이모(李某)외 1명의 암살대원을 조선내에 파견하였다는 정보가 있어 경무국에서는 즉시 각도 경찰부에 수배를 내리는 동시에 시절이 시절인 만큼 맹렬한 수사를 하고 있다 한다.

전기 양명의 암살대원은 지난번 경성지방법원에서 10년 징역을 받은 이규채(李圭彩)의 뒤를 이어 모종의 중대한 사명을 띄우고 조선에 잠입한 것이라 한다.

「신조선보」, 1945. 10. 20. 2면 7~9단.

대한민국(大韓民國)

군사촉성위원회(軍事促成委員會) 창립

일즉 해내외 수십년간 독립운동에 종사하던 동지들이 모여 금반(今般) 대한민국 군사교육 촉성위원회를 결성하였는데 회관은 임시로 다옥정(茶屋町) 114번지에 정하였으며, 그 위원의 씨명은 좌(左)와 여(如)하다.

서세충(徐世忠), 장자일(張子一), 이시설(李時說), 구연창(具然昶), 이규채(李圭彩), 정이형(鄭伊衡), 천명일(千命一), 조종환(趙鍾煥), 이용준(李容俊), 신현익(申鉉翼), 정명악(鄭命岳), 임요철(林堯喆), 서상희(徐相熙), 이완성(李完成), 이강수(李康洙), 김지강(金芝江), 최익환(崔益煥), 김종회(金從會), 이주영(李柱永), 장연송(張連松), 원세훈(元世勳), 백관수(白貫洙), 조병옥(趙炳玉), 신윤국(申允局), 현동완(玄東完), 김명동(金明東), 김광연(金光演), 최관용(崔寬用), 오광선(吳光善), 연병호(延秉호), 이중섭(李重變), 김문성(金文性), 최수정(崔秀正)

「신조선보」, 1945. 10. 26. 2면 4~5단.

단군전 봉건기성회(檀君殿 奉建期成會)

중앙위원결정 정식 출발

우리 국가의 기초를 견고케하려는 단군전 봉건기성준비회에서는 그동안 각 방면으로 활동한 결과 지난 24일 오후 2시에 시내 천도교당에서 300명 발기인이 모여서 정식으로 기성회의 발족을 선언하고 이규채(李圭彩)씨 사회하에 국조경배(國祖敬拜) 충렬사(忠烈士) 묵상(默想) 등 엄숙한 분기 가운데에서 성대히 의사(議事)를 진행하여 구체적 행사는 일체를 위원에 의하여 선출된 중앙집행위원 100명에게 일임하기로 하였으며 제1회 중앙집행위원회를 개최하고자 하니 위원된이는 반드시 일인도 빠짐없이 10월 26일 오후 1시 반까지 시내 중학정 106의 2번지 대종교 임시사무소로 집합하여 주기를 요망하며 의재와 중앙집행위원은 다음과 같다.

1. 단군전봉건준비에 관한 건

1. 11월 7일(음 10월 3일) 기원절 봉축행사에 관한 건

1. 국치 이후 순국충렬사 건립에 관한 건

「매일신보」 1945. 10. 26.

단군전봉건기성회 제1회 중앙집행위원회 개최

국조숭경(國祖崇敬)의 정신을 앙양하고 국가의 기초를 공고케 하고자 전번 결성된 단군전봉건기성준비회(檀君殿奉建期成準備會)에서는 24일 오후 2시부터 천도교대강당에서 3백명의 발기인이 모여(97쪽 하단 연결)

「자유신문」, 1945. 11. 4.

김구(金九) 주석(主席)의 환영회(歡迎會)

순연(純然)한 친지(親知)만으로 계획(計劃)

중경임시정부 주석 김구 선생(重慶臨時政府主席金九先生)이 귀국(歸國)하는데 대(對)하여 순연한 친지만으로 환영준비회(歡迎準備會)를 열고 관계 각 방면(方面)과 연락해서 그 환영의 모든 절차(節次)를 정하기로 하였는데, 그 준비위원(準備委員)의 이름은 아래와 같다.

김석황(金錫璜) 김승학(金承學) 유석현(劉錫鉉) 홍기문(洪起文) 김태원(金泰源) 연채대(延采旲) 이규채(李圭采) 민충식(閔忠植) 외 10명

(96쪽 하단에서 연결) 정식으로 기성회의 발족을 선언하고 앞으로의 구체적 행사 일절를 중앙집행위원회에 일임하기로 결정하여 그 제1회위원회를 26日 오후 1시 반부터 시내 중학정(中學町) 106번지의 대종교당 임시사무소에서 개최하고 의제로서 (1)단군전봉건준비에 관한 건 (1) 11월 7일(음 10월 3일) 기원절(紀元節) 봉축행사에 관한 건 (1) 국치 이후 순국충렬사건립에 관한 건 등을 토의하리라 하는데 금번 선출된 중앙집행위원의 씨명은 다음과 같다. 중앙위원 씨명(무순) : 오상근(吳祥根) 이규채(李圭彩) 방응모(方應謨) 이창환(李昌煥) 이현재(李賢在) 이헌(李憲) 이시열(李時說) 김종태(金鍾泰) 외 56명

「자유신문」, 1945. 11. 9.

통일(統一) 협조(協調)도 활발화(活潑化)
신정부수립기단축(新政府樹立期短縮)
김구 주석 환영의 전주(前奏)

삼사십년의 긴 세월을 두고 해외에 망명하여 조국의 광복을 위하여 생명을 무릅쓰고 노력해 온 우리들의 선각자가 많았으며, 드디어 지난 8월 15일 조국 해방의 희소식을 듣고 이들이 귀국을 하고 있다. 이미 미주에서 활동하던 이승만 박사가 노령이지만 신국가건설이라는 정열을 가지고 귀국하였으며, 오는 11일경에는 중경의 임시정부 주석 김구 선생 이하 요인 등 30여 명이 귀국한다는 쾌보를 접하였다. 이미 5일 공로 중경을 출발하여 임시정부가 조직된 인연이 깃든 곳 상해에 주재하며, 귀국 직전의 모든 준비를 갖추고 있는 것이다. 그리고 이들 귀국에 앞서 1인으로 그곳 임시정부 정보부장으로 널리 알려진 엄항섭이 금일 간 입국하리라고 환영회위원회에서는 말하고 있다. 또한 이승만 박사, 여운형 기타 각 정당인들의 협조가 활발해 신정부수립도 그 기간이 단축될 것으로 보고 있다. 환영의 방법은 전국에서 일제히 국기를 달 것과 입경하는 연도에 시일과 장소를 정하여 시내 요소에 우리 국민의 애정에서 솟아나는 대규모의 환영회를 개최할 작정이다. 그리고 환영회에 필요한 성금을 내겠다는 독지가가 많으나 일체 이를 사절하며 단 재정부원의 정식 교섭과 영수가 있는 것에 한해서 이를 접수하리라고 한다.

위원장(委員長) 김석찬(金錫瓚)(성명무순)

영접부(迎接部) 김창숙(金昌淑) 이종함(李鐘舍) 여운형(呂運亨) 조만식(曺晩植) 홍명훈(洪命熏) 안재홍(安在鴻) 송석우(宋錫禹) 이영(李英) 이규채(李圭彩) 김항규(金恒圭) 조동식(趙東植) 임화(林和) (이하 중략) (99쪽 하단 연결)

중앙신문 1945. 11. 12

민족정신(民族精神)을 앙양(昻揚)

대종당(大倧堂)의 신발족(新發足)

민족정신의 근원을 북돋워주기 위하여 시내 중학정(中學町)에 있는 대종교당(大倧敎堂)에서는 임시 기구로써 교당의 신발족을 결의하고 국민정신을 올리는 선전활동을 해나가기로 되었는데 교역자(敎役者) 씨명은 다음과 같다.

전사(典事) 김동욱(金東旭), 찬사(贊事) 이규채(李圭彩) 양세환(梁世煥), 시교(施敎) 김종만(金鍾萬), 선교(宣敎) 고평(高平), 경리(經理) 유희원(劉熙元) 홍순기(洪淳祺), 직적(直籍) 김정기(金正起) 이정규(李禎圭) 이송준(李松準), 참여(參與) 이창환(李昌煥) 이시흡(李時恰) 이정(李淨) 이진구(李鎭九) 박명진(朴明鎭) 외 20.

(98쪽 하단에서 연결)

교섭부(交涉部) 조병옥(趙炳玉) 외 41명

서무부(庶務部) 정안립(鄭安立) 외 101명(이하 생략)

「자유신문」, 1946. 1. 1.

국민생활(國民生活)에 직접 관계있는

파(罷), 휴업(休業)은 하지 말라

외국인(外國人)에게 폭행(暴行)도 말 것

탁치반대총동원위원회(託治反對國民總動員委員會) 결의(決議)

전국적으로 전개하는 신탁통치반대운동의 방침을 결정 지도할 제1회 탁치반대총동원 중앙위원회는 죽첨정(竹添町) 숙사에서 31일 오전 10시 위원장 신익희(申翼熙) 씨 이하 요인(要人) 임석(臨席) 하에 부위원장 안재홍(安在鴻) 씨 사회로 개최되었다. 개회에 앞서 임정 유림(柳林) 씨로부터 중앙위원 70명의 결정으로 발표하고, 이어 조소앙(趙素昻) 씨로부터 국무위원회에서 탁치반대방침에 대하여 1, 폐시(廢市)는 1일까지로 하고 그 후폐시(後廢市)는 다시 작정(作定)해서 할 것 1, 생활에 직접 관계있는 수송, 시탄(柴炭), 수도, 교통, 전기는 곳 시업(始業)할 것 1, 외국인에게 폭행을 가하지 말 것 등을 결정하였다고 보고하고, 신익희 씨로부터 동양(同樣)의 보고가 있은 다음 동 방침대로 가결하고 별항과 같이 중앙상무위원 21명을 선정한 후 오전 2시부터 종로를 중심으로 전개하는 시위운동을 지도하기 위하여 동 12시 반 휴회하였다.

◇중앙상무위원 : 홍명희(洪命憙) 백남훈(白南薰) 양근환(梁槿煥) 함태영(咸台永) 김호(金乎) 김석황(金錫璜) 한남수(韓南洙) 김세용(金世鎔) 원세훈(元世勳) 이규채(李圭采) 김법린(金法麟) 박용희(朴容羲) 임영신(任永信) 신백우(申伯雨) 홍남표(洪南杓) 박헌영(朴憲永) 김약수(金若水) 김활란(金活蘭) 명제세(明濟世) 박완(朴완)

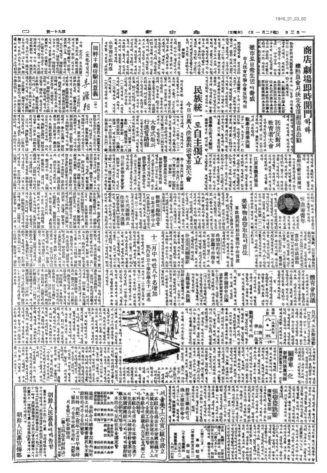

「자유신문」, 1946. 1. 3.

상점(商店), 극장(劇場) 즉시 개문(開門)하라

탁치반대국민총동원위원회(託治反對國民總動員委員會)는 2일 오전 10시 죽첨정(竹添町) 숙사(宿舍)에서 개최하고 1, 각 상점은 즉시 개점할 것 1, 각 극장은 3일 오후부터 개장할 것을 결정하고 다음의 제씨(諸氏)를 인선하야 각 도(道)로 파견 지도하기로 하였는데 피선된 제씨는 2일 밤 각자 출발하기로 되었다.

▲경기도 이규채(李圭彩) ▲강원도 이종욱(李鍾郁) ▲충북 연병호(延秉昊) ▲충남 김동명(金明東) ▲전북 박완(朴浣) ▲전남 김진용(金鎭容) ▲경북 박현호(朴玄昊) ▲경남 김법린(金法麟) ▲황해도 양근환(梁槿煥) ▲동경 이강훈(李康勳)

「동아일보」, 1946. 1. 3. 1면.

유흥(遊興)만 파업계속

반탁중앙위원회 지령

탁치반대 중앙상무위원회는 경교동 임시정부 숙사에서 2일 오전 10시부터 회의를 개최하여 철시는 지난 1일까지 단행하고 2일부터 중지하며 극장은 3일오후부터 영업개시케 하기로하고 기타 유흥기관, 덴스홍, 카페, 요정 등은 앞으로 탁치반대의 완전한 권리를 얻을때까지 파업키로 하였다.(중략)

결정된 파도(派道) 대표 ▲경기도 이규채(李圭彩) (후략)

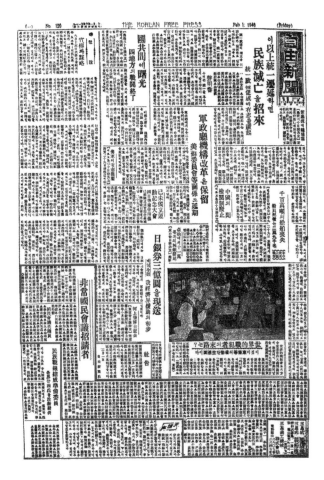

「자유신문」, 1946. 2. 1.

비상국민회의초청자(非常國民會議招請者)

자주적 과도정권 수립을 목표로 하는 비상국민회의는 1일 오전 10시부터 명동 천주교회인 강당에서 저명 민족 지도자 이승만(李承晩) 씨 외 7명, 임시정부 의정원 의원 이시영(李始榮) 씨 외 13명, 정당급 사회단체 90개 단체 대표 1명씩, 각 도 대표 1도 5명씩 및 비상국민회의 주비회(籌備會) 위원 안재홍(安在鴻) 씨 외 17명의 초청 출석 으로 개최되기로 되었는데 대표자명과 단체명은 다음과 같다.

◇주비회위원(籌備會委員) ▲안재홍(安在鴻) ▲서상일(徐相日) ▲성주식(成周寔) ▲김철(金撤) ▲유림(柳林) ▲한 시대(韓始大) ▲김창숙(金昌淑) ▲정관(鄭寬) ▲장덕수(張德秀) ▲이재억(李載億) (이하 7인 중략)

◇국민회의(國民會議) 대의원(代議員) ▲이승만(李承晩) ▲김구(金九) ▲김규식(金奎植) ▲권동진(權東鎭) ▲오세 창(吳世昌) ▲김창숙(金昌淑) ▲조만식(趙晩植) ▲홍명희(洪命熹) ▲이시영(李始榮) ▲조성환(曺成煥) ▲조완구(趙 琓九) ▲유림(柳林) ▲김원봉(金元鳳) ▲홍진(洪震) ▲최동오(崔東旿) ▲엄항섭(嚴恒燮) ▲조나한(趙挐韓) ▲류동열 (柳東說) ▲조소앙(趙素昻) ▲김상억(金尙德) ▲문덕홍(文德洪) ▲장건상(張建相) (이하 단체 중략)

▲황해대표 이승길(李承吉)(중략) ▲경기대표 오하영(吳夏英) 함태영(咸台永) 백남억(白南億) 이규채(李圭彩) 권영 우(權寧禹) ▲강원대표 이봉래(李鳳來)(중략) ▲충북대표 이세영(李世榮)(중략) ▲忠南代表 심상식(沈相植) ▲경북 대표 김승환(金承煥) ▲경남대표 최범술(崔凡述)(중략) ▲전북대표 김병로(金炳魯)(이하 생략)

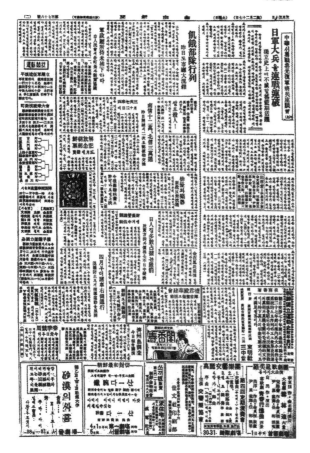

「자유신문」, 1946. 3. 30.

단군전봉건회(檀君殿奉建會)

진용정비(陣容整備)하고 활동(活動)

단군전봉건회에서는 지난 24일 사직동 동 사무소에서 임원 보선과 위원장 및 고문 추대의 전형을 한 결과 다음과 같은 진용으로 완비를 보았는데 오는 30일 오후 2시부터 동 사무소에서 신임 원회를 개최한다.

▲고문(顧問) 권동진(權東鎭), 조성환(趙成煥), 김창수(金昌樹), 홍진(洪震), 황학수(黃學秀), 최준식(崔晙植), 이동하(李東廈), 오하영(吳夏英), 함태영(咸台水), 최동오(崔東旿), 김재붕(金材奉), 조완구(趙琓九), 김택수(金柝洙), 조병옥(趙炳玉), 이강현(李康賢), ▲위원장(委員長) 조소앙(趙素昻) ▲부위원장(副委員長) 이규채(李圭彩), 조성달(徐成達)

「자유신문」, 1946. 4. 12.

인사기구(人事機構)와 의안(議案)을 통과

독립촉성국민회의(獨立促成國民會議)의 제2일(第二日)

집회금지령으로 회의 도중에 해산하였던 대한독립촉성국민회 지부장회의 제2일은 전일(前日)에 이어 11일 오전 10시부터 기독교청년 회관에서 속개하였는데 회의는 먼저 집회 중지에 대한 교섭경과보고와 인원 점검이 있은 후 의안에 들어가 영수에 이승만 박사, 김구 선생을 추대할 것을 만장일치로 가결하고 중앙총본부회 인사에 관해 김구 선생의 의안을 중심으로 신중히 검토한 결과 별항과 같이 인사기구를 결정하고, 이어서 오후에 걸쳐 미소공동위원에 대한 메시지 UNO안전보장이사회에 사절단 파견 세포조직강화해방기념 준비회 조직, 국민대회 소집 동의 제안건을 토의하고 지방정세보고가 있은 후 오후 5시경 폐회하였다.

회장 이시영(李始榮)

부회장 이규채(李圭彩)

총무부장 이종도(李鐘都) 성낙서(成樂緖)

「한성일보」 1946. 4. 13

애국심(愛國心)으로 통합(統合) 강조(强調)

영수(領袖) 추대(推戴) 문제는 도(道) 대표가 재교섭(再交涉)

독립지부장(獨立支部長) 회의(會議) 개막(開幕)

대한독립촉성국민회의(大韓獨立促成國民會議) 전국지부장회(全國支部長會)의 제3일은 12일 종로 기청(基靑) 회관에서 속회하였는데 의사 내용은 다음과 같다.

김구 주석 비서 신현상(申鉉商) 씨로부터 김구 주석의 제안인 인원 배치를 다음과 같이 발표하였다. 회장 이시영(李始榮), 부회장 오하영(吳夏榮) 이규채(李圭彩) 외 15부서의 부장 2명의 선출과 이승만 박사를 총재로 김구, 김규식 두 선생을 부총재로 추대하였는데, 본인의 승낙을 받기 위하여 각 도 대표 김철수(金喆壽), 김하정(金夏鼎) 씨 외 6명을 죽첨장(竹添莊)과 돈암장(敦岩莊)으로 파송하여 교섭한 결과 김구 선생은 "나는 독립을 위해서는 부총재가 아니라 아무 일이라도 하겠다. 나의 심정을 여러분은 잘 아실 것이다, 그러니 이박사에게 가보아라. 나는 이박사의 말씀에 추종하겠다" 라는 확실한 승낙도 거절도 아닌 태도였고, 이박사를 찾아 돈암장을 가서 두 시간 이상을 기다렸으나 비서의 말이 오늘 어느 한 사람이라도 면회를 안 하신다고 하였으므로 그러면 본회의의 총재 되심을 승낙하여 달라는 뜻을 전한 즉 비서를 통해 전달하는 회답이, 나는 중협(中協)에 관계있는 사람이니 국민회(國民會)의 총재가 될 수 없다는 거절이었다. 각 도군(道郡) 대표(代表) 2백여 명은 (106쪽 하단 연결)

「한성일보」 1946. 4. 17

단군(檀君) 어천절(御天節) 경하식(慶賀式)

작(昨) 대종교(大倧敎) 총본사(總本司)에서 성대(盛大)히 거행(擧行)

시내 영낙정 2정목 대종교(大倧敎) 총본사(總本司)에서는 4월 16일 어천절(御天節)을 당하여 정관(鄭寬) 씨의 개회사로 시작하여 이규채(李圭彩) 씨의 하사(賀辭) 봉독이 있은 다음, 김구(金九) 선생의 열렬한 축사가 있었다. 이날 내빈으로 김구(金九), 조완구(趙琬九), 조소앙(趙素昻), 홍진(洪震), 함태영(咸台永) 등 제위 선생 외 다수가 참석하였으며, 대종교 총본사에는 전리(典理) 김준(金準), 전범(典範) 이현익(李顯翼), 전강(典講) 이극로(李克魯) 제씨라고 한다(사진은 동 경하식장).

(105쪽 하단에서 연결) 이 두 선생의 회답을 고대하느라고 회의도 잘 진행 못하고 있다가 전원 긴장리에 이 보고를 듣고 그 원인 규명에 구구한 해석도 있고 흥분도 하였으나 결국은 전 국민이 다만 독립이라는 애국심에 나오는 이 모임에 두 영수가 안 나오실 일이 없으며, 반드시 여기에는 무슨 큰 이유가 있으니 각 도 대표 5명을 선출하여 양 영수 추대와 중협(中協) 정치공작대(政治工作隊)와의 교섭 등 본 국민회의 강화책을 강구하기로 하고 오후 6시 반경 산회하였다.

「중앙신문」, 1946. 4. 17. 2면 1~2단.

어천절경하식(御天節慶賀式)

대종교(大倧敎) 남도본사(南道本祠)서 거행(擧行)

해방후 처음 맞이하는 어천절(御天節) 경하식은 16일 오전 11시부터 시내 영락정(永樂町) 대종교(大倧敎) 남도본사(南道本祠)에서 100여 명의 신자와 내빈 김구(金九)씨를 비롯한 정계인사 다수 참석으로 엄숙한 가운데 성대히 개식하였다. 먼저 정관(鄭寬)씨의 원도(願禱)에 이어 신가(神歌) 봉창, 이규채(李圭彩)씨의 하사(賀辭) 봉독, 어천가(御天歌) 송가(頌歌) 포고(佈告), 김구(金九)씨의 축사 천락(天樂) 송도가 끝난 후 오후 12시 20분경에 폐식하였다.(사진은 식장)

「공업신문(工業新聞)」, 1946. 4. 27.

독촉국민회(獨促國民會) 부회장(副會長)과 회견기(會見記)

대한독촉국민회(大韓獨促國民會) 부회장(副會長) 이규채(李圭彩) 씨(氏)는 25일 상오(上午) 11시 기자단(記者團)과 회견(會見)하고 다음과 같은 일문일답(一問一答)을 하였다.

문 귀회(貴會)의 성격(性格)을 천명(天明)할 수 없는가.

답 수차(數次) 성명(聲明)한 바와 같이 본회(本會)는 정치활동(政治運動)이 목표(目標)가 아니고 국민운동(國民運動)을 기초(基礎)로 한 산업(産業) 교화(敎化) 등(等) 삼천만(三千萬)에 적응한 민중적(民衆的) 자주독립(自主獨立)을 사명(使命)으로 하고 있다.

문 미소공동위원회(美蘇共同委員會) 제5호(第5號) 성명(聲明)에 대(對)한 태도(態度) 여하(如何).

답 본회(本會)는 500만(五百萬) 회원(會員)을 포용(包容)하고 있는 바 전회원(全會員)의 의사(意思)는 자주독립(自主獨立) 이뢰(以外)에는 없다. 그런데 동(同) 성명(聲明)에 대(對)하여서는 우리 태도(態度)를 아직 발표(發表)할 수 없다. 다만 나 개인(個人)으로서는 서명날인(書名捺印)하여 합작(合作)하지 못하겠다.

문 남조선(南朝鮮) 각(各) 지방(地方)에서 귀회(貴會) 지부(支部)와 인민위원회(人民委員會) 및 민전(民戰) 지부(支部)와 충돌이 발생(發生)하고 있는데 그에 대(對)한 대책(對策)을 강구(講究)하고 있는가

답 본부(本部)에는 그러한 정보(情報)나 보고(報告)는 없다. 그러한 사실(事實)이 있는지 없는지 나는 모르겠다.

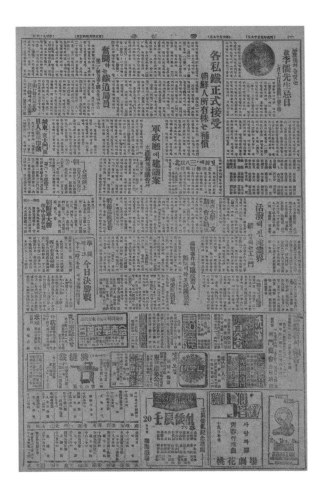

「동아일보」, 1946. 5. 7. 2면.

만국회의(萬國會議)에서 독립절규(獨立絶叫)

해아밀사이준열사추념(海牙密使李儁烈士追念)을 준비

해아 만국평화회의에 한국의 밀사로 파견되어 조선독립을 외치는 나머지 만국 사신들의 눈아페서 배를 갈라 의혈을 뿌린 고 이준(李儁) 선생의 기일인 7월 14일을 기하여 열사의 뜻을 다같이 기념하고 이준 열사 추념 준비회에서는 여러 가지 행사를 준비중인데 동회 발기인은 다음과 같다.

발기인 무순(無順) 권동진(權東鎭), 원세훈(元世勳), 명제세(明濟世), 임영신(任永信), 오세창(吳世昌), 이규채(李圭彩), 이강국(李康國), 김기림(金起林), 이승만(李承晩) (하략)

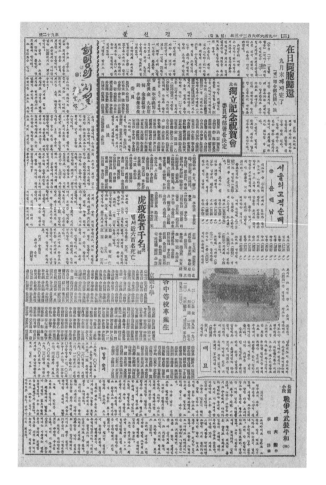

「가정신문」, 1946. 6. 23.

미비(美比) 독립기념축하회(獨立記念祝賀會)

위원(委員)과 부서(部署)를 결정

미국 독립 기념일과 비율빈(필리핀) 독립일 7월 4일을 기하여 미비독립기념축하회를 개최하고자 대한독립촉성 국민회(大韓獨立促成國民會) 사무실에서 각 애국단체 각계 유지 인사를 총망라하여 지난 21일 오후 3시부터 임시의장(臨時議長) 이종형(李鐘榮)의 사회로 개최하고 다음과 같이 위원을 선정하였다.

회장(會長) 이승만(李承晚) 박사

부회장(副會長) 김구(金九) 주석, 김규식(金奎植) 박사, 이시영(李始榮) 선생

위원(委員) 김명준(金明濬) 장면(張勉) 정인보(鄭寅普) 김준연(金俊淵) 김창숙(金昌淑) 조병옥(趙炳玉) 유림(柳林) 장택상(張澤相) 이규채(李圭彩) 이종현(李宗鉉) 한을(韓乙) 이광세(李光世)(이하 생략)

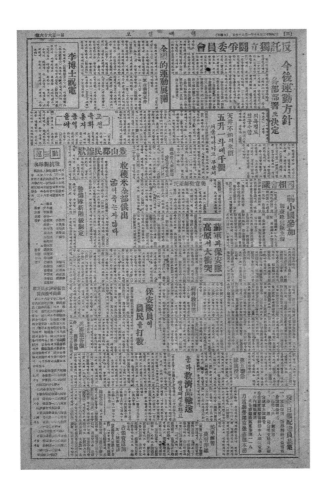

「현대일보」, 1947. 1. 29

반탁독립투쟁위원회(反託獨立鬪爭委員會)

금후(今後) 운동방침(運動方針)

각부(各部) 부서(部署)도 결정(決定)

반탁독립투쟁위원회에서는 26일 하오 3시부터 죽첨장(竹添莊)에서 제1회 중앙집행위원회를 개최하고 우선 이승만 박사를 최고 고문으로, 조성환(曺成煥) 씨를 부위원장으로 추대할 것을 만장일치 가결한 후 재정대책, 기타 문제들도 결정하고 실천위원 선거에 들어가 다음과 같은 각 부서 책임자를 선정한 후 산회하였다는데, 29일 하오 2시에는 제2회 중앙집행위원회를 개최하기로 되었다 한다.

그리고 27일 상오 10시에는 한민당 회의실에서 제1회 실천위원회를 개최하고 실천사항에 대하여 진지한 토의가 있었다하며 27일부터는 임시사무소를 민족통일총본부 내에 두고 활발한 반탁독립운동을 전개하기로 되었다 한다.

△비서부 최두선(崔斗善) △총무부 곽윤진(郭允進) △선전교섭부 양우정(梁又正) △연락부 박종효(朴鍾孝) △노동부 전진한(錢進漢) △청년부 서상천(徐相天) △동원부 유진산(柳珍山) △경호부 오정방(吳正邦) △재무부 방응모(方應謨) △정보부 이운(李雲) △부녀부 김용준(金鏞準) △소년부 엄항섭(嚴恒燮) △종교부 이규채(李圭彩) △농민부 이동욱(李東旭) △학생부 이철승(李哲承)(문교, 시민, 상공 각부 미정).

* 「동아일보」, 1947. 1. 28. 전애국적인 각 단체를 규합코 반탁운동을 적극 전개! 실천위원 등 부서 책임자를 선정

「독립신문」, 1947. 3. 7.

우정(宇精) 이규채(李圭彩) 씨 장서(長逝)

우정(宇精) 이규채(李圭彩) 씨는 지난 3월 2일 오후 1시 시내 관훈동(寬勳洞) 182번지의 2호 김사봉(金思鳳) 씨 댁에서 서거(逝去)하였다. 씨는 통위부(統衛部)에서 이청천(李靑天) 장군의 참모장(參謀長)으로 적군과 싸우다 소위(所謂) 만주국(滿洲國)이 생긴 후 상해(上海)에서 활동 중 일경(日警)에게 피포(被捕)되어 10년 징역(懲役)을 받았으나 10년 역소(役所)와 그 후를 통하여 깨끗한 지조(志操)를 지켜오던 이로 해방 후 많은 활동 때문에 심신과로(心神過勞)로 인한 쇠약(衰弱)이 원인인 듯하다.

「현대일보」, 1947. 3. 8. 2면 9단.

이규채씨 별세(李圭彩氏 別世)

독촉중앙감찰위원장(獨促中央監察委員長) 이규채씨는 숙환으로 3월 2일에 별세하였는데 오는 8일 정오에 국민회장(國民會葬)으로 포천군 가산면 방축리(抱川郡 加山面 防築里) 자택에서 영결식을 거행하리라 하며 씨는 열전 해외에서 김좌진(金佐鎭), 조성환(曺成煥) 장군과 같이 조국 광복운동에 활동하였으며 8년간 감옥에 계셨고, 환국 후는 독촉국민회 부위원장과 감찰위원장을 역임하였다.

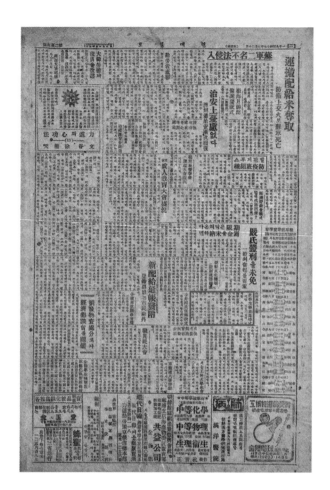

「현대일보」, 1947. 3. 20. 2면 8단.

고 이규채씨 추도식(故 李圭彩氏 追悼式)

지난 3월 2일에 별세한 고 우정 이규채(故 宇精 李圭彩) 선생의 영을 위로하기 위하여 대종교 총본사(大倧敎 總本司)와 단군전 봉건회(檀君殿 奉建會)연합 주최로 오는 3월 23일 오후 1시 단군전 봉건회 사무소에서 추도식을 거행하기로 되었다는데 다수 참석하기를 바란다고 한다.

＊「경향신문」, 1947. 3. 19. 2면.

고(故) 이규채(李圭彩)씨

연합추도식(聯合追悼式)

대종교총본사(大宗敎總本司)에서는 단군전봉건회(檀君殿奉建會)와 연합 주최로 지난 3월 2일 서거한 고(故) 우정(宇精) 이규채(李圭彩)씨의 추도식을 오는 23일 오후 1시 서울 사직동 사직공원 내 단군전봉건회 사무소에서 거행하기로 되어 일반의 다수참석을 바라고 있다 한다.

金九氏一行來抱

平澤稅務署長에
崔學周氏가赴任

[抱川] 지난 十六일 김구(金九)씨는 이상만(李象晚)씨를 대동하여 내포하여 송우리(松隅里)에서 오찬을 마치고 임시정부 당시의 요인이시던 고(故) 이규채(李圭彩)씨 묘소에 성묘하고 동일 오후 五시에 귀경하였다한다

十七일 오후 一시 천주교 강당에서 본지방내 신자 다수 집합한 가운데 웅변대회를 개최하였다한다

[平澤] 평택세무서장 정(鄭鎭)씨는 당지에 부임한 이래 세무행정에 있어 다대한 공헌이 있었거니와 금번 인사발령으로 평창세무서장(平昌)으로 영전하자 그 후임으로 중앙청사세국 최학주(崔...)씨가 부임하게 되어 관민의 기대되는바 크...

「경향신문」, 1949. 4. 23. 2면.

김구(金九)씨 일행 래포(來抱)

지난 16일 김구씨는 이상만(李象晚)씨를 대동하여 내포하여 송우리(松隅里)에서 오찬을 마치고 임시정부 당시의 요인이시던 고(故) 이규채(李圭彩)씨 묘소에 성묘하고 동일 오후 5시에 귀경하였다한다.

新韓○○黨暗殺隊

朝鮮潛入情報로

各道警察網列搜査

[경로 1] 중국 망명을 준비 : 대한민국 임시정부 독립운동 시찰
: 1923년 10월 ~ 1924년 1월
경성 → 안동 → 봉천 → 천진 → 상해 → 항주 → 천진 → 안동 →
경성(→ 포천)
1923년 11월   경성/안동/봉천/천진/상해
1923년 12월   상해/항주
1924년 1월   상해/항주/천진/안동/경성

[경로 2] 독립운동을 위해 중국으로 망명 : 대한민국 임시정부
활동 : 1924년 2월 ~ 1925년 2월
경성 → 안동 → 천진 → 상해 → 항주 → 상해
1924년 2월   경성/안동/천진/상해
1924년 3월   상해 : 임시정부 의정원 의원 선임
1924년 12월   항주/상해(양수포)

오상(충하진)

대둔

북평(북경)

상해

항주

[경로 3] 임시정부 의정원 의원 사임 : 무장 항일 투쟁 모
색 : 1925년 3월 ~ 1928년 1월
상해 → 항주 → 북평 → 길림(대둔) → 길림(오상현 충하진)
→ 상해 → 항주(서호 고려사) → 상해(양수포) → 북평(아방,
해전)
1925년 2월   상해(양수포)
1925년 3월   임시정부 의정원 의원 사임
1925년 4월   천진/북평길림(대둔, 오상현 충하진)
1925년~9월   항주(서호 고려사) : 제지업
1925년 10월   상해
1925년~12월   북평(아방, 해전)
1926년~12월   북평(아방, 완평현) : 농업
1927년~12월   북평(해전) : 농업

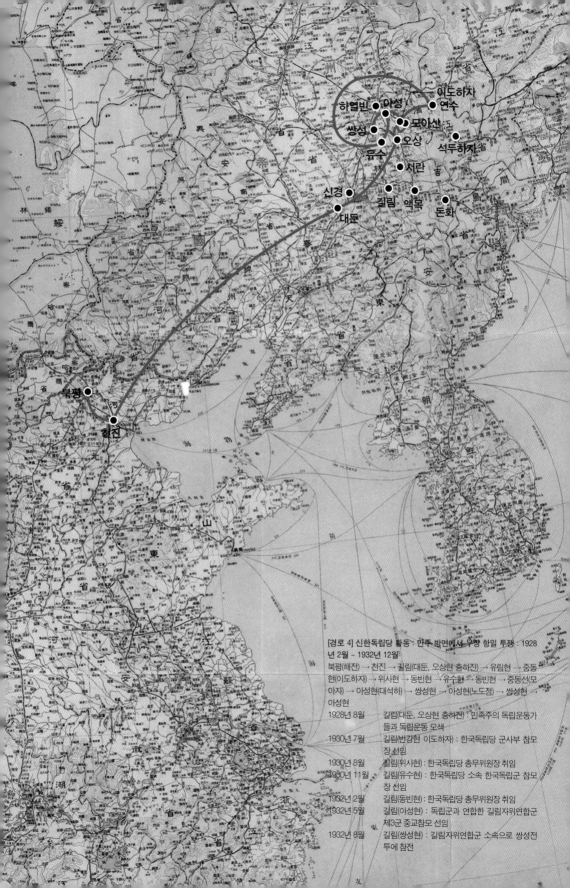

이도하자
연수
하얼빈 아성
모아산
쌍성
오상
석두하자
유수
서란
신경
길림 액목
대둔
돈화

북평
천진

[경로 4] 신한독립당 활동 · 만주 방면에서 무장 항일 투쟁 : 1928
년 2월 ~ 1932년 12월

북평(해전) → 천진 → 길림(대둔, 오상현 충하진) → 유림현 → 중동
현(이도하자) → 위사현 → 동빈현 → 유수현 → 동빈현 → 중동선(모
아자) → 아성현(대석하) → 쌍성현 → 아성현(노도점) → 쌍성현 ·
아성현

1928년 8월	길림(대둔, 오상현 충하진) : 민족주의 독립운동가 들과 독립운동 모색
1930년 7월	길림(빈강현 이도하자) : 한국독립당 군사부 참모 장 선임
1930년 8월	길림(위사현) : 한국독립당 총무위원장 취임
1930년 11월	길림(유수현) : 한국독립당 소속 한국독립군 참모 장 선임
1932년 2월	길림(동빈현) : 한국독립당 총무위원장 취임
1932년 5월	길림(아성현) : 독립군과 연합한 길림자위연합군 제3군 중교참모 선임
1932년 8월	길림(쌍성현) : 길림자위연합군 소속으로 쌍성전 투에 참전

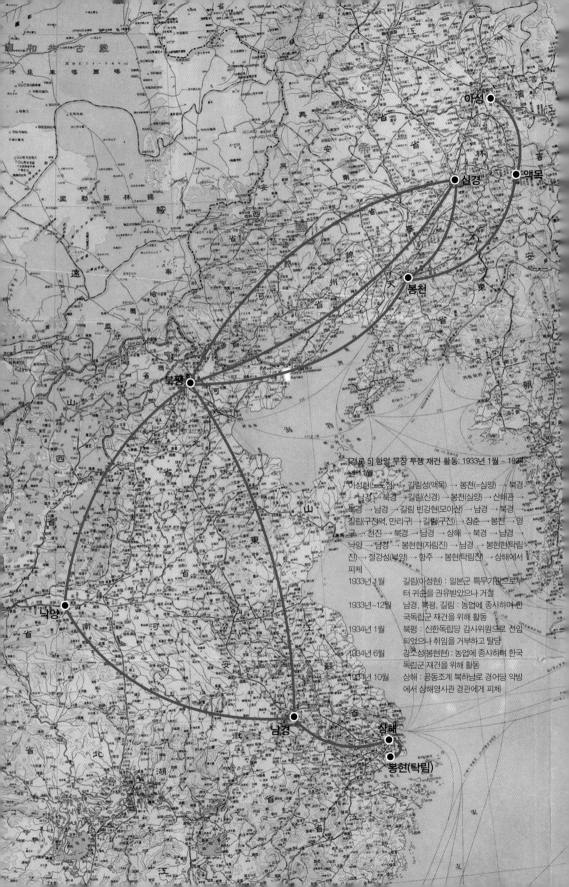

[경로 5] 항일 무장 투쟁 재건 활동: 1933년 1월 ~ 1934
년 11월
아성현(노도점) → 길림성(액목) → 봉천(=심양) → 북경
→ 남경 → 북경 → 길림(신경) → 봉천(심양) → 산해관 →
북경 → 남경 → 길림 빈강현(모아산) → 남경 → 북경 →
길림(구전역, 만리구) → 길림(구전) → 장춘 → 봉천 → 영
구 → 천진 → 북경 → 남경 → 상해 → 북경 → 남경 →
낙양 → 남경 → 봉현현(자림진) → 남경 → 봉현현(탁림
진) → 절강성(부양) → 항주 → 봉현(탁림진) → 상해에서
피체
1933년 1월   길림(아성현) : 일본군 특무기관으로부
          터 귀순을 권유받았으나 거절
1933년~12월 남경, 북평, 길림 : 농업에 종사하며 한
          국독립군 재건을 위해 활동
1934년 1월   북평 : 신한독립당 감사위원으로 선임
          되었으나 취임을 거부하고 탈당
1934년 6월   강소성(봉현현) : 농업에 종사하며 한국
          독립군 재건을 위해 활동
1934년 10월 상해 : 공동조계 북하남로 경어당 약방
          에서 상해영사관 경관에게 피체

第二十七週年大韓民國臨時立憲記念式
大韓民國二十八年四月十一日

제27주년 대한민국 임시헌정기념식
대한민국 28년 4월 11일(1946. 4. 11) 경덕궁 인정전

둘째 줄에 앉은 사람들: 김붕준·○·○·이규채·신익희·김상덕·유동열·최동오·홍진·김구·이시영·조성환·유림·조소앙·황학수·조완구·조경한·엄항섭·유진동·○

망명 전 경성 창신서화연구회 시기   중국 상해 망명 후 활동하던 시기

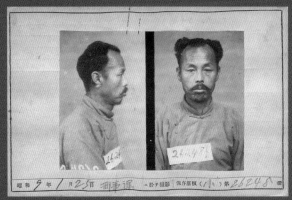

상해 경여당 약방에서 피체(1934.11.2), 상해일본총영사관에서 2개월여
취조를 받고 경성으로 압송된 직후의 모습(1935. 1. 25.)

서대문형무소 수감 직후의 모습(1935. 2. 8.)

출옥 후 해방 정국 시기(1945)

경성형무소 이감 직후의 모습(1938. 3.)

倧門弟兄聯歡紀念撮影
四四〇二. 二. 十三

대종교(大倧敎)의 종문제형연환기념(倧門弟兄聯歡紀念) 촬영
4403. 2. 13(1946. 2. 13.)
아서원(雅敍園 : 현 명동 롯데호텔 자리) 정문 앞

앞줄의 앉은 사람들 :
김상호·김교준·윤세복·이시영·조성환·조완구·이규채·김승학

2. 이규채 자술 연보 원문과 탈초문

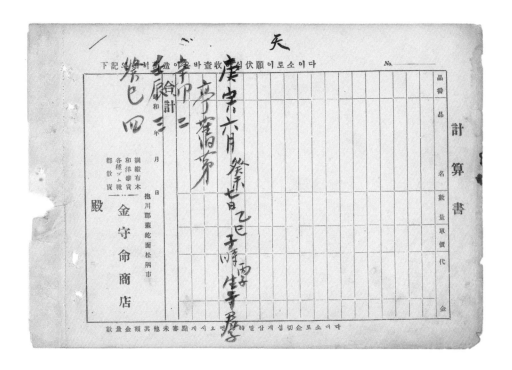

庚寅
○ 六月癸未 七日乙巳 子時丙子 生于君子亭舊第

辛卯 二

壬辰 三

癸巳 四

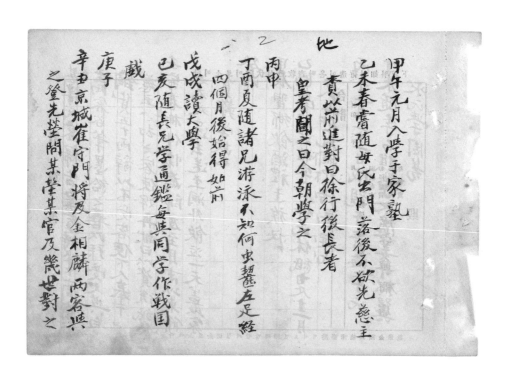

甲午
○ 元月 入學于家塾

乙未
○ 春 嘗隨母氏出門落後 不欲先 慈主責以前進 對曰 徐行後長者 皇考聞之
日今朝學之

丙申

丁酉
○ 夏 隨諸兄遊泳 不知何虫齧左足 經四個月後 始得如前

戊戌

○ 讀大學

己亥

○ 隨長兄學通鑑 每與同學 作戰國戲

庚子

辛丑

○ 京城崔守門將及金相麟兩客 與之登先塋 問某塋某官及幾世 對之

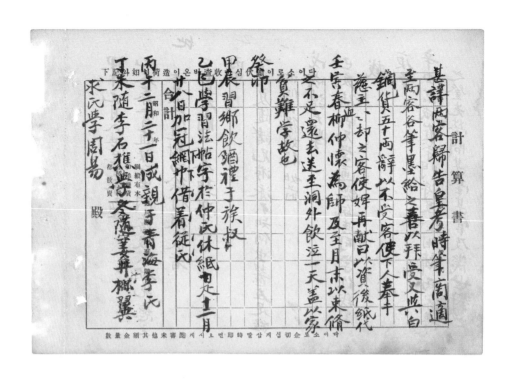

甚詳 兩客歸告皇考 時筆商適至 兩客各筆墨給之 喜以拜受 又與白銅貨五
十兩 辭以不受 客使下人奉于慈主 慈主却之 客使婢再獻 曰以資後紙代

壬寅

○ 春 迎柳仲懷爲師 及至月末 以束脩之不足 還去 送至洞外 飮泣一天 蓋
以家貧 難學故也

癸卯

甲辰

○ 習鄕飮酒禮于族叔

乙巳
○ 學習法帖字於仲氏 休紙十疋
○ 十二月二十八日 加冠 借着從氏網巾

丙午
○ 二月二十一日 成親于靑海李氏

丁未
○ 隨李石樵學
○ 冬 隨姜井柳翼求氏 學周易

地 3

戊申隨申朝陽鴃氏學太極變說
己酉入遊金剛山造織組機試之
庚戌設宗契七月日韓合幷
辛亥設興學契隨姜青農學四律
壬子大廐夏之月胛痛藥不奏効以
至右手不遂食時用以左鍊百方問醫
皆無効驗聞有神人在京九曲洞施方
而能使興子有孕無論某病能使全
快即至叩門有一高樓巨閣滿堂
賓客不下六七十人左右制藥者六五
人 問皆不答
六人上房壁下有億兀甚開抱至其
前拜日顧給一方億兀人起日公何以
知吾正立恭對日先生儀容不餙故知

戊申
○ 隨申朝陽鴃氏 學太極變說

己酉
○ 入遊金剛山
○ 造織造機試之

庚戌
○ 設宗契
○ 七月 日韓合幷

辛亥

○ 設興學契

○ 隨姜靑農 學四律

壬子

○ 大庭憂肩臂痛 藥不奏效 以至右手不遂 食時用以左手 百方問醫 皆無效
驗 聞有神人李鍾烈在京九曲洞 施方而能使無子有孕 無論某病 能使全
快 卽至叩門 有一高樓巨閣 滿堂賓客 不下六七十人 左右制藥者 亦五六
人 問皆不答 上房壁下有隱几 甚閒如也 至其前 拜曰 願給一方 隱几人
起曰 公何以知吾 正立恭對曰 先生儀容不俗 故知

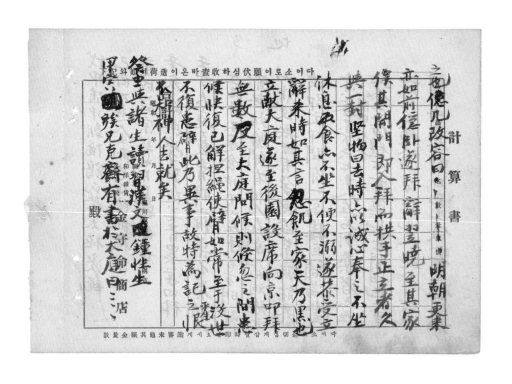

之也 隱几改容曰 □□□□ 明朝更來 亦如前隱臥 遂拜辭 翌曉 至其家
俟其開門 卽入拜而拱手正立者久 與一封堅物曰 去時亦以誠心奉之 不
坐休息 食亦不坐 不便不溺 遂恭受立辭 來時如其言 忍飢至家 天乃黑也
立獻大庭 遂至後園 設席 向京叩拜無數 反至大庭問候 則倏忽之間 患候
快復 已解乫繩 使臂如常 至于沒世 不復患臂 此乃異事 故特爲記之 平
生恨不知神人去就矣

癸丑

○ 與諸生讀習漢文

○ 鍾性生

甲寅

○ 族兄克齋有書於大庭曰 □□□□□□

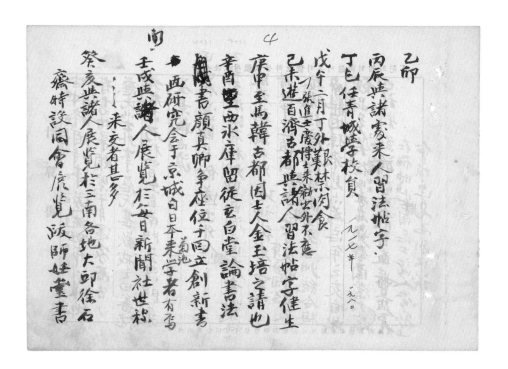

乙卯

丙辰
○ 與諸處來人習法帖字

丁巳
○ 任靑城學校員

戊午
○ 二月 丁外艱 禁肉食

己未
○ 張進士慶博士來勸出外 不應
○ 遊百濟古都
○ 與諸人習法帖字
○ 鍾健生

庚申
○ 至馬韓古都 因士人金玉培之請也

辛酉
○ 至西氷庫留 從玄白堂論書法 書顏眞卿爭座位千回
○ 立創新書畫研究會于京城 自日本菊池來學者有焉

壬戌
○ 與諸人展覽於每日新聞社 世稱□□□□來交者甚多

癸亥
○ 與諸人展覽於三南各地 大邱徐石齋 特設同會展覽
○ 跋師任堂書

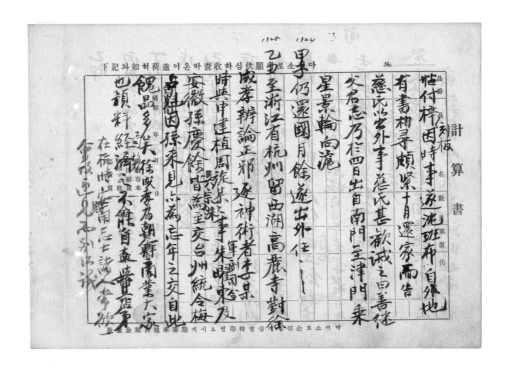

帖 付梓刻板 因時事 遂沈班布 自外地有書相尋頗緊

○ 十月 還家 而告慈氏以出外事 慈氏甚歡誠之曰 善繼父君志 乃於四日出
自南門

○ 至津門 乘星景輪 向滬

甲子

○ 仍還國 月餘 遂出外 任□□□□

乙丑

○ 至浙江省杭州 留西湖高麗寺 對徐成孝辨論正邪 逐神術者李某

○ 時與申建植 周旋某某事 軍副司令朱曜東及安徽孫慶餘吳宗洙 皆爲至交
台州統領梅占魁 因孫來見 亦爲忘年之交 自此饋品多矣

○ 徐成孝乃朝鮮商業大家也 預料經濟之不能自支 與其弟

求出外 搜探大陸物情 而欲引杭州督軍孫傳芳物力 積年經營之際 嶺南李某者 自稱神術 請與同事 故徐乃伴行 幾成欺偏 乃逐之

○ 在杭時 安南志士諸人 常欲一會 故迎見而別所議

○ 紹興劉文發來 問造紙事 因設紙廠 招聘李芝性李健鍾二造紙巧 以孫張戰廢之

○ 辭□□ 朴□□屢書爲留 亦不聽 遂棄權

○ 以五三慘案後援事 網羅全省書畫人 結成展覽會 而會長程萬里 送駕招待 至再三後出席矣 要書者甚多 不能酬應 故行抽籤 而一日書者 至二百餘掛軸五十餘扇面 挽章及壽詩 不計其數 三日後 因疲辭免

丙寅

○ 與徐成求畫成北京鵝房開屯墾事

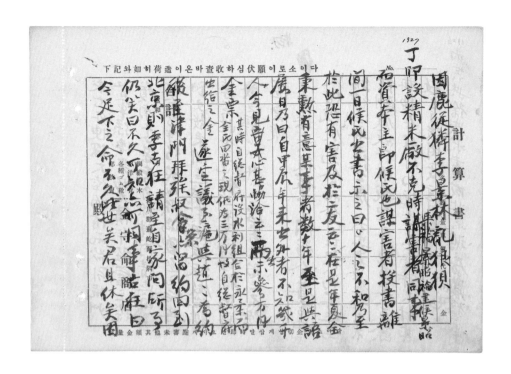

因鹿從麟李景林亂狼狽

丁卯

○ 設精米廠 不克 時與福建候景昭同事 而資本主卽候氏也 謀害者投書離
間 一日候氏出書示之曰 □人之不和 乃至於此 恐有害及於二友云云

○ 在是年夏 全秉勳有意某事者數十年 至是與語屢日 乃曰 自甲辰年來 出
外者不知幾千人 今見吾子 心甚協洽云云 而出示三萬円金票 一其時自
總督府 設水利組合於永柔 而全氏田畓之現價爲三萬円 故自總督府出給
之金一 遂定議

○ 至滬與趙□□爲約後 至津門 拜族叔會榮 亦留約

○ 回到北京 則李古狂請至自家 問所事 仍笑曰 不久可知 亦可同事 古狂曰
今足下之命 不久此世矣 君且休矣 因

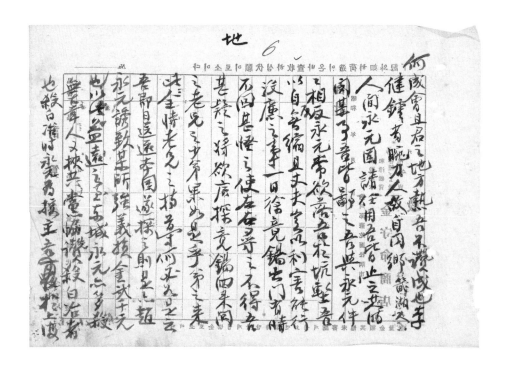

成會 且君之地方熱 吾不讚成也 李健鍾者腕力人 故自同鄕-畿湖人—人
間永元固請任用 吾皆止之 其時閔某事 吾皆鄙之 吾與永元 件件相反 永
元常欲落吾於坑塹 吾以自無縮 且丈夫 豈以利害 能行沒廉之事 一日徐
竟錫出門 有時不回 心怪之 使左右尋之 不得 吾甚疑之 將欲廣探 竟錫
回來問之 老兄之少弟 果如是乎 弟之來此 此全恃老兄之指導 何必如是
云 吾卽日送還本國 遂探之 則是亦趙永元誘致某所 强義捐金貳千元也
以此益遠之 至東城 永元亦多殺無辜人 又挾共□黨協讚殺白冶者也 殺
白冶時 永元爲接主 吾於上海 經濟不能自持 夢先君來 敎買彩票 得中
至是又夢先君急急退滬 故不時向杭州 不數月 黃葵性入令司館歸國 金
禹鎭死刑 吾亦在滬 則亦不知有何謀害

言 昨日某某人－裵金二人－持一普通紙二張來示日 此李宇精報告於津
領事書 而某氏在津 收取郵政局十五號箱以得者也 故昨夜開緊急會議
決議死刑 乃拍地大聲日 今日知諸君之良心也 欲殺李宇精者 豈不知李
宇精耶 宇精本不知日語一句者也 而此書全篇 皆雜用日文 則走狗爲業
者 又別有書記乎 然則宇精姑舍 先捕書記可也 二人良久日 然則此書非
宇精所爲也 退去 今不及十九小時也 遂向古狂謝恩

○ 至全氏處破意 甚謹補身計 皆自某事起 不良輩憑資芳名 作黨行凶 無所
不至 到處皆

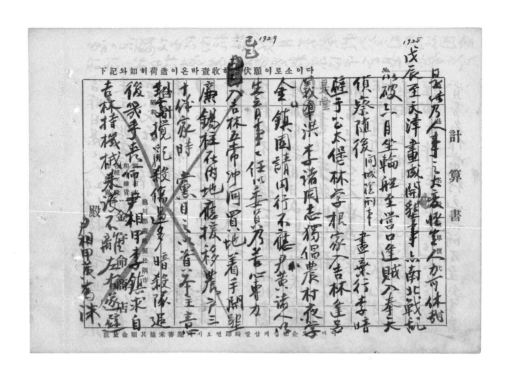

是 此乃人事之大變怪 豈人力可休哉

戊辰

○ 至天津 劃成開墾事 亦南北戰亂以破

○ 六月 坐輪船 至營口 逢賊 入奉天 偵察隨後 -開城陰刑事- 盡棄行李 暗避
于公太堡林學根家

○ 入吉林 逢呂是堂洪李諸同志 獨倡農村夜學 金□鎭固請同行 不應 尹相
甲黃雋秀諸人 以生育事之任以委員 乃苦心專力

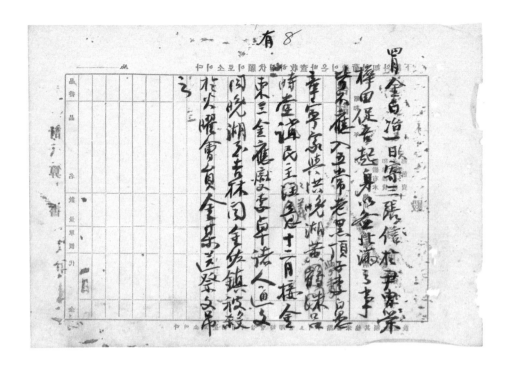

○ 四月 金白冶一日寄三張信於尹胄榮, 樺田促吾起身 以圖北滿之事 皆不

應 入五常老黑頂子李白愚章寧家 與洪晩湖黃學秀呂是堂 講民主主義

○ 十二月接金東三金應爕李卓諸人通文 同晩湖 至吉林 聞金佐鎭被殺於火

曜會員金某 送祭文弔之

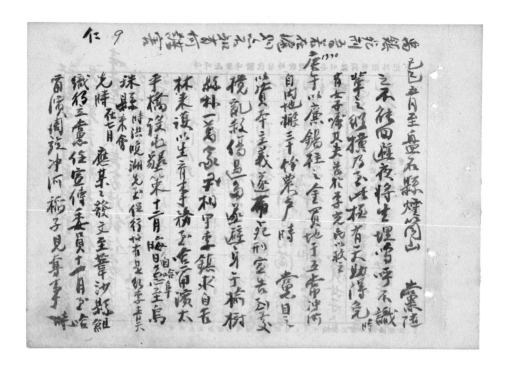

己巳

○ 五月 至盤石縣爐筒山 □□黨隨之 不能回避 夜將生埋 嗚呼 不識輩之縱
橫 乃至此極 有天助得免 一時有女子 囑其夫 告於李光民 以救之

庚午

○ 以廉錫柱之金 買地于五常沖河 自內地搬三十餘農戶 時一□□黨 目之
以資本主義 遂布死刑宣告 到處攪亂 殺傷過多 遂避身于楡樹縣朴一萬
家 尹相甲李鎭求 自吉林來護 以生育事務 至哈爾濱太平橋 設屯墾策

○ 十二月晦日 自哈阜急至烏珠縣 一時洪晩湖 先至促行 故有是行 李靑天
來會

○ 先時一在七月一 應某某跋文 至葦沙縣 組織獨立黨 任宣傳委員 十一月
至哈爾濱 周旋沖河稻子見奪事 時

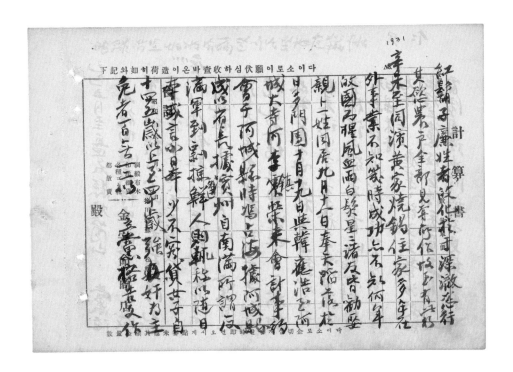

紅鬍子廉姓者 歸化於于深澈 恣行其慾 農戶全部見奪所作 故至有此行

辛未

○ 至河濱黃家燒鍋住家 多年在外 事業不知幾時成功 亦不知何年歸國 而
   猩風血雨 白髮星星 諸友皆勸娶 親卜一姓同居

○ 九月十八日 奉天陷落於日多門團

○ 十月十九日 與韓應浩 至阿城大寺河 李鎭榮來會計事 約會于阿城縣

○ 時馮占海據阿城縣 成以省長居濱州 自南滿 所謂反滿軍 到處剽掠 逢鮮
   人 則輒稱以隨日本 或言小日本 少不容貸 女子自十四五歲以上 至四十
   歲 强奸爲主 免者百無一二 以□立黨格告文作

爲行旅之護照 一九一八奉天陷落時 鮮人率先掠奪 故原有盜性的中國人
如是爲虐— 鮮人之居住 到處散亡

壬申

○ 一月 護路軍司令楊文彬 自哈阜來到黃家燒鍋 吉林旅長王之維 從華田
來于燕家燒鍋 時鮮人住居者 皆望吾一人之指導 中兵皆無規律 以掠奪
强奸爲事 百方謀脫 坐立不暇 至于忘食失眠者十餘日

○ 十八日 李靑天申泰仁金永善自濱州來 軍容十分狼狽進退 況中軍皆以創
掠爲事 全無可爲者也

○ 二十一日夜 多文軍合滿兵 三路攻擊 率所部 入河濱縣 與李申吳-大隊長
光善-討議分路 與金永善退回中東路帽兒山 蓋欲收黨軍 以繼李靑天後
而此時

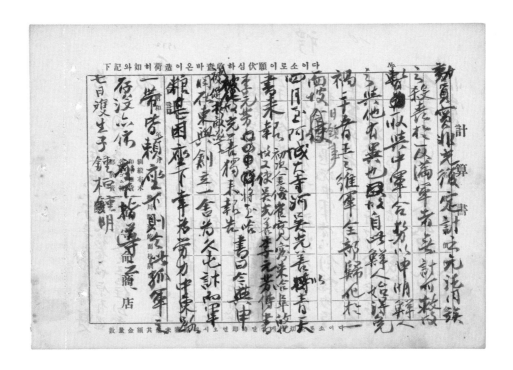

動員 實非光復定計之元法 同族之殺喪於反滿軍者 無計可救 故暫取與
中軍合勢 以申明鮮人之與他有異也 故自此鮮人始得免禍

○ 二十五日 王之維軍全部歸化於一面坡日領事

○ 四月 至阿城大寺河 吳光善以靑天書來報 一初次金俊崔寬容來哈阜歸化
故又使吳光善李元芳傳書李元芳將至哈阜 被促於敵警 故光善獨來報
告一書日 今與申同在東興 創立一舍 爲久屯計 而軍糧甚困 座下幸爲勞
力 中東路一帶 皆賴座下 則今此孤軍之存沒 亦依座下指導云云

○ 七日 雙生子鍾桓鍾明

○ 初五日 與安海岡 往二層甸子 有大刀會大隊 搜探曰 此實日本偵探 緊梆縛 至一會廳囚之 有傾 持刀出曰 當斬 安甚恐懼曰 當奈何 吾笑曰 彼皆小盜輩 他不敢下手矣 過一小時 有二馬兵 以縛繩繫于馬鞍以馳 若一顚 則手足當裂 而奪命 哀乞大便 喘不能說 一馬兵許之 乃卽仆臥 更起坐 安 爲出恭 小定喘呢 又如前馳驅如狗屠者之牽狗一般 若一失足 勢不能再起也 至二三里量 自南邊有馬隊 一小陣捲來相着 前頭一兵下馬 擧鞭止之曰 休走 休走 乃擧首看見 則大刀兵 下馬立前來

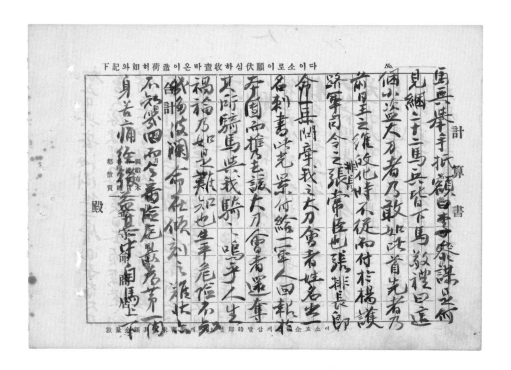

馬兵擧手抵額曰 李參謀 是何見絪 二十二馬兵 皆下馬敬禮 曰這곰個小
盜大刀者 乃敢如此 首先者乃前日王之維歸化時不從而付於楊護路軍司
令之排長張常臣也 張排長卽問牽我之大刀會者姓名 出一名刺 書此光景
付給一軍人 回報於本團 乃携去大刀會者 還奪其所騎馬 與我騎之 嗚呼
人生禍福 乃如是難知也 生平危險 不知幾多波瀾 命在頃刻之難狀 亦不
知幾回 而今番險阨 最爲第一 肉身苦痛經後 益甚中 自馬上下

見大刀會者之反爲罪人之綑縛狀 可謂仰天大笑處也 安曰 今日乃再生之
辰 受命於先生云云

○ 至阿城沙河子 考團長鳳林參謀長趙麟出迎慰之 吳參謀宗伯設盛饌待之
時蔣介石命任何斯期爲東路三十六軍將 來到潘家油房 招集散兵 而懇請
吾合勢 使者頻仍 然考軍本以上馬賊起義 兵皆精勇 軍威整肅 故遂謝何
而與考爲合

○ 四月七日 任稽查處長 發送安海岡于大寺河 招吳光善金昌煥諸同志 卽
再發動員令 吾自稱 — 원문 빠짐—會集者數百人 以金昌煥爲副司令

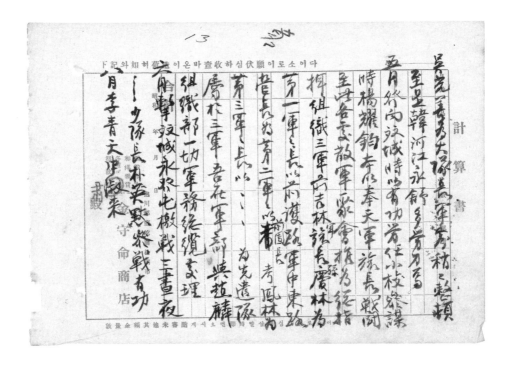

吳光善爲大隊長 軍容稍稍整頓 至是韓河江永舒 多勞力焉

○ 五月 發向雙城 時以有功勞 任小校參謀 時楊耀鈞本以奉天軍旅長 戰鬪
至此 各處散軍聚會 推爲總指揮 組織三軍 前吉林軍旅長孫慶林 爲第一
軍之長 以前護路軍中東路營長 爲第二軍之長 以前團長考鳳林 爲第三
軍之長 以一□□□爲先遣隊 屬於三軍 吾在軍部 與趙麟 組織部一切軍
務總纜處理

○ 六月 擊雙城永發屯 激戰三晝夜 □□□小隊長朴英默 參戰有功

○ 八月 李青天申肅來

任獨立黨總務委員長

○ 十三日 向雙城進發 兵勢大振 至南家屯 自衛團堅拒 前紅創會法師劉道
明 率所部進戰 每臨戰 皆下馬 脫上衣裸體 燒符和水飮之 左手執燒香誦
注文 右手執創前進 每二十步或三十步 跪坐燒香 敵兵皆以爲有神爲助
手脚荒亂 槍聲雖掀天動地 而不能正中 執創先隊已先登之 敵兵自相紛
走 ─是知其無訓練之兵 又可駭迷信之惑衆也─

○ 不數時占領敵陣地 全村民皆出迎 婦女之年少輩 皆來集于□□旗下 ─
自起軍以來 中兵無不剽略劫姦 而獨獨立軍 守律整齊 豪毛不犯

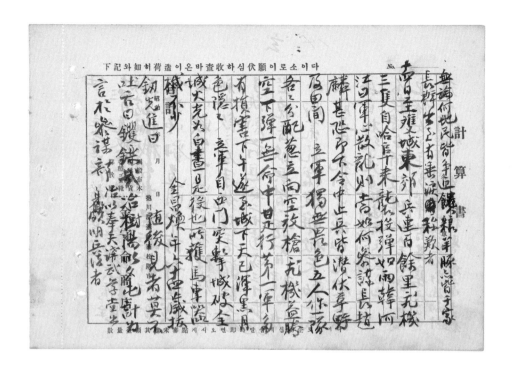

無論何地 民皆奉迎饋糧羊豚 亦皆于家長辨出 至有垂涙稱歎者-

○ 十四日 至雙城東郊 兵連百餘里 飛機三隻 自哈阜來襲 投彈如雨 韓河江
曰 軍心散亂 則當如何 參謀長趙麟甚恐 卽下令中止 兵皆潛伏草野及田
間 獨立軍獨無畏色 五人作一隊 各各分配 蔥立向空放槍 飛機益騰空下
彈 一無命中 是行第一軍多有損害

○ 下午遂至城下 天已渾黑 月色隱隱 □立軍自西門突擊 城破 全城火光爲
白晝 是役也 所獲馬車器械不少 □□□金昌煥年六十四歲 拔劍先進曰
□□□ 隨後見者莫不吐舌曰 矍鑠哉

○ 冶樹陽以夕屯計爲言於參謀部 -冶以奉天講武學堂出身 頗明兵法者-

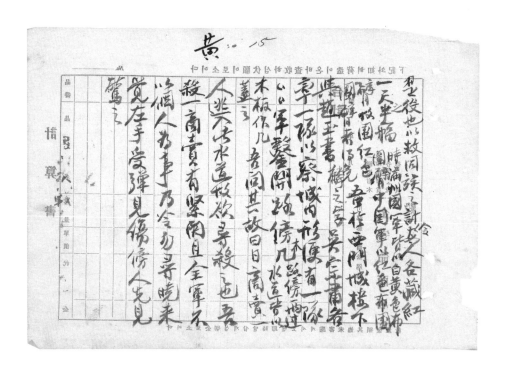

○ 是役也 以救同族之計 令每人各藏紅一尺之半幅 ―時滿州國軍 皆以白黃色布 圍臂 中國軍 以紅色布圍臂 故圍紅色圍臂者得免―

○ 吾於西門城樓下 與趙玉書 ―麟之字― 吳宗肅 各率一隊 以察城內形便 有一隊□□軍 鑿開路傍木几 ―路傍兩邊水道 皆以木板作几蓋之― 吾問其故 曰 日商賈一人 逃入此水道 故欲尋殺之也 吾殺一商賈無緊關 且全軍不以個人爲事 乃令勿尋

○ 曉來覺左手受彈見傷 傍人先見驚之

○ 十六日 退屯于拉林河 民皆爭迎 拉林廠商務會長史擇芬 以保衛團團長 請吾款待 自請率部爲前鋒 升任中校參謀

○ 是時秋事方緊 鮮人居住於阿濱及雙城者 爲幾千戶 而友軍之借糧 日去 日甚 則白衣人之所賴以生者 但是一稻子之農 而力不能支存 故本軍開 將校會議 採糧白米爲決 自獨立軍司令部 有照會文字來到 吾方食吐哺 急令取銷曰 若以十萬之衆 食鮮人稻作之農 則不過二朔 畢食乃已 而幾 萬名鮮人之生命 當何救之 且此次戰爭 乃日本田中

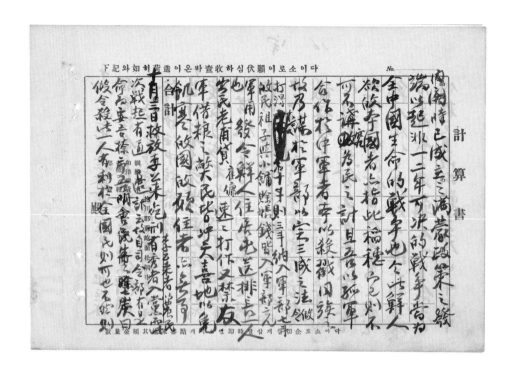

內閣時已成立之 滿蒙政策之發端以起 非一二年可決的戰爭 當爲全中國
生命的戰爭也 今此鮮人欲歸本國者 亦指此稻穗而已 則不可不講求爲民
之計 且吾以孤軍 合作於中軍者 本以殺戮同族之故 乃謀於軍部 以定三成
之法 一做令打得十斗 則三斗納入軍部 七斗歸民 租子與小舖賒帳錢 皆入
軍部 充軍用也一 發令鮮人住居屯 送排長一人 出民老甫貸-雇傭一 速速
打作 又禁友軍借糧之弊 民皆沖天喜地 以免飢寒 歸國願住者 亦無事

○ 十月 三日 救放李公來死刑 一李公來者 以農民有秀者入黨 而此次戰起
有通□逃計云 故自司令部有是命 而要吾捺印 吾明言民生之塗炭 曰假
令殺此一人 有利於全國民 則可也 不然 則

空殺一民 有何所益 乃讞案卽放一

○ 有捕獲一敵偵 欲殺 吾以稽査全權釋放本軍日誌有記李參謀釋放敵偵 天下萬古 豈有釋放敵偵也 然吾皆不省

○ 計救朴承稷韓衡權之死 一朴韓皆有善反狀 故亦論死刑 故吾言與其殺此二人無益 不如生置軍中 任以火軍有益 乃不殺一

○ 再攻雙城 致敗 是役史擇芬全家族七十餘人 皆死於飛機投彈 趙麟放聲大哭曰 不用李參言 以至於 先是吾言回至五舒 深溝高壘 報告於中央政府 以待宋軍合勢 又與馮占海爲表裏相應 軍長不聽 故趙云云

○ 至五常乾拉河 全軍于嶺東 獨與韓軍需回到帽兒山 收拾黨務 崔東滿崔秉權皆來從 以定入關之計

癸酉

○ 一月 洪晩湖來會 大隊長吳光善亦

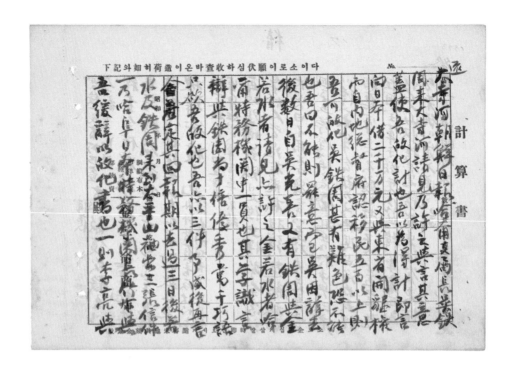

還大寺河 朝鮮日報哈爾支局長吳鐵周來大寺河 請見 乃許之 與言 其意
蓋使吾歸化計也 吾以爲得計 卽言向日本借二千萬元 又與東省開墾權
而自內地總督府 認移民五百以上 則吾可歸化 吳鐵周甚有難色 恐不能
也 吾曰 不能則罷意而已 吳因辭去 後數日 自吳光善 又有鐵周與金若水
者請見 亦許之 金若水者哈爾特務機關中一員也 其學識言辯 與鐵周當
十倍優秀 萬千巧語 只欲吾歸化也 吾亦以三件事成後再言 金若水定其
回報期 以去 過三日後 若水及鐵周來到太平山 袖出三張信件 一乃哈阜
日本特務機關長竹木 與吾緩辭以歸化書也 一則李亮與

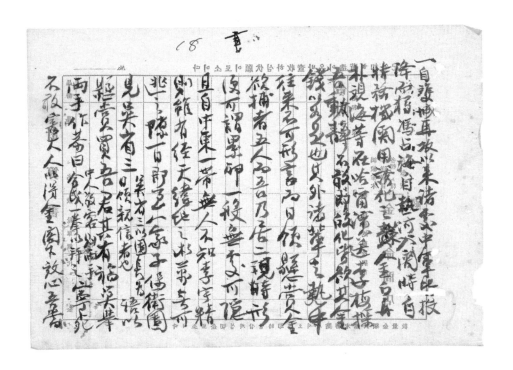

○ 一自雙城再攻以來 諸處中軍皆投降 而獨馮占海 自熱河入關 時日特務
機關用誘化之策 金白円 朴觀海等在哈爾濱 送李梅 探吾動靜 不敢卽歸
化 皆欲其金錢 以如是也 其外諸輩之熱中往來 不可形言 而日領懸賞金
欲捕者五人 而吾乃居二 觀時形便 可謂累卵一般 無處可隱 且自中東一
帶 無人不知李宇精 則雖有經天緯地之術 萬無可逃之隙 一日卽至八家
子保衛團 見吳省三 ―吳省三以團長 爲日領親信者也― 語以懸賞買吾
君其有福 吳擧兩手作恭日 ―中人敬客 則兩手合成一拳 以拜之― 寧死
不敢害大人以得金 閣下放心 吾當

吾及李申書也 一則單獨與李書也 而無他 吾亦緩辭拒之 以計脫身入關
之謀 一時所謂中軍 皆歸化 孤軍弱卒 不可支存 則都不如入關去 以救全
體之脫出也 故用此緩計一

○ 二月 鍾明死 又七月 鍾桓亦死

○ 遂起身間行 洪晚湖亦同行 小室願從 崔東滿崔秉權皆從之 至八家子許
占東家 作乾糧 臨拉林上流 上船 晚湖指河曰 居此中 更無他憂 吾切責
曰 雖曰無面渡江 一生事業 豈以此困爲恨 當於事而不必自死 洪乃憮然

○ 至吉林北山 逢賊 盡脫身邊物 至大門口宿 刑事來詰 答以金敬和避亂來
主人南氏 亦言 年前在吾家 教授學文先生云 得免

○ 送洪崔三人于四間房子成世永家 以待吾回

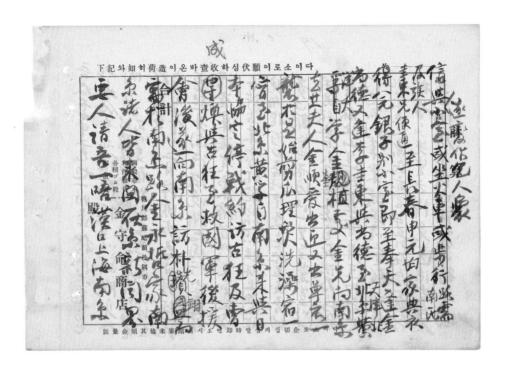

信 遂與小室變作乞人象 或坐火車 或步行 一路需南氏及族人圭東兄便
通一 至長春申元均家 典衣得八元銀子 別小室 卽至奉天 逢金尙德 又逢
李圭東 與尙德

○ 至天津北洋大學金奎植處 金先向南京去 其夫人金順愛出迎 又出單衣一
襲 於是始剪爪理髮洗澡 宿一宵

○ 至北京 黃孚自南京來 與日本協定停戰約 訪古狂及曺成煥 與古狂至救
國軍後援會後

○ 遂向南京 訪朴贊翊 而寓於南京路金永哲家 南京諸人皆來問 在京新聞
界要人請吾一唔漢口上海南京

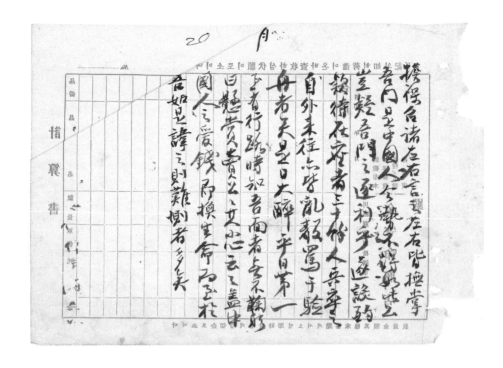

擔保 召諸左右言之 左右皆撫掌曰 吾門是中國人 今勢不得如此 公豈疑
吾門之逐利乎 遂設酌款待 在座者三十餘人 兵卒之自外來往 亦皆亂聲
罵于驗舟者矣 是日大醉 平日第一 至有行路時 知吾面者　無不鞠躬曰
懸賞賣公 公其小心云云 蓋中國人之愛錢 卽換生命 而至於吾如是諱之
則難測者多矣

福建各處新聞界 合同款待 翌日所言全部登載 延圓明請東北戰事顚末

余略略記與 是爲南京雜誌上篇 其下篇 安一靑續記 傳布于歐西各國

○ 與南坡 -朴贊翊號- 爲約軍官學校事

○ 持千元銀票 回到北京 付路費於內蒙成仁浩 欲使至靑天處矣 仁浩適丁

內艱不至 不得已又變作乞人象 至津門 搭乘輪船

○ 到營口 則自船上一一下船 憲兵二列 次次照査 襤褸覆蓋 曳之擲之 十分

危險 每伴作半啞象

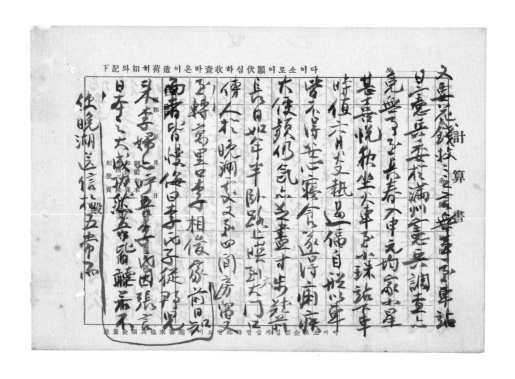

又要花錢救救之言 無事 至車站 日憲兵委於滿州憲兵照查 亦免 無事

○ 至長春入申元均家 小星甚喜悅 夜坐火車 至小珠站下車 時值六月 炎熱
過倡 自船以車 皆不得安心寢食 遂得痢疾 大便頻仍 氣亦益盡 寸步難前
長日如年 半臥路上 暮到六大門口 傳人於晚湖處 又至四間房 使晚湖送
信於五常而留

○ 又轉至萬里口李相俊家 前日知面者 皆慢侮曰 李氏子 從那兒來 李婦亦
呼吾李氏 因張言日本之大成功 然吾皆聽若不

聞 至有操弄無雙 然皆含默受之 或助耘田 或爲飯牛過日 病勢如常 而五
常回音渺然 乃往江東大屯 尋李谷山 託傳草囊於靑天處 一南草囊繩以
白紙囊之 中書此行之好成 績 讀卽來 曰兵皆歸農 將校皆率來 路費在此
云一 一日後 崔秉權自五常來 鄭南田亦來 吳光善亦來留

○ 下六白元銀於成柱海 以傳靑天爲託 與諸人分路入關 再至南京 又遣吳
光善出關

○ 十月 靑天率諸校 至北京

○ 十一月 皆入洛陽軍官學校十七隊 爲(원문 빠짐)人學生班

○ 十二月 在北京 開獨立黨會議 免總務委員 兼停止諸所黨權 一停權罪目

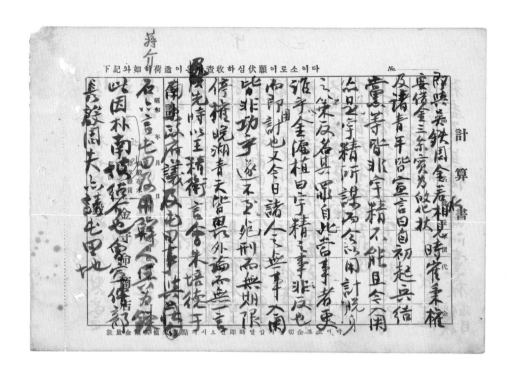

卽與吳鐵周金若水相見 要借金三條 實爲歸化狀一 時崔秉權及諸青年
皆宣言曰 自初起兵結黨等 皆非宇精不能 且今入關 亦是宇精所謀 而今
以用計脫身之策 反名其罪 自此當事者 更誰乎 金源植曰 宇精之事 非反
也 而卽用計也 又今日諸人之無事入關 皆非功乎 遂不至死刑 而無期限
停權 晩湖青天 皆畏外論 而無一言

○ 先時以王精衛言 會朱培德于南京政府 議及屯田事 與蔣介石亦言屯田及
用鮮人兵爲鍊 此因朴南坡紹介也 會宣傳部長殷周夫 亦請屯田地

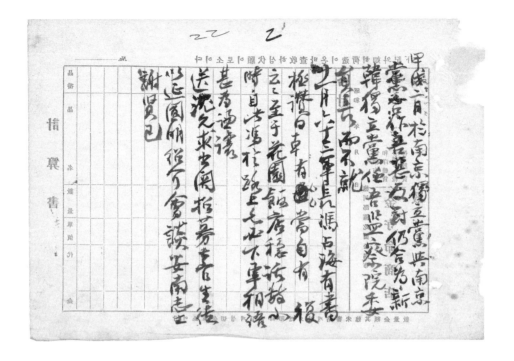

甲戌

○ 二月 於南京 獨立黨與南京黨合作 吾甚反對 仍合爲新韓獨立黨 任吾監
察院委員長 而不就

○ 十一月 六十三軍長馮占海有書極讚曰 韓有□□ 當自有□復云云 至于
花園飯店 穩話數小時 自此馮於路上見 必下車相語 甚爲謙讓

○ 送沈允求出關 招募士官生徒 以延圓明紹介 會談安南志士謝賢己

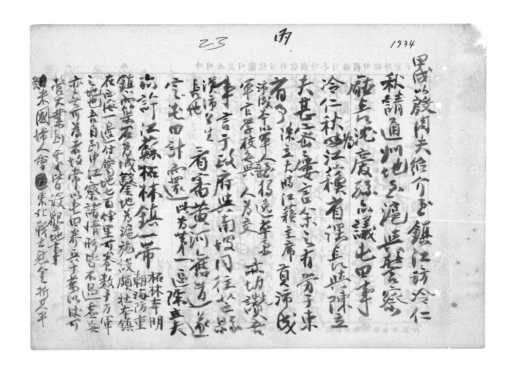

甲戌

○ 以殷周夫紹介 至鎭江 訪冷仁秋 請通州地 至滬 與警察廳長沈慶孫 亦議
屯田事 冷仁秋爲江蘇省理長 與陳立夫甚密 屢言余之有勞於東省事 一
陳立夫 時江蘇主席一 貢沛成 一沛成本以軍人 至獨逸卒業軍官學校 每
喜與人爲交一 亦絶讚吾事 言于政府

○ 與南坡同往芒縣 一漢沛公生長地- 看審黃河舊道 遂定屯田計而還 一此
爲第一區一 陳立夫亦許江蘇栢林鎭一帶 一栢林本明朝海防重鎭 而築石
爲城 鑿之爲滬 施設頗壯 本鎭在西海一邊 附屬地七百餘里 可養數十萬
軍之地也 吾自到申江 察諸情形 皆不過虛妄 亦無可爲者 故常以屯田養
兵十萬以後 可營大業 到處皆設墾地事一

○ 受米國婦人會東北戰士慰金 折其半

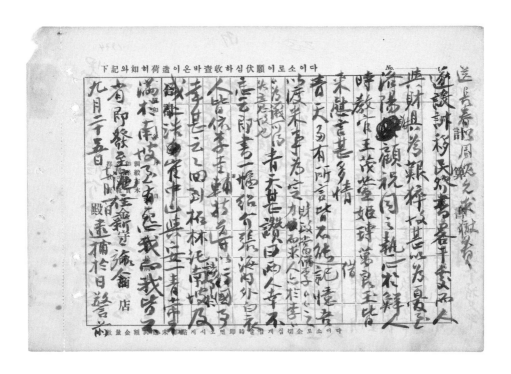

送之長春 以周德允求獄資

○ 遂設計移民 發書若干處 而人與財具爲艱狳 故甚以爲憂 至洛陽謝顧祝
同之熱心於鮮人 時敎官王茂萱姬瑃萬良玉皆來 慰言甚多情

○ 靑天多有所言 皆不能記憶 吾以渡美事爲定 ─財政當借李□□之力 而
求人亦於李□□爲議 可得如意故也─ 靑天甚讚曰 兩人幸不忘云 卽書
一幅紹介狀 海內外白衣人 皆依李圭輔指導 以行國事 幸甚 云云

○ 回到柘林 託諸事於南坡及成仁浩 崔中山與安一靑 常不滿於南坡 至有
怨我 而我皆不省 卽發 至滬 住新新旅舍

○ 九月二十五日 ─十一月一日─ 逮捕於日警 前

二日 李敏達 －曾當排長者－來請夕飯 適其堂鶴在座 同飯一頓 吾於柘
林 摘枸杞子五斤 欲賣矣 敏達言共同租界慶餘堂 方貿諸藥 吾當探問 翌
日來日 眞是多買藥品 而且頂歡那藥 卽請起身 遂不疑 各坐洋車 至其門
前 回顧則敏達不見 吾已下車 上階 有二人服中服來傍曰 先生勞矣 吾以
中語說甚么 如不聽之 則一人卽執手包 一人自背後推之 一左一右 勢不
能逃避 而已上自動車矣

○ 至一所 英人出來交談 －不知何言－ 遂馳至日領使館 下車 一人出迎 左
右者曰 不可如此無禮 －用韓語- 乃解鑰 使來椅子 接待之具 一一備至
入鐵窓也 有一鮮警 搜探身邊 吾叱之退之 副令使者 亦勿下手 自此只有
一死心而已 或不食幾日 或

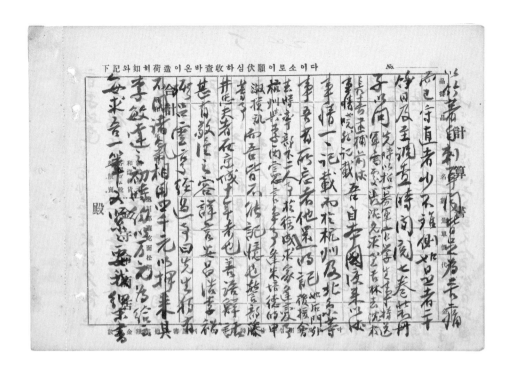

以竹箸自刺耳間 皆足爲苦痛而已 守直者少不離側 如是者二十餘日

○ 及至照査時間 閱七卷裝冊子以問 一先時以招募軍官學生事 特送軍需處
長沈允求 至吉林去 沈於長春逮捕 前後事情曉然記載一 吾自本國渡來
以後事情 一一記載 而於杭州及北京等事 吾有所忘者 他還的記 一如后
門外後援會去時 率部下二人事 於徐成求家逢變事 杭州與李丙憲言爭事
逢朱培德時 申淑攪亂等事一 而吾皆不能記憶也

○ 警部藤井忠夫者 在京城十年者也 善語鮮話 甚有敬隆之容 詳言安昌浩
李裕聖呂雲亨經過事曰 先生獨有不聞諸氣相 用四千元以押來 其李敏達
之初時 約以萬元爲給云

○ 每求吾一筆 又緊緊要我細末書

此要與青天片紙 皆不應 至有投筆擲地有之

○ 八日 崔中山亦來 知其亦陷於敏達之手也 金禹鎭亦來拘留 以鵝煙故也 及其出也 吾大聲曰 禹鎭汝出 卽通告吾繫此焉

○ 五十日後 渡浦東 時日氣甚酷 令司給毛衣一襲 余却之

○ 十一月十四日 二人警察押之 發 十五日 至青島 留一夜 每拘留獨房

○ 十八日午時 泊仁川 亦居一房 甚不潔 與上海及青島大不相同 間五時許 刑事二名入來 問吾姓 不答 怒目示之 以縛繩繫之甚緊 手如絶脈 吾叱之 曰 畜牲何此特甚 他皆不理 甚不敬 日警部起示以一册子后 乃小解縛繩 曰 此本吾責任 行站頭用好言 慰之甚恭 見者皆回

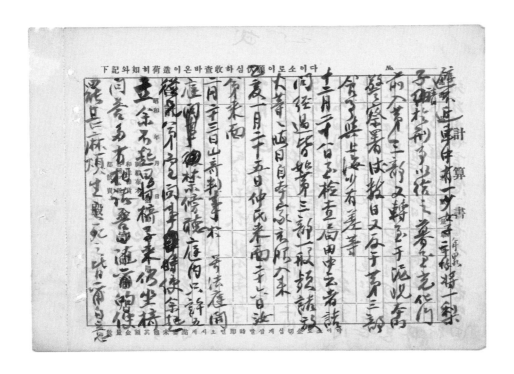

避不近 車中有一少女子 一年略二十餘一 將一梨子請於刑事以給之 暮
至光化門前 入第三部 又轉至于泥峴本町警察署 後數日 又反于第三部
食事與上海少有差等

○ 十二月二十八日 至檢查局 田中云者詰問經過 皆如第三部一般 頻詰放
火等等 晦日 自本家衣服入來

乙亥 四十六歲

○ 一月二十五日 仲氏來面 二十六日 汝弟來面

○ 二月 二十三日 山騎判事於 □號法庭開庭 禁傍聽 庭內只許五從兄弟而
已 問事時 使余起立 余不起曰 將椅子來 仍坐椅問答 多有相話 吾曰 隨
爾的便 罷甚麻煩 生之死之 皆爾自意

誰要裁判 山騎曰 兄是面長 公亦歸化 不好 吾曰 兄是兄 我是我 又問曰
在中東竹下大佐有書 何不聽之 吾曰 雖萬萬金 吾不願之 豈有半途而變
志乎 又問 有子女三人 亦不思乎 曰 吾有老母 而不暇思慕 豈以子女爲
念 不用多言 只曰 還我江山而已 於是弟兄涕泣 檢查求十一年徒刑 判事
曰 若有所懷 七日以內上訴 吾曰 向何處訴乎 吾不多言 隨爾的便可也

○ 三月 一日 亦開庭 庭中全無家族 但荊妻向前而已 遂宣十年徒刑 山騎曰
在上海政府 爲一罪 在中東 以獨立黨 爲通中軍 一罪 在南京 組織新韓
獨

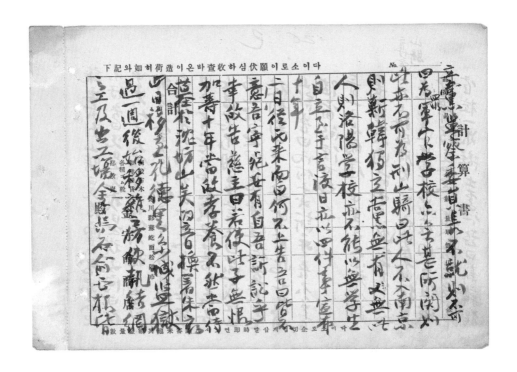

立黨 一罪 入洛陽 設軍官校 一罪 辯士李仁起曰 新韓獨立黨 監察委員

長不就 則不可曰爲罪 軍官學校亦無甚所關 則此亦不可爲刑 山騎曰 此

人不入南京 則新韓獨立黨無有 又無此人 則洛陽學校亦不能以無學生自

立 至于言渡日 亦以四件事宣布十年

○ 二日 從氏來面曰 何不上告 吾曰 皆不吾意 寧死 安有自吾訴訟乎 幸歸

告慈主曰 若使此子無恨 加壽十年 當歸孝養 不然當侍墓於沈坊山矣 翌

日 換着朱衣

○ 此日移至孔德里京城監獄 過一週後 始移雜房 使執結網之工 及出工場

金烏石兪正根皆

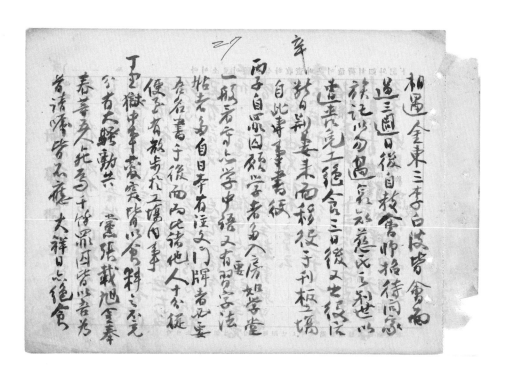

相遇 金東三李白波皆會面

○ 過三週日後 自敎會師招待 問家族 託以勿過哀 知慈氏之別世 以遭喪免
　工 絶食三日後 又出役 後數日 荊妻來面

○ 移役于刊板工場 自此專事書役

丙子

○ 自罪囚願學者多入房 如學堂一般 看守亦學中語 又有要習字法帖者多
　自日本有注文門牌者 必要吾名書于後面 而比諸他人十分從便 至有散步
　於工場內事

丁丑

○ 獄中事變突 皆以食料之不充分 有大騷動 共口黨張載旭金奉春等五人死
　焉 千餘罪囚 皆以吾爲首 請囑 皆不應

○ 大祥日 亦絶食

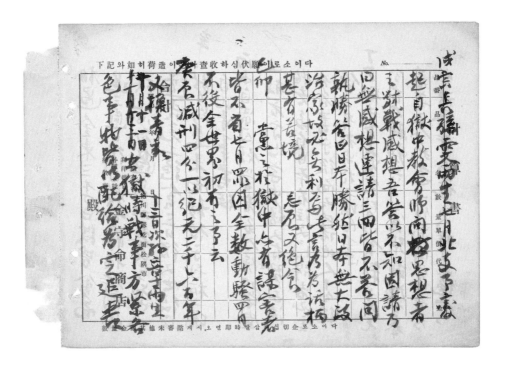

戊寅

○ 長孫雯雨生

○ 七月 北支事變起 自獄中敎會師問思想者之對戰感想 吾答以不知 固請
  乃曰 無感想 連請三四 皆不答 問孰勝 答曰 日本勝 然日本無大政治家
  故必無利焉 此言乃爲話柄 甚有苦境

○ 忌辰 又絶食

己卯

○ □□黨之於獄中 亦有謀害者 皆不省

○ 七月 罪囚全數動騷 四日不役 全世界初有之事云

庚辰

○ 監刑四分一 以紀元二千六百年 又換靑衣

○ 十月十一日 出獄

○ 十三日 次孫章雨生

○ 時戰事方緊 各色事物 皆以配給爲定 追喪

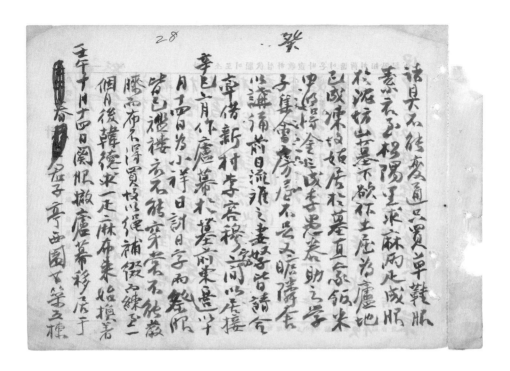

諸具 不能變通 只買草鞋 服素衣 至松陽里 求麻兩疋 成服於沈坊山墓下
欲作土窟爲廬 地已成凍 故姑居於墓直家 飯米申明得金三成李愚泰助之

○ 學子集會 房屋不足 又曠隣舍以講誦

○ 前日流離之妻孥 皆請合率 借新村李容穆家二間 以居接

辛巳

○ 二月 作廬幕於墓前東邊 以十月十四日爲小祥日 計日字而祭 服皆已襤
褸 衣不能穿 裳不能蔽膝 而布不得買 故以繩補綴而練 至一個月後 韓德
求一疋麻布來 始換着

壬午

○ 十月十四日 闋服 撤廬幕 移居于君子亭西園下 築五棟

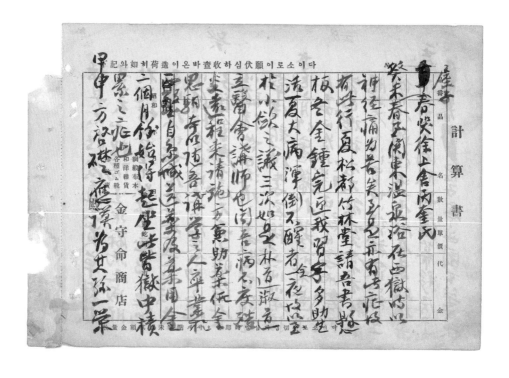

屋子

癸未

○ 春 哭徐上舍丙奎氏

○ 春 至關東溫泉浴 在西獄時 以神經痛爲苦矣 至是亦有此症 故有此行

○ 夏 松都竹林堂請吾書懸板

○ 夏 大病渾倒不醒者全一夜 故以至於小斂之議 三次如是 朴道淑 道立醫
  會講師也 聞吾病 不度酷炎 遠程來請施方 兼助藥價 金思馹 本以隨吾講
  學之人 卒業於西醫 自京城送藥 及藥用金二個月餘 始得起坐 此皆獄中
  積累之症也

○ 冬 金鍾完迎我習字 多助生活

甲申

○ 方啓礎應謨爲其孫一榮

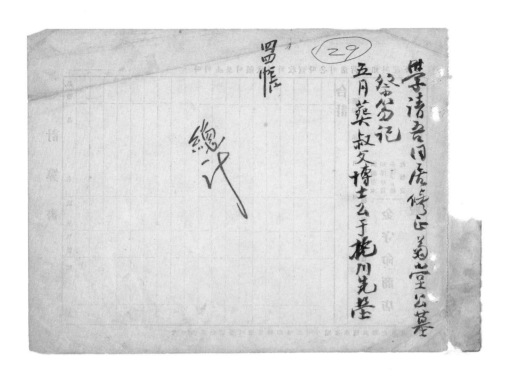

學 請吾同居

○ 修正菊堂公墓祭笏記

○ 五月 葬叔父博士公于抱川先塋

余自圄圄歸 略聞老妻之經過 則余所以今日生存於此世者 猶不足爲言
而家人之得保性命 可謂稀罕也 蓋世之窮人 未知有幾許 而窮其無限之
至 不能保其身焉而止之 故聖人之爲政 必稱其四者焉 又有如窮人無所
歸之怨言 則若以當之者言之 難爲形容者藏也已 李氏之歸吾門 二十六
年 氏以吾遠別 率其二子一女而過活也 內無托身之族戚 外無扶援之知
舊 草根木皮之救飢 不過一日 二日 則五歲兒之無時求飯猶

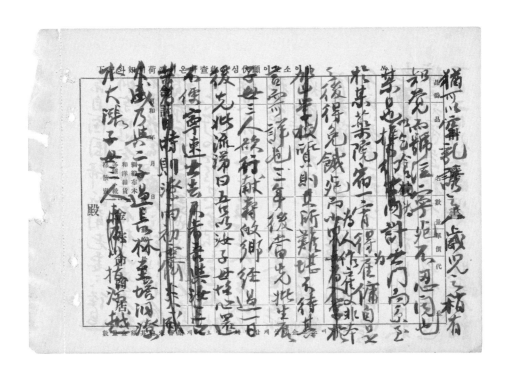

猶可以空乳誘之　八歲兒之稍有知覺而號泣　寧死不忍聞也　某日也　以乞
食爲計　出門向京　至於某藥院　宿一宵　得爲雇傭　自是之後　得免餓死　而
爲人作雇　又非本質　則其所難堪　不待其言而可詳也　三年後　當先妣生辰
子母三人　欲行獻壽　歸鄕經過一日後　先妣流涕曰　吾以汝子母故　心還不
便　寧速出去　乃與二子　過長林　至塔洞　潦水大漲　子母三人　跋涉越

川 不知水性 前兒赴水 欲救不及 三人皆爲浮沈 幾乎不免 得把柳條 以
着足 聞兒啼而衆人大鬧曰 皆生也 上岸望見 則大川中間分波爲島 爲小
舟形之沙上 弟兄兩兒 呼母徨徨 村人携出路上 得保生命 此可謂神助也
至東豆川 則親弟奎季業已搬移 故又不免風餐露宿 而又入京城 爲人漂
衣以資生 婚娶子女之三人 不知歲月如何 及聞良人被捕 待其死生以隨
之爲 七年獄中 每以面會爲一生之幸事 至於

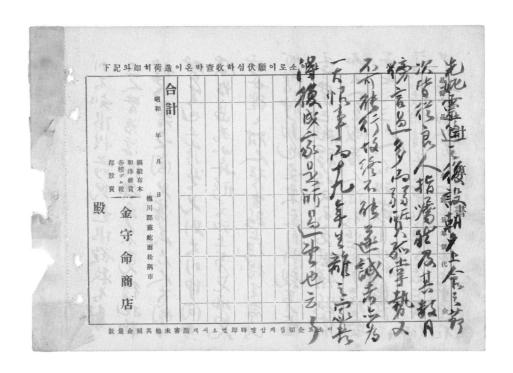

先妣靈筵之後設 朝夕上食之節次 皆從良人指囑 然及其數月 傍言過多
而弱質孤掌 勢又不可能行 故終不能遂誠者 亦爲一大恨事 而十九年生
離之家長 得復成家 是所過望也云云

李王彩公判開廷

傍聽禁止裡의事實審理

廿六日京城法院에서

新韓○○黨暗殺隊

朝鮮潛入情報로

各道警察猛烈搜查

2장
한국독립군과 중국의용군 연합항일 기실

1. 한국독립군과 중국의용군 연합항일 기실
(韓國獨立軍與中國義勇軍聯合抗日記實)

동북통신(東北通信)

1931년 9월 18일 밤부터 일본의 제국주의자들이 돌연 심양(瀋陽)을 침략해 점거한 이후, 동삼성(東三省) 지역에 있던 한국독립당(韓國獨立黨) 사람들은 중국과 일본의 관계가 급속도로 악화되고 있다는 것을 알고 혁명을 함에 있어서 서로 돕는다는 정신에 의거하여 중국과 한국이 합작(合作)하여 항일(抗日)하기로 도모하였다.

이에 곧바로 길림성 정부(吉林省政府)의 장작상(張作相) 주석(主席)을 찾아가 총기와 탄약을 지원해 줄 것을 요청하려고 하였다. 그런데 그 당시에 장작상 주석이 초상(初喪)을 당해 고향으로 돌아가 있었으며, 그 대신 부사령(副司令) 겸 참모장(參謀長)으로 있는 희흡(熙洽)이 우리들을 접견하였다. 희흡은 우리들에 대해서 몹시 환영하는 뜻을 표하였으며, 아울러 총기와 무기를 공급해 주는 것을 허락하였다.

희흡과 더불어 협의를 하던 중에 일본 군대가 이미 장춘(長春)을 경유하여 길림성(吉林省)의 성(城)으로 침입해 들어왔다. 그리고는 곧바로 한국독립당 당원들을 체포하였으며, 아울러 공안국(公安局)으로 달려와서 합동으로 수사할 것을 요구하여 형세가 자못 급박하였다. 그때 길림성 정부에서는 우리들에게 이런 사실을 몰래 통지해 주는 동시에, 우리들에게 증명서를 만들어 주고는, 한국독립당 사람들로 하여금 서둘러 성을 떠나게 하였다.

이에 그곳에 모여 있던 사람 72명이 모두 밤을 틈타 성을 빠져나와 숨어서 도망쳤다.

10월 5일. 한국독립당 사람들은 다시 긴급회의를 소집하고, 모든 항일방침(抗日方針)을 논의하여 결정하였다.

11월 쯤(음력 10월 3일) 한국의 시조(始祖)인 단군(檀君)의 탄신(誕辰)을 맞이하여 독립당 사람들이 아성(阿城) 삼구(三區)의 소석하(小石河) 지방에 있으면서 기념대회를 개최하였는데, 대회에 참석한 사람이 3백여 명이었다. 이들이 모두 비분강개하면서 격앙해 있던 즈음, 갑작스럽게 중국의 관병(官兵) 6백여 명이 쳐들어와 회의장을 포위하였으며, 끝내는 독립당 사람들을 '일본군의 선발대(先發隊)'라고 지목하고는 시비곡절도 묻지 않은 채 곧바로 마구 구타하였다.

그 뒤에 다행히 그곳 지방의 인민들이 사실을 밝혀줌에 따라 다행히 크게 중상을 입지는 않았다. 그러나 독립당 본부의 중요 문서 및 기타 일체의 물품들을 전부 몰수당하였다. 이에 곧바로 독립당의 책임자가 나가서 몰수한 이유에 대해 캐물었으나 끝내 아무런 효과가 없는 헛일이 되고 말았다. 이에 다시 아성현 정부 및 공안국(公安局)에 하소연하면서 그들이 일본에 대해서는 저항하지 않고 도리어 한국독립당 사람들에 대해서만 압박하는 불법적인 행동에 대해서 따졌다. 그러자 그 뒤에 곧바로 아성현 정부에서 우호적으로 대함으로써 일이 끝났다.

이 일을 겪은 이후로 한국독립당 본부에서는 항일구국군후원회(抗日救國軍後援會)를 조직하기로 의결하여 중동로(中東路) 일대의 각 현(縣)에 동지들을 파견하여 선전(宣傳)을 하는 일에 종사하게 하고, 아울러 선언문(宣言文)을 발표하게 하였다. 얼마 뒤 길림성 정부가 빈주(賓州)로 옮겨갔다. 풍점해(馮占海)의 군대가 길림에서 물러나와 아성현에 주둔하였으며, 이두(李杜), 정초(丁超), 왕지유(王之維)의 부대 역시 길림성에서 물러나와 빈주 등지로 왔다.

11월 28일. 한국독립당 당원인 이종경(李鍾烱)이 중동로 이도하자(二道河子)의 차참(車站 : 정거장)에 있다가 호로군(護路軍)에게 체포되어 구류되었으며, 중국과 한국의 연락 계획 역시 성성(省城)으로부터 폭로되었다. 이 당시에 중국과 한국 양쪽은 아직 연락 관계가 이루어지지 않고 있었다. 그러므로 중국 군대가 한국 사람들을 가리켜 문득 '일본과 내통하여 공모하고 있다'고 하면서 여러 차례 붙잡아 갔는데, 비록 독립군의 증명서가 있더라도 전혀 효과가 없었으며 휴대하고 있던 무기도 모두 몰수당하였다. 그리고 각지에 산재해 있던 독립군들은 교통 관계가 나빠서 한 곳에 집결할 수가 없었으며, 가지고 있던 총과 무기들 역시 대부분 토비(土匪)나 보위단(保衛團) 등에게 빼앗겼다. 한국 사람들은 독립운동에 목숨을 바칠 마음을 가지고 있으면서도 여러 곳에서 대부분 이를 이해해주지 않아서 일본군과 싸울 적절한 시기를 놓치고 말았으니, 통분한 마음을 금할 수가 없다.

이종경이 빈주(賓州)에 있을 때 글을 지어 한국독립군이 적극적으로 일본에 저항하고 있는 실상에 대해서 진술하였는데, 말은 애통하고 글은 간절하였다. 당시에 성장(省長)으로 있던 □윤(□允)과 참모로 있던 조자노(趙子老)·양봉장(楊峰章) 등이 전보(電報)를 보내서 한국독립군 총사령관 이청천(李靑天)과 참모 신숙(申肅)을 초청해서 함께 한국과 중국이 합작(合作)하는 큰 계획에 대해 협의하고자 하였다. 이에 한국독립군과 중국항일군이 이로부터 비로소 정식으로 연락 관계를 맺게 되었다.

12월 12일. 한국독립군 참모 이우정(李宇精)이 연수현(延壽縣)에 있으면서 독립당의 동지들과 더불어 활동하고 있었다. 그러나 이들 역시 교통이 두절된 관계로 제대로 활동할 수가 없었다. 그 때 마침 연수현 제3구의 순관(巡官)으로 있던 원송성(袁松聲)이 이우정이 독립운동을 하는 데 뜻을 두고 있다는 사실을 알고 잘 협조해 주었다. 이때부터 비로소 약간의 편리를 얻을 수가 있었다.

12월 17일. 한국독립군 대대장(大隊長) 오광선(吳光善)이 독립군의 영수(領

首)로 있던 홍만호(洪晩湖)를 영안현(寧安縣) 지방에서 만나서 중국과 한국이 서로 합작하는 정황에 대해 보고하였다. 그러자 홍만호는 개연히 탄식을 하면서 말하기를 "지금이야말로 우리들이 활동할 때다"라고 하였다. 그리고는 곧바로 일체의 방침을 지시하면서, 희생정신을 가지고 중국의 항일공작에 협조하라고 하였다.

1932년 1월 18일. 일본 군대가 보병(步兵)과 기병(騎兵) 및 공군부대(空軍部隊)를 출동시켜 빈주현(賓州縣)을 맹렬하게 공격하였다. 그 당시에는 길림성정부가 신설된 초기여서 어떻게 손을 쓸 수가 없어 끝내 참패하고 말았다. 이두, 정초, 풍점해, 왕지유 등의 군대가 퇴각하여 연수현(延壽縣)으로 왔으며, 한국군 총사령관 이청천 역시 왔다. 한국독립군과 9단단장(九團團長) 고봉림(考鳳林)이 가까이 근접해 있었다. 고봉림은 본디 녹림(綠林) 출신인데, 그 부대는 기율(紀律)과 훈련(訓練) 상태가 아주 부족하였으나 고봉림의 애국에 대한 열정은 실로 흠앙할 만하였다. 이에 한국독립군 역시 그 부대와 합작하는 것을 몹시 좋아하였다.

1월 28일. 한국독립당의 수석(首席) 홍만호(洪晩湖)가 영안현(寧安縣)의 독립당 부대에게 지령을 내렸는데, 그 내용은 바로 중국의용군(中國義勇軍) 유쾌퇴(柳快腿) —— 하루에 3백 리를 달릴 수 있으므로 쾌퇴라는 이름을 얻었다고 한다 —— 와 더불어 합작하라는 것이었다. 총사령관인 이청천이 밀산현(密山縣)에 있는 오상세(吳相世)를 영동(嶺東)의 한국독립군 제2대장으로 삼고, 영동 한국독립군의 지휘를 맡겼다. —— 영안현(寧安縣)의 노야령(老爺嶺) 동쪽을 영동(嶺東)이라고 하고, 서쪽을 영서(嶺西)라고 한다.

2월 2일. 일본군과 중국의 역적인 우험주(于險舟)의 군대가 세 길로 나눠쳐들어왔다. 왕지유의 군대가 가장 먼저 투항하였으며, 전군(全軍) 역시 저항하지 못하고 퇴각하여 방정현(方正縣)과 삼성현(三姓縣) 등지에 이르렀다. 한국독립군은 그때까지도 무기가 없는 군사들이 많아 적들에게 대항할 방법이 없어 서로 돌아보고 통곡하면서 퇴각하였다. 그 때 한국 독립군들이 탄식하면서 말하기를, "중국 군사들이 가지고 있는 무기 가운데 일부분만 얻을 수 있다면, 일본놈들로 하여금 한 놈도 돌아가지 못하게 할 수 있을 것이다"라고 하였다. 그 뒤에 긴급회의를 열어, 이청천이 장교 및 사졸 일부를 거느리고 풍점해를 따라 동쪽으로 퇴각하고, 이우정이 일부분의 사병들을 거느리고 중동로를 따라 퇴각하는 한편, 적극적으로 장정(壯丁)들을 불러 모으기로 결정하였다. 다만 총과 같은 무기들은 본디 중국 측에서 공급해 주는 데 의지하고 있었는데, 이때까지도 다시 아무 것도 결정된 것이 없었다. 이 때문에 토비(土匪) 및 자위군(自衛軍) 등으로 뒤섞여 들어가 총과 탄약 등을 구하기를 도모하였다.

3월 25일. 풍점해가 여러 군사들을 거느리고 아성현을 공격하였다. 이 전투에서 한국독립군 중대장 안해천(安海天)이 여러 차례 공을 세웠다. 그러자 중국의 동지들이 모두들 탄복하였다.

4월 14일. 총사령관 이청천이 동흥현(東興縣)에 있으면서 한국독립군 참모장 이우정에게 서신을 보내어 이르기를, "가급적 빨리 북평(北平)과 상해(上海) 등지로 가서 그곳의 동지들과 연락을 취하며, 아울러 남경(南京)에 있는 중국 정부의 후원을 받으라"고 하였다. 그러나 그 당시에 교통이 막혀 있어 그 명령을 실행할 수가 없었다.

5월 2일. 총사령관 이청천이 제1대장 오광선을 파견하여 이우정과 더불어 동흥현에 있는 사령부를 중동로 일대로 옮기는 일을 상의하게 하였다.

5월 5일. 참모장 이우정이 고봉림을 방문하여 총과 무기를 빌리는 일에 대해 상의하였다. 당시에 중국군 역시 무기가 없는 군사가 많았으므로 형세상 허락을 받기가 어려웠다. 이 당시에는 부사령(副司令)으로 있는 장작상(張作相) 및 중국의 중앙정부로부터 무기를 공급을 받는 길 이외에 실로 다른 방법이 없었다.

이보다 앞서 풍점해가 전적총사령(前敵總司令)을 맡고 있으면서 여러 차례 이동 명령을 내렸다. 그러나 양문린(楊文麟)·손경림(孫慶林)·이복정(李福亭) 등의 부대는 모두 군사를 머물러둔 채 움직이지 않았다. 그러므로 풍점해 혼자만 자신이 거느리고 있는 부대 3만여 군사만를 거느리고 길원(吉垣)을 향해 진군하였다. 한국독립군은 부득이하여 고봉림의 부대와 함께 한 지역에 주둔해 있었다.

5월 15일. 양요균이 이두가 있는 곳에서 와서 중동로(中東路)에 도착하였다. 길림 자위군(吉林自衛軍)을 개편하여 중로연합군(中路聯合軍)으로 삼았으며, 고봉림을 중로제3군(中路第三軍) 제1여장(第一旅長)으로 임명하였다. 이때에 이르러 중국군의 사기가 조금은 진작되었으며 기율 역시 가다듬어졌다. 그리고 한국의 교포들에 대해서 학대하는 행동 역시 중지하여 한국독립군 역시 전에 비해 더 좋은 기회를 얻을 수가 있었다.

한국독립군은 본디 아무 때 아무 곳에서나 온 힘을 다해 훈련하였으며, 사기 역시 왕성하였다. 이에 각지의 인민들 또한 몹시 기뻐하여 스스로 군대에 들어오고자 하는 자들이 길에 끊이지 않고 몰려들었다.

5월 27일. 이우정으로 하여금 제3군 참모(參謀)를 겸임하게 하였다.

6월 12일. 제3군 군부(軍部)의 결정으로 참모 우덕보(于德輔) —— 자(字)는 성삼(性三) —— 를 북평(北平)에 파견하였다. 한국독립군의 편제(編制) 및 합작 계획을 가지고 가 북평의 군부(軍部)에 진정하기 위해서였다. 우 참모(參謀)가 요녕(遼寧)에 도착하였으나 통과하지 못하고 도로 되돌아왔다.

6월 20일. 제3군이 중국의 반역자인 우환장(于煥章)의 부대를 아성현 영발둔(永發屯)에서 공격할 때 한국독립군 역시 참가하였다. 이 전투에서 적군 가운데 사망한 자가 1백여 명이었으며, 적군 전체가 패하여 무너졌다. 이 때 일본군이 잇달아 비행기 6대를 파견하여 계속해서 포탄을 퍼부어 전투를 도왔다. 고봉림 부대 중에 사망한 자가 10여 명이었다. 한국독립군은 비록 적들을 두려워하지 않았으나 마지막에는 전군(全軍)을 따라서 퇴각하였다. 이때에 이르러 자위군의 세력이 조금 진작되었으며, 제3군은 인원이 늘어나 5만여 명에 이르렀다. —— 만주군(滿洲軍) 가운데 뜻을 돌려 귀순한 자가 적지 않았다.

한국독립군은 전투를 할 때 동작이 민첩하여 일당백(一當百)이 아닌 사람이 없었으며, 행군을 하는 사이에도 교련(敎鍊)하기를 게을리하지 않았고, 사병들조차 손에서 책을 놓지 않고 있었다. 그러자 중국의 동지들이 자못 칭송하였다. 이 때 중국의 제3군 군부부관(軍部副官) 이풍림(李風林)이 한국독립군에 편입되어 복무하기를 원하였으므로 한국독립군 상위(上尉) 부관(副官)으로 임명하였다.

7월 28일. 한국독립군 총사령관 이청천이 동흥현에서 부대를 이끌고 중동로에 도착하여 이우정 부대와 서로 만났다. 이청천 총사령관은 이우정이 어려운 가운데서도 굳건하게 부대를 만든 것과 대장(隊長)인 오광선(吳光善)이 군사들을 훈련시키는 데 올바른 방도가 있는 데 대해 탄복하였다. 한국독립군 부사령관 김창환(金昌煥)은 본디 구(舊) 한국군대(韓國軍隊)의 사병 출신으로, 기우(氣宇)가 헌칠하였다. 전투에 임해서는 반드시 자신이 먼저 사졸들의 앞장을 섰는데, 매번 총과 무기를 구하기 어려워 부대를 증편하지 못하는 것을 자신의 평생에 있어 가장 통분한 일로 여겼다. 이에 드디어 제3군 참모장 조린(趙麟)에게 말해 38식총(銃) 50자루를 얻었다.

8월 12일. 자위군 총지휘부에서 쌍성현으로 진공하라는 명령을 내렸다. 이에 그날 바로 군사들을 출동시켰는데, 경과하는 길은 아성과 쌍성 등이었다. 이 길은 모두 우험주(于險舟) 부대와 일본군이 주둔하고 있는 지역이었으며 그들이 가지고 있는 총과 무기 역시 매우 정예로웠다. 그런데도 자위군은 구국에 대한 열정을 가지고 이곳저곳에서 싸워가며 2백여 리를 진격하였다. 자위군은 진격하기만 할 뿐 후퇴할 줄은 몰랐다. 무수히 많은 적병을 쳐 죽이면서 파죽지세로 진격하였다.

8월 14일. 밤이 되어서 쌍성의 현성(縣城)을 습격하였다. 당시 한국독립군은 우익(右翼)을 맡아 쌍성 현성의 서문(西門)으로 진격하였다. 총사령관 이청천은 자신이 직접 지휘를 하였는데, 전투를 벌인 지 세 시간이 지나지 않아서 만주군의 군대가 먼저 무너져 퇴각하였다. 일본군은 성지(城池)를 굳게 지키면서 완강하게 저항하였으나 끝내는 상대가 되지 못하였다. 그러므로 각 부대가 승세를 타고 성 안으로 들어갔다. 이 전투에서 일본군은 사망한 자가 22명이었으며, 노획한 전리품은 박격포 5문, 평사포 3문, 탄약 50상자였다. 만주군 부대원 가운데 귀순한 자는 1,200명이었다.

8월 15일. 새벽에 일본 군대가 하얼빈(哈爾濱)으로부터 육군과 공군이 함께 진격해 왔다. 우리 군사들은 오래 버티지 못할 것을 알고는 성을 빠져나와 원래 방어하고 있던 곳으로 퇴각하였다. 이 전투에서 일본 군대가 정예로운 무기를 가지고 와서 공격하였으므로 부상당하거나 사망한 자가 아주 많았다. 그러나 한국독립군은 한 사람도 부상을 당한 사람이 없었다. 그리고 한국독립군은 일본군의 비행기가 하늘을 뒤덮고 비오듯 포탄을 퍼붓는 와중에도 군사들이 조금도 두려워하거나 겁내는 기색이 없었으며, 행동이 민첩하고 기율이 엄정하였다. 그러므로 각 우군(友軍)들이 모두들 한국독립군 총사령관의 용병술이 귀신과 같다고 공경하면서 칭찬하였으며, 또한 "군사는 숫자가 많은 데 달려 있지 않고 정예로운 데 달려 있다"고 하는 옛말을 믿게 되었다. 이로 말미암아 한국독립군의 명성이 크게 떨쳐졌다.

본디 한국독립군은 백절불굴의 기상이 있었으며, 민중들에 대해서도 친애하기를 골육(骨肉)과 같이 친애하여 털끝만치도 민간인들을 괴롭히거나 하는 일이 없었다. 그리고 군사훈련을 어느 곳에서나 시행하면서 게을리하지 않았다. 그러므로 중국의 인민들이 한국독립군이 이동한다는 소식을 한 번 듣기만 하면, 모두들 그 사실을 서로 전하면서 앞 다투어 와서 환영하였다. 이에 한국독립군이 머무는 곳은 어느 곳을 막론하고 모두들 각 촌장(村

莊)의 백가장(百家長)들이 미리 한국독립군이 필요로 하는 일상용품과 식량 등을 준비해 놓아 절대로 굶주림에 시달릴 걱정이 없었다.

8월 17일. 한국독립군 사령부에서 명령을 내려 중국 인민들이 보내주는 술과 음식 등을 받는 것을 금지시켰다.

8월 22일. 한국독립군 사령부에서 군사회의(軍事會議)를 열었다. 여기에서 토의된 사항은 다음과 같다.

1. 무기를 확충하는 데 대한 안(擴充軍械案)
2. 군사들을 모집하는 데 대한 안(徵募軍士案)
3. 군수 물품을 예비하는 데 대한 안(軍需之豫備案)
4. 영동(嶺東)의 제2대 부대와 회합하는 데 대한 안(會合嶺東第二隊所部案)
5. 남경의 국민정부 및 남방의 항일단체와 연락하는 데 대한 안(聯絡南京 國民政府及南方抗日團體案)

이상의 여러 안건들은 한국독립군에게 아주 시급하여 조금도 늦출 수 없는 것들이었다. 그러나 총기와 탄약을 늘리는 것과 남방의 항일단체와 연락하는 일은 아직 실현하지 못하고 있었다.

중로(中路)의 자위군이 아성과 쌍성 사이에 주둔하고 있었다. 이 군사들 전체가 고통과 굶주림을 참으면서 공격하기도 하고 수비하기도 하면서 침착하게 버티고 있는 것은, 그 목적이 전적으로 중앙정부에서 군사를 출격시키기를 기다렸다가 내외에서 협공하여 적들로 하여금 수미(首尾)가 서로 연결되지 못하게 하는 성과를 거두는 데 있었다. 그리고 국제연맹(國際聯盟)에서 반드시 공론이 일어나 일본으로 하여금 다시는 그들의 흉악한 횡포를 자행하지 못하게 하여 동삼성을 회복한 다음, 한국독립군이 군대를 돌려 본국으로 돌아가 한국의 독립전쟁에 노력하면 중국에 있는 동지들 역시 반드시 많은 도움을 주게 하는 데 있었다.

9.18 사변이 일어난 이후 동삼성에 있는 한국 백성들 가운데 중국 군민(軍民)과 토비들에게 살해된 자가 10명 중 8~9명이 되었다. 이것은 참으로 뜻밖에 당한 엉뚱한 재앙이라고 할 수 있다. 이에 대해서는 중국 인민들 가운데

일부 무식한 자들이 저지른 짓이라고 할 수도 있으나, 그 정황을 보면 아주 참혹하다고 할 수 있다.

현재 영동에 있는 구국군이 적어도 10여만 명은 밑돌지 않으며, 영동에 있는 자위군 역시 5~6만 명은 밑돌지 않는다. 그런데 그들이 필요로 하는 의복과 음식을 전적으로 백성들에게 의지하고 있다. 그런즉 외부로부터의 원조가 없으면 인민들의 부담이 아주 중하게 될 것으로, 민중들이 받을 고통은 말하지 않아도 잘 알 수가 있다.

자위군과 한국독립군이 합작하는 과정 중에 일본 사람들의 간계와 간사한 중국 사람들의 농간으로 가끔 가소로운 일들이 발생하고 있다. 그 내용은 다음과 같다.

9월 8일. 일본군 5백여 명 및 만주국군이 자위군의 후방 30리 지점 안에 있는 방어선으로 다가왔다. 아성현 대석하(大石河) 지방은 한국독립군의 가족들이 모여 사는 곳이므로, 일본군이 이곳을 공격하고자 이를 갈고 있은 지 오래 되었다. 이곳 지방의 인민들은 일본군이 쳐들어온다는 소식을 한 번 듣기만 하면 수백 명이나 되는 사람들이 밤새워 도망쳐 산 위나 혹은 들판으로 숨었으며, 아울러 한국독립군 사령부에 보고하였다. 그러면 한국독립군 사령부에서는 이를 곧바로 지휘부에 보고하고 일본군을 맞아 치라고 요청하였다. 이때 간사한 자들이 문득 유언비어를 날조하여 이간질하는 술수를 폈는데, 그들은 다음과 같이 떠들어 대면서 이간질을 하였다.

9월 12일. 편의대(便衣隊)가 보고한 내용을 들어보니, 거기에 이르기를, "아성현 모처(某處)에 일본군과 한국인 및 만주군 약간 명이 와서 오광선(吳光善)의 집에 머물러 있다. 그런데 늙은 백성이 말하기를, '현재 추수철이 다 가왔는데, 한국 사람들이 식량을 빌려가는 피해가 있을까 두려워하고 있다. 이 때문에 소귀(小鬼 : 저승사자)를 불러오려고까지 한다'고 하였다. 남자들은 이미 그들에게 끌려가 군인이 되었으며, 여자들 20여 명이 화차(火車)를 타고서 하얼빈에 있는 일본영사관으로 갔다"고 하였다. 그런데 같은 때에 한국독립군의 정찰대(偵察隊)가 보고한 내용에 의거해 보면 보고서에 이르기를, "아성현의 모처에 —— 원문 4자 마멸 —— 오성삼(吳省三)·형성주(荊成州) 두 사람은 —— 원문 6자 마멸 —— 형성주란 자는 해당 지방의 부호로서, 자위군들이 자신에게 양곡을 빌릴 것을 두려워하였다. 그러므로 오삼성과 형성주 두 간인(奸人)이 자위군의 실정을 일본군에게 밀고하여 우리 측 군사들의 퇴로를 끊으려고 하였다. 이에 지금 이미 □산(□山)에 포대(砲臺)를 쌓았다"고 하였다.

이상과 같이 중국군과 한국독립군의 정보는 가끔 서로 차이가 있었다. 중국 인민 가운데 아무런 생각이 없는 자들이 유언비어를 만들어 전파해 중국군과 한국독립군이 합작하는 데 영향을 끼치고 있었다. 그러므로 한국독립군의 참모 이우정이 중국의 제3군 군부에 가서 정중하게 이런 실정을 말하였으며, 아울러 중국의 동지들에게 한국독립군에 대해 의심하지 말고 저들의 간사한 계책에 빠지지 말 것을 권하였다.

이때에 유언비어를 만들어낸 중심인물은 오성삼(吳省三)이란 자인데, 이 자는 아성과 쌍성 사이의 교통 요지인 팔가자가(八家子街) 지방의 보위단장(保衛團長)으로 있는 자이다. 이 자는 자위군의 명령에 저항하면서 몰래 일본군과 내통하면서 한국독립군의 군정(軍情)을 일본군에게 밀고한 자 가운데 이름이 크게 난 한간(漢奸)이다.

9월 14일. 제2군 제1단 제2영(第二營) 및 제3군 제2단 제1영이 팔가자가(八家子街)를 포위하고서 공격하였다. 제1군은 전군을 동원해 아성 대석하 지역에 있는 일본군을 공격하였다. 한국독립군은 이 명령을 한 번 듣자마자 사병들이 좋아 날뛰면서 스스로 선봉대가 되고자 하였다. 그러나 한국독립군은 제3군의 지휘 아래에 놓여 있어서 자유롭게 행동할 수가 없었다. 그러므로 한국독립군 총사령관 이청천이 총지휘부에 공문을 보내 제1군과 합작하게 해 줄 것을 요구하였다. 그러자 총지휘로 있는 양요균 역시 이를 쾌히 승낙하였다. 이에 한국독립군은 드디어 앞장서서 출발하였다.

9월 15일. 우리 측 군사들이 미처 대석하 지역에 도착하기도 전에 일본군이 풍문만 듣고서도 먼저 도망쳤다. 한국독립군 사령관은 일본군을 섬멸하지 못한 것에 대해 유감을 품었다.

9월 16일. 오성삼이 일본군에 귀순하였으며, 형성주(荊成州)는 도주하였다. 이때 전일에 유언비어를 만들어 무고한 정황이 환하게 드러났다. 그러자 중국의 동지들이 이우정에 대해서 더욱더 공경하였으며, 아울러 한국독립군에 대해서도 다시금 경애하는 뜻을 표하였다.

9월 18일. 제3군이 군사를 파견하여 한국 백성들이 사는 농촌에 이르렀는데, 각 군에 한국 백성들에게 양식을 빌리는 것을 금지시켰다.

9월 19일. 군부(軍部)에서 명령을 내려, 군민(軍民)들에게 한국 백성들이 생명과 재산을 온 힘을 다해 보호하라고 유시(諭示)하였다. 그러자 한국의 청년들이 모두 독립군이 되겠다고 지원하였다. 그러나 총기와 탄약이 없어서 그들을 받아들여 독립군으로 편성할 수가 없었으니, 참으로 —— 이하 원문 마멸, 자위군(自衛軍)이 —— 원문 6자 마멸 —— 기다렸으나, 끝내 좋은 소식이 없었다. 그리고 다수의 군대를 또 오랜 기간 유지할 수가 없었다. 그러므로 장령회의(將領會議)를 열어 재차 쌍성을 공격하여 열하(烈河) 지역으로 들어가는 길을 연 다음, 중앙정부군과 힘을 합쳐 일본군에 저항하기로 결정하였다.

10월 17일. 재차 쌍성을 공격하여 쌍성 현성을 하루 밤낮 동안 점령하였다. 일본군이 다시 크게 쳐들어 와 그들에 맞서 하루 종일 격전을 치렀는데, 탄약이 고갈되고 열하(熱河) 지방으로 가는 통로가 막혀서 전진할 수가 없었다. 일본군의 당극차(唐克車 : 탱크)는 진격하는 것이 번개와 같이 빨랐다. 그러므로 제1군·제2군·제3군 세 부대가 모두 앞을 다투어 퇴각하였으며, 사망자도 적지 않았다. 군장(軍長) 고봉림과 그의 호위대 한 부대가 뒤에 처졌다가 만주군에게 포위되었다. 이때에 이르러서도 한국독립군은 퇴각하지 않은 채 성의 동문(東門) 밖에 복병을 숨겨놓고 있었다. 그러던 중 군장 고봉림이 위급하게 되었다는 사실을 알고는 돌진해 나가 적들을 치고 고봉림을 구하였다. 일본군들은 한국독립군의 깃발을 보고는 재차 진격하지 못하였다. 잇달아 싸우면서 2백여 리를 갔다. 제1군과 제2군 두 부대의 손실이 아주 많았다. 퇴각하여 팔가자(八家子) 부근에 도착하였다.

10월 19일. 일본군의 후원부대가 도착하였으며, 또 비행기 13대가 공중을 선회하면서 전투를 지원했는데, 폭탄이 터지는 소리가 끊이지 않았다. 이날 제3군 제2여장(旅將) 사택분(史澤芬)이 자신의 호위대 260명을 이끌고 두 시간 정도 힘껏 싸워 일본군 72명을 사살하였다. 그러나 탄약이 다 떨어져 어찌할 수가 없었다. 그의 아내와 두 아들 및 기타 가족들 12명이 모두 일본군의 포탄 아래서 참혹하게 죽고, 14세 된 어린 딸만 홀로 죽음을 면하였으며, 호위대 역시 전부 희생되었다. 이 전투에서 사택분이 열렬하게 저항하였기 때문에 군장 고봉림이 요행히 위태로운 데에서 벗어나 온전히 퇴각할 수 있었다.

전군이 퇴각하여 오상현(五常縣) 충하(忠河) 지방에 도착하였다. 전체 군사를 점검해 보니, 남아 있는 군사가 단지 1만 3천여 명뿐이었다. 이때 사졸들의 사기가 몹시 저하되었으며, 탄약을 계속 대주지 않은 것을 원망하면서 태반이 도주하였다. 고 군장은 한국독립군들이 힘껏 싸워서 공을 세우고 한 사람도 도망친 자가 없는 데 대해서 몹시 감격하여 통곡을 하면서 군사들에게 유시해 말하기를, "중국 사람들은 마땅히 한국 사람들을 본받아야만 한다"고 운운하였다.

10월 20일. 군부에서 장교회의를 개최하여 임시로 만주국에 투항할 것을 제의하였다. 한국독립군은 이 말을 한 번 듣자마자 격렬히 반대하면서 노선을 달리할 것을 요구하였다. 그러자 군장 이하가 모두 통곡하였다. 고 군장과 참모장은 차마 한국독립군과 서로 나뉘어 헤어지지 못하고 머뭇거리면서 결단을 내리지 못하고 있었다. 그러나 그 당시의 사세는 참으로 진퇴유곡이었다. 그러므로 한 가지 계책을 내어 정예분자들은 모두 깊은 산속으로 들어가 숨고, 나머지 사람들은 만주국에 투항해서 내년 4월 봄이 오기를 기다려 일제히 합응(合應)하여 다시 일어나기로 결정하였다.

고봉림 부대에서는 한국독립군에 대해 모두들 친애하고 공경하였는데, 정분을 가지고 따지면 실로 서로 떨어질 수가 없었다. 그러나 고봉림 부대가 이미 만주국에 투항할 뜻을 가지고 있으므로 한국독립군은 부득이하여 고봉림 부대와 결연히 헤어졌다. 한국독립군이 쌍성에서 한 차례 전투를 치른 이후로, 일본군들이 각별히 주의 깊게 보고 있었다. 중국의 간인(奸人)인 오성삼의 무리들은 일본군에게 헌공금(獻功金)을 바쳐 사방에 현상금을 내걸고 이청천·이우정·김창환·오광선 등을 잡으려고 하였다. 하얼빈에 있는 「빈강일보(濱江日報)」는 "도적들의 우두머리인 이청천이 거느리고 있는 부대원 4백여 명이 쌍성을 공격해 격파했다"는 내용으로 대서특필(大書特筆)하였다.

오상현(五常縣)의 충하(忠河) 지방은 본디 우험주(于險舟)의 농장(農莊)이 있는 곳으로, 그 지방의 보위단장(保衛團長)은 우험주의 심복인 염평산(廉平山)이었다. 그러므로 한국독립군이 오랫동안 그 지역에 머물러 있을 수가 없었으므로 곧바로 떠나가기로 결정하였다.

10월 21일. 한국독립군이 길을 떠날 때 중국군의 군장 고봉림 및 참모장 조인이 눈물을 줄줄 흘리면서 차마 떠나보내지 못하였다. 한국독립군은 곧바로 동쪽을 향해 갔는데, 양쪽 군대에서 나는 통곡소리가 하늘을 진동하였다. 민중들 역시 통곡을 하면서 서로 전송하였다.

유대영(柳大英)이란 자가 만주군 단장으로 있으면서 오상현 향양진(向陽鎭)에 주둔해 있었는데, 한번 한국독립군을 보고는 한국독립군이 중국 사람들과 합작하여 일본에 저항하는 데 감격하여 추격을 하지 않았으며, 사람을 파견하여 길을 인도하면서 호송해 주었다. 그러므로 안전하게 목적지에 도달할 수가 있었다.

10월 23일. 한국독립군에서 군사회의를 열었다. 심만호(沈晩湖)·공진원(孔鎭遠)·강진해(姜鎭海)·마창인(馬蒼仁)을 동녕(東寧)의 왕덕림(王德林)이 있는 곳으로 파견하여, 그와 만나서 합작하는 일에 대해 토의하기로 결정하였다. 그러나 그때 마침 왕덕림이 러시아로 떠나가 있었으므로, 전적사령(前敵司令) 요진산(姚振山) 및 금강철갑군(金剛鐵甲軍)의 여장(旅將) 양정(楊靜)이 만나보고는 몹시 환영하는 뜻을 표하였다.

12월 4일. 액목현(額穆縣)을 향하여 이동하였다. 오상현에서 액목현에 이르기까지에는 그 사이에 장산(壯山) —— 태백산(太白山)과 장백산(長白山) —— 이 종횡으로 얽혀 있어서 뚫려 있는 길이 전혀 없었다. 그런데다가 정강이가 파묻히도록 눈이 쌓여 있어 실로 행군하기가 어려웠으며, 인가마저도 없었다. 이에 매일 날이 저문 뒤에는 나무를 쌓아놓고 불을 피운 다음 빙 둘러 앉아서 아침이 오기를 기다렸다가 다시 출발하였다. 음식의 경우에는 각 사람마다 쌀가루 2되와 소금 5냥을 부대에 넣어가지고 다니면서, 배가 고프면 눈을 녹인 물에 쌀가루를 타서 먹었다. 이와 같이 하면서 4일 동안이나 가서야 비로소 험고한 장산을 지나갈 수가 있었다.

12월 8일. 액목현에 도착하였다.

12월 11일. 한국독립군의 수류탄대(手榴彈隊)가 총사령관 이청천이 도착했다는 소식을 듣고는 곧바로 와서 환영해 주었다. 원래 한국독립군은 한 지역에 집결해 있을 수가 없어서 영동(嶺東)과 영서(嶺西) 두 곳에 나뉘어져 있으면서 각 지역에서 일본군에 저항하였다. 그러다가 지금에서야 영서 지역에 있던 독립군이 영동 지역으로 왔으며, 총사령부 역시 영동 지역으로 옮겨왔으므로, 각 군사들이 한 곳에 모여 있게 된 데에 대해 몹시 기뻐하였다.

12월 19일. 전 철마대장(鐵馬隊長) 조상갑(趙相甲)이 총사령관 이청천이 왔다는 소식을 듣고는 그의 부대 4백여 명을 거느리고 달려와 만나보았다. 곧바로 그로 하여금 영안현(寧安縣) 경박호(鏡泊湖) 부근으로 옮겨가 주둔하게 하였다.

12월 22일. 강극모(姜克謨)가 부대원 500명을 거느리고 와서 만나보았으며, 기타 각지에 있던 소규모 부대들도 총사령부가 있는 지역으로 모두 모여들었다. 이에 한국독립군의 총수가 3,000명에 달하였다. 총사령부에서는 이때에 이르러 군량과 무기를 마련하는 것이 초미의 관심사였다. 이에 곧바로 구국군(救國軍) 제3여장(第三旅長) 오의성(吳義成)이 주둔해 있는 곳으로 사람들을 보내어 군량과 무기를 공급해 줄 것을 요청하였다. 또 구국군 제4여장 겸 전적사령(前敵司令) 요진산(姚振山)에게도 사람을 보내어 군량과 무기를 공급해 줄 것을 요청하였다.

1933년 1월 5일. 또다시 구국군 제2여장 공요신(孔耀臣)에게 사람을 파견하였다. 공요신은 이미 관내(關內)로 들어가 없었으며, 공 사령(司令)의 부인이 사령관의 직임을 대신 맡고 있었는데, 군대가 잘 정제되어 있어 사람들을 감복시킬 만하였다. 공 사령의 부인이 대신 만나 협의하고는 한국독립군에게 식량과 무기를 공급해 주었다.

1월 19일. 한국독립군에서 장교회의를 열었다. 적극적으로 총기와 탄약 및 군량을 마련하는 것에 대해 토론하였다. 그러나 현재 중국의 구국군과 합작하는 것은 참으로 '화살이 다 떨어지고 길은 막혀 있는 형세'라고 할 만하여, 적극적으로 마련하는 계책 역시 시행하기가 아주 곤란하였다. 그러므로 천연의 삼림 지대인 이곳을 근거지로 삼아 공격하기도 하고 방어하기도 하면서 온 힘을 다해 일본 놈들이 건설해 놓은 철로 교통을 파괴하고자 하였다. 그럴 경우 적들 역시 이곳으로 침입해 오기가 곤란하기 때문이었다. 이와 같이 할 경우에는 혹 4~5년 동안은 지탱해 낼 수 있을 것이다.

대개 이곳은 삼림지대라서 적들의 비행기가 효과적으로 공격하기가 어려우며, 지형이 험난한 곳이 많아 일본군의 탱크가 내달리기가 어렵고, 그 나머지 보병들의 경우에도 길이 익숙하지 않아 다시금 행동하기가 곤란하다. 그런데 지금 비록 이 천연의 험지를 굳게 지키고 있고자 하더라도 총기와 탄약 및 군량을 지급받을 수 있는 길이 아주 허약한 데에 어찌겠는가. 이 때문에 사람을 파견하여 관내(關內)로 들어가 중국 정부 및 항일 단체에게 법을 만들어 이를 지속적으로 지급해 줄 것을 호소하기로 결정한 것이다.

제3여장 오의성이 먼저 안도(安圖)를 공격하여 점령하였다.

전 고봉림 부대 제2단장(第二團長) 요홍의(姚鴻儀)는 일찍이 만주국에 투항하였던 인물인데, 지금 다시 한국독립군과 내통하여 우리 측이 되어 중동로 횡도하자(橫道河子)의 차참(車站)을 공격해 점령하였다. 그리고 각지에 있는 구국군들이 3월부터 사기가 조금 진작되었다. 한국독립군 역시 길을 나누어 활동하면서 조금 진격하였다. 그리고 전군(全軍)을 유지하는 문제에서는, 근래에 한국독립군 사령부에서 관내(關內 : 산해관山海關 이남 지역)로 사람을 파견하여 각 항일단체와 협의하고 있다고 한다.

동삼성(東三省)에 있는 항일부대는 현재 길림성(吉林省)의 호림(虎林)·밀산(密山)·발리(勃利)·의란(依蘭)·방정(方正)·연수(延壽)·영안(寧安)·위하(葦河)·액목(額穆)·돈화(敦化)·오상(五常)·안도(安圖)·화전(樺甸)·동녕(東寧) 등지에 있는 구국군과 여전히 서로 연락하고 있다. 해당 지역은 천연의 험지라서 일본군들이 진군해 공격하기가 힘들다.

李圭彩公判開廷

共日京城法院에서

協議禁止理에軍實을審理

新韓○○黨暗殺隊
朝鮮潛入情報로
各道警察猛烈搜査

2. 한국독립군과 중국의용군 연합항일 기실 원문과 탈초문

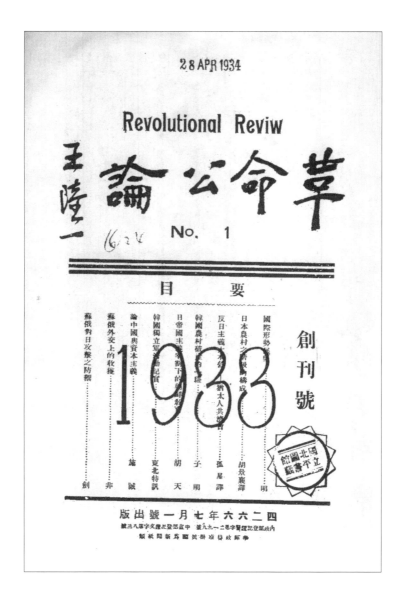

韓國獨立軍與中國義勇軍聯合抗日記實（東北通信）

自一九三一年九月十八日夜，日本帝國主義者，突然侵佔瀋陽以後；東三省之韓國獨立黨人，知中日關係之急趨惡化，擬本革命互助之精神，謀中韓合作抗日，當卽進謁吉林省政府張作相主席，並要求槍彈之接濟。

其時張主席，赴灤返鄉，由副司令兼參謀長熙洽代爲接見，極表歡迎，並允供給槍械。詎正在會商中，日本軍隊已經長春侵入吉林省城。當卽搜捕韓國獨立黨人，并馳至公安局要求其同責搜。勢頗兒急，時省政府發出祕密通知，並給護照促韓國黨人離城，與會者七十二人均卽星夜出城潛逃切，全被沒收矣。旋由黨部責任者出而質問，然終歸無效。嗣再行呼訴於阿城縣政府及公安局，責其不爲抗日，而反行壓迫韓國獨立黨人之非法行動。卽由縣政府道歉了事。

十月五日，韓國黨人復召集緊急會議，商定一切抗日方針。

十一月頃（荷曆十月三日）爲韓國小石河地方，開紀念大會，與會者三百餘人。正值悲憤激昂之際，突來中國官兵六百餘人包圍會場，竟指黨人組織抗日救國軍後援會，分派同志於中東路一帶各縣，從事宣傳，並發表宣言。不久海軍由吉林退駐於阿城縣，李杜等公日本軍之先遣隊，不問皂白，卽行鎗打。後幸得本地人民之辨白，幸獨占海軍由吉林退駐於阿城縣，李杜始祖榑君誕辰，黨人等，在阿城三區丁超王之雜部隊，亦退至賓州等處。

經此以後韓國獨立黨本部，議決無重傷，然黨本部之重要文件其他一

韓國獨立軍與中國義勇軍聯合抗日記實(東北通信)

自一九三一年九月十八日夜, 日本帝國主義者, 突然侵佔瀋陽以後, 東三省之韓國獨立黨人, 知中日關係之急趣惡化, 擬本革命互助之精神, 謀中韓合作抗日, 當卽進謁吉林省政府張作相主席, 幷要求槍彈之接濟. 其時張主席, 赴喪返鄉, 由副司令兼參謀長熙洽代爲接見, 極表歡迎, 幷允供給槍械. 詎正在會商中, 日本軍隊已經長春侵入吉林省城. 當卽搜捕韓國獨立黨人, 幷馳至公安局要求共同搜查. 勢頗兇急, 時省政府發出秘密通知, 幷給護照促韓國黨人離城, 與會者七十二人均卽星夜出城潛逃矣.

十月五日, 韓國黨人復召緊急會議, 商定一切抗日方針.

十一月頃(舊曆十月三日), 爲韓國始祖檀君誕辰, 黨人等, 在阿城三區小石河地方, 開紀念大會, 與會者三百餘人. 正値悲憤激昂之際, 突來中國官兵六百餘人包圍會場, 竟指黨人等爲日本軍之先遣隊, 不問皂白, 卽行蠻打. 後幸得本地人民之辨白, 幸無重傷, 然黨本府之重要文件其他一切, 全被沒收矣. 旋由黨部責任者出而質問, 然終歸無效. 嗣再行呼訴於阿城縣政府及公安局, 責其不爲抗日, 而反行壓迫韓國獨立黨人之非法行動. 卽由縣政府道歉了事.

經此以後韓國獨立黨本部, 議決組織抗日救國軍後援會, 分派同志於中東路一帶各縣, 從事宣傳, 幷發表宣言. 不久吉林省政府移設於賓州. 馮占海軍由吉林退駐於阿城縣, 李杜丁超王之維部隊, 亦退至賓州等處.

十一月二十八日，獨立黨員李鍾獨，在中東路二道河子車站，爲護路軍拘捕。中韓聯絡之計劃亦在省城暴露。斯時中韓兩方，尙未發生聯絡關係。故中國軍隊，輒指韓人爲「勾通日本」。屢加逮捕，雖有獨立軍之證章，均爲無效，所縈武裝亦被沒收，獨立軍散在各地者，因交通關係未能集中，所有槍械，亦多爲土匪保衛團所奪。韓人效勞有心，各方多不諒解，致失良機，可不痛心!?李鍾煙在賓州時，作書痛陳韓國獨立軍積極抗日之實情，肯痛詞懇，時省長誠允參謀趙子老楊兼章等，乃以電報邀請韓國獨立軍總司令李靑天及參謀申肅，會商中韓合作之大計。韓國獨立軍與中國抗日軍自此始有正式聯絡矣。

十二月十二日韓國獨立軍參謀李字精，在延壽縣與黨中同志，有所活動，然亦以交通杜絕之關係，不能進展。會當地第三區巡官袁松聲，知李君之有爲，加以協助始得若干之便利。

十二月十七日韓國獨立軍大隊長吳光善進見伊首洪晩湖君於寧安縣地方，報告中韓合作情形。洪君憬然嘆曰是誠吾輩活動之秋也，寵卽指示一切方針，以犧牲之精神，協助中國抗日工作。

韓國獨立軍與中國義勇軍聯合抗日寫實

六九

革命公論

韓國獨立軍總司令李靑天

*사진 : 한국독립군 총사령 이청천

十一月二十八日, 獨立黨員李鍾焵, 在中東路二道河子車站, 爲護路軍拘捕. 中韓聯絡之計劃, 亦在省城暴露. 斯時中韓兩方, 尙未發生聯絡關係. 故中國軍隊, 輒指韓人爲"勾通日本". 屢加逮捕, 雖有獨立軍之證章, 均爲無效, 所帶武裝亦被沒收, 獨立軍散在各地者, 因交通關係未能集中, 所有槍械, 亦多爲土匪保衛團所奪. 韓人效勞有心, 各方多不諒解, 致失良機, 可不痛心! 李鍾焵在賓州時, 作書痛陳韓國獨立軍積極抗日之實情, 言痛詞懇, 時省長口允參謀趙子老楊峰章等, 乃以電報邀請韓國獨立軍總司令李靑天及參謀申肅, 會商中韓合作之大計. 韓國獨立軍與中國抗日軍自此始有正式聯絡矣.

十二月十二日, 韓國獨立軍參謀李宇精, 在延壽縣與黨中同志, 有所活動, 然亦以交通杜絶之關係, 不能進展. 會當地第三區巡官袁松聲, 知李君之有爲, 加以協助, 始得若干之便利.

十二月十七日, 韓國獨立軍大隊長吳光善, 進見領首洪晚湖君於寧安縣地方, 報告中韓合作情形. 洪君慨然嘆曰"是誠吾輩活動之秋也." 旋卽指示一切方針, 以犧牲之精神, 協助中國抗日工作.

一九三二年一月十八日，日本軍

隊，以步騎空大部隊猛攻賓州縣，當
時省政府新設之初，措手不及，竟遭
慘敗。李杜丁超駐占海王之維等，退
至延壽縣，韓軍總司令李青天亦到。
韓國獨立軍與九團團長考鳳林接近，
考本綠林出身，該部紀律及訓練雖甚
缺乏，然考君之愛國熱情，實堪欽佩
，故韓軍亦甚樂與之合作。

一月二十八日，獨黨首席洪君指
令寧安縣獨立黨部。即與中國義勇軍
柳快腿（日行三百里故得此名）合作。
總司令李青天委密山縣吳相世為嶺東
韓軍第二隊長，任其指揮嶺東之韓軍
。（寧安老爺嶺以東日嶺東，以西日
嶺西）

二月二日，日軍與于逆險舟軍三

路來攻，王之維軍先行投降，全軍亦
不能抵抗，而退至方正三姓等縣，韓
軍伺多徒手兵，無法抗敵，相顧痛哭
以退，時韓軍嘆曰：果得中國兵卒之
一部分槍械，則可使日軍片甲不回矣
。一部分槍械，則可使日軍片甲不回矣
一隊由李青精率一部士兵，向中東退
天率將校及士卒一部，隨駐占海東退
，最後開緊急會議，決定一面由李青
一面由李青精率一部士兵，但槍械
路退。一面仍積極招募壯丁，但槍械
一項原賴中國方面之供給，至是更一
無着落矣。是以雜入土匪及自衛軍等
法。
，以圖取得槍彈。

三月二十五日駐占海率諸軍，攻
擊阿城縣。是役韓軍中隊長安海天屢
戰立功，中國同志，無不歎服。

四月十四日，總司令李青天，自
東興縣，致書韓軍參謀長李字精，屬

其從速遠與北平上海等地，取得聯絡，
并謀得援助於南京中國政府。時以交
通阻隔，未能實行。

五月二日，總司令李青天，派籌
一隊長吳光善與李字精，商量移往東
興司令部於中東路一帶。

五月五日參謀長李字精訪問考鳳
林，商借槍械。當時中國軍多徒手
。勢難承允此時除期待張副司令合作相
及中央政府之供給外，實無其他辦
法。

先是駐占海任前敵總司令，麾下
移動命令，然楊文麟，孫壽林，李福
亭等部皆按兵不動，故駐占海只率所
部三萬餘，向青垣進軍。韓軍則不將
已與考鳳林部合吐一處。

五月十五日楊耀鈞自李杜處，到

一九三二年一月十八日, 日本軍隊, 以步騎空大部隊猛攻賓州縣, 當時省政府新設之初, 措手不及, 竟遭慘敗. 李杜丁超馮占海王之維等, 退至延壽縣, 韓軍總司令李青天亦到. 韓國獨立軍與九團團長考鳳林接近, 考本綠林出身, 該部紀律及訓練, 雖甚缺乏, 然考君之愛國熱情, 實堪欽佩, 故韓軍亦甚樂與之合作.

一月二十八日, 獨黨首席洪君指令寧安縣獨立黨部. 卽與中國義勇軍柳快腿(日行三百里, 故得此名)合作. 總司令李青天委密山縣吳相世爲嶺東韓軍第二隊長, 任其指揮嶺東之韓軍.(寧安老爺嶺以東曰嶺東, 以西曰嶺西)

二月二日, 日軍與于逆險舟軍三路來攻, 王之維軍先行投降, 全軍亦不能抵抗, 而退至方正三姓等縣, 韓軍尙多徒手兵, 無法抗敵, 相顧痛哭以退, 時韓軍嘆曰"果得中國兵卒之一部分槍械, 則可使日軍片甲不回矣."最後開緊急會議, 決定一面由李青天率將校及士卒一部, 隨馮占海東退, 一面由李宇精率一部士兵, 向中東路退. 一面仍積極招募壯丁, 但槍械一項原賴中國方面之供給, 至是更一無着落矣. 是以雜入土匪及自衛軍等, 以圖取得槍彈.

三月二十五日, 馮占海率諸軍, 攻擊阿城縣. 是役韓軍中隊長安海天屢戰立功, 中國同志, 無不歎服.

四月十四日, 總司令李青天, 自東興縣, 致書韓軍參謀長李宇精, 囑其從速與北平上海等地, 取得聯絡, 并謀得援助於南京中國政府. 時以交通阻隔, 未能實行.

五月二日, 總司令李青天, 派第一隊長吳光善與李宇精, 商量移住東興司令部於中東路一帶.

五月五日, 參謀長李宇精訪問考鳳林, 商借槍械. 當時中國軍亦多徒手, 勢難承允. 此時除期待張副司令作相及中央政府之供給外, 實無其他辦法.

先是馮占海任前敵總司令 屢下移動命令, 然楊文麟・孫慶林・李福亭等部皆按兵不動, 故馮占海只率所部三萬餘, 向吉垣進軍. 韓軍則不得已與考鳳林部合駐一處.

五月十五日楊耀鈞自李杜處, 到

中東路改編吉林自衛軍中路聯合軍，任考鳳林爲中路第三軍第一旅長，至是中軍稍爲振作，紀律亦佳，而對於韓僑，亦停止虐待行動。韓軍亦得較好之機會。

韓國軍原爲隨時隨處，致力訓練，而士氣亦振奮，各地人民亦歡欣踊躍，自願從軍者不絕於道。

五月二十七日任李字精爲任爲第三軍參謀。

六月十二日由第三軍軍部決定派于參謀德輔（字性三）赴北平。將韓軍編制及合作計劃，附帶陳呈于北平軍部，于參謀到遼寧，不能通過，折回。

六月二十六日第三軍攻于逆煥章部於阿城縣永發屯時，韓軍亦參加，是役敵軍死者百餘人，敵軍全部潰散。時日軍連派飛機六架，連下炸彈助戰。考部死者十餘人，韓軍雖不畏敵，然最後闔全軍而退。至是自衛軍勢力，稍爲振奮，第三軍擴張至五萬餘。（滿洲軍反正歸降者不少）

韓軍，在戰時動作敏捷，無不以一當百，而行伍之間，不懈教練，士兵手不釋卷。中國同志頗多稱譽，是時中國第三軍軍副官李鳳林願入韓軍服務故任爲韓軍上尉副官。

七月二十八日韓軍總司令李青天，自東與縣率部到中東路，與李字精部相會，李總司令歡服韓國軍隊忍成軍與吳隊長光善之訓練有方。韓軍副司令金昌煥原爲舊韓國軍隊行伍出身槍械之難得，不能增編部隊，賜爲生平最痛恨之事，遂謀於三軍參謀長體韓，借得三八式槍五十枝。

八月十二日自衛軍總指揮部，下令進攻雙城縣。卽日動員，所經之路，阿城及雙城等處，均爲于險舟部與日本軍駐屯，其槍械亦極精銳，但自衛軍敢國憤慨，轉戰二百餘里，自衛軍有進無退，殺敵無數，勢如破竹，至十四日夜襲雙城縣城。時韓軍任右翼，進攻城之西門，李總司令親自指揮，戰不過三小時，滿洲軍衝，先行潰退，日本軍堅守城池頑強抵抗，終終不能敵，故各軍乘勝入城。是役日軍死者二十二人，獲戰利品，追擊砲五，平射砲三，子彈五十箱，滿洲軍，氣字軒昂，臨戰必身先士卒，每以隊來歸者一千二百人。

中東路, 改編吉林自衛軍中路聯合軍, 任考鳳林爲中路第三軍第一旅長, 至是中軍稍爲振作, 紀律亦佳, 而對於韓僑, 亦停止虐待行動. 韓軍亦得較好之機會.

韓國軍原爲隨時隨處, 致力訓練, 而士氣亦振奮, 各地人民亦歡欣踊躍, 自願從軍者不絶於道.

五月二十七日, 任李宇精兼任爲第三軍參謀.

六月十二日, 由第三軍軍部決定派于參謀德輔(字性三)赴北平, 將韓軍編制及合作計劃, 附帶陳呈于北平軍部, 于參謀到遼寧, 不能通過, 折回.

六月二十日, 第三軍攻于逆煥章部於阿城縣永發屯時, 韓軍亦參加, 是役敵軍死者百餘人, 敵軍全部潰敗. 時日軍連派飛機六架, 連下炸彈助戰. 考部死者十餘人, 韓軍雖不畏敵, 然最後隨全軍而退. 至是自衛軍勢力, 稍爲振興, 第三軍擴張至五萬餘.(滿洲軍反正歸降者不少)

韓軍, 在戰時動作敏捷, 無不以一當百, 而行伍之間, 不懈敎鍊, 士兵手不釋卷. 中國同志頗多稱譽, 是時中國第三軍軍部副官李風林願入韓軍服務, 故任爲韓軍上尉副官.

七月二十八日, 韓軍總司令李靑天, 自東興縣率部到中東路, 與李宇精部相會, 李總司令歎服李宇精堅忍成軍與吳隊長光善之訓練有方. 韓軍副司令金昌煥原爲舊韓國軍隊行伍出身, 氣宇軒昂, 臨戰必身先士卒, 每以槍械之難得, 不能增編部隊, 認爲生平最痛恨之事, 遂謀於三軍參謀長趙麟, 借得三八式槍五十枝.

八月十二日, 自衛軍總指揮部, 下令進攻雙城縣. 卽日動員, 所經之路, 阿城及雙城等處, 均爲于險舟部與日本軍駐屯, 其槍械亦極精銳, 但自衛軍救國情熱, 轉戰二百餘里, 自衛軍有進無退, 殺敵無數, 勢如破竹, 至十四日夜襲雙城縣城. 時韓軍任右翼, 進攻城之西門, 李總司令親自指揮, 戰不過三小時, 滿洲軍隊, 先行潰退, 日本軍堅守城池, 頑强抵抗, 然終不能敵, 故各軍乘勝入城. 是役日軍死者二十二人, 獲戰利品, 迫擊砲五, 平射砲三, 子彈五十箱, 滿洲軍隊來歸者一千二百人.

十五日拂曉，日軍自哈爾濱，陸空并至。我軍知不能久守，出城退歸原防地。是役日軍以精銳之利器來攻，傷亡甚衆，韓軍則一無損傷，且韓軍能在日軍飛機蔽天，彈如雨下之時，兵無畏怯之色，行動敏捷，紀律嚴正。故各友軍，莫不敬重欽羨韓軍總司令之用兵如神，并信兵不在多而在精之右語，由是韓軍之聲譽大振。原來韓軍有百折不同之氣象，對民衆親愛如骨肉，毫無擾亂民間情事，軍事訓練隨地施行不懈。故中國人民，一聞韓軍移動之消息，則莫不以口相傳，爭相歡迎，韓軍之住宿，勿論何處，皆由各村莊百家長，預爲準備韓軍之日常給養，絕無飢餓之憂。

十七日韓軍司令部，下令禁止接受中國人民饋送之酒食。

二十二日韓軍司令部，開軍事會議，其討議事項：

一、擴充軍械案。

二、徵募軍士案。

三、軍需之預備案。

四、會合嶺東第二隊所部案。

五、聯絡南京國民政府及南方抗日團體案。

以上諸案爲韓軍刻不可容緩之舉，然槍彈之增補，南方之聯絡，尙未可知矣。

公論，使日本不能再逞其橫凶，東三省可以回復。韓軍自可轉弊回國，努力韓國之獨立戰爭，中國同志亦必多相助。九一八事變以來，東三省韓民，被中國軍民士匪之慘殺者十之八九，是可謂池魚之殃。可以日中國人民之一部無識所致，但情況則極慘。

現在嶺東之救國軍不下十數萬，嶺東之自衛軍亦不外五六萬。其衣食所需，全賴於人民，無外來之援助，人民之負担甚重，民衆之困苦，不育可知矣。

自衛軍與韓軍合作過程中，因受日人之奸計，漢奸之播弄，時生的可笑之事實，即：

九月八日，日軍五百餘人及滿洲

中路自衛軍，駐屯於阿城雙城之間，其全體士卒，耐苦忍飢，或攻或守，所以沉着支持者，其目的全在正待中央政府出兵，期收內外挾攻，使敵不能首尾相接之效，且望國聯必有國軍，來亞自衛軍後防三十里內防地

十五日, 拂曉, 日軍自哈爾濱, 陸空幷至. 我軍知不能久守, 出城退歸原防地.
是役日軍以精銳之利器來攻, 傷亡甚衆, 韓軍則一無損傷, 且韓軍能在日軍飛
機蔽天, 彈如雨下之時, 兵無畏怯之色, 行動敏捷, 紀律嚴正. 故各友軍, 莫不
敬重稱譽韓軍總司令之用兵如神, 幷信兵不在多而在精之古語, 由是韓軍之
聲譽大振. 原來韓軍有百折不回之氣象, 對民衆親愛如骨肉, 毫無擾亂民間情
事, 軍事訓鍊, 隨地施行不懈. 故中國人民, 一聞韓軍移動之消息, 則莫不以口
相傳, 爭相歡迎, 韓軍之住宿, 勿論何處, 皆由各村莊百家長, 預爲準備韓軍之
日常給養, 絶無飢餓之憂.

十七日, 韓軍司令部, 下令禁止接受中國人民饋送之酒食.

二十二日, 韓軍司令部, 開軍事會議, 其討議事項

　　一. 擴充軍械案.

　　二. 徵募軍士案.

　　三. 軍需之豫備案.

　　四. 會合嶺東第二隊所部案.

　　五. 聯絡南京國民政府及南方抗日團體案.

以上諸案爲韓軍刻不可容緩之擧, 然槍彈之增補, 南方之聯絡, 尙未實現.

中路自衛軍, 駐屯於阿城雙城之間, 其全體士卒, 耐苦忍飢, 或攻或守, 所以
沈着支持者, 其目的全在正待中央政府出兵, 期收內外挾攻, 使敵不能首尾相
接之效, 且望國聯必有公論, 使日本不能再逞其橫凶, 東三省可以回復. 韓軍
自可轉鋒回國, 努力韓國之獨立戰爭, 中國同志亦必多相助. 九一八事變以來,
東三省韓民, 被中國軍民土匪之慘殺者十之八九, 是可謂池魚之殃. 可以曰
‘中國人民之一部無識所致.’ 但情況則極慘.

現在嶺東之救國軍不下十數萬, 嶺東之自衛軍亦不下五六萬. 其衣食所需,
全賴於人民, 無外來之援助, 人民之負擔甚重, 民衆之困苦, 不言可知矣.

自衛軍與韓軍合作過程中, 因受日人之奸計, 漢奸之播弄, 時生的可笑之事
實, 卽;

九月八日, 日軍五百餘人及滿洲國軍, 來至自衛軍後防三十里內防地,

，阿城縣大石河地方，為韓國軍家族聚居之地，故日軍所切齒者已久，該地人民一聞日軍之至，數百人口，星夜逃匿於山上或野外，並報告韓軍司令部，即由韓軍轉告於指揮部以諮遇擊日軍。至是奸人便施其造謠技倆矣，彼等聲稱：

「阿城縣某處日本軍及韓人與滿洲軍若干來到，住於吳光善家，老百姓說現在秋收在邇，韓人害怕借糧，所以騙小鬼來，男子已經給他當兵，女子二十餘人，坐火車向哈爾濱日傾事館去了」。

十二日得有便衣隊之報告：

同時據韓軍偵察隊報告則謂：

「阿城某處……，系吳省自衛軍

。荊成州為該處地方富戶，恐其為自衛軍借糧，故荊兩奸密告自衛軍之實情於日軍，欲絕我軍之後路，今已築砲臺於閣山云云。」

如此中韓兩軍之情形，時有相差，中國人民無意識之造謠傳說，影響於中韓兩軍之合作，故韓軍參謀李字精，鄭重聲掃於第三軍軍部，並勸中國同志勿多懷疑，勿中奸計。

十四日第三軍第一團二營及第三軍第二團第一營，團攻八家子街。第一軍全攻阿城大石河之日軍。韓軍一

三荊成州二，

閣此令，士兵踴躍，自顧當先，韓軍在第三軍指揮之下，不能自由行動。故韓軍總司令李青天照會於總指揮部，要求與第一軍合作，總指揮楊耀鈞亦快諾之。韓軍途得學先以發。

十五日，我軍伺未到大石河，而日軍聞風先逃。韓軍司令以未得殲滅日軍為遺憾。

十六日，吳省三歸降日軍，荊成州逃走。至是前日造謠之事實大白，中國同志益為敬重李字精，並且對於韓軍更表敬愛之意。

十八日，由第三軍派兵至附近韓民農村，禁止各軍向韓民借糧。

十九日，由軍部下令告諭軍民，盡力保護韓民生命財產。韓國青年，莫不志願當兵，槍彈無着，未能收容

阿城縣大石河地方, 爲韓國軍家族聚居之地, 故日軍所切齒者已久, 該地人民一聞日軍之至, 數百人口, 星夜逃匿於山上或野外, 幷報告韓軍司令部, 卽由韓軍轉告於指揮部, 以請迎擊日軍. 至是奸人便施其造謠技倆矣, 彼等聲稱;

十二日, 得有便衣隊之報告 謂; "阿城縣某處日本軍及韓人與滿洲軍若干來到, 住於吳光善家, 老百姓說現在秋收在邇, 韓人害怕借糧, 所以請小鬼來, 男子已經給他當兵, 女子二十餘人, 坐火車向哈爾濱日領事館去了."

同時據韓軍偵察隊報告則謂: "阿城某處□□□□, 係吳省三荊成州二, □□□□□□自衛軍. 荊成州爲該處地方富戶, 恐其爲自衛軍借糧, 故吳荊兩奸密告自衛軍之實情於日軍, 欲絶我軍之後路, 今已築砲臺於□山云."

如此中韓兩軍之情報, 時有相差, 中國人民無意識之造謠傳說, 影響於中韓兩軍之合作, 故韓軍參謀李宇精, 鄭重聲辯於第三軍軍部, 幷勸中國同志勿多懷疑, 勿中奸計.

此次謠言中之中心人物吳省三者, 爲阿城雙城交通要路八家子街地方保衛團長也. 違抗自衛軍之命令, 陰與日軍勾結, 幷將韓軍軍情, 密報於日軍之著名漢奸.

十四日, 第二軍第一團二營及第三軍第二團第一營, 圍攻八家子街. 第一軍全攻阿城大石河之日軍. 韓軍一聞此令, 士兵踊躍, 自願當先, 韓軍在第三軍指揮之下, 不能自由行動. 故韓軍總司令李靑天照會於總指揮部, 要求與第一軍合作, 總指揮楊耀鈞亦快諾之. 韓軍遂得率先以發.

十五日, 我軍尙未到大石河, 而日軍聞風先逃. 韓軍司令以未得殲滅日軍爲遺憾.

十六日, 吳省三歸降日軍, 荊成州逃走. 至是前日造誣之事實大白, 中國同志益敬重李宇精, 幷且對於韓軍, 更表敬愛之意.

十八日, 由第三軍派兵至附近韓民農村, 禁止各軍向韓民借糧.

十九日, 由軍部下令告諭軍民, 盡力保護韓民生命財産. 韓國靑年, 莫不志願當兵, 槍彈無着, 未能收容

成軍，極爲

自衛軍正待□□□□□□終無好消息。多數軍隊又不能維持長久時間，故開將領會議，決定再攻雙城，謀開入熱之路線，與中央軍合力抗日。

十月十七日，再攻雙城，佔領縣城一晝夜。日軍大至，與之激戰一日，子彈告罄，熱河通路被阻，不能前進，日軍唐克車進之如迅雷。一二三軍爭先相退，死亡者亦不少。考軍長與衛隊一排在後，被滿洲軍包圍。至是韓軍未退，在城東門外設伏兵，知考軍長之危急，突進擊敵以救之，日軍見韓軍之旗號。不能再進，連戰二百餘里，第一第二兩軍損失最多。退軍至八家子附近。

十九日，日軍之援軍至，又飛機十三架，翔空助戰，轟炸不起。是日第三軍第二旅長史澤芬，率其衛隊二百六十名，力戰二小時，聚鏖日兵七十二名，奈因子彈告乏，與其妻及二子暨其他家族十二人，全部慘死於敵軍炮火之下，其十四歲之幼女，獨免於難。其衛隊亦全部犧牲，是役史澤芬熱烈抵抗之故，考軍長幸免於危殆而全退。

全軍退至五常縣忠河地方，點檢全軍只剩一萬三千餘人。至是士卒氣傷，幷怨子彈之無繼，太半逃走。考軍長甚感韓軍之力戰有功，一無逃遁者。痛哭喻衆 日中國人當效 韓人云云。

二十日軍部開將校會議，提議臨時投降滿洲國。韓軍一聞此言，激烈反對，要求分路，自軍長以下莫不痛哭。考軍長與參謀長，不忍與韓軍分離，猶豫未決。然其時事勢，進退維谷，故變作一計，決定以精銳分子，皆遁入深山，餘衆則投降以待明年四月草青，一齊合應再起。

考軍對韓軍，莫不信愛敬重，以情誼論，實不忍相離。然考軍既有投降之意，韓軍不得不與考軍決然分離。韓軍自雙城一役以後，日軍大加注意，漢奸吳省三聲，爲獻功於日軍懸賞四處，謀獲李青天，李宇精，金昌煥，吳光善等。哈爾濱濱江日報，大書特書匪首李青天率部四百餘人攻破雙城云。

五常忠河，原爲于險舟之農莊，

成軍, 極爲 ─이하원문결

自衛軍正待□□□□□□, · 終無好消息. 多數軍隊又不能維持長久時間, 故開將領會議, 決定再攻雙城, 謀開入熱之路線, 與中央軍合力抗日.

十月十七日, 再攻雙城, 佔領縣城一晝夜. 日軍大至, 與之激戰一日, 子彈告罄, 熱河通路被阻, 不能前進, 日軍唐克車進之如迅雷. 一二三軍爭先相退, 死亡者亦不少. 考軍長與衛隊一排在後, 被滿洲軍包圍. 至是韓軍未退, 在城東門外設伏兵, 知考軍長之危急, 突進擊敵以救之, 日軍見韓軍之旗號. 不能再進, 連戰二百餘里, 第一第二兩軍損失最多. 退軍至八家子附近.

十九日, 日軍之援軍至, 又飛機十三架, 翔空助戰, 轟炸不絶. 是日第三軍第二旅長史澤芬, 率其衛隊二百六十名, 力戰二小時, 擊斃日兵七十二名, 奈因子彈告乏, 與其妻及二子曁其他家族十二人, 全部慘死於敵軍砲火之下, 其十四歲之幼女, 獨免於難. 其衛隊亦全部犧牲, 是役史澤芬熱烈抵抗之故, 考軍長幸免於危殆而全退.

全軍退至五常縣忠河地方, 點檢全軍只剩一萬三千餘人. 至是士卒氣傷, 并怨子彈之無繼, 太半逃走, 考軍長甚感韓軍之力戰有功, 一無逃遁者. 痛哭喩衆曰 "中國人當效韓人" 云云.

二十日, 軍部開將校會議, 提議臨時投降滿洲國. 韓軍一聞此言, 激烈反對, 要求分路, 自軍長以下莫不痛哭. 考軍長與參謀長, 不忍與韓軍分離, 猶豫未決. 然其時事勢, 進退維谷, 故變作一計, 決定以精銳分子, 皆遁入深山, 餘衆則投降, 以待明年四月草青, 一齊合應再起.

考軍對韓軍, 莫不信愛敬重, 以情誼論, 實不忍相離, 然考軍旣有投降之意, 韓軍不得不與考軍決然分離. 韓軍自雙城一役以後, 日軍大加注意, 漢奸吳省三輩, 爲獻功於日軍, 懸賞四處, 謀獲李青天·李宇精·金昌煥·吳光善等. 哈爾濱濱江日報, 大書特書 '匪首李青天率部四百餘人, 攻破雙城云.'

五常忠河, 原爲于險舟之農莊,

其保衛團長為于險舟之心服平山，
故韓軍不能久留該地，決卽離開。

二十一日，韓軍起程時，考鳳林
軍長及趙麟參謀長，歔泣不釋。韓軍
卽向東去，兩軍哭聲震天，民衆亦痛
哭相送。

柳大英者，為滿洲軍團長，駐屯
於五常向陽嶺。一見韓軍。感其合作
抗日，不加追擊，派人護送嚮導，故
安全到達於目的地。

二十三日，韓軍開軍事會議，決
派沈晚湖，孔鎮遠，姜鎮海，馬蒼仁
於東寧王德林處；接洽合作事宜。適
值王德林赴俄，前敵司令姚振山及金
剛鐵甲軍楊靜旅長極表歡迎。

十二月四日向額穆縣移動，五常
至額穆開壯山（太白長白兩山）縱橫，
其他各地少數部隊，均集中於總司令

全無路線，況積雪沒脛，實難行軍，
而又無人家，每當日暮，燒木積火，
圍坐待明以行。至其飲食，則每一人
備帶包米粉二升及白鹽五兩，飢則和
粉於雪水而吞下之。如此經四日始過
壯山之險。

八日到達額穆縣。

十一日韓軍手榴彈隊開總司令李
青天至，卽來歡迎。原來韓軍，不能
集結一地，分在嶺東嶺西兩處，就地
抗日，如今嶺西軍到嶺東，總司令部
亦移至嶺東，各軍均歡躍集中。

十九日前鐵馬隊長趙相甲，開穆
司令李菁天之到來，率其部四百餘人
來會，卽令移住寧安鏡泊湖附近。

二十二日姜克謨率部五百來會。

部所在地。韓軍總歡達三千餘人。總
司令部至是給養械彈均感焦急，故卽
派人於救國軍第三旅長吳義成處，接
洽給養械彈。又派人於救國軍第四旅
長兼前敵司令姚振山處請求接濟。

本年正月五日又派人於救國軍第
二旅長孔耀臣處，孔司令已赴關內，
孔司令夫人代攝司令之職，軍伍正齊
，令人敬佩。孔夫人代為接洽，接濟
韓軍。

十九日韓軍開將校會議，討論積
極籌辦槍彈給養，現時與中國救國軍
合作，可謂矢盡途窮之勢，欲行積極
之策，亦極困難。故欲根據此天然森
林之地，或攻或守，極力破壞敵人鐵
路交通，則敵人亦難來侵，如此或可
支持四五年。蓋此森林地帶，敵人之

其保衛團長爲于險舟之心腹廉平山, 故韓軍不能久留該地, 決卽離開.

二十一日, 韓軍起程時, 考鳳林軍長及趙麟參謀長, 飮泣不釋. 韓軍卽向東去, 兩軍哭聲震天, 民衆亦痛哭相送.

柳大英者, 爲滿洲軍團長, 駐屯於五常向陽鎭. 一見韓軍, 感其合作抗日, 不加追擊, 派人護送嚮導, 故安全到達於目的地.

二十三日, 韓軍開軍事會議, 決派沈晩湖·孔鎭遠·姜鎭海·馬蒼仁於東寧王德林處, 接洽合作事宜. 適値王德林赴俄, 前敵司令姚振山及金剛鐵甲軍楊靜旅長極表歡迎.

十二月四日, 向額穆縣移動, 五常至額穆, 間壯山(太白長白兩山)縱橫, 全無路線, 況積雪沒脛, 實難行軍, 而又無人家, 每當日暮, 燒木積火, 圍坐待明以行. 至其飮食, 則每一人備帶包米粉二升及白鹽五兩, 飢則和粉於雪水而吞下之. 如此經四日始過壯山之險.

八日, 到達額穆縣.

十一日. 韓軍手榴彈隊聞總司令李靑天至, 卽來歡迎. 原來韓軍, 不能集結一地, 分在嶺東嶺西兩處, 就地抗日, 如今嶺西軍到嶺東, 總司令部亦移至嶺東, 各軍均歡躍集中.

十九日, 前鐵馬隊長趙相甲, 聞總司令李靑天之到來, 率其部四百餘人來會, 卽令移住寧安鏡泊湖附近.

二十二日, 姜克謨率部五百來會. 其他各地少數部隊, 均集中於總司令部所在地. 韓軍總數達三千餘人. 總司令部至是給養械彈均盛焦急, 故卽派人於救國軍第三旅長吳義成處, 接洽給養械彈. 又派人於救國軍第四旅長兼前敵司令姚振山處, 請求接濟.

本年正月五日, 又派人於救國軍第二旅長孔耀臣處, 孔司令已赴關內, 孔司令夫人代攝司令之職, 軍伍正齊, 令人敬佩. 孔夫人代爲接洽, 接濟韓軍.

十九日, 韓軍開將校會議, 討論積極籌辦槍彈給養, 現時與中國救國軍合作, 可謂矢盡途窮之勢, 欲行積極之策, 亦極困難. 故欲根據此天然森林之地, 或攻或守, 極力破壞敵人鐵路交通, 則敵人亦難來侵, 如此或可支持四五年. 蓋此森林地帶, 敵人之

飛機，失其効用，窪地旣多，敵人之
唐克車亦難走動。其他步兵則路徑不
熱，更難行動。今雖欲固守此天險，
奈槍彈給養之來源極弱何？是以次派
入入關，呼訴於中國政府及抗日團體
，設法維持。

第三旅長吳羲成，先攻安圖而
臘之。

前考鳳林部第二團長姚鴻儀，曾
降於僞國，而今再通韓軍反正攻佔中
東路橫道河子車站。各地救國軍，自
三月稍爲振作。韓軍亦得分路活動，
稍有進展。而爲維持其全軍，近由韓
軍司令部派人到關內與各抗日團體接
洽云。

東三省之抗日部隊，現在吉林省
虎林，密山，勃利，依關，方正，延

毒，寧安，葦河，賴穩，敦化，五常
，安圖，樺甸，東寧等地之救國軍，
仍然相持中，因該地帶爲天然險地，
敵難進攻也。

完

飛機, 失其效用, 窮地旣多, 敵人之唐克車亦難走動. 其他步兵則路徑不熟, 更難行動. 今雖欲固守此天險, 奈槍彈給養之來源極弱何? 是以決派人入關, 呼訴於中國政府及抗日團體, 設法維持.

第三旅長吳義成, 先攻安圖而據之.

前考鳳林部第二團長姚鴻儀, 曾降於僞國, 而今再通韓軍, 反正攻佔中東路橫道河子車站. 各地救國軍, 自三月稍爲振作. 韓軍亦得分路活動, 稍有進展. 而爲維持其全軍, 近由韓軍司令部派人到關內與各抗日團體接洽云.

東三省之抗日部隊, 現在吉林省虎林·密山·勃利·依蘭·方正·延壽·寧安·葦河·額穆·敦化·五常·安圖·樺甸·東寧等地之救國軍, 仍然相持中, 因該地帶爲天然險地, 敵難進攻也.

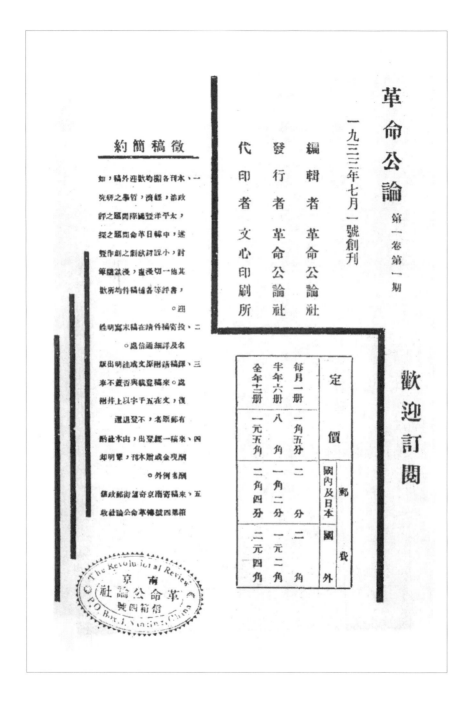

革命公論 第一卷第一期

一九三三年七月一號創刊

編輯者　革命公論社

發行者　革命公論社

代印者　文心印刷所

歡迎訂閱

定價		郵　費	
		國內及日本	國外
每月一冊	一角五分	二　分	二　角
半年六冊	八　角	一角二分	一元二角
全年十二冊	一元五角	二角四分	二元四角

徵稿簡約

一、本刊各關歡迎外稿，如研究之哲學、經濟、政治國際問題之評論，太平洋中韓日革命問題之探討，小說詩歌之創作評壇漫談、國事，其他一切稿件等均所歡迎。

二、投寄稿件在稿末寫明姓名及詳細通信處。

三、來稿譯註原文並注明出版處。來稿登載與否聽尊，復在文字五千字以上並附有本社郵票，由本稿一經登出，四、刊或現金贈刊本，聲明却例外。

五、來稿請寄南京郵政信箱第四號革命公論社收

3장

이규채 형사소송기록(치안유지법 위반)

1. 이규채 재판기록

1) 청취서(상해 일본총영사관)

(1) 제1회 청취서(1934. 11. 14.)

이규채(李圭彩)

위 사람은 치안유지법(治安維持法) 위반 피의사건에 관하여 우리 과(課)에서 본직(本職)에 대하여 임의(任意)로 다음과 같이 진술하다.

1. 본적은 경기도(京畿道) 포천군(抱川郡) 가산면(加山面) 방축리(坊築理) 번지 미상

2. 출생지는 본적지와 동일함

3. 주거는 상해(上海) 프랑스조계(佛租界) 신신여관(新新旅館) 3층 202호

4. 직업은 무직(無職)

5. 성명은 이규채

6. 연령은 당 45세

7. 형벌을 받은 일은 없다.

8. 위기(位記), 훈장(勳章), 기장(記章), 은급(恩給), 연금(年金) 또는 공직(公職)은 없다.

9. 나는 본명이 이규채이나 변명(變名 : 가명假名)을 이규보(李圭輔), 이우정(李宇精), 이공삼(李公三) 또는 이경산(李庚山)이라고 칭하고 있다.

10. 나의 가정은 실모(實母) 윤(尹)씨 당 77세, 장형(長兄) 이규혁(李圭赫, 현재 가산면장加山面長) 당 56세, 차형(次兄) 이규호(李圭號) 당 50세, 아우 이규석(李圭碩) 당 40세, 누이 이규정(李圭貞) 당 27세로서, 집을 나와 오랫동안 소식조차 전하지 않아 지금은 무엇을 하고 지내는지 모른다. 그러나 차형은 아마 농사를 짓고 있을 것으로 생각한다. 그리고 나의 처는 이(李)씨인데, 12년 전에 헤어져 지금은 생사조차 모른다.

11. 나는 본적지에서 태어나 다섯 살 때부터 스물다섯 살에 이르기까지 서당에서 한문을 익히고, 스물아홉 살 때 사립(私立) 청성학교(靑城學校)의 한문(漢文) 교사를 하며 2년 동안 봉직(奉職)했다. 그후 경성부(京城府) 공평동(公平洞) 2번지 소재 창신서화연구회(創新書畵硏究會) 서가(書家)가 되고, 대정(大正) 12년(1923년) 음력 10월 경성(京城)을 출발하여 안동(安東 : 단동丹東)에서부터 천진(天津)까지는 철로로, 천진(天津)부터는 성일호(星日號 : 뒤의 196쪽에는 성경호星景號라고 표기되어 있음)인가 하는 중국 기선을 타고 상해에 갔다.

12. 상해에 간 목적은 딱히 이렇다 할 확실한 목적이 없이 뭔가 좋은 일이라도 있지 않을까 하는 정도의 생각에서였다. 그리고 당시 프랑스조계 패륵로(貝勒路) 영경방(永慶坊) 10호에 거주하고 있던 친척되는 이시영(李始榮)의 집에 머물렀다.

13. 당시 이시영은 가정부(假政府 : 대한민국 임시정부)의 재무총장(財務總長)을 하며 상당한 세력을 갖고 있었다. 가정부는 대정 8년(1919년)의 만세소요(萬歲騷擾) 후 상해에 조직된 독립기관으로 조선을 일본의 굴레로부터 벗어나게 하여 완전한 독립국으로 만들려고 운동하는 총본부다.

14. 그리고 다음해 대정 13년(1924년) 5월인지 가정부 의정원(議政院)에서 나를 의원(議員)으로 추천한다고 했지만, 나는 이를 거절했다. 그 이유는 당시 나는 정치운동에 종사할 뜻이 없었기 때문이다.

15. 그리고 그해 7월에 당시 양수포(楊樹浦)에서 혼자 생활하며 인삼(人蔘) 행상을 하고 있었다. 서성효(徐成孝)라는 나이 38~39쯤 되는 사람과 공동으로 제지업(製紙業)을 시작할 목적으로 항주(杭州)에 갔다. 그런데 사업이 생각대로 풀리질 않아 그 해 12월 둘이 함께 항주에서 철수하여 다시 상해로 돌아와 광유리(光裕里) 41호에서 서(徐)와 함께 생활하면서 서의 인삼 행상을 거들며 지내고 있었는데, 재미가 없어서 대정 14년(1925년) 12월 철로로 혼자 북경(北京)으로 갔다. 무릇 서의 아우 서성구(徐成求)가 완평현(宛平縣) 아방(鵝房)의 농장(農莊 : 농막)에 거주하면서 농사를 경영하며 살고 있어서 그것을 믿고 간 것이다.

서성구는 가족도 없이 혼자 농사를 짓고 있어서 나는 농사일을 거들며 지내고 있다가 소화(昭和) 2년(1927년) 정월에 서가 북경 해전(海甸)으로 옮겨 감에 따라 그때 나도 그리로 옮겨갔는데, 서가 그 해 11월 말 본적지인 경성 서문밖(西門外)으로 귀선(歸鮮 : 당시 조선으로 돌아가거나 오는 것을 이렇게 표현함)을 하게 되어 나 혼자 해전에 그대로 남아 소규모 농사를 경영하고 있었다. 그런데 다음 3년(1928년) 3월에 해주(海州) 출신의 이승준(李承俊)이라는 사람이 자본(資本)을 내서 천진에 박용태(朴容泰)라는 사람을 파견하고 농사 경영을 하겠다는 계획을 세웠지만 박용태는 농업에 경험이 없었다. 그래서 이승준이 당시 경성 출신으로 천진의 남개대학(南開大學)에 통학중이던 현감(玄堪)에게 경영자를 알선해 달라고 부탁해 왔는데, 나는 현감과 지기(知己) 관계(현감의 숙부叔父 현채玄采에게 본인은 한문을 배우기도 했다고 함)였기 때문에 나도 그것을 승낙하고 천진으로 이주하기로 했다. 하지만 운이 나쁠 때는 일도 공교로워지는지라 내가 천진에 간 지 얼마 되질 않아 장개석(蔣介石) 군대가 많이 천진에 주둔하고, 장종창(張宗昌) 군대와 전쟁이 시작되어 농사 경영도 불가능하게 되었다.

6개월 후 나는 혼자 만주(滿洲) 길림성(吉林省) 대둔(大屯)으로 성주열(成柱悅)을 의탁하고 갔다. 성주열의 부친인 벽서(碧栖)와 나는 조선(朝鮮)에 있을 때 친하게 지내던 사이로서 내가 상해에 있을 때 벽서로부터 상해에 오고 싶다는 통신이 있었지만 나는 상해에 와도 좋은 일은 없다고 편지를 보냈다. 그런데 그후 길림에 갔다는 편지가 온 적이 있어서 길림으로 찾아가면 알 것으로 생각하고 길림으로 간 것이다.

16. 길림 대둔으로 성주열을 방문하니 벽서는 이미 귀선하고 없었고, 주열과 그의 아내가 농사를 지으며 살고 있어서 나는 그의 집에서 신세를 지게되었다. 성주열은 경성 출신으로 나와 동년배였다. 그리고 그 사람 집에서 소화 4년(1929년) 정월까지 신세를 지고 있다가 또 혼자서 길림성 오상(五常) 충하(沖河)라는 곳으로 갔다. 그곳에는 별로 의탁할 사람도 없이 간 것이다. 그 목적은 역시 농사를 경영할 생각이었다.

17. 오상 충하에 가서 박일만(朴一萬)이란 사람을 알게 되었다. 박일만은 수원군(水原郡) 출신으로 당시 37~38세 정도로 도전공사(稻田公司)라는 토지 매매 브로커를 하고 있었다. 그러나 나는 그런 일은 성질상 맞지를 않아 그 사람 집에 생육사(生育社)라는 간판을 걸고 고금(股金 : 공동사업자금) 모집을 시작하려고 계획하고 있었는데, 때마침 공산당원 다수가 그곳을 습격하여 박일만도 죽음을 무릅쓰고 그 난리를 벗어나야 하는 형편이었다. 그래서 나 역시 그 계획을 중지하고 체류한 지 겨우 20일 만에 박일만과 함께 유수현(楡樹縣)에 있는 박(朴)의 본댁(本宅)으로 철수했다.

오늘은 이것으로 취조를 마치니 잘 생각해 두라.

알았다.

위 녹취한 것을 통역으로 하여금 읽어주게 하였더니 틀림없다고 진술하고 다음에 서명 무인하다.

소화 9년(1934년) 11월 14일

재상해 일본총영사관 제2과

사법경찰관 겸임 외무성 경시(警視) 사에키 다스케(佐伯多助)

통역 외무성 순사 야마모토 사쿠이치(山本作一)

진술인 이규채

(2) 제2회 청취서(1934. 11. 21.)

이규채

위 사람은 치안유지법 위반 피의사건에 대하여 본직에 대하여 먼젓번에 이어 임의로 다음과 같이 진술하다.

1. 이어서 내력을 진술한다.

박일만과 함께 유수현 동구(東溝)로 도피한 후 박일만의 집에서 4~5개월을 하는 일 없이 지냈고, 소화 5년(1930년) 4월 중동선(中東線)에서 농업에 종사하기 위해 출발하여 그 해 6월 30일 길림성 위사현(韋沙縣)에 도착했다. 위사현으로 가는 도중 중동선 이도하자(二道河子 : 현 요녕성遼寧省 조양시朝陽市 건평현建平縣 주록과진朱碌科鎭)에 거주하는 박관해(朴觀海)(이 사람은 구 시대에 관찰부觀察部 주사主事로 근무한 일이 있는데, 당시부터 알고 있었음)를 방문했는데, 한국독립당(韓國獨立黨)이라는 단체를 조직할 계획이라는 얘기를 듣고 그 목적이 구한국의 국권을 회복한다는 것으로서 그 취지에 공명(共鳴)하고, 그와 협력하여 동지를 규합해서 목적을 달성하고, 한편으로는 당시 공산당의 발호가 아주 심해서 그에 대항하려고 박관해와 함께 앞에서 이미 진술한 위사현으로 가서 그곳에 있는

정신(鄭信)(함경도咸鏡道 출신, 당 45세, 당시 한족총연합회韓族總聯合會 회원), 민무(閔武)(충청도忠淸道 출신, 당 46세쯤, 당시 한족총연합회 회원) 두 사람을 비롯해 중동선 대석하(大石河)에 거주하는 신숙(申淑)(경성 출신, 당 50여 세), 길림성 오상현(五常縣) 이장녕(李章寧)(충청도 출신, 당 59세쯤), 그 외에 약 100여 명을 규합하여 위사현 최(崔)모의 집에 모여서 한국독립당을 창설했다.

전후 4일 정도에 걸쳐 창립대회를 개최했는데, 그 상황을 기억나는 대로 상세히 진술하겠다.

사회자로 신숙을 추대하여 그의 사회로 개회하고,

1. 백의동포는 소련공산당에 속지 말라.

1. 백의대중은 일치 협력하여 조국 광복을 도모한다.

고 선언하고,

1. 조선의 정치독립

1. 조선의 경제독립

1. 조선의 문화독립

의 강령(綱領)을 결의했다. 그 밖에 상세한 취지, 강령, 선언은 잊어버렸다. 그러나 대요(大要)는 위에 포함되어 있다.

조직은,

정치부

경제부

문화부

군사부(전부터 내려오던 한국독립군韓國獨立軍의 최고기관이 됨)

선전부

조직부

의 6부를 설치하고, 각 부는 5명의 위원으로 조직하고, 위원장, 비서를 위원 중에서 호선했다. 그리고 위원장, 비서를 상무위원으로 하여 상무위원회를 조직한다.

상무위원회는 당의 최고 의결기관으로 하고, 상무위원회에는 위원장 1명을 두고, 임기는 1년으로 한다.

총회는 1년에 1회씩 개최하고, 운동 공작의 토의 결정, 간부(幹部) 선거, 개선(改選)을 한다.

그리고 상무위원회에 집행위원회를 두고, 집행위원회는 집행위원장이 전체를 모두 관리하고 상무위원회의 의결에 기초하여 사무를 집행한다.

제1차 창립 당시 간부 부서는

정치부 : 부장 홍진(洪震) 즉, 홍면희(洪冕熙)(홍만호洪晚湖의 이명)

　　　　위원 이우정, 즉 이규채

경제부 : 부장 최두(崔杜)

문화부 : 부장 신숙

군사부 : 부장 이청천(李靑天), 참모장 이우정(나)

선전부 : 부장 정신

조직부 : 부장 박관해

당시 나는 상무위원회에는 책임이 없었다.

집행위원회 : 회장 홍진, 즉 홍면희(전 가정부假政府 대통령)

　　　　　　위원은 각 부 부장, 나(이우정, 즉 이규채), 민무(사망), 이장녕

　　　　　　(사망)

집행위원장 비서 : 최악(崔岳)

그 외는 이름을 잊었다. 총 31명이었다.

2. 위와 같이 조직한 다음 얼마 지나지 않아 출발하여 길림성 하중동(下中東), 연수(延壽), 수하(洙河) 등 각 지방 일대를 순회하면서 조선인 동포의 농업 상태를 시찰하고 혁명 의식의 주입 선전에 힘쓰며, 지부를 조직하기 위해 동분서주하면서 독립당 본부에 연락을 취하고 또 출입하면서 지방을 순시했다.

본부는 창립하고 얼마 후에 길림성 동빈현(東濱縣)으로 옮겼다.

3. 소화 6년(1931년) 1월에 들어서부터 길림성 연수현(延壽縣) 황가소과(黃家燒鍋)에서 농업을 시작했다. 그리고 독립당 집행위원은 사임한 것이 아니고 여전히 취임하고 있었다.

4. 소화 7년(1932년) 음력 2월 길림성 아성현(阿城縣) 대석하에서 한국독립당 대회가 개최되었지만 나는 너무 멀어서 참가하지 못했다.

그 대회에서는 독립당 정치부(政治部)를 총무부(總務部)로 바꾸고, 나는 총무위원장(總務委員長)에 선거(選擧)되었다. 그 달 본부로부터 그것을 통지받고 즉시 취임한다고 회답했다. 그러나 당시 정세는 곧바로 내가 출발할 수 없게 했다.

좀더 자세히 얘기하면 내가 거주하는 연수현 부근 일대에서는 약 1,000명의 조선인 동포가 중국 패잔병 때문에 압박을 받고 있어서 나는 그들을 구

하고 중국 병사의 압박을 막기 위해 떠날 수 없었던 사정이다.

당시 중국 병사는 조선인만 보면 일본군의 밀정(密偵)으로 보고 함부로 살상을 하여 재류동포(在留同胞)들은 전전긍긍하고 있었다. 그래서 나는 재류동포에게 한동안 피난하도록 포고를 발함과 동시에 그해 4월경 중동선 모아산(帽兒山)으로 이동하고, 일반 재류동포는 하얼빈(哈爾賓), 수하, 일면파(一面坡) 등 각 지방으로 피난하기 시작했다.

5. 나는 중동선 모아산으로 이동해 곰곰이 생각하니, 조선인 동포가 중국군에게 공연히 압박을 당하는 원인은 중국군이 우리에 대해 오해한 데서 비롯된 것이기 때문에 어떻게 해서든 그 오해를 일소해야만 했다. 그러기 위해서는 중국도 조선도 같은 처지에 있다는 것을 얘기해서 조선인에게도 대일(對日) 구국의 정신이 불타고 있다는 것을 인식시키고, 중국과 조선이 합작해서 항일구국운동(抗日救國運動)을 하기로 마음을 먹고 그것을 실현시키기 위해 당시 한국재향군(韓國在鄕軍) 중대장 안해강(安海崗)(소화 7년 10월 귀화歸化함. 하얼빈에서)을 데리고 길림자위연합군(吉林自衛聯合軍) 총지휘(總指揮) 양요균(楊曜鈞)(중국인)을 방문했다.

그것은 소화 7년(1932년) 5월의 일로, 당시 그 군대는 아성현에 본거를 두고 부근 일대 100여 리에 걸쳐 약 10만의 항일구국군(抗日救國軍)이 있었다.

처음 아성(阿城)에 갔을 때 일본군의 밀정이라 의심하여 신용하지 않았으나 중한합작(中韓合作)의 필요를 역설함과 동시에 오해를 일소하는 데 힘쓴 결과, 자위연합군 제3군장(第三軍長) 고봉림(考鳳林)이 양해하게 되고, 총지휘 양요균 등 간부를 만나서 성의를 다해 중국과 한국이 합작해서 일본제국주의를 타도하여 조선의 독립과 중국의 실지회복(失地回復)을 도모할 필요가 있음을 설명하여 마침내 나는 중국 자위연합군 제3군(第三軍) 중교참모(中校參謀)에 취임했다.

월급은 269원이었으나 나는 혁명을 위해 생활하는 사람이 생활 이상의 급료를 받을 필요가 없다고 생각해서 받은 적이 없다. 나의 행동은 조선 동포를 위해서 활동하는 것이지 사생활을 위해서가 아니기 때문이다. 그리고 한국독립군이 약 60여 명을 여기에 합병하기 위해 보냈다.

앞에서 빠뜨렸는데 한국독립군이라는 것은 조선독립을 도모하기 위한 군대이고, 대정 8년(1919년)경부터 만주에 있던 것으로 만주 각지에 산재하고 있었고, 당시 총사령(總司令)은 이청천이었지만 그 당시 그는 흑룡강(黑龍江)에 있었다. 그리고 앞서 얘기한 재향군(在鄉軍)이라고 하는 것은 재류동포의 독립자위경비(獨立自衛警備)를 목적으로 만주 각지에 있던 것이다.

6. 소화 7년(1932년) 8월 1일경 이청천이 부하 300여 명을 거느리고 아성에 도착했다. 그래서 나는 한국독립군 참모장(參謀長)을 사임하고 참모(參謀)가 되었다.

여기서 설명하겠다. 그것은 이미 앞에서 얘기한 바와 같이 한국독립당에는 군사부가 있어서 한국독립군의 참모본부는 군사부의 참모본부와 같은 것이고, 나는 독립당 조직 당시부터 겉으로 드러난 명칭은 집행위원이지만 각 부에 관계를 가지면서 고문격(顧問格)으로 되어 있었기 때문에 그 무렵부터 독립군의 참모이기도 하고 또 군사부의 참모이기도 했다. 이것은 다소 착각한 것이다. 나는 독립당을 창립할 때부터 군사부 참모장이고 독립군 참모장도 되었다. 정정해 주기 바란다. 그리고 소화 7년(1932년) 8월, 이청천이 부하와 함께 아성에 도착했기 때문에 이청천과 함께 아성에 온 신숙(申潚)(신숙申肅이라고도 함)이 참모장이 되고 나는 참모가 되었다.

7. 그해 8월 15일 합장선(哈長線) 쌍성(雙城)을 습격하는 것으로 결정되어 중국 자위연합군 7~8만은 그곳을 습격하고, 독립군은 아성의 방비를 맡았다.

8. 그해 9월 5일 나는 아성현 노도점(老道店) 자택으로 돌아왔다. 집으로 돌아온 이유는 아성의 조선인 농부는 모두 가을걷이를 끝내고 하얼빈, 그 밖의 안전지대로 되돌아갔기 때문에 독립군은 일본군의 토벌을 피하기 위해 액목(額穆)을 향해 출발하고, 나는 자택으로 돌아온 것이다.

원래 독립군 총사령 이청천은 일본 사관학교 출신으로 일본군과 싸워서 승산이 없다는 것을 잘 알고 있었다. 그것은 이청천뿐만 아니라 나를 비롯해 그 외의 독립군 관계자들도 모두 마찬가지로 일본군과 싸워서 승산이 있고 또 조선의 독립이 성공한다면 솔직히 말해서 싸웠을 것이다. 그러나 그 가망이 없는 싸움은 할 필요가 없는 것이다.

9. 그후 자택에 있었는데 그 무렵에 나의 부하 양승만(梁承萬), 박영희(朴永熙) 등은 일본측에 귀화하고, 다른 사람은 도주하거나 이청천과 함께 액목으로 떠났기 때문에 먹는 것조차 어렵게 되고, 일본측에서는 각 기관, 즉 각지의 영사관, 각 특무기관, 관동군(關東軍)에서는 나를 귀화시키려고 열심히 사람을 보내왔다.

그러나 나는 죽는 한이 있어도 귀화하지 않겠다고 거절했기 때문에 각 기관은 모두 나를 체포하려고 갖은 모든 힘을 쏟기에 이르고, 신변이 위험해져서 북지(北支 : 중국의 북부인 하북, 산서, 북경, 천진 일대) 방면의 동지의 곁으로 가기 위해 소화 8년(1933년) 2월 아성을 출발하여 농부로 변장을 하고 걸어서 길림성 성성(省城), 장춘(長春)을 거쳐 봉천(奉天 : 현재의 심양瀋陽)으로 가서 기차로 북평(北平)에 도착한 것은 그 해 3월 20일(음력)경이었다.

도중에 길림 성내(城內), 장춘, 봉천에서 산해관(山海關)으로 가는 차(車) 안, 그 밖에 네다섯 차례 경관(警官)으로부터 검문을 받았는데, 머리와 수염을 기르고 손톱을 길게 하여 한낱 농부 차림으로 중국인이라고 변명하며 무사히 북평에 도착했다.

10. 북평에서는 이전에 거주한 적도 있고, 당시의 친구 북평 덕승문내(德勝門內) 호수 미상의 김해산(金海山), 즉 김국빈(金國賓)(경상도 사람이면서 중국에서 나서 자란 당 50세 정도, 중국 국민군國民軍 군분회軍分會에 근무함)을 방문하여 그 집에서 나흘을 묵고 남경(南京)으로 갔다.

11. 남경에서는 길림성에서 전부터 아는 남경 문창항(文昌巷) 진단의원(震旦醫院) 원장 김동주(金東洲)(경성 출신 당 43세, 20년 전 길림성에서 의원을 개업

하고 그후 남경으로 옮겼음)를 방문하여 한 20일 동안 특별히 하는 일 없이 지냈다.

그 무렵 중국 각 신문에서는 내가 남하했다는 것을 대대적으로 보도하고 있었기 때문에 혁명 조선인들은 나와 제휴해서 중국측으로부터 활동자금 명목으로 돈을 얻어내려고 별별 책동을 했던 모양이다. 그러나 나로서는 4~5천 원 얻어내는 것은 어렵지 않은 일이었지만 그런 적은 액수를 갖고는 만주에 있는 독립당을 구할 수가 없고, 100만 원쯤이라면 혹시 나도 나섰을지도 모르겠는데 중국측이라 하더라도 그럴 여력이 별로 없었기 때문에 운동을 삼가고 있던 차에 박남파(朴南波)가 어느 날 우연히 진단의원에 왔다가 나와 만났다.

그 사람과는 예전부터 아는 사이였다. 별다른 이야기 없이 내가 "동삼성(東三省)에 있는 동지들을 구원하기 위해 남하했는데, 자네는 중국측에 아는 사람들도 많으니 어떻게해서든 운동자금을 비롯해 구원자금을 얻을 수 있도록 있는 힘을 다해주지 않겠는가. 그리고 우선 여비를 염출해 주면 동지들을 이곳으로 불러올 수도 있다. 나로서는 중국측에 돈 좀 달라는 말을 하고 싶지 않다. 오히려 그런 일은 수치스럽고 면목이 서지 않는 일이다. 혹시 100만 원이나 1,000만 원이라면 수치든 뭐든 감수하고 받을지 모르겠으나 겨우 5만 원이나 10만 원 정도의 적은 자금은 받고 싶지 않다"고 얘기하자 박남파 역시 "나도 마찬가지다. 여하튼 중국측과 교섭해 보겠다"고 답하고, 며칠 동안 열심히 운동을 해서 그 해 음력 5월 2일 600원을 지참하여 "이 정도 받았으니 귀하의 생각대로 사용해 달라"고 하면서 나에게 600원을 주었다.

12. 그래서 그날 남경을 출발하여 천진으로 가서 천진에서 뱃길로 영구(營口)에 오르고, 영구에서 철로로 봉천에 이르러 봉천에서 갈아타고 길림에 도착한 것은 음력 5월 10일경이었다.

길림에 도착한 다음 근처 마을 농가를 이리저리 옮겨 다니며 액목의 이청천과 연락을 취하기 위해 길림성 오상현 향양산(向陽山) 이간(李艮)(경기도 출신, 당 30세쯤, 독립당원)에게 통신을 보냈는데, 이청천과 연락이 되면 동행해 출발할 심산(心算)이었다. 그런데 나는 신변이 위험해서 길림에 오래 머무를 수 있는 정세가 아니었기 때문에 이간이 있는 곳에서 최병권(崔秉權)(함경도 사람, 21세, 독립당원)이 사자(使者 : 심부름을 하는 사람)로 나를 찾아와서 다행히 이청천 등의 여비로 300원을 그 사람에게 주고, 동지 오광선(吳光善)(경기도 출신, 당 38세, 독립군 대대장), 이춘(李椿)(황해도 출신, 당 22세, 독립군 군인) 두 사람을 데리고 음력 7월 10일 길림 구전(口前)을 출발하여 걸어서 장춘으로 나와서 장춘에서 기차로 봉천, 영구, 천진을 경유하여 북평으로 왔다.

13. 소화 8년(1933년) 7월 22일(음력) 북평에 도착한 다음 북평성(北平城) 서(西) 순포청호동(巡捕廳胡同) 15호 중국인 집을 빌려서 앞에서 이미 진술한 두 사람과 동거하며 하는 일 없이 지내고 있던 중, 9월 22일(음력)경 이청천은 독립군 부사령 김추당(金秋堂), 즉 김창환(金昌煥)(경성 출신 당 65세, 남경에서 발행한 한문으로 된 「혁명공론(革命公論)」*에는 본인의 행동이 상세하게 발표되었다고 함)

소대장 공흥국(公興國)(함경도 출신, 당 26세쯤)

독립군 군인 이동만(李東滿)(평안도 출신, 당 26세쯤)

독립군 군인 김태산(金泰山)(당 30세쯤)

독립군 군인 이달수(李達洙)(경성 출신, 당 26세쯤)

독립군 군인 황해청(黃海淸)(당 25~26세)**

독립군 군인 심경록(沈京泉)(충청도 출신, 당 22~23세)

독립군 군인 왕윤(王潤)(경상도 출신, 당 20세쯤)

학생 이의명(李義明)(충청도 출신, 당 17세)

그 외에 성명을 알 수 없는 세 사람 등 모두 12명을 동반하고 북평, 나의 주소 근처 상호가 없는 여관에서 1박을 하고 낙양(洛陽)으로 출발했다.

---

* 1933. 7. 1. 창간호.
** 뒤의 313쪽에는 황해정(黃海情)으로 되어 있음.

이청천이 남하하여 낙양으로 간 경위는 다음과 같다.

내가 지난번에 남경에서 박남파와 상의를 할 때 독립군도 이미 만주에서 활동이 불가능하게 되었으니 뭔가 적당한 일을 만들어 불러오는 것이 좋겠다고 하자, 박남파가 "현재 남경중앙군관학교(南京中央軍官學校) 낙양분교(洛陽分校)에서 조선인을 모집하고 있다. 그 일은 자기가 중국측과 여러모로 교섭한 결과인데, 조선인 군인을 낙양분교에서 양성하는 것으로 되었으니 이청천을 불러서 그 학교에 취직시키는 것이 득책(得策)이 아니겠느냐"고 해서, 나는 그것은 아주 잘된 일이라 얘기하며 600원을 받아서 이청천을 마중하기 위해 길림으로 갔던 것이다.

처음에 박남파의 얘기로는 양력 10월 1일에 개학할 예정이기 때문에 그 안에 이청천 일행을 불러오라는 것이었다. 그런데 일행이 낙양에 도착한 것은 음력 9월 하순이라 개학기에 12~13일 정도 늦은 모양이었다.

그후 나와 통신 연락을 하고 있었는데, 이청천은 낙양 시내에서 하는 일 없이 지내고 있고, 부하들은 전부 입학시켰다는 것이다. 이청천의 주소는 처음에 낙양 남대가(南大街) 삼복가(三復街) 24호였다.

소화 9년(1934년) 음력 6월경 낙양 공평가(公平街) 33호로 이전을 했다는 소식을 통신으로 접했다. 그들이 보낸 통신에 의하면 "아무것도 하는 일 없이 지내며 날을 보내고 있다"고 했으니, 아마도 교관으로는 취직하지 못한 것으로 생각한다.

14. 이청천이 남하하기 전의 동지(同志)

(1) 홍진은 소화 8년(1933년) 8월경(음력) 북평으로 왔다가 다시 그 해 12월 남경으로 향했다.

(2) 신숙(申淑, 申肅)은 소화 8년(1933년) 4~5월(음력)경 대련(大連)을 경유하여 상해로 향했다고 들었다.

나는 그냥 북평에서 하는 일 없이 지내고 있었는데, 올해 2월경 남경 성내(城內) 화패로(花牌路) 태평여사(太平旅舍)에서 홍진이 "남경의 한국혁명당(韓國革命黨)과 우리의 한국독립당이 합병하여 신한독립당(新韓獨立黨)을 조직했는데 귀하는 감사위원(監査委員)에 선거되었으니, 취임해 주시기 바란다"는 통지를 우편으로 보내왔다. 그것을 받고 생각하니 지금의 정세 아래서는 남경에 소수 인원의 혁명가가 모여서 떠들어보았자 조선의 독립을 성공시키는 것은 어려울 것 같고, 또 신한독립당 조직에는 아무것도 관여하고 있지 않은 내가 한국독립당 총무부장, 한국독립군 참모인 관계로 그런 자리를 주었을 것이라는 생각이 들어서 마음이 내키지 않아 곧바로 사임했다.

15. 올해(1934년) 5월 23일 북평을 출발하여 낙양으로 갔다.

낙양으로 간 목적은 이청천과 헤어진 지가 오래되었고, 먼젓번에 그가 남하했을 때는 북평에서 1박을 했지만 그때는 서로 시간도 없어서 의논을 할 수가 없었다. 그래서 오랜만에 만나 옛정을 돈독히 하기 위해서이고, 그의 부하는 군관학교에 입학했다고 들어서 그 상황도 볼 겸하여 그곳에 간 것이다.

낙양에 도착한 뒤 시내 역전(驛前) 동춘여관(同春旅館)에서 이틀을 묵으며 이청천을 만나고, 군관학교는 방문하지 않고 남경으로 왔다. 이청천과의 회담 내용은,

이청천 : 우리의 사업은 진행할 수가 없다. 왜냐하면 중국인과 교제도 할 수 없고, 군관학교에 대해서도 아무런 책임도 없으니 나 하나조차 여기에 있기가 어렵다.

나 : 지금까지 어떻게 생활해 왔는가.

이청천 : 김구(金九)가 매월 50원씩 주는데, 집세 7원을 빼고 43원으로 처와 자식(10세) 1명, 중국인 하인 1명 등 4명이 생활을 해야 하기 때문에 도저히 이대로는 생활을 할 수가 없다.

나 : 나도 북평에서 몹시 생활에 쫓기고 있고, 이대로는 도저히 운동을 할 수가 없으니 구경이라도 할 겸 남경이라도 가 보자. 그렇지만 여기까지 왔으니 군관학교에 가서 동지를 방문해 보자.

이청천 : 군관학교는 중국측에서 비밀로 하고 있기 때문에 방문을 하더라도 별수가 없다.

이와 같은 얘기여서 운동에 관한 이야기도 하지 못했고, 이청천은 당시 불

면증으로 매우 피곤한 상태에 있었기 때문에 하루 종일 나 혼자 근처 시내를 구경하며 다니다가 5월 26일 낙양을 출발, 28일 남경에 도착했다.

16. 남경에서는 성내 화패로 중정가(中正街) 태래여관(泰來旅館) 7호에 투숙하면서 홍진을 방문했다.

홍진이 "귀하는 왜 신한독립당 감사위원을 사임했는가"라고 묻기에 내가 당분간 쉴 생각이라고 답하자, 홍진이 "왜 쉬느냐"고 묻기에 "많은 사람이 사업을 진행하는 게 능사는 아니다"라고 답하고, 서로 간단한 문답으로 쌍방이 양해했다.

그곳에서는 홍진, 김창환(당시 남경 성내 홍무로紅武路 호수를 알 수 없는 윤기섭尹琦燮의 집에 묵으며 지내고 있다. 신한독립당 간부일 것임) 등과 교유 중, 6월 25일경 이청천으로부터 다음과 같은 통신과 지령 서류를 우편으로 받았다.

지령(指令)

"최창석(崔蒼石)을 항공부장(航空部長)에 임명함.

복정일(濮精一)(박남파朴南波)을 교섭부장(交涉部長)에 임명함.

이우정을 군수부장(軍需部長) 겸 해내외(海內外) 각 혁명단체(革命團體) 연락교섭위원장(連絡交涉委員長)에 임명함."

통신 내용은,

"우리는 혁명 사업에 적극적으로 활동하고 분투해야만 한다. 그것을 위해서 별기와 같이 간부를 각각 임명하였으니, 운동을 개시해 주기 바랍니다"라는 내용이었다.

나는 그것을 받고 박남파에게 교섭해 보았는데 현재의 정세에서는 도저히 실행 불가능한 것이라며 받지 않았고, 다시 최창석에게 상의할 필요도 없어서 이런 사정들을 적어 이청천 앞으로 회답을 보냈다.

그 내용은,

"현재의 정세에서는 도저히 실행할 수 없음. 그러나 다르게 방법을 고구(考究)하여 가능한 한 노력할 것임."

이것을 발신하고 6월 29일 내지 30일쯤 남경을 출발하여 호(滬 : 상해의 다른 이름)로 왔다.

17. 상해에서는 1박도 하지 않고 곧바로 강소성(江蘇省) 봉현현(奉賢縣) 자림진(柘林鎭) 박남파의 집으로 갔다. 그 집에 머물며 박남파에게 "토지를 구입해서 농업에 종사하고, 당분간 기회를 엿볼 셈이다"라고 하면서 해방(海防)에 좋은 땅이 있다고 알려주며 상의했는데, 그는 잠시 더 정세를 보면서 잘 처리하는 게 좋겠다고 하면서 들어주지 않았다. 그래서 별로 하는 일도 없이 지내고 있다가 체포되기에 이르렀다.

18. 체포되기에 이른 경위는 한약을 팔아서 한몫 보려는 심산으로 10월 22일 박남파의 집을 나와 그 날 호에 온 다음, 프랑스조계 채자로(茱子路) 호수를 알 수 없는 복성잔(福晟棧)에 투숙하여 2박을 한 후, 24일 프랑스조계 정가대교(鄭家大橋) 신신여사(新新旅舍)로 옮겨 1박을 하고, 이튿날 25일 한약을 판매할 목적으로 공동조계(共同租界) 강남로(江南路) 경여당(慶餘堂) 약점(藥店)에 가다가 체포되었다.

위 녹취한 것을 읽어 주었더니 틀림없다고 진술하고 서명 무인(拇印)하다.

소화 9년(1934년) 11월 21일

진술인 이규채

재상해 일본총영사관 경찰부
사법경찰관 외무성(外務省) 경부보(警部補) 후지이 다다오(藤井忠夫)

(3) 제3회 청취서(1934. 12. 8.)

이규채

위 사람은 우리 부(部)에서 본직에 대하여 먼젓번에 이어서 임의로 다음과 같이 진술하다.

1. 내가 조선독립운동에 투신하게 된 동기를 얘기하겠다. 그런데 연월일은 전부 음력을 사용하겠다.

나는 대정 10년경(1921년)부터 경성부 공평동 2번지에 있는 창신서화연구회에서 서종(書宗)(교사와 같음)으로 근무하고 있었다. 그 무렵 나의 글씨는 한 장에 수십 원에 팔리고 있어서 생활에는 별로 지장이 없었고, 대정 12년(1923년) 10월 4일 상해, 항주 방면을 구경할 목적으로 경성발(京城發) 철로로 천진으로 건너가고, 천진에서부터 성경호(星景號 : 앞의 180쪽에는 星日號라고 표기 되어 있음)'라는 배를 타고 호로 갔다. 당시 상해에는 임시정부가 있어서 왕성하게 활동하고 있었는데, 주요한 사람은 나의 친척 이시영, 우인(友人) 여운형(呂運亨), 조완구(趙琬九), 김구, 노백린(盧伯麟), 윤기섭, 이유필(李裕弼), 최창식(崔昌植) 등이었다.

내가 호로 간 목적은 상해에 가면 아는 사람도 많고 여비 같은 것들은 그 사람들의 동정(同情)으로 여러 곳을 구경할 수 있다고 생각해서였다. 구경이 주목적이었기 때문에 조선독립운동을 할 생각은 없었다. 위의 가정부 간부들은 운동상 교제를 한 것이 아니라 진작부터 아는 사람들이었기 때문에 보통의 교제를 한 것이었다.

한 석달 동안을 호에 체류를 하면서 상해, 항주를 구경한 후에 철로로 천진, 안동현(安東縣)을 경유(대정 13년 1월 15일 상해 출발)하여 귀향(포천으로)했다. 그런데 소할(所轄 : 관할) 포천경찰서에서는 내가 독립운동에 관계라도 있는 것처럼 번번이 경관을 파견하고, 나를 취조하며 늘 감시했다.

그것 때문에 나는 일반적 신용이 실추되고, 경제적으로도 여러모로 곤란해져 자유롭지 못하다는 것을 느끼게 되고, 동시에 "현재와 같은 경우 도저히 조선에서 성공할 수가 없다. 또 사상운동과 아무런 관계가 없는 나를 조사하고 감시하는 것은 매우 불합리한 일이다. 이와 같은 일은 일한병합(日韓倂合)의 결과로 인한 일본의 총독 정치의 압박이 아니고 무엇이겠는가. 전에 상해로 여행했을 때 상해에서는 상당히 활발하게 독립운동이 벌어지고 있었다. 어차피 주목받고 있느니, 이런 압박을 받는 조선에서 살기보다는 해외로 나가 조선 광복운동(光復運動)에 몸을 바치자"라는 생각이 들어 이번에는 처음부터 독립운동을 목적으로 고향을 출발해 철로로 안동, 천진을 경유하여 호로 온 것이다.

두 번째 조선을 출발한 것은 내 부친의 기일(忌日)(2월 15일) 다음다음 날쯤으로 대정 13년(1924년) 2월 17일경이고, 경성을 출발한 것은 18일 밤 마지막 열차로 기억한다.

2. 다시 호(滬 : 상해)에 온 후의 정황

고향 마을을 출발할 때는 집에 약 500~600원이 있었는데, 나는 한 300원쯤 가지고 호로 왔고, 상해의 프랑스조계 패륵로 균익리(均益里) 호수를 알 수 없는 중국인 집을 3원에 빌려서 별로 하는 일도 없이 지내며 가정부 간부들과 교유를 하던 중, 대정 13년(1924년) 3월 초순 의정원 의원에 선거되어 취임했다.

당시 의정원 의원은 김구, 나(이규채), 윤기섭, 조완구, ●곽헌(郭憲)(곽중규郭重奎) ●조완(趙完)(작년 하얼빈으로 나가서 귀화하려고 했지만 청허聽許되지 않고 검거됨) ●최창식 ●여운형 등 약 40명 정도이고 최창식은 의장이었다.

그 외의 사람은 기억하지 못한다(● 인印은 그후 체포된 사람임).

그런데 나는 나의 생각과 달랐기 때문에 사임원을 원출(願出 : 원해서 제출하다)했지만 수리되지 않았다. 내가 사임하려고 한 이유는 이러한 명목(名目)만의 운동으로는 도저히 성공할 수가 없으며, 알맹이가 있는 운동이 아니면 소용이 없다고 생각했기 때문이다.

그 즈음 가정부 육군 군무장(軍務長) 노백린에게 운동방침을 물어본 적이 있는데, 당시의 가정부는 겉으로는 대대적인 명성을 갖고 있으면서도 내용은 아무것도 없이 군무장 밑에 군인은 있지도 않은 상태였다. 그래서 나는 그러한 공허한 운동은 2천만 동포를 먹이로 삼는 것과 같으니, 우리는 될 수 있는 한 실질의 내용을 갖춘 운동을 해야 한다고 주장했다.

이런 연유로 의정원 의원이지만 의회에는 별로 출석한 적이 없다.

그 다음해인 대정 14년(1925년) 4월 상해에서의 운동에도 그다지 내키지도 않고 가능성도 없다고 생각하여 항주에서 제지업이라도 경영해 볼까 하는 생각으로 항주로 갔다.

3. 항주로 이전한 후의 정황

항주에서는 서호(西湖)에 있는 고려사(高麗寺)에 거주하며 제지(製紙)에 필요한 원료재인 닥나무가 있는 곳을 시찰하고 있던 중, 6월경 경성 출신 서성효가 항주로 인삼 장사를 할 목적으로 왔는데, 나는 그를 알지 못했다. 하지만 그는 나의 이름을 경성에서부터 들어서 알고 있어서 "귀하는 무슨 목적으로 왔느냐"고 묻기에 "원래 독립운동을 목적으로 불시에 집을 나와 상해에 왔는데, 상해에서의 운동은 허울뿐이고 실(實)이 없어서 항주는 닥나무가 많다고 들어 제지업이라도 경영해 볼까 하는 생각으로 항주에 왔고, 오늘까지 닥나무가 있는 곳을 시찰하고 다녔는데 우선 자금이 없어 곤란하다"라며 사정을 얘기했더니, 그 사람이 "자금 200원으로 시험삼아 해보자"고 해서 올해 7월경 시험삼아 해봤다. 그런데 결과가 의외로 신통치 않아서 중지했다. 그 해 10월경에 다시 호로 돌아왔다.

4. 다시 호로 돌아온 후의 동정

대정 14년(1925년) 10월, 서성효와 함께 호로 돌아와 양수포 광유리 81호에서 서성효의 신세를 지며 지냈다. 그 해 12월 날짜 미상 서성효의 아우 서성구를 의지하고 북평 아방으로 옮겼다.

5. 북평에서의 동정

북평에서는 아방이라는 곳에서 대정 15년(1926년) 2월 농업을 시작했는데,

그 해 봄쯤부터 장작림(張作霖) 군대가 북경으로 들어오고 나서부터 횡포가 극심하여 참고 살기가 어려웠다. 그래서 소화 2년(1927년) 2월경 서성구(경성 출신, 당 48세, 조선에서 형이 죽었다고 들었음)와 함께 북평 해전으로 옮겼다. 그곳에서도 농업을 준비했지만 그곳 역시 토비(土匪)가 많아 뜻대로 되질 않아서 소화 3년(1928년) 2월 서성구는 귀선하고, 나는 천진으로 옮겼다.

6. 천진에서의 행동

천진으로 온 이유는 북평 해전에 거주할 때 조선에서 전부터 아는 사이였던 현감(경성부 계동 출신, 당 40여 세, 당시 천진의 남개대학에 유학 중)에게 통신을 하여 뭔가 사업은 없는가 하고 문의했더니, "박용태(해주 출신, 당 50여 세)라는 사람이 농장을 경영하고 있으니 곧장 오라"는 회신이 있어서 천진으로 갔다. 천진으로 옮겨 박용태가 있는 곳에 취직해 있었는데, 당시 장종창(張宗昌) 군과 남군(南軍)이 전쟁 중이라 농장은 전혀 경영할 수가 없었다. 그 일로 박용태는 2만 원 이상의 손해를 보았다. 나는 또한 일도 할 수 없게 되어 천진 프랑스조계(이하 미상) 박용태의 집에서 하는 일 없이 지내는 상황이어서 생각 끝에, 상해, 항주, 북평, 천진도 한번 구경할 수 있고 달리 갈 곳도 없어서 길림으로 이주하려고 소화 3년(1928년) 6월 천진을 혼자서 출발했다.

7. 길림에서의 정황

(1) 천진에서 배로 영구에 상륙하여 거기서부터 봉천까지 걷고, 그곳에서 기차로 길림에 도착하여 거기서 한 4리쯤 남쪽으로 내려가 대둔이란 곳에 도착한 것이 소화 3년(1928년) 7월경이었다. 그곳에는 처음에 의지할 사람도 없고 찾아갈 곳도 없이 간 것인데, 거기에 내 친구의 아들 성주열(경성 출신, 당 45세)이 농장을 경영하고 있는 것을 알게 되어 그의 집을 찾아가 밥을 얻어먹으며 살았고, 그 해는 거기서 아무것도 하는 일 없이 날을 보냈다.

그 무렵에도 독립운동을 하고 싶다는 마음은 간절했지만 사람은 먹을 게 없으면 아무 일도 할 수가 없는 법이다. 사람을 모으는 것도, 공작을 할 수도 없었다. 독립운동을 목적으로 출향한 사람이 왜 농사만 짓고 있었냐고 하겠지만 상해를 출발한 뒤에는 실제적인 생활에 쫓겨 운동을 할 겨를이 없었다.

(2) 다음해 소화 4년(1929년) 1월 길림성 서란현(舒蘭縣) 노흑정자(老黑頂子) 이장녕을 연줄로 해서 그곳으로 옮겼다.

이장녕은 당시 농업에 종사하고 있었는데, 원래 한국(韓國) 부위(副尉 : 소대장)로 충청도 출신이고, 소화 6년(1931년) 9·18사건 후 강도에게 사살되었다. 그가 있는 곳에서 농장 경영을 거들다가 소화 5년(1930년) 1월 길림성 오상현 충하진(沖河鎭)에서 농업에 종사하고 있던 박일만을 방문하고, 부근의 토지를 매수하고, 대대적으로 개간하여 농장을 경영하기 위해 도전공사 개설에 관한 논의를 하고 있던 중 오상현 일대에 반거(蟠踞)하고 있던 이영민(李榮民), 조동구(趙東九) 등을 우두머리로 하는 공산당이 봉기하여 수백의 조선인 농부들을 선동해서 우리의 사업에 대해서 반대하는 기세를 부릴 뿐만 아니라 "민족주의자는 공산당의 적이다"라고 하면서 박일만을 비롯한 우리들에게 위해를 가하려고 하면서 들떠들기 시작했다. 그래서 그 해 2월경 우리는 중국 관헌(官憲)의 보호를 받으며 간신히 유림현(榆林縣)으로 도피할 수가 있었다.

그후 소화 5년(1930년) 5월 하순 중동선 이도하자 신숙으로부터 5월 5일 그곳 박관해의 집에서 한국독립당 준비회를 개최하고, 7월 1일에 조직하도록 선전하기로 결정하였으니 참가하라는 통지를 받은 즉시 그곳을 출발, 거기에 참석하기 위해 다음달 6월 중순 이도하자에 도착했다.

위 준비회 참석자는 박관해, 정신, 신숙, 최두, 이장녕 등이었던 것 같다. 그곳에서 위 사람들과 논의한 결과 위하현(葦河縣)에서 독립당 창당대회를 개최하는 것으로 결정되고, 서로 제휴해서 그곳에 도착한 것은 6월 말경이었다. 당시 각지에서 모인 사람은 100여 명이 넘었고, 드디어 7월 1일 그곳 최(崔)모의 집에서 창립대회를 개최하고, 그 달 5일까지 조직을 끝마쳤다.

당시의 토의한 내용은 상세하게는 기억나지 않지만 대체로 앞에서 이미 진술한 그대로인데, 그 후에 생각난 것도 있어 겹칠지도 모르겠으나 지금 다시 한 번 얘기하겠다.

(1) 선언은 먼젓번 그대로이고, 그 외에

(2) 6대강요(六大綱要)

    1. 입헌민주국으로 한다.

    2. 토지와 대생산기관은 국유로 한다.

    3. 신문화 학술을 수입한다.

    4. 약소민족과 제휴한다.

    5. 각지의 민족단체와 연합한다.

    6. 국민의 교육은 의무적으로 한다.

를 결의하고,

1. 조직은

    중앙은 먼젓번의 진술과 같이 6부, 그 밑에 다음 그림과 같이 지부(支部) 이하는 3·3제로 하고, 비밀을 지키기 위해 횡적 연락(곧 반班과 반, 지부와 지부 등) 없이 상부로 연락만 할 뿐인 중앙 하부조직은 다음과 같다.

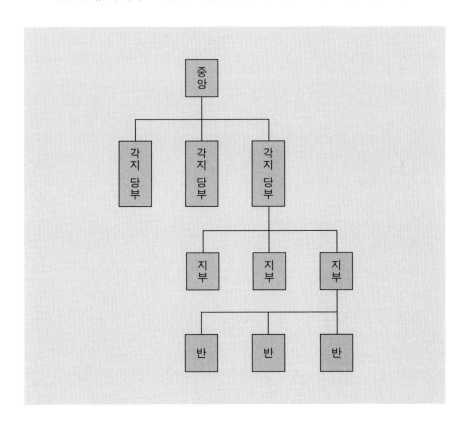

(1) 각지(各地 : 각 지방) 당부(黨部) 조직은 중앙과 같고, 상무위원은 중앙은 12명이나 되어도 각지 당부에는 6명을 둔다.

(2) 지부(支部)에는 군사부를 두지 않고, 다른 5부(部)를 두고, 상무위원은 3명을 둔다.

(3) 반(班)은 3명 이상으로 조직하고, 부서는 문화, 경제, 조직의 3부만 두고, 상무위원은 1명으로 한다.

2. 부서(部署)(중앙)는 먼젓번 진술한 대로 그후 소화 7년(1932년) 2월에 정치부를 총무부로 변경한 뒤의 부서를 얘기하겠다.

• 독립당 수령 홍진, 홍만호 즉 홍면희

이 사람은 경성 (구명舊名)차동(車洞, 서소문 밖) 출신, 당 59세, 작년 8월 남하하여 현재는 남경 윤기섭(尹琦燮)이 있는 곳에 있음.

• 총무위원장 이우정, 즉 이규채(본명)

• 총무위원 이청천, 즉 지대형(池大亨)

경성부 내자동(內資洞) 128번지, 당 47세, 지난해 9월 남하하여 낙양군관학교로 가서 올해 7월경 한구(漢口)로 갔음.

• 총무위원 신숙(申淑), 신숙(申肅) 즉 신태치(申泰痴)

경기도 가평(加平) 출신, 52세, 작년 4월 호로 와서 현재는 북평 서직문외(西直門外)에서 가족 다섯 명과 함께 농업에 종사하고 있음.

• 총무위원 한하강(韓荷江), 즉 한동근(韓東根)

평안북도 강계(江界) 출신, 당 51세, 현재 하얼빈 도리(道裡) 외국인가(外國人街) 35호, 조선상회(朝鮮商會) 주인.

• 총무위원 최악, 즉 최원주(崔圓舟)

본적 함남 갑산군(甲山郡) 이하 미상, 당 37세, 그후 소식 불명.

• 총무위원 정남전(鄭藍田), 즉 정건(鄭騫)

함남 갑산군 출신, 당 42세, 만주(滿洲) 이하 불명.

• 총무비서 안일청(安一淸), 즉 안규원(安圭元)

충남 논산군(論山郡) 출신, 당 35세, 작년 12월에 남하하고, 강소성 탁림(拓林) 박남파의 집에 거주 중.

- 군사위원장 겸 독립군 총사령 이청천, 즉 지대형
- 군사위원 황몽수(黃夢手), 즉 황학수(黃鶴秀)

  충청도 출신, 당 55세, 현재도 만주에 있음.
- 군사위원 김영주(金永珠), 김영주(金瀛洲) 즉 김상덕(金尙德)

  경북 안동군(安東郡) 출신, 당 42세, 작년 4월 남하하고, 현재는 남경에 거주하나 주소는 비밀로 하고 있음.
- 군사위원 신숙(申淑), 신숙(申肅), 즉 신태치(申泰痴)
- 재정부 위원장 최두, 즉 최송두(崔松塢)

  평양 출신, 당 53세, 그후 귀화했다고 들었고, 현재 만주에 있을 것임.
- 문화부 위원장 신숙(申淑), 신숙(申肅), 즉 신태치(申泰痴)
- 선전부 위원장 최일우(崔一愚), 즉 최신(崔信)

  함경도 사람, 소화 6년(1931년) 사망.
- 조직부 위원장 박관해, 즉 박성준(朴性俊)

  충청도 출신, 당 51세쯤, 현재 하얼빈에 있고, 귀화자.
- 독립군

이 경우에 설명이 필요하다. 그것은 독립당 창립과 함께 군사부를 두었기 때문에 군대가 필요하게 되고, 군사부 설치에 따라 독립군을 조직하고, 독립군은 군사부의 지휘에 의해 활동하게 되었다. 독립군은 세력이 취약하기 때문에 앞에서 이미 진술한 바와 같이 소화 7년(1932년) 5월, 내가 주동자가 되어 앞서 진술한 강요(綱要)에 기초하여 중국군과 연합하기 위해 분주히 움직인 결과, 독립당 간부는 길림성 자위연합군 제3군(병력 약 1만 수천 명, 평사포 平射砲 4문, 중기관총 3정)의 책임 간부가 되어 연결되었던 것이다.

이들 부서는 다음과 같다.

(1) 한국독립군 부서

- 총사령 이청천, 즉 지대형
- 부사령 김추당, 즉 김창환

  경성 출신, 당 64세, 작년 9월 이청천과 남하하여 현재 남경에 있음.
- 참모 이우정, 즉 이규채(나)

- 참모 신숙, 즉 신태치
- 회계 한하강, 즉 한동근
- 대대장 오취송(吳翠松), 즉 오광선

    경기도 용인(龍仁) 출신, 올해 7월경 남하하고, 북평에 있을 것임. 당 42세.
- 중대장 최단주(崔檀(丹)舟), 즉 최악

    경상도 출신, 소화 7년(1932년) 1월경에 귀화함.
- 소대장 차철(車轍)

    평안도 사람, 당 55세쯤, 현재 아직도 만주에 있을 것임.
- 소대장 겸 군의(軍醫) 윤필한(尹必韓)

    대구(大邱) 출신, 당 55세쯤, 아직 만주에 있을 것임.
- 소대장 이간

    경기도 파주(坡州) 출신, 당 36세, 작년 11월 남하하여 낙양군관학교 학생으로 들어감.
- 소대장 공진원(公震遠), 즉 공홍국

    (앞에 나옴)
- 대대 부관 안일청, 즉 안규원

(2) 길림성 자위연합군 제3군부서(第三軍部署)

- 군장(軍長) 고봉림(중국인)
- 참모장 조린(趙麟)(중국인)
- 군수처장 오순숙(吳純肅)(중국인)
- 고문 이청천, 즉 지대형
- 참모 이우정, 즉 이규채(나)
- 찬의(贊議) 신숙, 즉 신태치
- 찬의 김추당, 즉 김창환

(3) 독립군의 자위연합군으로서의 부서

- 독립영(獨立營)(병원兵員 약 450명)
- 총사령 이청천

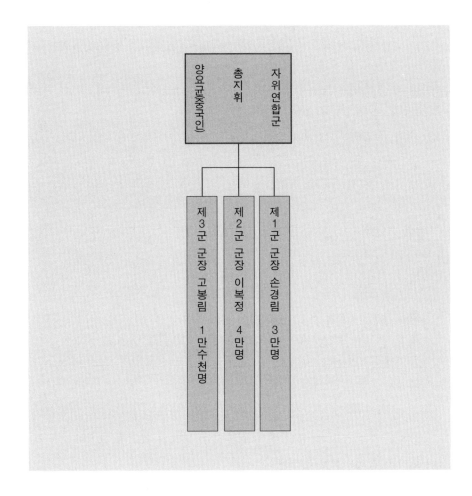

자위연합군
총지휘
양요균(중국인)

제1군 군장 손경림 3만명
제2군 군장 이복정 4만명
제3군 군장 고봉림 1만수천명

- 다른 상급 간부는 먼젓번 진술한 제3군의 부서로서 참모장은 나
- 군수처장 한하강
- 군수정(軍需正) 심만호(沈萬湖)(심준구沈駿求)
- 수종원(隨從員) 최만취(崔晚翠)
- 영장(營長) 오광선
- 영부관(營副官) 이봉림(李鳳林)(중국인)
- 영부관 안일청
- 연장(連長) 최악
- 연부장(連副長) 안중일(安中一)

- 배장(排長) 윤필한(尹必漢)
- 사무장(司務長) 공진원(公震遠)

8. 독립당 및 독립군의 활동 상황을 얘기하겠다.

(1) 소화 7년(1932년) 8월 1일경 이청천이 부하 300여 명을 거느리고 아성으로 옴으로써 우선 아성에 있는 독립군과 합쳐 400~500명이 되어 앞서 진술한 부서를 결정한 다음, 음력 8월 15일 제3군은 쌍성현(雙城縣) 성내를 습격하여 다수의 금품을 비롯해 그곳 군경(軍警)의 총기와 탄약을 강제로 빼앗고, 그곳 상무회(商務會) 회장 차식분(車軾分)을 표면(表面)적 인질로 납치하여 돌려보내는 회속금(回贖金) 대신에 다량의 의복과 식량을 받았다.

그런데 거기에는 이유가 있는데, 위의 차식분을 표면적으로 납치해 떠난 것은 본인이 자진해서 제3군을 따라온 것으로 사실은 납치한 것이 아니다. 이것이 중국인의 성격이고, 겉으로는 납치되어 끌려온 것처럼 꾸몄지만 사실은 자원해서 항일(抗日)에 나선 일의 자초지종이다. 이것은 일본의 만주에 대한 정책상에 가장 주의를 요하는 바라고 생각한다.

(2) 올해 음력 9월 하순 위의 합류군은 재차 쌍성현을 습격하고, 일본군과 교전을 하기에 이르고, 다음날 아침 일본군 비행기의 폭격을 받기에 이르러서야 퇴각하여 동빈현으로 피했다.

당시 나는 앞에서 이미 진술한 대로 아성현 노도점 자택에 있었기 때문에 참전은 하지 않았다. 그러나 간부로서 책임은 있을 것이다.

(3) 소화 8년(1933년) 1월경 나는 참전하지는 않았지만, 독립군은 구국군(救國軍) 사령(司令) 시세영(柴世榮)의 병사 약 200명과 합류하여 곧바로 영안현(寧安縣) 황가둔(黃家屯) 조선인 자위단(自衛團)(친일親日) 약 50명을 습격했는데 승산이 없음을 보고 퇴각한 일도 있다.

(4) 그 외에 조금 전에 물었던 소화 8년(1933년) 4월 영안현 유가둔(柳家屯)의 만주인 자위단 약 100명을 습격하여 무장을 해제시키고 약탈을 한 일.

그 해 5월 중순 영안현 마련하(馬蓮河)에 반거(蟠踞)하다가 일본군의 토벌을 맞아 교전 5시간 만에 총퇴각시킨 일.

그 달 하순 그 현의 독산자(獨山子)를 점거하던 중 일본군의 토벌을 맞아 교전 3시간 만에 총퇴각한 일, 당시 구국군은 약 2천 명이었음.

등은 나는 관여한 일이 없고, 앞에서 이미 진술한 바와 같이 피난 중이었기 때문에 독립군과의 연락이 끊겨 있어서 전혀 모른다.

사실을 명료하게 하기 위해 이하 임의 문답을 하다.

문 독립당 창립 당시 이청천 군의 정세는 어떠했는가.

답 소화 6년(1931년) 6~7월경 이청천은 길림성 오상현 충하진에서 농업에 종사하고, 자위단(自衛團)은 있었지만 이청천 군이라는 군대는 없었다. 독립군은 정의부(正義府)에 있던 군대로, 이청천은 정의부에 관계하고 있다가 소화 5년(1930년)경 관계를 끊고 소화 6년(1931년) 7월 1일 부하와 함께 한국독립당 조직에 참가했다.

그후 그해 9월 18일 소위 9·18 사건이 발발했기 때문에 독립당에서는 소화 7년(1932년) 1월에 아성현 대석하에서 긴급 임시대회를 소집하여 대책을 토의한 결과, 군무위원장 이청천에게 소집령을 발하도록 하기로 되어 즉시 그것을 실행했던 것이다. 그때까지 군인은 각자 농업에 종사하고 있었는데 모인 사람이 100명도 채 못 되었으나 행동을 개시하여 흑룡강성(黑龍江省) 동흥(東興) 지방으로 진군하고, 그곳에 도착했을 때는 300여 명으로 늘어났다.

문 먼젓번 진술한 소화 7년(1932년) 2월 간부를 개선할 때의 대회와 위의 긴급 임시대회의 정황은 어떠했는가.

답 그 대회는 당시 내가 연수현에 있었기 때문에 참가할 수 없어서 통지를 통해서 알게 되었을 뿐이다. 따라서 상세한 것은 모르겠는데, 먼젓번 진술한 임시대회에서 소집령 발포에 관한 것 및 2월에 대회를 개최하여 간부를 개선하고, 나는 총무부 위원장에 피선된 일, 그 밖에 모였던 사람은 홍진, 정남전, 한하강, 신숙, 박관해 등이었던 것밖에 잘 알지 못한다.

문 그대는 총무부 위원장에 취임한 후 어떤 활동을 했는가.

답 위에 의하여 취임은 했지만 먼젓번에 진술한 바와 같이 즉시 출발할 수가 없었기 때문에 4월에 출발하여 5월에 자위연합군을 방문해서 중국과 한국이 합작해서 항일에 성공을 거둘 것을 강조하여 마침내 한국독립당의 군대인 독립군과 자위연합군의 연결이 성립되었다. 그후 그 해 8월 이청천 군이 온 것을 계기로 그와 함께 행동했기 때문에 먼젓번 진술한 독립군의 행동과 같다.

다만 소화 7년(1932년) 9월 아성에서 이청천 군과 따로 떨어져 작년 4월 북평으로 피신했기 때문에 독립군의 활동은 잘 모른다.

문 그대가 이청천과 헤어진 이유는 무엇인가.

답 이청천은 쌍성현의 성내를 습격한 후 왕덕림(王德林) 군에 합류하여 활동하려고 액목 지방으로 향했는데, 나는 도저히 가능성이 없다고 생각했기 때문에 그대로 아성에 남아서 노도점에 거주하고 있었다.

헤어진 이유라면 서로 의견이 달라서였다고 할 수 있을 것이다. 나는 그곳에 당분간 있을 예정이었는데, 그 무렵부터 일본 특무기관으로부터 귀순 권고를 받고 점차 신변이 위험해진 까닭에 2월에 출발하여 각지를 전전하며 피난하면서 4월 북평에 도착했다.

문 귀순 권고를 받은 정황은 어떠한가.

답 소화 7년(1932년) 12월경 하얼빈에서 오철주(吳哲周)라는 자가 내방하여 "협조회(協助會)라는 단체를 조직하니 참가하라"고 권했는데, 나는 그에 응하지 않았다.

좀더 자세히 얘기하면 오(吳)가 말하기를, "현재 일본은 만주국(滿洲國)을 창립하려고 활동하고 있는 중인데, 그것은 요컨대 한족(韓族)의 존망에 관한 중대 문제이기 때문에 우리 한민족(韓民族)은 종종 의견을 개진하고 우리 민족에게 유리한 조직으로 하지 않으면 안 된다. 그래서 하얼빈에 협조회라는 단체를 조직하고 일본 각 기관에 응대하여 민족에 관한 사항을 건언(建言)하고 있는 상황에 있으니 귀하도 아무쪼록 찬성해 주기 바란다"는 것이었다.

이에 대해서 나는

"1. 길림(吉林) 이북(以北)에 발해(渤海) 구한국(舊韓國)을 건설할 것.

2. 한국군(韓國軍)을 조직할 것.

3. 5백만 명 이상 1천만 명 정도의 민중을 한국 내에서 이주시킬 것.

4. 한국 건설비용, 군용품, 이민비 일체를 일만(日滿) 양국에서 부담할 것.

5. 한국 건국 3년 후 외국 세력의 침입을 방지하기 위해 일한만(日滿韓) 삼국 협정을 체결할 것.

이상 다섯 가지 조건을 받아들인다면 참가하겠다"고 답을 했는데, 오철주는 열심히 노력해 보겠다고 답하고, 나는 "이 일에 대해서 일본 기관에서 상담한다고 하면 적당한 곳으로 가 상담할 용의가 있다"는 뜻을 전하고 헤어졌다.

그후 한 1주일쯤 뒤에 오철주가 다시 찾아와서는 "위 요구사항 다섯 건에 관해서는 하얼빈에 있는 일본 특무기관(特務機關)과 관동군사령부(關東軍司令部)에 문서로 보냈다. 그래서 육군 보병(步兵) 대좌(大佐) 다케시다(竹下) 모(某)로부터 이청천, 이우정 앞으로 보낸 통신을 받아왔다"며 그 통신을 줘서 개봉해 보니, 대체적인 요지는 "선생이 귀순하면 일본과 조선 두 민족의 행복이 이루어지니 귀순하라"는 의미의 내용이었다.

이에 대해서 나는 귀순할 의사가 없기 때문에 "귀순할 수 없다"고 하고, 그 통신을 그대로 봉해서 반환하라고 하면서 오(吳)에게 건네주고는 즉시 퇴거시켰다.

그후 세 번째로 오철주는 김약천(金若泉)이라는 사람을 동반하고 내방하여 만나기를 요청했다.

만나봤더니 김약천은 하얼빈에 있는 조선총독부 특무기관에서 파견된 사람으로 나에게 앞전의 다케시다 대좌의 귀순 권고를 부연하고, "귀하가 요구하는 다섯 조건은 완전하게 이루는 것은 어렵지만 만주 연길현 지방에 한족자치구(韓族自治區)를 설치하는 정도는 일본에서도 고려하고 있는 모양이다. 선생의 의견은 어떤가"라는 말을 해서 나는 "현재 일본이 만주에 대한 정책을 실행하려면 무엇보다 먼저 영구적으로 완전책(完全策)을 강구할 필요가 있다고 생각한다. 단적으로 말해서 만약 대정치가 있다면 우선 한국 독립을 승인하는 것이라고 할 수 있다. 나의 정치적 견해는 한국 독립이지 자치 따위의 문제는 고려할 여지가 없다. 그리고 또한 일본이 한국 독립을 승인하느냐 아니냐는 나로서 그다지 중요하지 않다. 즉 그 이유는 한족(韓族) 2천만이 일본에 대해 어떤 감정을 가지고 있는가는 물론 말할 필요도 없이 귀하들이 잘 알고 있을 터이다. 가령 독립군이 귀화했다 하더라도 혹은 또 일본군 때문에 한 사람도 남지 않고 살멸(殺滅)되었다 하더라도 2천만 민중의 마음을 귀순시키는 것은 도저히 불가능한 일이다. 또 2천만 민중이 한 사람도 남지 않고 죽임을 당하기 전까지는 독립운동은 종식되지 않을 것이다. 만약 일본이 대륙정책을 영구히 안전한 반석 위에 올려놓으려 한다면 먼저 한국 독립을 승인하라. 그리하면 한족 2천만은 일본의 대덕(大德)을 칭송하며 노래할 것이고, 대륙정책을 시행하는 데 틀림없이 선구자로 나설 것이다. 일본이 귀순, 귀화를 권고하는 것은 어리석은 정책이다"라며 귀순 권고를 거절했더니, 그대로 물러갔다.

그 다음에는 두 사람 모두 찾아온 일이 없었고, 소화 8년(1933년) 2월경 오철주는 이청천 귀화비(歸化費) 4,000여 불을 갖고 도주하고, 그 외에도 같은 비용을 착복한 조선인이 여럿 있다는 소문을 들은 적이 있다.

문 그후 도주한 이유는 무엇인가.

답 대체로 앞에서 이미 진술한 바와 같고, 귀순 권고를 거절한 이래 일본 관헌의 수사가 엄중해져서 나의 신변 역시 위험하게 되어 그대로 있을 수가 없었다. 그리고 독립군은 이청천을 비롯해 액목 지방으로 도피하여 연락이 되지 않아서 이후의 활동도 불가능하다고 판단했다. 그래서 북평, 남경 방면으로 가서 중국측의 원조를 얻어 재흥(再興)하든지, 그들을 구출하든지 달리 길이 없다고 생각하여 그곳을 출발해 남하한 것이다.

문 독립군의 구출 또는 재흥운동의 정황은 어떤가.

답 작년 4월 무사히 북평에 도착해 그곳 덕승문내(德勝門內) 김국빈(金國賓) 집에서 4박을 하고 남경으로 향했다.

그곳에 머물며 독립군을 원조할 비용을 염출할 방법을 고구(考究)하다가 "먼저 그곳에서 독립군 원조의 명목으로 중국측으로부터 다액의 금전을 인출한 사람이 있다"는 내용을 전해 듣고서 이것이 사실인지 조사를 겸해서 독립군을 원조하도록 신청하기 위해 그곳 이천민(李天民)을 대동하고 북평 북문(北門) 후문내(後門內) 유칠작(油漆作) 1호 길흑요민중구국후원회(吉黑遼民衆救國後援會) 사무소를 방문했다. 그리고 위 독립군을 빙자하여 금전을 사취(詐取)한 사실 유무를 묻고 독립군의 어렵고 궁한 상태를 호소하여 원조를 신청했다. 먼저 김영호(金永浩), 즉 이능연(李能然)이란 사람의 명의로 약 2,000불을 인출한 사실이 있기 때문에 원조할 형편이 아니라고 해서 나는 다시 김영호에게 지급한 원조금 관계 서류의 열람을 요구했는데 그것 또한 거절당했다. 이런 상태에서 북평에서의 운동은 성공할 가망이 없어서 남경으로 갔다.

여기서 설명하겠다. 혹시 다른 사람은 내가 이청천의 명을 받아서 재흥자금을 염출하기 위해 남하한 것처럼 애기하는 사람이 있을는지 모르겠다. 그러나 절대로 그런 일은 없다. 이미 앞에서 진술한 대로 나는 총무위원장이고, 이청천은 총무위원이기 때문에 이청천이 나의 지휘를 받는 일이 있다 하더라도 내가 그의 지휘를 받을 도리(道理)는 없다. 따라서 나는 독립당의 재흥을 꾀하기 위해서 총무위원장의 직책으로 남하하여 중국측의 원조 또는 동지의 원조를 받을 결심을 한 것이고, 당시 이청천은 독립군을 거느리고 액목 방면에 있었고 나는 아성에 있어서 서로 연락할 수가 없는 상태였다.

이 점에서 이청천의 명령을 받은 것처럼 오해하지 않기를 바란다. 이런 사정으로 북평에 왔는데 여의치가 않아서 남경에 박남파를 찾으려고 그곳에 간 것이다.

남경에 도착한 후 화패로 문창항 진단의원 김동주의 집에 투숙했는데, 우연히 박남파도 그곳에 놀러 왔기에 애써서 만나려고 영(寧 : 남경南京의 다른 이름)에 온 이유, 즉 한국독립당, 한국독립군의 재흥, 구원 방법에 대해서 상의하고, 약 20일을 머물며 간신히 자금 600원을 받아서 만주로 돌아가기 위해 출발했다.

문 당시 박남파는 김구의 고굉(股肱 : 심복)이다. 김구는 중국측의 신용을 일신(一身)에 모으고 있던 때이니 그대가 박남파를 방문한 것은 김구파의 후원을 얻어 중국측으로부터 활동자금 인출운동을 하기 위한 것이 아닌가.

답 정세는 어쩌면 그러했는지도 모른다. 또 그렇게 보더라도 지장은 없겠으나 그 당시의 나의 감정은 다음과 같은 상태였다.

김구는 윤봉길(尹奉吉)을 식물(喰物 : 먹이)로 삼은 불계자(不屆者 : 터무니없는 자)다. 굳이 김구와 제휴를 하지 않더라도 중국측에 원조를 신청하지 못할 이유는 없다. 가령 김구가 자금을 원조하겠다고 하더라도 단돈 한 푼 받고 싶지 않다. 김구도 전부터 면식이 있는 사이지만 박남파와도 면식이 있는 사이였고, 또 박(朴)은 특히 중국 요인과의 교제도 넓어서 그에게 의뢰하는 것이 득책(得策)이라 생각하고 있었다. 그렇긴 하지만 당시 김구에게 원조를 의뢰했다면 아마 원조해 주었을 것이다. 그렇지만 그들처럼 생의기자(生意氣者 : 건방진 사람)에게 부탁할 필요를 느끼지 않았다.

그런데 박남파가 당시 김구와 일체가 되어 활동 중이라는 것은 사실이라고 생각하니, 그는 어쩌면 그 600불을 김구에게 털어놓고 얘기를 해서 원조를 받아 왔을지도 모른다. 또 어쩌면 직접 중국측에 교섭해서 받았을지도 모른다. 왜냐하면 나는 먼젓번 진술한 바와 같이 김구 패거리(金九輩)를 우리들은 혁명가라고는 생각하지 않는다. 한 예를 들면 당시 김구파(金九派)에서 『도왜실기(屠倭實記)』를 발행한 일이 있는데, 일본인 5천만 중에서 3천만을 없앤다면 혹시 '도왜(屠倭 : 왜를 죽이다)'라고 이름을 붙여도 좋을 것이지만 그 정도의 일에 맨 앞에 도왜 운운하는 이름을 붙이는 그런 일까지도 더할 나위 없이 어리석은 일이다. 그의 어리석은 것을 열거하자면 끝이 없는데, 나는 그를 그와 같이 보고 있기 때문에 박남파에게도 김구의 일은 좋지 않게 얘기하고, 그래서 박남파도 나에게는 김구를 상양(賞揚 : 칭찬하여 추어올리다)하는 말은 하지 않는다. 위 600불도 누구에게 받았다고는 이야기하지 않고 다만 "이것도 겨우 마련했다"고 하면서 건네주었고, 나 역시 그것을 물을 필요도 없이 그대로 받았기 때문에 어디에서 나왔는지는 알지 못한다.

문 이청천 일파의 구출 상황은 어떤가.

답 박남파에게 600불을 받아서 즉시 남경을 출발하여 작년 음력 5월경 혼자 영구, 봉천을 거쳐 길림의 남부 농촌을 이리저리 헤매기도 하고, 오상현 향양산에 있는 이간 앞으로 "나는 그동안 남경으로 가서 이청천 이하 매우 중요한 동지들을 관내(關內 : 산해관山海關 서쪽 일대의 지방)로 이전시킬 여비를 약간 마련하여 왔으니, 그대가 이청천에게 연락하여 남하하도록 조처해 주라"는 통신을 보냈는데, 그 해 음력 6월 말경 이간이 있는 곳에서 최병권이라는 청년이 내가 있는 곳으로 연락을 하러 와서 "이청천은 지금 영안(寧安) 지방에 있기 때문에 일본 돈 300원(圓)을 여비로 보내주라"고 했다고 하여 그 돈을 갖고 돌아가게 하고, 이청천이 도착하기를 길림 구전역(口前站)에서 기다리고 있었는데, 그곳 길림, 장춘 각지에 "이우정(李宇精 : 이규채)이 잠입했다"는 소문이 나고, 신문에는 연일 등재되는 상황이었다.
그래서 나는 그의 도착을 기다릴 수가 없었고, 그 해 음력 7월 13일 길림 구전역에서 이춘, 오광선 등 두 명의 부하를 데리고 출발하여 장춘에서 기차를 타고 봉천을 경유하여 북평 순포청호동 15호 이름 없는 하숙집에 투숙했다.

한 닷새 후 오광선에게 박남파 앞으로 "나는 오광선을 동반하고 왔는데, 이 사람은 이청천과 내가 신용하는 인물이니 그 사람과 함께 재차 이청천 일파가 관내로 이전하는 데 필요한 여비를 염출하는 데 노력해 주기 바란다"는 의미의 소개장을 적어 남경으로 갖고 가게 했다.

그랬더니 오광선은 다시 1,200원을 받아서 직접 길림으로 돌아가서 그 해 음력 9월 20일경 앞에서 이미 진술한 대로 이청천을 비롯해 부하 여러 명을 데리고 북평에 도착하여 1박을 하고 낙양으로 향했다.

물론 그 돈은 김구 일파가 마련해 준 것으로 생각하지만 출처를 물은 일도 없고 확실한 것은 모른다.

그러고 나서 이청천 가족의 관내 이전에 대해서는 오광선이 낙양에서 11월(음력)경 북평으로 와서 심만호를 길림으로 가족을 맞이하러 출발시키고, 12월(음력) 초순경 최현문(崔鉉文)(그후 길림으로 돌아감)이 가족을 데리고 북평으로 와서 그곳 서성(西城) 궁문구(宮門口) 20호에 거주하고, 이청천의 첩(妾)은 12월 말 북평에 도착했기에 오광선은 위 이청천의 본처와 첩 두 가족을 데리고 올해 1월경 낙양으로 갔다가 곧바로 북평으로 돌아왔다.

문 이청천 일파가 낙양으로 간 이유, 그후의 정황은 어떤가.

답 먼젓번에도 진술한 바와 같이 원래 김구와 박남파는 다 같이 혁명운동을 위해 활약하고, 김구가 중국측에 신용을 얻게 된 것은 전적으로 박남파의 힘에 의한 것이다. 그런데도 김구는 박남파를 통해 이청천 일파와 합체(合體)하고, 낙양에 군관학교를 설립하여 소위 혁명투사를 양성하는 데 힘쓰기로 했지만, 김구는 박남파 때문에 그 지위를 얻었으면서 박남파를 자기의 부하처럼 대우하고, 낙양군관학교도 자기 혼자의 힘으로 설립한 것처럼 처신해서 박남파는 그에 분개하여 김구파와 관계를 끊고 나아가서는 서로 다투게 되었다.

맨 처음 중국측으로부터 지급되는 금전들도 박남파를 거쳐 김구파에게 지급되고 있었는데, 작년 12월경부터는 김구가 직접 받는 식으로 되었다. 게다가 김구는 위 군관학교 경영에 대해서도 자기 한 사람만의 학교인 것처럼 행동을 하기 때문에 박남파뿐만 아니라 이청천 사람들도 불만을 품기에 이르고, 처음에는 이청천이 총감독(總監督)과 같고 이범석(李範奭)(왕덕림의 부하였던 사람으로 경성 출신, 당 36세 정도, 작년 3~4월경 왕덕림과 함께 남하함, 그후 한동안 상해에 있었다고 들었음)이 교관으로 있었는데, 올해 6월 15일경 모두 사임하기에 이른 모양이다. 그러나 지금 물음에 대해서는 직접 내가 관계하지 않은 것이기 때문에 확실하게는 알 수 없지만 이청천 등의 관내 이전은 군관학교 경영에 있었다고 생각한다. 또 그런 알선은 박남파가 한 것이 틀림없다.

문 군관학교 생도들의 동정은 어떤가.

답 학생은 우리 부하 10여 명과 김구파가 모집한 사람 약 80명 등 모두 90여 명이었는데, 김구파의 모집에 호응하여 입학한 사람들 역시 김구의 야심에 불만을 품게 되어 나중에 김구를 반대하는 기세를 올리기에 이르러 올해 6월 15일경 김구는 자기가 신뢰하는 20여 명을 데리고 남경으로 돌아갔다고 들었다. 그래서 현재는 70여 명만 있는 것으로 생각한다. 내 부하(部下)의 입학생은 먼젓번 진술한 것 외에는 모른다.

문 그대가 올해 음력 5월 말 낙양으로 여행할 당시의 학교 정황은 어떠했는가.

답 당시 이청천은 와병 중이었는데, "아무런 수입도 없고 김구로부터 매달 50원씩 생활비를 받고는 있지만 도저히 생활을 유지할 수가 없다. 이범석은 대장(隊長)이 되어 있는데, 나는 아무것도 하는 일이 없다. 이대로는 어떻게 할 수가 없다"고만 했을 뿐 학교에 관한 내용은 아무 말이 없었고, 나 또한 들을 필요가 없어 묻지 않았다.

문 학교는 낙양의 어디에 있는가.

답 이청천의 말로는 낙양의 서궁(西宮)에 있다고 했다. 그러나 나는 가 본 것은 아니다.

문 무슨 까닭으로 일부러 그곳까지 갔는데 학교를 방문하지 않았는가.

답 먼젓번에도 진술한 대로 이청천, 이범석을 면회했지만 내가 학교로 부하를 방문해 보겠다고 하니, 두 사람은 "갈 필요가 없다. 중국측에서 극비(極秘)에 부치고 있기 때문에 조선인이 면회를 가더라도 만날 수가 없다. 지금 조선인은 17대(十七隊)에 한데 모여 있다"고 해서 나는 학교에 가지 않았다.

문 제17대(선인대鮮人隊)는 지금도 있는가.

답 올해 음력 6월 말 일본측으로부터 항의가 있어서 중국측에서 17대를 폐지하고, 당시 김구는 20여 명의 부하를 남경으로 데리고 가고, 남아 있던 학생은 중국측 각 부대에 분속시켰다는 말을 박남파에게 들어서 알았다. 그 후 선인대(鮮人隊 : 조선인부대)를 다시 만들었다는 말은 들은 적이 없다.
앞에 진술한 김구가 낙양에서 학생을 데리고 갔다는 것도, 이청천, 이범석이 사임했다는 것도 6월 말의 잘못이다.

문 이청천은 그후 무슨 목적으로 한구(漢口)로 갔는가.

답 그건 모른다. 나는 이청천이 한구로 간 것조차 몰랐는데 박남파가 그렇게 말을 해서 내가 "장개석을 만나러 간 것이 아닌가"라고 하니까, 박은 "장개석은 지금 한구에는 없다. 그러나 뭔가 활동해 보려는 생각으로 간 것이 아니겠느냐"라고 얘기했다. 나도 그렇게 생각하고 있다. 이청천이 한구로 간 것은 올해 음력 8월경이다.

문 이 지령은 무엇을 하기 위한 것인가.

이때 본인의 소지품 중에 있는 견지(絹地 : 비단천)에 쓴 지령서를 보이다.

답 그것은 위와 같이 이청천은 낙양에 있어도 별도리가 없으니 해외에 있는 동포, 또 각 혁명 단체의 원조를 받아 독립당, 독립군을 재흥시키려고 나에게 가르침을 청하고, 또 상의하기 위해 내가 남경 성내 중정가 태래여관에 있을 때인 올해 음력 6월경(7월 15일자) 우편으로 보내온 것이다.

그것을 받고 내가 있는 여관 맞은편의 어느 여관에 있던 박남파와 상의했는데, 현재의 정세에서는 도저히 성공할 가망이 없으니 그 운동은 당분간 시기를 기다리고 달리 방도가 없다고 해서 박남파 앞으로 된 지령도, 최창석(崔蒼石, 경성 출신, 항주에 거주, 중국 비행사) 앞으로 된 지령도 내가 보관하고, 시기를 기다리고 있던 차였다.

위 지령은 일괄하여 '증 제1호'로 한다.

문 이청천의 지령서 속에 "재미(在美)의 혁명 동지들과 의논해 보라"고 한 것은 그대들이 미국으로 갈 예정이기 때문인가.

답 내가 미국으로 갈 예정인 것은 아니고, 이청천이 이렇게 하면 좋을 것이라고 생각한 것으로 나도 박남파도 목적에는 애초부터 찬성하고, 몹시 분주하게 움직이기는 했지만 가장 중요한 것은 미국으로 가려고 해도 여비부터 없는 것이 아닌가. 그래서 당분간 시기를 기다려 여비라도 생기면 또 뭔가 좋은 생각이라도 나올 것이라 생각하고 그대로 두고, 올해 6월(음력) 말 다음과 같은 의미의 회답을 보냈다. 애초부터 내가 그런 희망이 없던 것은 아니고 독립당, 독립군의 재흥을 위하여 고심을 하고는 있지만 우선 첫째 미국으로 갈 방법이 없기 때문이다. 이 점은 이야기하지 않더라도 짐작할 것으로 생각하지만 다시 부언한다. 이청천 앞으로 보낸 회답의 요지는,

"현재의 우리 정세 하에서는 활동을 하려고 해도 어떻게 할 수가 없다. 또 미국으로 가려고 해도 우선 무엇보다도 그 여비가 불가능하다. 그렇기 때문에 형(兄)의 교시(教示)를 이행할 수 없으니 좀 더 시기를 기다리기로 하자."

그 후에는 아무런 소식도 없다.

문 그후 박남파와 그대는 어떻게 재흥운동을 했는가.

답 그후 곧바로 박남파는 나에게는 아무런 말도 없이 강소성 탁림진(拓林鎭) 자택으로 돌아갔다. 왜냐하면 여관비만 허비하고 운동에 성공할 가망이 없어서였을 것이다.

나 역시 돈도 없고 여관비만 허비하게 되었기 때문에 음력 7월 초순 남경을 출발하여 탁림진 박남파의 집으로 갔다. 가서 보니 정의부(正義府) 간부로 활동하고 있던 남진호(南鎭浩), 최중산(崔中山) 즉 최명수(崔明洙)도 올해 봄 북평에서 왔다면서 그의 집에 머물고 있었다.

한 20일 후 남경에서 동지 안일청도 우리가 있는 곳으로 왔다. 그는 나보다도 먼저 남경으로 와서 성내 상해은행(上海銀行) 옆에 있는 장안여관(長安旅館)에 머무는 중이었다.

문 한국독립당과 조선혁명당의 합병 이유, 정황 등은 어떤가.

답 합병의 목적은 조국의 광복을 도모하려면 각 혁명단체가 역량을 총집중해야 한다. 우선 각 혁명역량을 통일해서 조선의 독립을 도모하기 위해 합체한 것이고, 주동자는 홍만호, 윤기섭, 연병호(延秉昊) 등이다. 합병운동은 올해 음력 2월경이고, 나는 북평에 있었기 때문에 상세하게는 모른다. 그후 그달 하순경 나를 감사위원으로 선거했다며 위 내용을 통지해 와서 알았을 뿐이다.

그러나 나는 이를 사임했다. 그 이유는 원래 나의 주장은 조선독립은 헛되이 떠들기만 해서는 도저히 성공할 수가 없고, 먼저 자기의 생활이 안정되고 그런 다음 운동에 착수해야지 괜히 명목만 대대적으로 선전해서는 동포를 먹이로 삼는 결과가 되는 이외에 아무런 이익은 없다. 이것이 나의 근본 주의·주장이기 때문에 위와 같이 합체했더라도 아무 쓸모가 없다고 생각하여 사임했다.

문 그러면 그대의 운동 방침은 어떤가.

답 현재와 같은 정세에서는 우리 혁명운동의 역량은 박약하다. 따라서 원대한 목적 아래 맨 먼저 우리는 중국 및 만주에 있는 황무지라도 개간하고, 동포의 경제적 충실을 도모한 연후에 대중을 총동원해서 조선독립을 성취하게 해야 한다. 이것에 따라 지금까지 활동해 왔다.

문 북평에서 교유(交遊)하거나 직접 만난 인물은 누구누구인가.

답 내가 작년 7월(음력) 이후 올해(음력) 5월 말까지 북평에 체재하면서 교제한 인물은,

(1) 조청사(曺晴簑) 즉 조욱(曺煜) 즉 조성환(曺成煥), 상해에 있는 한국독립당원.

그는 경성 출신, 당 61세, 지금 북평 성내 궁문구 17호에 거주. 중국인 아내 1인이 있음.

(2) 손일민(孫逸民)(즉 손회당孫會堂) 상해에 있는 한국독립당원. 경상남도 밀양(密陽) 출신, 당 55~56세.

북평 성내 신개로(新開路) 15호에 조선인 아내와 거주함.

(3) 김해산 즉 김국빈. 경상도 사람, 당 50세쯤, 북평 성내 덕승문내(德勝門內) 고묘(高廟)안에서 중국인 아내, 아들 1명과 거주하고, 군분회(軍分會)에 근무 중.

(4) 신치정(申痴丁) 즉 신숙(申肅) 즉 신태치(申泰痴), 앞에서도 밝힌 대로 작년 음력 9월에 입경함.

북경 서직문외(西直門外) 농촌에서 (조선인)처자 5명과 농업에 종사 중.

(5) 조벽신(趙壁臣) 즉 조사벽(趙士壁)(중국인).

북평 성외(城外) 풍태(豊台)에서 농장을 경영함. 이전에 내가 그곳에서 농사를 지을 때 동정을 베푼 은인임.

(6) 이고광(李古狂) 즉 이천민(李天民), 충청도 출신, 당 67세.

북평 성내 천경궁(天慶宮) 5호에서 조선인 아내와 도식(徒食) 중.

그 동안 나는 앞에서 이미 진술한 300원으로 별로 하는 일 없이 지내면서 다 써버려서 낙양을 거쳐 남경으로 옮겼다. 위의 몇 사람 외에 만난 사람은 없다.

문 남경에서 교제한 인물 및 그 정황은 어떤가.

답 올해 음력 6월 초순부터 말까지 20여 일 동안 교제한 사람은 다음 정도다.

(1) 홍진, 홍만호 즉 홍면희(재만在滿 한국독립당 수령)

경성 차동 사람, 작년 음력 7월 남하하여 남경 화패로 태평여사에 투숙, 신한독립당을 조직하고 간부(상무위원장?)로 활동 중인데, 그후 남경 성내 홍무로 호수를 알 수 없는 윤기섭의 집으로 옮겨서 머무는 중.

(2) 김추당 즉 김창환(독립군 부사령)

앞에서 이미 진술한 작년 음력 9월 이청천과 함께 남하하고, 북평 부성문내(埠城門內) 소남가(小南街) 종모호동(宗帽胡同) 1호 중국인 집에서 신숙과 함께 거주 중, 올해 음력 2월 남경으로 옮겨 위의 홍무로 윤기섭의 집에서 동거, 신한독립당에 관계하고 있음.

(3) 김동주 즉 김영철(金永哲)

앞에 기록한 대로 남경 성내 화패로 문창항에서 진단의원 경영 중.

(4) 연원명(延圓明) 즉 연병호(신한독립당 간부)

충청도 사람, 당 46세쯤. 지금까지 남경에 거주하는 사람으로 당시에는 남경 국부로(國府路)(국민정부國民政府 맞은편) 태산여관(泰山旅館)에 거주하고 있었음.

(5) 양중화(楊仲華)(중국인)

중앙군교(中央軍校) 군관훈련반(軍官訓練班) 제4대대(第四大隊) 상교(上校) 대대장(大隊長)인데, 당시 진단의원에서 영어 강습을 개최하고 있어 그곳에 출입하다가 서로 인사를 나누고, 명함을 교환했을 뿐임. 그것은 작년 음력 4월 내가 진단의원에 머무를 때의 일임.

(6) 안일청

앞의 기록과 같음.

(7) 박남파 즉 박찬익(朴贊翊)

등으로 그 외에는 없다.

문 그 동안 여비, 생활비는 어디서 얻었는가.

답 앞에서 얘기를 빠뜨렸는데, 나는 북평에 거주할 때인 올해 음력 2월경 남경에 온 일이 있다. 그 목적은 박남파와 상의를 해서 시골의 논밭과 집을 빌려 농업에 종사하면서 독립운동을 하는 것이 득책이라고 생각해서였다. 그래서 음력 2월 하순 남경을 여행하며 성내 화패로 태평여사에 투숙하여 당시 성내 소서패로(小西覇路)의 호수를 알 수 없는 곳에 거주하고 있는 박남파를 만나 의논한 다음, 상해 프랑스조계에 거주하는 이민달(李敏達)에게 부탁을 해서 알아보니 강소성 봉현 탁림에 적당한 토지가 있어서 그것을 빌리게 되었다. 그래서 상해로 와서 이민달을 만나 부탁을 했더니 이(李)도 그것을 선선히 승낙하며 중국인 지주인 심몽련(沈夢連)(프랑스조계 거리를 알 수 없는 광유리光裕里 69호)을 소개해 주고, 내가 프랑스조계의 어떤 여관에 투숙하고 있는 동안 탁림진에 있는 그 토지를 당일치기로 보고 와서는 아주 좋은 토지였다고 하기에 나는 그곳에서 2박을 하고 남경으로 돌아갔다. 박남파에게도 의논을 한 다음 그 토지를 빌리기로 결정하고, 나는 농부를 모집하기 위해 박남파에게 160원을 받아서 3월 초순 북평으로 돌아갔다.

그 뒤에 통신으로 당시 수원성(綏遠省) 융현(薩縣)(장가구張家口 방면)에서 농업에 종사하고 있던 성구호(成求鎬), 성인호(成仁鎬) 형제의 전 가족을 불러서 3월 중순 성구호(충청북도 괴산군槐山郡 출신, 당 32세)의 처자 세 명을 탁림진으로 이주시키고, 다시 그 달 말에 그의 형 성인호(당 57세)의 가족 일곱 명을 이주시켰다. 그후 위 가족을 이주시키느라 여비가 없어서 출발을 하지 못하고 있는데, 5월(음력) 중순 박남파는 4월경에 탁림(拓林)으로 이전했다고 하면서 나의 여비로 120원을 보내주었다. 그 돈으로 5월 말 북평을 출발하여 낙양에 들렀다가 남경으로 온 것이다.

문 남경에 있는 김구의 동정은 어떤가.

답 김구의 동정은 작년 이래 그곳 조선인 중에도 내가 아는 사람 중에는 그를 본 적이 있다는 사람은 한 사람도 없다. 또 낙양군관학교생을 남경으로 데리고 갔을 때도 본인이 갔는지 사자가 갔는지 모른다. 물론 남경에 있는 것은 사실이라고 생각한다. 누군가로부터 "김구는 왕부고(王復高)의 집에 있다"든가 하는 말을 들은 적이 있다.

문 탁림진에 거주하고 있을 때의 동정은 어떤가.

답 올해 음력 7월 초순 탁림의 토지 경영도 여의치가 않아서 가지고 있던 20여 원으로 절강성(浙江省) 부양(富陽) 지방을 돌며 구경하고, 항주시(抗州市)에 이르러 그곳 화통여관(華通旅館)(서호가西湖街)에서 1박을 하고 장경가(長慶街) 선림교(仙林橋) 9호로 이시영을 방문하여 오랜만에 인사를 나누고, 우리들의 정세를 이야기하면서 또 이시영 등의 운동 정세를 물으니, "무엇보다 경제적으로 핍박하여 아무런 일도 할 수가 없다. 김구와도 1년 이상 만나지 못해 어디에 있는지조차 모르고, 이동녕(李東寧)은 가흥금연회(嘉興禁煙會)에서 별로 하는 일 없이 지내고 있고, 조완구도 그곳에 있으나 돈이 없어서 전혀 어떤 사업도 할 수가 없다"고 했다.
그곳에서 1박을 한 후 부양으로 출발해 부양 성내 강빈여관(江濱旅館)에 투숙하며 성 안팎을 하루 종일 구경하며 돌아봤는데 상주할 곳은 아니라서

2박을 하고 가흥(嘉興)의 이동녕을 만나 향후의 운동 방침이라도 상의해 보려고 위의 금연회에 가서 이동녕이 있느냐고 물었더니, 중국인 한 사람이 나와서 "없다"고 하는 것이다. 그곳에서 "없을 리가 없다. 나는 이런 사람으로 결코 수상한 사람이 아니다"라고 하면서 명함을 주었지만 그 중국인은 "없다"고 하면서 명함도 보지 않았다. 어쩔 도리가 없어 그날 탁림진으로 돌아와서 그곳 해방(海防) 지방(地方)에서 한약(漢藥) 구기자(枸杞子)를 채취해 9월 25일(음력) 호(滬 : 상해)로 왔다.

문 그대의 수첩 속에 적혀 있는 다음 기록은 어떤 관계의 것인가.

답 '충주 엄정면 미문동(忠州嚴正面美門洞)'이라는 것은 3년 전 만주에서 귀선한 사람(박병홍朴炳鴻)의 현주소다. '음성군 전왕면 신평리(陰城郡全旺面新坪里)'라는 것은 소화 7년(1932년) 1월 귀선한 안익선(安翊善)의 주소다.

위 두 사람은 모두 농부로 운동과는 관계가 없다.

'시흥군 수산면 양상리 목양상(始興郡秀山面 楊上里睦良相)'이라 적은 것은 그 사람과는 일면식(一面識)도 없는 사람지만, 작년 음력 11월경 북평에 거주할 때 "선생의 활약은 소문으로 많이 들었습니다. 나도 한 번 뵙고 싶은데 아직 갈 수가 없습니다"라는 편지를 보내왔었다. 어떻게 나의 이름과 주소를 알았는지 모르겠다.

'파주군 청석면 동패리 정태성(坡州郡青石面東牌里鄭泰成)'은 소화 7년(1932년) 10월경 만주 오상현에서 귀선한 사람이다.

'상해 민행진 민남서국(上海閔行鎮閔南書局)'이라는 것은 탁림진 박남파 앞으로 통신을 보내는 주소다.

'방야통 6번지 42호(芳野通六番地四十二號)'라는 것은 봉천에 거주하며 농업에 종사하고 있는 신하영(申夏永)의 주소로 나의 친구다.

'정안사로 정안별서 126(靜安寺路靜安別墅一二六)'은 이두(李杜)의 주소다. 한 번도 방문한 적이 없다. 이범석이 한번 찾아보면 좋을 것이라고 가르쳐줘서 적은 것이다.

'영구 신시가 구강양행 임효식, 박래원(營口新市街丘江洋行林孝植, 朴來元)'이라는 것은 동지 공홍국이 만주에서 북평으로 올 때 신세진 사람으로 영구에서 그 사람을 방문하면 친절하게 대해 줄 것이라 해서 적어둔 것이다.

'충북 괴산군 불정면 지장리 상석정 정원택(忠北槐山郡佛頂面芝莊里上石井鄭元澤)'이라는 것은 성인호 앞으로 편지를 준 일이 있는데, 그것을 보고 이다음에 연락할 때 참고라도 될까 해서 적어 둔 것으로 한 번도 본 적이 없다.

'경성부 광희정 일정목 202 이규갑(京城府光熙町1丁目202李奎甲)'은 동지 최명수(崔明洙) 앞으로 편지를 보낸 사람으로 야소교(耶蘇教 : 예수교) 목사라고 그러는데 면식(面識)이 없고 위와 같은 목적으로 적어둔 것이다.

'장춘 맹가교 통순가 춘생당(長春孟家橋通順街春生堂)'이라는 것은 먼저 검거된 심만호(沈萬湖)의 사위 여운택(呂運澤)의 주소로 그 사람도 심만호와의 관계 때문에 검거되었다.

'공평가 33호(公平街三十三號)'라는 것은 낙양에 있는 이청천의 주소다.

'(1) 왕무훤(王茂萱) (2) 희부(姬溥) (3) 만양옥(萬良玉)'이라는 것은 모두 낙양 이청천 집 근처의 상인(商人)(중국인)으로 이청천의 집에서 인사를 나눴던 사람이다.

문 낙양군관학교에 재학 중인 부하로부터 통신이 있는가.

답 그 학교에서는 학교 밖과의 통신 연락은 일체 금지되어 있는 모양으로 한 번도 받은 적이 없다.

문 박남파는 김구파로부터 암살당할 뻔한 일이 있다고 들었는데, 그 사실은 어떤가.

답 그런 소문을 들은 적은 있다. 또 있을 법한 일이다. 서로 맞서 다투는 상태에 있기 때문이다.

문 그 원인은 어떤가.

답 원인이 뭐냐고 물으니, 어려운 문제지만 요는 신용(信用) 경주(競走)가 원인이라고 할 수 있다.
앞에서 이미 진술한 바와 같이 김구는 박남파를 부하처럼 대우하기 때문에 박남파도 한 혁명가로서 김구에게 이용당할 이유가 없고 자기 자신의 뜻대로 운동하려고 하고, 쌍방이 신용 경주하기에 이른 것이다.

문 남경에서의 혁명운동은 각 파가 분립해서 서로 대항하는 정태(情態 : 사정과 상태)에 있다고 들었는데 사실은 어떤가.

답 그건 모른다. 그 방면에서 기호파(畿湖派)라면 이청천, 윤기섭, 연병호, 김창환, 박남파, 성준영(成俊榮)(즉 성주식成周寔, 충청도 사람, 당 50세 정도), 신익희(申翼熙) 등이다.

문 독립군 창설 상황은 어떤가.

답 한국독립군은 종래 만주 각지에 산재해 있던 것인데, 우리들의 한국독립당 군사부 밑에 조직한 독립군은 15세 이상 45세 이하의 조선인 남자이면서 국문을 이해하고 의지가 공고한 자로 조직하고, 평시에는 농업이나 그 밖의 다른 직업에 종사하다가 필요할 경우에 총사령으로 하여금 소집시켜서 한국독립당 조직과 함께 그 군을 조직하고, 소화 5년(1930년) 말에는 약 500~600명에 달했다.

문 그후 그 군을 처음 소집한 것은 언제쯤인가.

답 소화 7년(1932년) 음력 1월경 임시대회를 소집하여 협의한 다음 이청천이 소집령을 발포했다. 먼젓번에 진술한 대로다.

문 그 이전에도 소집한 일이 있지 않은가.

답 나는 그런 사실이 없다고 생각한다. 더구나 나는 참모장 직(職)에 있었지만 지방 순시를 돌고 있었기 때문에 상세한 것은 모른다.

문 독립군이 소화 7년(1932년) 9월경 쌍성현(雙城縣) 성내를 재차 습격한 뒤 액목 지방으로 향한 이유는 무엇인가.

답 상세한 것은 모르겠지만 제3군 고봉림이 만주국으로 귀화했기 때문에 그 군과 분리하고, 왕덕림 군과 합동하기 위해 그 지방으로 향했다는 것을 나중에 들어서 알았다.

문 그 밖에 진술할 것은 없는가.

답 없다.

위 녹취한 것을 읽어서 들려주었더니 틀림없다고 진술하고 가장자리에 서명 무인(拇印)하다.

이규채

소화 9년(1934년) 12월 8일

재상해 일본총영사관 경찰부
사법경찰관 외무성 경부보 후지이 다다오

(4) 제4회 청취서(1934. 12. 15.)

이규채

위 사람이 우리 부에서 본직에 대하여 임의로 다음과 같이 진술하다.

1. 내가 더는 할 말이 없으니 무슨 일이든 물어보라. 정직하게 진술하겠다. 이하 임의 문답하다.

문 그대는 신한독립당 조직에는 관여하지 않았다고 진술하고 있지만, 그 당이 올해 3월 1일부터 8일간에 걸쳐 개최된 창립대회에는 참가한 사실이 있지 않은가.

답 그렇지 않다. 신한독립당을 조직한 것은 올해 음력 1월경일 텐데, 2월 초순 홍만호로부터 신한독립당의 창립 상황에 대한 통지와 함께 나를 감사위원에 선정했으니 취임하라는 통신이 있었다.

그런데 나는 "실행력이 없는 단체에 참가하고 싶지 않으니 취임하지 않겠다"는 회신을 보냈다. 그후 박남파와 상의하여 농장을 경영하기 위해 그 달 중순 북평을 출발하여 남경으로 간 것은 앞에서 이미 진술한 대로인데, 그곳 태평여사에 투숙했을 때 신한독립당 간부이면서 전부터 동지였던 홍만호도 같은 곳에 투숙하고 있었기 때문에 홍(洪)은 "왜 신한독립당 간부로 취임하지 않는가", 나는 "그런 실행력 없는 단체에는 가맹하고 싶지 않다"는 등 서로의 의견을 교환하고, 또 나의 숙소로 윤기섭, 연병호 두 사람도 여러 차례 내방하여 감사위원에 취임할 것을 권유했지만 나는 그것을 거절했다.

그때 그곳에서 이틀을 묵으며 박남파의 집에 출입하면서 농장 경영에 대해 상의하고, 상해에서 2박을 한 다음 남경으로 돌아가 위 태평여사에서 1박을 한 다음 바로 북평으로 돌아왔다. 그 동안 내 숙소로 와서 신한독립당에 관한 얘기가 아니라 예사로운 이야기를 하며 또 인사를 나눈 사람은 김동주(진단의원 주인), 염온동(廉溫東)(처음 인사를 나누었을 뿐으로 직업과 주소는 모름), 왕해공(王海公)(신익희申翼熙, 중국 관청에 통근하는 모양이지만 상세히는 모름), 민병길(閔丙吉)(어느 여관에 거주한다고 했음), 김원식(金源植)(위와 같고, 특별히 하는 일이 없으며 신한독립당원), 김상덕(비밀 주소에 있으며, 위와 같음), 이관일(李貫一)(어느 여관에서 김원식과 동거 중이라고 하며, 신한독립당원) 등이다.

위와 같은 정황으로 대회가 개최된 사실이 없고, 만약 있었다 하더라도 나는 참석한 적이 없다.

문 그대와 의열단원(義烈團員) 박건웅(朴健雄)의 관계는 어떤가.

답 박건웅이란 사람은 그 이름조차 들은 일이 없다. 의열단은 공산주의 단체라고 듣고 있었기 때문에 이들의 단원과는 전혀 교유한 적이 없고, 한 명도 알지 못한다.

문 (작년 7월 3일자 합기合機 제140호 나카야마中山 서기관 정보 수집 내용) 그대는 작년 음력 4월 북평에서 남경으로 갔을 때, 남경 성내 고루(鼓樓) 홍천사(興泉社) 12호 연병호의 집에 체재한 적이 없는가.

답 그런 적은 전연 없다. 그 무렵 연병호는 국부로(國府路) 태산여관에 체재하고 있었다.

문 그 사람과의 사이에 어떤 교섭이 있었는가.

답 먼젓번에 진술한 대로 진단의원 김동주의 집에 한 20일 정도 체류하는 동안 박남파가 운동자금 염출운동을 하고 있을 때 연병호는 두 번 정도 놀러온 일이 있는데, 별로 운동에 관한 이야기는 하지 않았다. 당시 김동주의 말에 의하면 연병호는 내가 남하했다는 말을 듣고 중국 관청 방면에 취직하려고 운동하고 있었던 모양이다. 그러나 나는 김동주에게 그 이야기를 들었을 때 수백만 원 원조라면 받겠지만 얼마 안 되는 원조는 받지 않겠다. 또 중국 관청 등에 취직하는 따위의 의사는 털끝만큼도 없다고 얘기했기 때문인지 그후 그가 나를 방문했을 때에는 그런 얘기는 전연 하지 않았다. 연병호는 내가 이전에 북평에 거주할 때부터 아는 사이였기 때문에 내가 남경에 왔다는 소식을 듣고 인사차 와서 이런저런 이야기 끝에 만주 방면의 운동 상황 등을 듣고 돌아갔을 뿐이다.

문 당시 김상덕도 그곳 이광제(李光濟)의 집에 머물고 있었을 터인데, 어떤 교섭이 있었는가.

답 나와 김상덕과는 아무런 관계도 없다. 나는 그 사람을 알고는 있지만 사이가 좋지 않기 때문에 교섭할 까닭이 없다. 사이가 좋지 않은 원인은 그 사람이 공산당에도 관계가 있는 것 같다는 얘기를 전부터 듣고 있어서 응당 그 사람을 신용할 수가 없고 서로 의사가 맞지 않기 때문이다. 따라서 앞서 물었던 만주에서 북평으로 올 때 김상덕을 동반했다는 따위의 얘기는 전연 허위 정보라고 생각한다.

문 그러나 처음 남하했을 때는 북평에서 김상덕과 함께 각 방면으로 자금 염출운동을 시도하지 않았는가.

답 절대 그런 사실이 없다. 나는 내가 하는 일이 그에게 새나가지 않게 경계하고 있던 상태다. 어떻게 그런 사람과 행동을 같이 하는 일이 있을 수 있겠는가. 절대로 있을 수 없는 일이다.

문 이천민과의 관계는 어떤가.

답 그 사람도 내가 북평에서 농업에 종사할 무렵 알게 된 사람이지만 운동상의 관계는 없다.

문 그러나 그와 함께 길흑요민중구국후원회(吉黑遼民衆救國後援會)에 가서 "한국군은 현재 2,000여 명의 병력이 있지만 군량과 탄약이 모자라고, 곤비(困憊 : 고달픔)가 그 극에 달해 있다"며 원조를 간청한 사실이 있지 않은가.

답 김영호(金永浩)가 그런 얘기를 해서 수천 원을 사취했다고 들었기 때문에 위와 같은 얘기는 하지 않았다. 나는 처음부터 박남파와 상의해서 자금을 염출할 심산으로 남하한 것이기 때문에 북평에서 운동할 마음은 없었다.

문 그대는 남하한 후 중국측에 독립군의 어렵고 궁핍한 상태에 대해 얘기한 일이 없는가.

답 처음 남하해 북평을 경유하여 남경에 갔을 때 중국 신문기자 3~4명이 나를 내방해서 만주 소식을 물어 대략 다음과 같이 얘기한 적은 있다. 그 외에는 직접 중국인과 만나 얘기한 적은 없다. 교섭 일체는 박남파 혼자 맡아서 하고 나는 그것을 기다리고만 있었다.
"현재 북평에서 정전협정이 된 것은 중국 정부가 일본에 굴복한 것이다. 우리는 오늘까지 각종 반일만운동(反日滿運動)을 계속해 왔는데, 독립군은 두서너 차례에 걸친 교전으로 병력을 잃었고 게다가 양식, 탄약이 모자라 다시 일어서기 어려운 상태다" 운운.

문 현재 신한독립당의 활동 상황은 어떤가.

답 나는 대체적으로 처음부터 반대하고 있는 상황이었기 때문에 그곳 간부들과 사이도 나빠져 거기의 활동에 대해서는 전연 모른다.
처음에 윤기섭, 홍만호 등이 권유할 때 나는 "그런 단체를 해봤자 이름뿐이니 안 된다"고 반대했었는데, 그 사람들 가운데는 그러면 그 이유를 성명서로 발표하라고 말하는 사람도 있을 정도였다.

위 녹취한 것을 읽어 주었더니 틀림없다고 진술하고 다음에 서명 무인하다.

이규채

소화 9년(1934년) 12월 15일

재상해 일본총영사관 경찰부
사법경찰관 외무성 경부보 후지이 다다오

2) 신문조서(경기도 경찰부)

(1) 치안유지법 위반자 호송의 건(1934. 12. 18.)

제관기밀(諸官機密) 제588호

소화 9년(1934년) 12월 18일

재상해

총영사 이시이 이타로(石射猪太郎)

조선총독부

경무국장 이케다 기요시(池田淸) 귀하

치안유지법 위반자 호송의 건

1. 본적 경기도 포천군 가산면 방축리

주거 부정

우정(宇精), 규보(圭輔), 공삼(公三), 경산(庚山)

곧 이규채

당 45세

1. 본적 경상남도(慶尙南道) 거창군(居昌郡) 남하면(南下面) 무릉리(武陵理)

주거 부정

유초(兪超), 유호(柳湖), 유형백(兪亨佰) 등

곧 신병환(愼秉桓)

당 27세

위 두 사람은 치안유지법 위반 피의자로서 청취서(聽取書)(후자는 사본) 및 증거품과 함께 신병을 당관 경찰부원 다바타 요이쓰(田畑代一) 외 2명으로 하여금 금월 18일 당 지역을 출발 헤이안마루(平安丸)로 인천(仁川)으로 호송하게 하였으니 그에 합당하게 처리하기 바람.

　추가하여 이규채는 자기의 피검거 경위를 폭로하고, 우리측 연락자에 대하여 동지로 하여금 복수하게 하려는 혼담(魂膽)이 있으니* 당분간 그것을 방지하도록 배려해 주시기 바라면서 첨언함.

　소화 9년(1934년) 12월 24일

경무부 고등경찰과 근무
경기도순사(京畿道巡査) 유승운(劉承運)

경기도 경찰부장
도사무관 사에키 아키라(佐伯顯) 귀하

---

* 「조선중앙일보」, 1935. 4. 11. 2단 5~7단.
　신한○○당 암살대(新韓○○黨 暗殺隊)
　조선잠입정보(朝鮮潛入情報)로
　각도경찰 맹렬 수사(各道警察 猛烈搜査)
　모처 정보 상해에 본거를 둔 신한○○당에서는 그동안 떨치지 못한 당세를 회복키 위하여 모종의 운동을 획책하고 있다는데 최근에는 용인(龍仁) 출생의 이모(李某) 외 1명의 암살대원을 조선내에 파견하였다는 정보가 있어 경무국에서는 즉시 각도 경찰부에 수배를 내리는 동시에 시절이 시절인 만큼 맹렬한 수사를 하고 있다 한다.
　전기 양명의 암살대원은 지난번 경성지방법원에서 10년 징역을 받은 이규채(李圭彩)의 뒤를 이어 모종의 중대한 사명을 띠우고 조선에 잠입한 것이라 한다.

(2) 한국독립당 간부 및 조선혁명간부학교 졸업생에 관한 건 (1934. 12. 24.)

본적 경기도 포천군 가산면 방축리

주거 부정

　　　　　우정(宇精), 규보(圭輔), 공삼(公三), 경산(庚山) 등

　　　　　　　　　　　　　　　이규채

　　　　　　　　　　　　　　　당 45세

본적 경상남도(慶尙南道) 거창군(居昌郡) 남하면(南下面) 무릉리(武陵理)

주거 부정

　　　　　유초(兪超), 유호(柳湖), 유형백(兪亨佰) 등

　　　　　　　　　　　　　　　신병환(愼秉桓)

　　　　　　　　　　　　　　　당 27세

　위 사람은 상해 일본총영사관 경찰부에서 검거하여 취조하고 치안유지법 위반 피의자로서 별도 「영치서(領置書)」의 물품과 함께 참고 서류로 「청취서(聽取書)」를 첨부하여 경무국장(警務局長) 앞으로 오늘 호송 귀환하여 왔기에 명령에 따라 그것을 수령하고, 일단 취조한 바에 따르면 위 이규채는 상해임시정부 의정원 의원을 거치고 만주로 가서 한국독립당 및 독립군을 조직하여 조선독립운동을 계속하고 있었음이 판명되었고, 위 신병환은 남경에서 의열단(義烈團)이 경영에 관계하는 조선혁명간부학교(朝鮮革命幹部學校)에 입학하고, 조선혁명운동에 대한 현장 교양 훈련을 받고 졸업했다는 것이 각각 판명되었는데, 좀 더 계속해서 사실을 상세하게 취조할 필요가 있다고 인정됨.

　위 보고함.

(3) 영치조서(領置調書)(1934. 12. 25.)

피의자 이규채에 대한 치안유지법 위반 피의사건에 대하여 별지 목록의
물건을 영치함.

　　소화 9년(1934년) 12월 25일

　　　　　　　　　　　　　　　　　　　　　　　　경기도 경찰부

　　　　사법경찰관 경기도 경부(警部) 고무라 마사히코(高村正彦)

(4) 영치목록(領置目錄)(1934. 12. 25.)

물건 번호	품목	원수(員數)	제출자 주거 성명	피의자 주거 성명	비고
1	통신문	1통	상해 일본총 영사관 경찰부	피의자 이규채	송국(送局)
2	복정일의 위임령 및 위임장	2장	상동	상동	〃
3	최창석의 위임령	1장	상동	상동	〃

(5) 조선혁명간부학교 졸업생 신병 이송에 관한 건(1934. 12. 25.)

소화 9년(1934년) 12월 25일

경찰부 고등경찰과 근무
도순사 유승운

경기도경찰부장
도사무관(道事務官) 사에키 아키라(佐伯顯) 귀하

조선혁명간부학교 졸업생 신병 이송에 관한 건

위 사람은 명(命)에 의하여 상해 일본총영사관 경찰부에서 신변 호송을 받아 계속 조사 중임은 이 달 24일자로 보고한 바인데, 명에 의하여 오늘 본적지 소할서인 경상남도 경찰부로 신병 이송하였기에 이에 보고함.

(6) 제1회 신문조서(1934. 12. 26.)

피의자 이규채

위 치안유지법 위반 피의사건에 대하여 소화 9년(1934년) 12월 26일 경기도 경찰부에서 사법경찰리(司法警察吏) 경기도 순사 유승운을 입회시키고 피의자에 대하여 신문한 것은 다음과 같다.

문 본적, 주거, 신분, 직업, 성명, 연령은 어떻게 되는가

답 본적 경기도 포천군 가산면 방축리 484번지
　　주거 부정
　　양반, 무직
　　규보, 우정, 공삼 곧 이규채 당 45세

문 작위, 훈장, 기장을 가지고 연금, 은급을 받거나 또는 공무원이 아닌가.

답 아니다.

문 지금까지 형사처분, 기소유예 또는 훈계방면이 된 일은 없는가.

답 없다.

여기에서 피의사건을 말하고, 그 사건에 대하여 진술할 것이 있는지 아닌지를 물으니 피의자는 다음과 같이 대답하다.

답 나는 대정 13년(1924년) 음력 2월 17일경부터 상해, 북평, 항주, 천진, 길림 등을 전전하며 이청천, 박찬익, 김구 등과 조선독립운동을 한 것을 정직

하게 대답하겠다.

문 교육 정도는 어떤가.

답 다섯 살 때부터 스물다섯 살 때까지 본적지에서 한문을 배우고 익혔다.

문 병역 관계는 어떻게 되는가.

답 없다.

문 종교는 무엇인가.

답 없다.

문 자산이 있는가.

답 없다.

문 가정 및 생활 상황은 어떤가.

답 처 이씨 당 44세
　　장남 종성 당 22세
　　차남 종건 당 16세
　　모친 윤씨 당 77세
　　장형 규혁 당 56세
　　차형 규호 당 51세
　　아우 규석 당 40세
　　누이 규정 당 27세

는 본적지에 거주하고, 장형 규혁은 본적지 가산면장으로 근무하고, 차형 규호는 본적지에서 농사를 짓고 있는데, 집을 나온 지 11년이나 되어 어떻게 생활을 하고 있는지 잘 모른다. 또 재산도 어떻게 되었는지 모른다.

문 대정 13년(1924년) 2월부터 상해, 북평, 천진, 길림 등에서 조선독립을 위해 어떤 활동을 했는가.

답 나는 대정 12년(1923년) 11월경(음력 10월 4일) 경성을 출발하여 상해, 항주 방면을 구경도 할 겸 친척 되는 이시영을 방문했고, 상해의 조선독립운동 정세를 살펴보고 대정 13년(1924년) 2월(음력 1월 15일 상해를 출발하여 귀향) 본적지로 돌아왔다. 그런데 관할 주재소원이 대단히 주목을 했기 때문에 다시 이번에는 진정으로 조선독립운동을 할 심산으로 대정 13년(1924년) 3월 중순경(음력 2월 17일로 기억한다) 경성을 출발해 철로로 안동, 봉천을 경유하여 천진으로 가서 그곳에서 배를 타고 상해로 갔다.

먼 일가(약 25촌)인 이시영이 당시 그곳에 있던 한국임시정부(韓國臨時政府)의 재무총장을 하고 있어서 그곳 프랑스조계 패륵로 영경방 10호인 그의 주소에 자리 잡고, 그 해 4월 하순(음력 3월 하순) 조선독립을 유일한 목적으로 활동하고 있던 한국임시정부 의정원 의원이 되어 세 차례 회의에 출석하며 김구, 윤기섭, 곽헌, 조완구, 최창식, 여운형 외 30여 명과 함께 한국임시정부를 확대 강화하고 목적을 수행하기 위하여 협의했는데, 지금 기억에 남아 있는 것은 당시의 대통령 이승만(李承晚)이 미국에 거주하여 완전한 일을 할 수 없었기 때문에 그를 정권(停權)하기로 결의하고, 후임에 박은식(朴殷植)을 추천한 일이다.

그후 계속해서 가정부가 있는 곳에서 활동을 하고 있었지만 생각한 대로 바람직하게 되지 않아서 대정 14년(1925년) 3월(음력 2월) 항주, 천진, 북평 등을 전전하고, 소화 3년(1928년) 7월(음력 6월 하순) 길림성 길남 대둔, 그 성(省)의 오상현 충하 등을 전전하던 중 그곳에서 독립운동을 하고 있던 이청천, 즉 지대형(池大亨)과 알게 되어 그와 연락, 활동을 하다가 소화 5년(1930

년) 5월 초순경 박관해, 민무, 정신, 신숙, 최두, 한영관(韓永觀) 등과 협의한 후, 그 무렵 만주국 길림성 빈강현 이도하자 박관해의 집에서 조선의 절대독립을 목적으로 하는 결사 한국독립당을 조직하고, 동지를 모은 결과 소화 5년(1930년) 7월 1일부터 5일(양력 8월 초순)까지 길림성 위사현, 중동선 위사현 역전 최(崔)모의 집에서 조직 대회를 개최하고, 동지 100여 명이 회합(會合)하여 당의 수령(首領)으로 홍진을 선정해서 이청천 즉 지대형을 군사위원장에, 집행위원에는 박관해 외 25명을 선정하고, 그후 소화 6년(1931년) 3월(음력 2월 초순) 나는 총무위원장에 추천되어 그것을 승낙하여 이후 그 지방에서 활동을 계속하고, 소화 7년(1932년) 8월(음력 7월 15일) 중순경 밤 길림성 쌍성현을 중국인 양요균의 지휘 아래 그 당의 지휘에 있던 한국독립군 400여 명으로 습격했으나 바람직한 결과를 얻지 못해서 그후 길림성 자위연합군 총지휘 양요균(중국인)과 연락하여 중한(中韓) 합작으로 조선독립과 중국의 실지회복을 위한 공작을 추진할 것을 결의하고, 중국 군대와 연락하며 활동을 계속하고 있었는데 소화 6년(1931년) 9월 18일 만주사변이 발발한 이래로는 일본군의 토벌이 이르는 곳마다 행해지고 여러 차례 귀순을 종용받았지만 그것을 거절하여 신변이 점점 위험해졌기 때문에 소화 8년(1933년) 4월경(음력 3월 20일경) 길림성 빈강현 모아산 노도점에서 중국인 농부를 가장해 길림에서부터 걸어서 신경(新京)으로 나오고, 신경에서부터 철로로 봉천, 산해관, 북평, 천진을 거쳐 남경에 도착했다.

남경 성내 화패로 문창항 진단의원 김영철의 집에 자리잡아 머물고, 박남파 즉 박찬익을 통해서 만주에 있는 동지 이청천 등이 남경 방면으로 이동할 여비로 중국 돈 600원을 받아 소화 8년(1933년) 6월 초순(음력 5월 2일) 남경에서 출발하는 철로로 천진으로 가고 천진에서부터 해로로 영구에 상륙하고, 영구에서부터 철로로 봉천을 경유하여 길림으로 가서 길림성 길남(吉南), 구전역(口前驛), 만리구(萬里口), 사간방(四間房) 등을 전전하고, 그 무렵 길림성 오상현 향양산에 거주하는 이청천의 부하 이간에게 통신하여 여비를 가지고 왔으니 길림으로 오라고 전달하도록 부탁하고, 며칠 후 이청천의 사자라고 일컫는 최병권에게 길림성 구전역의 이름을 알 수 없는 중국인 집에서 중국 돈 300원을 건네주고, 다시 되돌아서 신경까지 걸어나와 신경에서 기차로 봉천, 산해관을 경유하여 북평으로 왔다.

북경 서직문 궁문구 오조호동(五條胡同) 20호 조성환의 집을 연락 장소로 하고 나는 북평 서직문 내 순포청호동 15호에 체재하고, 소화 8년(1933년) 10월 말경(음력 9월 20일 지나) 이청천 일행 13명과 회합하여 이천청 일행은 중국 하남성(河南省) 낙양군관학교로 가고, 나는 북평, 남경 등지를 전전하면서 그 사이 한국독립군 총사령 이청천으로부터 올해 7월 하순경(음력 6월 하순경) 흰 명주에 쓴 "사방에 산재한 동지를 규합해서 조선의 독립운동을 위해 활동하라"는 의미의 지령을 받아 그것을 승낙하고, 올해 8월 초순(음력 7월 초순경) 남경에서 중국 강소성 봉현 민행진 탁림 박찬익의 집에 체재하고, 올해 10월 하순경(음력 9월 23일) 상해 프랑스조계 정가목교(鄭家木橋) 신신여사(新新旅舍)에 숙박하며 동지를 규합하려고 기회를 엿보고 있다가 그 해 11월 1일 그곳에서 영국조계로 갔는데, 영국조계 북하남로(北河南路) 경여당 앞에서 체포되었다.

문 그 밖에 진술할 것이 있는가.

답 없다.

위를 통역으로 하여금 본인에게 읽어 주게 하였더니 틀림없다고 진술하고 통역과 함께 서명 무인한다.

이규채

소화 9년(1934년) 12월 26일

경기도 경찰부
사법경찰관 경기도 경부 고무라 마사히코(高村正彦)
통역 겸 입회인 경기도순사 유승운

(7) 제2회 신문조서 (1935. 1. 9.)

피의자 이규채

위 치안유지법 위반 피의사건에 대하여 소화 10년(1935년) 1월 9일 경기도 경찰부에서 사법경찰리 경기도 순사 유승운을 입회시키고 먼젓번에 이어 피의자에 대하여 다음과 같이 신문하다.

문 그대가 이규채, 당 46세인가.

답 그렇다.

문 먼젓번에 이어서 신문하는데, 그대가 조선독립운동에 가담한 동기를 진술하라.

답 내가 상해영사관 경찰부에서도 상세히 진술했는데, 나는 원래부터 서화(書畵)에 기호(嗜好)를 갖고 대정 10년도(1921년)부터 경성으로 나와서 공평동 2번지 소재 창신서화연구회를 창설하여 서화를 지도하고 있었다. 당시 나는 가정생활에도 별로 얽매임이 없어서 중국 방면의 서화가에 대해 더 연구해 볼 심산으로 대정 12년(1923년) 10월 4일 경성을 출발하여 철로로 안동현, 봉천을 경유하고, 천진에서부터 성경호로 상해에 갔는데 당시 상해에는 조선독립을 위한 임시정부가 조직되어서 나의 지우(知友)인 이시영, 여운형, 조완구, 김구, 노백린(盧伯麟), 윤기섭, 이유필(李裕弼), 최창식이 주동자가 되어 우이(牛耳: 주도권)를 잡고 활동하고 있었다.
그러나 나는 실제 운동에는 전혀 간섭하지 않고 단지 그들과 개인적 우정의 교제를 하고 있었다. 당시 나는 목적이 달랐기 때문에 그런 생각도 없었다. 그래서 약 20일간 체재하다가 항주, 성성(省城), 소주(蘇州) 등지를 돌아다니다가 상해로 돌아와 천진, 봉천, 안동현을 경유하여 대정 13년(1924년) 1

월 15일 귀향했다. 내가 말하는 월일(月日)은 전부 음력이니 그리 알라. 귀향하자마자 관할 포천서원(抱川署員)이 나를 용의자(容疑者)라 하여 시시로 시찰하러 왔다. 이것 때문에 고향 마을에서는 그 반향으로 인해 일반적 신용은 점점 실추되고, 그에 따라 자연 경제적인 방면에도 타격을 받게 되어 그에 나는 불평을 갖고 분개하고, 조선인은 총독정치(總督政治)의 압박에 의해 그런 곤란에 빠진 것이라고 각성한 끝에, 차라리 그렇다면 도리어 해외로 나가서 조선인 전체를 위해 철저하게 독립운동을 하는 데 몸을 바치는 쪽이 좋겠다고 결심하고, 상해로 가서 결심한 독립의 목적을 수행하기 위해 대정 13년(1924년) 2월 17일경 여비금(旅費金) 300원을 갖고 다시 출발해 안동현, 천진을 경유하여 상해로 갔다.

문 상해에 가고 나서 조선독립운동을 위해 어떤 활동을 했는가.

답 내가 상해에 도착하고 나서 숙소를 상해 프랑스조계 패륵로 균익리의 번지수를 모르는 중국인 집 방을 빌려 별로 하는 일 없이 지내며 당시 임시정부 주요 인물로 지기(知己)가 된 조완구, 윤기섭, 여운형, 김구 등과 교유하면서 내가 다시 독립운동을 목적으로 상해로 탈출한 사유를 밝힌 다음, 여러 가지 의견을 교환하면서 정부의 내부 사정을 살펴보고 있었는데, 대정 13년(1924년) 3월 초순쯤 되어 임시정부 의원에 선출되었다는 통첩을 받았다.

문 의정원은 어떤 기관이고 어떤 목적인가.

답 의정원은 조선 독립을 목적으로 조직된 임시정부의 의사결의(議事決議)기관이고, 목적은 역시 독립운동에 대한 최고 결의를 하고, 이 결의 사항에 의해 임시정부는 그것을 집행하는 제도로 되어 있다. 한마디로 말하면 국회(國會)가 된다.

문 의정원의 조직제(組織制)는 어떤가.

답 내가 의원이 된 당시는 회장은 최창식이고 부회장은 여운형으로 의원은 모두 37명이었는데, 이름은 전부 기억하지 못한다. 기억에 남아 있는 정도만 얘기하면 조완구, 윤기섭, 곽헌, 조완, 황채성(黃蔡性), 민제호(閔濟鎬), 엄항섭(嚴恒燮) 등이다.

문 그대는 의정원 의원으로 임명되어 어떤 활동을 했는가.

답 내가 선임되었다는 통첩을 받고나서 의정원 의회에 세 차례 출석하여 토의에 참가하고, 주장 의견이 합치하지 않아서 두 번이나 사임장을 제출했는데, 모두 수리해 주지 않았다.

문 어떤 점이 합치하지 않아서 사표를 제출하게 되었는가.

답 내가 상해로 간 후, 앞에서도 얘기한 대로 정치의 내정(內政), 운동 방침 등에 관해서 비공식적으로 알아보면서 일이 되어가는 형편을 관찰하고 있었는데, 그들의 방침을 보면 한 국가의 형체를 갖추어 정부를 조직하여 총장(總長) 등의 제도를 두고는 있지만 우선 재정(財政)에 있어서 보건대 선내(鮮內 : 조선朝鮮 내부)에서 당시 자금은 2천만 원이 정부로 들어왔다고 하는데 실제로 정부에 납입된 금액은 겨우 몇천 원에 지나지 않았고, 그 외의 돈은 전부 중간에서 독립을 표방하는 놈들이 자기의 사복(私腹)을 채우고 있을 뿐만 아니라, 또 그 전에 러시아의 국제공산당으로부터 자금으로 김립(金立)이 돈 60만 루블을 받아 왔지만 뭐 하나 유효하게 사용한 적이 없고, 정부로서의 실력(實力)을 보니 내무부에 입적되어 있는 동포는 겨우 700명, 그리고 군무총장(軍務總長)에 노백린이 선임되어 있는데 본인에게 직접 군인은 몇 명이나 있느냐고 물었더니, 부하로 있는 간부 열몇 명밖에는 없는 상태이니 이것으로 무슨 운동을 할 수 있겠는가.
이것은 양손이 공허한 운동으로 2천만 동포를 먹이로 삼는 것이라며 통탄했다. 그래서 나는 이러한 사례들을 일일이 열거하면서 의정원 의회에서 정부를 탄핵하며 공격하고, 이러한 일체의 공허한 운동을 개혁하여 이제부터라도 청년자제(靑年子弟)를 교육·교양시키기 위한 기관을 시급히 설치하고 경제·금융 기관을 설치하며, 그 밖의 다른 실력을 양성하고 중국 각지에 외교관 대표를 파견하여 거주(居住) 조선인을 감시·통치하여 운동은 실질적으로 지하운동으로 해야 한다고 주장하며 다투었다. 그러나 나의 주장에 가세하여 찬동하는 사람이 적었기 때문에 이겨낼 수가 없었고, 그대로 되어 버렸다. 그래서 그 다음부터 열리는 의회에는 별로 출석하지 않았다. 그리고 대정 14년(1925년) 4월 상해를 떠나 항주로 갔다.

문 의회에서의 토의 사항은 어떤가.

답 정부 각원(閣員) 통과의 건, 결산·예산 통과의 건이 있는데, 각원은 당시

국무총리 노백린

내무총장 김구

학무총장 김규식(金奎植)

법무총장 신규식(申奎植)(사망)

교통총장 남형우(南亨祐)

재무총장 이시영

노동총장 안창호(安昌浩)

외교총장 조소앙(趙素昻)

군무총장 노백린

등으로 대통령은 창립 이래 이승만을 유임시키고 있었다. 그 외 차장 이하의 간부들은 기억에 남아 있지 않다. 내가 관계하고 있던 당시는 이미 대정 8년(1919년) 창립한 뒤로 러시아로부터 혁명 응원금으로 200만 루블을 받기로 하고 선금으로 들어온 60만 루블을 이동휘(李東輝), 김립(金立) 등 일파가 편취하여 사복을 채웠기 때문에 재정에 결핍이 생기고, 또 그에 따라 내부의 다툼이 일어나 정부 안쪽은 퇴폐(頹廢)해 있던 때여서 실내용은 빈약해져 있던 시기였다. 그래서 예산 결산의 통과에 대해서는 이렇게도 저렇게도 할

수가 없었다. 지금 그 숫자 금액 등은 기억에 남아있지 않다.

문 상해에서의 활동은 그 밖에 없는가.

답 상해에서의 활동은 이제까지 얘기한 대로 하나의 공허한 운동으로 아무런 실력이 없고, 그런데도 운동자는 협잡배가 되고 거기에 또한 파벌까지 생겨서 뭐 하나 뜻한 대로 운동을 할 수 없게 되었다. 그래서 하는 수 없이 개인 생활이 곤란해졌기 때문에 우선 먼저 개인 생활을 해결 안정시킨 다음, 그리고 거액의 자금이 생기면 의사가 합치하는 동지 홍면희, 이동녕, 박찬익 등과 규합해서 실질적인 운동을 일으켜 볼 의도로 대정 14년(1925년) 4월 상해를 출발하여 항주로 갔다.

문 항주로 가서 어떤 활동을 했는가.

답 항주로 와서는 운동에 대해서는 별로 활동한 것은 없고, 개인 생활 문제를 해결하고 자금조달 방책을 강구하기 위하여 항주 서호(西湖)에 있는 고려사(高麗寺)에 거주하며 경성 출신의 서성효라는 사람과 협의하여 제지업을 공동으로 경영하려고 제조 시험을 해봤는데, 결과가 좋았다. 그러나 당시 중국의 내란전쟁 때문에 계속할 수가 없어서 그 해 10월 그것을 중지하고 서성효와 함께 다시 상해로 돌아왔다. 그리고 서성효의 아우 서성구가 북평에 살고 있어서 서성효의 소개로 그 사람을 의지하고 그 해 12월경 북평으로 갔다.

문 그대가 다시 상해로 돌아와서는 운동에 참가하지 않았는가.

답 돌아와서는 이미 단념하고 있었기 때문에 아무 것도 하지 않고 칩거하고 있었다.

문 북평에 가서는 어떤 행동을 했는가.

답 북평에 가서 서성구와 함께 아방이란 곳에서 대정 15년(1926년) 2월부터 농업을 시작했는데, 그것도 장작림(張作霖) 군의 횡포 때문에 계속할 수가 없어서 그만두고, 소화 2년(1927년) 2월경 북평 해전으로 이주했다. 그리고 거기에서 다시 소화 3년(1928년) 2월 서성구와 헤어져 서(徐)는 귀선(歸鮮)하고, 나는 천진으로 현감을 찾아가 박암태(朴巖泰)가 경영하고 있는 농사장(農事場)에 취직을 했지만 당시 장종창 군과 남군(南軍)의 전란 때문에 있을 수가 없게 되어 다시 거기에서 소화 3년(1928년) 6월 혼자서 천진을 출발해 길림으로 갔다.

문 길림에 가서는 어떤 행동을 하였는가.

답 길림에 가서는 처음에 대둔에 잠시 체류하고, 거기에서 소화 4년(1929년) 1월 길림성 서란현(舒蘭縣) 규흑정자(圭黑頂子)에 있는 이장녕을 찾아가 그가 경영에 관계하고 있는 농장에 고용되어 있다가 소화 5년(1930년) 1월 길림성 오상현 충하진(沖河鎭)에서 농사를 경영 중인 박일만의 집으로 이주하고, 그 사람과 함께 토지를 매수하여 농장을 개간하기 위해 도전공사를 개설하려고 상의하다가 당시 공산운동자인 이영민, 조동구(趙東九) 등을 우두머리로 공산당원이 봉기하여 수백 명의 조선인 농민을 선동해서 우리는 민족주의자이므로 박멸하라고 하면서 우리에게 사형을 선고하는 등 위해를 가하려고 해서 그것을 경영할 수 없게 되고, 그 해 2월경 우리들은 중국 관헌의 보호에 의지해 유수현으로 피했다.

문 그대는 공산당으로부터 민족주의자라고 사형선고 등을 받은 후 그것에 대해 어떤 대책운동을 일으켰는가.

답 어쩔 수 없이 유수현으로 피해 와 머물며 어떤 동지든 찾아내서 그에 맞서는 대등한 운동을 일으키려 하고 있던 중, 소화 5년(1930년) 5월 하순경 중동선 이도하자에 있는 신숙으로부터 5월 5일에 그곳 박관해의 집에서 한국독립당 준비회를 개최하고 오는 7월 1일 일단 조직하기에 선전하기로 결정했으니 참가해 달라는 편지를 받았다. 그래서 거기에 참가하기 위해서 그해 6월 중순경 이도하자로 갔다. 내가 갔을 때 준비회는 이미 끝나 창립 조직을 준비하고 있었다. 준비위원은 가서 보니 박관해, 정신, 신숙, 최두, 이장녕 등이었다.

　문 한국독립당은 언제 조직했는가.

　답 내가 도착했을 때 모두 준비에 관해서 논의를 하고 있었는데, 각 지방에 통신으로 알려서 참석하도록 한 다음, 예정대로 위사현 성내에서 조선인 농업자 최(崔)모의 집에서 창립대회를 열어서 나도 거기에 참석했다.

　문 출석자는 누구누구인가.

　답 각 지방 대표자는 모두 100여 명이 있었는데, 다는 기억하지 못하고 생각나는 대로 이야기하면, 준비위원 외에
　강백서(姜百瑞) 위사현 대표
　최종원(崔鐘元) 빈주현(濱州縣) 대표
　이응민(李應民) 아성 대표
　민무 영안현(寧安縣) 대표
　박세황(朴世晃) 연수현 대표
등인데 그 외에는 잊었다.

　문 대회에서 어떤 것을 토의 결정했는가.

　답 대회에서 사회자로 신숙을 선정하고, 임시 서기로 민무를 선정한 다음,

선언으로,

　1. 백의동포는 소련공산당에 속지 말자.

　1. 백의대중은 일치 협력하여 조국의 광복을 도모한다.

강령으로,

　1. 조선의 정치 독립

　1. 조선의 경제 독립

　1. 조선의 문화 독립

이라고 제정하고, 이것에 6대 강요(綱要)로

　1. 입헌민주국으로 할 것

　2. 토지와 대생산기관을 국유로 할 것

　3. 신문화 학술을 수입할 것

　4. 약소민족과 제휴할 것

　5. 각지의 민족단체와 연합할 것

　6. 국민의 교육은 의무적으로 할 것

을 결정한 후, 조직은 집행위원제로 하여 부서를 정치부, 경제부, 문화부, 군사부, 선전부, 조직부를 설치해서 중앙기관으로 하고, 그 밑에 각지 당부(黨部), 지부반(支部班)을 조직하고 각각 집행기관을 두어 운동을 하는 것으로 결정했다. 그래서 중앙기관 이하의 지방부(地方部) 집행기관의 조직은,

　1. 지방 당부는 중앙기관과 같이 상무위원 6명을 둔다.

　1. 지부에는 군사부만 두지 않고 다른 5부만 두며, 상무위원 3명을 선임한다.

　1. 반에는 문화, 경제, 조직 3부를 두고 상무위원 1명을 선임해서 제각각 집행하는 일을 맡겼는데, 중앙기관에는 집행위원 30명이고, 그 가운데 상무위원은 12명으로 구성되어 있었다.

문 임원의 선정은 어떻게 했는가.

답 독립당 수령 홍면희

　　정치부장 위와 같은 사람

동(同) 부(部) 위원 이규채(나)

경제부장 최두

문화부장 신숙

군사부장 이청천

동 참모장 이규채(나)

선전부장 정신

조직부장 박관해

로 이 사람들 외에 각 부의 위원을 합해서 31명 있었는데, 이름은 각 부장이 알고 있다. 그리고 각 부장 외에 민무, 이장녕, 최악 등 3인의 위원을 넣어 중앙상무위원회를 조직했다.

문 다른 결의한 사항은 없는가.

답 그 밖에 운동 방침으로 우선 각지에서 동지를 많이 모집해서 조선혁명 의식을 선전 주입하여 교양하고, 조직을 만들어 당세(黨勢)를 확대 강화하고, 군사 훈련을 실시하여 교양하기로 결정한 다음, 각자 맡아서 지키는 지방을 담임하여 활동하기로 결정했다.

문 각자 맡은 지방은 어떤가.

답 박관해 아성, 빈주 지방

신숙 위와 같음.

민무, 정신 영안(寧安)

이장녕 오상, 서란(舒蘭)

최두, 박세황(朴世晃) 통화(通化), 방정(方正)

이청천, 이규채(나) 유수

를 각자 담당했다.

문 그렇게 결정하고 조직한 다음 어떤 활동을 계속했는가.

답 그렇게 결정한 다음 각자 담당하는 지방을 향해 제각각 흩어지고, 나는 대회에 참석하여 조직한 후 얼마 안 있어 주거를 길림성 동빈현으로 옮겼다.

위를 통역으로 하여금 본인에게 읽어 주게 하였더니 틀림없다고 진술하고 통역과 함께 서명 무인하다.

이규채

소화 10년(1935년) 1월 9일

경기도 경찰부

사법경찰관 경기도 경부 고무라 마사히코(高村正彦)

통역관 겸 입회인 경기도 순사 유승운

(8) 제3회 신문조서(1935. 1. 21.)

피의자 이규채

위 치안유지법 위반 피의사건에 대하여 소화 10년(1935년) 1월 21일 경기도 경찰부에서 사법경찰리 경기도순사 유승운을 입회시키고 먼젓번에 이어 피의자에 대하여 다음과 같이 신문하다.

문 그대가 이규채인가.

답 그렇다.

문 먼젓번에 이어 신문하는데, 그대는 동빈현으로 옮겨가고 나서부터 어떤 활동을 했는가.

답 소화 5년(1930년) 7월경 황가소과로 옮기고 나서부터 한국독립당원을 모집하여 지방부 조직을 도모하려고 중동선, 연수, 수하 지방을 순회하며 선농(鮮農 : 조선 농민) 동포의 생활 상태를 시찰하는 한편, 오로지 독립사상을 선전 주입하고 있었다.

문 그대는 지방 지부를 조직했는가.

답 내가 활동한 결과 조직한 곳은 유수현 동구지부(東溝支部)를 짜 맞추어 만들었는데, 그 지부 임원은
지부장 공심연(公心淵)
선전부 김벽파(金碧波)
정치부 성세영(成世榮)
경제부 김동파(金東坡)

조직부 김벽파 겸임

이고 당원은 전부 21명이었다. 그것은 소화 5년(1930년) 11월 중순경, 동구
(東溝)의 조선인 사립학교에서 개최하여 조직했다.

문 지부 당원은 누구누구인가.

답 이름은 지금 일일이 기억하지 못한다.

문 다른 지방 지부는 누가 어떻게 조직했는가.

답 당시 다른 간부 당원이 활동하여 조직한 지부는
　빈주현 지부는 신숙
　오상현 사하자(沙河子) 지부는 정남전
　오상현 태평천(太平川) 지부는 여의준(呂義準)
　아성현 대석하 지부는 신숙
　주하현(珠河縣) 지부는 홍면희
　영안현 산시(山市) 지부는 민무

등이 각각 활동하여 각 지부를 조직했는데, 그 지부의 임원, 당원의 이름은
일일이 기억하지 못한다. 그리고 위시현 지부의 조직은 소화 5년(1930년) 7
월에 당 본부를 창립 조직한 당시 계속해서 지부도 조직했는데, 지부장은 강
하서(姜何栖)이고 다른 임원은 일일이 알 수 없다.

문 그 각 지부는 언제 조직되었는가.

답 소화 5년(1930년) 7월 본부를 조직한 다음, 각자가 지방에서 활동하여
소화 5년이 저무는 동안에 각각 조직되었는데, 모두 다 일시, 장소 등은 모
른다. 나는 본부에 연락하면서 보고를 받아서 이런저런 지방 지부가 조직된
것을 알았다.

문 그대가 활동하다가 길림성 연수현 황가소과로 이주하고 나서는 어떤 행동을 했는가.

답 독립당을 위해 활동하다가 소화 6년(1931년) 1월부터 연수현 황가소과로 거처를 옮겨 사사로운 생활 근거를 정하고 나서 활동을 계속하기 위해 조선인 농부 약 60호의 마을에서 서른 마지기의 토지를 가지고 농사를 짓고 있었다.

문 그 사이에 독립당 본부와 연락은 하지 않았는가.

답 사사로운 생활 근거를 마련하고 나서도 계속 본부와 연락은 끊지 않고 있었는데, 소화 7년(1932년) 1월쯤 되서 길림성 아성현 대석하에서 독립당의 임시대회가 개최된다는 통지를 받았지만 나는 당시 만주사변이 일어나 교통이 두절되어 출석할 수가 없었다. 그런데 그 해 2월 중순경에 임시대회에서 임원을 개선한 결과 나는 본부의 총무위원장에 선임되었다는 통지가 왔다.

문 왜 임시대회를 개최했는가.

답 당시 소화 6년(1931년) 9월 18일 만주사변이 일어난 이래, 일본군의 토벌에 의해 패참(敗慘)한 반만군(反滿軍)인 즉 중국병이 각 지방의 조선인 농민 마을로 와서는 '너희들은 일본에 속해 있는 소일본인(小日本人)'이라고 하면서 쓸데없이 학살·강간, 약탈 등을 심하게 하였다. 이로 인하여 조선인 동포는 생사의 기로에 처해 살 수가 없었기 때문에 이것을 어떻게 구제할 수 없겠는가에 대한 토의를 하고 선후책을 강구하기 위해 임시대회를 개최했다.
그렇게 토의한 결과 독립당은 동포를 구제하기 위해서는 중국군에게 양해 등을 바라지 않고, 그들이 스스로 양해해서 그런 행동을 가하지 않도록 본부에서 공작을 개시하는 것으로 결정하고, 공작은 군사위원장 이청천에게 일임하고 각지에 산재한 독립군을 소집하여 중국군 제3군과 연합하여 반만(反滿), 항일의 작전공작(作戰工作)을 하는 것으로 결정했다.

문 그 외에는 어떤 것을 협의했는가.

답 그 외에 별도로 협의한 것은 중국군과 연합하여 반만, 항일의 전투공작(戰鬪工作)을 하기로 결정했기 때문에 비상시이므로 간부를 개선하여 실지(實地 : 현장) 활동을 해야 할 임원을 선임했다.
그것은
독립당 수령 홍면희
총무위원장 이규채(나)
　위원 이청천
　위원 신숙
　위원 한동근
　위원 최악
　위원 정남전
총무비서 안일청
군사위원장 겸 독립군 총사령 이청천
　위원 황학수
　위원 김상덕
　위원 신숙
재정부 위원장 최두
문화부 위원장 신숙
선전부 위원장 정신
조직부 위원장 박관해
였다.

문 그후 독립당 본부에서는 어떤 행동을 했는가.

답 임시대회에서 중국군과 합작하기로 결의한 후 독립군 총사령 이청천이 각 지방에 산재해 있는 재래의 독립군을 소집한 결과, 인원이 60명에 이르자 그것으로 우선 1개 부대를 조직 편성하여 길림성 자위군(自衛軍) 왕지유(王之維)가 인솔하는 약 10만 군과 연합하여 전투하고, 흑룡강을 향해 퇴각하는 도중에 중국군의 왕지유는 귀화하고, 잔병(殘兵) 약 5만 병사와 함께 흑룡강까지 가서는 어찌 해볼 도리가 없게 일만군(日滿軍)의 토벌을 받아 승산 없이 참패하고, 이청천은 소화 7년(1932년) 8월에 아성으로 약 400여 명의 독립군을 인솔하여 되돌아왔다. 그 동안 나는 소화 7년(1932년) 2월경, 조선인 동포에게 피난을 포고함과 동시에 중동선 모아산으로 거처를 옮겼다.

문 모아산으로 거처를 옮겨서는 어떤 활동을 했는가.
답 모아산으로 거처를 옮겨 농사를 시작했는데 갈팡질팡하는 중국 패참병의 폭압과 난폭이 여전히 심했고, 그것은 이청천이 길림 자위군과 연합해서 한 일을 다른 자위군이 모르고 여전히 그런 짓을 하는 것이어서 그에 대한 선후책(善後策)을 강구해야겠다고 마음먹은 다음, 소화 7년(1932년) 5월 초순경에 독립군 중대장이 된 안해강을 데리고 아성에 있는 길림자위연합군 총지휘관 중국인 양요균을 방문했다.

문 왜 양요균을 방문했는가.

답 그것은 중한이 합작해서 반만·항일을 하고, 그리고 조선인 동포를 안정시키기 위해서였다.

문 양요균을 방문하여 어떤 것을 협의 약정했는가.

답 양요균과 면회하여 내가 조선인의 상황과 입장을 설명한 다음, 조선인이 조직한 조선 독립당이 존재한다는 사실을 명확하게 이야기하고 나서 독립당 소속의 독립군과 합작해서 일본제국을 타도하여 조선의 독립 및 중국의 실지회복을 도모하자고 설명하고 간원(懇願)한 결과, 양요균도 그 말을 듣고 그것을 받아들여 상호 합작하는 것을 승낙한 후, 독립군은 몇 사람이나 되고 나는 어떤 책무를 맡고 있느냐고 묻기에, 나는 독립군의 참모로 있고 군대는 수백 명이 있으니 그것을 자위군에 편입해 연합하자는 의견을 얘기했더니 상대방도 그것을 승낙하면서, 그러면 중국 자위연합군 제3군의 중교 참모 직책을 맡아서 활동해 달라고 하기에 나는 그것을 승낙하고 그때부터 그 군에 근무하게 되었다.

문 독립군의 편대(編隊)는 어떻게 되어 있었는가.

답 평소 상비군의 편대 조직은 다음과 같았는데, 사변(事變)인 경우는 수시로 편성을 교체했다. 말하자면
한국독립군 총사령 이청천
　　　　　부사령 김창환
　　　　　참모 이규채
　　　　　참모 신숙
　　　　　회계 한동근
　　　　　대대장 오광선
　　　　　중대장 최악
　　　　　중대장 안해강
으로 되어 있는데, 1개 소대는 50명이고 3개 소대가 1개 중대, 3개 중대가 1개 대대로 되어 있었다.

문 그대는 중국연합군 제3군 참모로 임명되고 나서는 어떤 활동을 계속했는가.

답 소화 7년(1932년) 5월 중순경에 이청천이 흑룡강성에서 돌아오기 전인데, 대대장 오광선은 흑룡강성에서 먼저 돌아왔기 때문에 오광선과 부사령

김창환을 불러 뒤에 남아서 독립군을 소집하라고 명했더니, 군인 약 60명을 모집해 왔기에 제3군 내의 한국군인 부대를 편성해서 우선 이청천이 귀환할 때까지 훈련을 하며 아성을 지키고 있었다. 그런데 그 해 8월 1일경 이청천이 흑룡강성에서 약 400여 명을 인솔하여 귀환했기에 그들과 함께 편성해서 제3군과 연합하여 아성을 방비하는 임무를 맡고 있었다.

　문 제3군의 독립군 편대는 어떠했는가.

　답 한국독립군 총사령 이청천(일명 지대형)
　　　　　　부사령 김창환
　　　　　　참모 이규채
　　　　　　참모 신숙
　　　　　　회계 한동근
　　　　　　대대장 오광선
　　　　　　중대장 최악
　　　　　　중대장 안해강
　　　　　　중대장 최관용(崔寬容)
　　　　　　소대장 차철
　　　　　　소대장 윤필한
　　　　　　소대장 이간
　　　　　　소대장 공홍국
　　　　　　소대장 박영묵(朴泳默)
외의 4명은 성명을 잊었다.
　　　　　　대대부관 안규원
　　　　　　군수처장 한아강(韓阿江)
　　　　　　군수정 심만호
　　　　　　수종원 최만취
　　　　　　영장 오광선

영부관 이봉림(중국인)

영부관 안일청

등이었다.

문 중국 자위연합군의 조직은 어떻게 하고 있는가.

답 상세한 내용에 대해서는 잘 모르겠는데, 중요한 위쪽 부분을 얘기하면

총지휘 양요균

제1군장 손경림

부하 3만 명

제2군장 이복정

부하 약 4만 명

제3군장 고봉림

부하 약 1만 수천 명

이었다.

문 독립군은 몇 명이었는가.

답 약 500명이었다.

문 한국독립군은 제3군과 연합하여 어떤 전투 행동을 했는가.

답 아성을 방비하고 있었는데, 소화 7년(1932년) 음력 8월 15일 오후 6시쯤
되서 자위군과 연합해서 쌍성현을 습격하여 만주국 군경과 전투한 결과 다
수의 금품과 총기, 탄약 등을 탈취하고 그곳 상무회장(商務會長)인 만주국
사람 차식분을 표면적 인질로 납치해 돌아왔는데, 그 실내용은 차식분이 스
스로 원해서 제3군에 들어오기 위해 표면적으로 납치되는 형식으로 온 것
이다.

그리고 나서 그 해 9월 하순경에 재차 쌍성현을 습격하여 그곳에 주둔하는 일본군과 교전했는데, 다음날 아침 일본군 비행기의 폭격을 받아서 대항하지 못하고 퇴각하여 제1군, 제2군은 동빈현으로, 제3군은 오상현으로 피하고 독립군은 액목현으로 피했다. 그래서 나는 군과 함께 가지 못하고 아성현 노도점에 남아 있었다.

문 왜 그대는 노도점에 남아 있었는가.

답 얘기가 후선(後先)으로 뒤바뀌었는데, 쌍성현을 제1차 습격하고 돌아왔을 때에 회의를 열었다. 그 회의는 선후책을 강구하기 위한 독립군 장교회의가 되기도 하고 독립군 간부회의가 되기도 했는데, 거기에서 총사령 이청천은 아직도 계속해서 액목현 중심에 자위군의 왕덕림 군이 있으니 앞으로도 계속해서 그들과 연합해 싸워보자고 주장하고, 나는 지금으로서는 독립당에서 이러한 행동을 했기 때문에 자위군에서도 양해하고 있고, 조선인 동포에게는 위해를 가하지 않아서 조선인 농부는 모두 수확을 마치고 식량을 수습해서 피난했기 때문에 생활은 살아나고 있으며, 또 정세를 보더라도 일·만군과 싸우다라도 승산 없이 참패할 것이 틀림없으니 그것을 중지하고 중국 본토 안으로 들어가 적극적으로 운동을 하자고 주장했다.

그러나 이청천을 비롯한 장교들은 참패하여 죽을 때까지 끝까지 맞서 싸워보겠다고 굳게 주장하기에, 그러면 나는 우선 중국 본토 안으로 가서 자금을 조달해 보낼 터이니 끝까지 싸우다가 참패하면 본토 안으로 도피해 오겠다고 약속하고 결정한 것이다. 그래서 제2차 습격을 하고 나서 일본군과 맞서서 싸운 결과 퇴각하고, 이청천은 독립군을 인솔해서 왕덕림과 연합해 싸우려고 액목으로 피해서 가고, 나는 남아 있었던 것이다.

문 이청천 등과 헤어진 뒤에 그대는 어떻게 했는가.

답 나 홀로 남아 노도점에 있다가 소화 8년(1933년) 3월 17일 출발해서 걸어서 길림을 거쳐 신경(新京)에 이르고, 거기서부터 기차로 봉천, 산해관을 거쳐 북평으로 갔다.

문 그 여비는 어디에서 나왔는가.

답 독립군의 준비금으로 항상 가지고 있던 예비금 50원을 가지고 출발했다.

문 이청천과는 어떤 연락을 했는가.

답 이청천과는 회의에서 약속 결정하고 헤어진 뒤에는 전혀 연락은 없었다.

문 그대가 노도점에 머물고 있을 때 달리 한 일은 없는가.

답 방금 얘기한 대로 사변으로 뒤숭숭했기 때문에 아무 것도 할 수가 없어서 틀어박혀 있었다. 그런데 협조회 사람인 오철주란 자가 와서 협조회를 찬성해 달라고 하면서 협조회의 취지 등을 얘기했지만 나는 그것을 반대한다는 의견을 얘기했고, 다음에는 특무기관장(特務機關長) 다케시다 대좌로부터 귀순하라는 취지의 통신을 받았지만 모두 다 반대하고 받아들이지 않았다. 이외에 상세한 것은 상해영사관에서 취조할 때 상세하게 진술했다.

문 독립군의 군수품, 식량 등의 출처는 어디인가.

답 중국인 민중(民衆)의 집에서 전부 제공해 주고 있었다. 그것은 오히려 중국인 군인은 횡포를 부려서 동정하지 않았지만 독립군은 중국인을 보호하고 절대로 횡포를 금하고 있었기 때문에 중국 농촌에서 중국 민중이 기쁜 마음으로 식량을 비롯해 그 외의 필요한 군수품을 제공해 주었다.

문 그대는 북평에 도착해서 어떤 행동을 했는가.

답 북평에 도착한 것이 소화 8년(1933년) 4월 중순경인데, 북평 덕승문의 김국빈이란 사람을 방문해서 그 집에서 나흘을 묵었다. 김국빈은 중국 국민군 군분회에 근무하는 사람으로 이전부터 이름은 듣고 있었다. 북평에는 아는 사람이 없어서 그 사람을 찾아간 것이다. 그리고 만주에서 내가 독립군을 조직해 활동한 경과 등을 이야기했지만, 달리 이야기한 바는 없다.

그곳에서 소문에 들으니 이능연이란 자가 독립군에서 왔다고 사칭하고, 중국 구국군후원회(救國軍後援會)로부터 돈 수천 원을 편취했다는 것으로 어떤 자가 얼마를 사취했는지를 조사하기 위해서 구국군후원회 본부로 가서 송(宋)이란 사람을 면회하고, 나는 독립군에서 온 사람인데 전에 누가 와서 독립군을 표방해서 돈을 얼마나 사취해 갔는지를 조사하러 왔다고 얘기했더니, 그 사람은 그것은 지금 와서 알 필요가 없고, 현재의 정세에서는 정전조약을 체결하는 중이고 전쟁도 종식될 모양이라서 그것도 지금 조사할 필요가 없다고 해서 하는 수 없이 그대로 돌아왔다. 그리고 김국빈의 집에서 나흘을 묵고 남경으로 갔다.

문 북평에서 그 외에 만난 사람은 없는가.

답 그 외에 만난 사람은 없고, 또 운동에 대해서도 협의한 일이 없다.

문 남경에는 언제 도착했는가.

답 소화 8년(1933년) 4월 중순경에 도착했다.

문 남경에 도착해서는 어떤 행동을 했는가.

답 남경에 와서 전에 길림성에서 의원을 개업하고 있던 김동주의 집을 찾았다. 김동주는 남경 화패로 문창항, 진단의원이다. 그곳에 숙박하면서 이전에 상해에서 알게 된 박남파, 즉 박찬익과 만났다.

문 박남파와는 어떤 것을 협의했는가.

답 내가 남경에 온 것은 앞서 얘기한 대로 독립군을 구할 자금을 조달하러 온 것이기 때문에 우선 박남파에게 만주에 있는 독립군의 현재 상태를 설명하면서 독립당, 독립군을 구출해야 하는데 자금이 없으니 자금을 다소에 상관없이 받고 싶다고 했다. 그랬더니 박남파는 자금은 중국 정부에 교섭하면 얼마든지 얻을 수 있지 않겠느냐고 했는데, 나는 그것에 반대하며 만약 중국 정부에서 얻는다면 천 원, 만 원은 필요 없고 기백만(幾百萬) 원이라도 얻는다면 어쩌면 대대적인 운동을 할 수 있을지도 모르겠다.

그렇지만 현재의 상태로는 그것도 불가능하니 절대로 독립당, 독립군의 체면을 위해 그런 일은 해서는 안 되고, 더군다나 이런 일을 김구에게라도 얘기해서 김구가 아무리 중국 정부측에 신용이 있다고 해도 그것을 부탁하는 것역시 체면상 좋지 않으니 박남파 자네의 개인 돈이 있으면 여비만이라도 좋으니 사재라도 쪼개서 달라고 했다. 그랬더니 한 20일쯤 지나서 박남파가 돈 600원을 조달해 주었다.

문 박남파는 어디서 조달해 그대에게 주었는가.

답 박남파가 어디서 조달했는지는 모른다.

문 그대는 그 자금 600원을 받아서 어떻게 했는가.

답 그것을 받아 소화 8년(1933년) 5월 2일 출발해 천진에 이르고, 그곳에서부터 선편으로 영구에 상륙하여 거기서부터 기차편으로 봉천, 신경을 경유하여 길림성에 도착했다.

문 그대는 왕래 도중에 관헌의 검문을 받지 않았는가.

답 왕래할 때는 중국 농부로 변장을 하고 있었고, 관헌의 검문을 받았지만 나는 농사를 짓고 있다고 대답하며 피했다.

문 길림에 도착한 후 독립군과는 어떻게 해서 연락이 통했는가.

답 길림에 도착한 후 신변이 위험했기 때문에 농가를 전전하면서 액목현으로 간 이청천 일행의 독립군 소식을 알려고 이청천과 함께 가 있는 이간의 집이 있는 오상현 향양산으로 통신을 보냈다. 그 내용은 '나는 지금 이곳에 와 있는데, 이간이나 이청천의 소재를 알게 되면 그곳으로 사자나 통신을 보내서 누군가 내가 있는 곳으로 연락을 취하러 오도록 하라'고 써서 보냈더니, 누군가로부터 그 연락이 통한 모양으로 독립군으로부터 최병권이라는 사람이 사자로 왔기에 돈 300원을 주면서 이것을 여비로 해서 이청천은 빨리 철수하여 남경으로 가도록 전하라고 명했는데, 나중에 대대장 오광선과 이춘 두 사람이 왔다.

그런데 여비가 부족해서 모두 다 올 수가 없어서 오광선과 이춘으로 선발하고, 자금을 더 많이 조달하기 위해 급하게 소화 8년(1933년) 7월 13일경에 걸어서 신경으로 나와서 철도편으로 봉천을 경유하여 영구에 도착하고, 거기서부터 배로 천진을 경유하여 북평에 도착했다. 그리고 북평 서성 순포청 호동 15호 중국인 집의 방을 빌려 하숙하면서 남은 부대를 구출할 자금을 서둘러 조달해야 했기 때문에 곧바로 오광선에게 소개장을 써서 남경의 박남파에게 보냈다.

그 내용은 '오광선은 믿을 만한 동지이니 구출 자금이 부족한 고로, 될 수 있는 한 조금 더 자금을 조달해 보내달라'고 써서 주었다. 그리고 오광선에게는 자금을 받거든 직접 길림으로 가서 이청천 등의 일행을 구출해 데리고 남경으로 직행하라고 명해서 보냈다. 그랬더니 오광선은 그것을 받아서 박남파를 찾아가 자금으로 중국 화폐 1,200원을 받아서 길림으로 직행하여 소화 8년(1933년) 9월 22일에 이청천 일행을 데리고 북평의 우리들이 있는 곳으로 도피해 왔다.

문 구출되어 도망쳐 온 사람은 이청천 외 누구누구인가.

답 이청천, 오광선, 홍면희, 김창환, 남진호, 공홍국, 이동만, 김태산, 이달수, 황해정(黃海情)*, 심경삼(沈京參), 왕윤, 이의명 등 13명이다.

문 독립군의 그 간의 활동은 어떻게 했다고 들었는가.

답 이청천 일행이 오고 나서 보고를 들으니 독립군은 액목으로 퇴각하고, 거기에서 군인이 증가하여 약 700~800명에 이르렀는데, 왕덕림은 도중에 러시아령 방면으로 도망가고, 나머지 병사는 마적화하여 도저히 정식으로 연합해서 싸울 수 없게 무너지고 사방으로 흩어져 있었다. 일본군의 공격을 도처에서 받아 이를 피해서 깊은 산속으로 들어가 이리저리 옮겨다니며 악전고투를 계속하다가 공산군과 조우하여 독립군은 모두 무장 해제를 당해 이러지도 저러지도 못하고 곤경에 빠져 있을 때 마침 나와 연락이 되어 여비가 왔으므로 거기에서 독립군대는 해산을 명령하고 각자 생업에 종사하라고 명령하여 전부 사방으로 흩어져 귀화하거나 각자의 생업에 종사했다. 그런데 끝까지 귀화하지 않고 소지(素志)를 관철하려고 귀환한 이청천 외 부하 13명은 도망하여 북평으로 왔다.

문 그 사이 전투는 어디에서 했다고 들었는가.

답 영안현에서 조선인의 친일자위단(親日自衛團)을 습격하여 교전하고, 다음에 왕가둔(王家屯) 만주군을 습격하여 교전했다고 하는데, 상세한 것은 지금 기억에 없다.

문 그러면 독립군은 해산했는가.

* 앞의 239쪽에는 황해청(黃海淸)으로 되어 있는데, 황해청의 오류로 사료됨.

답 그렇다. 조금 전 말한 대로 어쩔 도리 없이 참패했기 때문에 해산했다.

문 한국독립당은 어떤가.

답 한국독립당은 여전히 존재하고 있다.

문 독립당의 세포 기관인 각 지부는 어떤가.

답 만주국이 창립되고 나서 일본군의 토벌로 아무것도 존립할 수가 없게 되어 첫째 당원으로서 생명을 보존할 수 없을 정도가 되었기에 지부도 존립할 수 없게 되었다. 자연 파괴되었던 것이다.

위를 통역으로 하여금 본인에게 읽어 주게 하였더니 틀림없다고 진술하고 통역과 함께 서명 무인하다.

이규채

소화 10년(1935년) 1월 21일

경기도경찰부
사법경찰관 도경부 고무라 마사히코
통역 겸 입회인 도순사 유승운

(9) 증인 여운형 신문조서(1935. 1. 25.)

증인 여운형(呂運亨)

이규채에 대한 치안유지법 위반 사건에 대하여 소화 10년(1935년) 1월 25일 경기도경찰부에서 사법경찰리 경기도순사 김제성(金濟晟)을 입회시키고 다음과 같이 신문하다.

문 주거, 직업, 성명, 연령은 어떻게 되는가?

답 경성부 계동 140번지의 8호
   양반, 조선중앙일보(朝鮮中央日報) 사장

여운형
당 50세

여기에서 형사소송법 제186조 제1항에 기재된 자인지 아닌지를 물어 거기에 해당되지 않음을 확인하고 증인으로 신문하겠다고 알리다.

문 증인은 상해에 거주할 때 경기도 포천 태생 이규채란 자를 알고 있는가.

답 오래 되어서 확실한 기억에 없다.

문 얼굴을 보면 알겠는가.

답 이름만으로는 모르겠으나 얼굴을 보면 알지도 모르겠다.

여기에서 피의자 이규채를 증인과 대질시킴.

문 이규채는 이 남자인데 본 적이 있는가.

답 본 적이 있다. 이 남자는 이시영의 집에 있으면서 이시영의 밑에서 독립운동을 위하여 활동하고 있었다.

문 이규채는 당시 어떤 역할을 담당하여 활동했는가.

답 대정 13년(1924년) 4월경 이규채는 이시영을 의탁하여 상해로 와서 당시 상해에서 조선의 독립운동을 위하여 조직되어 있던 한국임시정부에 속한 의정원 의원으로 회의에 여러 번 출석한 일이 있다.

문 당시 한국임시정부의 간부는 누구누구인가.

답 당시 한국임시정부의 대통령은 이승만이었으나 나중에 작고한 박은식으로 바뀌었다. 나의 기억에 남아 있는 주요한 각원은

국무총리 고(故) 노백린
내무총장 김구
학무총장 김규식
법무총장 고 신규식
교통총장 남형우
재무총장 이시영
노동총장 안창호
외교총장 조소앙

등이었고, 그 외에도 학무총장과 군무총장도 있었는데 누구였는지 기억이 없다. 그 무렵 김규식은 러시아에 가 있었던 것으로 기억하고 있다.

문 증인은 의정원에 임원이 된 일이 있는가.

답 내가 의정원의 의장이 된 일도 있고 부의장이 된 일도 있는데, 내가 의장일 때는 누가 부의장이었는지 기억하지 못하지만 내가 부의장일 때 의장은 최창식이었다.

문 그 무렵 이규채는 의회에 열석했는가.

답 여러 차례 출석했다.

문 이규채의 당시의 주장 및 활동은 어떤가.

답 출석한 것은 확실히 기억하지만 그 무렵에 어떤 주장을 했는지, 어떤 활동을 했는지는 지금 생각이 나지 않는다.

문 증인은 한국임시정부에 관계가 없는가.

답 나는 의정원에는 관계가 있었으나 직접 한국임시정부에 관계는 없었다.

문 당시 의정원 의원은 누구누구였는가.

답 의원 총수는 40명쯤 있었는데, 의회에 출석하는 사람은 20명이 되지 않았다. 지금 오래된 기억을 더듬어 보면 여운형(나), 최창식, 김구, 윤기섭, 조완구, 곽헌 즉 곽중규, 조완, 이규채, 조상섭(趙尙燮), 이유필, 박진(朴震), 나용균(羅容均), 엄항섭, 민제호 외 30여 명이 있었는데, 일일이 기억하지 못한다.

문 의정원의 조직은 어떤가.

답 의장, 부의장 각 1명, 서기 약간 명, 의원 40명으로 조직되어 있고, 의회를 개최하여 의안을 결정하는 것으로 마치 일본의 제국의회(帝國議會)와 비숫한 것이다.

문 의정원은 어떤 일을 하는 곳인가.

답 한국가정부에서 원안을 제출한 것을 의회를 열어 토론으로 결정하고, 조선독립운동의 방침을 결정하는 것이 주된 목적이고, 가정부원에 결원이 있으면 의회를 열어 보결선거(補缺選擧)를 한다.

문 그러면 의정원의 목적은 조선의 독립을 위한 임시정부의 의사결의의 기관으로, 요컨대 조선독립을 달성하기 위해 조직된 것인가.

답 그렇다.

문 이규채는 몇 년 정도 의정원 의원으로 활동하고 있었는가.

답 한 1~2년 정도밖에 있지 않았다.

문 그 무렵 러시아 소비에트정부에서 한국임시정부에 자금을 제공한 일로 의정원에서 문제가 된 일은 없는가.

답 대정 9년(1920년) 봄 소연방정부에서 한국임시정부에 대하여 200만 루블을 제공해 운동을 지원하게 되고, 얼마쯤 있다가 제1차로 40만 루블을 한형권(韓馨權)이 받아서 김립(金立)에게 건넨 후 둘이서 탕진해 버리고, 그후 한형권이 제2차로 20만 루블을 받아와서 다시 고창일(高昌一)과 함께 탕진해 버린 일로 한때 의회에서 문제가 된 일이 있었는데, 그것은 대정 9년(1920년)의 겨울쯤의 일이고, 대정 13년(1924년)경 의회에서는 그런 얘기는 없었고, 상해에 거주하는 일반 조선인은 다 알고 있었다. 그 일 때문에 김립은 대정 9년 겨울에 피살되었다.

문 당시 한국임시정부는 어디에 있었는가.

답 상해 프랑스조계 명덕리(明德里)에 있었다.

문 의정원은 어디에 있었는가.

답 상해 프랑스조계 송비덕로(竦飛德路)에 있었다.

문 의정원 의회는 1년에 몇 번쯤 열렸는가.

답 정기의회는 1년에 1회, 1월에 개최하도록 되어 있는데, 당시는 임시의
회를 늘 개최하고 있어서 1년에 몇 번 개최했는지 기억하지 못한다.

문 그 밖에 진술할 것은 없는가.

답 없다.

위를 통역으로 하여금 본인에게 읽어 주게 하였더니 틀림없다고 진술하
고 통역과 함께 서명 무인하다.

진술자 여운형

소화 10년(1935년) 1월 25일

경기도경찰부
사법경찰관 도경부 고무라 마사히코
통역 겸 입회인 도순사 김제성

(10) 제4회 신문조서(1935. 1. 26.)

피의자 이규채

위 치안유지법 위반 피의사건에 대하여 소화 10년(1935년) 1월 26일 경기도경찰부에서 사법경찰리 경기도순사 유승운을 입회시키고 먼젓번에 이어서 피의자에 대하여 다음과 같이 신문하다.

문 그대가 이규채인가.

답 그렇다.

문 먼젓번에 이어 신문하는데, 이청천 같은 일행을 구출할 여비 자금은 박남파가 어디에서 조달한 것인가.

답 박남파가 어디에서 조달해 왔는지 출처는 듣지 못했다.

문 그대가 박남파와 협의한 결과, 이청천 일행을 구출한 뒤에는 어떻게 했는가.

답 두 번째로 박남파에게 자금을 받아 이청천 일행을 소화 8년(1933년) 9월 2일경 불러들여서 북평 서성 순포청호동 15호 중국인 집에 체재시키고 있었다. 그래서 처음에 박남파와 협의를 해서 이청천 일행을 구출해 오면 이청천은 청년을 인솔하여 남경중앙군관학교 낙양분교에서 교양훈련을 하고 있기로 결정해 두었기 때문에 북평에서 이청천 등과 협의한 결과, 이청천은 청년들을 인솔하여 낙양분교로 가서 교양훈련을 하기로 하고, 노년인 홍면희, 남진호, 나 등은 북평, 그 외에 남경 등지에서 각각 생업에 종사하면서 우선 개인 생활을 안정시킴과 동시에 가능한 한 자금을 조달할 방책을 강구하기로 결정한 후 남진호와 나는 북평에 남고, 홍면희는 소화 8년(1933년) 11월 말경 남경으로 가고, 이청천은 청년들을 데리고 북평에서 이틀을 묵고 낙양의 분교로 갔다.

문 그러면 이후 운동 방침은 어떻게 정하고 헤어졌는가.

답 당시 지금의 정세에서는 아무리해도 생각대로 되질 않으니 우선 노년배들은 앞서 이야기한 대로 사생활의 안정책을 강구함과 동시에 운동자금을 조달하는 데 노력하기로 하고, 이청천은 낙양분교에서 계속해서 청년을 모아 교양훈련을 하여 청년운동 투사를 많이 양성한 다음에 어떤 기회의 시기가 오면 동지를 규합해 적극적으로 운동하기 결정했다. 적극적 운동은 겉으로 드러나지 않는 지하운동으로 나아가는 것으로 했다.

문 그후 그대는 북평에서 어떤 행동을 했는가.

답 그후 나는 북평에 남아 별로 하는 일도 없이 지내면서 도서관 등에 출입하고 있었는데, 소화 9년(1934년) 2월쯤 되어 남경 성내 화패로 태평여사 홍면희로부터 남경에 있는 한국혁명당과 한국독립당이 합병해서 운동을 계속하기로 하고 신한독립당을 조직했는데 귀하(나를 가리킴)는 감사위원으로 선거되었으니 취임하라는 통지가 우편으로 왔으나 나는 그것을 사임한다는 취지의 회답을 했다. 그 이유는 지금까지 상해 임시정부 당시부터의 경험으로 보아 이런 운동은 표면상으로 조직만 하고 떠들어 본들 전부가 허위의 공허(空虛)한 운동이지 실제 운동은 아닌 까닭에 이런 운동을 해봐야 성공할 가능성이 없기 때문에 나는 이청천과 헤어질 때에 결정한 방침에 따라 나아갈 생각이라고 써서 보냈는데, 그것에 대한 회답은 없었다.

문 그러면 신한독립당의 감사위원은 사임한 것으로 되었는가.

답 나는 사임 이유를 발송한 후 아무런 회답이 없어서 수리된 것으로 생각하고 있다.

문 그후에는 어떻게 했는가.

답 그후 소화 9년(1934년) 2월 말경에 박남파와 회합하여 농사 경영을 하기 위한 토지를 보고 의논하기 위해 남경으로 갔다. 남경 화패로 태평여사에서 박남파와 만나 농사를 경영하기 위한 토지에 관해 의논한 후, 그럴만한 토지가 상해에 있다고 해서 남경에서 이틀을 머문 후에 박남파의 지시를 받아서 상해 민행진(民行鎭) 탁림(拓林)으로 토지 감정을 하려고 갔다가 왔다. 그래서 토지가 적당하니 110마지기의 토지를 연차임(年借賃) 한 마지기당 50전씩에 빌려서 농사를 경영하기로 결정했다. 그래서 나는 남경으로 돌아와서 박남파와 상의해 결정하고, 나는 여비로 대양(大洋 : 옛 은양銀洋 1원짜리 은화의 이름) 160원을 받아서 북평으로 돌아왔다.

문 북평으로 돌아와서는 어떤 행동을 했는가.

답 여비 160원을 받아서 북평으로 온 것은 몽고(蒙古)의 수원성(綏遠省) 융랍현(薩拉縣)에서 농사를 짓고 있는 농부 성인호, 성구호 형제를 불러들여 상해의 농장에 배치할 심산이었다. 그래서 북평으로 돌아와 즉각 여비를 보내서 두 사람을 불러와 소화 9년(1934년) 3월 초순경에 상해로 보냈는데, 소화 9년도(1934년도)의 농사를 짓고 있다. 그래서 나와 같은 주장을 하고 있던 남진호도 성인호 형제와 함께 상해로 먼저 보낸 뒤, 나는 박남파로부터 다시 여비 120원을 송부 받아서 소화 9년 5월 23일에 출발하여 상해로 가는 도중 낙양에 들러 이청천을 만났다.

문 이청천을 만나서 어떤 이야기를 했는가.

답 낙양에 도착한 후 나는 역전 동춘여관에 머물며 이청천의 숙소인 낙양

남대가 삼복가 33호를 방문하여 이청천의 상황과 아울러 군관학교 낙양분교의 상황을 물었는데, 이청천은 자기가 인솔해 온 청년은 모두 입학시켜서 교양(敎養)하고 있지만 자기는 교관으로 임명하는가 싶었는데 교관으로 써 주지도 않고, 김구가 단지 매달 50원을 주고 있는데 어찌된 까닭인지 모르겠고, 50원을 받아서는 도저히 생활이 어렵고 괴롭다고 했다. 그래서 내가 그러면 군관학교의 내용을 살펴볼 수 있게 해달라고 했더니, 일본 관헌의 정탐꾼이 오는 것은 아닌가 하고 의심하여 조선인의 시찰을 아주 꺼려하고 내용을 비밀로 하고 있기 때문에 바람직하지 않다고 해서 탐방은 그만두었다.

그것 외에 별다른 얘기 없이 5월 26일경 출발하여 남경에 있는 홍면희 등의 상황을 보려고 남경으로 갔다. 그래서 남경 성내 화패로 중정가 태래여관 7호에 투숙하고 홍면희의 숙소인 홍무로(洪武路) 윤기섭의 집을 방문해 만났다.

문 어떤 것을 이야기했는가.

답 홍면희가 나에게 어째서 운동선(運動線)에 서지 않느냐고 물어서 나는 앞에서 얘기한 대로 농사를 경영하여 자금을 손에 넣고 나서 적극적으로 할 심산이라고 간단하게 이야기를 하다가 멈추고 나서는 보통 얘기를 나누면서 마음을 달랬다. 그래서 그곳이 기후도 좋은 곳이어서 홍진, 김창환, 윤기섭 등과 매일 교유하고 있었는데, 소화 9년(1934년) 6월 25일쯤 되어서 이청천으로부터 돌연 지령이 우송되어 왔다.

위를 통역으로 하여금 본인에게 읽어 주었더니 틀림없다고 진술하고 통역과 함께 서명 무인하다.

이규채

소화 10년(1935년) 1월 26일

경기도경찰부
사법경찰관 도경부 고무라 마사히코(高村正彦)
통역 겸 입회인 도순사 유승운

(11) 제5회 신문조서(1935. 1. 27.)

피의자 이규채

위 치안유지법 위반 피의사건에 대하여 소화 10년(1935년) 1월 27일 경기도경찰부에서 사법경찰리 경기도 순사 유승운을 입회시키고 먼젓번에 이어 피의자에 대하여 다음과 같이 신문하다.

문 그대가 이규채인가.

답 그렇다.

문 먼젓번에 이어 신문하는데, 그대가 이청천으로부터 받은 지령은 어떤 것인가.

답 이청천으로부터 우편으로 온 지령은 누런 빛깔의 명주에 쓰여 있었는데, 크기는 임명장은 4방(方) 2촌(寸)이고 편지는 4방 3촌으로 두 장이 이어져 있었다. 그 지령의 내용은
"최창석을 한국독립군의 항공부장에 임명한다.
복정일(즉 박남파)을 한국독립군의 교섭부장에 임명한다.
이우정(나)을 한국독립군 군수부장 및 해내외 각 혁명단체 연락교섭위원장에 임명한다."
라는 세 장이고, 편지의 내용은
"우리는 해내외 혁명단체(미주까지 포함)와 연락하여 한국독립당 및 독립군을 부흥시키고 적극적으로 한국혁명운동을 계속하자."
라는 요지였다.

문 그대는 전에 이청천과 함께 부흥운동에 관하여 뭔가 미리 협의가 있었는가.

답 미리 협의한 것은 아무것도 없다. 내가 낙양에서 이청천을 만나고 난 뒤에 헤어져 남경의 태평여사에 와 있을 때, 남경에 머물고 있다는 것을 이청천 앞으로 편지를 보내 알린 적이 있는데 이청천이 자기 독단으로 돌연 그런 지령을 보내온 것이다.

그것은 내 생각으로는 이청천 자신은 낙양군관학교에 갔으니 혁명투사를 양성하는 교관 역할을 줘서 근무할 것이라고 생각했는데, 실제 가서 보니까 관련해서 아무것도 관계할 수가 없고 단지 김구로부터 매월 50원을 받고 있을 뿐이고, 아무런 할 일이 없어서 단지 놀고만 있는 것이 아무것도 없기 때문이라는 생각에서 이미 조직해서 운동을 하고 있던 한국독립당 및 독립군 총사령부를 부흥시켜서 각 혁명단체와 연락하여 혁명운동을 계속하기 위하여 나에게 그런 지령을 보낸 것이라고 생각한다.

문 그대는 그 지령을 받고 어떻게 했는가.

답 그 지령을 받고 나서 먼저 박남파에게 그 취지를 이야기했더니 박(朴)도 역시 나와 의견이 같아서 함께 반대하고, 또한 최창석은 항주 중국항공학교(中國航空學校) 사관(士官)으로 있을 텐데 어쨌든 반대할 것으로 생각하여 최창석에게는 어떤 통지나 문의도 하지 않았다. 그래서 이청천에게 '오늘까지의 정세 및 경험으로 봐서 아무런 실력이 없이는 도저히 운동을 할 수 없는 것이므로 우리는 농사를 경영하여 미력이나마 실력을 충실하게 하고나서 어떤 시기에 도달한 다음에 재흥을 철저하게 하려고 하기 때문에 농장으로 가는 것이고, 귀하도 당분간 중지하고 같은 뜻이 있으면 와서 함께 실력의 충실을 도모해 나아가자'는 편지를 보냈다.

문 그 편지에 대해서 이청천으로부터 어떤 회답이 다시 있었는가.

답 그후에 아무런 회답이 없었다.

문 그 지령은 어떻게 했는가.

답 그 지령은 이청천에게 돌려준다고 생각하고 내가 소지하고 있었다.

문 어째서 그것을 돌려주지 않고, 상해에서 검거되기까지 소지하고 있던 이유는 무엇인가.

답 나는 받고 나서 박남파와 상의한 다음, 이청천에게 우선 당분간 불가능하다는 취지의 편지를 보낸 후에 돌려주려고 생각하여 주저하고 있었는데, 이청천이 내 편지를 받았을 때는 낙양에 있지 않고 행선지가 불분명했기 때문에 소재를 확인하고 나서 보내주려고 생각하다가 결국 검거될 때까지 지니고 있었던 것이다.

문 그후 어떠한 행동을 했는가.

답 그후로 박남파와 상담한 결과, 강소성 봉현 탁림진의 농장으로 갔다. 그리고 이틀간 묵으며 농사를 시찰한 후, 부양현(富陽縣)이란 곳은 중국의 종이 산지이기 때문에 다시 종이 제조업을 하는 한편으로 경영해 보자고 생각해서 그곳 공장을 시찰하기 위해서 그곳을 여행하며 1박을 하고 탁림진으로 돌아왔다. 그리고 농장을 경영하고 있었는데, 신경쇠약증에 걸려 한약을 사기 위해 소화 9년(1934년) 10월 하순경 상해로 가서 채자로(荣子路) 복성기(福星機), 프랑스조계 정가목교(鄭家木橋) 신신여사(新新旅舍) 등을 전전하며 숙박하고, 11월 1일 공동조계 북하남로(北河南路) 경여당(慶餘堂) 약방으로 약을 주문하러 가다가 그 약방 앞에서 상해영사관 경관에게 검거되었다.

문 거듭 묻는데, 한국혁명당은 누구누구가 조직한 것인가.

답 상세히는 모르겠는데, 한 3년 전 중국 본부 내에서 남경을 중심으로 윤기섭, 연병호, 염운동 등이 조선독립운동을 목적으로 조직한 것이다.

문 한국독립당과 한국혁명당이 합병하고, 신한독립당을 조직했을 때는 간부는 누구누구였는가.

답 수령 홍면희
 간부 윤기섭
 간부 연병호
 간부 김창환
 간부 김상덕
 간부 김원식
 간부 성주식
 간부 염운동
 간부 왕해공
등인데, 부서라든가 그 이전의 간부 등 당원 수는 잘 모른다.

문 신한독립당의 목적은 무엇인가.

답 역시 대중운동을 통해 조선을 일본 제국의 굴레에서 벗어나서 완전한 독립을 도모하려고 하는 것이다.

문 낙양군관학교 분교의 상황은 어떤가.

답 낙양분교는 조선인 사관(士官)을 양성하는 곳인데, 학생은 약 90명이고 중앙군관학교 제17대로 되어 있었다. 조선인 교관은 한 사람도 없고, 다만 이청천은 명목도 없이 있었고, 이범석은 뭔가 역할을 맡아 근무하고 있었다. 그 학교의 분교는 박남파가 중국 정부에 교섭해서 설립했는데, 목적은 중국에 의뢰해서 그것을 양성한 다음 어떤 기회가 되면 혁명의 지도자가 되어 대중을 지도하여 운동을 일으키도록 적극적으로 많이 양성하는 것이다. 그것을 양성하고 있었는데 그후 일본 정부가 남경 정부에 항의를 전달해 왔기 때문에 낙양분교는 해산했다.

위를 통역으로 하여금 본인에게 읽어 주게 하였더니 틀림없다고 진술하고 통역과 함께 서명 무인하다.

이규채

소화 10년(1935년) 1월 27일

경기도 경찰부
사법경찰관 도경부 고무라 마사히코
통역 겸 입회인 도순사 유승운

(12) 제6회 신문조서(1935. 1. 28.)

피의자 이규채

위 치안유지법 및 대정 8년(1919년) 제령 제7호 위반 피의사건에 대하여 소화 10년(1935년) 1월 28일 경기도경찰부에서 사법경찰리 경기도 순사 유승운을 입회시키고 먼젓번에 이어서 피의자에 대하여 다음과 같이 신문하다.

문 그대가 이규채인가.

답 그렇다.

문 그대가 앞에서 몇 차례 진술한 것은 틀림없는가.

답 틀림없다.

문 그대가 상해 일본영사관 경찰부에서 임의 진술한 것은 틀림없는가.

답 그곳에서 진술한 것도 사실임이 틀림없다.

문 그러면 다시 반복해서 묻겠는데, 그대가 지금까지 진술한 운동은 어떤 목적인가.

답 그것은 지금까지 얘기 속에 모두 포함되어 있는데, 정리해서 얘기하면 혁명투사를 많이 양성하여 적극적으로 운동을 진척시키고, 어떤 기회에 조선 민중을 움직여서 혁명을 일으키고, 무력적 행동 등에 의해서 일본 제국의 굴레에서 벗어나 완전한 조선의 독립을 도모하기 위해 한 일이다.

문 그런데 그대의 진술에 의하면 이제부터는 일시 운동을 중지하고 농사를 경영할 것이라고 진술하고 있는데, 그대의 향후 의지와 방침은 어떤가.

답 내가 동지로부터 계속해서 운동을 하자는 권유를 받고 사양했지만, 그것은 현재의 정세에서 그런 운동 방침으로는 도저히 목적이 달성되지 않는다. 내가 지금까지의 경험을 통해 느낀 것은 그런 공각(空殼 : 빈껍데기)의 운동으로는 불가능하다고 느꼈기 때문인데, 이제부터는 한편에서는 학교 등을 세워 청년 투사를 양성하면서 한편에서 우리들은 농사나 그외의 실업(實業) 등을 영위해서 자금을 기백만(幾百萬) 원이라도 만든 다음 실력을 충실하게 한 후, 어떤 기회에 이르면 일제히 조선 민중을 움직여서 혁명을 일으키고, 학교에서 양성한 청년 투사가 선두의 지도자가 되서 민중을 지도하고 무력적인 행동을 통해서 종국의 목적을 달성하는 방침이다.

문 그러면 그대가 동지 박남파 등과 함께 탁림진에서 농장을 경영하는 것도 그런 방침을 위한 것인가.

답 물론 그렇다.

문 그대가 동지 이청천에게서 지령을 받았다는 통신문은 이것인가.

여기에서 '증(證) 제1호'를 피의자의 면전에 보이다.

답 그렇다.

문 그대가 이청천에게서 받았다는 복정일에 대한 위임령 및 위임장이라고 얘기하는 것은 이것인가.

여기에서 '증 제2호'를 본인의 면전에 보이다.

답 그렇다. 틀림없다.

문 이청천에게서 받은 최창석에 대한 위임령은 이것인가.

여기에서 '증 제3호'를 본인의 면전에 보이다.

답 그렇다. 그것이 틀림없다.

문 이 외에 뭔가 보탬이 될 진술은 없는가.

답 따로 없다.

문 뭔가 할 말은 없는가.

답 따로 없다.

위를 통역으로 하여금 본인에게 읽어 주게 하였더니 틀림없다고 진술하고 통역과 함께 서명 무인하다.

이규채

소화 10년(1935년) 1월 28일

경기도경찰부

사법경찰관 도경부 고무라 마사히코

통역 겸 입회인 도순사 유승운

(13) 소행조서(1935. 1. 28.)

본적 주거 직업 성명 연령	경기도 포천군 가산면 방축리 484번지 부정 무직 이규채, 규보, 우정, 공삼, 경산 등 당 45세
성질	온순 과묵한 듯하나 음험하고 언동이 쾌활함.
소행 및 본인에 대한 세평	소행상 아무런 다른 평은 없으나 본인이 조선독립운동에 분주했기 때문에 세인(世人)은 본인의 언동에 대하여 세평(世評)이 높음.
가정 및 생활의 상태	가정에는 친모, 아내, 장남, 2남, 장형, 차형, 아우, 누이 및 본인까지 아홉 명의 가족이 있고, 본가에서는 농사를 지으며 겨우 생활을 하고, 장형 규혁은 당 56세로 본적지 가산면장으로 근무하고 있음.
자산 및 수입 상황	자산은 전혀 없고 수입 별로 없음.
교육 정도	5세부터 25세까지 본적지에서 한문을 수득(修得)하고, 그 후 농사를 짓다가 대정 13년(1924년)(당 33세 때) 2월 17일경부터 상해, 북평, 항주, 천진, 길림 등지를 전전하며 이청천, 박찬익, 김구 등과 조선독립운동을 하며 오늘에 이름.
노쇠자 또는 폐질 자일 경우는 부양 자의 주거, 성명	해당자가 아님.
개전의 가능성 유무	주지(主旨)를 관철하는 강장한 본인이므로 상당하는 엄중한 벌을 가하더라도 개전(改悛)의 가능성은 없다고 생각함.
비고	

위와 같음.

소화 10년(1935년) 1월 28일

경기도경찰부
사법경찰리 도순사 김윤철(金潤哲)

3) 검찰 신문조서

(1) 의견서(1935. 1. 30.)

본적 : 경기도 포천군 가산면 방축리 484번지
주거 : 부정
　　　양반, 무직
　　　규보, 우정, 공삼, 경산 등

이규채
당 45세

1. 형사처분, 기소유예 또는 훈계방면을 받은 일의 유무
　　피의자는 없다고 스스로 말함.

1. 범죄 사실
　　피의자는 본적지에서 5세부터 25세까지 한문을 수득(修得 : 배워서 터득함)하고, 그후 경성으로 나와 서가(書家)가 되어 생계를 꾸리다가 대정 12년(1923년) 10월 중순경 상해, 항주 방면을 시찰하고 다음해 13년(1924년) 2월 중순경 돌아왔는데, 그 사이 당시 그들의 소위 상해에 있는 한국임시정부 재무총장 이시영 등과 교우한 관계로 당국의 사찰(査察) 취체(取締 : 단속)가 엄중해지고, 따라서 세간의 신용을 잃기에 이르러 점차 가계(家計) 역시 여의치 않게 되어 자포자기하는 기분을 양성(釀成)하고, 이러한 사회제도는 필경 조선총독의 압박정치에 기인한 것이라고 불만을 품기에 이르고, 차라리 조선을 일본제국의 굴레에서 벗어나 완전한 독립을 하게 해야 하겠다는 굳은 결의를 하고, 다시 상해로 도항(渡航)을 감행하기에 이른 것임.
　　첫째, 대정 13년(1924년) 3월 중순경 상해로 도항하여 먼 친척 되는 조선독립운동의 거괴(巨魁)이자 당시 그곳 한국 임시정부 재무총장으로 있던 이시영을 찾아가 그의 주거인 상해 프랑스조계 패륵로 영경방 10호에서 동거하

고, 그 무렵 그곳에서 조선독립운동의 동지로 활약 중인 이시영, 김구, 여운형, 윤기섭, 조완구, 곽헌, 조완, 최창식 등과 제휴하여 회합하고, 조선독립운동 실행에 대하여 연구 협의하면서 또 며칠 지나기도 전에 위 동지들 30여 명과 함께 추천되어 조선의 독립을 도모하는 것을 목적으로 조직한 결사인 한국 임시정부 의정원의 의원이 되고, 대정 14년(1925년) 3월까지의 사이에 가끔 의정원 회의에 열석하여 정치의 변혁을 목적으로 다수가 공동으로 안녕질서를 방해하고,

둘째,

(1) 대정 14년(1925년) 3월 날짜 미상 한국 임시정부 의정원 의원을 사임하고 항주, 천진, 북평 지방을 유랑한 후 소화 3년(1928년) 7월 하순경 만주국 길림성으로 가서 그 성의 길남, 대둔, 오상현 충하 등지를 전전하다가 그 지방에서 조선독립운동자의 영수인 통칭 이청천, 즉 지대형과 알게 되어 제휴하여 앞에 든 목적을 달성하기 위해 활약하고, 그 해 5년 5월 초순 동지 박관해, 민무, 정신, 신숙, 최두, 한영관 등과 협의한 결과, 앞에서 말한 그 성의 빈강현 이도하자 박관해의 집에서 조선의 절대 독립을 목적으로 하는 결사 한국독립당을 결성하려고 조직의 준비위원회를 개최하고, 동지를 규합해서 참가시킬 것을 협의하고, 또 그 해 8월 상순 앞에서 말한 그 성 위사현 위사역전 최모의 집에서 그 당의 대회를 개최하여 수령에 홍진을, 군사위원장에 어느 누구나 이청천을 선거하고, 피의자는 박관해 외 29명과 함께 집행위원이 되었는데, 그후 총무위원장에 취임하여 당의 실권을 장악하고 오로지 목적을 수행하기 위하여 진력하고,

(2) 그래서 피의자는 한국독립당에 예속되어 이청천을 총사령으로 하는 한국독립군의 참모로서 길림성 부근 일대에 걸쳐서 활발한 운동을 계속하던 중, 때마침 소화 6년(1931년) 9월 18일 만주사변이 발발해 조선독립운동이 곤란한 객관적 정세에 도달했을 뿐만 아니라 반만군(反滿軍)의 패잔병들이 비적화하고 이에 더하여 만주에 있는 조선인도 또한 피의자의 운동을 방해하는 등 여러 조건이 모두 자기들의 운동에 점점 불리하게 되자 한 계책을 생각해 내어 당시 길림성 자위연합군 총지휘자인 양요균과 상의하여 조

선의 독립과 중국의 실지회복을 목적으로 중·한 합작하여 반만·항일 공작의 진행을 제의하여 선선히 승낙을 얻어서 독립군은 길림성 자위연합군 제3군에 편입되어 피의자는 그 군의 중교참모로 활약하고, 그 군과 함께 소화 7년(1932년) 9월 중순 이후 그 성의 쌍성현, 그 외의 일·만군을 습격하여 병기, 탄약을 약탈하는 등 목적을 수행하기 위하여 활약하고,

(3) 그후 일·만군의 토벌이 더욱더 준열해지자 신변의 위험을 느끼고 소화 8년(1933년) 4월 하순경 농부로 변장하여 길림에서 걸어서 신경으로 나와 철로로 봉천, 산해관, 북평, 천진을 경유하여 남경 성내 화패로 문창항 진단의원 김영철의 집으로 피하고, 동지 박남파 즉 박찬익을 통해서 당시 북만(北滿)에 있던 이청천 등을 남경 방면으로 초치(招致)해서 그곳 군관학교 교관으로 취직시키는 일을 협의하고, 그 찬동을 얻어서 여비로 중국화(中國貨) 600원을 융통받아서 소화 8년(1933년) 6월 초순 피의자는 당시 길림성 오상현 향양산에 거주하는 이간을 통해서 이청천의 사자 최병권과 앞서 말한 그 성 구전역(口前驛)의 성명 미상의 만주인 집에서 이청천 등의 남하 여비로 돈 300원을 직접 전해주고, 피의자는 곧바로 북평으로 돌아와서 그곳 서성문내 순포청호동 15호에 체재하며 그 해 10월 하순경 이청천 일행 13명과 그곳에서 회합하여 이청천은 중국 하남성 낙양군관학교로 보내고, 피의자는 그후 북평, 천진, 남경, 상해 등지를 전전하며 시종일관 목적을 달성하는 데 광분하고, 소화 9년(1934년) 6월 하순경 '증(證) 제1호'에서 '제3호'와 같이 백견포(白絹布)에 이청천이 자서(自書)한 지령서를 송부 받아 용약(勇躍)하고, 더욱더 그 운동에 박차를 가하여 일본제국의 국제 위국(危局)을 겨냥해 오로지 각지에 산재한 동지를 규합해서 목적을 달성하기 위하여 활약 중인 자임.

위 피의사건을 생각해 보면 피의자의 첫 번째 소행은 정치에 관한 범죄 처벌의 건 제1조 제1항, 두 번째의 소행은 치안유지법 제1조 제1항, 동 제2조, 동 제5조, 동 제7조에 해당하는 범죄로써 그 증빙이 충분히 인정되므로 기소함이 마땅할 것으로 사료함.

소화 10년(1935년) 1월 30일

경기도경찰부
사법경찰관 도경부 고무라 마사히코

수신자 경성지방법원
검사정(檢事正) 나라이 다이치로(奈良井多一郞) 귀하

(2) 제1회 신문조서(1935. 1. 30.)

피의자 이규채

위 사람에 대한 치안유지법 위반 피의사건에 대하여 소화 10년(1935년) 1월 30일 경성지방법원 검사국에서

조선총독부 검사 무라타 사몬(村田左文)

조선총독부 재판소 서기 요코타 카즈키(橫田數喜)

열석한 후 검사는 피의자에 대하여 다음과 같이 신문하다.

문 성명, 연령, 신분, 직업, 주거 및 본적지는 어떤가.

답 성명은 규보, 우정, 공삼, 경산, 즉 이규채
  연령은 46세
  신분은
  직업은 무직
  주거는 부정
  본적은 경기도 포천군 가산면 방축리 484번지

문 작위, 훈장, 기장을 가지고 연금, 은급을 받거나 또는 공무원의 직에 있는가.

답 없다.

문 지금까지 형벌을 받은 일은 없는가.

답 없다.

이에 검사는 피의사건을 고지하고 본 건에 대하여 진술할 것인지 아닌지를 물으니, 피의자는 신문에 따라 진술하겠다고 대답하다.

문 그대의 교육 정도는 어떤가.

답 본적지에서 다섯 살 때부터 스물다섯 살 때까지 한문을 습득한 외에는 없다.

문 그대는 서가라고 하는데, 그런가.

답 그렇다. 어려서부터 서예를 좋아하고, 스물네 살 때부터 3년 동안 경성부 계동의 작고한 현채(玄采) 선생에게 서예를 공부했다.

문 그대의 가정 상황은 어떤가.

답 모친, 형 둘과 그 부부, 아우 부부, 우리 부부에 자식 셋인데, 내가 집을 나간 뒤 14년 동안 소식이 없어서 현재는 어떻게 살고 있는지, 또 처자가 있는 곳조차 모른다.

문 그대가 경성으로 온 것은 언제인가.

답 내가 스물여섯일 때였다.

문 그때까지는 본적지에서 어떻게 하고 있었는가.

답 나는 부친과 조부가 유학자였던 관계로 나 역시 한문을 익혔을 뿐이다.

문 그 당시 집에는 상당한 재산이 있었는가.

답 재산은 별로 없다.

문 그대가 서가로 생계를 이어갈 수 있게 된 것은 언제인가.

답 내가 스물아홉 살 때다.

문 대정 12년(1923년) 11월경 경성을 출발해 상해, 항주 방면으로 구경갔었는가.

답 그렇다. 그 해 음력 10월 4일에 경성을 출발했다.

문 그 무렵 그대는 경성부 공평동 2번지에 창신서화연구회를 창설하고, 서예를 지도하고 있었는가.

답 그렇다.

문 앞에서 이미 진술한 것처럼 상해 방면을 여행한 것은 당시 가정생활에도 별로 아쉬운 게 없어서 서예를 중국 방면의 서가에게 배우며 연구할 생각으로 갔는가.

답 그렇다.

문 당시 상해에는 조선독립운동을 하는 한국 임시정부가 조직되어 있었고, 이시영, 여운형, 김구 등이 주가 되어 활동하고 있었던 것은 틀림없는가.

답 틀림없다.

문 위 이시영은 당시 임시정부의 재무총장을 하고 있었고, 그대와는 먼 친척이 된다고 하지 않았는가.

답 그렇다. 먼 친척이다.

문 그와는 언제부터 아는 사이인가.

답 나이가 어릴 때부터 아는 사이다.

문 상해에는 당시 얼마나 체재했는가.

답 한 달쯤 체재했다.

문 그리고 대정 13년(1924년) 음력 1월 15일에 귀국했는가.

답 그렇다.

문 상해에서 이미 앞에서 진술한 사람들과의 사이에 당시 조선독립운동
에 대해 의논한 일이 있는가. 아니면 전혀 그런 문제는 언급하지 않고 단순
히 개인적인 교제를 했는가.

답 나는 당시 독립운동 같은 일은 전혀 생각하고 있지 않았다. 그들과 단
순 교제를 했을 뿐이다.

문 앞에서 이미 진술한 것처럼 상해 방면에서 고향으로 돌아왔더니, 관할
포천경찰서원이 사상적으로 용의자로 간주하여 때때로 시찰하러 오는 일이
있었는가.

답 그때 포천서에서 세 차례 조사를 받았는데, 그 이외의 것은 없다.

문 위와 같이 경찰에서 취조를 받은 일 때문에 세간의 신용을 잃고, 점차 서가로서의 수입도 없어져 가계가 여의치 못하게 되었다는데, 그런가.

답 그렇다.

문 그래서 그대는 경제적으로 큰 타격을 받게 되었는데, 이렇게 된 것도 필경 총독정치 때문이라고 생각해서 전혀 자기와 같이 조선의 독립운동과 관계없이 독립운동자와 잠깐 교유한 일로 세 번씩이나 경찰의 취조를 받는다면 차라리 이 기회에 몸소 조선독립운동자가 되어 조선의 독립을 도모하기로 결심하고, 그 운동을 하기 위해 대정 13년(1924년) 음력 2월 17일경 여비 300원을 휴대하고 안동현, 천진을 경유해서 상해로 갔다고 하는데, 그런가.

답 그렇다.

문 대정 13년(1924년) 음력 1월 15일에 상해에서 본적지로 돌아와서 위와 같은 결심을 하고 상해로 출발한 것이 그 해 음력 2월 17일경이라는데, 겨우 한 달 정도 사이에 세간의 신용을 잃거나 경제적 곤란에 빠졌다는 것은 생각할 수가 없는데 어떤가.

답 고향에 돌아왔더니 창신서화연구회 사람도, 또 친구들도 모두 나를 위험시하여 교제할 사람이 없게 되고 친형제도 좋게 생각하지 않았다. 경찰에서 조사를 받고 난 뒤에는 한층 그것이 심해져서 말을 걸어오는 사람조차 없었다.

문 위와 같이 상해로 운동을 하러 간 것은 자기의 지인(知人)이고 먼 친척 되는 앞서 진술한 이시영이 있어서 그와 함께 독립운동을 하려고 간 것인가.

답 그렇다.

문 그리고 상해에서는 프랑스조계 패륵로 영경방 10호에서 이시영과 동거하면서 독립운동을 위해 그곳에서 활약을 하고 있던 김구, 여운형, 윤기섭, 조완구, 곽헌, 조완, 최창식 등과 자주 회합하여 조선독립운동의 실행에 관해 여러 차례 연구 협의하였다. 그후 한국 임시정부 의정원 의원이 되어 한국 임시정부가 해나가야 할 중요한 정책을 논의 의결하는 등 여러 활동을 하고 있었는데, 그 가운데 정부원(政府員) 사람이 국제공산당 등등으로부터 받은 자금을 자기 멋대로 탕진해 버리기도 하고, 어떤 경우는 정부원이 참되게 독립운동을 위해 활동하지 않는 일을 알게 되어 정나미가 떨어져서 대정 14년(1925년) 3월 위 의원을 사임하고 그 해 4월 상해를 출발하여 항주 방면으로 간 것인가.

답 그렇다.

문 그후 천진, 북경, 그 외의 여러 곳을 떠돌다가 소화 3년(1928년) 7월 하순경은 만주 방면을 떠돌고 있던 중 조선독립운동자인 이청천, 즉 지대형과 알게 되었는가.

답 그렇다. 그와는 길림성 오상현 충하진에서 알게 되었다.

문 이청천과는 어떤 이유로 알게 되었는가.

답 소화 5년(1930년) 음력 1월 나는 농업에 종사하기 위해 충하진으로 가서 그곳 도전공사에서 그와 처음으로 인사를 나누고 알게 되었다. 그때 그 사람으로부터 독립운동자라는 것도 들어서 알게 되었다.

문 위와 같이 그를 알게 된 후 조선독립운동에 관하여 협의했는가.

답 그 당시 공비(共匪) 때문에 나는 그 해 음력 2월 길림성 유수현으로 도피했기 때문에 따로 그런 협의는 할 수가 없었다.

문 그대가 유수현에 머무는 동안 그 해 음력 5월 처음 중동선 이도하자에 있는 신숙이란 사람에게서 오는 5월 5일에 이도하자의 박관해 등이 한국독립당 준비회를 개최하게 되었으니 참가해 달라는 편지가 왔는가.

답 그렇지 않고, 그 해 음력 5월 10일 좀 지나서 중동선 위사현 위사역전에서 그 해 음력 7월 1일 한국독립당 조직 창립대회를 개최하니 참가해 달라는 편지가 왔다.

문 그러면 준비회를 개최한 일에 대해서는 그대에게 아무런 통신도 없었는가.

답 그렇다.

문 신숙과 그대는 어떤 관계인가.

답 편지를 그가 나에게 보냈을 뿐이고, 만난 적도 없다.

문 그런데 창립대회에 참가하려고 그 해 음력 6월 중순경 박관해가 있는 이도하자로 갔는가.

답 그렇다.

문 그곳에 가서 창립대회 개최 준비위원으로 되어 있는 박관해, 신숙, 정신, 최두, 한영관, 민무 등과 만났는가.

답 그렇다.

문 그리고 그 준비에 관해 그들과 여러 논의를 한 다음, 마침내 그 해 음력 7월 1일 앞에서 진술한 위사역전 최모의 집에서 창립대회를 열었는가.

답 그렇다.

문 그 창립대회에는 그대는 물론이고, 앞에서 진술한 자를 비롯해 각 지방 대표자 등 100여 명의 조선독립운동자가 모였는가.

답 그렇다.

문 그리고 그 창립대회에서 선언, 강령, 강요, 각 기관 임원의 부서 등을 이와 같이 결정하고, 마침내 조선의 독립을 목적으로 하는 한국독립당이란 결사를 조직했는가.

이때 본건 기록 38정(丁)의 앞면 10행에서 42정의 앞면 6행까지를 읽어주다.

답 그렇다.

문 이 한국독립당과 한국독립군의 관계는 어떤가.

답 같은 것이고, 독립당의 기관으로 군사부가 있고 그것을 독립군이라고 부른다.

문 그러면 독립군의 총사령이 독립당의 군사부장인가.

답 그렇다.

문 그대는 위 독립군의 참모장이 되었는가.

답 그렇다.

문 우선 운동방침으로 각지에서 다수의 동지를 모집하고, 조선독립사상을 이 사람들에게 함양하여 당세를 확대 강화하고, 당원에게는 군사적 교련을 실시하고, 기회를 봐서 조선독립을 위해 활동하기로 하고, 중앙위원이 된 사람은 각각 그런 운동을 할 지방을 맡은 것인가.

답 그렇다.

문 그 담당 구역의 분담은 이와 같이 정했는가.

이때 본건 기록 42정 뒷면 끝줄에서 43정 앞면 8행까지를 읽어주다.

답 그렇다.

문 그대는 이청천과 함께 유수 지방을 맡는 것으로 되었는가.

답 그렇다.

문 그런데 그대는 유수현 방면으로 가지 않고 창립대회가 끝나자마자 길림성 동빈현으로 간 것은 어떤 이유인가.

답 맨 처음 유수 지방으로 이청천과 함께 가서 지부를 조직한 후에 농업에 종사하려고 동빈현에는 소화 6년(1931년) 음력 1월에 갔다.

문 동빈현에는 이청천도 동행했는가.

답 이청천은 가지 않았다.

문 경찰에서는 소화 6년(1931년) 음력 1월부터 연수현의 총가소과에 갔다고 이야기하고 있는데, 어떤가.

답 동빈현은 옛 지명이고 현재는 연수현이라고 부른다.

문 그곳으로 간 후, 소화 7년(1932년) 음력 1월경에 길림성 아성현 대석하에서 앞에서 진술한 한국독립당 임시대회를 개최한다는 통지가 왔는가.

답 그런 통지가 있었지만, 나는 만주사변 때문에 교통이 두절되어 참가할수가 없었다. 그후 음력 2월 초순 홍진 즉 홍면희로부터 편지가 왔는데, 그대회에서 나를 독립당의 총무위원장으로 선거했다고 알려주었다.

문 조금 전 그대가 얘기한 기관에는 총무위원장은 없었지 않은가.

답 그렇다. 임시대회에서 이전의 정치부를 개선해서 총무부로 했다고한다.

문 소화 7년(1932년) 음력 1월 위와 같이 임시대회를 개최하기까지 한국독립당의 군사부인 이른바 한국독립군은 어떤 활동을 했는가.

답 전혀 활동한 적이 없다.

문 임시대회에서는 어떤 사항을 결의했는가.

답 나는 대회에 참가하지 않아서 자세한 것은 모르겠는데, 결의 사항을 내가 있는 곳으로 통지해 온 것에는 당시 만주사변으로 중국 군대는 비적(匪

賊)으로 변하고, 조선인을 보면 준(準)일본인이라며 재산을 강탈하고 학살까지도 감행하고 있던 까닭에, 만주에 있는 조선인의 생명과 재산을 보전하기 위해서는 중국 군대와 합작하는 것 외에는 방도가 없어서 조선인을 구제하기 위해서 겉으로는 일만군(日滿軍)에 반대한다고 하고, 중국 군대의 환심을 사서 합작하도록 했다고 한다.

문 위와 같이 임시대회의 결의에 기초하여 중국군과 합작을 하기 위해 한국독립군의 총사령인 이청천으로 하여금 독립군 병사를 모집하게 한 결과 60명에 이르렀기 때문에 그들을 한 부대로 조직해서 길림성 자위군 왕지유가 인솔하는 약 10만의 군과 연합했는가.

답 그렇다.

문 그대는 독립군의 참모장이니 위 합작의 협의에 관계했는가.

답 위 합작은 임시대회에서 결의한 것으로 나는 관계하지 않았다.

문 그 왕지유 군과 연합한 독립군은 그후 어떻게 되었는가.

답 왕지유는 그 해 음력 3월 초순 귀순했기 때문에 이청천의 군대는 흑룡강성 방면으로 도주했다.

문 이청천은 60명을 거느리고 흑룡강성 방면으로 가서 설치고 있었는가.

답 그건 모른다. 그후 그를 만났을 때 흑룡강성으로 피해서 가 있었다고 했다.

문 그대는 그 동안 무엇을 하고 있었는가.

답 나도 여러 곳으로 피난하고 있었는데, 중국 군대가 조선인에 대하여 강탈, 학살 등을 감행하기에 이를 구조하기 위해서 나 역시 양요균과 합작을 하기로 했다.

문 양요균에게 언제 무엇을 부탁하러 갔는가.

답 그 해 음력 5월에 나는 중동선 모아산에 피난해 있었는데, 중국 군대는 비적으로 변해서 조선인을 학살 또는 강탈하고 있어서 이들을 구할 생각으로 양요균을 찾아가 합작을 하기로 하고, 나는 동지 60명과 함께 양요균의 길림성 자위연합군과 연합하여 그 군의 중교참모로 임명되었다.

문 당시 이청천의 독립군은 어디에 있었는가.

답 어디에 있는지 몰랐으나 내가 이청천의 사정을 양요균에게 얘기했더니, 그가 부하를 시켜서 이청천을 찾게 하고 그 해 음력 8월 1일 내가 있는 곳으로 이청천도 와서 연합하게 되었다.

문 이청천은 그대가 있는 곳을 알고 왔는가.

답 그렇다.

문 이청천은 몇 사람이나 데리고 왔는가.

답 400여 명을 데리고 왔다.

문 그대가 있는 곳으로 이청천이 400명 정도를 데리고 왔기에 그대가 양요균에게 부탁해서 이청천의 독립군도 길림성 자위연합군에 연합시켰는가.

답 그렇다.

문 그대들과 함께 이청천의 독립군은 자위군 제3군에 편입되었는가.

답 그렇다.

문 이청천은 무엇이 되었는가.

답 그는 고문이 되었다.

문 그대가 데리고 간 60명은 언제부터 언제까지 모집한 것인가.

답 그 해 음력 5, 6, 7월 3개월에 걸쳐 모집한 사람이다.

문 이는 결국 그런 합작을 한 것은 양요균의 구원을 받아 한국독립당의 목적을 수행하기 위해서였는가.

답 그런 생각은 전연 없었다. 중동선에 있던 조선인의 생명과 재산을 보전하기 위해 부득이 그렇게 한 것이고, 당시 상황은 그 이외에는 방도가 없었다.

문 길림성 자위연합군이란 무엇인가.

답 중국의 군대로 만주국에 반대한다고 하고 있었지만, 내용은 강도(强盜)와 같았다.

문 양요균은 어떤 인물인가.

답 중국 육군 중장(中將)이고 연합군 총지휘관이다. 연합군은 3군이고 약 10만이 있었다.

문 10만의 군대를 가진 자가 그대들과 합작하리라고 생각되지도 않고, 또 그대를 중교참모로 임명하리라고 생각되지도 않는데, 어떤가.

답 그렇지 않다. 중국 군인은 무학(無學)인 자뿐이고, 상관(上官)은 못된 짓은 하지 않았지만 군인들은 제멋대로였다. 하지만 조선인은 모두 상당한 학문도 있고 소행도 좋아서 반갑게 환영해 주었다.

문 원래 이청천이 왕지유와 합작할 때는 60명이라 했는데, 양요균과 합작할 때는 400여 명이었다고 하니 어디서 그런 자들을 모집했는가.

답 그가 흑룡강성 방면에서 모집한 사람이다. 그 지방에서도 자신의 생명과 재산을 보전하기 위해서는 독립군에 가입하는 것 이외에 방도가 없었기 때문에 지원해 온 사람도 있을 것이다.

문 위와 같이 자위군 내로 편입된 후 그 해 음력 8월 15일 너희 독립군이라는 자들은 위 자위연합군과 연합해서 쌍성현을 습격하여 만주국 군경과 전투를 한 후 다수의 총기, 금원(金員)을 강탈했다고 하는데, 그런가.

답 그렇긴 한데, 탄환을 약간 탈취했다는 말은 들었으나 금원을 강탈했다는 말은 듣지 못했다. 당시 독립군인 사람은 후비(後備)로 가 있었기 때문에 발포한 일도 없었다.

문 그 달 하순경 재차 그곳에 주둔하는 일본 군대와 교전했는가.

답 그런 일은 없다. 일본 군대가 주둔한 적도 없다.

문 경찰에서 그대가 조사받을 때, 그 해 9월 하순경에 재차 쌍성현을 습격하고, 그곳에 주둔하는 일본군과 교전했으나 다음날 아침 일본군 비행기의 습격을 받고 퇴각했다고 했는데, 어떤가.

답 그런 일은 없다. 만주 군경과 교전하고 있을 때 일본 비행기의 습격을 받고 퇴각했다고 했다.

문 쌍성현 습격은 그대도 상의하고 감행했는가.

답 그런 일은 나와 함께 상의하지 않는다. 3군의 장(長)이 상의한 후 명령하기 때문에 음력 8월 15일에는 나도 갔지만, 음력 9월 하순 때는 나는 가지 않았다.

이규채

본 신문은 입회 서기인 조선총독부 재판소 통역생의 통역에 의해 그것을 행하고 위 조서를 앞에서 말한 통역생으로 하여금 진술자에게 읽어 주게 하였더니 틀림없다고 진술하고 자서 무인한다.

소화 10년(1935년) 1월 30일

경성지방법원 검사국
조선총독부 검사 무라타 사몬
조선총독부 재판소 서기 요코타 카즈키

(3) 제2회 신문조서(1935. 1. 31.)

피의자 이규채

위 자에 대한 치안유지법 위반 피의사건에 대하여 소화 10년(1935년) 1월
31일 경성지방법원 검사국에서

조선총독부 검사 무라타 사몬
조선총독부 재판소 서기 요코타 카즈키

열석한 다음 검사는 먼젓번에 이어 피의자에 대하여 다음과 같이 신문하다.

문 그대는 이규채인가.

답 그렇다.

문 먼젓번 진술은 틀림없는가.

답 틀림없다.

문 한국독립당을 조직한 것은 소화 5년(1930년) 음력 7월 1일이고, 한국독
립당은 조선을 일본제국의 굴레로부터 벗어나게 하여 그 독립을 도모할 목
적인가.

답 그렇다.

문 그 조직에 주로 활약한 자는 그대를 위시하여 박관해, 민무, 정신, 신숙,
최두, 한영관, 홍진 등이었는가.

답 그렇다.

문 그 당의 본부는 상해로 옮기기까지 어디에 있었는가.

답 창립 당시는 위사현 위사 성내에 두고 그 해 음력 7월 말에 아성현 대석하로 옮기고, 소화 7년(1932년) 음력 1월 이후에는 일정한 곳이 없었다.

문 그대는 위와 같이 조직함과 동시에 당을 확대 강화하기 위해서 자신의 담당 구역인 유수현으로 갔는가.

답 그렇다.

문 그리고 그후 동빈현 총가소수로 같은 목적으로 갔는가.

답 총가소수에는 농사를 짓기 위해서 갔다.

문 그곳으로 간 것은 언제인가.

답 소화 6년(1931년) 음력 1월이다.

문 앞에서 이미 진술한 것처럼 유수현으로 가서 당원을 모집하고, 지부의 조직을 만들기 위해 중동선 연수구하(延壽溝河) 지방을 돌며 그 지방에 거주하는 조선인들에게 독립사상을 선전 주입하고, 마침내 유수현 동구지부(東溝支部)를 조직했는가.

답 그렇다.

문 그 조직은 소화 5년(1930년) 음력 11월 중순경, 동구의 조선인 사립학교에서 공심연(公心淵), 김남파(金南坡) 외 여러 사람과 그대의 사회(司會) 아래 조직하고, 당원 21명을 규합했는가.

답 그렇다.

문 게다가 그 외의 다른 당 간부의 활약으로 이와 같이 지부가 성립되었는가.

이때 본건 기록 47정 앞면 3행부터 그 뒷면 5행까지 읽어 주다.

답 그렇다.

문 위와 같이 총가소수에 가 있는 사이에 앞에서 이미 진술한 것처럼 소화 7년(1932년) 음력 1월경에 아성현 대석하에서 한국독립당 임시대회를 개최한다는 통지를 받았지만 만주사변으로 교통이 두절되어 갈 수 없었는데, 그 후 그 당의 총무위원장에 선출되었다는 통신을 받았는가.

답 그렇다.

문 이 한국독립군이라는 것은 한국독립당의 군사부에 속한 당원으로 조직한 것인가.

답 그렇지만 그 자격으로 연령 20세 이상 45세 이하 보통학교 졸업이라 정하고, 각 사람마다 지원 또는 자격자를 임명한다.

문 독립군은 언제 조직되었는가.

답 소화 5년(1930년) 음력 11월 조직되었다.

문 그대가 그 군의 참모장이 되었는가.

답 그렇다.

문 조직 당시 독립군의 인원수는 어떤가.

답 300명 정도 있었다. 그 군은 한 소대가 50명이고, 3개 소대가 1개 중대로 구성되어 두 개의 중대만 있었다.

문 당시 독립당 당원은 몇 명 있었는가.

답 400명 정도 있었다.

문 이 독립군은 앞에서 이미 진술한 대로 그대가 출석하지 못한 임시대회가 개최되기까지 어떤 행동을 했는가.

답 아무런 활동을 한 것이 없다. 모두 농업에 종사하고 있었기 때문에 함께 모일 수도 없었다.

문 이청천이든 그대든 독립군에 속한 자를 지도 교양했는가.

답 아무런 지도도 할 수 없었다.

문 그후 앞에서 이미 진술한 바와 같이 임시대회를 개최하여 독립군을 길림성 자위군인 왕지유가 인솔하는 군에 연합시켜 왕지유의 지휘 아래 활동하도록 한다고 결의하고 이청천이 우선 당시 모인 60명으로 한 부대를 조직하여 왕지유의 군에 합작하게 되었는가.

답 그렇다.

문 이 한국독립군이라고 하는 것은 한국독립당의 목적인 조선독립을 위하여 직접 행동을 취하기 위해 조직된 것인가.

답 그렇다.

문 위와 같이 임시대회의 결의에 의해 독립군이 왕의 군대와 합작한 것은 독립군만의 힘으로는 도저히 소기의 목적을 달성할 수 없다고 생각한 결과, 왕의 군대와 합작해서 한국독립당의 목적 수행을 도모하려고 했기 때문이 아닌가.

답 그렇지 않다. 중동선 일대 조선인의 생명과 재산을 보전하기 위해서 부득이하게 합작한 것인데, 당시 그 이외에는 어떻게 할 방도가 없었다.

문 그대는 앞서 진술한 바와 같이 총가소수에 거주하고 있었는데 일반 비적 등의 압박을 받아 그곳에 있을 수가 없게 되어 소화 7년(1932년) 음력 2월경 중동선의 모아자(帽兒子)로 도망갔는가.

답 그렇다. 그곳으로 피난했다.

문 그리고 그 해 음력 5월에 앞에서 이미 진술한 것처럼 양요균을 방문하여 그대 스스로 60명 정도를 데리고 위 양요균이 거느린 중국 군대에 합작하기 위해 들어갔는가.

답 그렇다.

문 그것도 결국 양요균이 거느리는 군대의 학살과 폭동으로부터 조선인을 구하기 위해서 정책상 부득이하게 합작한 것이기 때문에 한국독립당의 목적을 수행하기 위하여 한 것은 아니라는 것인가.

답 그렇다.

문 그런데 경찰에서는 중한 합작하여 항일을 하는 것에 하나의 목적이었다고 얘기하고 있는데, 어떤가.

답 그렇지는 않고, 양요균의 양해를 얻는 방편으로 그렇게 얘기했다고 답했다.

문 양요균은 당시 어디에 있었는가.

답 아성현 사하자에 있었다.

문 그러다가 그 해 음력 8월에 이청천이 약 400명의 독립군을 거느리고 돌아왔기에 그대의 알선으로 그들 역시 양요균의 군대와 합작했는가.

답 그렇다.

문 양요균이 이끄는 군대는 길림성 자위연합군이라고 하는가.

답 그렇다.

문 그대의 한국독립군은 자위연합군의 제3군에 편입시키고, 그대는 그 군의 중교참모가 되었는가.

답 그렇다.

문 상기와 같이 양요균 군과 합작했기 때문에 그대가 그 군대와 행동을 함께 한 것은 앞에서 이미 진술한 것처럼 소화 7년(1932년) 음력 8월 15일에 쌍성현의 만주국 군경을 습격한 것과 그 해 음력 9월 하순경에 역시 그 현의 만주국 군경을 습격한 두 번뿐인가.

답 그렇다. 하지만 나는 9월 하순의 습격에는 참가하지 않았다.

문 어째서 그때 가지 않았는가.

답 나는 당시 합작을 중지할 생각이었고, 그때 출동 명령도 없었기 때문에 가지 않았다.

문 음력 8월 15일의 습격 때 상대는 만주국 군경뿐이었는가.

답 그렇다.

문 그때 상황은 어떠했는가.

답 그날 오후 6시경부터 오후 8시경까지 사이에 두 시간쯤 교전했는데, 양요균의 군은 4만 명, 독립군이 300여 명으로 독립군은 후비였던 까닭에 발포한 적도 없다. 양요균의 군병(軍兵)이 성 밖에 도착하자 그 이전에 협의되어 있었는지 문을 열어주어서 약 1,500명쯤이 성내로 침입했을 때 만주국의 군경은 도주하기 시작했고, 도주하면서 발포했기 때문에 양요균의 군도 응전했지만 사상자는 없었다. 그때 탄환 상자 및 산포(山砲) 1문을 탈취했다고 들었지만, 금원을 강탈한 일은 없다. 다만 그 습격이 있은 후 비적이 침입하여 방화를 했다는 얘기를 들었는데, 은행 등은 그 이전에 피난해 있었다고 한다. 그날 밤은 그곳에 머물렀지만 다음날 일본 군대가 온다는 풍문이 있어서 양요균의 군도 퇴각했다.

문 그대가 속한 제3군도 갔었는가.

답 그렇다.

문 그 군의 중교참모로서 그 습격에 관한 논의에 참여했는가.

답 그런 일은 없다. 습격 등의 일은 3군의 군장(軍長) 사이에서 협의하는 것이고, 특히 나와 같은 조선인 중교(中校)에게는 아무런 논의를 하지 않는다.

문 그리고 그대는 첫 번째 습격이 끝난 뒤에 독립군의 장교회의(將校會議)를 열고 합작을 중지할 것을 주장했는데, 이청천 및 그 외의 사람들 다수는 계속해서 합작한다고 해서, 그대는 그렇다면 자신은 중국 본토로 가서 자금을 조달할 생각이라고 하면서 헤어지게 되었는가.

답 그런 일이 있다.

문 자금 조달이라고 얘기한 것은 어떤 의미인가.

답 당시의 대세는 만주국을 수립하고 일본군이 각지에 주둔해 있어서 중국군대와 합작하고 있다가는 우리들의 생명이 위험하기 때문에 중국 본토로 피난할 수밖에 없다. 모든 사람을 피난시키려고 하면 상당한 여비를 요하는 일이므로 그 여비를 충당할 자금을 조달할 필요가 있어 중국 본토로 갔다.

문 이청천 외 다수의 독립군이란 자들은 두 번째 쌍성현 습격에 참가했다가 여지없이 실패했기 때문에 그후 액목현 방면으로 가서 왕덕림과 합작하여 생명을 유지하고 있었는가.

답 그런 말을 들었다.

문 그리고 그대는 소화 8년(1933년) 음력 3월 이미 앞에서 진술한 아성현을 출발하여 북경으로 갔는가.

답 그렇다.

문 그대가 북경으로 가기 전, 즉 아성현에 있을 즈음 일본 특무기관장 다케시다 대좌로부터 귀순하라는 권고를 받았지만 그것에 응하지 않았다는데 그런가.

답 그렇다. 내가 소화 8년(1933년) 음력 1월 말 아성현 노도점에 있을 때 다케시다 대좌는 사자를 보내 귀순을 권유했지만, 나는 조선독립의 사상을 포기할 수 없기 때문에 그에 응하지 않았다.

문 상기와 같이 다케시다 대좌로부터 귀순 권고를 받았다는 사실에 비추어 보면 그대는 소위 만주 방면에서 비적의 두목으로서 당시 살인, 강도, 방화, 그 외에 많은 포악한 행위를 다수의 사람을 지휘하여 감행하고 있던 자로 생각되는데, 어떤가.

답 그런 일은 없다. 다만 다케시다 대좌는 독립군에게 귀순하도록 권고했던 것이다.

문 그러면 독립군의 식량 등은 어떻게 입수하고 있었는가.

답 중국인에게서 얻고 있었다. 중국인은 독립군을 환대하고 있었다.

문 이청천과 이미 앞에서 진술한 것과 같이 그대가 헤어질 적에 그대 자신이 중국 본토로 가서 한국독립당원을 중국 본토로 데려올 자금을 조달해 올 테니 그때까지 어떻게든지 당을 위하여 활약해달라는 약속을 했는가.

답 그런 말을 했다.

문 독립당의 수령인 홍진, 그 외의 중앙위원들과의 사이에는 어떤 말이 있었는가.

답 만주사변이 일어난 뒤에는 홍진을 비롯한 중앙위원들과는 만나볼 수도 없었다.

문 결국 당시는 한국독립당의 총무위원장인 그대와 군사부장인 이청천이 모든 임무를 수행하고 있었기 때문에 결국 이청천과 헤어질 때 한국독립당의 본부를 중국 본토로 옮기는 이야기가 있었는가.

답 그렇다.

문 이미 앞에서 진술한 것처럼 북경으로 가서 그 해 음력 4월 중순경 북경에서 남경으로 갔는가.

답 그렇다.

문 그때는 그대 혼자서 갔는가.

답 그렇다.

문 그리고 남경에서 당시 조선독립운동을 위해 활약하고 있던 박남파를 만나 자신들이 조직한 한국독립당을 비롯한 독립군의 활동 상황, 그후의 상태 등을 자세히 얘기하고, 이들을 만주에서 구출하여 중국 본토로 이주시키기 위해 상당한 자금이 들어가니 마련해주기 바란다고 부탁했는가.

답 그렇다.

문 그 박남파는 당시 의열단 단원으로 조선혁명간부학교의 교관이었는가.

답 그런 것은 모른다. 상해의 독립당원이라고 들었다.

문 그대가 말하는 상해의 독립당은 김구 일파가 조직한 조선의 독립을 목적으로 하는 결사로 박남파는 그 외교부의 대표자가 아닌가.

답 그런 것은 모른다.

문 어디의 단체에 있는지도 모르면서 그대들이 조직한 독립군의 활동 상황을 이야기할 리가 없다고 생각하는데 어떤가.

답 그와는 전부터 친구이고 그 사람과의 사이에는 아무런 비밀이 없다. 하지만 나는 당시 자금 조달을 부탁했기 때문에 내가 좋아하지 않는 단체에서라도 자금을 받는 것은 곤란하다고 생각했기 때문에 더더욱 저쪽의 소속 단체 등에 대해서는 들으려고 하지 않았다.

문 그와는 남경 어디에서 만났는가.

답 화패로 문창항 진단의원 김영철 집에서 만났다.

문 그리고 얼마 뒤 그 사람으로부터 중국 화폐 600원을 받아서 그 해 음력 5월 2일 그 돈을 가지고 천진으로 가서 영구, 봉천, 신경을 거쳐서 길림성에 도착했는가.

답 그렇다. 길림성에는 음력 5월 11~12일경에 갔다.

문 그리고 그곳에서 농가를 전전하며 액목현 방면으로 갔다는 이청천 일파의 독립군 소식을 알기 위해서 이청천을 따라가 있던 역시 독립군의 한 사람인 오상현 향양산의 이간의 집에서 자기는 지금 여기에 와 있으니 이청천, 이간의 소재를 알게 되면 그들에게 자기가 여기에 와 있다는 것을 통지해서 연락을 취해주기 바란다고 통신을 보냈더니, 이청천의 사자로 최병권이란 자가 왔는가.

답 그렇다. 그 해 음력 6월 24~25일경 왔다.

문 그곳에서 그 사람과 길림성 구전역(口前驛) 부근의 성명 미상인 만주인 집에서 만나 앞에서 얘기한 600원 가운데 300원을 건네주고, 이것을 가지고 이청천이 있는 곳으로 가서 모두 남경으로 철수하도록 하라고 했는가.

답 그렇다.

문 그런데 얼마 안 되서 독립군 대대장인 오광선과 그 소속원인 이춘 두 사람이 찾아와 그 정도의 여비만으로는 모두가 남경으로 떠날 수는 없으니 여비를 좀더 융통해 달라고 했는가.

답 그렇다. 그 해 음력 7월 12일경 그들이 와서 그렇게 말했다.

문 그래서 그 다음날 바로 그들과 함께 많은 자금을 조달하기 위해 일단 북경으로 가서 박남파 앞으로 매우 급히 자금이 부족하니 가능한 한 자금을 조달해 보내주기 바란다는 편지에 도장 찍어서 그것을 오광선에게 지참시켜서 보내 남경 박남파의 집에 남기고, 또한 오광선에게 박남파에게 자금을 받으면 그 즉시 직접 이청천 등이 있는 곳으로 가서 구출해 데리고 남경으로 오라고 했는가.

답 그렇다.

문 당시 이청천 일파는 비적으로 간주되어 일·만 관헌에게 쫓기고 있어서 생사의 기로를 넘나들고 있었는가.

답 그런 모습이었다.

문 오광선을 남경에 남겨둔 것은 언제인가.

답 음력 8월 초순경이다.

문 그런데 오광선은 박남파로부터 중국화 1,200원을 받고, 당시 이청천 등이 있던 길림성으로 직행하여 그 일행 10여 명을 데리고 북경의 그대가 있는 곳으로 도피해 왔다는데, 그런가.

답 그 해 음력 9월 22일에 내가 있는 곳으로 왔다.

문 당시 도망쳐 온 자의 성명은 이청천 외 이대로인가.

이때 본건 기록 81정 앞면 2행부터 8행까지를 읽어주다.

답 그렇다.

문 그 자들이 와서 한 말에 의하면 독립군은 액목현으로 가면서 약

700~800명의 군세(軍勢)를 이루었지만 합작을 했던 왕덕림은 노령(露領)으로 그후 도주하고, 남아 있는 병사들은 마적화하여 도저히 연합하고 있을 수 없게 되었을 뿐만 아니라 도처에서 일만군(日滿軍)의 토벌을 받고 이리저리 도망쳐 다니다가 우연히 공비를 만나 독립군은 모조리 무장을 해제당해서 극심한 곤궁의 구렁텅이에 빠져 있을 때, 그대의 구원의 손길이 닿아 잠시 해산했다가 끝까지 조선독립을 위해서 활동하겠다는 자 12명이 도망해 왔다는 것인가.

답 그렇다.

문 그 독립군의 무장은 어떠했는가.

답 총을 가지고 있었을 뿐이다.

문 위와 같이 박남파는 두 차례에 걸쳐 중국화 1,800원을 냈는데, 그 돈은 어디서 나왔는가.

답 자세한 것은 모르겠지만, 자기 돈을 낸다고 했다.

문 그보다 먼저 앞에서 이미 진술한 것처럼 그대가 남경에 가서 박남파를 만나 이청천 등을 구출할 자금을 그 사람에게 받을 때 그 사람과의 사이에 이청천은 낙양에 있는 조선군관학교의 교관으로 하고, 그가 인솔한 청년은 그 군관학교에 입학시켜서 교양 훈련하는 일에 대해서 서로 이야기가 없었는가.

답 그런 의논은 있었지만, 그 군관학교는 중국의 학교지 조선군관학교는 아니다.

문 여기 있는 낙양군관학교라는 것은 국민정부(國民政府) 군관학교 낙양분교 제2총대(第二總隊) 제4대(第四隊) 소속 육군군관훈련반(陸軍軍官訓練班) 제17대를 말하는가.

답 그렇다.

문 여기 있는 낙양군관학교라는 것은 김구 일파가 조직하는 것이고, 조선 독립을 위해 활동할 혁명투사를 양성할 목적으로 만들어진 학교인가.

답 그런 것은 아니다. 이것은 중국의 군관학교지만 박남파의 얘기로는 그가 학교 당국자와 교섭한 결과 조선의 혁명투사를 그 학교에 입학시켜서 양성해 주는 일에 양해를 얻었다는 것이다. 그 중에서도 훈련반 17대는 조선인을 입학시키기 위해 설치한 것이다.

문 그런 약속이 있었기 때문에 앞에서 이미 진술한 것처럼 이청천이 북경에 왔으므로 이청천, 홍진 등과 상의한 후, 홍진, 남진호, 그대는 북경, 남경 등에서 한국독립당을 위한 자금을 조달할 방도를 강구하고, 이청천은 대원 10명을 인솔하여 낙양으로 가서 그 학교의 교관이 되고, 다른 대원은 그 학교에 입학해 교양을 받기로 협의 결정했다는데, 그런가.

답 그렇다. 그 해 음력 9월 22일에 이청천이 대원 11명을 인솔하고 북경으로 왔으므로 다음 23일 이미 그 이전에 만주 방면에서 북경으로 도피해 와 있던 홍진과 함께 여러 가지 협의한 결과, 독립군을 해산하고 이청천은 낙양군관학교의 교관이 되고 대원 가운데 남진호(南鎭湖)는 연령 관계상 그 학교에 입학할 수 없어서 그를 제외한 사람들은 전부 그 학교에 입학시키고, 시기를 봐서 독립군을 재건하는 일을 협의했다.

문 당시 한국독립당 본부는 어디에 있었는가.

답 당시 북경에 두기로 했다.

문 어디에서 그런 상의를 했는가.

답 북경 성내 순포청호동 15호 나의 집에서 했다.

문 이청천 일행은 언제 출발했는가.

답 그 달 24일 북경을 출발해 낙양으로 갔다.

문 그리고 이청천은 앞에서 이미 진술한 학교의 교관이 되고, 그 외의 사람들은 학교에 입학했는가.

답 그후에 들은 바로는 이청천을 학교 교관으로 채용할 것이라고 했지만 채용하지 않았고, 다른 10명은 입학했다는 것이었다. 이청천은 그곳에 체재하고 있었는데, 김구가 중국 정부로부터 돈을 받고 있었기 때문에 그 돈에서 이청천의 생활비로 매월 50원씩 주고 있다는 것이었다.

문 이청천 등이 낙양으로 갈 때의 여비는 어떻게 했는가.

답 내가 오광선에게 편지로 부탁해서 박남파로부터 그 사람이 받은 1,200원의 돈으로 갔다.

문 위 23일 이청천, 홍진 등과 협의를 할 때 당시 독립당 수령인 홍진 앞으로 남경에 있는 한국혁명당으로부터 하나로 합쳐서 새로운 당을 만들자는 권고가 와 있어서 그 일을 협의하고, 홍진이 독립당의 대표로서 남경에 그 교섭을 하러 갔는가.

답 그런 협의도 있었다. 그때 나는 그 일에 반대했지만, 다수결로 새롭게 당을 혁명당과 합병해서 만들게 되어 홍진이 독립당 대표의 자격으로 남경으로 교섭하기 위하여 그 해 음력 12월 초순에 갔다.

문 위와 같이 홍진이 남경으로 간 후 작년 음력 2월경 남경 성내 화패로 태평여사에 있는 홍진으로부터 한국독립당은 남경에 있는 역시 같은 목적을 가진 한국혁명당과 합동하여 전과 같은 목적을 가진 신한독립당을 조직해서 그대를 그 감사원으로 선임했다는 통신이 있었는가.

답 그렇다.

문 언제 신한독립당을 만들었다고 하는가.

답 작년 음력 1월 중 윤기섭, 연병호, 홍진 등이 만들었다고 한다.

문 감사위원이란 어떤 것인가.

답 당원의 행동 일체를 감사하는 것이다.

문 홍진이 결국 한국혁명당과 합병하게 된 것은 앞에서 이미 진술한 북경에서 그대들과 했던 협의에 기초하여 한국독립당의 대표의 자격으로 한 일인가.

답 그렇다.

문 그대는 감사위원에 선임되어 취임했는가.

답 나는 그 통지를 받자마자 즉시 취임하지 않겠다는 답장을 보냈다. 그때 특별히 탈당도 통지해 두었다.

　문 왜 탈당했는가.

　답 나는 협의 때도 한국혁명당과 합병하는 것에는 반대했는데, 당시 나의 생각은 당시의 상황은 경제적으로 곤궁해 있었던 까닭에 경제상의 향상을 도모하지 않고 단지 무슨무슨 당이다라며 말만 하는 꼴사나운 사람들이 모여서는 어떤 목적을 달성하기 어렵기 때문에 그보다는 생활 향상을 도모한 연후에 활동을 해야 한다고 주장했다.

　문 그대는 소화 9년(1934년) 음력 2월 말경 남경으로 갔는가.

　답 앞에서 이미 진술한 것처럼 나는 경제적으로 생활의 안정을 도모한 후에 활동할 생각이었는데, 북경에서는 관헌(官憲)의 경계가 엄중하여 농업 등의 일을 할 수가 없어서 남경으로 피해서 그곳에서 농업이라도 할 생각이었다.

　문 남경에는 언제까지 체재했는가.

　답 그때는 2박을 하고 상해로 가서 거기서 5리쯤 떨어진 봉현에 농사 지을 땅을 시찰하고 남경으로 돌아와 박남파로부터 160원을 얻어 북경으로 농부를 데리러 갔다.

　문 그대는 탈당까지 했다는 사람이 소화 9년(1934년) 음력 2월에 남경에 갔을 때 왜 홍진 등과 만났는가.

　답 당의 일로 만나본 적은 없다. 개인적으로 만나본 것이다.

문 그대가 농업에 종사하는 일은 당의 자금을 얻기 위해서였는가.

답 그렇다. 나는 나의 생활을 안정시키고, 여유가 있으면 당의 자금으로 할 생각이었다.

문 그후 작년 음력 5월 23일 낙양으로 가서 이청천을 만났는가.

답 그런 일이 있다.

문 무엇 때문에 갔는가.

답 이청천이 헤어진 뒤 소식이 없어서 어떻게 살고 있는지 궁금해서 남경으로 가는 김에 들렀다.

문 그리고 다시 그 해 음력 5월 26일 남경에 가서 성내 홍무로 윤기섭의 집에서 홍진 등과 만났는가.

답 그렇다.

문 그대는 음력 2월 홍진과 만났을 때 합병은 자기 의사에 반하기 때문에 이제부터 자기는 관계하지 않겠다고 했던 사람이 어째서 홍진 집을 찾아갔는가.

답 나는 개인적으로 만났을 뿐 당 관계로 만난 적은 없다.

문 신한독립당의 본부는 어디에 있었는가.

답 음력 2월경은 윤기섭의 집에 본부가 있다고 들었다.

문 그러면 소화 9년(1934년) 음력 2월에 그 사람들과 완전히 손을 끊었단 말인가.

답 그렇다.

문 그후 그대는 어디로 가 있었는가.

답 봉현의 농장에 있었다.

문 그런데 경찰에서는 앞에서 이미 진술한 것과 같이 음력 5월 26일에 남경에 가서 홍진으로부터 어째서 운동전선에 서지 않느냐고 하는 말을 듣고, 그대는 농사를 경영해 자금을 마련한 다음 적극적으로 독립운동에 종사할 것이라고 얘기하고, 이후 남경에 그대로 있었다고 하고 있는데, 어떤가.

답 그런 말을 한 사실은 있지만, 남경에 그대로 있었던 것은 아니다. 그때 거기에는 20일 정도 머물고 봉현으로 가 농업을 하고 있었다.

문 그후 이청천으로부터 최창석을 한국독립군의 항공부장으로 임명한다. 복정일 즉 박남파를 한국독립군의 교섭부장으로 임명한다. 또 그대를 한국독립군의 군수부장 겸 해내외(海內外) 각 혁명단체 연락교섭위원장으로 임명한다는 위임령(委任令) 및 편지가 그대 앞으로 왔는가.

답 그렇다. 음력 6월 중순경 왔다.

문 또한 그때의 편지는 우리는 해내외 혁명단체와 연락하여 한국독립당 및 독립군을 부흥시키고 한국의 독립운동을 계속하자는 것과 같은 의미를 말하는가.

답 그런 것도 있었다.

문 그대는 그 해 음력 5월 23일에 앞에서 이미 진술한 것처럼 이청천과 낙양에서 만났을 때 그대는 한국혁명당과 합병하는 것과 관련해서는 반대이고, 또한 잠시 그대는 농업을 해서 상당 자금을 만들어서 혁명운동에 종사할 작정이라고 얘기했는가.

답 그런 말을 했다.

문 당시 이청천은 그 합병에 관해서 어떠한 의견을 가지고 있었는가.

답 찬성하고 있었다.

문 그는 신한독립당의 임원이 되었는가.

답 그것은 모른다.

문 앞에서 말한 지령 및 편지는 이것인가.

이때 '증 제1'에서 '3호'를 보이다.

답 그렇다.

문 이것들은 모두 그대 앞으로 보내왔는가.

답 그렇다. 내가 남경에 있을 때 보내왔다.

문 어떤 사정 때문에 보내왔는가.

답 어떤 생각에서 그가 내 앞으로 보내왔는지는 모르겠지만, 소포를 보내왔기에 박남파에게 줬더니 받지 않았다. 최창석과는 이후 만날 수가 없어서 그대로 내가 보관하고 있었다.

문 그대 앞으로 온 것은 어떻게 했는가.

답 나는 승낙할 수 없다는 답장을 보내고, 나의 것은 파기했다.

문 그대의 것을 파기했다고 하면서 다른 것은 왜 파기하지 않았는가.

답 다른 사람의 것이기 때문에 그대로 내가 보관하고 있었다.

문 그러면 왜 돌려주지 않았는가.

답 그후 이청천은 다른 곳으로 옮겼다고 들었고, 그 행선(行先)이 확실치가 않아 반송할 수가 없었다.

문 그런 편지, 지령이 그대 앞으로 온 것으로 봐서도 이청천 등과 기류(氣流)를 통하고 구체적으로 한국독립군의 활동을 획책한 것이 명료하지 않는가.

답 그렇게 생각한다면 하는 수 없지만, 나는 전연 그런 생각이 없었다.

문 지금은 어떻게 생각하고 있는가.

답 현재의 정세로는 한국 독립 등은 불가능하지만, 만약 장래에 가능성이라도 있는 기회가 있으면 독립운동에 종사할 생각이다.

이규채

이 신문은 입회 서기인 조선총독부 재판소 통역생이 통역을 하고 위 조서를 그 통역생으로 하여금 진술자에게 통역하여 듣게 하였더니 틀림없다고 진술하고 자서 무인하다.

소화 10년(1935년) 1월 31일

경성지방법원 검사국
조선총독부 검사 무라타 사몬
조선총독부 재판소 서기 요코타 카즈키

(4) 공판청구서(1935. 1. 31.)

죄명 치안유지법 위반

피고인 규보, 우정, 공삼, 경산
즉 이규채

위 사람에 대한 위와 같은 범죄 사실에 대하여 공판을 청구함.

소화 10년(1935년) 1월 31일

경성지방법원 검사국
조선총독부 검사 무라타 사몬
경성지방법원 귀중

범죄사실

피고인은 본적지 사숙(私塾)에서 10여 년 한학을 닦은 후 경성으로 나와 서예를 수업한 후 서가(書家)로 생계를 유지해 왔는데, 중국의 서가에 대해서 더욱 깊게 연구하기 위해 대정 12년(1923년) 음력 10월 경성을 출발하여 상해, 항주 방면을 유력(遊歷)하고, 다음해 13년(1924년) 음력 정월 15일 귀향했는데 위 상해에 갔을 때 당시 상해에 있던 한국 임시정부원인 이시영과는 예전부터 아는 사이로 여러 번 그와 교유한 적이 있는 관계상 귀향 후 당국으로부터 여러 차례에 걸쳐 사상 방면의 혐의자로 조사를 받고, 그 일 때문에 세간의 신용을 잃고 친구와 친지들 역시 피고인을 위험시하여 교제를 끊기에 이르렀는데, 이는 전적으로 총독정치의 부당한 압박에 의한 결과라고 하고, 자기 포기적인 기분(氣分)을 낳아 차라리 스스로 독립운동자의 무리에 투신하여 조선의 독립운동에 종사하는 게 좋겠다고 결의하고, 대정 13년(1924년) 음력 2월 17일경 앞에 기록한 이시영을 의탁하여 호로 건너가서 얼마 되지 않아 앞에 기록한 임시정부 의정원 의원이 되고, 위 이시영 및 그 당시 그곳에서 조선독립을 위해 운동을 하고 있던 김구, 여운형, 윤기섭 외 여러 사람들과 함께 독립운동을 위해 갖가지 책동을 했지만 위 임시정부 수뇌부의 행동 등에 대해 혐오하는 것도 있어서 결국 대정 14년(1925년) 음력 3월 위 의원을 사임하고 잠시 운동전선에서 물러난 이후 중국 항주, 천진, 북경 및 만주 길림성 길남, 대둔, 오상현 충하진 등지를 전전하며 방랑했지만,

첫째, 소화 3년(1928년) 음력 7월경부터 민족주의자 이청천, 박관해, 민무, 정신, 신숙, 최두, 한영관 등과 서로 알게 되어 드디어 그 사람들과 여러 가지 협의를 한 끝에, 소화 5년(1930년) 음력 7월 1일 길림성 위하현(葦河縣) 위하 역전 최모의 집에서 조선의 독립을 목적으로 하는 한국독립당이란 결사를 조직하고, 그 당수 겸 정치부장에 홍진, 군사부장에 이청천, 선전부장에 정신, 조직부장에 박관해, 경제부장에 최두, 문화부장에 신숙을 각각 선임하고, 피고인 또한 정치부 위원 겸 군사부 참모장에 취임하고.

둘째,

(1) 당을 조직함과 동시에 위의 각 임원과 협의한 결과 위 군사부는 이것을 한국독립군이라 칭하고 당원 중에 20세 이상 45세 이하의 보통학교 졸업 정도의 사람들 가운데 보다 우수한 분자를 선발하여 구성하고, 당의 목적을 수행하기 위하여 직접 행동을 취하는 것을 그 목적으로 하는 것으로 결정하고,

(2) 당을 조직한 직후부터 소화 5년(1930년) 말까지 사이에 유수현, 빈주현, 오상현, 아성현, 주하현, 영안현 등 7개소의 당 지부를 설치하여 예의(銳意) 당원 규합에 힘쓰고, 또한 군사부장 이청천과 협력하여 부원의 양성에 힘써 독립군을 편성하는 등 임원으로서 당의 목적을 수행하기 위해 여러가지로 활약하고,

(3) 위와 같이 오로지 당의 확대 강화를 도모한 결과 그후에 독립군에 속하는 자가 약 300명에 이르기도 했지만 얼마 후 만주사변이 발발하여 아무런 특필(特筆)할 만한 활동을 할 수가 없어서 단지 길림성 자위군 등의 기미(驥尾)에 붙어 간신히 준동하는 데 불과했을 뿐이지만, 소화 7년(1932년) 음

력 1월에 이르러 피고인이 그 당의 총무위원장(구 정치부장)에 취임하여 당의 실권을 장악하기에 이른 무렵부터 일·만군의 토벌이 점차 몹시 준열해져서 당원 등 모두가 위험에 처하게 된 결과, 피고인은 그들을 중국 본토로 이전시켜서 토벌의 손이 미치지 않는 곳에서 활동시키려고 우선 소화 8년 (1933년) 음력 4월 중순경 단신으로 남경으로 가서 그곳에서 조선독립운동을 위해 활약 중인 박남파를 만나서 위의 사정을 알리고 그에게서 당원을 중국 본토로 이전시킬 여비로 중국화 600원을 융통받고, 또 당시 그와의 사이에 앞에 기록한 이청천을 낙양에 있는 군관학교의 교관으로 취직시키고 독립군 소속원은 그 학교에 입학시킬 것을 협정하여 그 해 음력 7월 12일 북경으로 돌아오고, 다시 그 해 음력 8월 초순 당원 오광선을 앞에 기록한 박남파에게 보내 전과 같이 여비로 중국화 1,200원을 융통받은 후, 그 해 음력 9월 22일 당시 액목현 방면으로 도피 중인 앞에 기록한 이청천, 그 외의 당원을 북경으로 초치하여 당시 피고인이 거주하는 곳인 그곳 서직문내 순포청호동 15호에서 위 이청천 및 이미 당시 북경으로 피신해 있던 당수 홍진과 회합하고, 잠시 당 본부를 위 피고인이 거주하는 곳에 둘 것, 독립군은 그것을 해산하고 이청천은 잠시 앞에 기록한 학교의 교관이 되고, 그 군대의 소속원은 그 학교에 입학하여 시기가 도래하기를 기다렸다가 독립군을 재건할 것, 홍진은 남경으로 가서 남경에 있는 한국혁명당 간부와 그 당과 합체하기 위해서 교섭할 것 등을 협의하여 결정하고, 해당 결의에 기초하여 이청천은 피고인으로부터 여비를 지급받아서 구(舊)독립군 소속원 10명을 데리고 그 해 음력 9월 24일 그곳을 출발하여 낙양으로 가서 본인은 앞에 기록한 학교의 교관이 되고, 소속원은 그 학교에 입학시키고, 또 홍진도 그 해 음력 12월 초쯤 북경을 출발하여 남경으로 가서 앞에 기록한 한국혁명당 간부 윤기섭, 연병호 등과 회합하고 협의한 결과, 소화 9년(1934년) 음력 1월 한국독립당과 위 한국혁명당을 합체하여 새로 조선의 독립을 목적으로 하는 신한독립당이라는 결사를 조직하기에 이르렀던 것이다.

(5) 촉탁서(1935. 1. 23.)

죄명 치안유지법 위반

피의자 규보, 우정, 공삼, 경산

즉 이규채

　　당 45세

촉탁 사항

현재 귀관(貴館)의 공판(公判)에 계류 중인 심만호에 대하여 위에 기록한 사항을 취조한 다음 위 피의자 이규채에 대한 증인 신문조서를 작성하여 회송해 주기 바람.

위 촉탁함.

소화 10년(1935년) 1월 23일

경기도경찰부

사법경찰관 경기도경부 고무라 마사히코

재만주국 신경(新京) 일본총영사관

경찰서 사법경찰관 귀하

기(記)

1. 증인 심만호는 소화 5년(1930년) 7월 1일 위사현 성내 최모 집에서 피의자 이규채 외 동지 여러 명과 함께 한국독립당을 조직한 일이 있는가.
1. 사실이라면 독립당의 선언, 강령, 목적 등은 어떤가.
1. 독립당의 부서 결정, 이규채는 어떤 간부로 선임되었는가.
1. 조직 후의 경과 상황의 상세 여하.
1. 만주사변 발발 이래 중·한 연합 공작을 통해 일본에 반항하여 일본 제국주의를 타도하고, 실지(失地) 만주를 회복함과 함께 조선의 독립을 속

히 이루려고 한국독립군대를 편성해서 어떤 전투를 했는가.

1. 독립군의 편대 상황의 상세 여하.

1. 한국독립군 조직 후 반만 중국자위연합군 제3군에 편입 연합하여 어떤 전투에 가담했는가.

1. 증인 심만호는 한국독립군의 군수정(軍需正)을 맡고 있을 당시 피의자 이규채는 어떤 간부를 맡고 있었는가. 그 외 간부의 성명 상세.

1. 한국독립당 및 독립군의 최종 상황의 상세 및 이규채의 최종 동정의 상세.

1. 그 외 참고가 될 사항.

(6) 증인 심준구 신문조서(1935. 2. 13.)

위 치안유지법 위반 피의사건에 관하여 소화 10년(1935년) 2월 12일 당 서 (署)에서 사법경찰관 외무성 경부보 다나카 가스오(田中一男)는 사법경찰리 외무성 순사 고니시 카스에(小西主計)가 입회한 다음 위 증인에 대하여 신문한 것은 다음과 같다.

문 성명, 연령, 직업 및 주거를 말하라.

답 성명 심준구(沈駿求)
연령 49세(명치明治 20년(1887년) 10월 29일생)
직업 농업
주거 부정

여기에서 형사소송법 제186조, 제188조의 규정에 해당하는 자인지 아닌지를 조사하여 아무런 관계가 없음을 확인하고, 앞에 기록한 피의사건에 대하여 증인으로 신문할 것을 고하고 다음과 같이 신문하다.

문 그대는 심만호(沈萬湖)가 아닌가.

답 나는 심준구가 본명이고, 심만호는 별명이다.

문 그대는 이규채를 아는가.

답 이규채는 이규보(李圭甫)라고 하고 소화 5년(1930년) 6월경 당시 내가 북만철로연선(北滿鐵路沿線) 아성현에 거주하고 있을 때 찾아와서 처음 알았다.

문 그대는 소화 5년(1930년) 7월 1일 위사현에서 동지와 함께 한국독립당을 조직한 일이 있는가.

답 소화 5년 여름쯤 한국독립당 본부 쪽에서 임시회를 여니까 집합하라는 통지가 있었지만, 그때 농번기였기 때문에 나는 출석할 수 없었다. 이규채는 아마 출석한 것으로 생각한다.

문 독립당의 선언, 강령, 목적 등은 어떤가.

답 나는 독립당에 참가한 지 3년 정도밖에 되지 않았기 때문에 자세한 것은 알지 못하지만, 조선의 독립이 주목적이다.
선언, 강령은 3대원칙, 6대강령으로 되어 있는데,
3대원칙은
1. 한국 독립 건설
2. 토지, 대공장 국유
세 번째는 잊어서 생각나지 않는다.
6대강령은
1. 약소국 악수(握手 : 협력)
2. 아동교육을 의무교육으로 한다.
그 외는 잊어서 생각나지 않는다.

문 독립당 부서의 결정과 이규채는 어떤 간부로 선임되었는가.

답 부서는 총무부, 군사부, 서무부, 재무부, 교육부, 선전부, 실업부, 외교부로 나는 처음에 재무원(財務員)이었는데, 재무부장인 한하강(韓河江)이 체포된 뒤에는 내가 재무부장이 되었다. 이규채는 총무부장을 하고 있었다.

문 독립당 조직 후의 경과 상황은 어떤가.

답 내가 독립당에 가입한 것은 소화 5년(1930년)이었는데, 소화 7년(1932년)에는 만주국도 건국되고 치안도 진정되어서 만주에 있어도 활동할 수가 없었기 때문에 당원은 북평 방면으로 피했다.

문 한국독립군을 편성해서 어떤 전투를 했는가.

답 소화 7년(1932년) 9월경 쌍성현에서 중국군과 만주국 군이 전투했을 당시 이규채는 부하 약 30명쯤을 데리고 중국군을 원조한 일이 있는데, 열차 습격 등에 대해서는 모른다.

문 독립군의 편대 상황은 어떤가.

답 규칙에는 일본군처럼 계급이 있었다고 생각되는데, 당시는 인원이 적었기 때문에 사령, 대대장, 중대장, 소대장, 병졸 해서 총원 50명 정도밖에 되지 않았다.

문 제3군에 편입 연합해서 어떤 전투를 했는가.

답 소화 7년(1932년) 음력 9월경 쌍성현을 두 차례 습격했을 때 이규채, 오광선이 합계 60여 명의 부하를 거느리고 거기에 참가했는데, 조선인에게는 별로 피해가 없었다.

문 그대가 독립군의 군수정(軍需正)일 때 이규채는 어떤 간부로 있었는가. 그 외의 간부 이름을 상세하게 말하라.

답 한국독립군에서는 총무장(總務長)이었고 중국군에서는 참모를 하고 있었다. 그 당시 간부의 이름은,
사령 이청천
대대장 오광선

중대장 최악

소대장 이(李)모

였다.

문 한국군의 최종 상황 및 이규채의 최종 동정을 말하라.

답 소화 8년(1933년) 9월 만주국도 나라의 기초가 잡히고 치안유지도 확보되었기 때문에 일본군에 체포될 우려가 있어서 독립군은 북평으로 들어가고, 그 외 이규채 등은 다시 남경으로 갔기 때문에 나는 그후 그의 동정에 대해서는 모른다. 나는 북평에 집을 빌려서 그 해 11월경까지 있었는데, 나는 이청천으로부터 이(李)의 가족이 중동선 모자산(帽子山)에 있으니 그들을 북평으로 데려오고, 또 부하들을 북평으로 데려오기 위해서 이(李)에게서 630원쯤을 받아 왔을 때 다른 사람을 북평으로 보내고, 여비가 부족해서 송금을 기다리고 있을 때 일평소서(日平所署)에서 체포되었다.

문 그 밖에 참고 사항은 없는가.

답 없다.

위 조서를 진술자에게 읽어 주었더니 그 기재가 틀림없다고 인정했다.
다음에 위 그대로 서명 무인하게 하다.

심준구

소화 10년(1935년) 2월 13일

재신경(在新京) 일본제국총영사관 경찰서
사법경찰관 외무성 경부보(警部補) 다나카 가스오
입회인 사법관리 외무성순사 고니시 카스에
통역보 이복중(李福仲)

4) 법원 공판조서와 판결문 및 상소권포기신청서

(1) 제1회 공판조서(1935. 2. 26.)

이규채에 대한 치안유지법 위반 피고사건에 대하여 소화 10년(1935년) 2월 26일 오전 10시 경성지방법원(京城地方法院)의 공개된 법정에서

　　재판장 조선총독부 판사 야마시타 히데키(山下秀樹)

　　조선총독부 판사 이와시마 하지메(岩島肇)

　　조선총독부 판사 가마타 카노우(鎌田叶)

　　조선총독부 서기 이바라나 사부로(茨奈三郎)

　　열석(列席)

　　조선총독부 검사 무라타 사몬(村田左文) 입회.

　　피고인은 신체의 구속을 받지 않고 출정하다.

　　변호인 이인(李仁) 출두하다.

　　재판장은 피고인에 대하여 다음과 같이 신문하다.

문 성명, 연령, 신분, 직업, 주거, 본적지는 어떻게 되는가.

답 성명 규보, 우정, 공삼, 경산, 즉 이규채

　　연령 당 46세

　　직업 무직

　　주거 부정

　　본적 경기도 포천군 가산면 방축리 484번지

문 작위, 훈장, 기장을 가지고 연금, 은급을 받거나 또는 공무원의 직에 있는 사람이 아닌가.

답 그런 사람이 아니다.

재판장은

피고인 이규채에 대한 치안유지법 위반 피고사건에 대하여 심리한다고
선언하다.

검사는

공판청구서에 기재한 대로 공소사실의 진술을 하다.

재판장은

피고인 이규채에 대하여 신문한다고 말하고 공판청구서에 기재한 공소사
실을 말하다.

피고인은

기소된 사실은 대부분 틀림없다고 말하다.

문 그러면 지금부터 위에 대한 상세한 조사를 할 것인데 대답하겠는가.

답 물음에 따라 대답하겠다.

문 지금까지 형벌을 받은 일은 없는가.

답 없다.

문 가정 상황은 어떤가.

답 모친, 형 두 사람 부부, 아우 부부, 나의 아내 및 자식이 둘이고, 맏형은
현재 고향 가산면장을 하고 있다.
그 외의 형제는 본적지에서 농업에 종사하고 있는 것으로 생각되는데, 나
는 10여 년 전에 고향을 떠나 해외에서 유랑하고 있었기 때문에 자세한 것

은 모른다. 따라서 처자가 어떻게 하고 있는지 모르고, 있는 곳조차 모른다.

문 교육 정도는 어떻게 되는가.

답 나는 고향인 포천에서 태어나 어릴 때부터 스물네다섯 살 때까지 사숙에서 한문을 습득했을 뿐이다.

문 그후 피고인은 경성으로 와서 서도를 습득하고, 이후 서가로 생계를 꾸리고 있었다는데, 그런가.

답 그렇다. 사숙을 마치고 스물여섯 살 때 경성으로 오고, 계동의 현채 선생에게 사사(師事)하여 3년 동안 서예를 연구하고, 이후 서가로 생활하고 있었다.

문 재산은 있는가.

답 재산은 별로 없다.

문 그런데 피고인은 대정 12년(1924년) 음력 10월에 이르러 다시 서예를 깊이 연구할 목적으로 경성을 출발하여 상해, 항주 방면으로 갔다는데, 그런가.

답 그렇다. 나는 서가로서 생계를 꾸리고 있었는데, 서예의 본고장인 중국에 가서 좀더 연구를 거듭할 목적으로 상해, 항주 방면으로 갔지만 서예 연구는 별로 할 수가 없었다.

문 당시 상해에는 피고인의 먼 친척인 이시영이 있고, 그 사람과는 예전부터 잘 아는 사이여서 피고인은 자주 그와 왕래하며 교제했다는데, 그런가.

답 그렇다.

문 그는 당시에 무엇을 하고 있었는가.

답 상해임시정부의 재무총장의 직에 취임하고 있었다.

문 그 사람 이외에 임시정부 요직에 있는 사람들과도 교유하고 있던 것은 아닌가.

답 윤기섭, 조완구, 김구, 노백린, 여운형 등과 교유하고 있었다.

문 당시 피고인은 위 임시정부와는 아무런 관계가 없었는가.

답 나는 지금 진술한 바와 같이 임시정부 요인들과 교제는 하고 있었지만, 원래 서도(書道)를 연구할 마음으로 도항(渡航)했기 때문에 독립운동 등에는 추호(秋毫)도 관심이 없어 임시정부와는 아무런 관계가 없었다.

문 위의 사람들로부터 독립운동을 해야 한다는 취지로 종용받은 일도 없었는가.

답 그런 일은 전연 없었다.

문 상해에서는 언제 귀향했는가.

답 앞에서 진술한 바와 같이 서예 연구도 제대로 되질 않아서 다음해 대정 13년(1924년) 음력 1월 15일 귀향했다.

문 그런데 피고인은 위와 같이 상해 가정부 요인들과 교유하고 있었기 때문에 귀향 후 사상 방면의 혐의자로 관할 포천경찰서원으로부터 취조를 받았다는데, 어떤가.

답 그렇다. 내가 상해를 유람했다는 이유로 사상 방면의 용의자로 간주되어 포천서원으로부터 전후 세 번에 걸쳐서 엄중한 취조를 받은 적이 있다.

문 그 때문에 피고인은 세간의 신용을 잃고 나아가 서가로서의 수입도 줄고 생활도 곤란하게 되었다는데, 그런가.

답 그렇다.

문 그래서 피고인은 이것은 전적으로 총독정치의 부당한 간섭 압박에 의한 것이라고 생각하고 자포자기하는 기분에 빠지고, 차라리 스스로 독립운동자 무리에 투신해서 조선의 독립운동에 종사하는 것만 못하다는 생각으로 독립운동에 종사할 결의를 했다는 것이 아닌가.

답 그렇다.

문 그런 결심을 함과 동시에 피고인은 다시 상해로 가서 이시영을 찾아갔다는데, 어떤가.

답 그렇다. 묻는 바와 같이 독립운동에 종사할 결심을 했기 때문에 여비로 돈 300원을 가지고 그 해 음력 2월 17일 경성을 출발하여 안동을 경유, 상해로 가서 이시영을 방문했다.

문 그리고 피고인은 드디어 실제 운동에 종사할 의사에 따라 앞에서 이미 진술한 사람들과 교제했다는데, 그런가.

답 그렇다.

재판장 합의(合議) 아래
이후의 심리는 안녕질서를 방해할 우려가 있음으로 공개를 정지한다는 취지를 고지하고 일반 방청인을 퇴정시킨 다음,

문 위와 같이 피고인은 상해에서 이시영, 그 외의 사람들과 교우하여 조선 독립운동의 실행에 관하여 협의하고 있는 동안 상해 임시정부 의정원 의원에 선임되었다는데 어떤가.

답 그렇다. 의정원 의원에 추천되었지만, 그 의원은 대정 14년(1925년) 3월 사임했다.

문 어떤 이유로 의정원 의원을 사임했는가.

답 그것은 해외에서 독립운동에 종사하는 사람 가운데 일부의 사람을 제외하고는 진실로 조선의 독립이라는 일에 열의가 부족해서 몸을 희생하여 난사(難事)와 맞서는 기풍이 없고, 반은 직업적으로 하고 있는 사람도 있고, 게다가 국제공산당으로부터 가정부의 자금으로 200만 루블을 보조받게 되어 그 중 60만 루블을 받았는데도 김립(金立), 이동휘(李東輝) 양인이 이를 착복하고 정부에 납입하지 않았던 일이 있었는데, 임시정부 수뇌자 일부 사람들의 행동 때문에 혐기(嫌氣)가 일어나 이런 사람들과 함께 운동하는 것은 좋지 않다고 생각했기 때문에 의원을 사임했다.

문 의정원 의원이란 어떤 것인가.

답 그것은 가정부 각 부 총장의 밑에 위치하는 가정부의 간부로서 일본의 제도로 얘기하면 대의사(代議士)에 해당한다.

문 그러면 피고인은 독립운동과는 잠시 손을 끊고 항주, 천진, 북경 등지를 떠돌아다녔다는데, 그런가.

답 그렇다. 묻는 바와 같이 각지를 떠돌아다녔는데, 그 동안 항주에서는 서성효가 출자를 해서 그와 공동으로 제지업을 했고, 천진, 북경에서는 서성구와 공동으로 농업에 종사했다.

문 그후 피고인은 만주로 가서 길림성 길남, 대둔, 오상현 충하진 등지를 전전했다는데, 그렇지 않은가.

답 그렇다. 틀림없다.

문 그 지방에는 조선인 민족주의자가 많이 거주하고 있었는데, 소화 3년 (1928년) 7월경부터 피고인은 이청천, 박관해, 민무, 정신, 신숙, 한영관 등 민족주의 운동자와 알게 되어 교제했다는데 어떤가.

답 묻는 그대로 틀림없다.

문 그래서 위의 사람들과 함께 조선의 독립운동 실행에 대하여 서로 논의한 결과, 소화 5년(1930년) 음력 7월 1일 길림성 위사현 위사역전 최모 집에서 위의 사람들을 비롯해 각지의 대표자 등 100여 명이 회합하여 조선의 독립을 목적으로 하는 한국독립당이란 결사를 조직했다는데 어떤가.

답 묻는 바와 같이 조선의 절대 독립을 목적으로 하는 한국독립당이라고 칭하는 결사를 조직한 것은 틀림없다.

문 그러면 한국독립당의 임원 및 부서는 어떻게 되어 있었는가.

답 당수 겸 정치부장에 홍진, 군사부장에 이청천, 선전부장에 정신, 조직부장에 박관해, 경제부장에 최두, 문화부장에 신숙이 각각 선임되어 취임하고, 나는 정치부원 겸 군사부 참모장이 되었다.

문 한국독립당의 본부는 어디에 두었는가.

답 조직 당시는 그 본부를 위사현에 두고 있었는데, 그후 아성현 대석하로 옮기고, 소화 6년(1931년) 1월 이후는 본부를 이곳저곳으로 전전하고 있었다.

문 위 한국독립당 조직과 동시에 각 간부는 담당 구역을 정해서 동지를 규합하고 지부를 조직하는 데 힘써 당을 확대 강화하는 데 진력했다는데, 그런가.

답 그렇다. 묻는 바와 같이 분담을 정해 활동하는 것으로 되었는데, 나의 담당 구역은 유수현이었기 때문에 나는 그 지방으로 가서 민중을 대상으로 독립사상을 불어넣고 단결시켜서 유수현에 지부를 조직했다.

문 앞의 진술과 같이 피고인은 군사부 참모장으로 취임하고 있는데, 피고인은 군략(軍略) 방면에 무슨 경험이라도 있는가.

답 그렇지 않다. 조직적으로 군략을 연구한 적도 없지만, 선거되었기 때문에 참모장이 되었다.

문 위와 같이 하여 한국독립당을 조직했는데, 그와 동시에 피고인은 각 임원과 협의한 다음 군사부는 그것을 한국독립군이라고 칭하고, 당원 가운데 20세 이상 45세 이하의 보통학교 졸업 정도의 사람으로 우수한 분자를 선발하여 구성하는 것으로 하고, 당이 목적으로 하는 조선독립을 완성하기 위해서는 직접 행동을 채택하는 것으로 했다는데, 어떤가.

답 그렇다. 군사부를 개칭하여 한국독립군이라고 하고, 당의 목적을 수행하기 위해서 직접 행동을 채택하는 것으로 방침을 결정한 것은 틀림없지만, 원래 독립군은 만주 각지에 거주시킨 조선인을 대상으로 공산당원의 포학이 심했기 때문에 그것을 방위하기 위하여 군대를 모집했는데 그것이 300여 명에 이르러서 더욱 그것을 확대해서 조선독립운동의 실행을 맡게 할 생각이었다.

문 독립군 편성 당시는 그 수가 약 300명으로 2개 중대, 6개 소대를 편성하고 있었다는데, 그런가.

답 그렇다.

문 그런데 소화 6년(1931년) 9월 18일에 이르러 만주사변이 발발하고 일본군이 활약하게 되면서 독립군은 아무런 활동을 하지 못한 채 그대로 길림성자위군 제3군과 합병하게 되었다는데, 어떤가.

답 묻는 그대로 틀림없다.

문 길림성자위군이란 어떤 것인가.

답 길림성자위군은 그 수가 약 10만을 헤아리고 있었는데, 그 목적은 만주국의 출현에 반대하는 것을 목적으로 하는 군대지만, 일본측에서 말하는 비적에 불과하다.

문 피고인은 독립군을 그 자위군과 합병함과 동시에 그 군의 중교참모의 직에 취임했다는데, 그런가.

답 그렇다. 합병과 동시에 중좌(中佐)에 상당하는 중교참모로 임명되었지만, 나는 그 군의 작전 등 추기(樞機)에 참획(參劃)한 일은 전연 없다.

문 그 군에서는 그 해 음력 8월, 9월에 두 차례에 걸쳐 쌍성현에 있는 만주국 군을 습격한 일이 있지 않은가.

답 그렇다. 묻는 바와 같이 두 차례에 걸쳐 만주국 군과 교전해서 그들을 격퇴시키고, 다수의 총기 등을 노획했는데, 첫 번째 습격 때에는 나도 참가했다.

이와 같이 두 번 모두 만주국 군을 패퇴시켰지만, 얼마 되지 않아 일본군이 진격해 오고 비행기를 이용해 폭격했기 때문에 자위군은 각지로 완전히 궤주(潰走)해 버렸다.

문 소화 7년(1932년) 음력 1월 피고인은 한국독립당의 구 정치부장에 상당하는 그 당의 총무위원장에 취임하고, 당의 실권은 피고인 수중에 들어가기에 이른 것 아닌가.

답 그렇다.

문 그런데도 그 무렵부터 비적에 대한 일만군(日滿軍)의 토벌이 점차 몹시 준열해지고 당원 등 모두가 절박한 위험에 처한 결과, 피고인은 그들을 토벌의 손이 미치지 않는 중국 본토로 이전시켜서 그 지방에서 활동하게 하기 위한 비용을 조달하기 위해 소화 8년(1933년) 음력 4월 중순경 혼자 남경으로 갔다는데, 그런가.

답 그렇다. 묻는 바와 같은 목적 아래 당원을 중국 본토로 이동시켜 활동하게 하려고 자금 조달을 교섭하러 가기 위해 그 해 음력 3월 우선 북경에 이르고 그곳에서부터 음력 4월 중순 남경으로 가서 거기서 병원을 개업하고 있는 김영배(金永培)의 집에 머물며, 위 요건에 대해 박남파와 교섭을 했다.

문 박남파는 그곳에서 조선독립운동을 위해 활약하고 있었는데, 피고인은 그에게 위의 사정을 알리고 당원을 중국 본토로 이동시킬 비용으로 중국화 600원을 융통받고, 또한 그때 그 사람과 이청천을 낙양군관학교에 교관으로 취직시키고 독립군 소속원은 그 군관학교에 입교시킬 것을 협의하여 결정했다는데, 그렇지 않은가.

답 그렇다.

문 그래서 피고인은 600원을 수중에 넣고 천진, 영구, 봉천, 신경을 거쳐서 길림성으로 들어갔다는데, 그런가.

답 그렇다. 틀림없다.

문 그런데 위 600원으로는 당원을 이전시키는 비용으로 부족해서 그 해 음력 7월 12일 북경으로 돌아와 음력 8월 초순경 당원 오광선을 위 박남파에게 보내고, 전과 같은 사정을 하소연하여 그에게서 중국화 1,200원의 융통을 받았다는데, 그런가.

답 그렇다. 묻는 바와 같이 두 번에 걸쳐 박남파로부터 당원을 이동시키는데 필요한 비용을 융통받았고, 나는 그 해 음력 9월 22일 오광선에게 여비를 주어 당시 액목현 방면으로 도피 중인 이청천 외 12명의 우수한 당원을 북경으로 초치하고, 그 사람들을 남경으로 가게 했다.

문 이청천 등을 북경으로 초치했을 때 피고인은 당시의 거처인 북경 서직문내 순포청호동 15호에서 위 이청천 및 당시 북경에 도피 중인 당수 홍진과 회합하고, 한동안 당 본부를 위 피고인의 거처에 둘 것, 독립군은 그것을 해체하고 이청천은 앞서 물은 바와 같이 낙양군관학교 교관이 되고, 다른 그 군의 소속원은 그 학교에 입학하고, 시기가 도래할 것을 기다려 독립군을 재건할 것, 또한 홍진은 남경으로 가서 남경에 있는 한국혁명당 간부와 그 당과 한국독립당과의 합체에 대해 교섭해야 할 일 등을 협의 결정했다는데, 틀림없는가.

답 그렇다. 모두 묻는 그대로 틀림없다.

문 그러면 이청천은 피고인에게서 여비의 지급을 받아서 구 독립군 소속원 10명을 데리고 그 해 음력 9월 24일 북경을 출발하여 낙양으로 가서 그곳 군관학교의 교관이 되고, 그 밖의 사람들은 그 학교에 입학했다는데, 그렇지 않은가.

답 내가 이청천에게 여비를 준 일은 없지만, 그 외의 사실은 묻는 그대로 틀림없다.

문 그리고 또 한국혁명당 간부와 그 당과 합체해야 하는 일을 교섭하는 사명을 띤 한국독립당 당수 홍진도 그 해 음력 12월 초순경 북경을 출발해서 남경으로 가고, 위 한국혁명당 간부인 윤기섭, 연병호 등과 회합하여 협의한 결과, 소화 9년(1934년) 음력 1월 위 양당을 합체해서 새롭게 조선의 독립을 목적으로 하는 신한독립당이라는 결사를 조직했다는데, 그런가.

답 그렇다. 묻는 바와 같은 경위로 양당을 합체하고, 물은 바와 같은 목적을 가진 신한독립당을 조직한 것은 틀림없지만, 원래 나는 양당의 합병에는 반대였기 때문에 그후 나는 그 당과 관계를 끊었다.

문 그러나 피고인은 신한독립당의 감사원(監査員)에 임명되었다는데, 아닌가.

답 감사원으로 임명되었다는 통지가 있었지만, 나는 합병에는 반대였기 때문에 그에 취임하는 일을 거절했다.

문 그러면 양당 합병의 협의에는 왜 찬성했는가.

답 나는 찬성하지 않았지만, 홍진, 이청천, 나를 비롯해 당원들이 회합하여 합병 문제에 대해 협의했는데, 나의 반대에도 불구하고 다수결로 합체하는 것으로 되었다.

문 그러면 피고인은 양당의 합체에는 반대지만 다수결로 합체하는 것으로 결정되었기 때문에 어떻든 합체에 찬성한 것이 아닌가.

답 이치로 얘기하자면 그렇게 되고, 또 결의에 따르지 않을 때에는 엄중 처분을 받게 되어 있지만, 나는 처분을 받더라도 합체에는 반대라고 강경하게 버텼다.

문 그후 피고인은 그 해 2월 남경 방면으로 갔다는데, 그런가.

답 그 지방에서 농업에 종사할 생각으로 농지를 보러 돌아다녔지만 좋은 토지가 없었다.

문 다시 그 해 5월 낙양으로 가서 이청천과 만났다는데, 그런가.

답 그렇다. 그 해 5월 낙양에 갔을 때 이청천을 만났지만, 당시 나는 독립운동 등에서 손을 빼고 있었기 때문에 그것에 대해서는 아무 말도 하지 않았다.

문 피고인은 앞에서 말한 바와 같이 한국독립당과 한국혁명당과의 합체에는 반대였다는데 왜 반대했는가.

답 그렇게 해서 여러 단체를 조직하더라도 어떤 눈여겨볼 만한 활동을 할 수 없다는 것이 분명했기 때문에 그 합병에 반대한 것이다.

문 피고인은 앞에서 물은 바와 같이 10여 년 정도의 장기간에 걸쳐 중국 각지를 떠돌아다녔는데, 그 동안 고향으로 돌아가고 싶다는 생각은 하지 않았는가.

답 나는 총독정치의 부당한 압박에 자극 받아 조선의 독립운동에 몸을 던졌고, 독립이 되지 않은 동안은 다시 조선 땅을 밟지 않겠다는 결심으로 낳아주신 어버이나 형제 처자를 내버리고 해외로 나간 사람이었기 때문에 그 동안 조선에 돌아오고 싶다는 생각은 전혀 하지 않았다.

문 그러나 조선에 있는 일반대중도 위정당국(爲政當局)의 적절한 정책의 수행에 의해 점차 정신적 물질적으로 갱생되고, 점차 그 생활은 향상의 길을 걷고 있으니 군이 독립하지 않더라도 지장이 없는 것이 아닌가.

답 그런 사정도 모르는 것은 아니지만, 근본적으로 관념이 다르기 때문에 어쩔 수 없다.

문 피고인도 아는 것처럼 만주 각지에는 수백만의 조선 농부가 이주해 있었고 과거 장학량(張學良) 군벌(軍閥) 아래서는 폭정에 신음하고 있었지만 일본이 만주로 출병(出兵)하고 만주국이 출현한 오늘날에는 점차 그 생활도 안정되어 낙토(樂土)로 변하고 있고 일본에서도 그 구제(救濟)에는 가능한 한 노력을 경주하고 있는 상태인데, 피고인은 이것을 어떻게 생각하고 있는가.

답 일본의 만주 출병, 만주국 출현에 의해 만주에 사는 조선인의 생활이 매우 안정된 것은 사실이기 때문에 나는 그것에 대해서는 충분히 호의(好意)로써 맞이하고 있고, 특히 일본의 만주 출병은 천의(天意)에 기초한 것이 아닌가 하고 사의(謝意)를 표하고 있는 바이다.

문 그와 같이 일본의 입장 및 시정(施政)을 이해하고 있다면 지금 가산면 장으로 총독정치의 중핵기관으로 활약하고 있는 형제와 제휴해서 민중생활의 향상에 노력하고 그릇된 독립사상 같은 것을 포기하여 피고인 스스로도 역시 갱생의 길로 나가도록 하는 것이 어떤가.

답 내가 일본의 시정에 호의를 갖고 있다는 것과 조선의 독립을 열망하고 있다는 것은 전혀 다른 문제이고, 형이 어떤 입장에 있고 또 어떤 일을 하고 있든지 나의 신념을 굽혀 그것과 동화(同化)하는 일은 전연 불가능한 일이다.

문 이것은 소화 9년(1934년) 음력 6월 중순경 남경에 있는 이청천으로부터 피고인 앞으로 온 통신 및 지령서라는데, 그런가.

이때 소화 10년(1935년) 압(押) 제135호의 증(證) 제1, 2, 3호를 보이다.

답 그렇다.

재판장은
증거 조사를 한다고 말하고 청취서를 증거로 삼는데 대하여 이의가 있는지 없는지를 물으니 소송 관계인은
이의 없다고 대답함으로써 증거로,
1. 사법경찰관이 작성한 피고인에 대한 청취서
1. 사법경찰관의 피의자 신문조서 및 증인 신문조서
1. 검사의 피의자 신문조서
1. 압수물건 전부
를 읽어 주고 또 가리키면서 그때마다 의견, 변해(辨解)의 유무를 묻고, 또 이익이 될 증거가 있으면 제출할 수 있다고 하니

피고인 및 변호인은

모두 없다고 진술하다.

재판장은
사실 및 증거 조사를 끝낸다고 하다.

검사는
본건의 공소사실은 그 증명이 충분하며 신한독립당 조직에 대해서도 피고인에 책임이 있을 뿐만 아니라 피고인은 치열한 민족주의자로서 오늘에 이르러서도 그것을 고치지 않는 자이므로 그것에 대하여는 상당히 엄벌에 처해야 한다고 사료(思料)된다.
따라서 피고인에 대해서는 치안유지법 제1조를 적용하여
피고인에게 징역 10년에 처함에 상당하다고 사료된다는 취지의 의견을 말하다.

변호인은
본건은 범죄의 증명이 없기 때문에 무죄의 판결이 있어야 한다고 말하다.

재판장은
피고인에 대하여 마지막으로 진술할 것이 있는지를 물으니

피고인은
없다고 대답하다.

재판장은
변론(辯論)을 종결하고 판결은 오는 3월 5일 오전 10시에 언도(言渡)한다고 말하고, 관계인에게 출두를 명하고 폐정하다.

본 건은 조선총독부 재판소 통역생 신태헌(申泰憲)의 통역에 의하여 이를

행하다.

소화 10년(1935년) 2월 26일

경성지방법원 형사부
조선총독부 재판소 서기 이바라나 사부로
재판장 조선총독부 판사 야마시타 히데키

(2) 제2회 공판조서(1935. 2. 26.)

　피고인 이규채에 대한 치안유지법 위반 피고사건에 대하여 소화 10년(1935년) 3월 5일 오전 10시 경성지방법원 법정에서
　재판장 조선총독부 판사 야마시타 히데키
　조선총독부 판사 이와시마 하지메
　조선총독부 판사 미타니 다케시(三谷武司)
　조선총독부 검사 무라타 사몬
　조선총독부 서기 신태헌
　열석
　피고인은 신체의 구속을 받지 않고 출두하다.
　변호인은 출정하지 않다.
　재판장은 판결을 선고한다고 말하고 주문을 낭독해 구두로 그 이유의 요령(要領)을 고하여 판결을 선고하고, 또 이 판결에 대해 상소를 신청하려는 사람은 공소(控所 : 대기소)에서는 7일 내에, 상고에서는 5일 내에 그 신청서를 당 재판소에 제출해야 한다고 고지하다.

　본건은 조선총독부 재판소 통역생인 입회 서기의 통역에 의하여 이를 행하다.

　소화 10년(1935년) 3월 5일

경성지방법원 형사부
조선총독부 재판소 서기 신태헌
재판장 조선총독부 판사 야마시타 히데키

(3) 판결문(1935. 3. 5.)

소화 10년 형공(刑公) 제214호

판결

본적 경기도 포천군 가산면 방축리 484번지

주거 부정

　　　무직　규보, 우정, 공삼, 경산

　　　　　　즉 이규채

　　　　　　당 46세

　위의 자에 대한 치안유지법 위반 피고사건에 대해 당 재판소는 조선총독부 검사 무라타 사몬(村田左文)이 관여한 위에 심리 판결하는 바, 다음과 같다.

주문

피고인을 징역 10년에 처한다.

이유

　피고인은 어릴 적부터 위에 쓴 본적지의 사숙에서 십수 년간 한학을 익힌 다음 경성으로 나가 서예를 배운 이래 서가(書家)로서 생계를 꾸려왔는데, 중국의 서예가를 찾아 더욱 깊이 연구하려고 대정 12년 음력 10월 경성을 떠나 상해, 항주 방면을 유력(遊曆)하고 다음해인 13년 음력 1월 15일에 귀향한 바,

　상해 체재 중에 예전부터 알고 지내왔던 상해 한국임시정부원 이시영과 교유했기 때문에 귀향 후 관할 포천경찰서원에 의해 수 회에 걸쳐 사상범 방면의 혐의자로서 취조를 받아, 이로 인해 세간의 신용을 잃고 지우(知友)에게 절교당하는 지경에 이르러, 이 모든 것이 총독정치의 부당한 압박에 의한 것이라고 자포자기에 빠져서, 오히려 스스로 독립운동자 무리에 가담하

여 조선의 독립운동에 종사하는 것만 못하다고 결의하여, 그해 음력 2월 17일경 앞에 기록한 이시영을 찾아서 다시 상해로 건너가 곧바로 임시정부 의정원 의원이 되고, 이시영 및 그 무렵 상해에서 독립운동을 위해 광분하고 있었던 김구, 여운형, 윤기섭 외 여러 명과 함께 조선독립을 위해 여러 책동을 하면서도 임시정부 수뇌부의 행동 등에 대해 불만이 있었으므로 결국 대정 14년 음 3월 의정원 의원을 사직하여 일시 운동전선에서 물러난 이래 항주, 천진, 북평 및 만주 길림성 길남, 대둔, 오상현 충하진 등을 전전 방랑했는데,

소화 3년 음력 7월경부터 순차(順次)적으로 민족주의자 이청천, 박관해, 민무, 정신, 신숙, 최두, 한영관 등과 알게 되고, 이윽고 이 사람들과 여러 가지를 협의한 끝에 소화 5년 음력 7월 1일 길림성 위하현 역전 최(崔)모의 집에서 조선의 독립을 목적으로 하는 결사 한국독립당을 조직하고 그 당수 겸 정치부장에 홍진, 군사부장에 이청천, 선전부장에 정신, 조직부장에 박관해, 경제부장에 최두, 문화부장에 신숙을 각각 선임하고, 피고인도 정치부 위원 겸 군사부 참모장에 취임하였으며, 동시에 이 각 간부들과 협의하여 군사부는 이를 한국독립군이라고 칭하고 당원 중 20세 이상 45세 이하의 보통학교 졸업 정도의 자 가운데서 우수분자를 선발하여 결성하여 당의 목적 수행을 위해 직접행동을 취하는 것을 그 목적으로 하기로 결정하고,

그 직후부터 그해 말까지의 사이에 유수현, 빈주현, 오상현, 하성현, 주하현, 영안현 등에 7개소의 당 지부를 설치하고 당원 획득에 노력하고, 또 군사부장 이청천과 협력하여 부원의 양성에 노력하여 2개 중대 300인으로 구성된 독립군을 편성하는 등 간부로서 당의 목적 수행을 위해 여러 가지 활약을 해왔지만,

그후 머지않아 소화 6년 9월에 이르러 만주사변 발발에 의해 활동이 여의치 않게 되었으므로 군을 이끌고 반만항일단체인 길림성 자위군에 참가하여 일만 군헌에 반항해 왔는데, 소화 7년 음력 1월에 이르러 피고인이 동당 총무위원장(옛 정치부장)에 취임하여 당의 실권을 장악하기에 이른 무렵부터 일만군의 토벌이 점차 매우 매서워지면서 당원 등 누구라도 위험에 처한 결과,

피고인은 이들을 중국 본토에 이전시켜서 토벌의 손이 미치지 않는 곳에서 활동하도록 하려고, 우선 소화 8년 음력 4월 중순경 단신으로 남경으로 향해 그곳에서 조선운동을 위해 활약 중이던 박남파를 만나 위에서 서술한 사정을 알리고 그에게서 당원을 중국 본토로 이전시킬 여비로서 중국돈 600원의 융통을 받고, 또한 그때 그와의 사이에 이청천을 낙양군관학교 교관으로 취직시켜 독립군 소속원은 이 학교에 입학시키는 것을 협정하고,

그해 음력 7월 12일 북경으로 돌아가 다시 그해 음 8월 초순 당원 오광선을 박남파 밑으로 보내어 위에서 서술한 여비로서 중국돈 1,200원의 융통을 받은 뒤, 그해 음 9월 22일 당시 액목현 방면으로 도피 중이던 이청천 기타 당원을 북경에 초치하고, 당시 피고인의 거소였던 그곳 서직문 내 순포청호동 15호에서 이청천 및 이미 당시 북경에 피신해 있었던 당수 홍진과 회합하여 일시적으로 당 본부를 위 피고인의 거소에 두는 것과 독립군은 해산하고 이청천은 일시적으로 위에서 서술한 학교 교관이 되고 독립군 소속원은 군관학교에 입학해 시기의 도래를 기다려 독립군을 재건하는 것에 대해 협의하고,

이 협의에 기초하여 이청천은 옛 독립군 소속원 10명을 데리고 그해 음력 9월 24일 그곳을 떠나 낙양으로 향해 자신은 군관학교 교관이 되고 소속원은 군관학교에 입교시키는 등 여러 가지 위에서 서술한 결사의 목적을 수행하기 위한 행동을 한 자이다.

위 사실은 피고인의 본 공판에서의 판시, 같은 취지의 자술에 의해 인정된다.

법률에 비추어 피고인의 판시행위는 치안유지법 제1조 제1항 전단에 해당하므로, 소정의 형 중 유기징역형을 선택하여 그 형기 범위 내에서 피고인을 징역 10년에 처하는 것으로 한다.

그러나 피고인이 소화 8년 음 9월 중 북평에서 이청천 및 홍진과 만나 전·현 한국독립당과 남경의 한국혁명당을 합병하여 새로운 결사를 조직하기로 결의하고, 홍진은 그 결의에 기초하여 다음해 9년 음 1월 남경에서 한국혁명당 간부 윤기섭, 연병호 등과 회합, 협의하여 위의 양 결사를 합병하여 새롭게 조선의 독립을 목적으로 하는 결사 신한독립당을 조직했다는 공

소사실은 범죄의 증명이 없지만, 위에서 인정한 사실과 연속의 관계에 있는 것으로서 기소된 것으로 인정되므로, 주문에서 특별히 무죄의 언도는 하지 않는다.

소화 10년 3월 5일

재판장 조선총독부 판사 야마시타 히데키(山下秀樹)

조선총독부 판사 이와시마 하지메(岩島肇)

조선총독부 판사 가마타 카노우

위는 등본임.

앞의 같은 날 같은 청(廳)에서

조선총독부 재판소 서기 이바라키 쇼자부로(茨木小三郎) 인(印)

(4) 상소권포기신청서(1935. 3. 5.)

서대문형무소 재감(在監) 피고인 이규채
소화 10년(1935년) 3월 5일
경성지방법원 언도(言渡)
치안유지법 위반 징역 10년
위 판결에 대하여 상소권 포기를 신청함.

  소화 10년(1935년) 3월 5일

위 이규채
경성지방법원 귀중

이규채의 이동과 활동 연표

反滿抗日會事件의

李圭彩公判開廷

法廷禁止裡에 事實을 審理

廿六日京城法院에서

新韓○○黨暗殺隊

朝鮮潛入情報로

各道警察猛烈搜查

연도	월	일	지명 1	지명 2	인명
1921년			경성	공평동 2번지	
1923년			경성	경성부 공평동 2번지	
1923년	11월		경성 → 안동 → 천진 → 상해	프랑스조계 패륵로 영경방 10호	이시영
1923년	11월		상해		이시영, 여운형, 조완구, 김구, 노백린, 윤기섭, 이유필, 최창식 등
1923년	1923년 11월 ~1924년 1월		상해, 항주		
1923년	11월		경성 → 상해 → 항주		이시영
1923년	11월	10월 4일 (음력)	경성 → 안동 → 봉천 → 천진 → 상해		이시영, 여운형, 조완구, 김구, 노백린, 윤기섭, 이유필, 최창식
1923년	11월		경성 → 상해, 항주		이시영 외
1923년	11월		상해, 항주		
1923년	12월		상해, 항주		이시영, 윤기섭, 조완구, 김구, 노백린, 여운형 등
1923년	1923년 12월 ~1924년 1월		상해, 항주		이시영 등
1924년	2월		상해, 천진	상해 → 천진 → 경성 → 포천	
1924년	2월	1월 15일(음력)	상해 → 포천		
1924년	2월	1월 15일(음력)		상해 → 천진 → 봉천→ 안동 → 경성 → 포천	
1924년	2월		상해 → 포천		

내용	자료
창신서화연구회에서 서종으로 근무함.	상해총영사관 청취서 3.
29세부터 서예로 생계를 이음. 창신서화연구회를 창설하고 서예를 지도하며 학생들에게 독립의식을 고취함.	경성지법 검사국 신문조서 1.
1919년 3·1 운동 후 창신서화연구회를 창설하여 학생층을 상대로 비밀 운동을 전개하던 중 일본 경찰에 발각되자, 대한민국 임시정부가 있는 상해로 건너가 이시영 집에 머물며 독립운동가들과 교류함.	상해총영사관 청취서 1.
상해, 항주 지역 유람을 목적으로 경성을 출발해 철도 편으로 천진에 간 후, 천진에서 선박 (성경호)을 이용해 상해로 감. 대한민국 임시정부 주요 인사들을 만남.	상해총영사관 청취서 3.
약 3개월여 간 상해에 체류하면서 상해, 항주를 유람함.	상해총영사관 청취서 3.
상해, 항주를 유람.	경기 경찰부 신문조서 1.
상해에 체류하며 대한민국 임시정부 주요 지인들과 교류함.	경기 경찰부 신문조서 2.
중국 방면 서예 연구 겸 유람(지인들과 교류)	경성지법 검사국 신문조서 1.
경성을 출발해 상해, 항주 방면을 유람하고 다음해 음력 정월 15일 귀향함.	공판청구서
서예의 본고장인 중국에서 서예를 연구하기 위해 상해, 항주 방면으로 갔지만, 서도 연구의 큰 성과는 없었음. 한편으로 상해 임시정부 주요 인사들과 교류함.	공판조서
대한민국 임시정부가 있는 상해로 건너가 독립운동가들을 만나며 활동을 시찰함.	경기 경찰부 의견서
철도 편으로 천진 안동을 경유하여 귀향함.	상해총영사관 청취서 3.
서예 연구에 성과가 없어서 1924년 1월 15일(음력) 귀향함.	공판조서
항주, 성성, 소주 등지를 순회하고 상해로 돌아와 천진, 봉천, 안동을 경유하여 대정 13년 (1924년 1월 15일, 음력) 고향으로 돌아옴.	경기 경찰부 신문조서 2.
상해 임시정부 주요 인사들을 만나고 경기도 포천으로 귀향함.	경기 경찰부 의견서

연도	월	일	지명 1	지명 2	인명
1924년	2월		상해 → 포천		
1924년	3월	2월 17일(음력)	안동 → 천진 → 상해		이시영 외
1924년	3월	2월 17일(음력)	안동 → 천진 → 상해		
1924년	3월		상해	경성 → 안동 → 천진 → 상해	
1924년	3월		상해		이시영 등
1924년	3월		상해	프랑스조계 패륵로 영경방 10호	이시영, 김구, 여운형, 윤기섭, 조완구, 곽헌, 조완, 최창식 등
1924년	3~4월		상해		김구, 윤기섭, 조완구, 곽헌, 조완, 최창식, 여운형 외 30여 명
1924년	4월		상해		이시영
1924년	7~12월		상해 양수포 → 항주 → 상해		서성효
1925년	1~2월		상해 양수포	광유리 41호	서성효
1925년	3월		항주, 천진, 북평		
1925년	3월				
1925년	4월		항주, 천진, 북평		
1925년	3~4월		항주, 천진, 북평 및 만주 길림성 길남, 대둔, 오상현 충하진 등		

내용	자료
귀국 후 포천경찰서에서 세 차례에 걸쳐 조사를 받음.	경성지법 검사국 신문조서 1.
귀국 후 경찰 조사, 총독정치로 인한 억압에 항거해 조선의 독립을 도모하기로 결심하고 1924년 음력 2월 17일(양력 3월 22일) 여비 300원을 준비하여 안동, 천진을 경유해 상해로 감.	경성지법 검사국 신문조서 1.
독립운동에 투신하기로 결심하고, 2월 17일(음력) 여비 300원을 마련해서 안동, 천진을 경유하여 상해로 감.	경기 경찰부 신문조서 2.
독립운동을 목적으로 경성에서 철도 편으로 안동, 천진을 경유하여 상해로 감.	상해총영사관 청취서 3.
대한민국 임시정부 의정원 의원에 선임됨. 그 무렵 상해에서 독립운동을 하고 있던 김구, 여운형, 윤기섭, 이시영 등 임시정부 주요 인사들과 함께 독립운동에 참여함.	공판청구서
대한민국 임시정부 의정원 의원이 되어서 임시정부가 해야 할 중요한 정책을 논의 의결하는 등 조선 독립운동에 참여함.	경성지법 검사국 신문조서 1.
대한민국 임시정부 의정원 의원으로 선임되어 의정원 회의에 세 차례 출석함.	경기 경찰부 신문조서 1.
이규채는 이시영의 주선으로 상해에 와서 조선의 독립을 위해 조직되어 있던 대한민국 임시정부 의정원 의원이 되어 1~2년 활동하였다.	여운형 신문조서
상해 양수포에서 홀로 생활하며 인삼 행상을 함. 서성효와 공동으로 제지업을 할 목적으로 항주로 갔으나 사업이 성사되지 않아 상해로 돌아옴.	상해총영사관 청취서 1.
서성효와 함께 생활하던 중 혼자 북평으로 감.	상해총영사관 청취서 1.
대한민국 임시정부 의정원 의원을 사임하고 항주, 천진, 북평 지방을 유랑함.	경기 경찰부 의견서
대한민국 임시정부(와 주요 인사)의 독립 활동에 진정성이 부족한 데 대한 회의를 느껴 의정원 의원을 사임함.	공판조서
항주, 천진, 북평 등지를 유랑함. 항주에서는 서성효가 출자를 해서 그와 공동으로 제지업을 했음. 천진, 북평에서는 서성구와 공동으로 농업에 종사함.	공판조서
임시정부 활동에 회의을 느껴 의정원 의원을 사임한 후 항주, 천진, 북평 및 만주 길림성 (길남, 대둔, 오상현 충하진 등)을 돌며 독립운동 활동 방향을 모색함.	공판청구서

연도	월	일	지명 1	지명 2	인명
1925년	4월		상해 → 항주, 천진, 북평		
1925년	4월		항주	서호에 있는 고려사	
1925년	4월		상해 → 항주		
1925년	4~10월		항주	서호에 있는 고려사	서성효
1925년	6월		항주	서호에 있는 고려사	서성효
1925년	10월		상해 양수포	광유리 81호	서성효
1925년	12월		북평	아방	서성구
1925년	12월		상해 → 북평		서성효, 서성구
1926년	2월		북평	해전	서성구
1926년	2월		북평	아방	서성구
1926년	12월		북평	아방, 완평현	서성구
1927년	1월		북평	해전	
1927년	2~12월		북평	해전	서성구
1928년	1~2월		천진	프랑스조계(이하 미상) 박용태의 집	박용태
1928년	2월		천진		
1928년	3월		천진 → 길림성	길림성 대둔	이승준

내용	자료
대한민국 임시정부 인사들의 독립운동 진정성에 회의를 느껴 1925년 3월 의정원 의원을 사임한 후, 1925년 4월 상해를 출발하여 항주 방면으로 감.	경성지법 검사국 신문조서 1.
제지업을 경영하려는 목적으로 항주에 감. 항주 서호에 있는 사찰 고려사에 거주하며 닥나무 원재료를 조사함.	상해총영사관 청취서 3.
대한민국 임시정부 의정원 의원을 사임한 후, 의사가 합치하는 동지 홍면희, 이동녕, 박찬익 등과 규합하여 실질적인 독립운동을 일으켜 볼 의도를 가지고 상해를 떠나 항주로 감.	경기 경찰부 신문조서 2.
경성 출신 서성효와 협의하여 제지업을 공동으로 경영함. 제조 실험의 결과는 좋았으나 중국의 내전 때문에 계속할 수가 없어 중단하고, 10월경 서성효와 함께 상해로 돌아옴.	경기 경찰부 신문조서 2.
경성 출신 서성효와 공동으로 제지업을 경영함.	상해총영사관 청취서 3.
제지업을 중단하고 상해로 돌아와 서성효의 집에 거주함.	상해총영사관 청취서 3.
서성효의 아우 서성구가 살고 있는 북평 아방으로 이주함.	상해총영사관 청취서 3..
북평에 살고 있는 서성효의 아우 서성구를 의지하고, 그해 12월에 북평으로 감.	경기 경찰부 신문조서 2.
서성구와 함께 농업을 경영함.	상해총영사관 청취서 3.
서성구와 함께 농업을 경영함.	경기 경찰부 신문조서 2.
서성효의 동생 서성구와 함께 아방의 농장(농막)에 거주함.	상해총영사관 청취서 1.
소규모 농사를 경영함.	상해총영사관 청취서 1.
장작림 군의 횡포로 농업을 계속할 수가 없어 중단하고 북평 해전으로 이주함.	경기 경찰부 신문조서 2.
농업 경영을 목적으로 박용태의 농장에서 거주함.	상해총영사관 청취서 3.
서성구는 북평으로 돌아가고, 천진에 거주하는 현감을 찾아가 의탁하고 박암태가 경영하는 농장에서 일함.	경기 경찰부 신문조서 2.
자본을 출자한 이승준으로부터 농업 경영을 의뢰받고 천진으로 갔으나, 장개석 군과 장종창 군 간의 내전으로 농업 경영이 불가능하여 길림성 대둔으로 감.	상해총영사관 청취서 1.

연도	월	일	지명 1	지명 2	인명
1928년	6월		천진 → 길림성	길림성 대둔	
1928년	6~7월		길림성	천진→봉천→길림 대둔	성주열
1928년	8월		길림성(만주 방면)	대둔, 오상현 충하진 등	이청천 등
1928년	8월		길림성(만주 방면)	대둔, 오상현 충하진 등	이청천, 박관해, 민무, 정신, 신숙, 한영관 등
1928년	8월		길림성(만주 방면)	대둔, 오상현 충하 등	이청천
1928년	8월		길림성(만주 방면)		
1928년	8월		길림성(만주 방면)	대둔, 오상현 충하 등	이청천(지대형)
1928년	9월		길림(만주 방면)	대둔	성주열
1929년	1월		길림성	오상현 충하	박일만
1929년	1월		길림성	유수현에 있는 박일만의 본댁	박일만
1929년	2~5월				
1929년	6월		길림성	서란현 노흑정자	이장녕
1929년	6~12월		길림성	대둔, 서란현 규흑정자	이장녕
1930년	1월		길림성	오상현 충하진 박일만의 집	
1930년	2월		길림성	오상현 충하진	이청천
1930년	2월		길림성	오상현 충하진	박일만

내용	자료
장종창 군과 장개석 군(북벌군)과의 전란 때문에 농업 경영이 어렵게 되어 혼자 천진을 출발하여 길림으로 감.	경기 경찰부 신문조서 2.
친구의 아들 성주열의 집에서 거주함.	상해총영사관 청취서 3.
민족주의자 이청천, 박관해, 민무, 정신, 신숙, 최두, 한영관 등과 서로 알게 되고 마침내 그들과 독립운동 활동을 모색함.	공판청구서
이청천, 박관해, 민무, 정신, 신숙, 한영관 등 민족주의 독립운동가들과 독립운동 실행에 대하여 협의함.	공판조서
독립운동가들의 영수인 이청천(지대형)과 알게 되어 제휴하고, 한국 독립의 목적을 달성하기 위해 활동함.	경기 경찰부 의견서
길림성 만주 방면을 유랑 중 독립운동가 이청천(지대형)을 알게 됨.	경성지법 검사국 신문조서 1.
독립운동을 하고 있던 이청천(지대형)과 알게 되어 그와 연락을 취하며 활동함.	경기 경찰부 신문조서 1.
성주열의 부친 성벽서와의 인연으로 성주열의 집에 머물다 농업 경영을 위해 길림성 오상현 충하진으로 감.	상해총영사관 청취서 1.
박일만과 함께 '생육사' 간판을 걸고 자금 모집을 계획하던 중 공산당원의 습격을 받음.	상해총영사관 청취서 1.
오상현 충하로 간지 20여 일 만에 유수현의 박일만 집으로 돌아옴.	상해총영사관 청취서 1.
유수현 동구로 피신한 뒤 박일만의 집에서 4~5개월을 지냄.	상해총영사관 청취서 2.
이장녕이 거주하는 곳에서 농장 경영을 도움.	상해총영사관 청취서 3.
길림성 대둔에 잠시 체류하고, 서란현 규흑정자에서 거주하는 이장녕을 찾아가서 그가 경영하는 농장에서 일함.	경기 경찰부 신문조서 2.
박일만과 함께 토지를 매입해 농장을 경영할 목적으로 도전공사를 개설하려고 준비함.	경기 경찰부 신문조서 2.
농업에 종사하기 위해 충하진으로 감. 그곳의 도전공사에서 독립운동가 이청천을 만남.	경성지법 검사국 신문조서 1.
박일만과 함께 농장 경영을 준비함.	상해총영사관 청취서 3.

연도	월	일	지명 1	지명 2	인명
1930년	3월		길림성	유림현	
1930년	3월		길림성	유수현	
1930년	3월		길림성	유수현	
1930년	5월		길림성	빈강현 이도하자 박관해의 집	박관해, 민무, 정신, 신숙, 최두, 한영관 등
1930년	5월		길림성	유수현	신숙
1930년	5~6월		길림성	이도하자	신숙
1930년	6월		길림성	중동선 이도하자, 위사현	박관해
1930년	6월		길림성	중동선 위사현 위사역 앞	신숙
1930년	6월		길림성	아성현	
1930년	6월		길림성	이도하자	
1930년	7월		길림성	이도하자	박관해
1930년	7월	1일	길림성	이도하자	신숙, 박관해
1930년	7월	1일			정신, 민무, 신숙, 이장녕 및 100여 명
1930년	7월				

내용	자료
이영민, 조동구 등이 주도하는 공산당이 봉기하여 농장 경영을 중단하고 중국 관헌의 보호 아래 유수현으로 피신함.	상해총영사관 청취서 3.
공산주의자 이영민, 조동구 등을 우두머리로 하는 공산당원들로부터 민족주의자를 처단하겠다는 위협을 받고 중국 관헌의 보호 아래 유수현으로 피신함.	경기 경찰부 신문조서 2.
공비(공산당원)들의 습격을 피해 유수현으로 피신함.	경성지법 검사국 신문조서 1.
한국의 독립을 목적으로 하는 한국독립당을 조직하고, 동지를 모집함.	경기 경찰부 신문조서 1.
유수현에 머물며 동지를 규합하던 중 중동선 이도하자에 있는 신숙에게서 5월 5일 박관해의 집에서 한국독립당 준비회를 개최하고, 7월 1일 창립대회가 있으니 참가하라는 통지를 받음.	경기 경찰부 신문조서 2.
동지 박관해, 민무, 정신, 신숙, 최두, 한영관 등과 협의한 결과, 같은 성 빈강현 이도하자 박관해의 집에서 한국의 독립을 목적으로 하는 결사 한국독립당을 결성하기 위해 조직 준비위원회를 개최하고, 동지를 규합 참가시킬 것을 협의함.	경기 경찰부 의견서
위사현으로 가는 도중 이도하자의 박관해를 방문함. 박관해로부터 한국독립당 창립 계획을 듣고 그와 함께 유수현으로 감.	상해총영사관 청취서 2.
신숙으로부터 음력 7월 7일(8월 24일 일요일) 한국독립당 조직 창립대회를 개최하니 참가하라는 편지를 받음.	경성지법 검사국 신문조서 1.
심준구의 증언 : 1930년 6월경 당시 내가 북만철로연선(北滿鐵路沿線) 아성현에 거주하고 있을 때, 이규채가 찾아온 일이 있어서 처음 알게 되었다.	심준구 증인조서
한국독립당 창립대회에 참가하기 위해 이도하자로 감.	경기 경찰부 신문조서 2.
한국독립당 창립대회 개최 준비위원인 박관해, 신숙, 정신, 최두, 한영관, 민무 등과 회동함.	경성지법 검사국 신문조서 1.
1930년 5월 5일 박관해의 집에서 한국독립당 준비회를 개최하고, 7월 1일에 창당대회를 개최하기로 결정하였으니 참가하라는 통지를 받은 후 그곳을 출발하여 6월 중순 이도하자에 도착함. 7월 1일 최 모의 집에서 창립대회를 개최함.	상해총영사관 청취서 3.
정신, 민무, 신숙, 이장녕 및 100여 명을 규합하여 위사현 최 모의 집에서 한국독립당을 창설하고, 정치부 위원 및 군사부 참모장, 집행위원회 위원을 맡음.	상해총영사관 청취서 2.
한국독립당을 조직한 후 길림성 하중동, 연수, 수하 등의 지방을 순회하며 혁명의식 주입 선전에 힘쓰고, 지부 조직을 위해 동분서주함.	상해총영사관 청취서 2.

연도	월	일	지명 1	지명 2	인명
1930년	7월		길림성	위사현	
1930년	7월	1일	길림성	위사현 위사역 앞 최 모의 집	
1930년	7월		길림성	유수현	조선인 농업자 최 모의 집
1930년	7월		길림성	위사현	이청천 등
1930년	7월		길림성	위사현 위사역 앞	
1930년	7월		길림성	동빈현 황가소와	
1930년	8월		길림성	위사현 위사역 앞	최 모의 집
1930년	8월	7월 1~5일 (음력)	길림성	위사현 위사역 앞 최 모의 집	홍진, 이청천, 박관해 외 25명
1930년	11월		길림성	유수현	
1930년	11월		길림성	유수현 동구	
1930년	11월				
1930년	12월		길림성		
1931년	1월		길림성	동빈현(유수현) 총가소수	

내용	자료
심준구의 증언 : 1930년 여름쯤 한국독립당 본부 쪽에서 임시회를 여니 모이라는 통지가 있었는데, 당시 농번기였기 때문에 나는 참석할 수 없었다. 이규채는 참석한 것으로 생각한다.	심준구 증인조서
한국독립당 창립대회 개최 준비위원 외 각 지방 대표자 등 100여 명의 독립운동가들이 모여 창립대회를 개최함. 한국의 독립을 목적으로 하는 한국독립당을 조직함. 한국독립당 군사부 참모장을 맡음.	경성지법 검사국 신문조서 1.
한국독립당 창립대회에 참석함. 얼마 후 길림성 동빈현으로 거주를 옮김.	경기 경찰부 신문조서 2.
한국 독립을 목적으로 하는 '한국독립당' 이라는 결사를 조직하고, 정치부 위원 겸 군사부 참모장에 취임함.	공판청구서
길림성 위사현 위사역 앞 최 모의 집에서 민족주의 독립운동가들과 각지의 대표자 등 100여 명이 회합하여 한국의 독립을 목적으로 하는 한국독립당을 조직함. 정치부 위원 겸 군사부 참모장으로 취임.	공판조서
주거를 옮긴 후 한국독립당 당원을 모집하여 지방부의 조직을 도모하려고 중동선, 연수, 수하 지방을 순회하면서 조선 농민 동포의 생활 상태를 시찰하고, 독립사상 선전 활동을 펼침.	경기 경찰부 신문조서 3.
한국독립당 대회에서 집행위원으로 선출되었다가 총무위원장에 취임.	경기 경찰부 의견서
동지 100여 명이 회합하여 한국독립당 조직대회를 개최함. 그 자리에서 홍진을 당 수령으로, 이청천(지대형)을 군사위원장으로, 박관해 외 25명을 집행위원으로 선출함.	경기 경찰부 신문조서 1.
한국독립당 당원 21명을 규합한 후, 유수현 동구의 조선인 사립학교 안에서 한국독립당 유수현 동구 지부대회를 개최함.	경기 경찰부 신문조서 3.
유수현 동구의 조선인 사립학교에서 공심연, 김남파(박남파) 외 몇 명과 함께 동구 지부를 조직하고 당원 21명을 확보함.	경성지법 검사국 신문조서 2.
한국독립군(한국독립당 군사부 소속 당원으로 구성) 참모장이 됨.	경성지법 검사국 신문조서 2.
한국독립당을 조직한 직후부터 1930년 말까지 유수현, 빈주현, 오상현, 아성현, 주하현, 영안현 등 7개소의 당 지부를 설치하여 당원 확보에 힘쓰는 한편, 군사부장 이청천과 협력해서 독립군 양성에 힘쓰는 등 한국 독립운동에 전념함.	공판청구서
농업을 위해 동빈현 총가소수로 감.	경성지법 검사국 신문조서 2.

연도	월	일	지명 1	지명 2	인명
1931년	음력 1월		길림성	동빈현(연수현)	
1931년	1월		길림성	연수현 황가소와	
1931년	1월		길림성	연수현 황가소와	
1931년	1월		길림성	연수현 황가소와	
1931년	2월		길림성	연수현 황가소와	
1931년	3월				
1932년	1월		길림성		
1932년	1월		길림성	동빈현 총가소수	
1932년	1월		길림성	동빈현	
1932년	1월		길림성	동빈현 총가소수	
1932년	2월		길림성	동빈현	홍면희
1932년	2월		길림성		
1932년	2월		길림성	중동선 모아자	
1932년	2월			길림성	아성현 대석하
1932년	2월		길림성	중동선 모아산	
1932년	4월		길림성	중동선 모아산	

내용	자료
이청천과 함께 유수현 지부를 조직한 후, 농업에 종사하기 위해 동빈현으로 감.	경성지법 검사국 신문조서 1.
농업을 시작. 한국독립당 집행위원은 계속 유지함.	상해총영사관 청취서 2.
한국독립당 활동을 계속하기 위해 조선인 농부 약 60호의 마을에서 30두락(마지기. 논은 150~300평 정도, 밭은 100평 정도에 해당)의 토지를 확보해 농사를 경영함.	경기 경찰부 신문조서 3.
길림성 아성현 대석하에서 한국독립당 임시대회가 개최된다는 통지를 받았지만 만주 사변이 일어나 교통이 두절되어 참석하지 못함.	경기 경찰부 신문조서 3.
한국독립당 임시대회에서 총무위원장으로 선임되었다는 통지를 받음.	경기 경찰부 신문조서 3.
한국독립당 총무위원장 취임	경기 경찰부 신문조서 1.
길림성 아성현 대석하에서 한국독립당 임시대회를 개최한다는 통지를 받음. 그러나 만주 사변 때문에 교통이 두절되어 참석하지 못함.	공판청구서
아성현 대석하에서 한국독립당 임시대회를 개최한다는 통지를 받았지만 만주사변으로 교통이 두절되어 참석하지 못함. 총무위원장에 선출되었다는 통지를 받음.	공판조서
길림성 아성현 대석하에서 한국독립당 임시대회를 개최한다는 통지를 받음. 그러나 만주 사변 때문에 교통이 두절되어 참석하지 못함.	경성지법 검사국 신문조서 1.
아성현 대석하에서 한국독립당 임시대회를 개최한다는 통지를 받았지만 만주사변으로 교통이 두절되어 참석하지 못함. 그후 총무위원장에 선출되었다는 통지를 받음.	경성지법 검사국 신문조서 2.
한국독립당 임시대회에서 총무위원장에 선출되었다는 통지를 받음.	경성지법 검사국 신문조서 1.
한국독립당 정치부를 총무부로 변경하면서 총무위원장에 선출됨.	상해총영사관 청취서 3.
총가소수에 거주하고 있을 때, 일반 비적들의 위협을 받아 중동선 모아자로 피신함.	경성지법 검사국 신문조서 2.
한국독립당 임시대회 개최. 연수현 일대에 1천여 명의 조선인 동포가 중국 패잔병에게 압박을 받고 있어 그들을 구하고 중국군의 압박을 저지하기 위해 참석하지 못함. 임시 당대회에서 총무위원장으로 선출, 취임 수락 회답.	상해총영사관 청취서 2.
조선인 동포에게 피난을 포고함과 동시에 중동선 모아산으로 거처를 옮김.	경기 경찰부 신문조서 3.
조선인 동포에게 일시 피난하도록 포고령을 발포하고 모아산으로 이동. 조선인 동포들은 하얼빈, 수하, 일면파(一面坡) 등 각 지방으로 피난.	상해총영사관 청취서 2.

연도	월	일	지명 1	지명 2	인명
1932년	5월		길림성	아성현	안해강
1932년	5월		길림성		
1932년	5월		길림성	중동선 모아산	길림자위연합군 총지휘관 양요균
1932년	5월		길림성	아성현 사하자	길림자위연합군 총지휘관 양요균
1932년	5월		길림성	아성현	독립군 중대장 안해강
1932년	5월		길림성	아성현	독립군 대대장 오광선, 부사령 김창환
1932년	8월		길림성	아성현	이청천
1932년	8월		길림성	아성현	이청천, 신숙
1932년	8월	7월 15일(음력)	길림성	아성현	
1932년	8월		길림성	아성현, 쌍성현	이청천
1932년	8월	7월 15일 (음력)	길림성	쌍성현	
1932년	8월				이청천
1932년	8월		길림성	아성현 사하자	이청천
1932년	8월		길림성	아성현	

내용	자료
조선인에 대한 중국군의 오해를 일소하기 위해 길림자위연합군 총지휘 양요균을 방문하여 중한합작의 필요성을 역설하고, 중국자위연합군 제3군 중교참모에 취임. 한국독립군 60여 명을 합병시킴.	상해총영사관 청취서 2.
중국군과 연합하기 위해 노력한 결과, 길림성자위연합군 제3군과 연합하여 한국독립군 참모를 맡음. 길림성자위연합군 제3군 참모를 맡음. 독립군의 자위연합군 참모장을 맡음.	상해총영사관 청취서 3.
중국 군대는 비적으로 변하여 조선인을 학살 또는 강탈하고 있어서 이들을 구원할 생각으로 양요균을 찾아가서 합작을 하기로 하고, 동지 60여 명과 함께 양요균의 길림자위연합군과 연합하여 그 군의 중교참모로 임명됨.	경성지법 검사국 신문조서 1.
독립군(조선인) 60여 명과 함께 양요균이 지휘하는 길림자위연합군과 합작함.	경성지법 검사국 신문조서 2.
독립군 중대장이 된 안해강을 데리고 아성현에 있는 길림자위연합군 총지휘관 중국인 양요균을 찾아감.	경기 경찰부 신문조서 3.
대대장 오광선과 부사령 김창환에게 독립군 소집을 명한 후, 독립군 60여 명으로 길림자위 연합군 내 제3군 부대를 편성하여 이청천이 귀환할 때까지 훈련하면서 아성을 방어함.	경기 경찰부 신문조서 3.
이청천이 흑룡강성에서 약 400여 명을 인솔하여 아성으로 귀환한 후, 제3군과 연합하여 아성을 방비하는 임무를 맡음. 제3군 독립군의 참모를 맡음.	경기 경찰부 신문조서 3.
한국독립군 총사령 이청천이 부하 400여 명을 인솔하여 아성에 도착함. 한국독립군 참모장을 사임함. 신숙이 참모장이 되고, 나는 참모가 됨.	상해총영사관 청취서 2.
중국 길림자위연합군 7~8만은 합장선 쌍성을 습격하고, 독립군은 아성의 방비를 맡음.	상해총영사관 청취서 2.
음력 8월 15일 제3군이 쌍성현 성내 습격함.	상해총영사관 청취서 3.
중국인 양요균 지휘 하에 동당(한국독립당)의 지휘에 있던 한국독립군 400여 명으로 쌍성현을 습격했으나 좋은 결과를 얻지 못함. 그후 길림성 자위연합군(양요균 지휘)과 한중합작을 위해 활동함.	경기 경찰부 신문조서 1.
흑룡강성으로 피신한 이청천의 사정을 양요균에게 이야기하고, 그가 부하를 시켜 이청천을 찾게 해서 그해 음력 8월 1일 이청천의 독립군(400여 명)도 길림성 자위연합군에 합류함.	경성지법 검사국 신문조서 1.
이청천이 400여 명의 독립군을 이끌고 와 양요균의 군대와 연합함. 한국독립군은 자위연합군 제3군에 편입되고, 중교참모에 임명됨.	경성지법 검사국 신문조서 2.
길림성자위군과 합작하여 길림성자위연합군 중교참모(일본군 중좌)에 임명됨.	공판조서

연도	월	일	지명 1	지명 2	인명
1932년	8월		길림성	쌍성현	
1932년	8월		길림성	쌍성현	
1932년	8월	오후 6시		쌍성현	
1932년	8월		길림성	아성	
1932년	8~9월		길림성	아성현, 쌍성현	
1932년	9월		길림성	아성현 노도점	
1932년	9월			아성현 노도점	
1932년	9월		길림성	쌍성현	
1932년	9월			쌍성현, 아성현 노도점	
1932년	9월			아성현 노도점	
1932년	12월			아성현 노도점	오철주
1933년	1월		길림성	아성현 노도점	일본 특무기관장 다케시다 대좌
1933년	2~3월		길림성, 북평	아성 → 길림 성성 → 봉천 → 북평	
1933년	3월 17일		신경(新京) → 봉천 → 산해관 → 북평		

내용	자료
길림자위연합군 제3군 소속으로 쌍성현 만주국 군경과의 전투에 참여함.	경성지법 검사국 신문조서 2.
길림자위연합군과 연합해서 쌍성현을 습격하고, 만주국 군경과 전투를 벌여 다수의 총기와 탄약을 노획함. 독립군은 후방을 방어함.	경성지법 검사국 신문조서 1.
길림자위연합군과 연합하여 쌍성현 습격. 만주국 군경과 전투를 벌여 금품, 총기, 탄약 등을 노획함.	경기 경찰부 신문조서 3.
길림자위연합군 제3군에 편입되어 중교참모(中校參謀)로 활약함.	경기 경찰부 의견서
쌍성현 만주군과의 전투에 참여함. 이후 2차 전투에서 일본군의 전투 참여로 패퇴함.	공판조서
노도점 자택에 체류함.	상해총영사관 청취서 3.
집으로 돌아옴. 그 이유는 아성의 조선인 농부들은 가을걷이를 끝내고 하얼빈, 그 밖의 안전지대로 갔기 때문에 독립군은 일본군의 토벌을 피하기 위해 액목으로 출발하고, 나는 자택으로 돌아간 것임.	상해총영사관 청취서 2.
일본군과 만주군을 습격함.	경기 경찰부 의견서
쌍성현을 습격하여 일본군과 교전했으나 다음날 아침 일본군 비행기의 폭격을 받아 대항하지 못하고 퇴각함. 제1군, 제2군은 동빈현으로, 제3군은 오상현으로 피하고, 독립군은 액목현으로 피신. 독립군과 함께 가지 않고 아성현 노도점에 거처함.	경기 경찰부 신문조서 3.
노도점에 머물던 중, 협조회 오철주로부터 협조회 참여를 요청받았으나 거절함. 일본군 특무기관장 다케시다 대좌로부터 귀순하라는 취지의 통신을 받았지만 거부함.	경기 경찰부 신문조서 3.
하얼빈에서 오철주가 내방하여 '협조회'라는 단체에 참가를 요청했으나 거절함.	상해총영사관 청취서 3.
아성현 노도점에 체류할 때 일본 특무기관장 다케시다 대좌가 사자를 보내 귀순을 권유했지만, 한국 독립의 사상을 포기할 수 없었기 때문에 응하지 않음.	경성지법 검사국 신문조서 2.
부하 양승만, 박영희 등이 일본 측에 귀화하거나 도주, 또는 이청천과 함께 액목으로 떠남. 일본 측 각 기관(영사관, 특무기관), 관동군에서 귀화시키려고 계속 사람을 보내 왔으나 귀화하지 않겠다고 거절함. 각 기관은 나를 체포하려 하기에 이르고, 신변이 위험해져 농부로 변장하고 북평으로 감.	상해총영사관 청취서 2.
1933년 3월 17일 노도점을 출발, 걸어서 길림을 거쳐 신경(新京)으로 가 그곳에서 기차로 봉천, 산해관을 거쳐 북평으로 감.	경기 경찰부 신문조서 3.

연도	월	일	지명 1	지명 2	인명
1933년	3월				김해산(김국빈)
1933년	4월		남경	문창항 진단의원	김동주, 박남파
1933년	4월		북평		
1933년	4월		남경	화패로 문창항 진단의원	김동주, 박남파
1933년	4월		남경	화패로 문창항 진단의원 김영철 집	박남파
1933년	4월		북평	덕승문 내 김국빈의 집	
1933년	4월		남경	화패로 문창항 진단의원	김동주, 박찬익
1933년	4월		남경	화패로 문창항 진단의원 김영철 집	박남파
1933년	4월		길림성	빈강현 모아산 노도점	
1933년	4월		남경	화패로 문창항 진단의원 김영철의 집	김영철, 박남파, 이청천
1933년	4월		남경	화패로 문창항 진단의원 김영철의 집	
1933년	5월		남경 → 북평		박남파
1933년	5월		길림성	남경 → 천진 → 영구, 봉천, 신경 → 길림	
1933년	5월		길림성	영구 → 봉천 → 길림	이간

내용	자료
북평에 사는 친구 김해산, 즉 김국빈(경상도 출신으로 나이는 50세 정도, 중국 국민군에 근무함)을 방문하여 덕승문 내 호수 미상의 그의 집에서 나흘을 묵고 남경으로 감.	상해총영사관 청취서 2.
20여 일 동안 일없이 지내다가 진단의원에 온 박남파를 만남. 박남파에게 동삼성에 있는 동지들을 구원하기 위해 남하했다고 이야기하면서 어떻게든 독립운동 자금과 구원 자금을 구해 달라고 요청함. 박남파는 음력 5월 2일 600원을 지참하여 나에게 줌.	상해총영사관 청취서 2.
일본 특무기관의 사찰에 위험을 느끼고, 2월에 아성에서 이청천 군과 떨어져 북평으로 피신한 후 덕승문 내 김국빈의 집에서 4박을 하고 남경으로 향함.	상해총영사관 청취서 3.
남경에 도착한 뒤 화패로 문창항 진단의원 김동주의 집에 투숙 중 남경에 온 박남파를 만남.	상해총영사관 청취서 3.
남경에서 독립운동가 박남파를 만나 자신들이 조직한 한국독립당을 비롯한 독립군의 활동 상황, 그후의 상태 등을 설명하고, 이청천 이하 독립군을 만주에서 구출하여 중국 본토로 이주시키기 위한 자금 마련을 부탁함.	경성지법 검사국 신문조서 2.
김국빈의 집에서 나흘을 묵고 남경으로 감.	경기 경찰부 신문조서 3.
진단의원 김동주의 집에 머물면서 상해에서 알게 된 박남파(박찬익)를 만남. 박남파로부터 군자금 600원을 받음.	경기 경찰부 신문조서 3.
만주로 흩어진 이청천 이하 독립군을 북평으로 구출하기 위한 자금 조달을 위해 북평으로 갔다가, 음력 4월 중순경 남경으로 와 박남파와 교섭함.	공판조서
신변의 위험을 느끼고 중국인 농부로 위장하여 길림에서 걸어서 신경으로 나오고, 신경에서 기차로 봉천, 산해관, 북평, 천진을 거쳐 남경에 도착함.	경기 경찰부 신문조서 1.
남경 화패로 문창항 진단의원 김영철의 집에 머물고, 박남파 즉 박찬익을 통해서 만주에 있는 동지 이청천 등이 남경 방면으로 이동할 여비로 중국 화폐 600원을 받음.	경기 경찰부 신문조서 1.
4월 하순경 농부로 변장하고, 길림에서 걸어서 신경으로 나와서 철도로 봉천, 산해관, 북평, 천진을 경유하여 남경성 내 화패로 문창항 진단의원 김영철의 집으로 피신함.	경기 경찰부 의견서
남경에서 독립운동가 박남파를 만나 이청천 외 독립군 구출 자금 600원을 확보하고, 이청천을 낙양군관학교 교관으로, 대원들은 학생으로 입학시키는 협약을 맺고 북평으로 돌아옴.	공판청구서
길림성 길남, 구전역, 만리구, 사간방 등을 돌며 이청천(이하 독립군) 소재를 수소문함.	경성지법 검사국 신문조서 2.
오상현 향양산에 있는 이간 앞으로 "그동안 남경에 가서 이청천 이하 동지들의 관내 이전 여비를 마련하여 왔으니 그대가 이청천에게 연락하여 남하하도록 조처해 주라"고 통신을 보냄.	상해총영사관 청취서 3.

연도	월	일	지명 1	지명 2	인명
1933년	5월		남경 → 천진 → 영구 → 봉천 → 길림		이간, 최병권
1933년	5월		남경 → 천진 → 영구 → 봉천 → 신경 → 길림		
1933년	5~6월		남경 → 천진 → 영구 → 봉천 → 신경 → 길림		
1933년	6월		천진 → 영구 → 봉천 → 길림	길남, 구전역, 만리구, 사간방 등	이청천 부하 이간
1933년	6월		길림성	구전역	이청천의 사자 최병권
1933년	6월				이간
1933년	7월		북평	서성문 내 순포청호동 15호 중국인 집	
1933년	7월		길림성→북평	구전 → 장춘 → 봉천 → 영구 → 천진 → 북평	오광선, 이춘
1933년	7월		북평		
1933년	7월		북평	서성문 내 순포청호동 15호 중국인 집	오광선, 이춘
1933년	7월		북평	서성문 내 순포청호동 15호 중국인 집	최병권, 오광선, 이춘
1933년	7월		길림, 장춘, 북평	서성문 내 순포청호동 15호 중국인 집	이춘, 오광선
1933년	7~8월		북평	서성문 내 순포청호동 15호 중국인 집	박남파, 오광선

내용	자료
이청천과 연락하기 위해 오상현 항양산에 있는 이간에게 통신을 보냄. 사자로 온 독립당원 최병권에게 이청천 등의 여비로 300원을 건네줌.	상해총영사관 청취서 2.
박남파로부터 군자금 600원을 받음. 5월 2일 남경을 출발해 천진에 이르고, 그곳에서 선편으로 영구에 상륙하여 기차 편으로 봉천, 신경을 경유하여 길림에 도착함.	경기 경찰부 신문조서 3.
박남파에게 이청천 이하 당원을 중국 본토로 이동시킬 비용으로 중국 돈 600원을 융통받음. 또한 이청천을 낙양군관학교 교관으로 임명하고, 독립군 대원들을 군관학교에 입교시킬 것을 협의하여 결정한 후 길림으로 감.	공판조서
길림성 길남, 구전역, 만리구, 사간방 등을 전전하며 이청천 측에 통신하여 여비(중국 화폐 300원)를 전달함. 걸어서 신경까지 나온 후 기차 편으로 봉천, 산해관을 경유하여 북평으로 옴.	경기 경찰부 신문조서 1.
길림성 구전역 부근의 만주인 성명 미상자의 집에서 이청천의 사자로 온 최병권을 만나 중국돈 300원을 건네주고, 이청천과 대원들을 남경으로 철수하도록 지시함.	경성지법 검사국 신문조서 2.
이청천의 부하 이간에게 이청천 이하 동지들의 이전 여비(중국 돈 300원)를 주어 돌려보냄. 길림, 장춘 각지에 〈이우정〉이 잠입했다는 풍문과 신문 기사가 남.	상해총영사관 청취서 3.
남경에서 북평으로 돌아와 체류함.	경기 경찰부 의견서
오광선, 이춘을 데리고 북평으로 옴.	상해총영사관 청취서 2.
북평성 서쪽 순포청호동(현재는 민강호동) 15호 중국인 집을 빌려 오광선, 이춘과 체류함.	상해총영사관 청취서 2.
독립군 대대장인 오광선과 그 소속원인 이춘 등이 찾아와서 남경으로 철수할 수 있는 여비를 요청함. 오광선을 박남파에게 보내 여비를 받도록 편지를 써 줌.	경성지법 검사국 신문조서 2.
이청천 독립군 구출 자금 마련을 위해 1933년 7월 13일경 걸어서 신경으로 나와서 철도 편으로 봉천을 경유하여 영구에 도착하고, 배로 천진을 경유하여 북평에 도착함. 북평 서성 순포청호동 15호 중국인 집의 방을 빌려 하숙함.	경기 경찰부 신문조서 3.
길림 구전역에서 부하 이춘, 오광선과 함께 출발하여 장춘에서 기차를 타고 봉천을 경유하여 북평 순포청호동 15호 이름 없는 하숙집에 투숙함.	상해총영사관 청취서 3.
음력 7월 12일 북평으로 돌아와 음력 8월 초순경 당원 오광선을 박남파에게 내밀히 보내고, 전과 같은 사정을 하소연하여 그에게서 중국 돈 1,200원을 융통받음.	공판조서

연도	월	일	지명 1	지명 2	인명
1933년	9월		북평	서성문 내 순포청호동 15호 중국인 집	오광선, 이청천
1933년	9월		길림성, 북평	서성문 내 순포청호동 15호 중국인 집	이청천, 김추당(김창환), 공흥국, 이동만, 김태산, 이달수, 황해청, 심경록, 왕윤, 이의명
1933년	9월		북평	서성문 내 순포청호동 15호 중국인 집	박남파, 이청천
1933년	9월		북평		오광선, 박남파
1933년	9월		북평		
1933년	9월		북평	서성문 내 순포청호동 15호 중국인 집	이청천, 홍진
1933년	9월		북평	서성문 내 순포청호동 15호 중국인 집	이청천 외
1933년	9월		북평	서성문 내 순포청호동 15호 중국인 집	이청천, 홍진
1933년	10월		북평	서성문 내 순포청호동 15호 중국인 집	
1933년	10월		북평	서성문 내 순포청호동 15호 중국인 집	이청천 등
1933년	11월		북평		남진호, 홍면희, 이청천
1934년	1월		북평	서성문 내 순포청호동 15호 중국인 집	
1934년	2월		남경		

내용	자료
액목현 방면으로 도피 중인 이청천 외 12명의 당원을 북평으로 데려오기 위해 오광선에게 여비를 주어 남경으로 보냄.	공판조서
이청천이 독립군 부사령 김창환, 소대장 공흥국, 독립군 이동만, 독립군 김태산, 독립군 이달수, 독립군 황해청, 독립군 심경록, 독립군 왕윤, 학생 이의명, 그 밖에 성명 미상인 3명 등 모두 12명을 동반하고 북평으로 와서 나의 주소 근처 상호가 없는 여관에서 1박을 하고, 9월 22일경 낙양으로 출발함.	상해총영사관 청취서 2.
박남파로부터 받은 자금으로 이청천 일행을 구출하여 북평 서성 순포청호동 15호 중국인 집에 체재시킴.	경기 경찰부 신문조서 4.
오광선이 이청천 일행을 데리고 북평으로 도피해 옴.	경기 경찰부 신문조서 3.
이청천이 낙양으로 온 이유 : 남경중앙군관학교 낙양분교에 조선인 군인을 입학시키고, 이청천은 교관으로 들어가기 위해.	상해총영사관 청취서 2.
북평으로 들어온 이청천, 북평에서 피신 중인 홍진 등과 회합하여 향후 독립 활동에 대한 방안을 모색함.	공판청구서
이청천 외 10여 명이 북평으로 피신해 옴.	경성지법 검사국 신문조서 2.
이청천, 홍진과 함께 여러 가지로 협의한 결과, 독립군을 해산하여 이청천은 낙양군관학교 교관이 되고, 대원들은 낙양군관학교에 입학시키는 것으로 합의함. 이후 시기를 보아 독립군을 재건하는 방안을 협의함.	경성지법 검사국 신문조서 2.
북평 서직문 궁문구 오조호동 20호 조성환의 집을 연락 장소로 하고, 나는 북평 서직문 내 순포청호동 15호에 체재함.	경기 경찰부 신문조서 1.
이청천 일행 13명과 회합. 이청천은 중국 하남성 낙양군관학교로 감. 그 후 북평, 천진, 남경, 상해 등지를 돌며 독립운동에 전념함.	경기 경찰부 의견서
남진호와 나는 북평에 남고, 홍면희는 소화 8년(1933년) 11월 말경에 남경으로 가고, 이청천은 대원들과 함께 북평에서 이틀을 머문 후 낙양의 분교로 감.	경기 경찰부 신문조서 4.
한국혁명당과 한국독립당이 합병하여 신한독립당이 조직되었고, 감사위원으로 선임 되었다는 통지를 받았으나 취임을 거부하고 탈당 통지를 함.	공판조서
농업에 종사할 생각으로 남경으로 감.	공판조서

연도	월	일	지명 1	지명 2	인명
1934년	2월		남경	화패로 태평여사	홍만호, 윤기섭 연병호
1934년	2월		남경 → 상해 → 북평	화패로 태평여사	박남파, 김동주, 염온동, 왕해공(신익희), 민병길, 김원식, 김상덕, 이관일 등
1934년	2월		북평	서성문 내 순포청호동 15호 중국인 집	홍진
1934년	2월		북평		박남파
1934년	2월		북평		홍면희
1934년	2월		북평		박남파
1934년	2월		북평	서성문 내 순포청호동 15호 중국인 집	홍진
1934년	2월		남경		
1934년	2~3월		북평 → 남경 → 북평		박남파, 홍만호, 윤기섭, 연병호
1934년	5월		낙양		이청천
1934년	5월	23~26일	북평 → 낙양 → 남경	역전 동춘여관	이청천
1934년	5월		낙양	역전 동춘여관, 남대가 삼복가 33호	이청천
1934년	5월		남경	화패로 중정가 태래여관 7호	홍면희
1934년	5월		북평 → 낙양		

내용	자료
2월 초순, 홍만호로부터 신한독립당 감사위원 선임 통지를 받았으나 거절함. 윤기섭, 연병호가 내방하여 감사위원 취임을 권유했지만 거절함.	상해총영사관 청취서 3.
남경에서 2박을 하고 박남파와 농장 경영을 상의함, 상해에서 2박을 한 후 남경으로 되돌아가고, 태평여사에서 1박을 한 후 북평으로 돌아옴.	상해총영사관 청취서 3.
남경의 한국혁명당과 한국독립당이 합병한 신한독립당 감사위원으로 선출되었다는 통지를 받았으나 사임함.	상해총영사관 청취서 2.
토지를 임차하여 농업 경영을 하고자 사전 조사를 위해 남경에 다녀옴.	상해총영사관 청취서 3.
한국혁명당과 한국독립당이 합병하여 신한독립당이 조직되었고, 감사위원으로 취임하라는 통지가 왔지만 사임함.	경기 경찰부 신문조서 4.
박남파와 농업 경영을 논의함. 토지를 살펴보려고 상해 민행진 탁림을 다녀옴. 남경으로 돌아와서 박남파와 상의해서 결정하고, 여비로 대양(大洋 : 옛날에 유통되던 중국 은화) 160원을 받아서 북평으로 되돌아옴.	경기 경찰부 신문조서 4.
한국혁명당과 한국독립당이 합병하여 신한독립당이 조직되었고, 감사위원으로 선임되었다는 통지를 받음. 그러나 취임을 거부하고 탈당 통지를 함.	경성지법 검사국 신문조서 2.
북경에서는 관헌(官憲)의 경계가 엄중하고, 농업이라도 할 생각으로 남경으로 감. 2박을 한 후, 상해로 가서 그곳에서 5리쯤 떨어진 봉현(奉縣)에 농사지을 땅을 시찰하고, 남경으로 돌아와 박남파에게서 160원을 얻어 북평으로 농부를 데리러 감.	경성지법 검사국 신문조서 2.
2월 초순, 홍만호로부터 신한독립당 감사위원 선임 통지를 받았으나 거절함. 윤기섭, 연병호가 내방하여 감사위원 취임을 권유했지만 거절함.	상해총영사관 청취서 3.
낙양으로 가서 이청천을 만남.	공판조서
낙양에서 2박을 하며 이청천을 만나고, 군관학교는 방문하지 않고 남경으로 감.	상해총영사관 청취서 2.
박남파로부터 여비 120원을 받아서 5월 23일에 출발하여 상해로 가는 도중에 낙양에 들러 이청천을 만남.	경기 경찰부 신문조서 4.
남경에 있는 홍면희 등의 상황을 보려고 남경으로 감. 남경성 내 화패로 중정가 태래여관 7호에 투숙하고, 홍면희의 숙소인 홍무로 윤기섭의 집을 방문해서 만남.	경기 경찰부 신문조서 4.
1933년 7월 이후 1934년 5월 말까지 북평에 머물면서 교류한 인물 : 조청사, 손일민, 김해산, 신치정, 조벽신, 이고광	상해총영사관 청취서 3.

연도	월	일	지명 1	지명 2	인명
1934년	5월		낙양		이청천
1934년	5월		남경	성내 홍무로 윤기섭의 집	홍진
1934년	6월		남경	화패로 중정가 태래여관 7호	홍진, 김창환
1934년	6월		강소성	강소성 호 → 봉현현 자림진	박남파
1934년	6월		낙양 → 남경	중정가 태래여관	박남파(박찬익), 홍진(홍만호), 김동주(김영철), 연원명(연병호), 양중화(중국인), 안일청 등
1934년	6월		남경	화패로 중정가 태래여관 7호	홍진, 김창환, 윤기섭 등
1934년	6월		강소성	봉현현	이청천
1934년	6월		강소성	봉현현	
1934년	6월		남경	화패로 중정가 태래여관 7호	이청천
1934년	7월		강소성	봉현현 탁림진, 부양현	박남파
1934년	7월		강소성	탁림진	박남파, 남진호(최중산, 최명수), 안일청
1934년	7월		절강성	항주시 화통여관, 부양성 내 강빈여관	이시영
1934년	8월		강소성	봉현현 민행진 탁림	박찬익
1934년	9월		상해		
1934년	10월	22~25일	상해	프랑스조계 채자로 → 프랑스조계 정가대교 신신여사 → 공동조계 강남로 경여당	

내용	자료
남경으로 가는 길에 이청천을 만남.	경성지법 검사국 신문조서 2.
홍진을 만나고 봉현으로 감.	경성지법 검사국 신문조서 2.
홍진, 김창환과 교류하던 중 6월 25일경, 이청천으로부터 통신 지령을 우편으로 받음. 지령에 의해 군수부장 겸 해내외 각 혁명단체 연락교섭위원장에 임명됨.	상해총영사관 청취서 2.
박남파의 집에 머물며 농업 경영의 기회를 살핌.	상해총영사관 청취서 2.
맞은편 어느 여관에 있던 박남파와 현재 정세를 논의함. 박남파 지령도와 최창석 지령도를 보관하고 시기를 엿봄.	상해총영사관 청취서 3.
이청천으로부터 '이우정(李宇精, 나)을 한국독립군 군수부장 및 해내외 각 혁명단체 연락교섭위원장에 임명한다'는 지령을 받음.	경기 경찰부 신문조서 4.
이청천으로부터 '한국독립군의 군수부장 겸 해내외(海內外) 각 혁명단체 연락교섭위원장에 임명한다'는 위임령 및 편지를 받음.	경성지법 검사국 신문조서 2.
봉현으로 가서 농업에 종사함.	경성지법 검사국 신문조서 2.
한국독립군 총사령 이청천으로부터 '사방에 산재한 동지를 규합하여 한국 독립운동을 위한 활동을 하라'는 뜻의 지령을 받음.	공판조서
탁림진의 농장으로 가서 이틀간 묵으며 농사 시찰을 한 후, 부양현에서 종이 제조업 공장 시찰을 위해 1박을 하고 탁림진으로 돌아와 농장을 경영함.	경기 경찰부 신문조서 5.
7월 초순 남경을 출발하여 탁림진 박남파의 집에서 거주함.	상해총영사관 청취서 3.
탁림의 토지 경영도 여의치 않아 절강성 부양 지방을 유람하고, 항주시 장경가 선림교 9호에 이르러 이시영을 만남. 부양성 내 강빈여관에서 2박을 함.	상해총영사관 청취서 3.
박찬익의 집에 머뭄.	경기 경찰부 신문조서 1.
탁림진 해방지에서 한약재 구기자를 채취하여 9월 25일 상해로 옴.	상해총영사관 청취서 3.
박남파의 집을 출발해 같은 날 상해로 와서 프랑스조계 채자로 호수 미상의 복성잔에 투숙해 2박을 한 후, 24일 프랑스조계 정가대교 신신여사로 옮겨 1박을 하고, 25일 한약재를 판매할 목적으로 공동조계 강남로 경여당 약방에 갔다가 피체됨.	상해총영사관 청취서 2.

연도	월	일	지명 1	지명 2	인명
1934년	10월	23일	상해	프랑스조계 정가목교 신신여사	
1934년	10월	24일	상해	프랑스조계 채자로 복성잔, 프랑스조계 정가목교 신신여사	
1934년	10월	25일	상해	공동조계 북하남로 경여당 약방	

내용	자료
동지를 규합하려고 기회를 엿봄.	경기 경찰부 신문조서 1.
신경쇠약 한약 치료제 구입을 위해 상해로 와서 숙박함.	경기 경찰부 신문조서 5.
한약을 구입하러 가던 중 한약방 앞에서 상해영사관 경관에게 피체됨.	경기 경찰부 신문조서 5.

傍聽禁止裡에 車寶合審理

廿六日京城法院에서

新韓○○黨暗殺隊

朝鮮潛入情報로

各道警察猛烈搜査

2. 이규채 재판기록 원문과 탈초문

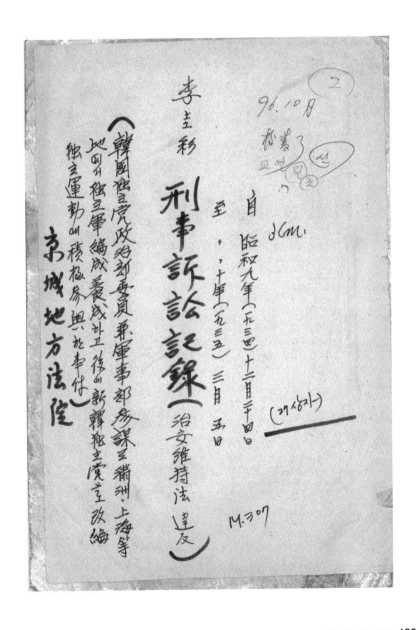

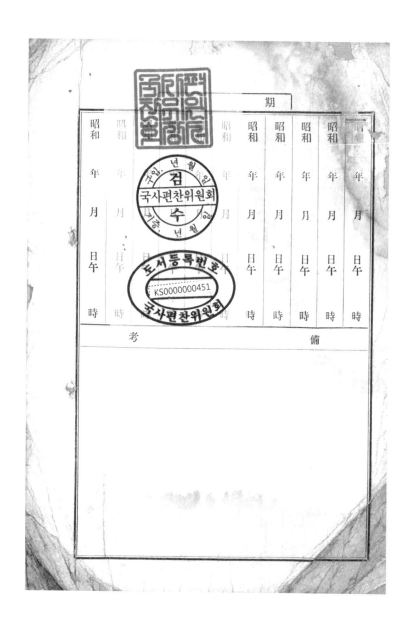

								期
昭和	昭和			昭和	昭和	昭和	昭和	昭和
年	年			年	年	年	年	年
月	月			月	月	月	月	月
日午	日午			日午	日午	日午	日午	日午
時	時			時	時	時	時	時

考	備

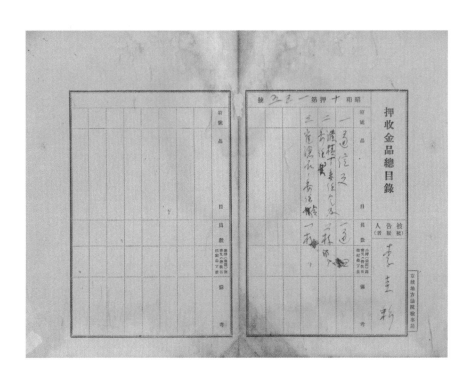

押收金品總目錄

被告人 李圭彩

昭和十第押一三二號

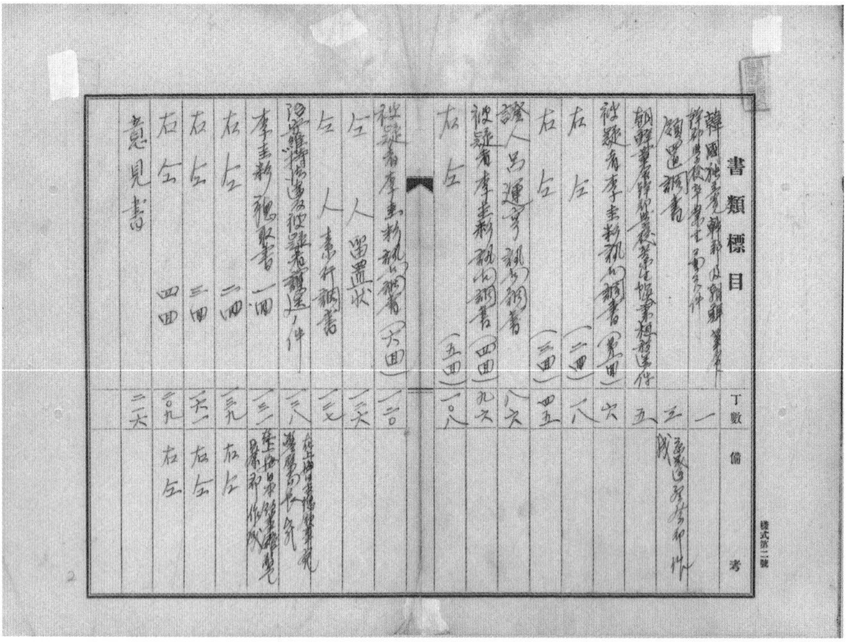

書類標目

	丁數	備考
韓國獨立黨[illegible]	一	
領置調書	三	[illegible]
朝鮮[illegible]	五	
被疑者李圭彩訊問調書(一冊)	六	
右仝(二冊)	八	
右仝(三冊)	四五	
證人呂運亨訊問調書	八六	
被疑者李圭彩訊問調書(四冊)	九六	
右仝(五冊)	一〇八	
被疑者李圭彩訊問調書(六冊)	一一〇	
仝人留置狀	一一六	
仝人素行調書	一一七	
[illegible]	一一八	[illegible]
李圭彩聽取書一冊	一三一	[illegible]
右仝二冊	一五九	右仝
右仝三冊	一六一	右仝
右仝四冊	一六九	右仝
意見書	二一六	

樣式第二號

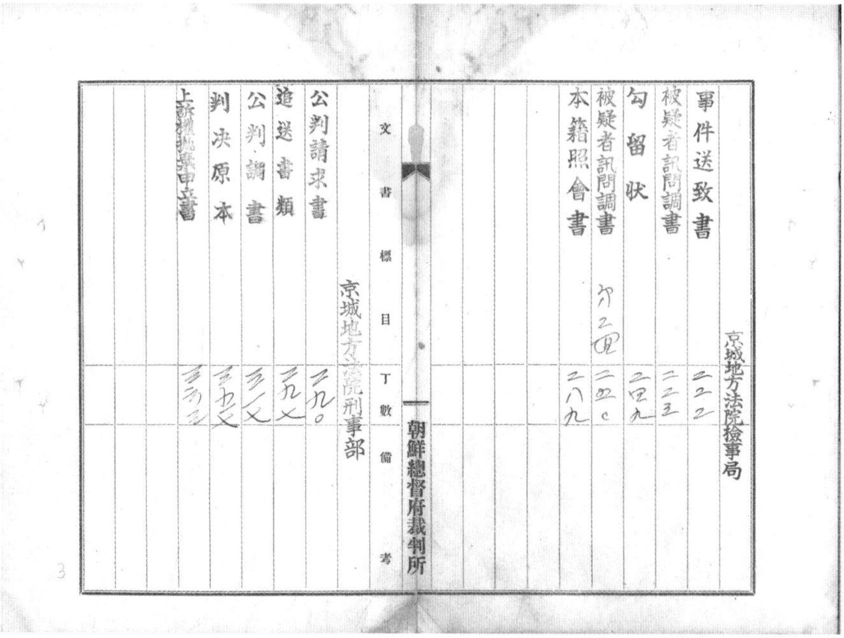

京城地方法院檢事局

文書標目	丁數	備考
事件送致書	二二二	
被疑者訊問調書	二二三	
勾留狀	二四九	
被疑者訊問調書 外二冊	二四〇	
本籍照會書	二八九	

京城地方法院刑事部

文書標目	丁數	備考
公判請求書	二九〇	
追送書類	二九七	
公判調書	三一七	
判決原本	三九七	
上訴權抛棄申立書	[illegible]	

朝鮮總督府裁判所

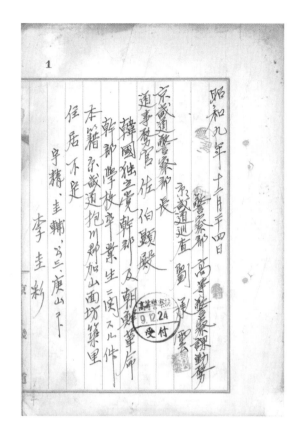

韓國獨立黨幹部及朝鮮革命幹部學校卒業生ニ關スル件

昭和九年十二月二十四日

警察部高等警察課勤務

道巡查 劉 承 雲

京畿道警察部長

道事務官 佐伯 顯 殿

韓國獨立黨幹部及朝鮮革命幹部學校卒業生ニ關スル件

本籍 京畿道抱川郡加山面坊築里

　住居 否定

　宇精, 圭輔, 公三, 庚山 コト

　李圭彩

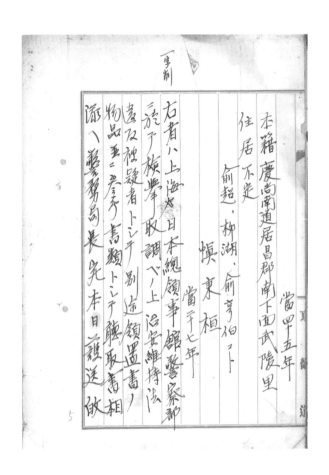

當 四十五年

本籍 慶尙南道居昌郡南下面武陵理
住居 否定
　　兪超, 柳湖, 兪亨佰 コト
　　愼秉桓
　　當 二十七年

　右者ハ上海日本總領事館警察部ニ於テ檢擧取調ベノ上治安維持法違反被
疑者トシテ別途領置書ノ物品幷ニ參考書類トシテ聽取書相添ヘ警務局長宛
本日護送歸

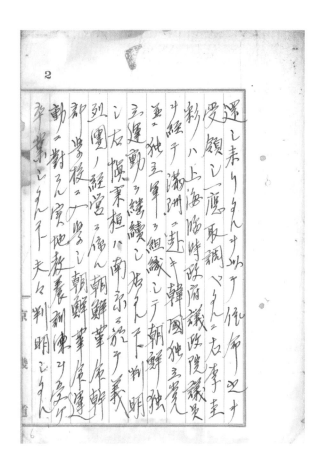

還シ來リタルヲ以テ依命之ヲ受領シ, 一應取調ベタルニ右李圭彩ハ上海臨時政府議政院議員ヲ經テ滿洲ニ赴キ韓國獨幷ニ獨立軍ヲ組織シテ朝鮮獨立運動ヲ繼續シ居タルコト判明シ, 右愼秉桓ハ南京ニ於テ義烈團ノ經營ニ係ル朝鮮革命幹部學校ニ入學シ, 朝鮮革命運動ニ對スル實地敎養訓練ヲ受ケ卒業シタルコト夫々判明シタル

カ尚ホ引續キ事實詳細取調ノ要アルモノト認メラル.

　右報告ス.

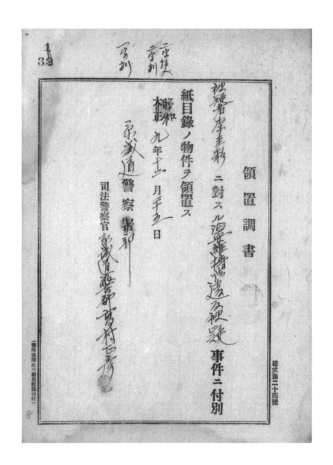

領置調書

被疑者李圭彩ニ對スル治安維持法違反被疑事件ニ付別紙目錄ノ物件ヲ領
置ス.

昭和九年十二月二十五日

京畿道警察部

司法警察官 京畿道警部 高村正彦

領 置 目 錄

物件番號	品目	員數	提出者住所氏名	被疑者其ノ他ノ遺留者又ハ所有者所持者保管者ノ住所氏名	備考
一	通信文	一通	上海日本總領館警察部	被疑者 李圭彩	送局
二	濮精一ノ委任令及委任狀	二枚	右同	右同	〃
三	崔滄石ノ委任令	一枚	右同	右同	〃

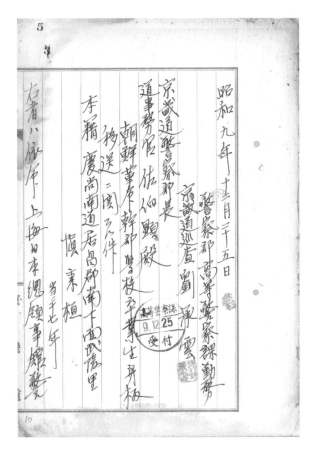

朝鮮革命幹部學校卒業生身柄移送ニ關スル件

昭和九年十二月二十五日

警察部高等警察課勤務

京畿道巡査 劉 承 雲

京畿道警察部長

道事務官 佐伯 顯 殿

朝鮮革命幹部學校卒業生身柄移送ニ關スル件

本籍 慶尙南道 居昌郡 南下面 武陵里

愼秉桓

當二十七年

右者ハ依命上海日本總領事館警

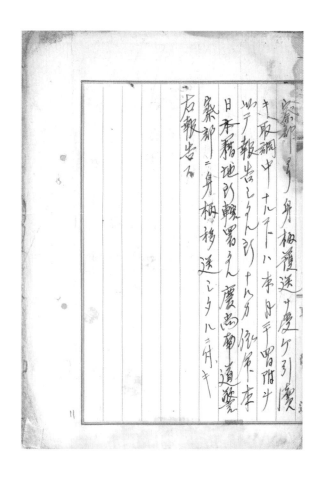

察部ヨリ身柄護送ヲ受ケ引續キ取調中ナルコトハ本月二十四日附ヲ以テ
報告シタル所ナルカ依命本日本籍地所轄署タル慶尚南道警察部ニ身柄移
送シタルニ付キ 右報告ス.

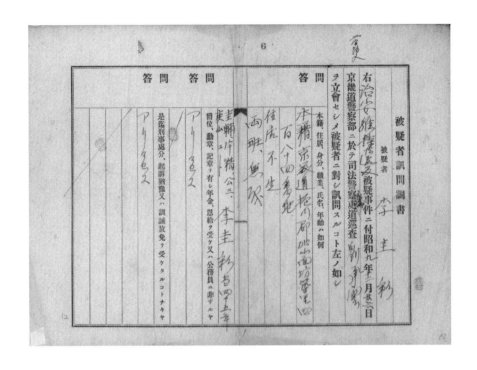

被疑者 訊問調書

被疑者 李圭彩

右治安維持法違反被疑事件ニ付昭和九年十二月二十六日京畿道警察部ニ於テ司法警察吏京畿道巡査劉承雲ヲ立會セシメ被疑者ニ對シ訊問スルコト左ノ如シ.

問 本籍, 住居, 身分, 職業, 氏名, 年齡ハ如何.
答 本籍 京畿道抱川郡加山面坊築里四百八十四番地

住居 不定

兩班 無職

圭輔, 字精, 公三コト

李 圭 彩

當四十五年

問 爵位, 勳章, 記章ヲ有シ年金, 恩給ヲ受ケ又ハ公務員ニ非ザルヤ.
答 アリマセヌ.
問 是迄刑事處分, 起訴猶豫又ハ訓誡放免ヲ受ケタルコトナキヤ.
答 アリマセヌ.

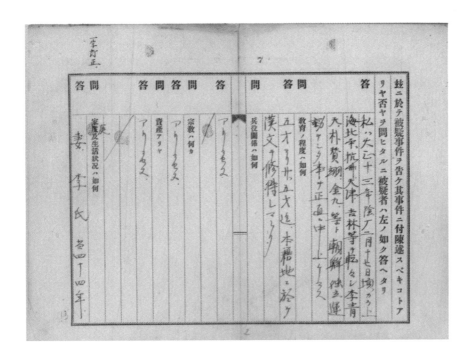

茲ニ於テ被疑事件ヲ告ケ其事件ニ付陳述スベキコトアリヤ否ヤヲ問ヒタ
ルニ被疑者ハ左ノ如ク答ヘタリ.

答　私ハ大正十三年陰暦二月十七日頃カラ上海, 北平, 杭州, 天津, 吉林等ヲ轉々
　　シ, 李青天, 朴贊翊, 金九等ト朝鮮獨立運動ヲシタ事ヲ正直ニ申上ケマス.

問　教育ノ程度ハ如何.

答　五歳ヨリ二十五歳迄本籍地ニ於テ漢文ヲ修得シマシタ.

問　兵役關係ハ如何.

答　アリマセヌ.

問　宗教ハ何カ.

答　アリマセヌ.

問　資産アリヤ.

答　アリマセヌ.

問　家庭及生活狀況ハ如何.

答　妻 李氏 當四十四年

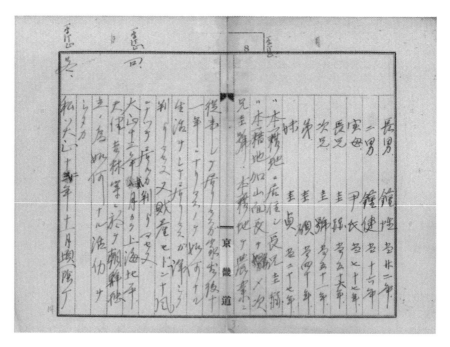

長男 鍾性 當二十二年

二男 鍾健 當十六年

實母 尹氏 當七十七年

長兄 圭赫 當五十六年

次兄 圭號 當五十一年

弟 圭碩 當四十年

妹 圭貞 當二十七年

　ハ本籍地ニ居住シ, 長兄圭赫ハ李籍地加山面長ヲ勤メ, 次兄圭號ハ本
籍地テ農業ニ從事シテ居リマスガ家出後十一年ニナリマスノテ如何ナ
ル生活ヲシテ居リマスカ詳シク判リマセヌ. 又財産モドンナ風ニナッテ
居ルカ判リマセヌ.

問　大正十三年二月カラ上海, 北平, 天津, 吉林等ニ於テ朝鮮獨立ノ爲如
　　何ナル活動ヲシタカ.

答　私ハ大正十二年十一月頃(陰曆

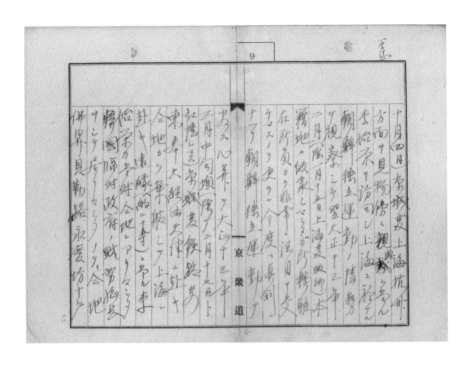

十月四日)京城發上海, 杭州方面ヲ見物傍ニ親戚ニ當ル李始榮ヲ訪問
シ, 上海ニ於ケル朝鮮獨立運動ノ情勢ヲ視察シテ翌大正十三年二月
(陰一月十五日, 上海發歸鄉)本籍地ニ歸家シマシタガ所轄駐在所員カ
ラ非常ニ注目ヲ受ケマスノテ更ラニ今度ハ眞劍ニナツテ朝鮮獨立運
動ヲ爲ス心算テ大正十三年三月中旬頃(陰曆二月十七日ト記憶シマ
ス)京城發鐵路安東, 奉天經由天津ニ赴キ, 同地カラ乘船シテ上海ニ赴
キ, 遠緣(約二十五寸)ニ當ル李始榮カ當時同地ニアリマシタ韓國臨時
政府ノ財務總長ヲシテ居リマシタノテ同地佛界貝勒路永慶坊十戶

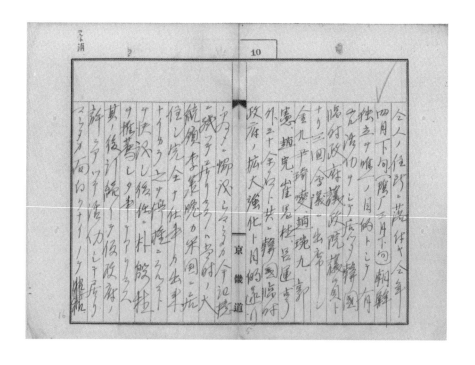

同人ノ住所ニ落付キ, 同年四月下旬(陰曆三月下旬)朝鮮獨立ヲ唯一ノ
目的トシテ有スル活動ヲシテ居ッタ韓國臨時政府議政院議員トナリ
三回會議ニ出席シ, 金九, 尹琦燮, 趙琬九, 郭憲, 趙完, 崔昌植, 呂運亨
外三十餘名ト共ニ韓國臨時政府ノ擴大强化ト目的遂行ノ爲メニ協議
シマシタカ, 今記憶ニ殘ッテ居リマスノハ當時ノ大統領李承晩カ美國
ニ居住シ完全ナ仕事カ出來ナイカラ之ヲ停權ニスルコトニ決議シ, 後
任ニ朴殷植ヲ推薦シタ事テアリマス. 其ノ後引續イテ假政府ノ許ニア
ッテ活動シテ居リマシタカ, 面白クナイノテ

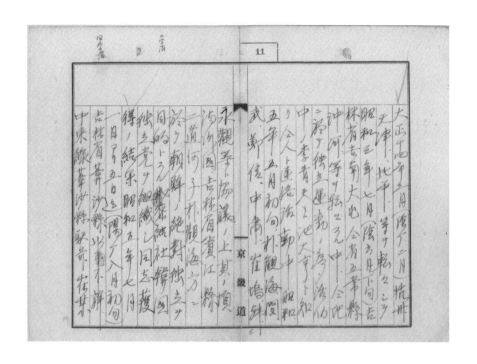

大正十四年三月(陰曆二月)杭州, 天津, 北平等ヲ轉々シテ昭和三年七月 (陰六月下旬)吉林省吉南大屯, 同省五常縣沖河等ヲ轉々スル中, 同地ニ 於テ獨立運動ノ爲メ活動中ノ李靑天コト池大亨ト知リ同人ト連絡活 動中, 昭和五年五月初旬朴觀海, 閔武, 鄭信, 申肅, 崔塢 韓永觀等ト協 議ノ上, 其ノ頃滿洲國吉林省賓江縣二道河子朴觀海方ニ於テ朝鮮ノ絶 對獨立ヲ目的トスル結社韓國獨立黨ヲ組織シ, 同志獲得ノ結果昭和五 年七月一日ヨリ五日迄(陽曆八月初旬)吉林省葦沙縣, 中東線葦沙縣驛 前崔某

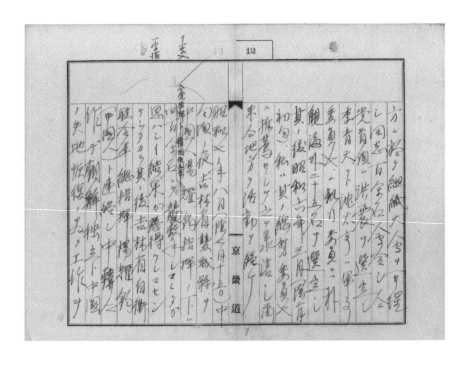

方ニ於テ組織大會ヲ開催シ, 同志百餘名會合シ, 同黨首領ニ洪震ヲ選
定シ李青天コト池大亨ハ軍事委員長ニ, 執行委員ニハ朴觀海外二十五
名ヲ選定シ, 其ノ後昭和六年三月(陰二月初旬), 私ハ其ノ總務委員長
ニ推薦サレテ之ヲ承諾シ爾來同地方テ活動ヲ續ケ, 昭和七年八月(陰
七月十五日)中旬頃ノ夜吉林省雙城縣ヲ中國人楊耀鈞指揮ノ下ニ同黨
指揮下ノ韓國獨立軍四百餘名ニテ襲撃シマシタガ思ハシイ結果ガ得
ラレマセンテシタカラ其ノ後吉林省自衛聯合軍總指揮楊耀鈞(中國
人)ト連絡シ, 中韓合作デ朝鮮獨立ト中國ノ失地恢復ノ爲メ工作ヲ

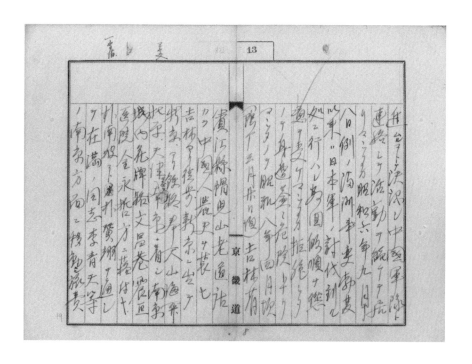

進ムルコトヲ決議シ, 中國軍隊ト連絡シテ活動ヲ續ケテ居リマシタカ 昭和六年九月十八日例ノ滿洲事變勃發以來ハ日本軍ノ討伐到ル處ニ 行ハレ數回歸順ヲ慫憑ヲ受ケマシタカ拒絶シタノテ身邊益々危險ト ナリマシタノテ昭和八年四月頃(陰暦三月二十日頃)吉林省賓江縣帽兒 山老道店カラ中國人農夫ヲ裝ヒ吉林ヨリ徒歩新京ニ出テ, 新京ヨリ鐵 路奉天, 山海關, 北平, 天津ヲ經テ南京ニ着シ, 南京城內花牌路文昌巷 震旦醫院金永哲方ニ落付キ, 朴南坡コト朴贊翊ヲ通シテ在滿ノ同志李 靑天等ノ南京方面ニ移動スル旅費

トシ中國貨六百圓ヲ受取リ昭和八年六月初旬(陰暦五月二日), 南京發
鐵路天津ニ赴キ天津ヨリ海路營口ニ上陸シ, 營口ヨリ鐵路奉天經由吉
林ニ赴キ吉林省吉南, 口前驛, 萬里口, 四間房等ヲ轉々シ, 其ノ頃同省
五常縣向陽山居住ノ李靑天部下李艮ニ通信シ旅費持參來吉ノ旨傳達
方ヲ依賴シ, 數日後李靑天ノ使ト稱スル崔秉權ニ同省口前驛中國人氏
名不詳方デ中國貨三百圓ヲ渡シ, 更ラニ引返シ新京迄徒步ニテ出テ新
京ヨリ鐵路奉天, 山海關經由北平ニ來リ, 北京西直門宮門口五條胡同
二十號曺成煥方ヲ連絡

場所トシ，私ハ北平西直門内巡捕廳胡同十五號ニ滯在シ，昭和八年十月末頃(陰暦九月二十日過)李青天ノ一行十三名ト會合シ李青天ノ一行ハ中國河南省洛陽軍官學校ニ赴キ，私ハ北平，南京等ヲ轉々シテ其間韓國獨立軍總司令李青天ヨリ本年七月下旬頃(陰暦六月下旬頃)白絹布ニ認メタ四方ニ散在スル同志ヲ糾合シテ朝鮮獨立運動ノ爲活動セヨトノ意味ノ指令ヲ受ケ之ヲ承諾シ，本年八月初旬(陰七月初旬頃)南京ヨリ中國江蘇省奉縣閔行鎭拓林朴贊翊方ニ滯

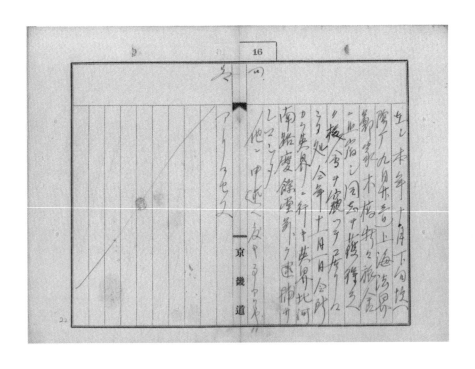

在シ, 本年十月下旬頃(陰曆九月二十三日)上海法界鄭家木橋新々旅舍
ニ止宿シ同志ヲ獲得スベク機會ヲ窺ッテ居リマシタ處, 同年十一月一
日同所カラ英界ニ行キ, 英界北河南路慶餘堂前テ逮捕サレマシタ.

問　他ニ申述ヘ度キ事アルヤ.

答　アリマセヌ.

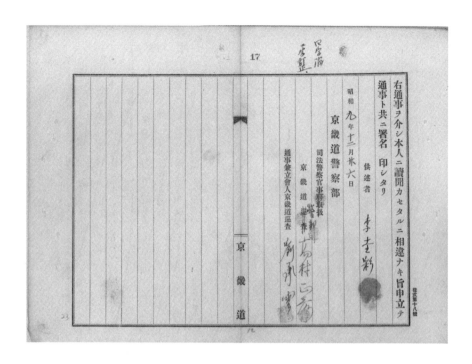

右通事ヲ介シ本人ニ讀聞カセタルニ相違ナキ旨申立テ通事ト共ニ署名拇印シタリ.

供述者 李圭彩

昭和九年十二月二十六日

京畿道警察部

司法警察官

京畿道警部 高 村 正 彦

通事兼立會人道巡査 劉 承 雲

被疑者 訊問調書(第二回)

被疑者 李圭彩

右治安維持法違反被疑事件ニ付昭和十年一月九日京畿道警察部ニ於テ司法警察吏京畿道巡査劉承雲ヲ立會セシメ前回ニ引續キ被疑者ニ對シ訊問ヲ爲スコト左ノ如シ.

問 其方カ李圭彩, 當四十六年テアルカ.
答 左様テアリマス.
問 前回ニ引續キ訊問スルカ, 其方カ朝鮮獨立運動ニ加擔シタル動機ヲ申立ヨ.
答 私カ上海領事館警察部ニ於テモ詳細申上ケマシタカ, 私ハ元ヨリ書畫ニ嗜好ヲ持チ大正十年度ヨリ京城ニ出テ京城公平洞二番地所在創新書畫研究

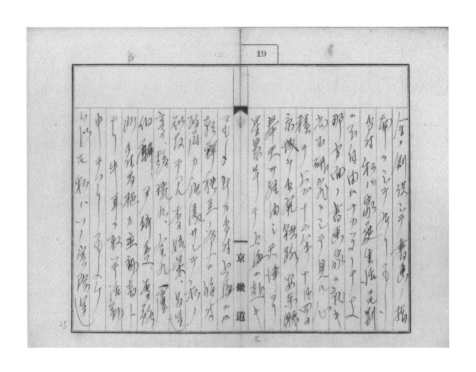

會ヲ創設シテ書畫ノ指南ヲシテ居リマシタ. 當時私ハ家庭生活ニモ別
ニ不自由ハナカッタノテ支那方面ノ書畫家ニ就キ尙ホ研究ヲシテ見
ル心積テ大正十二年十月四日京城ヲ出發鐵路安東縣, 奉天ヲ經由シ,
天津ヨリ星景號テ上海ニ赴キマシタ, 所カ當時上海ニハ朝鮮獨立ノ爲
メニ臨時政府カ組織サレテ私ノ知友テアル李始榮, 呂運亨, 趙琬九, 金
九, 盧伯麟, 尹琦變, 李裕弼, 崔昌植カ主動者トナリ牛耳ヲ取ッテ活動
中テアリマシタケレドモ私ハソノ實際運

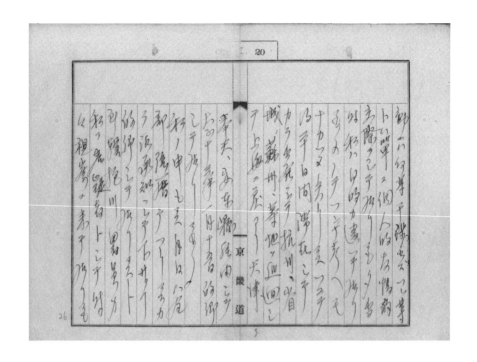

動ニハ何等干渉セズソレ等トハ單ニ個人的友情的交際ヲシテ居リマ
シタ．當時私ハ目的カ違ッテ居リマシタノテソンナ考ヘモナカッタノ
テアリマス．ソコテ約二十日間滯在シテカラ出發シテ杭州，省城，蘇
州等地ヲ巡廻シテ上海ニ戻リ天津，奉天，安東縣經由シテ大正十三年
一月十五日歸郷シテ居リマシタ．私ノ申シマス月日ハ全部陰曆テアリ
マスカラ御承知シテ下サイ．歸郷シテ居リマスト所轄抱川署員カ私ヲ
容疑者トシテ時々視察ニ來テ居リマシ

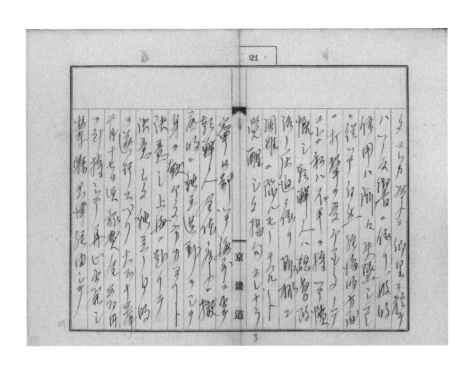

タ．コレカ爲メ二鄕里二於テハソノ反響二依リ一般的信用ハ漸々失墜
シ，コレニ從ッテ自然經濟的方面二打擊ヲ受ケマシタノテ，コレ二私
ハ不平ヲ持ッテ憤慨シ，朝鮮人ハ總督政治ノ壓迫二依リ斯樣二困難二
陷ルモノテアルト覺醒シタ揚句，コレナラ寧口却ッテ海外二出テ朝鮮
人全體ノ爲メ二撤底的二獨立運動ヲシテ身ヲ獻ケタ方カヨイト決意
シ，上海二赴イテ決意シタ獨立ノ目的ヲ遂行スベク大正十三年二月十
七日頃旅費金三百圓ヲ所持シテ再ビ出發シ，安東縣，天津經由シテ

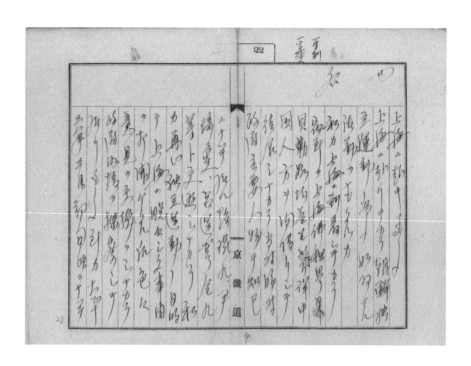

上海ニ赴キマシタ.

問　上海ニ赴イテカラ朝鮮獨立運動ノ爲メ如何ナル活動ヲナシタルカ.

答　私カ上海ニ到着シテカラ宿所ヲ上海佛租界具勒路均益里以下不詳中
　　國人方ヲ間借リシテ徒食シナカラ當時臨時政府主要人物テ知己ニナ
　　ッテ居ル趙琬九, 尹琦燮, 呂運亨, 金九等ト交遊シナカラ私カ再ビ獨
　　立運動ノ目的テ上海ヘ脱出シタ事由ヲ打開ケタル後, 色々意見ヲ交換
　　ヲシナカラ政府內情ヲ探察シテ居リマシタ所カ, 大正十三年三月初旬
　　頃ニナッテ

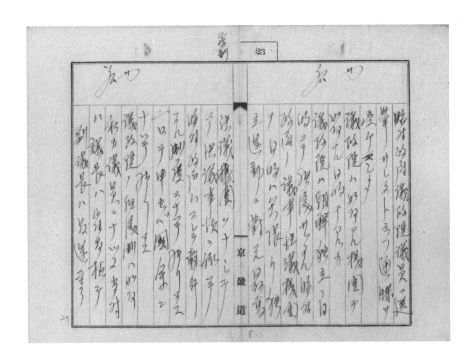

臨時政府議政院議員ニ選擧サレタト云フ通牒ヲ受ケマシタ.

問 議政院ハ如何ナル機關テ如何ナル目的テアルカ.

答 議政院ハ朝鮮獨立ノ目的ニテ組織サレタル臨時政府ノ議事決議機關
テ目的ハ矢張リ獨立運動ニ對スル最高決議ヲナシテコノ決議事項ニ
依ッテ臨時政府ハコレヲ執行スル制度ニナッテ居リマス. 一口テ申
セバ國會ニナッテ居リマス.

問 議政院ノ組織制ハ如何.

答 私カ議員ニナッタ當時ハ議長ハ崔昌植テ副議長ハ呂運亨

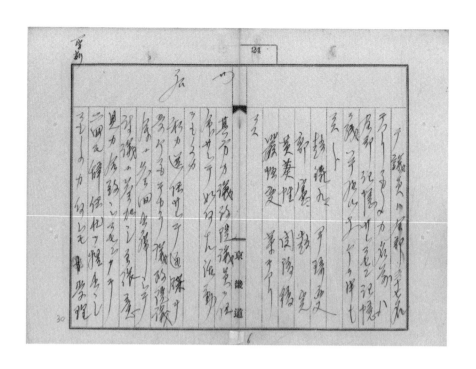

テ議員ハ全部三十七名テアリマシタカ, 名前ハ全部記憶サレマシセ
ン. 記憶ニ殘ッテ居ル丈ケヲ申シマスト趙琬九, 尹琦變, 郭憲, 趙完',
黃蔡性, 閔駿鎬, 嚴恒變等テアリマス.

問 其方カ議政院議員ニ任命サレテ如何ナル活動ヲシタカ.

答 私カ選任サレテ通牒ヲ受ケマシテカラ議政院議會ニ參回出席シテ討
議ニ參加シ, 主張意見カ合致シマセンノテ二回モ辭任狀ヲ提出シマシ
タカ, 何レモ受理

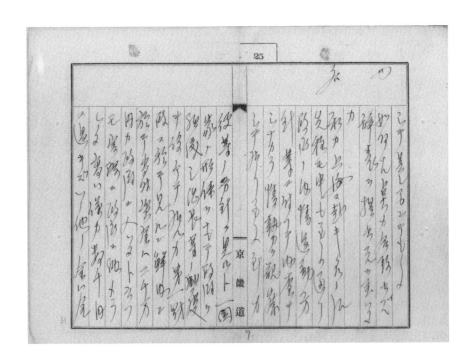

シテ呉レマセンテシタ.

問　如何ナル点カ合致セズ辭表ヲ提出スルニ至ッタカ.

答　私カ上海ニ赴キタル後, 先程モ申シマシタ通リ政治ノ内情, 運動方針
　　等ニ付イテ内査ヲシナカラ情勢ヲ觀察シテ居リマシタ所カ彼等ノ方
　　針ヲ見ルト一國家ノ形體ヲナシテ政府ヲ組織シ總長等ノ制度ヲ設ケ
　　テ居ルカ, 第一財政ニ於テ見ルニ鮮内ニ於テ當時資金ハ二千萬圓カ政
　　府ニ入ッタト云フモ實際ニ政府ニ納メラレタ高ハ僅カ數千圓ニ過キ
　　ズ, ソノ他ノ金ハ全

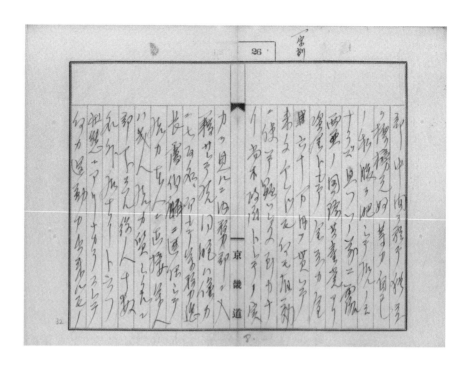

部中間ニ於テ獨立ヲ標榜スル奴等カ自己ノ私腹ヲ肥シテ居ルノミナ
ラズ,且ツソノ前ニ露西亞ノ國際共産黨ヨリ資金トシテ金立カ金六十
萬圓ヲ貰ッテ來タケレドモ何モ有ニ使ッテ顯ハレタ所カナイ.

　尙ホ政府トシテノ實力ヲ見ルニ內務部ニ入籍サレテ居ル同胞ハ僅
カニ七百名, 而シテ軍務總長蘆伯麟ニ選任シテ居ルカ, 本人ニ直接軍
人ハ幾人居ルカ質シタルニ部下ニアル役人十數名外居ナイト云ク狀
態ニアリナカラ, スレテ何カ運動カ出來ルモノテアルカ. コレハ諸テ
カ空虛ノ運動テアッテ二千萬同胞ヲ食物ニスルモノ

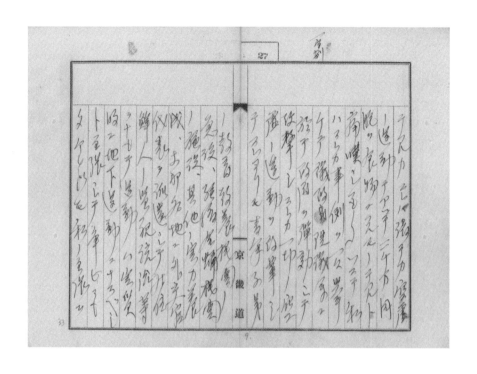

テアルト痛嘆シマシタ．ソコテ私ハコレカ事例ヲ一々擧ケテ議政院議
會ニ於テ政府ヲ彈劾シテ攻擊シ，コレカ一切ノ空虛ノ運動ヲ改革シテ
コレヨリモ靑年子弟ノ敎育敎養機關ノ急設，經濟金融機關ノ施設，其
他ノ實力養成，支那各地ニ外交官代表ヲ派遣シテ居住鮮人ノ監視統治
等ヲナシテ運動ハ實質的ニ地下運動ニナスベシト主張シテ爭ヒマシ
タケレドモ私ノ主張ニ

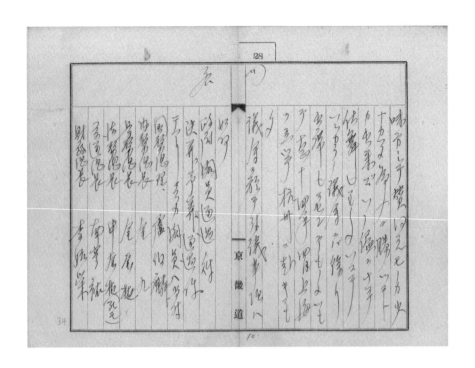

味方シテ贊同スルモノカ少ナカッタ爲メニ勝ッコトカ出來ズ, ソノ儘
ニナッテ仕舞ヒマシタ. ソコテソレカラノ議會ニハ餘リ出席シマセン
テシタ. ソシテ大正十四年四月上海ヲ立ッテ杭州ニ赴キマシタ.

問 議會ニ於テ討議事項ハ如何.

答 政府閣員通過ノ件, 決算預算通過ノ件テアリマスカ, 閣員ハ當時

　　　國務總理 盧 伯 麟

　　　內務總長 金 九

　　　學務總長 金 奎 植

　　　法務總長 申 奎 植(死亡)

　　　交通總長 南 亨 祐

　　　財務總長 李 始 榮

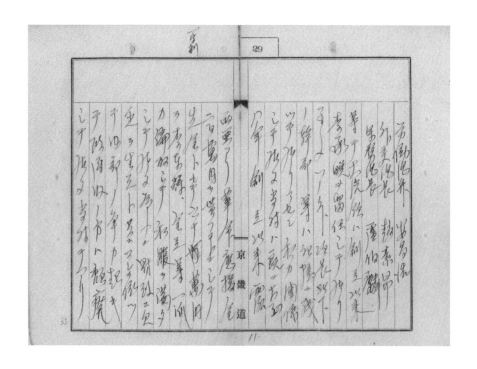

勞動總長 安昌浩
外交總長 趙素昂
軍務總長 盧伯麟

等テ大統領ハ創立以來, 李承晩ヲ留任シテ居リマシタ. ソノ外次長以下
ノ幹部等ハ記憶ニ殘ッテ居リマセン. 私カ關係シテ居タ當時ハ既ニ大正八
年創立以來露西亞ヨリ革命應援金二百萬圓ヲ貰フコトニシテ先金トシテ
六十萬圓ヲ李東輝, 金立等一派カ騙取シテ私腹ヲ滿タシテ居タ爲メニ財政
ニ缺乏ヲ生スルト共ニコレニ依ッテ內部ノ爭カ起キテ政府內ノ方ハ頹廢
シテ居タ當時テアリ

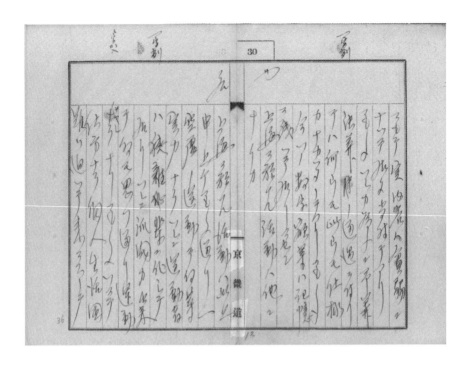

マシテ實内容ハ貧弱ニナッテ居タ當時テアリマシタ．ソレカ爲メニ預算，
決算ノ通過ニ付イテハ何ウモ此ウモ仕様カナカッタノテアリマシタ．今ソ
ノ數字額等ハ記憶ニ殘ッテ居リマセン．

　問　上海ニ於ケル活動ハ他ニナイカ．

　答　上海ニ於ケル活動ハ以上申上ケマシタ通リ一空虚ノ運動テ何等實力
　　　ナクソレニ運動者ハ狹雜輩ニ化シテ居リ，ソレニ派閥カ出來テ何モ思
　　　フ通リ運動ヲヤレナクナリマシタ．ソコテ仕方ナク個人生活困難ハ迫
　　　ッテ來マスノテ

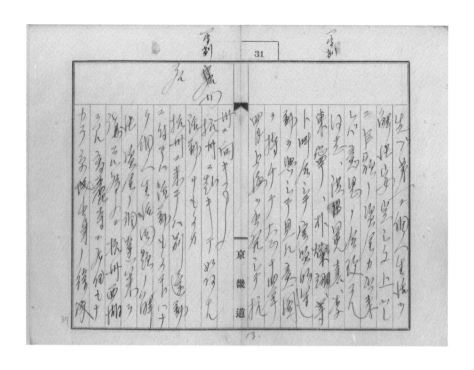

先ヅ第一ニ個人生活ヲ解決安定シタ上, ソレニ巨額ノ資金カ出來レバ
意思ノ合致スル同志, 洪冕喜, 李東寧, 朴燦翊等ト叫合シテ實質的運動
ヲ興シテ見ル意圖ヲ持チテ大正十四年四月上海ヲ出發シテ杭州ニ向
キマシタ.

問 杭州ニ赴キテ如何ナル活動ヲシタカ.

答 杭州ニ來テハ別ニ運動ニ付テハ活動シタコトハナク個人生活問題ノ
解決, 資金調達策ヲ講スル爲メニ杭州西湖ニアル高麗寺ニ居住シナカ
ラ京城出身ノ徐成

孝ナルモノト協議シテ製紙業ヲ共同經營シ, 製造試驗ヲシテ見テ結果良好テアリマシタケレドモ當時支那ノ内亂戰爭ノ爲メニ繼續スルコトカ出來ズ, 同年十月再ビコレヲ中止シ, 徐成孝ト共ニ上海ニ戻リマシタ. ソシテ徐成孝ノ弟徐成求カ北平ニ居リマシタノテ徐成孝ノ紹介テ同人ヲ賴ッテ同年十二月頃北平ニ行キマシタ.

問 其方カ再ビ上海ニ戻ッテカラ運動ニ參加シナカッタカ.

答 戻ッテカラハ既ニ諦メテ居ルコトテスカラ何モセズ引籠ッテ居リマシタ.

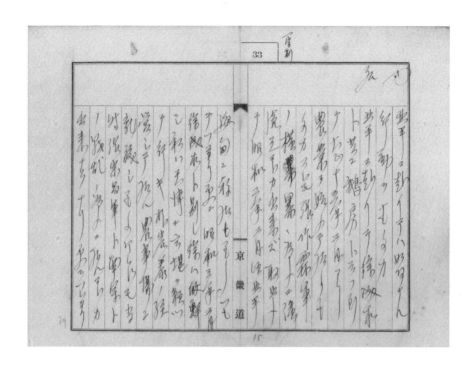

問　北平ニ赴イテハ如何ナル行動ヲナシタカ.

答　北平ニ赴イテ徐成求ト共ニ鵝房ト云フ所テ大正十五年二月ヨリ農業
　　ヲ始メテ居リマシタカ, コレモ張作霖軍ノ横暴ノ爲メニ繼續スルコト
　　カ出來ズ取止メテ, 昭和二年二月頃北平海甸ニ移居シマシタ. ソシテ
　　ソコヨリ更ニ昭和三年二月徐成求ト別レ徐ハ歸鮮シ, 私ハ天津ニ玄堪
　　ヲ賴ッテ行キ朴岩泰ノ經營シテ居ル農事場ニ就職シマシタケレドモ
　　當時張宗昌軍ト南軍トノ戰亂ノ爲メニ居ルコトカ出來ナクナリ更ニ
　　ソレヨリ

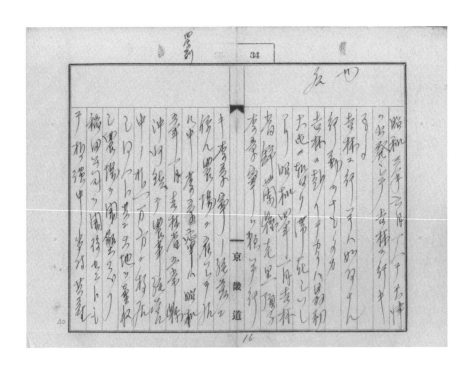

昭和三年六月一人テ天津ヲ出發シテ吉林ニ行キマシタ.

問 吉林ニ行ッテハ如何ナル行動ヲナシタカ.

答 吉林ニ赴イテカラハ最初大屯ニ暫ク滯在シ, ソレヨリ昭和四年一月吉
　林省舒蘭縣圭黑頂子李章寧ヲ賴ッテ行キ李章寧ノ經營ニ係ル農場ニ
　雇ハレテ居ル中, 昭和五年一月吉林省五常縣沖河鎭テ農事經營中ノ朴
　一萬方ニ移居シ, 同人ト共ニ土地ヲ買收シ農場ヲ開墾スベク稻田公司
　ヲ開設セントシテ相談中當時共産

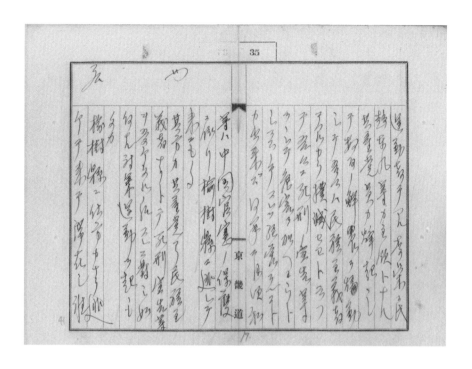

運動者テアル李榮民, 趙東九等主領トナル共産黨員カ烽起シテ數百ノ
鮮農ヲ煽動シテ吾々ハ民族主義者テアルカラ撲滅セヨト云フテ吾々
ニ死刑ノ宣告等ヲシテ危害ヲ加ヘヨウトシマスノテコレヲ經營スル
コトカ出來ズ, 同年二月頃私等ハ中國官憲ノ保護ニ依リ楡樹縣ニ逃レ
テ來マシタ.

問 其方カ共産黨ヨリ民族主義者ナリトテ死刑宣告等ヲ受ケタル後コレ
　ニ對シ如何ナル對策運動ヲ起シタカ.

答 楡樹縣ニ仕方カナク逃ケテ來テ滯在シ, 誰

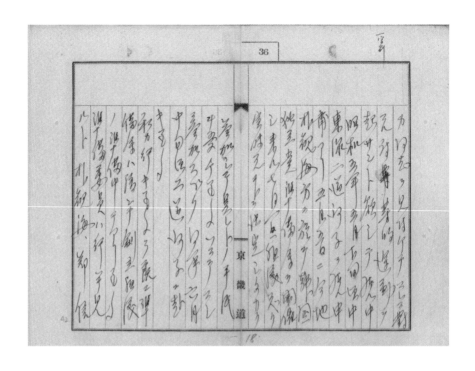

カ同志ヲ見付ケテコレニ對スル對等的運動ヲ起サント欲シテ居ル中,
昭和五年五月下旬頃中東線二道河子ニ居ル申肅ヨリ五月五日ニ同地
朴觀海方ニ於テ韓國獨立黨準備會ヲ開催シ, 來ル七月一旦組織スベク
宣傳スルコトニ決定シタカラ參加シテ吳レトノ手紙ヲ受ケマシタ.
ソコテコレニ參加スベク同年六月中旬頃二道河子ニ赴キマシタ. 私
カ行キマシタラ既ニ準備會ハ濟ンテ創立組織ノ準備中テアリマシタ.
準備委員ハ行ッテ見ルト朴觀海, 鄭信,

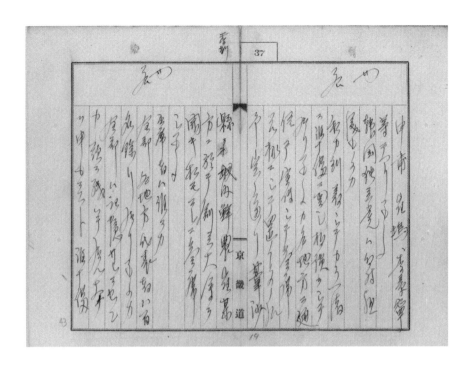

申肅, 崔塢 李章寧等テアリマシタ.

問 韓國獨立黨ハ何時組織シタカ.

答 私カ到着シテカラ一緒ニ準備ニ關シ相談ヲシテ居リマシタカ, 各地方
ニ通信テ宣傳シテ參席スル樣ニシテ置イタ後, 豫定ノ通リ葦沙縣城內
鮮農崔某方ニ於テ創立大會ヲ開キ私モコレニ參席シマシタ.

問 出席者ハ誰々カ.

答 全部各地方代表者ハ百名餘リ居リマシタカ, 全部ハ記憶サレマセンカ
頭ニ殘ッテ居ル丈ケヲ申シマスト準備

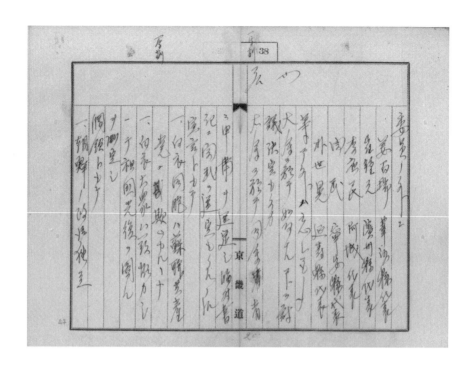

委員ノ外ニ

姜百瑞 葦沙縣代表

崔鐘元 濱州縣代表

李應民 阿城代表

閔 武 寧安縣代表

朴世晃 延壽縣代表

等テ外ハ忘レマシタ.

問 大會ニ於テ如何ナルコトヲ討議決定シタカ.

答 大會ニ於テ司會者ニ申肅ヲ選定シ, 臨時書記ニ閔武ヲ選定シタル後,
宣言トシテ

一, 白衣同胞ハ蘇聯共産黨ニ欺ムカル, ナ.

一, 白衣大衆ハ一致協力シテ祖國光復ヲ圖ルヲ制定シ, 綱領トシテ.

一, 朝鮮ノ政治獨立

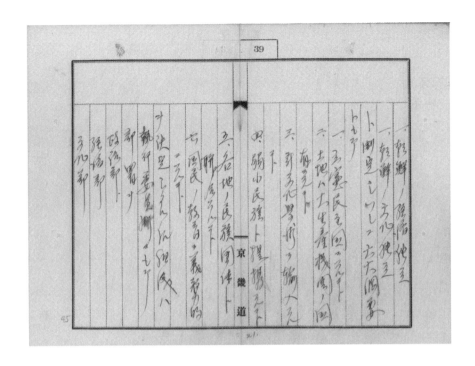

一, 朝鮮ノ經濟獨立

一, 朝鮮ノ文化獨立ト制定シ, ソレニ六大綱要トシテ

一, 立憲主國ニスルコト.

二, 土地ト大生產機關ノ國有ニスルコト.

三, 新文化學術ヲ輸入スルコト.

四, 弱少民族ト提携スルコト

五, 各地ノ民族團體ト聯合スルコト

六, 國民ノ敎育ヲ義務的ニスルコト

ヲ決定シタル後, 組織ハ執行委員制ニシテ, 部署ヲ, 政治部, 經濟部, 文化部,

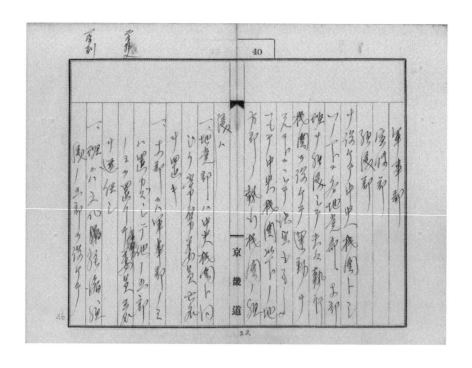

軍事部, 宣傳部, 組織部ナ設ケテ中央機關トシ, ソノ下ニ各地黨部, 支部班
ヲ組織シテ夫々執行機關ヲ設ケテ運動ヲスルコトニシテ決定シマシタ. ソ
シテ中央機關以下ノ地方部ノ執行機關ノ組織ハ

一, 地黨部ハ中央機關ト同ジク常務委員六名ヲ置キ.

一, 支部ニハ軍事部ノミハ置カズシテ他ノ五部ノミヲ置イテ常務委員三
名ヲ選任シ.

一, 班ニハ文化, 經濟, 組織ノ三部ヲ設ケテ

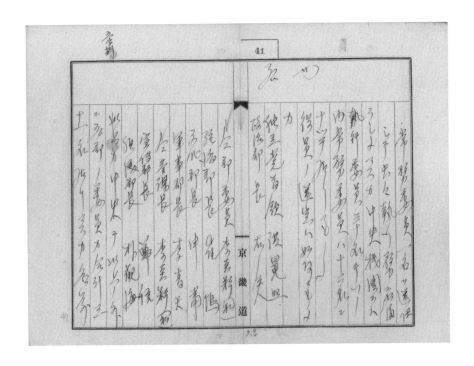

常務委員一名ヲ選任シテ夫々執行務ニ當ラシメマスカ，中央機關ニハ執行
委員三十名テ，ソノ内，常務委員ハ十二名ニナッテ居リマシタ．

　問　役員ノ選定ハ如何ニシタカ．

　答　獨立黨首領　洪冕熙

　　　　政治部長　右同人

　　　　同部　委員　李圭彩(私)

　　　　經濟部長　崔塢

　　　　文化部長　申肅

　　　　軍事部長　李青天

　　　　同　參謀長　李圭彩(私)

　　　　宣傳部長　鄭信

　　　　組織部長　朴觀海

　テ以上ノ外ニ各部ノ委員カ合計三十一名居リマスカ，名前

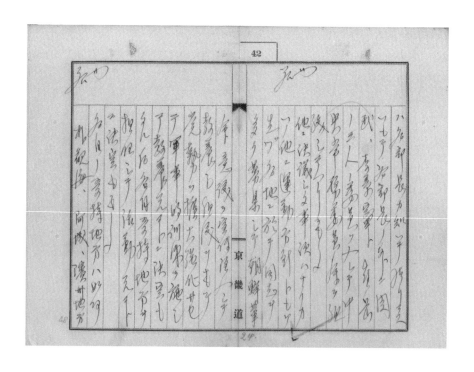

ハ各部長カ知ッテ居リマス. ソシテ各部長ノ外ニ閔武, 李章寧, 崔岳ノ三人ノ委員ヲ入レテ中央常務委員會ヲ組織シテアリマシタ.

問　他ニ決議シタ事項ハナイカ.

答　ソノ他ニ運動方針トシテ先ヅ各地ニ於テ同志ヲ多ク募集シテ朝鮮革命意識ヲ宣傳注入シテ教養シ組織ヲナシテ黨勢ヲ擴大強化サセテ軍事的訓練ヲ施シテ教養スルコトニ決定シタル後, 各自受持地方ヲ擔任シテ活動スルコトニ決定シマシタ.

問　各自ノ受持地方ハ如何.

答　朴觀海　阿城, 濱州地方

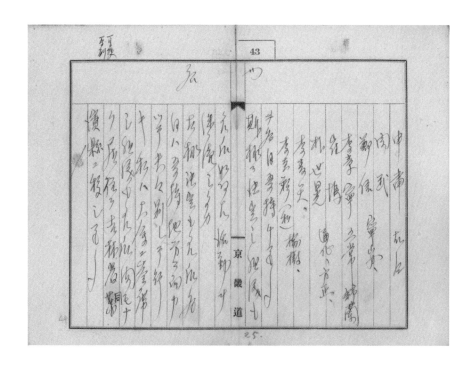

申 肅 右同

閔 武 寧安

鄭 信 寧安

李章寧 五常, 舒蘭

崔 塢 通化, 方正

朴世晃 通化, 方正

李青天 楡樹

李圭彩(私) 楡樹

ヲ各自受持チマシタ.

問 斯樣ニ決定シ組織シタル後如何ナル活動ヲ繼續シタカ.

答 左樣決定シタル後, 各自ハ受持地方ニ向カッテ夫々別レテ行キ, 私ハ大
會ニ參席シ組織シタル後間モナク居住ヲ吉林省同濱縣ニ移シマシタ.

右通事ヲ介シ本人ニ讀聞カセタルニ相違ナキ旨申立テ通事ト共ニ署名拇
印シタリ.

供述者 李圭彩
昭和十年一月九日
京畿道警察部
司法警察官事
京畿道警部 高村正彦
通事兼立會人京畿道巡査 劉承雲

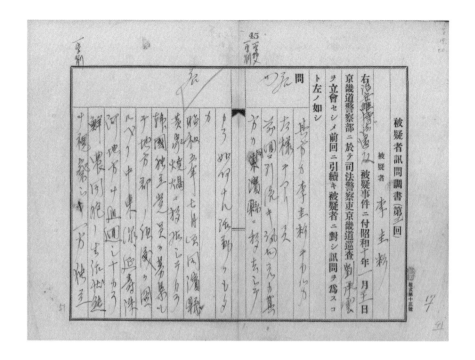

被疑者 訊問調書(第三回)

被疑者 李圭彩

　右治安維持法違反被疑事件ニ付昭和十年一月二十一日京畿道警察部ニ於テ司法警察吏京畿道巡査劉承雲ヲ立會セシメ前回ニ引續キ被疑者ニ對シ訊問ヲ爲スコト左ノ如シ.

問　其方カ李圭彩テアルカ.

答　左様テアリマス.

問　前回ニ引續キ訊問スルカ, 其方カ同濱縣ニ移去シテカラ如何ナル活動
　　ヲシタカ.

答　昭和五年七月頃同濱縣黄家燒堝ニ移居シテカラ韓國獨立黨員ヲ募集
　　シテ地方部ノ組織ヲ圖ルベク中東線, 延壽洙河地方ヲ巡廻シナカラ鮮
　　農同胞ノ生活狀態ヲ視察シ, 一方獨立

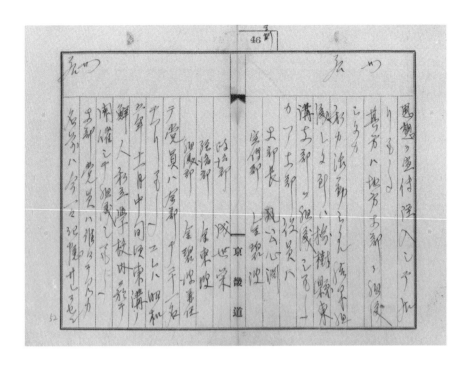

思想ヲ宣傳注入シテ居リマシタ.

問　其方ハ地方支部ヲ組織シタカ.

答　私カ活動シタル結果組織シタ所ハ楡樹縣東溝支部ヲ織シマシタカ, ソ
　　ノ支部役員ハ

支部長 公心淵

宣傳部 金碧波

政治部 成世榮

經濟部 金東坡

組織部 金碧波 兼任

テ黨員ハ全部テ二十一名テアリマシタ. コレハ昭和五年十一月中旬頃,
東溝ノ鮮人私立學校內ニ於テ開催シテ組織シマシタ.

問　支部黨員ハ誰々テアルカ.

答　名前ハ今一々記憶サレマセン.

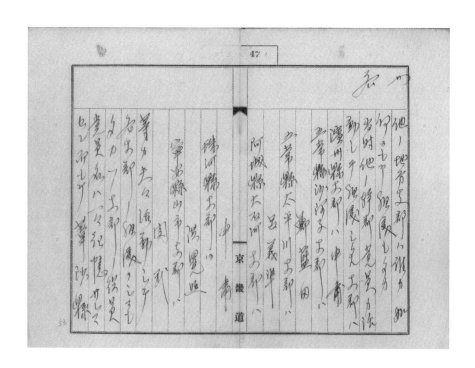

問 他ノ地方支部ハ誰カ如何ニシテ組織シタカ.

答 當時他ノ幹部黨員カ活動シテ組織シタル支部ハ

　濱州縣支部ハ 申 肅

　五常縣沙河子支部ハ 鄭藍田

　五常縣太平川支部ハ 呂義準

　阿城縣大石河支部ハ 申 肅

　珠河縣支部ハ 洪冕熙

　寧安縣山市支部ハ 閔 武

　等カ夫々活動シテ各支部ノ組織ヲシマシタカ, ソノ支部ノ役員, 黨員名ハ
一々記憶サレマセン, 而シテ葦沙縣

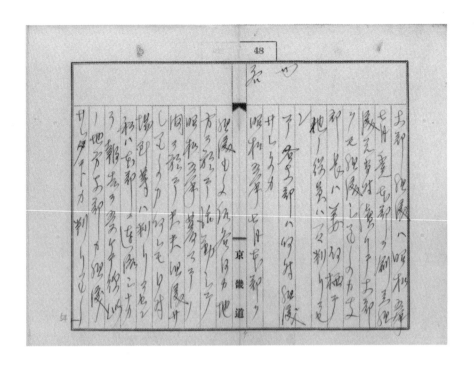

支部組織ハ昭和五年七月, 黨本部ヲ創立組織スル當時續イテ支部ヲモ組織
シマシタカ, 支部長ハ姜何栖テ他ノ役員ハ一々判リマセン.

問　コノ各支部ハ何時組織サレタカ.

答　昭和五年七月本部ヲ組織シタ後, 各自カ地方ニ於テ活動シテ昭和五年
　　暮マテノ間ニ於テ夫々組織サレマシタカ, 何レモ日時場所等ハ判リマ
　　セン. 私ハ本部ニ連絡シナカラ報告ヲ受ケテ彼此ノ地方支部カ組織
　　サレタコトカ判リマシタ.

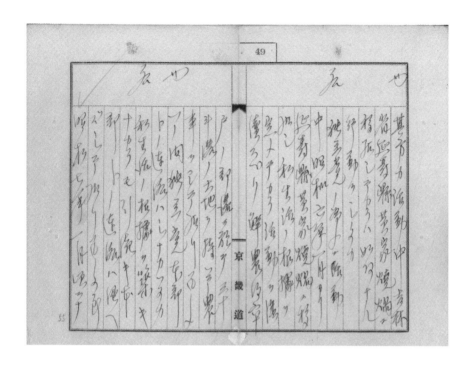

問 其方カ活動中吉林省延壽縣黃家燒堝ニ移居シテカラハ如何ナル行動
ヲシタカ.

答 獨立黨ノ爲メニ活動中昭和六年一月ヨリ延壽縣黃家燒堝ニ移居シ, 私
生活ノ根據ヲ定メテカラ活動ヲ繼續スベク鮮農約六十戸ノ部落ニ於
テ三十斗落ノ土地ヲ持ッテ農事ヲシテ居リマシタ.

問 ソノ間獨立黨本部トノ連絡ハシナカッタカ.

答 私生活ノ根據ヲ築キナカラモ引續キ本部トノ連絡ハ絶ヘズシテ居リ
マシタ所, 昭和七年一月頃ニナ

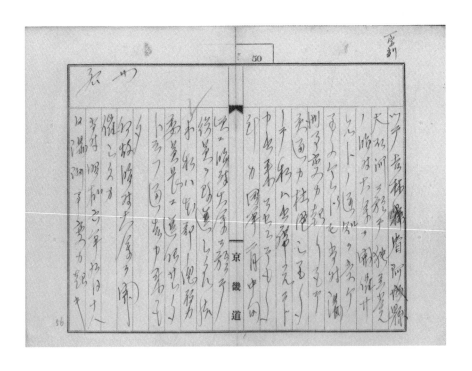

ッテ吉林省阿城縣大石河ニ於テ獨立黨ノ臨時大會ヲ開催サレルトノ
通知ヲ受ケマシタケレドモ當時滿洲事變カ起リマシテ交通カ杜絶シ
マシタノデ私ハ出席スルコトカ出來マセンテシタ所カ同年二月中旬
頃ニ臨時大會ニ於テ役員ヲ改選シタル結果私ハ本部ノ總務委員長ニ
選任サレタト云フ通告カ來マシタ.

問 何故臨時大會ヲ開催シタカ.

答 當時昭和六年九月十八日滿洲事變カ起キ

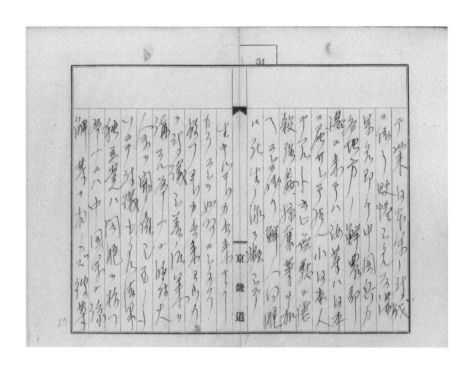

テ以來, 日本軍ノ討伐ニ依リ敗慘シタル反滿軍タル卽チ中國兵カ各地方ノ鮮農部落ニ來テハ汝等ハ日本ニ屬サレテ居ル小日本人テアルト云ヒ無駄ニ虐殺强姦, 掠奪等ヲ加ヘ, コレニ依リ鮮人同胞ハ死生ノ線ニ瀕シテ生キルコトカ出來ナイカラコレヲ如何ニシタラ救フコトカ出來ヨウカヲ討議シ善後策ヲ講スル爲メニ臨時大會ヲ開催シマシタ. ソコテ討議シタル結果獨立黨ハ同胞ヲ救フ爲メニハ中國軍ニ諒解等ヲ求メズ, 彼等

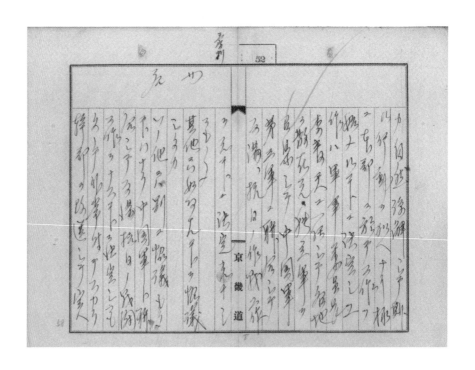

カ自然諒解シテ斯ル行動ヲ加ヘナイ様ニ本部ニ於テ工作ヲ始メルコト
ニ決定シ, 工作ハ軍事委員長李靑天ニ一任シテ各地ニ散在スル獨立軍
ヲ召集シテ中國軍第三軍ニ聯合シテ反滿, 抗日ノ作戰工作ヲスルコト
ニ決定シマシタ.

問 其他ニハ如何ナルコトヲ協議シタカ.

答 ソノ他ニハ別ニ協議シタコトハ中國軍ト聯合シテ反滿, 抗日ノ戰鬪工
作ヲナスコトニ決定シマシタノテ, 非常時テスカラ幹部ヲ改選シテ實

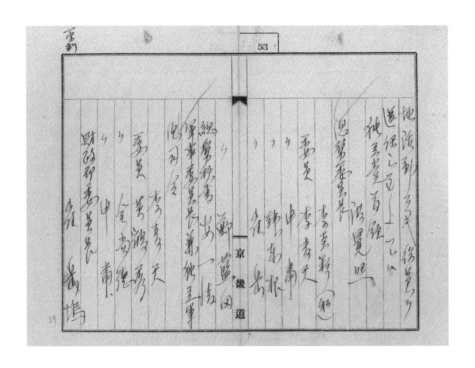

地活動スヘキ役員ヲ選任シマシタ．ソレハ

獨立黨首領 洪冕熙
獨立黨首領 洪冕熙
總務委員長 李圭彩(私)
委員 李靑天
　　　申 肅
　　　韓東根
　　　崔 岳
　　　鄭藍田

總務秘書 安一清
軍事委員長兼獨立軍總司令
李靑天
委員 黃鶴秀
　　　金尙德
　　　申 肅
財政部委員長 崔 塢

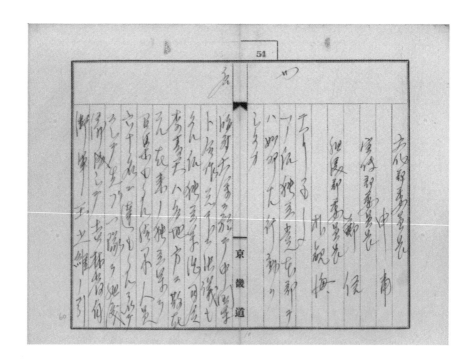

文化部委員長 申 肅

宣傳部委員長 鄭 信

組織部委員長 朴觀海

テアリマシタ.

問 ソノ後獨立黨本部テハ如何ナル行動ヲシタカ.

答 臨時大會ニ於テ中國軍ト合作スルコトニ決議シタル後, 獨立軍總司令
李靑天ハ各地方ニ散在スル在來ノ獨立軍ヲ召集シタル結果人員六十
名ニ達シタルヲ以テコレテ先ヅ一隊ヲ組織編成シテ吉林省自衛軍王
之維ノ引

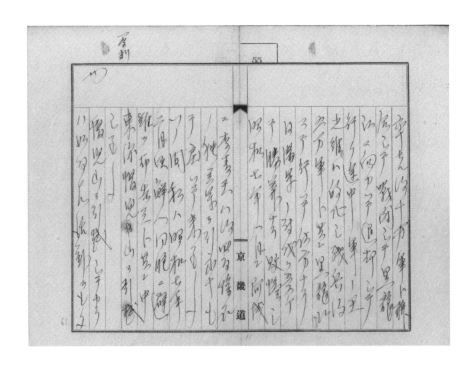

率セル約十萬軍ト聯合シテ戰鬪シテ黑龍江ニ向カッテ退却シテ行ク
途中中國軍ノ王之維ハ歸化シ, 殘兵約五萬軍ト共ニ黑龍江マテ行ッテ
仕方ナク日滿軍ノ討伐ヲ受ケテ勝算ナク敗慘シ, 昭和七年八月ニ阿城
ニ李青天ハ約四百餘名ノ獨立軍ヲ引率シテ戾ッテ來マシタ. ソノ間
私ハ昭和七年二月頃, 鮮人同胞ニ避難ヲ布告スルト共ニ中東線帽兒山
ニ引越シマシタ.

問 帽兒山ニ引越シテカラハ如何ナル活動ヲシタ

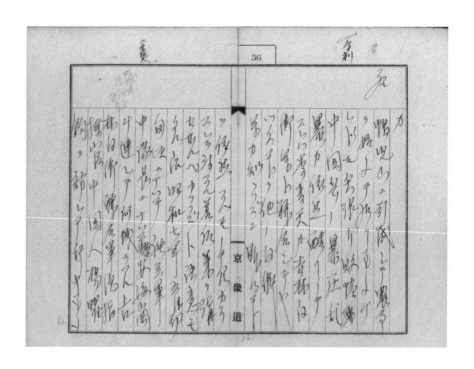

カ.

答 帽兒山ニ引越シテ農事ヲ始メテ居リマシタケレドモ矢張リリ敗慘中國
兵ノ暴壓亂暴カ依然酷イノテ, コレハ李靑天カ吉林自衛軍ト聯合シテ
ヤッタコトヲ他ノ自衛軍カ知ラズニ斯ルコトヲ依然スルモノテアルカ
ラコレニ對スル善後策ヲ講セサルベカラズト決意シタル後, 昭和七年
五月初旬頃ニナッテ獨立軍中隊長ニナッテ居タ安海崗ヲ連レテ阿城ニ
アル吉林自衛聯合軍總指揮官中國人楊耀鈞ヲ訪レテ行キマシタ.

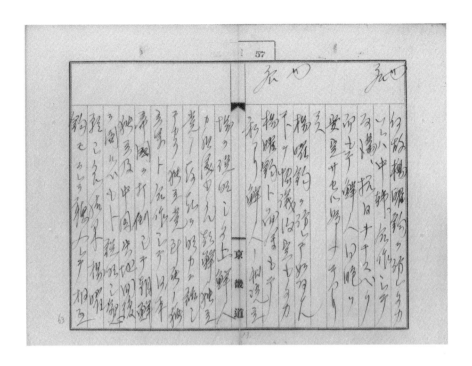

問 何故楊耀鈞ヲ訪レタカ.

答 ソレハ中韓合作シテ反滿, 抗日ヲナスベク而シテ鮮人同胞ヲ安定サセ
ル爲メテアリマス.

問 楊曜鈞ヲ訪レテ如何ナルコトヲ協議約定シタカ.

答 楊曜鈞ト面會シテ私ヨリ鮮人ノ狀況立場ヲ說明シタ上, 鮮人カ組織シ
タル朝鮮獨立黨ノ存在ヲ明カニ話シテカラ獨立黨所屬ノ獨立軍ト合
作シテ日本帝國ヲ打倒シテ朝鮮獨立及中國失地回復ヲ圖ルベシト說
明シ懇願シタル結果, 楊曜鈞モコレヲ聽入レテ相互

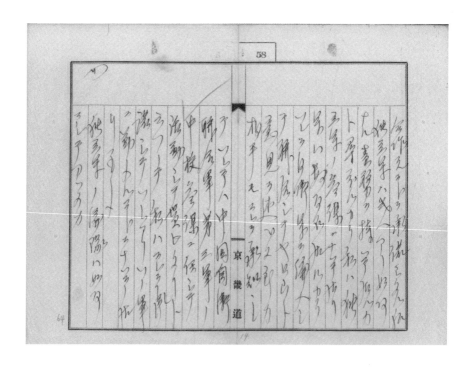

合作スルコトヲ承諾シタル後, 獨立軍ハ幾人アリ如何ナル責務ヲ持ッ
テ居ルカト尋ネルカラ私ハ獨立軍ノ參謀ニナッテ居リ, 軍ハ數百名居
ルカラソレヲ自衛軍ニ編入シテ聯合シテヤロウト意見ヲ述ベタ所カ
相手モコレヲ承諾シテソレテハ中國自衛聯合軍第三軍ノ中校參謀ニ
任シテ活動シテ貰ヒタイト云フノテ私ハコレヲ承諾シテソレヨリソ
ノ軍ニ勤メルコトニナッテ居リマシタ.

問 獨立軍ノ編隊ハ如何ニシテアッタカ.

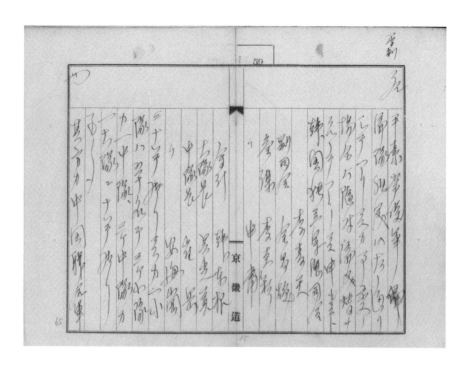

答　平素常備軍ノ編隊組織ハ左ノ通リシテアリマスカ,事變ノ場合ハ隨時
編成替ヲスルノテアリマス. 申シマスト

韓國獨立軍總司令 李靑天
副司令 金昌煥
參 謀 李圭彩
參 謀 申 肅
會 計 韓東根
大隊長 吳光善
中隊長 崔 岳
〃　　安海崗

ニナッテ居リマスカ,一小隊ハ五十名テ三ケ小隊カ一中隊,三ケ中隊カ一
大隊ニナッテ居リマシタ.
問　其方カ中國聯合軍

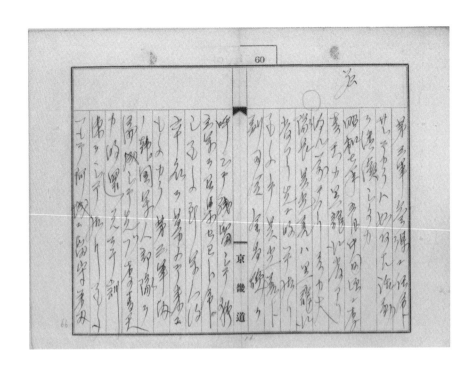

第三軍參謀ニ任命サレテカラハ如何ナル活動ヲ繼續シタカ.

答 昭和七年五月中旬頃ニ李靑天カ黑龍江省ヨリ歸ル前テアリマスカ, 大
　隊長吳光善ハ黑龍江省ヨリ先ニ歸ッテ居リマシタノテ吳光善ト副司
　令金昌煥ヲ呼ンテ殘留シテ獨立軍ヲ召集セヨト命シマシタ所, 軍人約
　六十名ヲ募メテ來マシタカラ第三軍內ノ韓國軍人部隊ヲ編成シテ先
　ッ李靑天カ歸還スルマテ訓練ヲシテ居リマシタ. ソシテ阿城ニ留守番

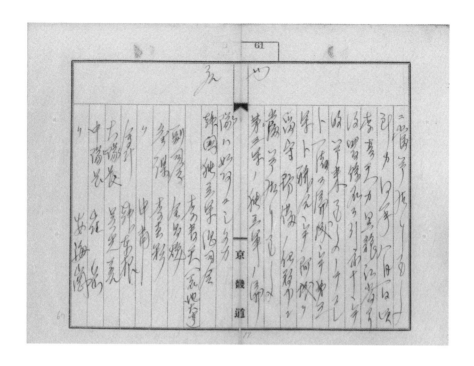

ニ當ツテ居リマシタ. 所カ同年八月一日頃李青天カ黑龍江省ヨリ約
四百餘名ヲ引率シテ歸ツテ來マシタノテコレト一緒ニ編成シテ第三
軍ト聯合シテ阿城ヲ留守防備ノ任務ニ當ツテ居リマシタ.

問 第三軍ノ獨立軍ノ編隊ハ如何ニシタカ.

答 韓國獨立軍總司令 李青天(池大亨)

副司令 金昌煥

參 謀 李圭彩

〃 申 肅

會 計 韓東根

大隊長 吳光善

中隊長 崔 岳

〃 安海崗

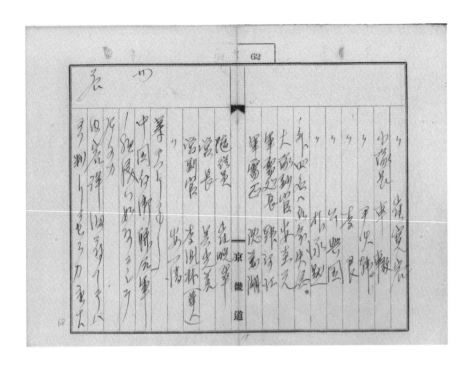

       〃　　 崔寬容

小隊長 車 轍

       〃　　 尹必韓

       〃　　 李 艮

       〃　　 公興國

       〃　　 朴泳默

外四名ハ名前失念

大隊副官 安圭元

軍需處長 韓阿江

軍需正 沈萬湖

隨從員 崔晩翠

營 長 吳光善

營副官 李鳳林(華人)

       〃　　 安一淸

等テアリマシタ.

問 中國自衛聯合軍ノ組織ハ如何ニシテ居タカ.

答 内容詳細ニ付イテハヨク判リマセヌカ,重ナル

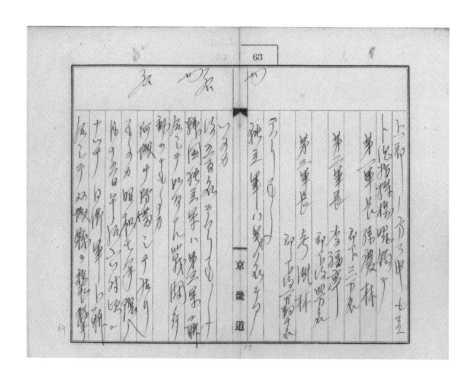

上部ノ方ヲ申シマスト 總指揮 楊曜鈞テ

第一軍長 孫慶林
　　　部下三萬名
第二軍長 李福亭
　　　部下約四萬名
第三軍長 考鳳林
　　　部下約一萬數千名

テアリマシタ.
問　獨立軍ハ幾名テアッタカ.
答　約五百名テアリマシタ.
問　韓國獨立軍ハ第三軍ニ聯合シテ如何ナル戰闘行動ヲナシタカ.
答　阿城ヲ防備シテ居リマシタカ, 昭和七年陰八月十五日午後六時頃ニナ
　　ッテ自衛軍ト聯合シテ雙城縣ヲ襲撃

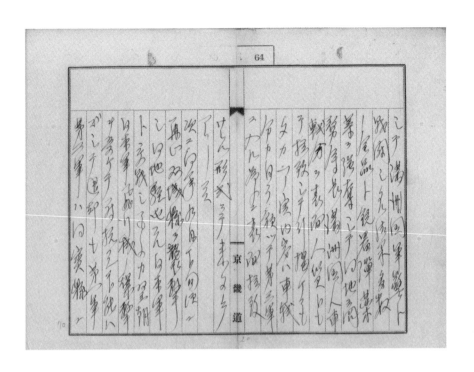

シテ滿洲國軍警ト戰鬪シタル結果多數ノ金品ト銃器, 彈藥等ヲ强奪シ
テ同地商務會長滿洲國人車軾分ヲ表面人質トシテ拉致シテ引揚ケマ
シタカ, ソノ實內容ハ車軾分カ自ラ願ッテ第三軍ニ入ル爲メニ表面拉
致サレル形式ニテ來タノテアリマス. 次ニ同年九月下旬頃ニ再ビ雙
城縣ヲ襲擊シ同地駐屯スル日本軍ト交戰シマシタカ, 翌朝日本軍飛行
機ノ爆擊ヲ受ケテ對抗スルコト能ハズシテ退却シ, 第一軍, 第二軍ハ
同賓縣ニ

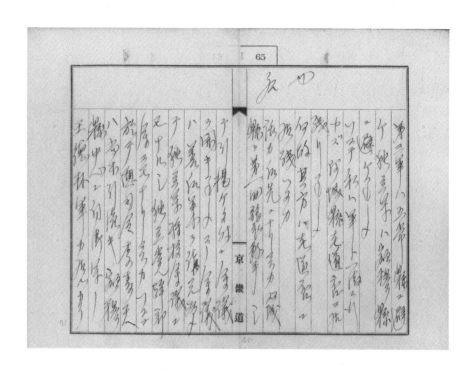

第三軍ハ五常縣ニ避ケ獨立軍ハ額穆縣ニ避ケマシタ. ソコデ私ハ軍
ト一緒ニ行カズ阿城縣老道店ニ居殘リマシタ.

問 何故其方ハ老道店ニ居殘ッタカ.

答 話カ後先ニナリマスカ, 雙城縣ヲ第一回襲撃シテ引揚ケタ時ニ會議ヲ
開キマシタ. コノ會議ハ善後策ヲ講スル爲メテ獨立軍將校會議ニモ
ナルシ獨立黨幹部會ニモナリマスカ, ソコニ於テ總司令李青天ハ尙ホ
引續キ額穆縣中心ニ自衛軍ノ王德林軍カ居ルカラ

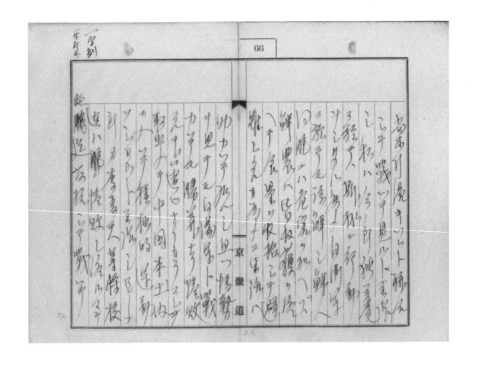

尚ホ引續キソレト聯合シテ戰ツテ見ルト主張シ, 私ハ今ノ所獨立黨ニ
於テハ斯樣ニ行動ヲシタル爲メ自衛軍ニ於テモ諒解シ, 鮮人同胞ニハ
危害ヲ加ヘズ鮮農ハ皆收獲ヲ終ヘテ食糧ヲ收拾シテ避難シタルカ爲
メニ生活ハ助カッテ居ルシ且ッ情勢ヲ見テモ日滿軍ト戰カッテモ勝
算ナク慘敗スルコトハ違ヒナイカラ, コレヲ取止メテ中國本土内ニ入
ッテ積極的運動ヲショウト主張シマシタ所カ李靑天等將校連ハ慘敗
シ終ルマテ飽迄反抗シテ戰ツテ

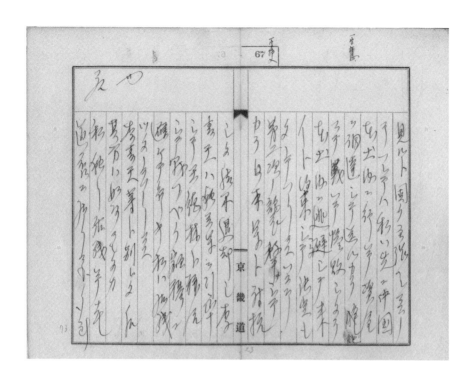

見ルト固ク主張シマスノテ, ソレテハ私ハ先ニ中國本土内ニ行ッテ資
金ヲ調達シテ送ルカラ飽マテ戰ッテ慘敗シタラ本土内ニ逃避シテ來
イト約束シテ決定シタノテアリマス. ソコテ第二次ノ襲撃ヲシテカ
ラ日本軍ト對抗シタ結果退却シ, 李靑天ハ獨立運ヲ引率シテ王德林ト
聯合シテ戰フベク額穆ニ避ケテ行キ, 私ハ居殘ッタノテアリマス.

問 李靑天等ト別レタ後其方ハ如何ニシタカ.

答 私獨リ居殘ッテ老道店ニ居リマシタ所,

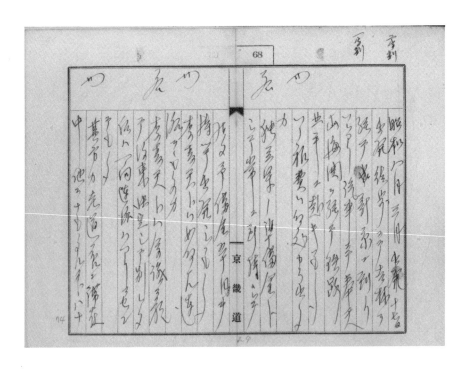

昭和八年三月十七日出發, 徒步ニテ吉林ヲ經テ新京ニ到リ, ソレヨリ汽車ニテ奉天, 山海關ヲ經テ鐵路北平ニ赴キマシタ.

問 ソノ旅費ハ何處カラ出タカ.

答 獨立軍ノ準備金トシテ常ニ所持シテ居タ豫備金五十圓ヲ持ッテ出發シマシタ.

問 李靑天トハ如何ナル連絡ヲシタカ.

答 李靑天トハ會議ニ於テ約束決定シテ別レタ後ハ一向連絡ハアリマセンテシタ.

問 其方カ老道店ニ滯在中他ニナシタルコトハナ

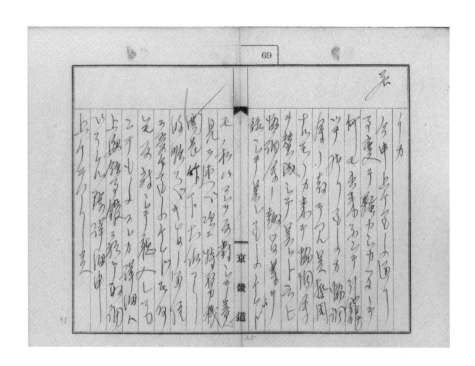

イカ.

答　今申上ケマシタ通リ事變テ騒カシカッタノテ何モ出來マセンテ引籠
　　ッテ居リマシタカ, 協調會ノ者テアル呉哲周ナルモノカ來テ協調會ヲ
　　賛成シテ呉レト云ヒ協調會ノ趣旨等ヲ話シテ呉レマシタケレドモ私
　　ハコレヲ反對シテ意見ヲ述べ, 次ニ特務機關長竹下大佐ヨリ歸順スベ
　　キ旨ノ通信ヲ受ケマシタケレドモ何レモ反對シテ聽入レマセンテシ
　　タ. コレカ詳細ハ上海領事館ニ於テ取調ベラレル際詳細申上ケテア
　　リマス.

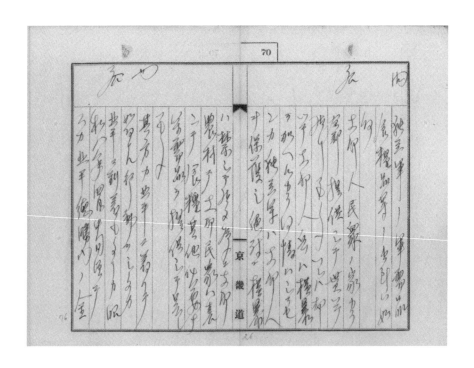

問 獨立軍ノ軍需品, 食糧品等ノ出所ハ如何.

答 支那人民衆ノ家カラ全部提供シテ貰ッテ居リマシタ. ソレハ却ッテ
支那人兵ハ横暴ヲ加ヘルカラ同情ハシマセンカ獨立軍ハ支那人ヲ保
護シ絶對ニ横暴ハ禁シテ居タ爲メニ支那農村テ支那民衆ハ喜ンテ食
糧其他必要ト軍需品ヲ提供シテ吳レマシタ.

問 其方カ北平ニ着イテ如何ナル行動ヲシタカ.

答 北平ニ到着シタノカ昭和八年四月中旬頃テスカ, 北平德勝門ノ金

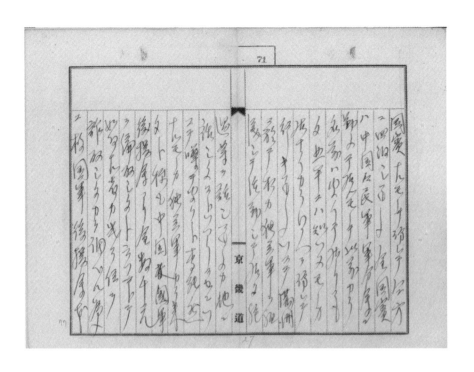

國賓ナルモノヲ訪レテ同方ニ四泊シマシタ. 金國賓ハ中國々民軍軍分
會ニ勤メテ居ルモノテ以前カラ名前ハ聞イテ居リマシタ. 北平ニハ知
ッタモノカ居ナイカラ同人ヲ訪レテ行キマシタ. ソコテ滿洲ニ於テ私
カ獨立軍ヲ組織シテ活動シテ居タ經過等ヲ話シマシタカ, 他ニ話シタ
コトハアリマセン. ソコテ噂ヲ聞クト李能然ナルモノカ獨立軍カラ來
タト稱シ, 中國救國軍後援會ヨリ金數千圓ヲ騙取シタト云フコトテ如
何ナル者カ幾ラ位ヲ詐取シタカヲ調ベル爲メニ救國軍後援會本

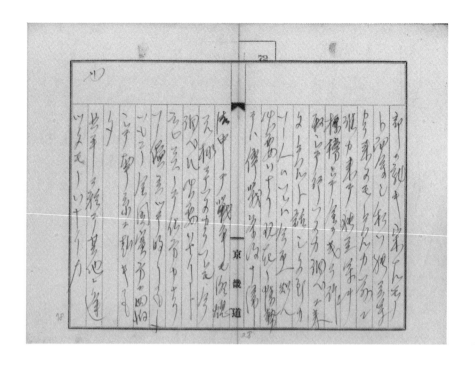

部ニ就キ宋ナルモノト面會シ, 私ハ獨立軍カラ來タモノテアルカ, 前
ニ誰カ來テ獨立軍ヲ標榜シテ金ヲ幾ラ詐取シテ行ッタカ調ベニ來タ
ノテアルト話シタ所カ, ソノ人ハソレハ今更知ル必要ハナイ, 現在ノ
情勢テハ停戰條約ヲ締結中テ戰爭モ終熄スル様ニナッタカラソレモ
今調ベル必要ハナイト云ヒマスノテ仕方カナクソノ儘立ッテ歸リマ
シタ. ソシテ金國賓方ニ四泊シテ南京ニ赴キマシタ.

問　北平ニ於テ其他ニ逢ッタモノハナイカ.

答　其他ニ逢ッタモノハナク, 又運動ニ付イテモ協議シタ様ナコトハアリ
マセン.

問　南京ニハ何時到着シタカ.

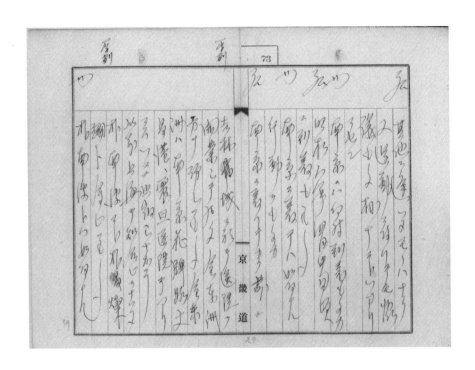

答 昭和八年四月中旬頃ニ到着シマシタ.

問 南京ニ着テハ如何ナル行動ヲシタカ.

答 南京ニ着イテカラ前ニ吉林城ニ於テ醫院ヲ開業シテ居タ金東洲方ヲ
　訪レマシタ. 金東洲ハ南京花牌路文昌巷, 震旦醫院テアリマス. ソコ
　ニ止宿シナガラ以前上海テ知合ヒニナッタ朴南坡コト朴燦翊ト會ヒ
　マシタ.

問 朴南坡トハ如何ナル

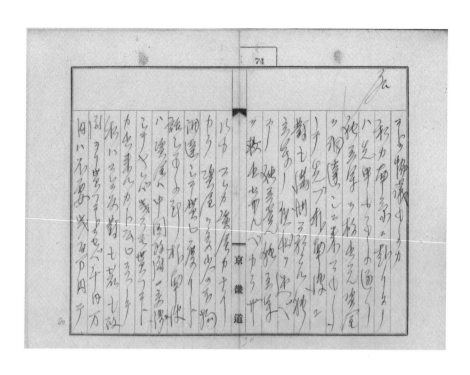

コトヲ協議シタカ.

答　私カ南京ニ赴イタノハ先申シマシタ通リ獨立軍ヲ救出スル資金ヲ調
　　達シニ來マシタノテ先ヅ朴南坡ニ對シ滿洲ニ於ケル獨立軍ノ現狀ヲ
　　述ベテ獨立黨, 獨立軍ヲ救出セザルベカラサルカ, コレカ資金カナイ
　　カラ資金ヲ多少ニ不拘調達シテ貰ヒ度イト話シマシタ所, 朴南坡ハ資
　　金ハ中國政府ニ交涉シテヤレバ幾ラモ貰フコトカ出來ルカト云ヒマ
　　スノテ, 私ハコレニ反對シ, 若シ政府ヨリ貰フコトニセバ千圓, 萬圓
　　ハ不要, 幾百萬圓テ

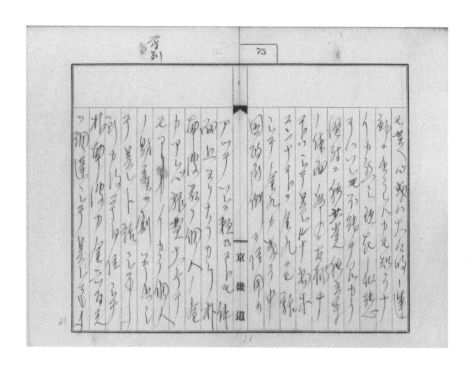

モ貫ヘバ或ハ大々的ノ運動ニ出ラレルカモ知ラナイカ, 然シ現在ノ狀
態テハソレモ不能テアルカラ絶對ニ獨立黨, 獨立軍ノ體面ノ爲メニ左
樣ナコトハシテ吳レルナ, 尙ホコンナコトヲ金九ニモ話シテ金九カ幾
ラ中國政府側ニ信用カアッテソレニ賴ムコトモ體面上ヨクナイカラ
朴南坡君ノ個人ノ金カアレバ旅費丈ケテモヨイカラ個人ノ財產ヲ割
ッテ出シテ吳レト話シマシタ所カ約二十日位シテ朴南坡カ金六百圓
ヲ調達シテ吳レマシタ.

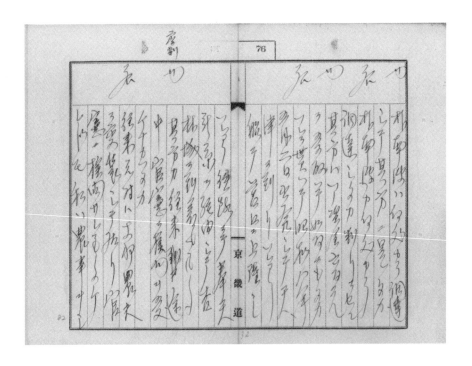

問　朴南坡ハ何處カラ調達シテ其方ニ呉レタカ.

答　朴南坡カ何處カラ調達シタカ判リマセン.

問　其方ハソノ資金六百圓ヲ受取ッテ如何ニシタカ.

答　ソレヲ貰ッテ昭和八年五月二日出發シテ天津ニ到リ, ソレヨリ船テ營
　　口ニ上陸シソレヨリ鐵路ニテ奉天, 新京ヲ經由シテ吉林城ニ到着シマ
　　シタ.

問　其方カ往來途中官憲ニ檢問ヲ受ケナカッタカ.

答　往來スル時ハ支那農夫ニ變裝シテ居リ, 官憲ニ檢問サレマシタケレ
　　ドモ私ハ農事ヲシ

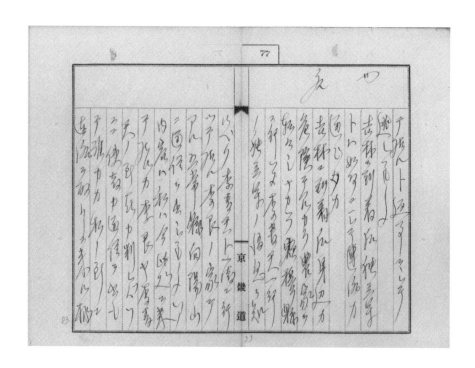

テ居ルト返事ヲシテ逃レマシタ.

問　吉林ニ到着後獨立軍トハ如何ニシテ連絡カ通ジタカ.

答　吉林ニ到着後, 身邊カ危險テアルカラ農家ヲ轉々シナカラ額穆縣ニ行
　　ッタ李青天一行ノ獨立軍ノ消息ヲ知ルベク李青天ト一緒ニ行ッテ居
　　ル李艮ノ家テアル五常縣向陽山ニ通信ヲ出シマシタ. ソノ內容ハ私
　　ハ今此處ニ來テ居ルカ, 李艮ヤ李青天ノ所在カ判レバソコニ使者カ通
　　信ヲ出シテ誰カカ私ノ所ニ連絡ヲ取リニ來ル樣

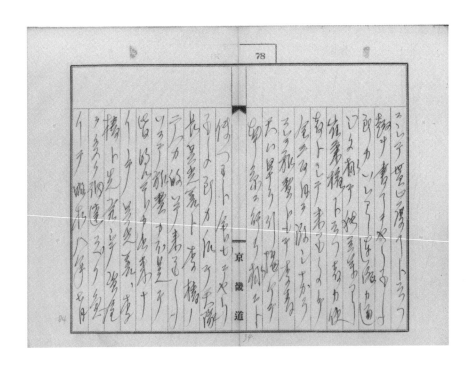

ニシテ貰ヒ度イト云フ趣ヲ書イテヤリマシタ所カ，ソレヨリ連絡カ通ジタ様テ獨立軍アリ崔秉權ト云フ者カ使者トシテ來マシタノテ金三百圓ヲ渡シナガラコレヲ旅費トシテ李青天ハ早ク引揚ケテ南京ニ行ク様ニト傳ヘヨト命ジテヤリマシタ所カ，後テ大隊長吳光善ト李椿ノ二人カ歸ッテ來マシタ．ソコテ旅費カ不足テ皆歸ルコトカ出來ナイノテ吳光善，李椿ト先發シテ，資金ヲ多ク調達スベク急イテ昭和八年七月

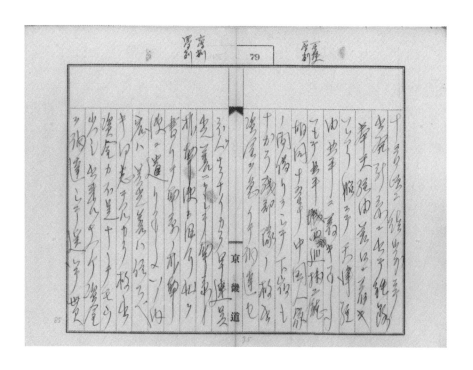

十三日頃ニ徒步ニテ出發, 新京ニ出テ鐵路奉天經由, 營口ニ着キ, ソ
レヨリ船ニテ天津經由, 北平ニ着キマシタ. ソシテ北平西城巡捕廳胡
同十五號中國人家ノ間借リヲシテ下宿シナガラ殘部隊ノ救出資金ヲ
急イテ調達セネバナラナイカラ早速吳光善ニ紹介狀ヲ書イテ南京ノ
朴南坡ニ遣リマシタ. ソノ內容ハ吳光善ハ信スベキ同志テアルカラ
救出資金カ不足ナノテ, モウ少シ出來ル丈ケ資金ヲ調達シテ送ッテ貫

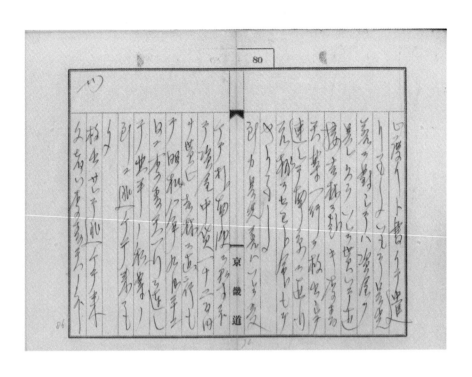

ヒ度イト書イテ遣リマシタ. ソシテ吳光善ニ對シテハ資金ヲ吳レタ
ラソレヲ貰ッテ直接吉林ニ赴キ李靑天等一行ヲ救出シテ連レテ南京
ニ直行スル樣ニセヨト命シテヤリマシタ.

　所カ吳光善ハソレヲ受ケテ朴南坡ヲ尋ネテ資金中貨一千二百圓ヲ
貰ヒ吉林ニ直行シテ昭和八年九月二十二日ニ李靑天一行ヲ連レテ北
平ノ私等ノ所ニ逃ケテ來マシタ.

問　救出サレテ逃ケテ來タ者ハ李靑天ノ外

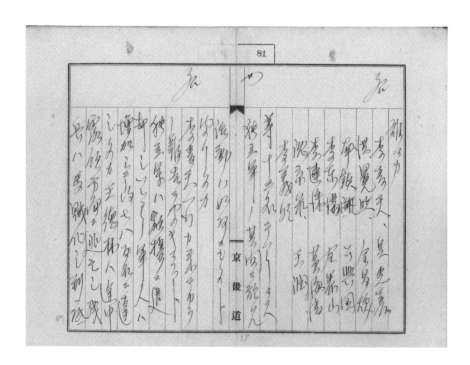

誰々カ.

答 李青天, 吳光善, 洪冕熙, 金昌煥, 南鎭湖, 公興國, 李東滿, 金泰山, 李達
洙, 黃海淸, 沈京參, 王潤, 李義明等十三名テアリマス.

問 獨立軍ノ其間ニ於ケル活動ハ如何ニシタト聞イタカ.

答 李青天一行カ來テカラノ報告ニ聞キマスト獨立軍ハ額穆ニ退却シ, ソ
レヨリ軍人ハ增加シテ約七, 八百名ニ達シタカ, 王德林ハ途中露領方
面ニ逃亡シ, 殘兵ハ馬賊化シ到底

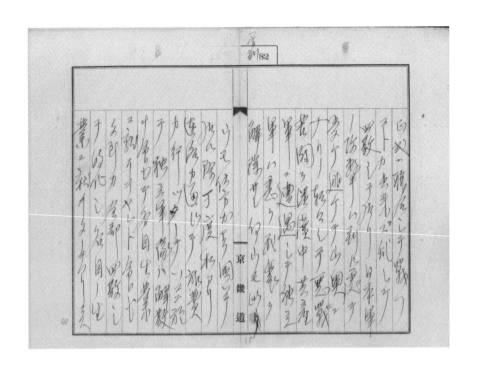

正式ニ聯合シテ戰フコトカ出來ズ亂レテ四散シテ居リ, 日本軍ノ攻擊ハ到ル處テ受ケ逃ケテ山奧ニ入リ轉々シテ惡戰苦鬪ヲ繼殯中, 共產軍ニ遭遇シテ獨立軍ハ悉ク武裝ヲ解除サレ何ウモ此ウモ仕方ガナク困ッテ居ル際丁度私ヨリ連絡カ通ジテ旅費カ行ッタノテ, ソコニ於テ獨立軍隊ハ解散ヲ命ジテ各自生業ニ就イテヤレト命ジタ所カ全部四散シテ歸化シ, 各自ノ生業ニ就イタノテアリマス.

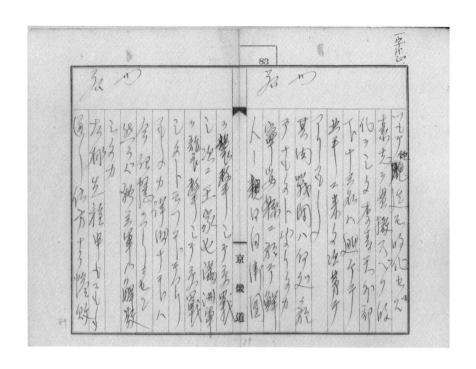

ソシテ飽迄モ歸化セズ素志ヲ貫徹スベク歸還シタ李靑天外部下十三名ハ逃ケテ北平ニ來タ次第テアリマシタ.

問　其間戰鬪ハ何處ニ於テナシタト聞イタカ.

答　寧安縣ニ於テ鮮人ノ親日自衛團ヲ襲擊シテ交戰シ, 次ニ王家屯滿洲軍ヲ襲擊シテ交戰シタト云フコトテアリマシタカ, 詳細ナコトハ今記憶ニアリマセン.

問　然ラバ獨立軍ハ解散シタカ.

答　左樣. 先程申シマシタ通リ仕方ナク慘敗

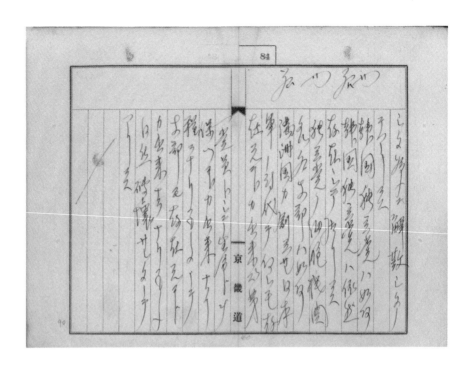

シタ爲メニ解散シタノテアリマス.

問 韓國獨立黨ハ如何.

答 韓國獨立黨ハ依然存在シテ居リマス.

問 獨立黨ノ細胞機關タル各支部ハ如何.

答 滿洲國カ創立サレ,日本軍ノ討伐テ何レモ存在スルコトカ出來ズ第一
黨員トシテ生命ヲ保ッコトカ出來ナイ程ニナリマシタノテ支部モ存
在スルコトカ出來ナクナリマシタ.自然破壞サレタノテアリマス.

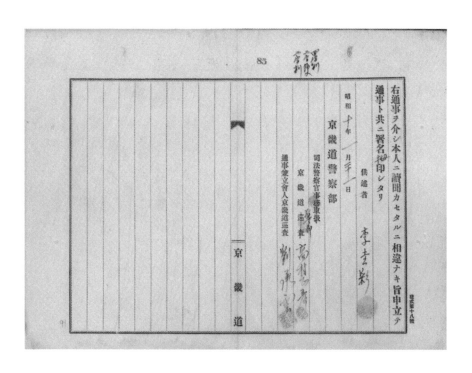

右通事ヲ介シ本人ニ讀聞カセタルニ相違ナキ旨申立テ通事ト共ニ署名拇印シタリ.

供述者 李 圭 彩
昭和十年一月二十一日
京畿道警察部
司法警察官
京畿道警部 高 村 正 彦
通事兼立會人 京畿道巡査 劉 承 雲

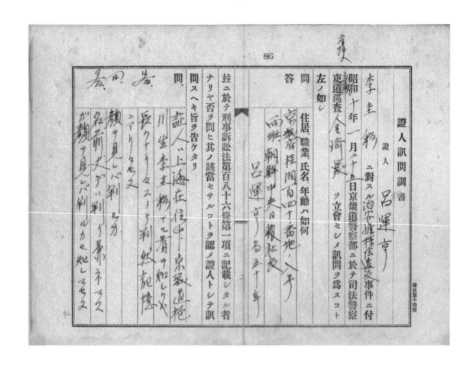

證人 訊問調書

證人 呂運亨

李圭彩ニ對スル治安維持法違反事件ニ付昭和十年一月二十五日京畿道警察部ニ於テ司法警察吏京畿道巡査金濟晟ヲ立會シメ訊問ヲ爲スコト左ノ如シ.

問 住居, 職業, 氏名, 年齡ハ如何.

答 京城府桂洞百四十番地ノ八號.
　　兩班, 朝鮮中央日報社長

呂 運 亨

當五十年

茲ニ於テ刑事訴訟法第百八十六條第一項ニ記載シタル者ナリヤ否ヲ問ヒ

其ノ該當セサレコトヲ認メ證人トシテ訊問スヘキ旨ヲ告ケタリ.

　問　證人ハ上海在住中京畿道抱川生李圭彩ナル者ヲ知レリヤ.

　答　長クナリマスノテ判然記憶ニアリマセヌ.

　問　顔ヲ見レバ判ルカ.

　答　名前丈デハ判リ兼ネマスガ顔ヲ見レバ判ルカモ知レマセヌ.

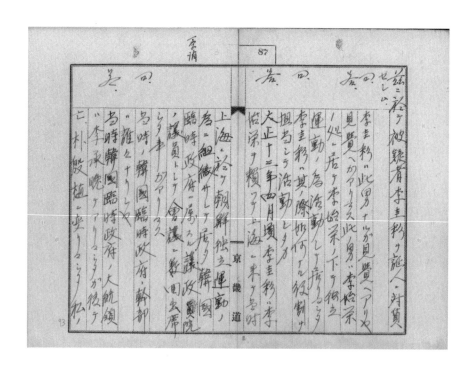

兹ニ於テ被疑者李圭彩ヲ證人ニ對質セシム.

問 李圭彩ハ此男ナルガ見覽ヘアリヤ.

答 見覽ヘガアリマス. 此ノ男ハ李始榮ノ處ニ居テ李始榮ノ下テ獨立運
  動ノ爲活動シテ居リマシタ.

問 李圭彩ハ其ノ際如何ナル役割ヲ擔當シテ活動シタカ.

答 大正十三年四月頃李圭彩ハ李始榮ヲ賴ッテ上海ニ來テ當時上海ニ於
  テ朝鮮獨立運動ノ爲ニ組織サレテ居タ韓國臨時政府ニ屬スル議政院
  ノ議員トシテ會議ニ數回出席シタ事ガアリマス.

問 當時ノ韓國臨時政府ノ幹部ハ誰々ナリシヤ.

答 當時韓國臨時政府ノ大統領ハ李承晩テアリマシタガ後テ亡朴殷植ニ
  變リマシタ. 私ノ

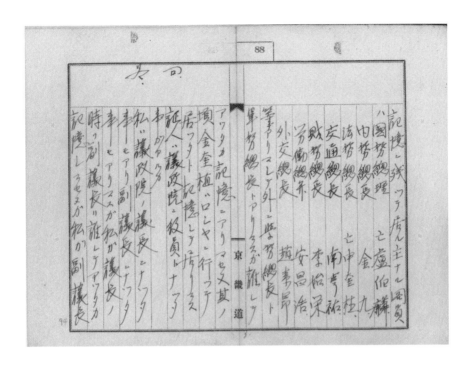

記憶ニ殘ッテ居ル主ナル閣員ハ

國務總理 亡 盧 伯 麟
內務總長 金 九
法務總長 亡 申 奎 植
交通總長 南 亨 祐
財務總長 李 始 榮
勞動總長 安 昌 浩
外交總長 趙 素 昂

等デアリマシテ外ニ學務總長ト軍務總長トアリマスガ誰レテアッタカ記
憶ニアリマセヌ.
　其ノ頃金奎植ハロシヤニ行ッテ居ッタト記憶シテ居リマス.
問　證人ハ議政院ニ役員トナッタ事ガアルカ.
答　私ハ議政院ノ議長ニナッタ事モアリ,副議長ニナッタ事モアリマスガ
　　私ガ議長ノ時ハ副議長ハ誰レテアッタカ記憶シマセヌガ私ガ副議長

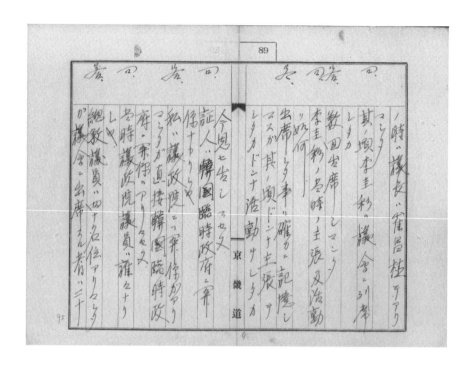

　ノ時ハ議長ハ崔昌植テアリ

問　其ノ頃李圭彩ハ議會ニ列席シタカ

答　數回出席シマシタ

問　李圭彩ノ當時ノ主張及活動
　　ハ何

答　出席シタ事ハ確カニ記憶シ
　　マスガ其ノ頃ドンナ主張ナ
　　シタカドンナ活動ヲシタカ
　　今思ヒ出シマセヌ

問　證人ハ韓國臨時政府ニ關
　　係ナカリシヤ

答　私ハ議政院ニハ關係ガア
　　リマシタガ直接韓國臨時政
　　府ニ關係ハアリマセヌ

問　當時議政院議員ハ誰々ナ
　　リシヤ

答　總數議員ハ四十名位アリマ
　　シタガ議會ニ出席スル者ハ二十

- 京畿道

　ノ時ハ議長ハ崔昌植テアリマシタ.

問　其ノ頃李圭彩ハ議會ニ列席シタカ.

答　數回出席シマシタ.

問　李圭彩ノ當時ノ主張及活動ハ如何.

答　出席シタ事ハ確カニ記憶シマスガ其ノ頃ドンナ主張ヲシタカ, ドンナ
　　活動ヲシタカ今思ヒ出シマセヌ.

問　證人ハ韓國臨時政府ニ關係ナカリシヤ.

答　私ハ議政院ニハ關係ガアリマシタガ直接韓國臨時政府ニ關係ハアリ
　　マセヌ.

問　當時議政院議員ハ誰々ナリシヤ.

答　總數議員ハ四十名位アリマシタガ議會ニ出席スル者ハ二十

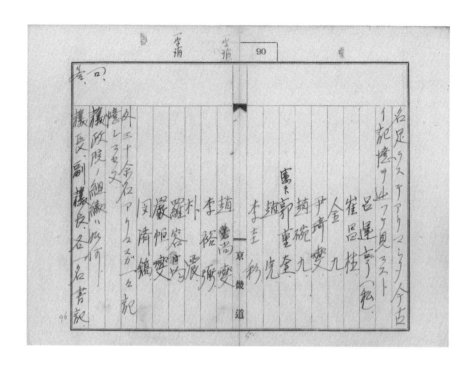

名足ラステアリマシタ. 今古イ記憶ヲ辿ッテ見マスト, 呂運亨(私), 崔昌植, 金九, 尹琦變, 趙琬九, 憲コト郭重奎, 趙完, 李圭彩, 趙尙爕, 李裕弼, 朴震, 羅容均, 嚴恒變, 閔濟鎬 外三十餘名アリマスガ一々記憶シマシヌ.

問 議政院ノ組織ハ如何.

答 議長, 副議長, 各一名, 書記

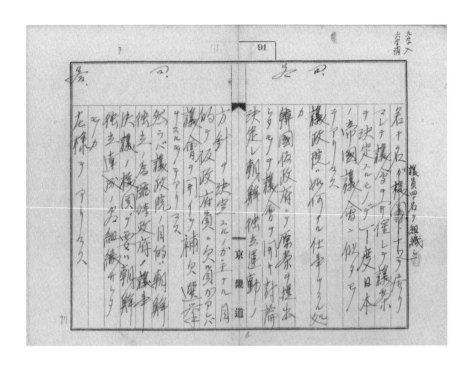

若干名,議員四十名テ組織シテ居リマシテ議會ヲ開催シテ議案ヲ決定
スルモノデ丁度日本ノ帝國議會ニ似タモノテアリマス.

問 議政院ハ如何ナル仕事ヲスル處カ.

答 韓國假政府ニテ原案ヲ提出シタモノヲ議會ヲ開キ討論決定シ, 朝鮮獨
　　立運動ノ方針ヲ決定スルノガ主ナル目的テ假政府員ニ缺員ガアレバ
　　議會ヲ開イテ補缺選擧ヲスルモノテアリマス.

問 然ラバ議政院ノ目的ハ朝鮮獨立ノ爲臨時政府ノ議事決議ノ機關デ要
　　ハ朝鮮獨立達成ノ爲組織サレタモノカ.

答 左樣テアリマス.

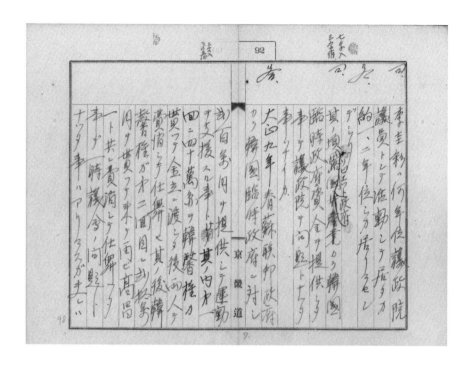

問　李圭彩ハ何年位議政院議員トシテ活動シテ居タカ.

答　約一, 二年位シカ居リマセンデシタ.

問　其ノ頃露國ソビエット政府カラ韓國臨時政府ニ資金ヲ提供シタ事テ
　　議政院テ問題トナッタ事ハナイカ.

答　大正九年春蘇聯邦政府カラ韓國臨時政府ニ對シ, 貳百萬圓ヲ提供シ
　　テ運動ヲ支援スル事トナリ, 其ノ内第一回ニ四十萬圓ヲ韓馨權カ貰
　　ッテ金立ニ渡シタ後, 兩人テ費消シテ仕舞ヒ其ノ後韓馨權ガ第二回
　　目ニ貳拾萬圓ヲ貰ッテ來テ再ビ高昌一ト共ニ費消シテ仕舞ッタ事
　　デ一時議會ノ問題トナッタ事ハアリマスガ夫レハ

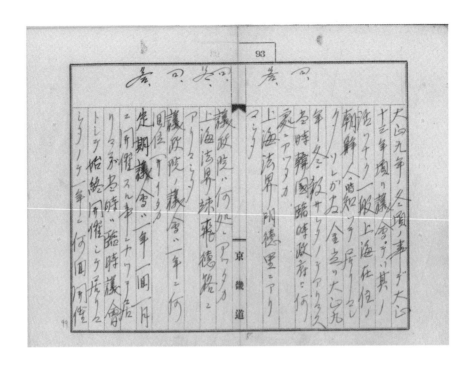

大正九年ノ冬頃ノ事デ大正十三年頃ハ議會デハ其ノ話ハナク一般
上海在住ノ朝鮮人ハ皆知ッテ居リマシタ.ソレガ爲金立ハ大正九年
冬ニ殺サレタノテアリマス.

問 當時韓國臨時政府ハ何處ニアッタカ.

答 上海法界明德里ニアリマシタ.

問 議政院ハ何處ニアッタカ.

答 上海法界竦飛德路ニアリマシタ.

問 議政院ノ議會ハ一年ニ何回位開イタカ.

答 定期議會ハ一年一回,一月ニ開催スル事ニナッテ居リマスガ當時ハ臨
時議會トシテ始終開催シテ居リマシタノテ一年ニ何回開催

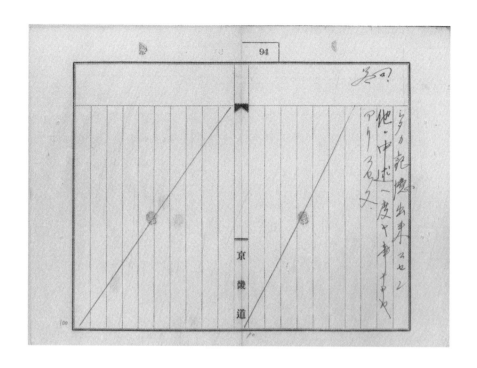

シタカ記憶出來マセン.

問 他ニ申述ヘ度キ事ナキヤ.

答 アリマセヌ.

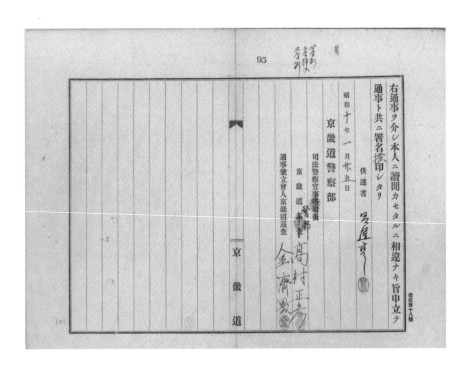

右通事ヲ介シ本人ニ讀聞カセタルニ相違ナキ旨申立テ通事ト共ニ署名捺印シタリ.

供述者 呂 運 亨

昭和十年一月二十五日

京畿道警察部

司法警察官

京畿道警部 高 村 正 彦

通事兼立會人京畿道巡査 金 濟 晟

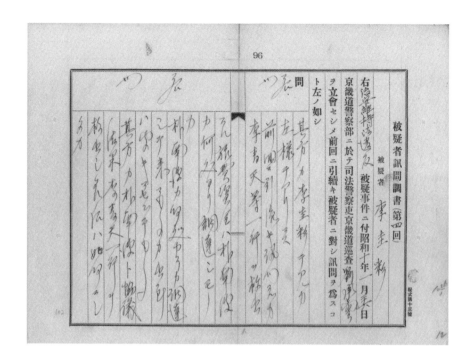

被疑者 訊問調書(第四回)

被疑者 李圭彩

　右治安維持法違反被疑事件ニ付昭和十年一月二十六日京畿道警察部ニ於テ司法警察吏京畿道巡査劉承雲ヲ立會セシメ前回ニ引續キ被疑者ニ對シ訊問ヲ爲スコト左ノ如シ.

問　其方カ李圭彩テアルカ.

答　左様テアリマス.

問　前回ニ引續キ訊問スルカ, 李青天等一行ヲ救出スル旅費資金ハ朴南坡カ何處ヨリ調達シタモノカ.

答　朴南坡カ何處カラカ調達シテ來マシタカ出所ハ聞キマセンテシタ.

問　其方カ朴南坡ト協議ノ結果, 李青天一行ヲ救出シタル後ハ如何ニシタカ.

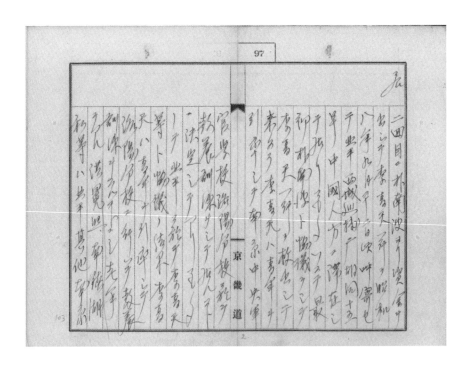

答 二回目ニ朴南坡ヨリ資金ヲ出シテ李青天一行ヲ昭和八年九月二十二
　　日頃呼寄セテ北平西城巡捕廳胡同十五號中國人方ニ滯在シテ居リマ
　　シタ．ソコテ最初朴南坡ト協議ヲシテ李青天一行ヲ救出シテ來タラ
　　李青天ハ青年ヲ引率シテ南京中央軍官學校洛陽分校ニ於テ教養訓練
　　ヲシテ居ルコトニ決定シテアリマシタノテ，北平ニ於テ李青天等ト協
　　議ノ結果李青天ハ青年ヲ引率シテ洛陽分校ニ行ッテ教養訓練ヲスル
　　コトニシ，老年テアル洪冕熙，南鎭湖，私等ハ北平其他南京

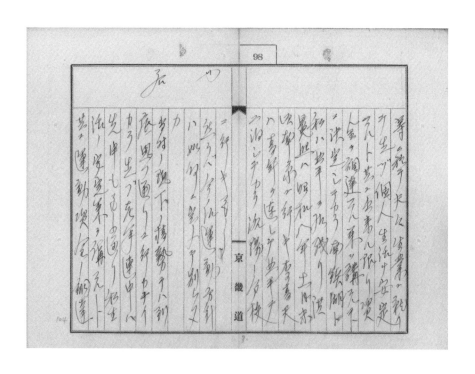

等ニ於テ夫々生業ニ就イテ, 先ヅ個人生活ヲ安定スルト共ニ出來ル限
リ資金ヲ調達スル策ヲ講スルコトニ決定シテカラ南鎭湖ト私ハ北平
ニ居殘リ, 洪冤熙ハ昭和八年十一月末頃南京ニ行キ李靑天ハ靑年ヲ連
レテ北平テ二泊シテカラ洛陽ノ分校ニ行キマシタ.

問　然ラバ今後運動方針ハ如何ニ定メテ別レタカ.

答　當時ノ現下ノ情勢テハ到底思フ通リニ行カナイカラ先ヅ老年連中ハ
　　先申シマシタ通リ私生活ノ安定策ヲ講スルト共ニ運動資金ノ調達

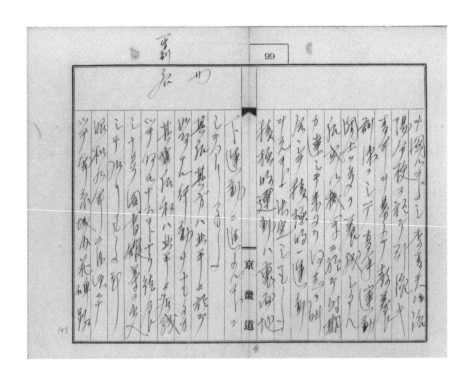

ヲ圖ルコトニシ, 李青天ハ洛陽分校ニ於テ引續キ青年ヲ募メテ敎養訓
練ヲシテ青年運動闘士ヲ多ク養成シタル後, 或ル機會ニ於テ時期カ達
シテ來タラ同志ヲ叫合シテ積極的ニ運動ヲスルコトニ決定シマシタ.
積極的運動ハ裏面地下運動ニ進メルコトニシテアリマシタ.

問　其後其方ハ北平ニ於テ如何ナル行動ヲナシタカ.

答　其後私ハ北平ニ居殘ッテ何モナスコトナク徒食シナカラ圖書館等ニ
　　出入シテ居リマシタ所, 昭和九年二月頃ニナッテ南京城內花牌路

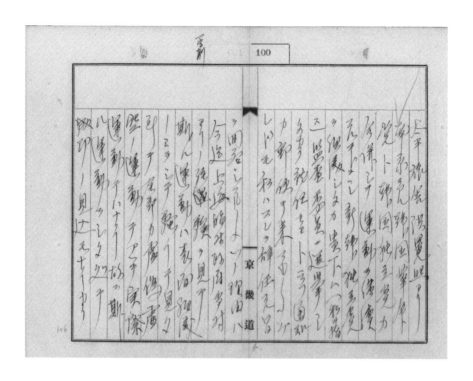

太平旅舍洪冕熙ヨリ南京ニアル韓國革命黨ト韓國獨立黨カ合併シテ
運動ヲ繼續スルコトニシ, 新韓獨立黨ヲ組織シタカ貴下ハ(私ヲ指ス)
監査委員ニ選擧シタカラ就任セヨト云フ通知カ郵便テ來マシタケレ
ドモ私ハコレヲ辭任スル旨ヲ回答シマシタ. ソノ理由ハ今迄上海臨時
政府當時ヨリノ經驗ヲ見テ斯ル運動ハ表面組織ノミヲシテ騷イテ見
タ所テ全部カ虛僞虛空ノ運動テアッテ實際運動テハナイ故ニ斯ル運
動ヲシタ處テ成功ノ見込モナイカラ

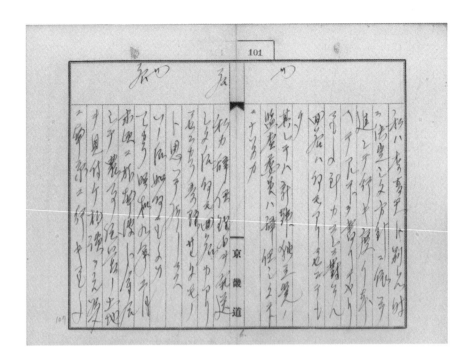

私ハ李靑天ト別レル時ニ決定シタ方針ニ依ッテ進ンテ行キ度イ考ヘ
テアルコトヲ書イテヤリマシタ所カコレニ對スル回答ハ何モアリマ
センテシタ.

問 其レテハ新韓獨立黨ノ監査委員ハ辭任シタコトニナッタカ.

答 私ハ辭任理由ヲ發送シタ後何モ回答カアリマセンカラ受理サレタモ
ノト思ッテ居リマス.

問 ソノ後如何ニシタカ.

答 ソレカラ昭和九年二月末頃ニ朴南坡ト會合シテ農事經營ノ土地ヲ見
付ケ相談ヲスル爲メニ南京ニ行キマシタ.

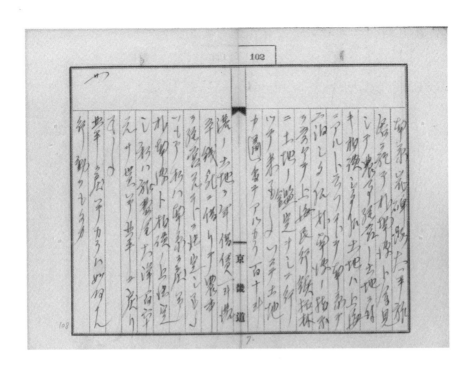

南京花牌路太平旅舍ニ於テ朴南坡ト會見シテ農事經營ノ土地ニ付キ相談シタ後, 土地ハ上海ニアルト云フコトテ南京テ二泊シタ後朴南坡ノ指示ヲ受ケテ上海民行鎭拓林ニ土地ノ鑑定ヲシニ行ッテ來マシタ. ソコテ土地カ適當テアルカラ百十斗落ノ土地ヲ年借賃一斗落五十錢宛ニ借リテ農事ヲ經營スルコトニ決定シマシタ. ソシテ私ハ南京ニ戻ッテ朴南坡ト相談ノ上決定シ, 私ハ旅費金大洋百六十元ヲ貰ッテ北平ニ戻リマシタ.

問 北平ニ戻ッテカラハ如何ナル行動ヲシタカ.

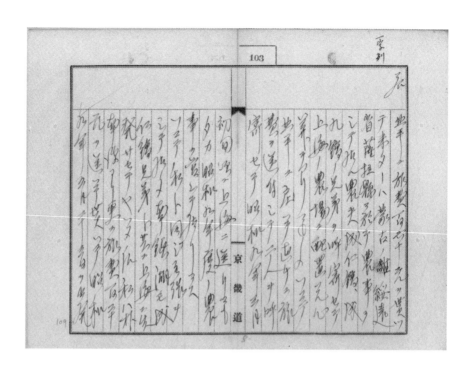

答 北平ニ旅費百六十元ヲ貰ッテ來タノハ蒙古ノ綏遠省薩拉縣ニ於テ農
　事ヲシテ居ル農夫成仁鎬, 成九鎬ノ兄弟ヲ呼寄セテ上海ノ農場ニ配置
　スル心算テアリマシタ. ソコテ北平ニ戻ッテ直チニ旅費ヲ送付シテ
　二人ヲ呼寄セテ昭和九年三月初旬頃ニ上海ニ送リマシタカ, 昭和九年
　度ノ農事ヲ營ンテ居リマス. ソコテ私ト同ジ主張ヲシテ居タ南鎭湖
　モ成仁鎬兄弟ト共ニ上海ニ先發サセテヤッタ後, 私ハ朴南坡ヨリ更ニ
　旅費百二十圓ヲ送ッテ貰ッテ昭和九年五月二十三日ニ出發

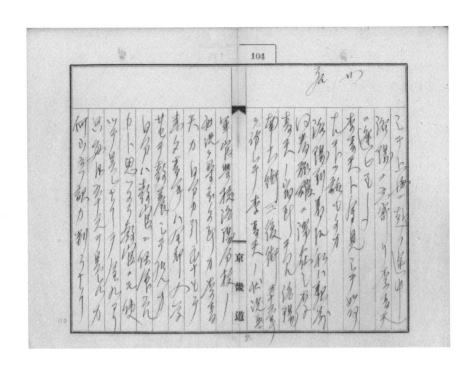

シテ上海ニ赴ク途中洛陽ニ立寄リ李青天ニ逢ヒマシタ.

問 李青天ト會見シテ如何ナルコトヲ話シタカ.

答 洛陽到着後, 私ハ驛前同春旅館ニ滯在シ李青天ノ宿所テアル洛陽南大
街三復街三十三號ヲ訪レテ李青天ノ狀況幷ニ軍官學校洛陽分校ノ狀
況ヲ尋ネタ所カ李青天カ自分カ引率シテ來タ靑年ハ全部入學サセテ
敎養シテ居ルカ自分ハ敎官ニ任命スルカト思ッタラ敎官ニモ使ッテ
吳レナイテ金九ヨリ只每月五十元ヲ吳レルカ, 何ウ云フ譯カ判ラナ

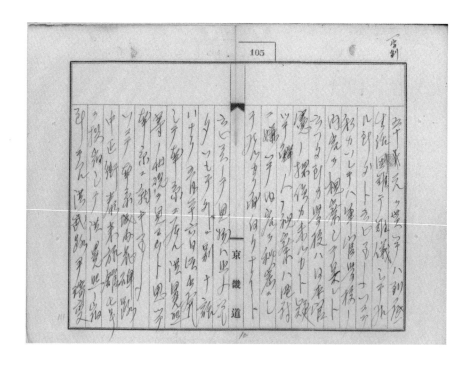

五十元ヲ貰ッテハ到底生活困難テ難儀シテ居ル所ダト云ヒマシタ．
ソコテ私カソレテハ軍官學校ノ內容ヲ視察シテ呉レト云フタ所カ學
校ハ日本官憲ノ探偵カ來ルカト疑ッテ鮮人ノ視察ハ絶對ニ嫌ッテ內
容ヲ秘密ニシテ居ルカラ面白クナイト云ヒマスノテ見物ハ止メマシ
タ．ソシテ外ニ別ナ話ハナク五月二十六日頃出發シテ南京ニ居ル洪
冕熙等ノ狀況ヲ見ヨウト思ッテ南京ニ就キマシタ．ソコテ南京城內
花牌路中正街泰來旅館七號ニ投宿シテ洪冕熙ノ宿所テアル洪武路尹
琦變

552 이규채 기억록

方ヲ訪レテ會ヒマシタ.

問 如何ナルコトヲ話シタカ.

答 洪冕熙カ私ニ對シテ何故運動線ニ立タナイカト尋ネルノテ私ハ前ニ
話シタ通リ農事ヲ營ンテ資金ヲ得テ積極的ニヤル心算テアルト簡單
ニ話ヲシテ止メテカラハ普通話ヲシナカラ遊ンテ居リマシタ. ソコ
テ氣候モヨイ所テアルノテ同地テ洪震, 金昌煥, 尹琦變等ト毎日ノ如
ク交遊シテ居リマシタ所, 昭和九年六月二十五日頃ニナッテ李青天ヨ
リ突然指令カ郵送シテ來マシタ.

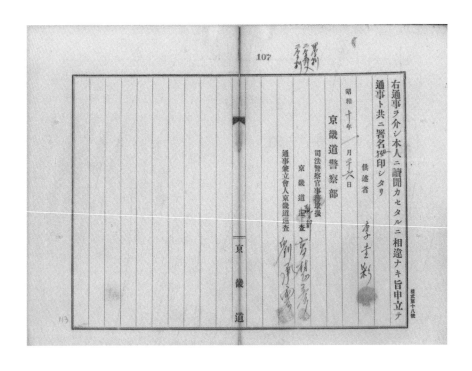

右通事ヲ介シ本人ニ讀聞カセタルニ相違ナキ旨申立テ通事ト共ニ署名拇印シタリ.

供述者 李 圭 彩

昭和十年一月二十六日
京畿道警察部
司法警察官
京畿道警部 高 村 正 彦
通事兼立會人京畿道巡査 劉 承 雲

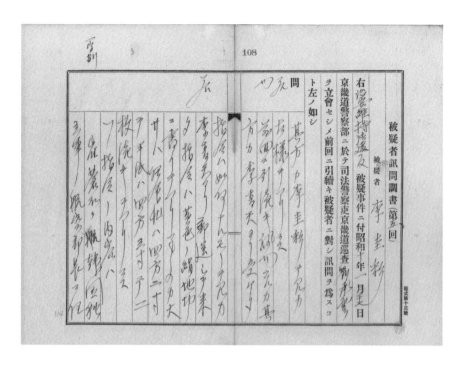

被疑者 訊問調書(第五回)

被疑者 李圭彩

　右治安維持法違反被疑事件ニ付昭和十年一月二十七日京畿道警察部ニ於テ司法警察吏京畿道巡査劉承雲ヲ立會セシメ前回ニ引續キ被疑者ニ對シ訊問ヲ爲スコト左ノ如シ.

問　其方カ李圭彩テアルカ.
答　左様テアリマス.
問　前回ニ引續キ訊問スルカ, 其方カ李靑天ヨリ受ケタ指令ハ如何ナルモノテアルカ.
答　李靑天ヨリ郵送シテ來タ指令ハ黃色ノ絹地切ニ書イテアリマシタカ, 大サハ任命狀ハ四方二寸テ手紙ハ四方三寸テ二枚續キテアリマス. ソノ指令ノ內容ハ

崔蒼石ヲ韓國獨立軍ノ航空部長ニ任

命ス.

　濮精一(朴南坡コト)ヲ韓國獨立軍ノ交渉部長ニ任命ス.
　李宇精(私)ヲ韓國獨立軍軍需部長幷海內外各革命團體連絡交渉委員長ニ
任命ス.

　トノ三枚テ手紙ノ內容ハ

　吾等ハ海內外革命團體(美洲マテ含ム)ト連絡シテ韓國獨立黨及獨立軍ヲ
復興シテ積極的ニ韓國革命運動ヲ繼續シヨウ.

　トノ要旨テアリマシタ.

　問　其方ハ前ニ李靑天ト共ニ復興運動ニ關シ

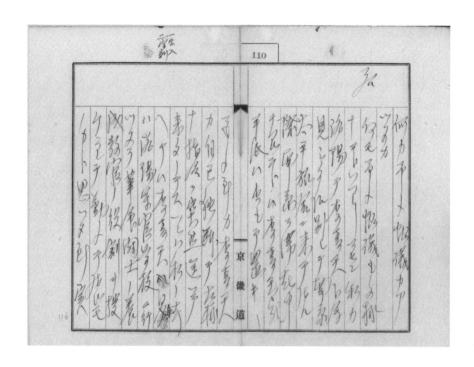

何カ豫メ協議カアッタカ.

答 何モ豫メ協議シタ様ナコトハアリマセン. 私カ洛陽テ李靑天ト會見
シタ後別レテ南京太平旅舍ニ來テ居ル際, 南京ニ滯在中テアルコトハ
李靑天宛手紙ハ出シテ置キマシタ所カ李靑天カ自己獨斷テ左様ナ指
令ヲ突然送ッテ來タノテス. ソレハ私ノ考ヘテハ李靑天自身ハ洛陽
軍官學校ニ行ッタラ革命鬪士ノ養成敎官ノ役割ヲ授ケラレテ勤メテ
居ルモノカト思ッタ所, 實

際行ッテ見ルト何モ無關渉テ金九ヨリ只月五十圓ヲ呉レル丈ケテ何
モヤル仕事カナイカラ只遊シテ居ルノハ物體ナイト云フ考ヘカラ既
ニ組織シテ運動シテ居タ韓國獨立黨及獨立軍總司令部ヲ復興シテ各
革命團體ト聯絡シテ革命運動ヲ繼續スル爲メニ私ニ左樣ナ指令ヲ送
付シテ呉レタモノト思ヒマス.

問　其方ハコノ指令ヲ受ケテ如何ニシタカ.

答　其ノ指令ヲ受ケテカラ先ヅ朴南坡ニコノ旨ヲ話シタ所カ朴モ私

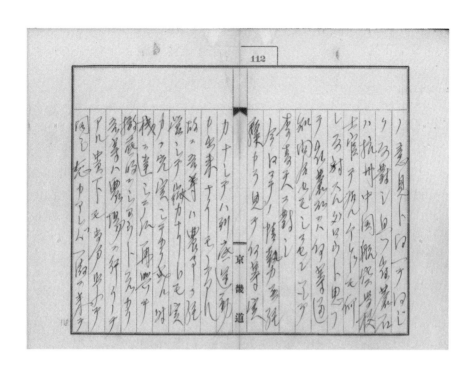

京畿道

ノ意見ト同一テ同ジク反對シ, 且ツ崔蒼石ハ杭州中國航空學校士官テ
居ルケレドモ何レ反對スルダロウト思フテ崔蒼石ニハ何等通知問合
セモシマセン. ソシテ李青天ニ對シ, 今日マテノ情勢并經驗カラ見テ
何等實力ナシテハ到底運動カ出來ナイモノテアル故ニ吾等ハ農事ヲ
經營シテ微力ナリトモ實力ヲ充實シテカラ或ル時機ニ達シテ後, 再興
ヲ徹底的ニシヨウトスルカラ, 吾等ハ農場ニ行クノテアル, 貴下モ當
分止メテ同シ志カアレバ一緒ニ來テ

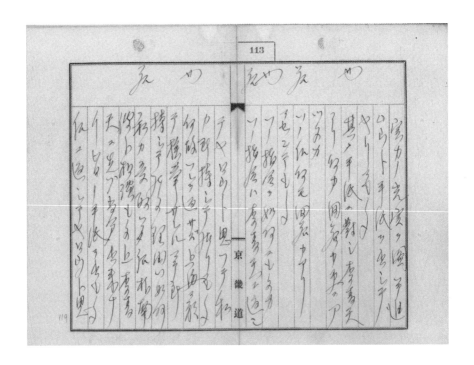

　實力ノ充實ヲ圖ッテ進ムウト手紙ヲ出シテヤリマシタ.

問　其ノ手紙ニ對シ李青天ヨリ何カ回答カ更ニアッタカ.

答　ソノ後何モ回答カアリマセンテシタ.

問　ソノ指令ヲ如何ニシタカ.

答　ソノ指令ハ李青天ニ返シテヤロウト思フテ私カ所持シテ居リマシタ.

問　何故ソレヲ返サズ,上海ニ於テ檢擧サレルマテ所持シテ居タ理由ハ如何.

答　私カ受取ッタ後,朴南坡ト相談シタ上,李青天ニ先ヅ當分出來ナイ旨
　　ノ手紙ヲ出シタ後ニ返シテヤロウト思

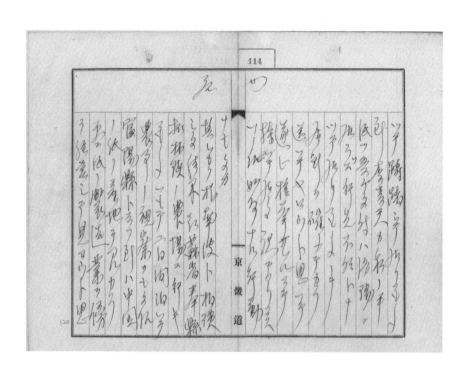

ッテ躊躇シテ居リマシタ所, 李青天カ私ノ手紙ヲ受ケタ時ハ洛陽ニ居
ラズ行先不明トナッテ居リマシタノテ居所ヲ確メテカラ送ッテヤロ
ウト思ッテ, 遂ヒ檢擧サレルマテ持ッテ居タ譯テアリマス.

問 ソノ後如何ナル行動ヲシタカ.

答 其レカラ朴南坡ト相談シタ結果, 江蘇省奉縣拓林鎭ノ農場ニ行キマシ
タ. ソシテ二日間泊ッテ農事ノ視察ヲシタ後, 富陽縣ト云フ所ハ中國
ノ紙ノ産地テアルカラ更ニ紙ノ製造業ヲ傍ラ經營シテ見ヨウト思

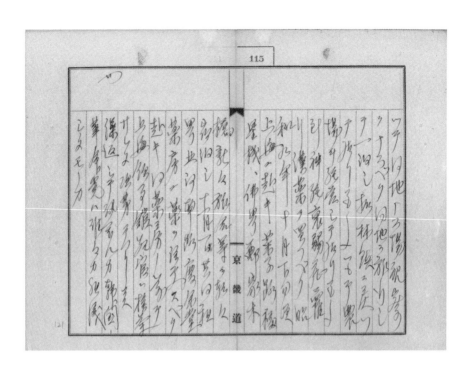

ッテ同地ノ工場視察ヲナスベク同地ヲ旅行シテ一泊シ，拓林鎭ニ戻ッ
テ居リマシタ．ソシテ農場ヲ經營シテ居リマシタ所，神經衰弱症ニ罹
リ漢藥ヲ買フベク昭和九年十月下旬頃上海ニ赴キ茱子路福星機，佛界
鄭家木橋新々旅舍等ヲ轉々宿泊シ，十一月一日共同租界北河南路慶余
堂藥房ニ藥ヲ注文スベク赴キ同藥房ノ前テ上海領事館警官ニ檢擧サ
レタ次第テアリマス．

問　繰返シテ訊ネルカ，韓國革命黨ハ誰々カ組織シタモノカ．

答 詳細ハ存ジマセンカ, 約三年前中國本部内ニ於テ南京ヲ中心ニ尹琦
　變, 延秉昊, 廉雲同等カ朝鮮獨立運動ヲ目的トシテ組織シタモノテア
　リマス.
問 韓國獨立黨ト韓國革命黨ト合併シ, 新韓獨立黨ヲ組織シタ時ハ幹部ハ
　誰々テアッタカ.
答 首領 洪冕熙

　幹部 尹琦變
　 〃 　延秉昊
　 〃 　金昌煥
　 〃 　金尙德
　 〃 　金源植
　 〃 　成周植
　 〃 　廉雲同

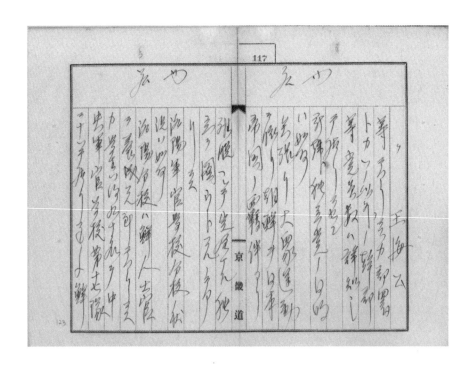

〃　王海公

等テアリマスカ,部署トカ,ソノ以前ノ幹部等黨員數ハ詳知シテ居リマセン.
問　新韓獨立黨ノ目的ハ如何.
答　矢張リ大衆運動ニ依リ朝鮮ヲ日本帝國ノ羈絆ヨリ離脱シテ完全ナル
　　獨立ヲ圖ウトスルノテアリマス.
問　洛陽軍官學校分校ノ狀況ハ如何.
答　洛陽分校ハ鮮人士官ヲ養成スル所テアリマスカ,學生ハ約九十名テ中
　　央軍官學校第十七隊ニナッテ居リマシタ.鮮

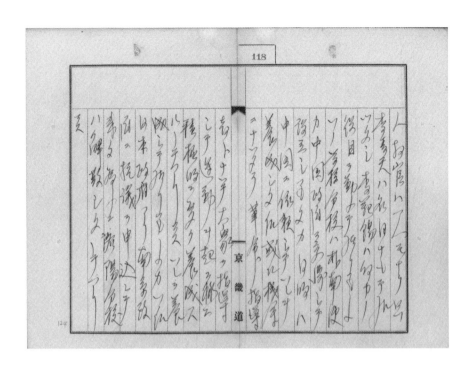

人教官ハ一人モナク, 只李靑天ハ名目ナシテ居ッタシ, 李範錫ハ何カ
ノ役目ヲ勤メテ居リマシタ. ソノ學校分校ハ朴南坡カ中國政府ニ交涉
シテ設立シマシタカ, 目的ハ中國ニ依賴シテソレヲ養成シタ後或ル機
會ニナッタラ革命ノ指導者トナッテ大衆ヲ指導シテ運動ヲ起ス樣ニ
積極的ニ多ク養成スルノテアリマス. ソレヲ養成シテ居リマシタカソ
ノ後日本政府ヨリ南京政府ニ抗議ヲ申込ンテ來タ爲メニ洛陽分校ハ
解散シタノテアリマス.

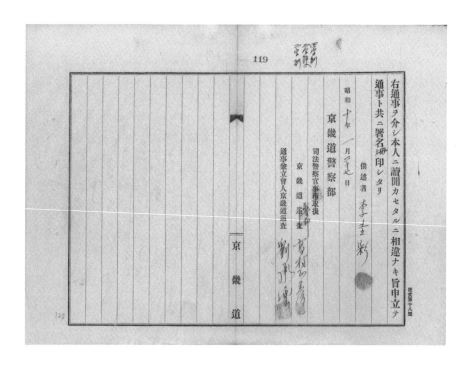

右通事ヲ介シ本人ニ讀聞カセタルニ相違ナキ旨申立テ通事ト共ニ署名拇印シタリ.

供述者 李 圭 彩
昭和十年一月二十七日
京畿道警察部
司法警察官
京畿道警部 高 村 正 彦
通事兼立會人京畿道巡査 劉 承 雲

被疑者 訊問調書(第六回)

被疑者 李 圭 彩

　右治安維持法幷大正八年制令七號違反被疑事件ニ付昭和十年一月二十八日京畿道警察部ニ於テ司法警察吏京畿道巡査劉承雲ヲ立會セシメ前回ニ引續キ被疑者ニ對シ訊問ヲ爲スコト左ノ如シ.

　問　其方カ李圭彩テアルカ.
　答　左様テアリマス.
　問　其方カ前數回ニ於テ供述シタルコトハ相違ナイカ.
　答　間違ヒアリマセン.
　問　其方カ上海日本領事館警察部ニ於テ任意供述シタルコトハ相違ナイカ.
　答　其處ニ於テ申上ケタコトモ事實相違アリマセン.
　問　然ラバ更ニ繰返シテ訊ネルカ,其方カ今日マテ供

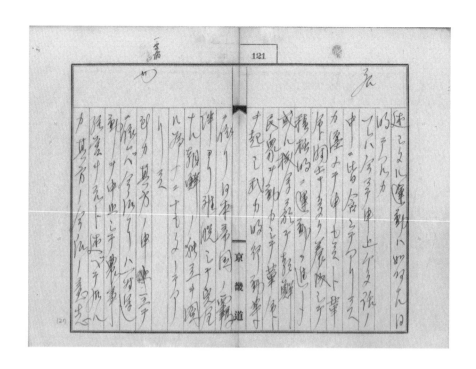

述シタル運動ハ如何ナル目的テアルカ.

答　ソレハ今マテ申上ケタ話ノ中ニ皆含ンテアリマスカ纏メテ申シマス
　　ト革命闘士ヲ多ク養成シテ積極的ニ運動ヲ進メ或ル機會ニ於テ朝鮮
　　民衆ヲ動カシテ革命ヲ起シ, 武力的行動等ニ依リ日本帝國ノ羈伴ヨリ
　　離脱シテ完全ナル朝鮮ノ獨立ヲ圖ル爲メニナシタノテアリマス.

問　所カ其方ノ申立テニ依レバ今後ヨリハ一時運動ヲ中止シテ農事經營
　　ヲスルト述ベテ居ルカ, 其方ノ今後ノ意志

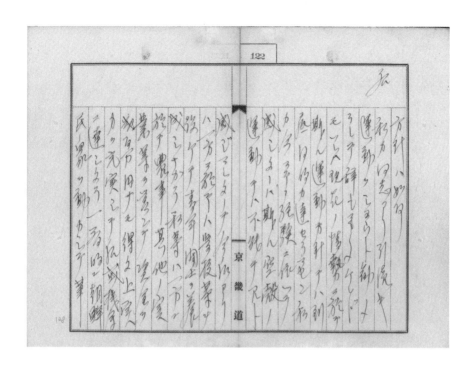

方針ハ如何.

答 私カ同志ヨリ引續キ運動ヲシヨウト勸メラレテ辭シマシタケレドモ,
ソレハ現在ノ情勢ニ於テ斯ル運動方針テハ到底目的カ達セラレマセ
ン. 私カ今マテノ經驗ニ依ッテ感シタノハ斯ル空殻ノ運動テハ不能
テアルト感ジマシタノテ今後ヨリハ一方ニ於テハ學校等ヲ設ケテ靑
年鬪士ヲ養成シナガラ私等ハ一方ニ於テ農事其他ノ實業等ヲ營ンテ
資金ヲ幾百萬圓ヲモ得タ上實力ヲ充實シテ後, 或機會ニ達シタラ一濟
的ニ朝鮮民衆ヲ動カシテ革

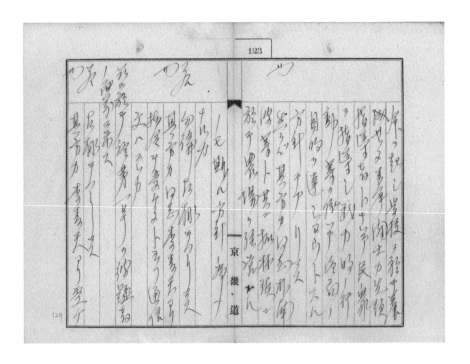

命ヲ起シ學校ニ於テ養成サレタ青年鬪士カ先頭指導者トナッテ民衆
ヲ指導シ, 武力的ノ行動等ニ依ッテ終局ノ目的ヲ達シヨウトスル方針
テアリマス.

問 然ラバ其方カ同志朴南坡等ト共ニ拓林鎭ニ於テ農場ヲ經營スルノモ
斯ル方針ノ爲メナルカ.

答 勿論在様テアリマス.

問 其方カ同志李靑天ヨリ指令ヲ受ケタト云フ通信文ハコレカ.

茲ニ於テ證第一號ヲ被疑者ノ面前ニ示ス.

答 左様テアリマス.

問 其方カ李靑天ヨリ受ケ

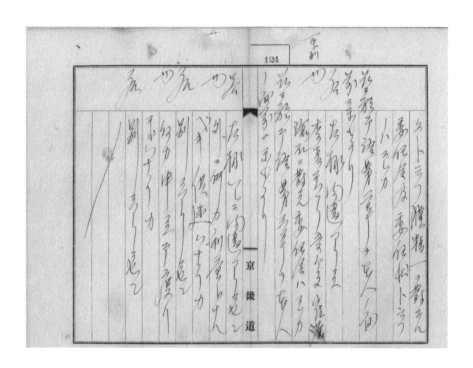

タト云フ濮精一ニ對スル委任令及委任狀ト云フノハコレカ.

茲ニ於テ證第二號ヲ本人ノ面前ニ示シタリ.

答　左樣. 間違アリマセヌ.
問　李靑天ヨリ受ケタ崔蒼石ニ對スル委任令ハコレカ.

茲ニ於テ證第三號ヲ本人ノ面前ニ示シタリ.

答　左樣. ソレニ間違アリマセン.
問　外ニ何カ利益トナルベキ供述ハナイカ.
答　別ニアリマセン.
問　何カ申立テ度イコトハナイカ.
答　別ニアリマセン.

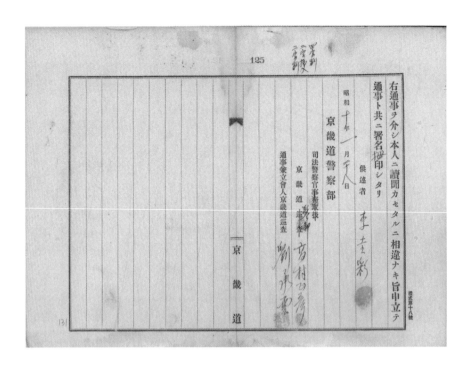

　右通事ヲ介シ本人ニ讀聞カセタルニ相違ナキ旨申立テ通事ト共ニ署名拇
印シタリ.

　供述者 李圭彩

　昭和十年一月二十八日

　京畿道警察部

　司法警察官

　京畿道警部 高村正彦

　通事兼立會人京畿道巡査 劉承雲

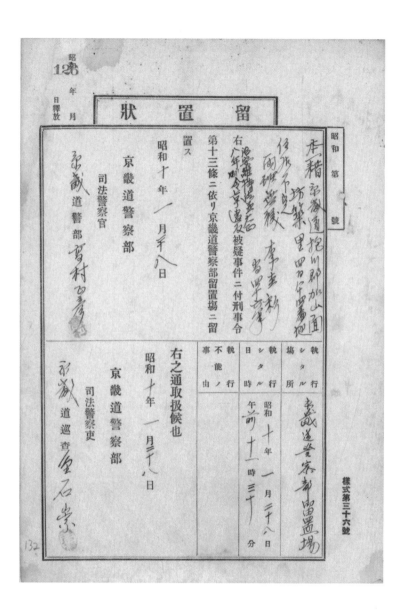

留　置　狀

昭和第　　號

樣式第三十六號

本籍　京畿道抱川郡加山面
坊築里四○番地寄寓
仍テ不見
兩班農業
李圭彩　當四十五年
右ハ八年刑事令及被疑事件ニ付刑事令
第十三條ニ依リ京畿道警察部留置場ニ留
置ス

昭和十年一月廿八日

京畿道警察部
司法警察官
道警察部　賀村○彦（印）

執行シタル場所	京畿道警察部留置場
執行シタル日時	昭和十年一月二十八日　午前十一時三十分
執行不能ノ事由	

右之通取扱候也

昭和十年一月二十八日

京畿道警察部
司法警察吏
道巡查　金石崇（印）

132

被疑者素行調書

本籍、住居、職業	本籍 京畿道楊州郡加山面坊築里四〇四番地 住居 不定 無職 李主輔 長男 金潤哲 当年三十六年
氏名、年齢	
性質	温和寡言ヲ装フモ法螺ヲ以テ支勤快闊ナリ
素行並本人ニ對スル會評	素行上何等憂慮スベキナキモ本人ハ朝鮮獨立運動ニ…
家庭衛生	
活状況	
資産営牧	遺産モナク生マレナガラ収入別ニナシ
入ノ状況	
教育ノ程度並本人ノ經歴	（手書き）
老親者又ハ一應扶養者ナルトキハ扶養者ノ佳居氏名	該当者ナシ
改悛ノ見込ノ有無	（手書き）
備考	（手書き）

右之通リニ候也

昭和十年 一月二十八日

京畿道警察部

京畿道巡査 金潤哲

被疑者 素行調書

本籍	京畿道抱川郡加山面坊築里四八四番地
住居	不定
職業	無職
氏名	李圭彩, 圭輔, 宇精, 公三, 庚山コト
年齡	當四五年
性質	溫順寡言ヲ裝フモ陰險ニシテ言動快活ナリ
素行幷本人ニ對スル世評	素行上何等異評ナキモ本人朝鮮獨立運動ニ奔走シツ, アリシヲ以テ世人本名ノ言動ニ就キ世評高シ
家庭幷生活ノ狀況	家庭ニハ實母, 妻, 長男, 二南, 長兄, 次兄, 弟, 妹及本人迄九人ノ家族ヲ有シ, 本家テハ農業ヲ營シテ漸ク生活ヲ爲シ, 長兄圭赫當五六年本籍地加山面長ヲ勤メ居ルナリ
資産幷收入ノ狀況	資産トシテ全クナク收入別ニナシ
教育ノ程度幷本人ノ狀況	五歲ヨリ二五歲迄本籍地ニ於テ漢文ヲ修得シ, 爾後農業ヲ營ミ大正一三年(當三三年ノ時)二月一七日頃ヨリ上海, 北平, 杭州, 天津, 吉林等ヲ轉轉シテ李靑天, 朴贊翊, 金九等ト朝鮮獨立運動ヲ爲シテ今日ニ至ル
老衰者又ハ廢疾者ナルトキハ扶養者ノ住居氏名	該當者ニアラス
改悛ノ見込ノ有無	主旨貫徹ヲ强張スル本人ナレハ相當嚴罰ニ處セラル, モ改悛ノ見込ナシ
備考	

右ノ通リニ候也

昭和十年一月二十八日

京畿道警察部

司法警察吏京畿道巡查 金潤哲

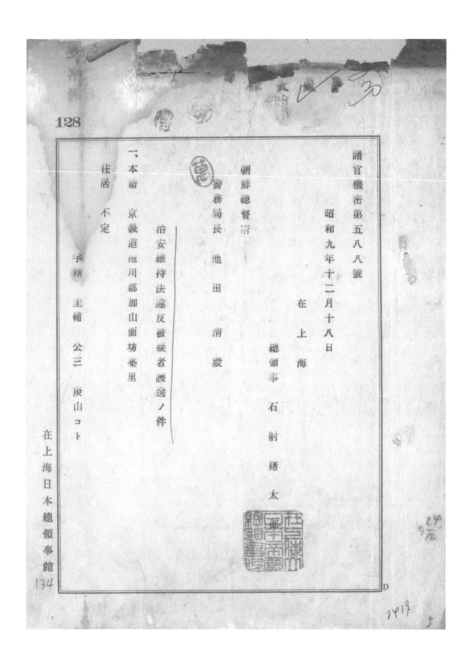

諸官機密第五八八號

昭和九年十二月十八日

在上海

總領事　石射猪太郞

朝鮮總督府

警務局長　池田　清　殿

治安維持法違反被疑者護送ノ件

一、本籍　京畿道楊州郡加山面坊梁里

住居　不定

手稱　圭輔　公三　庚山コト

在上海日本總領事館
134

128

治安維持法違反者護送ノ件

諸官機密第五八八號

昭和九年十二月十八日

在上海

總領事 石射猪太郎

朝鮮總督府

警務局長 池田 淸 殿

治安維持法違反者護送ノ件

1. 本籍 京畿道抱川郡加山面坊築里四百八十四番地

   住居 不定

   圭輔, 宇精, 公三 コト

129

一、本籍　慶尚南道居昌郡南下面武陵里

李　圭　彩

當四十五年

住居　不定

命超　柳冊　命字伯コト

愼　秉　恒

當二十七年

右兩名ハ治安維持法違反被疑者トシテ聽取書（後者ハ寫）並ニ證據品ト共ニ身柄ヲ當館醫察部員田畑代一他二名ヲシテ本月十八日當地發平安丸ニテ仁川ヘ護送セシメタルニ付可然御取計相成度

退テ李圭彩ハ目已ノ被殘器經緯ヲ嫌疑シ當方連絡者ニ對シ全志ヲ

在上海日本總領事館

135

李圭彩

當四十五年

1. 本籍 慶尙南道居昌郡武陵里
　　住居 不定
　　兪超, 柳湖, 兪亨伯 コト

愼 秉 桓

當二十七年

　右兩名ハ治安維持法違反被疑者トシテ聽取書(後者ハ寫)幷ニ證據品ト共
ニ身柄ヲ當館警察部員田畑代一他二名ヲシテ本月十八日當地發平安丸ニ
テ仁川ヘ護送セシメタルニ付可然御取計相成度
　追テ李圭彩ハ自己ノ被檢擧經緯ヲ曝露シ, 當方連絡者ニ對シ同志ヲ

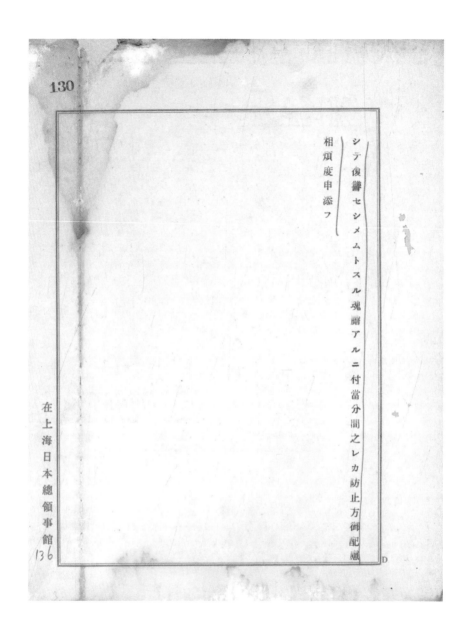

シテ復讐セシメムトスル魂膽アルニ付當分間之レカ防止方御配慮相煩度申添フ.

在上海日本總領事館

130

136

D

シテ復讐セシメムトスル魂膽アルニ付當分間之レカ防止方御配慮相煩度申添フ.

聽取書

李圭彩

右者治安維持法違反被疑事件ニ關シ當課ニ於テ本職ニ對シ任意左ノ陳述ヲ爲シタリ.

一, 本籍ハ京畿道抱川郡加山面坊築里番地不詳

二, 出生地ハ本籍地ニ同シ.

三, 住居ハ上海佛租界新々旅館三階二百〇二號四, 職業ハ無職

五, 姓名ハ李圭彩

六, 年齡ハ當四十五年

七, 刑罰ニ處セラレタルコトハアリマセヌ.

八, 位記, 勳章, 記章, 恩給, 年金又ハ公職ハ有リマセヌ.

九, 私ハ本名ハ李圭彩デアリマスガ變

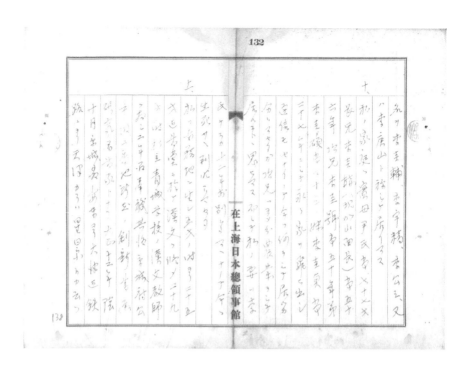

名ヲ李圭輔, 李宇精, 李公三, 又ハ李庚山ト稱シテ居リマス.

十, 私ノ家庭ハ實母尹氏當七十七歲, 長兄李圭赫(現加山面長)當五十六年,
次兄李圭號當五十年, 弟李圭碩當四十年, 妹李圭貞當二十七年ニシテ, 永ク
家ヲ飛ヒ出シ通信モセナイノテ今ハ何ヲシテ居ルカ分リマセヌガ次兄ハ
多分農業ヲシテ居ルコト, 思ヒマス. 而シテ私ノ妻ハ李氏テスカ十二年前
別レタマ, ナノテ今ハ生死サヘ判明シマセヌ.

十一, 私ハ本籍地ニ生レ五歲ノ時ヨリ二十五歲迄書堂ニ於テ漢文ヲ修メ
二十九歲ノ時私立靑城學校ノ漢文敎師ヲ爲シ, 二年間奉職, 其後京城府公
平洞二番地所在ノ創新書畵硏究會書家トナリ, 大正十二年陰十月京城發安
東ヨリ天津迄鐵路ニヨリ, 天津カラハ星日號トカ云フ

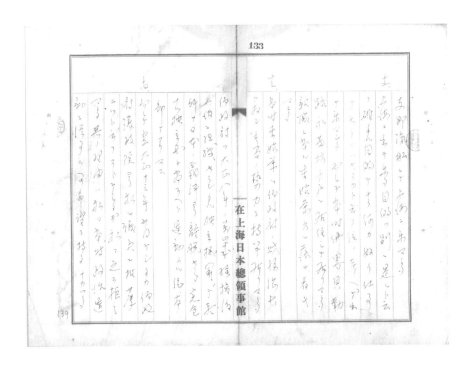

支那汽船ニテ上海ニ來マシタ.

十二, 上海ニ出テ來タ目的ハ別ニ是レト云フ確タル目的テナク何カ好イ仕事テモアリハセヌカト云フ位ノ考ヘデ出テ來マシタ. 而シテ當時佛界具勒路永慶坊十戸ニ居住シテ居リマシタ親戚ニ當ル李始榮方ニ落チ着キマシタ.

十三, 當時李始榮ハ假政府ノ財務總長ヲ爲シ相當ノ勢力ヲ持ッテ居リマシタ. 假政府ハ大正八年ノ萬歲騷擾後上海ニ組織セラレタル獨立機關デ朝鮮ヲ日本ノ羈絆ヨリ離脱セシメ完全ナル獨立團ト爲スヘク運動スル總本部テアリマス.

十四, 而シテ翌大正十三年五月テシタカ, 假政府議政院ヨリ私ヲ議員ニ推薦スルト云フコトテシタガ私ハ之ヲ拒シマシタ. 其ノ理由ハ私ハ當時政治運動ニ從事スヘキ希望ヲ持タナカッタ

在上海日本總領事館

カラテアリマス.

十五, 而シテ其ノ年ノ七月ニ當時楊樹浦ニ獨身生活ヲ爲シ, 人蔘行商ヲシテ居リマシタ. 徐成孝年齡三十八, 九歳ノ者ト共同テ製紙業開始ノ目的テ杭州ニ行キマシタ. 然シ事業カ面白ク行カナイノテ同年十二月二人共杭州ヲ引揚ケ又上海ニ來テ光裕里四十一號ニ徐ト共同生活ヲ爲シ, 徐ノ人蔘行商ノ手傳ヲシナカラ徒食シテ居リマシタガ面白イコトモナイノテ翌大正十四年十二月, 鐵路一人テ北京ニ行キマシタ. 夫ハ徐ノ弟徐成求ガ完平縣鵝房農庄ニ居住シ農事經營ヲシテ居タノテ夫ヲ賴リ行クコトニシタノテアリマス. 徐成求ハ家族モナク獨身テシタカラ私ハ農業ノ手傳ナトヲシテ暮シテ居リマシタカ, 昭和二年正月ニ徐ガ北京海甸ニ移轉シタニヨリ私モ同時ニ移居シマシタガ徐ハ同年十一月末

在上海日本總領事館

本籍地タル京城西門外ニ歸鮮スルコトニナリマシタノデ私ハ一人其儘海甸ニ居殘リ小規模ナ農事經營ヲシテ居リマシタ處, 翌三年三月ニ海州出身ノ李承俊ト云フ者ガ資本ヲ出シ天津ニ朴容泰ト云フ者ヲ派遣シ, 農事經營ヲスルト云フ計劃ヲ樹テマシタガ朴容泰ハ農業ニ經驗カナイカラ李承俊カラ京城出身テ當時天津ノ南開大學ニ通學中ノ玄堪ニ經營者ノ幹旋方ヲ依賴シテ來タノデ私ハ玄堪ト知己ノ關係上(玄堪ノ叔父玄來カラ本名ハ漢文ヲ敎ヘラレタリト)私モ之ヲ承諾シ天津ニ移居スルコトニ致シマシタ. 運ノ惡イ時ハ仕方モナイモノデ私カ天津ニ行ッテ間モナク蔣介石軍ガ澤山天津ニ駐屯シ, 張宗昌軍ト戰爭ガ始マッタ爲メ農事經營モ不可能トナリ, 六ケ月後單身滿洲吉林省大屯ニ成柱悅ヲ賴リテ行キマシタ. 成柱悅ハ

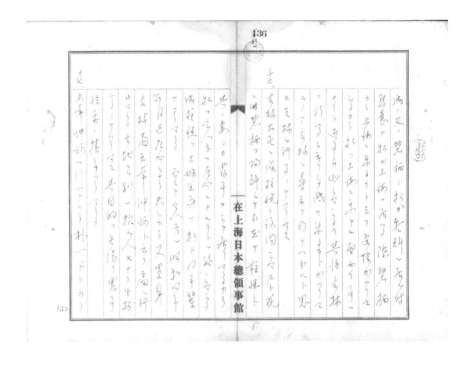

成ノ父ノ碧栖ト私ガ朝鮮ニ居ル時懇意テ私ガ上海ニ居ッタ際碧栖カラ上海ニ來タイト云フ通信ガアリマシタカラ私ハ上海ニ來テモ面白イ事ハナイト返事ヲ出シマシタラ其後吉林ニ行ッタト云フ手紙ガ來タコトガアリマスノテ吉林ニ尋ネテ行ケハ分ルト思ヒ吉林ニ行ッタノテアリマス.

　十六, 吉林大屯ニ成柱悅ヲ訪問シマスト既ニ碧栖ハ歸鮮シテ不在テ柱悅ト其ノ妻トカ農事ヲシテ居リマシタカラ私ハ同人方ニ厄介ニナルコトニ致シマシタ. 成柱悅ハ京城出身テ私ト同年輩テアリマシタ. 而シテ同人方ニ昭和四年正月迄厄介ニナリ夫レカラ又單身吉林省五常沖河ト云フ處ヘ行キマシタ. 同地ニハ別ニ賴ル人モナク出掛ケタノテアリマス. 其目的ハ矢張リ農事經營ノ積リテアリマシタ.

　十七, 五常沖河ニ行ッテカラ朴一萬ト云フ

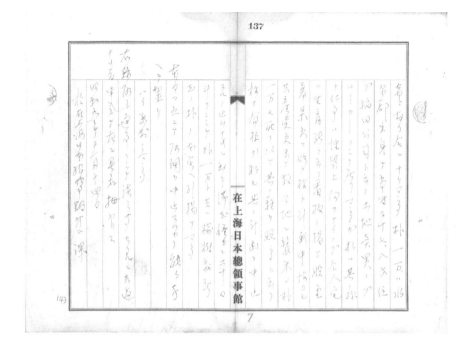

者ト知リ合ニナリマシタ. 朴一萬ハ水原郡出身テ當時三十七,
八歳位デ稻田公司ト云フ土地賣買ノブローカーヲシテ居リマシタが私ハ其ノ樣ナ仕事ハ性質上向カナイノデ同人宅ニ生育社ト云フ看板ヲ揭ケ股金募集員ヲ始メ樣ト計劃中恰カモ共産黨員多數同地ニ襲來シ, 朴一萬モ死ヲ以テ其ノ難ヲ脫シタト云フ樣ナ有樣デ私モ其ノ計劃ヲ中止スルノ止ムナキニ至リ滯在僅カニ二十日計リニシテ朴一萬ト共ニ楡樹縣所在ノ朴ノ本宅ヘ引揚ケマシタ. 本日ハ之ニテ取調ヘヲ中止スルカラ能ク考ヘテ置ケ.

　ハイ, 承知シマシタ.

　右錄取シ通事ヲシテ讀ミ聞ケタルニ相違ナキ旨申立テ左ニ署名拇印ス.

昭和九年十一月十四日
於在上海日本總領事館第二課

在上海日本總領事館

司法警察官兼任外務省警視 佐 伯 多 助
通事外務省巡査 山 本 作 一
陳述人 李 圭 彩

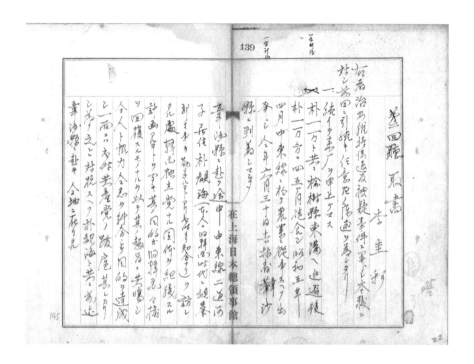

第二回 聽取書

李圭彩

　右者治安維持法違反被疑事件ニ關シ本職ニ前回ニ引續キ任意左ノ陳述ヲ爲シタリ.

　一, 續イテ來歷ヲ申上ケマス.

　朴一萬ト共ニ楡樹縣東溝ヘ逃避後朴一萬方ニ四, 五ケ月徒食シ, 昭和五年四月中東線ニ於テ農業ニ從事スヘク出發シ, 同年六月三十日吉林省韋沙縣ニ到着シマシタ.

　韋沙縣ニ赴ク途中, 中東線二道河子居住朴觀海(本人ハ舊韓國時代ニ觀察部主事ヲ勤メタルコトアリ, 當時ヨリ知合ナリ)ヲ訪レタル處韓國獨立黨ナル團體ヲ組織スル計劃アルコトヲ聞キ, 其ノ目的ガ舊韓國々權ヲ回復スルモノナルヲ以テ其ノ趣旨ニ共鳴シ, 同人ト協力同志ヲ糾合シテ目的ヲ達成シ, 一面ニハ當時共產黨ノ跋扈甚シカリシ爲メ之レニ對抗スヘク朴觀海ト共ニ前述韋沙縣ニ赴キ同地ニ在リタル.

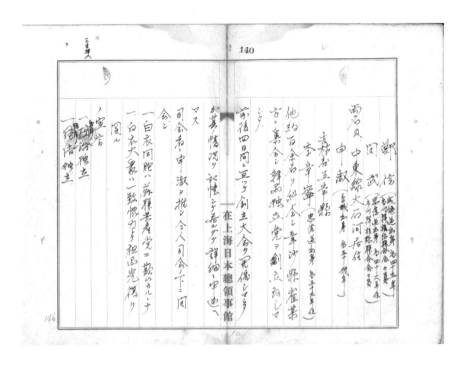

鄭信(咸鏡道出身當四十五年, 當時韓族總聯合會々員)

閔武(忠淸道出身當四十六年位, 當時韓族總聯合會々員)

兩名及中東線大石河居住

申淑(京城出身, 當五十歲年)

吉林省五常縣

李章寧(忠淸道出身, 當五十九年位)

他約百餘名ヲ糾合シ韋沙縣崔某方ニ集合シ, 韓國獨立黨ヲ創立致シマシタ.

前後四日間ニ亘ッテ創立大會ヲ開催シマシタガ其ノ情況ヲ記憶シテ居ルダケ詳細ニ申述ヘマス.

司會者ニ申淑ヲ推シ同人司會ノ下ニ開會シ

一, 白衣同胞ハ蘇聯共産黨ニ欺ムカル, ナ.

一, 白衣大衆ハ一致協力シテ祖國光復ヲ圖ル.

ノ宜言

一, 朝鮮ノ政治獨立

一, 朝鮮ノ經濟獨立

一, 朝鮮ノ文化獨立

ノ綱領ヲ決議シマシタ. 其他詳細ナル趣旨, 綱領, 宣言ハ忘レマシタ. 然シ大要ハ右ノ中ニ包含サレテ居リマス.

組織ハ

　政治部

　經濟部

　文化部

　軍事部(在來ノ韓國獨立軍ノ最高機關トナル)

　宣傳部

　組織部

ノ六部ヲ置キ, 各部ハ五名ノ委員ヲ以ッテ組織シ, 委員長, 秘書ヲ委員中ヨリ互選ス. 而シテ委員長, 秘書ヲ以テ常務委員トシ, 常務委員會ヲ組織ス.

　常務委員會ハ黨ノ最高議決機關トシ, 常務委員會ニハ委員長一名ヲ置キ任期ハ一年トス.

　總會ハ一年一回宛開催シ, 運動工作ノ討

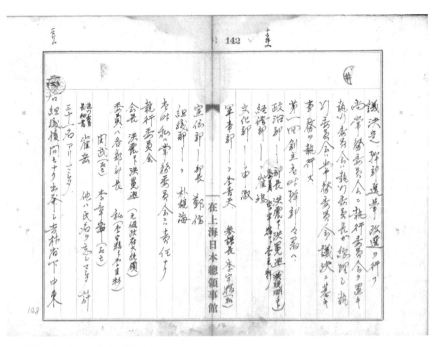

議決定, 幹部選舉, 改選ヲ行フ.

　　尚常務委員會ニ執行委員會ヲ置キ, 執行委員會ハ執行委員長ガ總理シ, 執
行委員會ハ常務委員會ノ議決ニ基キ事務ヲ執行ス.

　　第一回創立當時幹部々署ハ

　　　政治部―部長 洪震コト洪冕熙(洪晩湖ノコト)

　　　　　　　　委員 李宇精コト李圭彩

　　　經濟部―部長 崔塢

　　　文化部―部長 申淑

　　　軍事部―部長 李靑天, 參謀長 李宇精(私)

　　　宣傳部―部長 鄭信

　　　組織部―部長 朴觀海

　當時私ハ常務委員會ニハ責任ナク.

　執行委員會

　會長 洪震コト洪冕熙(元假政府大統領)

　　委員ハ各部部長, 私(李宇精コト李圭彩), 閔武(死亡), 李章寧(死亡)

　　執行委員長秘書 崔岳

　　他ハ氏名ヲ忘レマシタ. 計三十一名アリマシタ.

　二, 右組織後間モナク出發シ, 吉林省下中東,

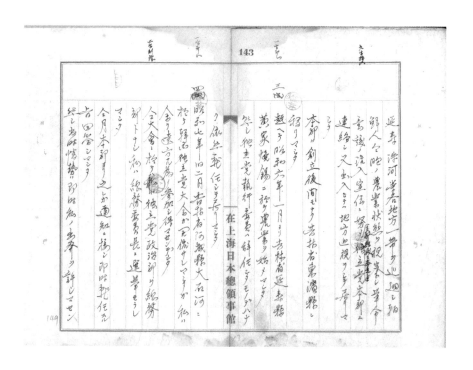

延壽, 洙河等各地方一帶ヲ巡廻シ, 朝鮮人同胞ノ農業狀態ヲ視察シ革命意識ノ注入宣傳ニ努メ, 支部組織ニ奔走シテ獨立黨本部ニ連絡シ又出入シテハ地方巡視ヲシテ居リマシタ.

本部ハ創立後間モナク吉林省東濱縣ニ移リマシタ.

三, 越ヘテ昭和六午一月ヨリ吉林省延壽縣黃家燒錫ニ於テ農業ヲ始メマシタ. 然シ獨立黨執行委員ハ辭任シタモノデハナク依然就任シテ居リマシタ.

四, 昭和七年舊二月吉林省阿城縣大石河ニ於テ韓國獨立黨大會ガ開催サレマシタガ私ハ餘リ遠方ナル爲メ參加シ得マセンデシタ.

同大會ニ於テハ獨立黨政治部ヲ總務部トナシ, 私ハ總務委員長ニ選擧セラレマシタ.

同月本部ヨリ之レガ通知ニ接シ卽時就任スル旨回答シマシタ.

然シ當時情勢ハ卽時私ノ出發ヲ許シマセン

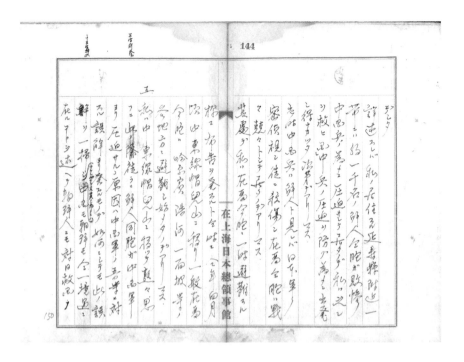

デシタ.

　詳述スレバ私ノ居住スル延壽縣附近一帶ニハ約一千名ノ鮮人同胞ガ敗慘中國兵ノ爲メニ壓迫サレテ居タノデ私ハ之レヲ救ヒ中國兵ノ厭迫ヲ防グ爲メニ出發シ得ナカッタ次第デアリマス.

　當時中國兵ハ鮮人ト見レバ日本軍ノ密偵視シ徒ニ殺傷シ, 在留同胞ハ戰々兢々トシテ居タノデアリマス.

　其處デ私ハ在留同胞ニ一時避難スル樣ニ布告ヲ發スルト同時ニ同年四月頃中東線帽兒山ニ移リ一般在留同胞ハ哈爾賓, 洙河, 一面坡等ノ各地方ニ避難シ始メタノデアリマス.

　五, 私ハ中東線帽兒山ニ移ッテ熟々思フニ徒ラニ鮮人同胞ガ中國軍ヨリ厭迫サル, 原因ハ中國軍ノ吾等ニ對スル誤解ヨリ發スルモノデ如何ニシテモ此ノ誤解ヲ一掃シナケレバナラヌ. 其ノ爲メニハ中國モ朝鮮モ同一境遇ニ在ルコトヲ述ヘテ朝鮮人ニモ對日救國ノ

精神燃ヘツ，アルコトヲ認識セシメ，中鮮合作ヲ以テ抗日救國運動ヲ爲ス
ヘク決意シ，之レヲ實現セシムヘク當時韓國在鄕軍中隊長安海崗(昭和七年
十月歸化ス，哈爾賓ニテ)ヲ連レテ吉林自衛聯合軍總指揮楊曜鈞(華人)ヲ訪
レタノデアリマス．

　之レハ昭和七年五月ノ事ニテ其頃同軍ハ阿城縣ニ本據ヲ置キ附近一帶百
余里ニ亘ッテ約十萬ノ抗日救國軍ガ居タノデアリマス．

　最初阿城ニ赴キタル處日本軍ノ密偵ナリト疑ヒ信用シマセンデシタガ中
韓合作ノ必要ヲ力説スルト共ニ誤解一掃ニ努メタル結果，自衛聯合軍第三
軍長考鳳林ノ諒解スル處トナリ，總指揮楊曜鈞等幹部ニ面接シ誠意ヲ以ッ
テ中韓合作，日本帝國主義ヲ打倒シ朝鮮獨立及中國失地回復ヲ圖ル必要ア
ルコトヲ說明シ，遂ニ私ハ中國自衛聯合軍第三軍中校參謀ニ就任シマシタ．

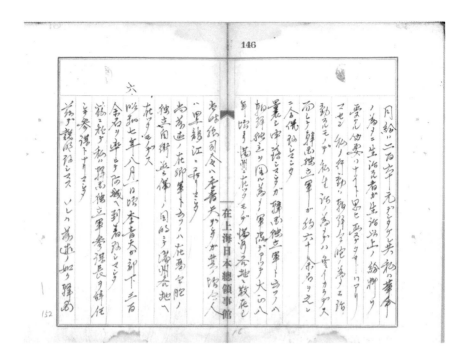

月給ハ二百六十九圓デシタケレ共私ハ革命ノ為メニ生活スル者ガ生活以上ノ給料ヲ受ケル必要ハナイト思ヒ受ケタコトハアリマセン．私ノ行動ハ朝鮮同胞ノ為メニ活動スルモノデ私生活ノ為メデハ無イカラデス．而シテ韓國獨立軍ガ約六十餘名ヲ之レニ合併致シマシタ．

曩ニ申落シマシタガ韓國獨立軍ト云フノハ朝鮮獨立ヲ圖ル為メノ軍隊デアッテ大正八年頃ヨリ滿洲ニ在ッタモノデ滿洲各地ニ散在シ，當時總司令ハ李靑天デシタカ其ノ頃同人ハ黑龍江ニ居リマシタ．

尙前述ノ在鄕軍ト云フノハ在留同胞ノ獨立自衛警備ノ目的ニテ滿洲各地ヘ在ッタモノデス．

六，昭和七年八月一日頃李靑天ガ部下三百餘名ヲ率ヒテ阿城ヘ到着致シマシタ．

玆ニ於テ私ハ韓國獨立軍參謀長ヲ辭任シテ參謀トナリマシタ．

玆デ說明致シマス．ソレハ前述ノ如ク韓國

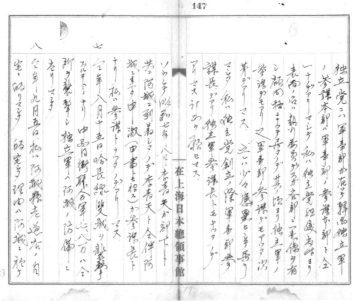

獨立黨ニハ軍事部ガ在ッテ韓國獨立軍ノ參謀本部ハ軍事部ノ參謀本部ト
同一ナノデアリマシテ私ハ獨立黨組織當時ヨリ表面ノ名ハ執行委員デス
ガ各部ニ關係ヲ有シ, 顧問格ニナッテ居タノデ其ノ頃ヨリ獨立軍ノ參謀デ
モアリ又軍事部ノ參謀デモアッタ次第デアリマス. 之レハ少々感異ヒシテ
居リマシタ. 私ハ獨立黨創立ノ際, 軍事部參謀長デアリ獨立軍參謀長トモ
ナッタノデアリマス. 訂正ヲ願ヒマス. ソウシテ昭和七年八月, 李靑天ガ部
下ト共ニ阿城ニ到着シタノデ李靑天ト同伴阿城ニ來タ申淑(申肅トモ稱ス)
ガ參謀長トナリ私ハ參謀トナッタノデアリマス.

　七, 同年八月十五日哈長線雙城ヲ襲擊スルコト, ナリ, 中國自衛聯合軍
七, 八萬ハ同所ヲ襲擊シ, 獨立軍ハ阿城ノ防備ニ當リマシタ.

　八, 同年九月五日私ハ阿城縣老道店ノ自宅ニ歸リマシタ, 歸宅シタ理由ハ
阿城ニ於ケ

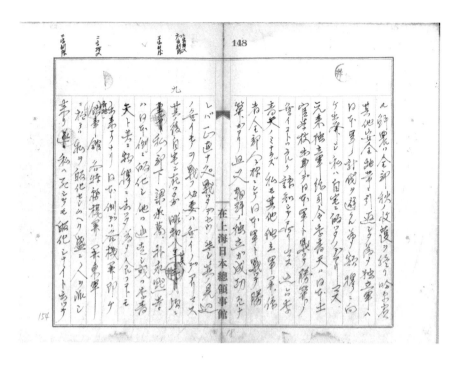

148

ル鮮農ハ全部秋ノ収獲ヲ終リ哈爾賓其他安全地帶ニ引返シタ爲メ獨立軍
ハ日本軍ノ討伐ヲ避ケル爲メ額穆ニ向ケ出發シ, 私ハ自宅ニ歸ッタノデア
リマス.

　元來獨立軍總司令李青天ハ日本士官學校出身デ日本軍ト戰ッテ勝算ノ無
イコトハ良ク諒知シテ居リマス. 之レハ李青天ノミナラズ私モ其他獨立軍
關係者全部同樣ニシテ日本軍ト戰ッテ勝算ガアリ, 且又朝鮮ノ獨立ガ成功
スルナレバ正直ナ處戰ッタデセウ. 然シ其ノ見込ノ無イモノヲ戰フ必要ハ
無イノデアリマス.

　九, 其ノ後自宅ニ在ッタガ其ノ頃ニ私ノ部下梁承萬, 朴永熙等ハ日本側ニ
歸化シ, 他ハ逃走シ或ハ李青天ト共ニ額穆ニ去ッタ爲メ食フコトモ出來ナ
クナリ, 日本側デハ各機關卽チ各地領事館, 各特務機關, 關東軍ニ於テハ私
ヲ歸化セシムヘク盛ニ人ヲ派シ來リ, 私ハ死シテモ歸化シナイト云ッテ

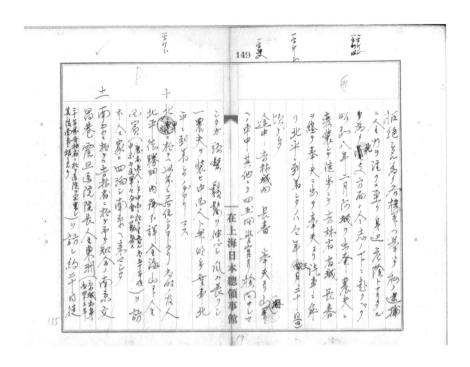

拒絶シタル爲メ各機關ハ擧ッテ私ノ逮捕ニ全力ヲ注クニ至リ, 身邊危險トナリタル爲メ北支方面ノ同志ノ下ニ赴クベク昭和八年二月, 阿城ヲ出發農夫ニ變裝シテ徒歩ニテ吉林省省城, 長春ヲ經テ奉天ニ出テ奉天ヨリ汽車ニ乗リ北平ニ到着シタノハ同年三月二十日(舊)頃デシタ.

途中吉林城內, 長春, 奉天ヨリ山海關ヘノ車中, 其他ニテ四, 五回警官ヨリ檢問サレマシタガ頭髮, 鬚髯ヲ伸バシ瓜ハ長クシ一農夫ヲ裝ヒ中國人ト辯明シテ無事北平ニ到着シタノデアリマス.

十, 北平ニ於テハ以前ニ居住シタコトアリ, 當時ノ友人北平德勝門內號不詳金海山コト金國賓(慶尙道人ニシテ中國ニ於テ生長セル當五十年位, 中國々民軍々分會ニ勤務ス)ヲ訪ネ同家ニ四泊シ南京ヘ來マシタ.

十一, 南京ニ於テハ吉林省ニ於テ豫テ知合ノ南京文昌巷震旦醫院院長金東洲(京城出身當四十三年, 二十年前吉林省ニ於テ醫院ヲ開業シ其ノ後南京ニ移リタルモノ)ヲ訪レ約二十日徒

食シマシタ.

此ノ頃中國各新聞ニ私ノ南下シタコトヲ大々的ニ報導シタ爲メ革命鮮人等ハ私ト提携シテ中國側ヨリ活動資金ノ名目ニテ金ヲ引出スヘク種々策動ガ行ハレタ模様デス. 然シ私トシテモ四, 五千元引出スコトハ容易デシタガ斯ル少額ヲ以テハ在滿獨立黨ヲ救フコトハ出來ズ, 百萬圓モアレバ或ハ自分モ乘リ出スカモ知レナイケレ共中國側ニ左程ノ見込モナイノデ運動ヲ差シ控ヘテ居タ處朴南坡ガ某日偶然震旦醫院ニ來テ私ト面會シマシタ.

同人トハ豫テ知合デス. 別ノ話ハナク私ヨリ「東三省ニ在ル同志等ヲ救援スヘク南下シタガ君ハ中國側ニ知人モ多イカラ何トカシテ運動資金幷ニ救援資金ヲ引出スヘク盡力シテ吳レナイカ, 就テハ差當リ旅費ヲ捻出シテ吳レ, バ同志ヲ當地方ニ呼寄セルコトモ出來ル, 自分トシテハ中國側ニ金ヲ吳レロナンテ云フコトハ云ヒ度クナイ, 寧ロ此様ナコトハ恥

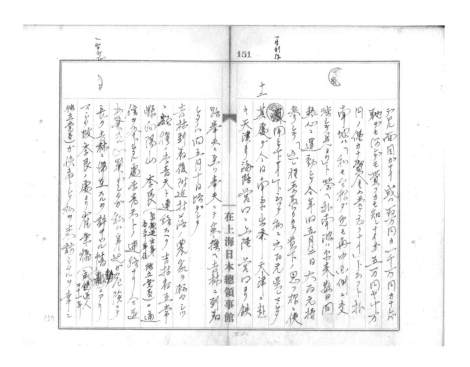

デアル面目ガナイ, 或ハ百萬圓カ一千萬圓カナレバ恥デモ何ンデモ貰フカ
モ知レナイガ五萬圓ヤ十萬圓ノ僅カナ資金ハ受ケ度クナイ」ト云フト朴南
坡ハ「私モ同様ダ. 兎モ角中國側ニ交渉シテ見ヨウ」ト答ヘ, 朴南坡ハ爾來
數日間熱心ニ運動シテ同年舊五月二日六百元持參シテ「之レ程受取ッタカ
ラ貴下ノ思フ様ニ使用シテ下サイ」ト云ッテ私ニ六百元呉レマシタ.

十二, 其處デ同日南京出發天津ヲ赴キ天津ヨリ海路營口ニ上陸, 營口ヨリ
鐵路奉天ニ至リ奉天ニテ乘換ヘ吉林ニ到着シタノハ舊五月十日頃デシタ.

吉林到着後附近村落ノ農家ヲ轉々シツ, 額穆ノ李靑天ト連絡スヘク吉林
省五常縣向陽山李艮(京畿道出身當三十年位, 獨立黨員)ニ通信ヲ發シタル
處李靑天トノ連絡ナリ同道出發スル心算デシタガ私ハ身邊ガ危險ニテ長
ク吉林ニ滯在スルヲ許サザル情勢ニアリマシタ故, 李艮ノ處ヨリ崔秉權(咸
鏡道人二十一年, 獨立黨員)ガ使者トシテ私ヲ來訪シタルヲ幸ニ

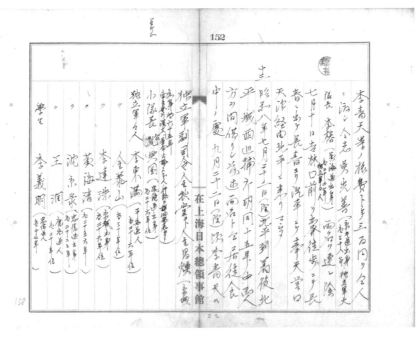

李靑天等ノ旅費トシテ三百圓ヲ同人ニ渡シ, 同志吳光善(京畿道出身, 當三十八年, 獨立軍大隊長), 李椿(黃海道出身, 當二十二年, 獨立軍々人)兩名ヲ連レ陰七月十日吉林口前ヲヲ出發, 徒步ニテ長春ニ出テ長春ヨリ汽車ニテ奉天, 營口, 天津經由北平ニ來リマシタ.

十三, 昭和八年七月二十二日(陰)北平到着後北平城西巡捕廳胡同十五號中國人方ヲ間借リシ前述兩名ト同居徒食中ノ處, 九月二十二日(陰)頃李靑天ハ獨立軍副司令金秋堂コト金昌煥(京城出身, 當六十五年, 南京發行漢文「革命公論」ニハ本人ノ行動ヲ詳細發セリト)

小隊長 公興國(咸鏡道出身, 當二十六年位)

獨立軍々人 李東滿(平安道人, 當二十六年位)

〃　　　　金泰山(當三十年位)

〃　　　　李達洙(京城出身, 當二十六年位)

〃　　　　黃海淸(當二十五, 六年)

〃　　　　沈京泉(忠淸道出身, 當二十二, 三年)

〃　　　　王 潤(慶尙道人, 當二十年位)

學生　　　李義明(忠淸道人, 當十七年)

他氏名不詳三名計十二名ヲ伴レテ來平シ, 私ノ住所附近所在屋號ノナイ旅館ハ一泊シ, 洛陽ニ向ケ出發シマシタ.

李靑天ノ南下洛陽ニ向ッタ經緯ハ次ノ樣デス.

私ガ曩ニ南京ニ於テ朴南坡ト相談シタ際私ヨリ獨立軍モ旣ニ滿洲ニ於テ活動スルコトハ不可能トナッタノデ何カ適當ナル仕事デモ造ッテ呼寄セルト良イトノ話ヲスルト朴南坡ハ「目下南京中央軍官學校洛陽分校ニ於テ朝鮮人ヲ募集シテ居ル之レハ自己ガ中國側ニ種々交涉シタ結果鮮人軍人ヲ洛陽分校ニ於テ養成スルコト, ナッタノデアッテ李靑天ヲ呼寄セテ同校ニ就職セシメルガ得策デハナイカ」ト云ヒ, ソレハ好都合ダト云フノデ私ハ六百圓ヲ受ケテ李靑天ヲ迎ヘニ吉林ニ赴イタ樣ナ譯デ最初朴南坡ノ話デハ陽曆ノ十月一日ニ開學スル豫定ダカラ其レ以內ニ李靑天一味ヲ呼寄セル樣ニトノコトデシタガ一行ノ洛陽ノ到着シタノハ陰ノ九月下旬デシタカラ開學期ヨリ

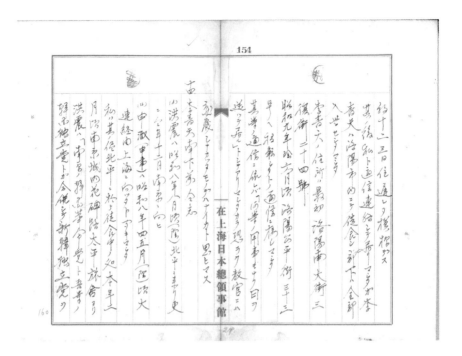

約十二, 三日位遲レタ模様デス.

其ノ後私ト通信連絡シテ居リマシタガ李靑天ハ洛陽市内ニテ徒食シ部下ハ全部入學セシメマシタ. 李靑天ノ住所ハ最初洛陽南大街三復街二十四號.

昭和九年陰六月頃洛陽公平街三十三號ヘ移轉シタトノ通信ニ接シマシタ.

其等ノ通信ニ依レバ「何等ト用事モナク日ヲ送ッテ居ル」トシテアリマシタカラ恐ラク敎官ニハ就職シナカッタモノデハナイカト思ヒマス.

十四, 李靑天南下前同志

(イ) 洪震ハ昭和八年八月頃(陰)北平ニ來リ更ニ同年十二月南京ニ向ヒ.

(ロ) 申淑(申肅)ハ昭和八年四, 五月(陰)頃大連經由上海ニ向ッタト聞キマシタ.

私ハ其ノ儘北平ニ於テ徒食中ノ處本年二月頃南京城内花牌路太平旅舍ヨリ洪震ハ「南京ノ韓國革命黨ト吾等ノ韓國獨立黨トガ合併シテ新韓獨立黨ヲ

組織シタガ貴下ハ監査委員ニ選擧シタカラ就任サレ度シ」トノ通知ヲ郵送越シマシタ.

之レヲ受ケテ考フルニ今ノ情勢下ニ於テハ南京ニ少人數ノ革命家ガ集マッテ騷イテ見タ處デ朝鮮ノ獨立ヲ成功スルコトハ覺束ナイ. 又新韓獨立黨組織ニハ何等關與シテ居ラズ自分ガ韓國獨立黨總務部長, 韓國獨立軍參謀ナルガ故ニ係ル椅子ヲ與ヘタモノデアラウ等ト思ハレ氣ガ進マナイノデ直チニ辭任致シマシタ.

十五, 本年五月二十三日北平出發洛陽ニ赴キマシタ.

洛陽ニ行ッタ目的ハ李靑天ト別レテ久シク, 囊ニ同人南下ノ際北平ニ一泊シタケレ共其際ハ時間モナク語合フコトモ出來ナカッタノデ久振リニ面會シテ舊情ヲ溫メル爲メト, 其ノ部下ハ軍官學校ニ入學シテ居ルト聞イタノデ其ノ樣子ヲモ見ルベク同地ニ赴イタ次第デアリマス.

洛陽到着後市內驛前同春旅館へ

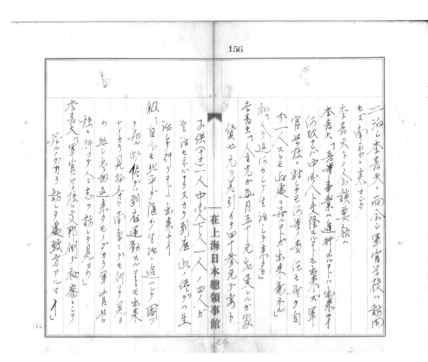

二泊シ李青天ニ面會シ軍官學校ハ訪問セズ南京ニ來マシタ.

李青天トノ會談要領ハ

李青天「吾等ノ事業ハ進行スルコトハ出來ナイ, 何故ナレバ中國人ト交際スルコトモ出來ズ, 軍官學校ニ對シテモ何等ノ責任モ無ク自分一人スラモ此處ニ居ルコトガ出來兼ネル.」私「今迄何ウシテ生活シテ來タカ.」

李青天「金九ガ毎月五十元宛吳レルガ家賃七元ヲ差引イテ四十參元デ妻ト子供(十歲)一人, 中國人下人一人ノ四人ガ生活セネバナラヌカラ到底此ノ儘デハ生活シテ行クコトハ出來ナイ.」

私「自分モ北平デ隨分生活ニ追ハレテ困ッテ居ル, 此ノ儘デハ到底運動スルコトモ出來ナイカラ見物旁々南京ニデモ行ッテ見ヨウ. 然シ當地迄來タモノダカラ軍官學校ニ行ッテ同志ヲ訪レテ見ヨウ.」

李青天「軍官學校ハ支那側デ秘密ニシテ居ルノダカラ訪レタ處致方アルマイ.」

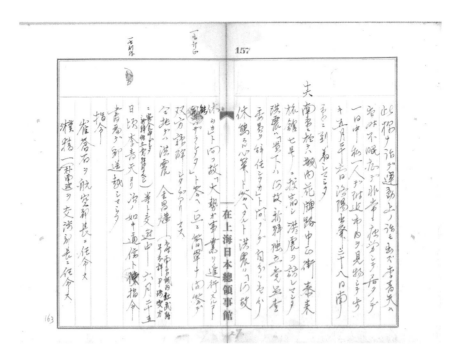

163

此樣ナ話デ運動上ノ話モ出ズ, 李靑天ハ當時不眠症デ非常ニ疲勞シテ居
タノデ一日中私一人デ附近市內ヲ見物シテ步キ五月二十六日洛陽出發, 二
十八日南京ニ到着シマシタ.

十六, 南京ニ於テハ城內花牌路中正街泰來旅館七號ニ投宿シ洪震ヲ訪レ
マシタ. 洪震ハ「貴下ハ何故新韓獨立黨監査委員ヲ辭任シタカ」ト問フノデ
自分ハ當分休憩スル心算ト答ヘタルト洪震ハ「何故休ムカ」ト問フ故「大勢
ガ事業ヲ進行スルコト能ハザラシメタ」ト答ヘ, 互ニ簡單ナ問答デ雙方諒
解シタノデアリマス.

同地デハ洪震, 金昌燁(當時南京城內紅武路號不詳尹琦變方ニ寄食中デシ
タ. 新韓獨立黨幹部ナルベシ)等ト交遊中, 六月二十五日頃李靑天ヨリ次ノ
如キ通信ト指令書留デ郵送越シマシタ.

指令

崔蒼石ヲ航空部長ニ任命ス.

濮精一(朴南坡)ヲ交涉部長ニ任命ス.

李宇精ヲ軍需部長兼海内外各革命團體連絡交涉委員長ニ任命ス.

通信内容ハ

「吾等ハ革命事業ニ對シテ積極的ニ活動シ, 奮鬪セネバナラヌ. 之レガ爲メ別記ノ通リ各幹部ヲ任命シタカラ運動ヲ開始サレ度シ」トノ要領デシタ.

私ハ之レヲ受取ッテ朴南坡ニモ交渉シテ見タガ現在ノ情勢デハ到底實行スルコト不可能ダトテ受取ラズ, 更ニ崔蒼石ニ相談スル必要モナイカラ之等ノ事情ヲ認メテ李青天宛ニ回答シマシタ.

其ノ要領ハ

「現在ノ情勢デハ到底實行スルコトハ出來ナイ. 然シ他ニ方法ヲ考究シ能フ限リ努スベシ.」

之レヲ發信シテ六月二十九日又ハ三十日頃南京發來滬シマシタ.

十七, 上海ニハ一泊モスルコトナク直チニ江蘇省奉賢縣杍林鎭朴南坡方ニ赴キマシタ.

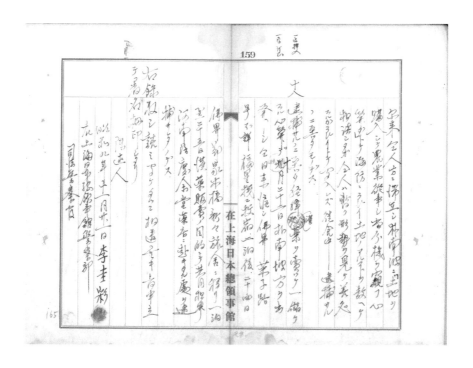

爾來同人方ニ滯在シ朴南坡ニ「土地ヲ購入シテ農業從事シ, 當分機ヲ窺フ心算ダ」トテ海防ニ良イ土地ノアルコトヲ教ヘテ相談シタガ同人ハ暫ク形勢ヲ見テ善處スルガ良イトテ聞入レズ徒食中逮捕サル, ニ至ッタモノデス.

　十八, 逮捕サル, ニ至ッタ經緯ハ漢藥ヲ賣ッテ一儲ケスル心算デ十月二十二日朴南坡方ヲ出發シ同日來滬シ, 佛界茶子路號不詳福星棧ニ投宿, 二泊後二十四日佛界鄭家木橋新々旅舍ニ移リ一泊, 翌二十五日漢藥販賣ノ目的ニテ共同租界江南路慶餘堂藥店ニ赴キタル處ヲ逮捕サレタノデス.

　右錄取シ讀ミ聞ケタルニ相違ナキ旨申立テ署名拇印シタリ.

陳述人

昭和九年十一月二十一日

李 圭 彩

在上海日本總領事館警察部

司法警察官

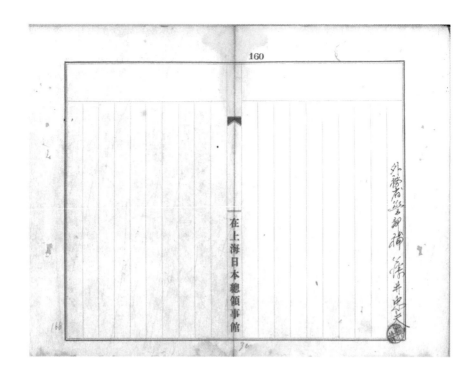

在上海日本總領事館

外務省警部補 藤 井 忠 夫

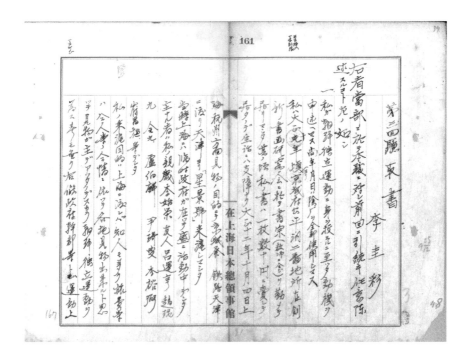

第三回 聽取書

李圭彩

　右者當部ニ於テ本職ニ對シ前回ニ引續キ任意陳述スルコト左ノ如シ.

　一, 私ガ朝鮮獨立運動ニ身ヲ投スルニ至ッタ動機ヲ申述ヘマス. 尚年月日ハ陰暦ヲ全部使用シマス.

　私ハ大正十年頃ヨリ京城府公平洞二番地所在創新書畫研究會ニ於テ書宗（教師ニ同ジ）ヲ勤メテ居リマシタ. 其ノ頃私ノ書ハ一枚數十圓ニ賣レテ居タノデ生活ニハ支障ナク, 大正十二年十月四日上海, 杭州方面見物ノ目的ニテ京城發鐵路天津ニ渡リ, 天津ヨリ「星景號」來滬シマシタ. 當時上海ニハ臨時政府ガ在ッテ盛ンニ活動中デシタ. 主ナル者ハ私ノ親戚李始榮, 友人呂運亨, 趙琬九, 金九, 盧伯麟, 尹琦變, 李裕弼, 崔昌植等デシタ.

　私ノ來滬目的ハ上海ニ渡レバ知人モ多ク旅費等ハ同人等ノ同情ニ依ッテ各地見物出來ルト思ッテ見物ガ主デアッタノデスカラ朝鮮獨立運動ヲ爲ス考モ無ク, 右假政府幹部等トハ運動上

交際シタモノデハ無ク就レモ豫テノ知人デアルガ故ニ普通ノ交際ヲシタノデス.

　約三ヶ月餘リ滯滬シ, 上海, 杭州ヲ見物ノ上鐵路天津, 安東縣經由(大正十三年一月十五日上海發)歸鄉(抱川へ)シマシタ. 處ガ所轄抱川署デハ私ガ獨立運動ニ關係デモアルガ如ク度々警官ヲ派シ, 私ヲ取調ヘ常ニ監視シテ居リマシタ.

　之レガ爲メ私ハ一般的信用失墜シ, 經濟的ニモ種々困難不自由ヲ感スルト共ニ「現在ノ如キ境遇デハ到底朝鮮デ成功スルコトハ出來ナイ. 又何等思想運動ニ無關係ナル自分ヲ取調ヘ看視スルガ如キ甚タ不都合デアル. 如斯ハ日韓併合ノ結果ニ基ク日本ノ總督政治ノ厭迫デ無クシテ何デアラウ曩ニ上海へ旅行シタ際上海デハ相當活潑ナル獨立運動ガ行ハレテ居タ. 何ウセ注目サレルモノナラ如斯厭迫ヲ受ケル朝鮮ニ居住スルヨリモ海外ニ出テ, 朝鮮光復運動ニ身ヲ捧ケヨウ.」ト云フ氣持ニナリ今度ハ初メカラ獨立運動ノ目的デ鄉里發鐵路

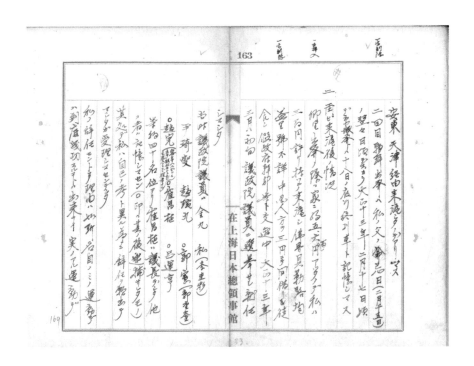

安東,天津經由來滬シタノデアリマス.

　二回目朝鮮出發ハ私ノ父ノ忌日(二月十五日)ノ翌々日頃デスカラ大正十三年二月十七日頃デ京城發ハ十八日ノ夜行終列車ト記憶シマス.

　二,再ビ來滬後ノ情況

　郷里出發ノ際ハ家ニ約五,六百圓アッタノデ私ハ三百圓許リ持ッテ來滬,佛界具勒路均益里號不詳中國人方ヲ三圓ニテ間借リ徒食シ,假政府幹部等ト交遊中,大正十三年三月初旬議政院議員ニ選擧サレ就任シマシタ.

　當時議政院議員ハ　金九, 私(李圭彩), 尹琦變, 趙琬九, ○郭憲(郭重奎), ○趙完(客年ハルピンニ出テ歸化セントセシモ聽許レラレズ檢擧サル), ○崔昌植, ○呂運亨等約四十名位アリ崔昌植ハ議長デシタ.

　他ノ者ハ記憶シマセン(○印ハ其ノ後逮捕サレタモノ)

　其處デ私ハ自己ノ考ト異ナル爲メニ辭任ヲ願出テマシタガ受理シマセンデシタ. 私ノ辭任セントシタ理由ハ如斯名目ノミノ運動デハ到底成功スルコトハ出來ナイ,實ノアル運動デ

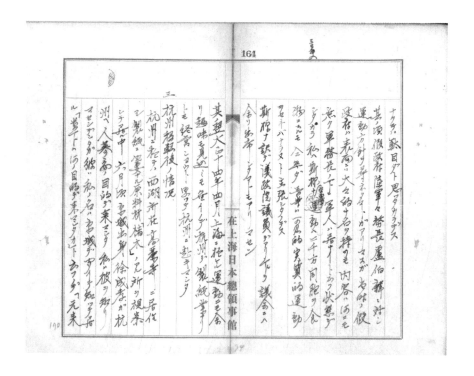

ナクテハ駄目ダト思ッタカラデス.

　其ノ頃假政府陸軍々務長盧伯麟ニ對シ運動方針ヲ尋ネタコトガアリマス
ガ當時ノ假政府ハ表面ニハ大々的ナ名ヲ持ツモ内容ハ何ニモ無ク軍務長ノ
下ニ軍人ハ居ナイト云フ狀態デシタカラ私ハ斯樣ナ空虚ナ運動ハ二千萬
同胞ヲ食物ニスルモ同然ダ, 吾等ハ可及的, 實質的運動ヲセネバナラヌト
主張シタノデス.

　斯樣ナ譯デ議政院議員デアリ乍ラ議會ニハ餘リ出席シタコトモアリマセン.

　其ノ翌大正十四年四月上海ニ於ケル運動ニモ餘リ趣味モ見込ミモ無イノ
デ杭州デ製紙業ナリトモ經營シヨウト思ッテ杭州ニ赴キマシタ.

三, 杭州移轉後ノ情況

　杭州ニ於テハ西湖所在高麗寺ニ居住シ, 製紙ニ必要ナル原料材「楮木」ノ
アル所ヲ視察シテ居ル中, 六月頃京城出身徐成孝ガ杭州ヘ人蔘商ノ目的デ
來マシタ. 私ハ彼ヲ知リマセンデシタガ彼ハ私ノ名ハ京城デ聞イテ知ッテ
居ル「貴下ハ何ノ目的デ來マシタカ」ト云フノデ「元來

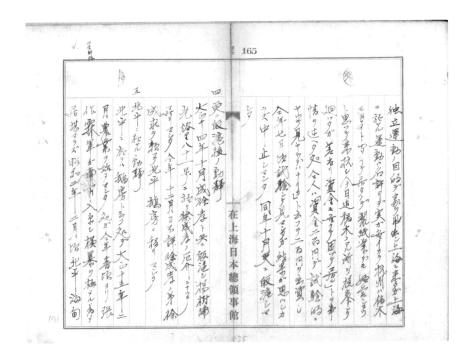

獨立運動ノ目的デ家ヲ飛出シ上海ニ來タガ上海ニ於ケル運動ハ名許リデ
實ガ無イカラ杭州ハ楮木モ多イト聞イテ居タノデ製紙業デモ經營シヨウ
ト思ッテ來杭シ, 今日迄楮木ノアル所ヲ視察シテ廻ッタガ差當リ資金モ無
クテ困ッテ居ル」トテ事情ヲ述ヘタ處, 同人ハ「資金二百圓デ試驗的ニヤ
ッテ見ヤウデハナイカ」ト云フテ二百 ヲ出資シ, 今年七月頃試驗シテ見マシ
タガ結果ガ思ハシカラズ中止シマシタ. 同年十月更ニ歸滬シマシタ.

　四, 更ニ歸滬後ノ動靜

　大正十四年十月, 徐成孝ト共ニ歸滬シ楊樹浦光裕里八十一號ニ於テ徐成
孝ノ厄介ニナッテ居リマシタ. 同年十二月日不詳徐成孝ノ弟徐成求ヲ賴ッ
テ北平鵝房ニ移リマシタ.

　五, 北平ニ於ケル動靜

　北平ニ於テハ鵝房ト云フ處デ大正十五年二月農業ヲ始メマシタ處ガ同年
春頃ヨリ張作霖軍ガ入京シ, 横暴ヲ極メル爲メ居堪マラズ, 昭和二年二月
頃北平海甸

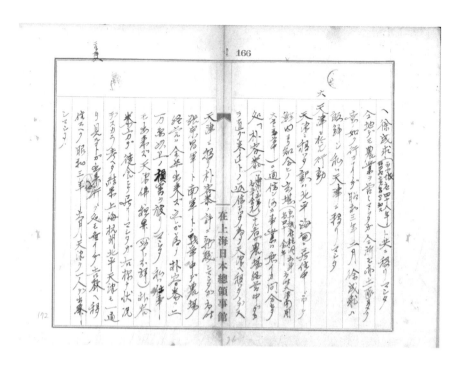

へ徐成求(京城當四十八年, 鮮內死亡兄旨聞知ス)ト共ニ移リマシタ. 同地デモ農業ヲ營ミマシタガ同所モ亦土匪多ク意ノ如ク行カナイノデ昭和三年二月, 徐成求ハ歸鮮シ私ハ天津ニ移リマシタ.

　六, 天津ニ於ケル行動

　天津ニ移ッタ譯ハ北平海甸ニ居住中, 豫テ鮮內ヨリ知合ヒノ玄堪(京城府桂洞出身, 當四十餘年, 當時天津南開大學ニ留學中)ニ通信シ何カ事業ハ無イカ問合セタ處「朴容泰(海州出身, 當五十餘歲)ナル者ガ農場經營中ダカラ直グ來イ」トノ返信アッタ爲メ天津ヘ移ッタノデス. 天津ニ移リ朴容泰ノ許ニ就職シマシタガ當時張宗昌軍ト南軍トノ戰爭中デ農場經營ハ全然出來ズ之レガ爲メ朴容泰ハ二萬圓以上ノ損害ヲ被リマシタ. 私ハ仕事モ出來ズ天津佛租界(以下不詳)朴容泰方デ徒食シテ居リマシタガ右樣ナ狀況デスカラ考ヘタ結果, 上海, 杭州, 北平, 天津モ一通リ見ルコトガ出來, 他ニ行ク處モ無イノデ吉林ヘ移住スヘク昭和三年六月, 天津ヲ一人デ出發シマシタ.

七, 吉林ニ於ケル情況

1, 天津ヨリ船テ營口ニ上陸, 同地ヨリ奉天込徒歩, 同地ヨリ汽車ニテ吉林着, 同地ヨリ約四里南下シ, 大屯ト云フ處ニ到着シタノハ昭和三年七月頃デシタ. 同地ニハ最初賴ル人モナク宛所ナク赴イタノデスガ同地ニハ私ノ友人ノ子供成柱悦(京城出身, 當四十五年)ガ農場ヲ經營中ナルコトヲ知リ同人方ニ寄食シ, 同年ハ其處デ何等爲スコトナク過シマシタ. 此ノ頃モ獨立運動ノシタイコトハ山々デスガ人間ハ食フコトガ出來ナケレバ何事モ爲スコトガ出來マセン. 人ヲ集メルコトモ工作モ出來マセン. 獨立運動ヲ目的トシテ出郷シタ者ガ何故ニ農業ノミシテ居タカト云ハレルデセウガ上海出發後ハ實際生活ヲ追レル爲メ運動スル暇ハアリマセンデシタ.

2, 越ヘテ昭和四年一月吉林省舒蘭縣老黑頂子李章寧ヲ賴ッテ同地ヘ移リマシタ.

李章寧ハ當時農業ニ從事中デシタガ元韓國副尉(小隊長)忠淸道出身昭和六年九・一八事件

後強盜ニ殺サレマシタ

今人ノ許ニ於テ農場經營ノ手傳中 昭和五年一月吉林省五常縣沖河鎭ニ於テ農業ニ從事中ノ朴一萬ヲ訪レ附近ノ土地ヲ賣收シ大々的ニ開墾シ農場ヲ經營スヘク稻田公司開設ニ關スル相談ヲシテ居ル中 五常縣一帶ニ蟠居シテ居タ李榮民 趙東九等ヲ主領トスル共産黨烽起シ數百ノ鮮農ヲ煽動シ吾々ノ事業ニ對シ反對ノ氣勢ヲ揚ケタノミナラズ

在上海日本總領事館

「民族主義者ハ共産黨ノ敵ナリ」トテ朴一萬及私等ニ危害ヲ加ヘヨウトシテ騷キ出シマシタ 其處デ同年二月頃私等ハ中國官憲ノ保護ニ依リ辛フシテ楡林縣ニ逃避スルコトガ出來マシタ

其ノ後昭和五年五月下旬中東線二道河子申肅ヨリ五月五日同地朴觀海方ニ於テ韓國獨立黨準備會ヲ開催シ 七月一日ニ組織スヘク宣傳スルコトニ決定シタカラ參加シテ吳レトノ通信ヲ受ケマシタノデ

後強盜ニ射殺サレマシタ.

　同人ノ許ニ於テ農場經營ノ手傳中, 昭和五年一月吉林省五常縣沖河鎭ニ於テ農業ニ從事中ノ朴一萬ヲ訪レ, 附近ノ土地ヲ賣收シ, 大々的ニ開墾シ農場ヲ經營スヘク稻田公司開設ニ關スル相談ヲシテ居ル中, 五常縣一帶ニ蟠居シテ居タ李榮民, 趙東九等ヲ主領トスル共産黨烽起シ, 數百ノ鮮農ヲ煽動シ吾々ノ事業ニ對シ反對ノ氣勢ヲ揚ケタノミナラズ「民族主義者ハ共産黨ノ敵ナリ」トテ朴一萬及私等ニ危害ヲ加ヘヨウトシテ騷キ出シマシタ. 其處デ同年二月頃私等ハ中國官憲ノ保護ニ依リ辛フシテ楡林縣ニ逃避スルコトガ出來マシタ.

　其ノ後昭和五年五月下旬中東線二道河子申肅ヨリ五月五日同地朴觀海方ニ於テ韓國獨立黨準備會ヲ開催シ, 七月一日ニ組織スヘク宣傳スルコトニ決定シタカラ參加シテ吳レトノ通信ヲ受ケマシタノデ

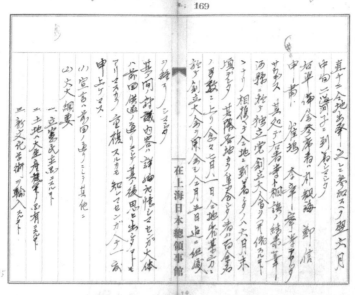

直チニ同地出發, 之レニ參加スヘク翌六月中旬二道河子ニ到着シマシタ.

　右準備會參席者ハ朴觀海, 鄭信, 申肅, 崔塢, 李章寧等テアッタサウデス. 其處デ右者等ト相談ノ結果葦河縣ニ於テ獨立黨創黨大會ヲ開催スルコト, ナリ, 相携ヘテ同地ニ到着シタノハ六月末頃テシタ. 其際各地カラ集合シタ者ハ百餘名ノ多數ニ上リ愈々七月一日同地崔某方ニ於テ創立大會ヲ開催シ, 同月五日汔ニ組織ヲ終了シマシタ.

　其ノ間ノ討議內容ハ詳細記憶シマセンガ大體ハ前回供述ノ通リニシテ其ノ後思ヒ出シタコトモアリマスカラ重複スルカモ知レマセンガ今一度申上ケマス.

(1) 宣言ハ前回ノ通リニシテ其他ニ

(2) 六大綱要

一, 立憲民主國ニスルコト

二, 土地ト大生產機關ノ國有ニスルコト

三, 新文化學術ヲ輸入スルコト

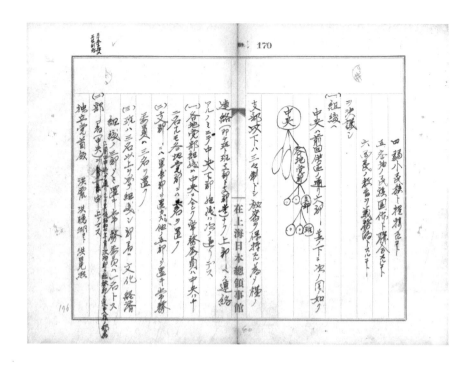

四, 弱少民族ト提携スルコト

五, 各地ノ民族團體ト聠合スルコト

六, 國民ノ教育ヲ義務的トスルコトヲ決議シ

一, 組織ハ

中央ハ前回供述ノ通リ六部, 其ノ下ニ次ノ圖ノ如ク

支部以下ハ三々制トシ, 秘密ヲ保持スル爲メ横ノ連絡(卽チ班ト班, 支部ト支部等)ナク上部ヘノ連絡アルノミニテ中央下部組織ハ次ノ通リデス.

(一) 各地黨部組織ハ中央ニ同シク常務委員ハ中央ハ十二名ナルモ各地黨部ニハ六名ヲ置ク.

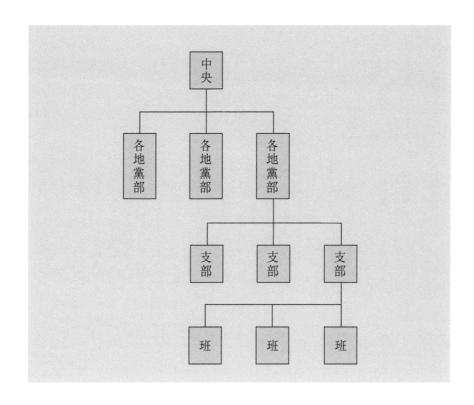

（二）支部ニハ軍事部ヲ置カズ, 他ノ五部ヲ置キ常務委員ハ三名ヲ置ク.

（三）班ハ三名以上ヲ以テ組織シ部署ハ文化, 經濟, 組織ノ三部ノミ置キ常務委員ハ一名トス.

二, 部署（中央）ハ前回申述ヘタ通リニシテ其後昭和七年二月政治部ヲ總務部ニ變更後ノ部署ヲ申上ケマス.

獨立黨首領 洪震, 洪晩湖コト洪冕熙

同人ハ京城(舊名)車洞(西小門外)出身, 當五十九年, 客年八月南下シ現在ハ南京尹琦燮ノ許ニ在リ.

總務委員長 李宇精コト李圭彩(本名)

〃　委員 李靑天コト池大亨

京城府內資洞一二八番地, 當四十七年, 客年九月南下, 洛陽軍官學校ニ赴キ本年七月頃漢口ニ行キタリ.

〃　〃　　　申淑, 申肅コト申泰痴

京畿道加平出身, 五十二年, 客年四月來滬シ 現在ハ北平西直門外ニ家族五人ト共ニ農業ニ從事中.

〃　〃　　　韓荷江コト韓東根

平安北道江界出身, 當五十一年. 現在ハ哈爾賓道裡外國街三五號, 朝鮮商會主.

〃 〃　　　崔岳コト崔丹舟

　本籍咸南甲山郡以下不詳, 當三十七年, 其後消息不明.

〃 〃　　　鄭藍田コト鄭驀

　咸南甲山郡出身, 當四十二年, 滿洲以下不詳.

總務秘書 安一淸コト安圭元

　　　　忠南論山郡出身, 當三十五年, 客年十二月南下シ, 江蘇省拓林朴
南坡方ニ居住中.

軍事委員長兼獨立軍總司令

　　　　李靑天コト池大亨

〃　委員 黃夢手コト黃鶴秀

　　　　忠淸道出身, 當五十五年, 現在モ滿洲ニ在リ.

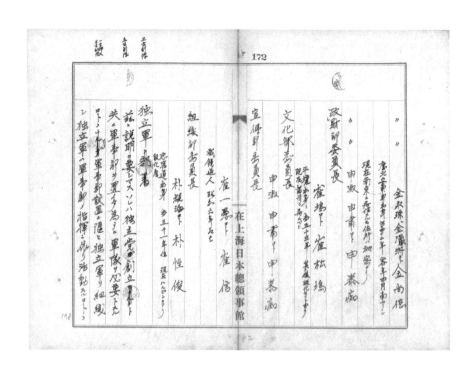

"　" 　　金永珠, 金瀛洲コト金尙德

　　　　慶北安東郡出身, 當四十二年, 客年四月南下シ, 現在南京ニ居住

　　　　スルモ住所ハ秘密ナリ.

"　" 　　申淑, 申肅コト申泰痴

財政部委員長

　　崔塢コト崔松塢

　　平壤出身, 當五十三年, 其ノ後歸化セリト聞ク, 現在滿洲ニ居ル

　　ベシ.

文化部委員長

　　申淑, 申肅コト申泰痴

宣傳部委員長

　　　崔一愚コト崔信

　　　咸鏡道人, 昭和六年死亡.

組織部委員長

　　　朴觀海コト朴性俊

　　　忠淸道出身, 當五十一年位, 現在ハルピンニアリ, 歸化者.

獨立軍

　茲ニ說明ヲ要シマス. ソレハ獨立黨創立ト共ニ軍事部ヲ置イタ爲メニ軍隊ヲ必要トスルコト, ナリ軍事部設置ニ隨ヒ獨立軍ヲ組織シ, 獨立軍ハ軍事部ノ指揮ニ依リ活動スルコト,

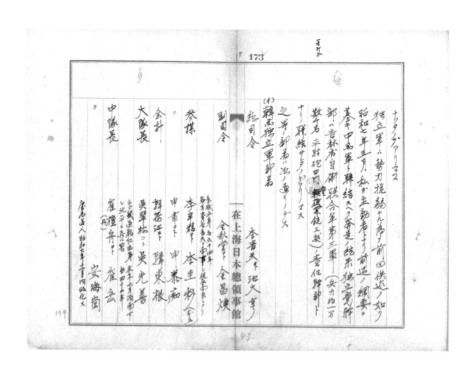

ナッタノデアリマス．獨立軍ハ勢力挺弱ナル爲メ前回供述ノ如ク昭和七年
五月，私ガ主動者トナリ前述ノ綱要ニ基キ中國軍ト聯合スベク奔走ノ結果
獨立黨幹部ハ吉林省自衛聯合軍第三軍(兵力約一萬數千名，平射砲四門，重
機關銃三挺)ノ責任幹部トナリ聯結サレタノデアリマス．

之等ノ部署ハ次ノ通リデス．

(イ)韓國獨立軍部署

總司令 李青天コト池大亨

副司令 金秋堂コト金昌煥

京城出身，當六十四年，客年九月，李青天ト南下シ現在南京ニアリ．

參謀 李宇精コト李圭彩(本名)

〃　　申肅コト申泰痴

會計 韓荷江コト韓東根

大隊長 吳翠松コト吳光善

京畿道龍仁出身, 本年七月頃南下シ, 北平ニ居ル筈, 當四十二年.

中隊長 崔檀(丹)舟コト崔岳

〃　　安海崗

慶尙道人, 昭和七年十一月頃歸化ス.

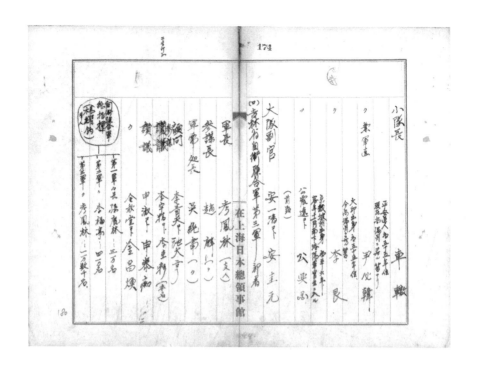

小隊長 車轍

　　　　平安道人, 當五十五年位現在尙滿洲ニ居ル筈ナリ.

〃　　兼軍醫 尹必韓

　　　　大邱出身, 當五十五年位, 今尙滿洲ニ居ル筈.

〃　　李艮

　　　　京畿坡州出身, 當三十六年, 客年十一月南下, 洛陽軍官生ニ入ル.

〃　　公震遠コト公興國

(前顯)

大隊副官 安一淸コト安圭元

(ロ) 吉林省自衛聯合軍第三軍部署

軍長　　考鳳林(支人)

參謀長　趙 麟(〃)

軍需處長 吳純蕭(〃)

顧問 李靑天コト池大亨

參謀 李宇精コト李圭彩(本名)

讚議 申淑コト申泰痴

〃　金秋堂コト金昌煥

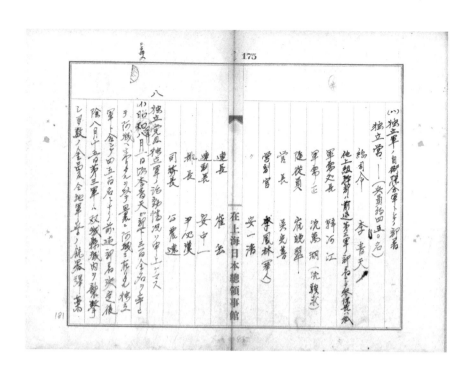

(ハ) 獨立軍ノ自衛聯合軍トシテノ部署

獨立營一(兵員約四五〇名)

總司令 李青天

他上級幹部ハ前述第三軍ノ部署ニシテ參謀長ハ私

軍需處長 韓河江

軍需正 沈萬湖(沈駿求)

隨從員 崔晩翠

營 長 吳光善

營副官 李鳳林(華人)

〃　　安一清

連長 崔 岳

連副長 安中一

排長 尹必漢

司務長 公震遠

八, 獨立黨及獨立軍ノ活動情況ヲ申上ケマス.

(イ) 昭和七年八月一日頃李青天ガ部下三百餘名ヲ率ヒテ阿城ヘ來リタル
ヲ以テ曩ニ阿城ニ在リタル獨立軍ト合シテ四, 五百名トナリ前述部署決定
後, 陰八月十五日第三軍ハ雙城縣城內ヲ襲擊シ多數ノ金品及同地軍警ノ銃
器, 彈藥

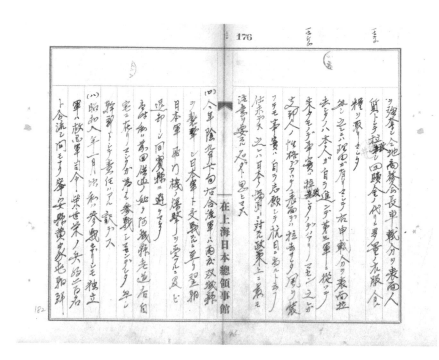

ヲ強奪シ，同地商務會長車軾分ヲ表面人質トシテ拉致シ回贖金ノ代リニ多量ノ衣服，食糧ヲ取リマシタ．

　然シ之レニハ理由ガ有リマシテ，右申軾分ヲ表面拉去シタノハ本人ガ自ラ進ンデ第三軍ニ從ッテ來タモノデ事實ハ拉致シタノデハアリマセン．之レガ支那人ノ性格デアッテ表面デハ拉去サレタ風ヲ裝フテモ事實ハ自ラ志願シテ抗日ニ當ルト云フ仕末デス．之レハ日本ノ滿洲ニ對スル政策上ニ最モ注意ヲ要スル處ダト思ヒマス．

　（ロ）今年陰九月下旬右合流軍ハ再度雙城縣ヲ襲擊シ，日本軍ト交戰スルニ至リ，翌朝日本軍飛行機ノ爆擊ヲ受クルニ及ビ退却シ同賓縣ニ避ケマシタ．

　當時私ハ前回供述ノ如ク阿城縣老道店自宅ニ在リマシタガ爲メニ參戰シマセンデシタ．然シ幹部トシテ責任ハアル譯デス．

　（ハ）昭和八年一月頃私ハ參戰セザリシモ，獨立軍ハ救國軍司令柴世榮ノ兵約二百名ト合流シ間モナク寧安縣黃家屯朝鮮

人自衛團(親日)約五十ヲ襲擊シマシタガ勝算ナキヲ見テ退却シタコトモアリマス.

(二) 其他只今御尋ネニナッタ昭和八年四月寧安縣柳家屯滿人自衛團約百名ヲ襲擊武裝解除ヲ爲シ, 掠奪ヲ爲シタルコト.

同年五月中旬, 同縣馬蓮河ニ蟠居中, 日本軍ノ討伐ニ遭ヒ交戰五時間ニシテ總退却セルコト.

同月下旬, 同縣獨山子ヲ占據中日本軍ノ討伐ニ遭ヒ交戰三時間ニシテ總退却シタルコト, 當時救國軍ハ約二千名アリシコト.

等ハ私ハ關與シタコト無ク, 前述ノ如ク避難中デ獨立軍トノ連絡ガ切レテ居タ爲メ全然知リマセン. 事實ヲ明瞭ナラシムル爲メ以下任意問答ス.

問 獨立黨創立當時李靑天軍ノ情勢如何.

答 昭和六年六, 七月頃ハ李靑天ハ吉林省五常縣沖河鎭ニ於テ農業ニ從事シ, 自衛團ハアリマシタガ李靑天軍ナル軍隊ハアリマセンデシタ. 獨立軍ハ正義府ニアッタ軍隊デ李靑天ハ正義

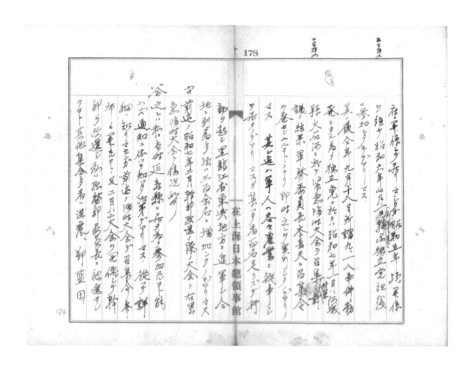

府ニ關係シテ居リマシタガ昭和五年頃關係ヲ絶チ昭和六年七月一日
部下ト共ニ韓國獨立黨組織ニ參加シタモノデアリマス.

　其ノ後同年九月十八日所謂九.一八事件勃發シタル爲メ獨立黨ニ於
テハ昭和七年一月, 阿城縣大石河ニ於テ緊急臨時大會ヲ召集シ對策討
議ノ結果, 軍務委員長李靑天ニ召集令ヲ發セシムルコト, ナリ, 卽時
之レヲ實行シタノデアリマス. 其レ迄ハ軍人ハ各々農業ニ從事シテ居
タノデアリマスガ集ッタ者百名足ラズデ行動ヲ起シ黑龍江省東興地
方ニ進軍シ, 當地ニ到着シタ頃ハ三百餘名ニ增加シタノデアリマス.

問　前述ノ昭和七年二月幹部改選ノ際ノ大會ト右緊急臨時大會トノ情況如何.

答　之レハ私ハ當時延壽縣ニ居タ爲メ參加スルコト能ハズ通知ニ依ッテ
　　知ッタ次第デアリマス.

　從ッテ詳細ハ知リマセンガ前述ノ臨時大會デ召集令發布ニ關スルコ
ト及二月ニ大會ヲ開催シテ幹部ヲ改選シ, 私ハ總務部委員長ニ被選サ
レタコト, 其他集合シタ者ハ洪震, 鄭藍田,

韓荷江, 申肅, 朴觀海等デアッタコトシカ承知致シマセン.

問　其許ハ總務部委員長ニ就任後如何ナル活動ヲナセシヤ.

答　右ニ依リ就任シマシタが前回供述ノ通リ即時出發スルコト出來ザリシヲ以テ四月ニ出發, 五月自衛聯合軍ヲ訪レ中韓合作抗日ニ當ルコトヲ強調シ遂ニ韓國獨立黨ノ軍隊タル獨立軍ト自衛聯合軍トノ聯結成立シタノデアリマス. 其ノ後同年八月李靑天軍ガ來リタルヲ以テ同人ト共ニ行動シタノデアリマスカラ先ニ申述ヘタ獨立軍ノ行動同様デアリマス.

但シ昭和七年九月阿城ニ於テ李靑天軍ト離レ客年四月北平ニ避身シタ爲メ獨立軍ノ活動ハ良ク知リマセン.

問　其許ガ李靑天ト別レタ理由如何.

答　李靑天ハ雙城縣城襲擊後, 王德林軍ニ合流活動スヘク額穆地方ニ向ヒマシタが私ハ到底見込ナイト思ッタノデ其ノ儘阿城

ニ居殘リ老道店ニ居住シテ居リマシタ.

別レタ理由ト云ヘバ意見ノ相違トデモ云ヘマセウ. 私ハ同地ニ當分居住スル豫定デシタガ其頃ヨリ日本特務機關ヨリ歸順勸告ヲ受ケ漸次身邊危險トナッタ故二月出發, 各地ヲ轉々避難シツ, 四月北平ニ到着シタノデス.

問 歸順勸告ヲ受ケタル情況如何.

答 昭和七年十二月頃哈爾賓ヨリ吳哲周ナル者來訪シ,「協助會ナル團體ヲ組織スルカラ參加セヨ」ト勸告シマシタガ私ハ之レニ應シマセンデシタ.

　詳述シマスト吳ハ曰ク「現在日本ハ滿洲國ヲ創立セムト活動中ナルガ之レハ要スルニ韓族ノ存亡ニ關スル重大問題デアルカラ吾等韓民族ハ種々意見ヲ開陳シテ吾等民族ノ有利ナル組織トセネバナラヌ. 就テハ哈爾賓ニ協助會ナル團體ヲ組織シ日本各機關ニ對シ民族ニ關スル事項建言シツ, アル狀況ニアルヲ以テ貴下モ是非贊成シテ貰ヒ度イ.」

　之レニ對シ私ハ

「一, 吉林以北ニ勃海舊韓國ヲ建設スルコト.

二, 韓國軍ヲ組織スルコト.

三, 五百萬人以上一千萬人位ノ民衆ヲ韓國內地ヨリ移住セシムルコト.

四, 韓國建設費用, 軍用品, 移民費一切ヲ日滿兩國ニ於テ負擔スルコト.

五, 昨國建國三年後外國勢力ノ侵入ヲ防グ爲メ日韓滿三國協定ヲ締結スルコト.

以上五條件容認セラルレバ參スヘシ」ト答ヘタル處, 吳哲周ハ極力奔走スヘシト答ヘ, 私ハ「右ノ事ニ就テ日本ノ機關ニ於テ相談スルト云ヘバ適當ナル所ニ赴キ相談スル用意アル」旨ヲ述ヘ別レマシタ.

其ノ後約一週間後吳哲周再度來訪シ「右要求事項五件ニ關シテハ在哈日本特務機關ト關東軍司令部ニ文書ヲ以テ送呈シタ

就テハ陸軍步兵大佐竹下某ヨリ李靑天, 李宇精ニ宛テタル通信ヲ持參セリ.」トテ該通信ヲ吳レタルヲ以テ開披スルニ.

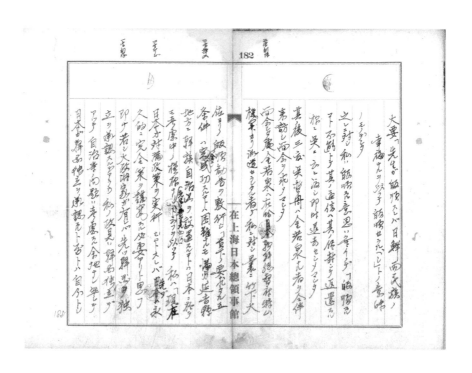

大要「先生ガ歸順スレバ日鮮兩民族ノ幸福ナルヲ以ッテ歸順 セラル
ベシ」トノ意味ノモノデシタ.

　之レニ對シ私ハ歸順スル意思ハ無イノデ「歸順スルコト不能」トテ其ノ
通信ハ其ノ儘封シテ返還スル樣ニ吳ニ云ヒ渡シ,卽時退去セシメマシタ.

　其ノ後三度吳哲周ハ金若泉ナル者ヲ同伴來訪シ面會ヲ求メマシタ.

　面會シタ處金若泉ハ在哈朝鮮總督府特務機關ヨリ派遣セラレタル
者デ私ニ對シ,囊ニ竹下大佐ヨリノ歸順勸告ヲ敷衍シ「貴下ノ要求タ
ル五條件ハ完全ニ成功スルコトハ困難ナルモ滿洲延吉縣地方ニ韓族
自治區ヲ設置スルコトハ日本ニ於テモ考慮中ノ模樣ナリ. 先生ノ意
見如何」ト云フヲ以ッテ私ハ「現在日本ガ對滿政策ヲ實行セムトスレ
バ先ヅ永久的ニ完全策ヲ講究スル必要アリト思フ. 卽チ若シ大政治
家ガ有レバ先ッ韓國ノ獨立ヲ承認スルデアラウ. 私ノ政見ハ韓國獨
立デアッテ自治等ノ問題ハ考慮スル餘地ナシ. 然シテ日本ガ韓國獨
立ヲ承認スルト否トハ自分トシ

テ敢テ痛痒ヲ感セズ. 即チ其ノ理由ハ韓族二千萬ガ日本ニ對シテ如
何ナル感情ヲ以ッテ居ルカハ勿論云フ迄モナク貴下等ノ諒知スル處
デアル. 假令獨立軍ガ歸化シタトシテモ或ハ又日本軍ノ爲メニ一人
殘ラズ殺滅サレタ處デ二千萬民衆ノ心理ヲ歸順セシムルコトハ到底
出來ナイ. 又二千萬民衆ガ一人殘ラズ殺サレル前迄ハ獨立運動ハ終
息セナイデアラウ. 若シ日本ニ於テ大陸政策ヲ永久ニ盤石ノ安キニ
置カムトスレバ先ッ韓國獨立ヲ承認スヘシ. 左スレバ韓族二千萬ハ
日本ノ大德ヲ謳歌シ大陸政策ノ施行ニ當ッテハ先驅者トシテ起ッニ
相違ナシ. 日本ニ於テ歸順歸化ヲ勸告スルハ愚策ナリ」トテ歸順勸告
ヲ拒絶シタ處其ノ儘退去シマシタ.

其ノ後ハ兩名トモ來訪スルコトナク, 昭和八年二月頃吳哲周ハ李青
天歸化費四千餘弗ヲ携帶逃走シ, 其他同樣費用ヲ着服シタ鮮人多數デ
アルトノ噂ヲ聞イタコトガアリマス.

問 其ノ後逃走理由如何.

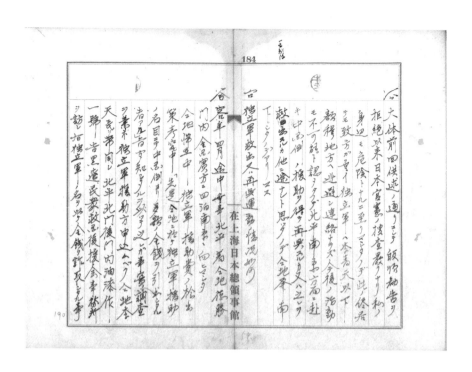

答 大體前回供述ノ通リニシテ歸順勸告ヲ拒絶以來日本官憲ノ捜査嚴ク
ナリ私ノ身邊モ危險トナルニ至リマシタノデ此ノ儘居テモ致方ガ無
イ,獨立軍ハ李靑天以下額穆地方ヘ逃避シ連絡ナラズ今後ノ活動モ不
可能ト認メタノデ北平,南京方面ニ赴キ中國側ノ援助ヲ得テ再興スル
カ又ハ之レヲ救出スルカ他ニ途ナシト思ッタノデ同地發南下シタノ
デアリマス.

問 獨立軍救出又ハ再興運動ノ情況如何.

答 客年四月途中無事北平着同地德勝門內金國賓方ニ四泊,南京ニ向ヒマ
シタ. 同地滯在中獨立運援助費ノ捻出策考究中「先是同地ニ於テ獨立
軍援助ノ名目ニテ中國側ヨリ多額ノ金錢ヲ引出シタル者アル」旨聞知
シタルヲ以ッテ之レガ事實調査ヲ兼ネ獨立軍援助方申込ムベク同地
李天民ヲ帶同シ,北平北門後門內油麥作一號吉黑遼民衆救國後援會事
務所ヲ訪レ右獨立軍ノ名ヲ以テ金錢ヲ詐取シタル事

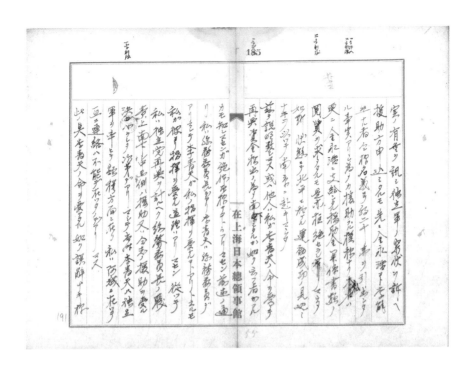

實ノ有無ヲ訊シ, 獨立軍ノ窮狀ヲ訴ヘ援助方申込ミタルモ先ニ金永浩コト李能然ナル者同様名義ニテ約二千弗ヲ引出シタル事實アリシ爲メカ援助スル模樣ナク, 私ハ更ニ金永浩ニ支給シタル援助金關係書類ノ閱覽ヲ求メタルモ是亦拒絕セラレマシタ. 如斯狀態ニテ北平ニ於ケル運動成功ノ見込ミナキヲ以ッテ南京ニ赴キマシタ.

茲テ說明致シマス. 或ハ他人ハ私ガ李青天ノ命ヲ受ケテ再興資金捻出ノ爲メ南下シタルガ如ク云フ者ガアルカモ知レマセンガ絕體左様ナコトハアリマセン. 前述ノ通リ私ハ總務委員長デアリ, 李青天ハ總務委員デアリマシテ李青天ガ私ノ指揮ヲ受ケルコトアリトスルモ私ガ彼ヨリ指揮ヲ受ケル道理ハアリマセン. 從ッテ私ハ獨立黨再興ヲ計ルヘク總務委員長ノ職責上南下シ, 中國側ノ援助又ハ同志ノ援助ヲ受ル決心ヲシタ次第デアリマシテ, 當時李青天ハ獨立軍ヲ率ヒテ額穆方面ニ在リ私ハ阿城ニ在ッテ互ニ連絡ハ不能デ在ッタノデアリマス.

此ノ点李青天ノ命ヲ受ケタル如ク誤解ナキ様

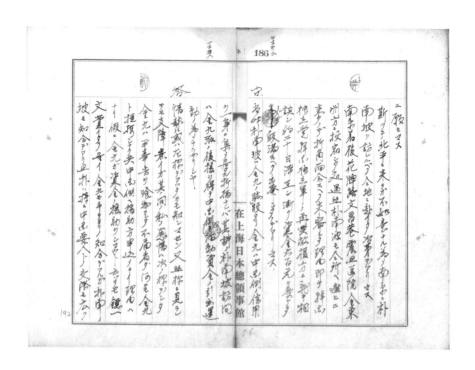

ニ願ヒマス.

　斯クテ北平ニ來タガ不如意ナル爲メ南京ニ朴南坡ヲ訪レルベク同地ニ赴イタ次第デアリマス. 南京着後花牌路文昌巷震旦醫院金東洲方ニ投宿シタ處, 偶然朴南坡モ同所ヘ遊ヒニ來タノデ折角面會スヘク來寧シタ理由卽チ韓國獨立黨韓國獨立軍ノ再興, 救援方ニ就キ相談シ, 約二十日滯在シ漸ク資金六百圓ヲ受ケタノデ歸滿スヘク出發シタノデアリマス.

問　當時朴南坡ハ金九ノ股肱タリ. 金九ハ中國側ノ信用ヲ一身ニ集メ居タル折柄ナレバ其許ノ朴南坡訪問ハ金九派ノ後援ヲ得テ中國側ヨリ活動資金ノ引出運動ノ爲メナラザリシヤ.

答　情勢ハ或ハ左樣デアッタカモ知レマセン. 又然樣ニ見ラレテモ支障無イガ其ノ間ノ私ノ感情ハ次ノ樣デシタ.

　金九ハ尹奉吉ヲ喰物ニシタ不屆者ダ. 何ニモ金九ト提携シナク共中國側ヘ援助方申込メナイ理由ハナイ. 假ニ金九ガ資金ノ援助ヲシヨウト云ッテモ鐚一文貰イタク無イ. 金九モ豫テヨリノ知合デアルガ朴南坡モ知合デアリ, 且朴ハ特ニ中國要人トノ交際モ廣ク

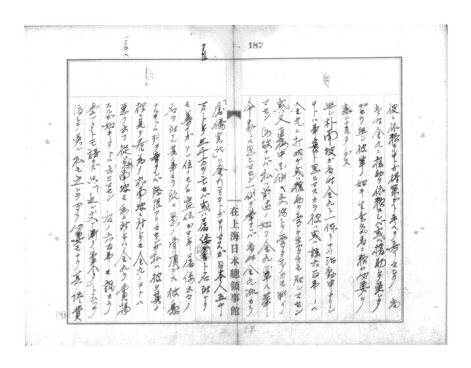

彼ニ依頼スルコトガ得策ダト考ヘテ居リマシタ．尚當時金九ニ援助
ヲ依頼スレバ或ハ援助シテ吳レタデセウ．

然シ彼輩ノ如キ生意氣者ニ頼ム必要ヲ感シナカッタノデス．

然シ朴南坡ガ當時金九ト一體トナリ活動中ナリシコトハ事實ト思ヒ
マスカラ彼ハ或ハ該六百弗ハ金九ニ打明ケ或ハ援助ヲ受ケテ來タカ
モ知レマセン．或ハ又直接中國側ヘ交涉シテ受ケタモノカモ判リマ
セン．何故ナレバ私ハ前述ノ如ク金九輩ハ革命家トハ思ヒマセン．一
例ヲ擧クレバ當時金九派カラ「屠倭實記」ヲ發行シタコトガアリマス
ガ日本人五千萬トシテ三千萬ヲ亡セバ或ハ屠倭ト名附ケテモ善イガ
アレ位ノモノニ宣傳ガマシキ屠倭云々ノ名ヲ附ケル其ノ事スラ旣ニ
愚ノ骨頂デス．彼ノ愚ナルコトハ例ヲ擧クレバ際限アリマセンガ私
ハ彼ヲ其ノ樣ニ見テ居ル爲メ朴南坡ニ對シテモ金九ノコトハ惡ク云
フ，從ッテ朴南坡モ私ニ對シテハ金九ヲ賞揚スルガ如キコトハ云ヒマ
セン．右ノ六百弗モ誰カラ受ケタトモ語ラズ只「之レ丈ケ漸ク出來
タ」ト云ッテ渡シテ吳レ，私モ之レヲ聞ク必要モナク其ノ儘貰

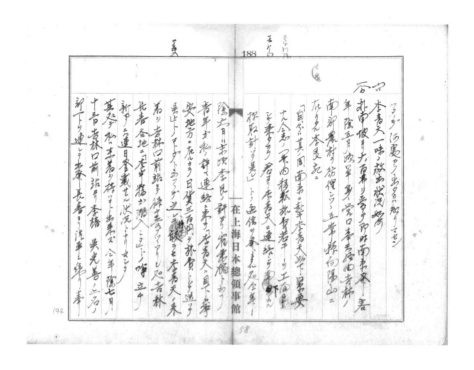

　ッタノデ何處カラ出タカハ知リマセン.

問　李青天一味ノ救出狀況如何.

答　朴南坡ヨリ六百弗ヲ受ケテ卽時南京發客年陰五月頃單身營口, 奉天經
　　由吉林ノ南部農村ヲ彷徨シツ, 五常縣向陽山ニ在リタル李艮宛ニ「自
　　分ハ其ノ間南京ニ赴キ李青天以下緊要ナル同志ノ關內移轉旅費若干
　　ヲ工面シテ來タカラ君ヨリ李青天ニ連絡シテ南下スル樣取計ッテ吳
　　レ」トノ通信ヲ發シタル處同年陰六月末頃李艮ノ許ヨリ崔秉權ト云フ
　　青年ガ私ノ許ヘ連絡ニ來テ「李青天ハ目下寧安地方ニ在ルカラ日貨三
　　百圓ヲ旅費トシテ送ッテ吳レ」トノコトダト云フノデ之レヲ持チ歸ラ
　　セ, 李青天ノ來着ヲ吉林口前站ニテ待チ受ケツ, アリシ處吉林, 長春
　　各地ニ「李宇精ガ潛入シタ」トノ噂立チ, 新聞ニハ連日登載サレル狀況
　　トナリマシタ.

　　其處デ私ハ來着ヲ待ッコト出來ズ, 同年陰七月十三日吉林口前站ヨ
　　リ李椿, 吳光善ノ二名ノ部下ヲ連レテ出發, 長春ヨリ汽車ニ乘リ奉

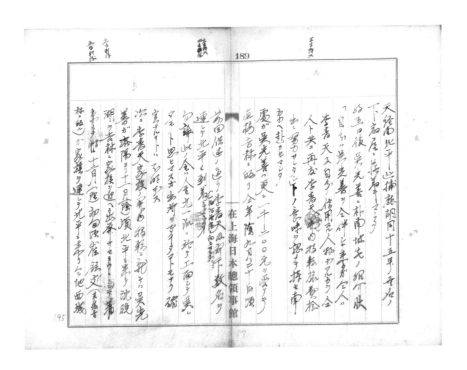

天經由北平巡捕廳胡同十五號無名ノ下宿屋ニ落着キマシタ.

　約五日後吳光善ニ朴南坡宛ノ紹介狀「自分ハ吳光善ヲ同伴シテ來タガ同人ハ李青天及自分ノ信用スル人物デアルカラ同人ト共ニ再度李青天一派ノ關內移轉旅費捻出ニ努力サレタシ」トノ意味ヲ認メテ持セ南京ヘ赴カセマシタ.

　處ガ吳光善ハ更ニ一千二〇〇元ヲ受ケテ直接吉林ニ歸リ, 同年陰九月二十日頃前回供述ノ通リ李青天及部下數名ヲ連レテ北平ニ到着, 一泊後洛陽ニ向ヒマシタ.

　勿論此ノ金ハ金九一派ニ於テ工面シテ吳レタモノト思ヒマスガ出所ヲ聞イタコトモナク確實ナルコトハ不明デス.

　次ニ李青天家族ノ關內移轉ニ就テハ吳光善ガ洛陽ヨリ十一月(陰)頃北平ニ來テ沈晩湖ヲ吉林ニ家族ヲ迎ヘニ出發サセ, 十二月(陰)初旬頃崔鉉文(其ノ後吉林ニ歸ル)ガ家族ヲ連レテ北平ニ來リ, 同地西城

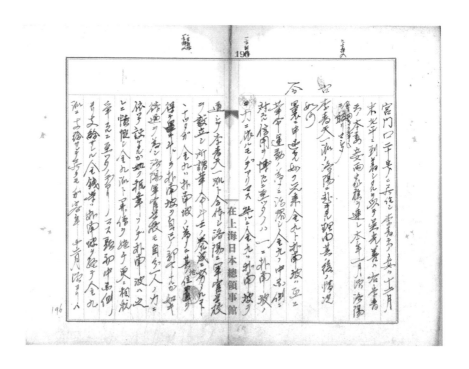

宮門口二十號ニ居住シ, 李靑天ノ妾ハ十二月末北平ニ到着シタルヲ以
テ吳光善ハ右李靑天ノ本妻, 妾兩家族ヲ連レ本年一月頃洛陽ニ赴キ間
モナク北平ヘ歸リマシタ.

問　李靑天一派ノ洛陽ニ赴キタル理由, 其ノ後ノ情況如何.

答　曩ニ申述セル如ク元來金九ト朴南坡ハ互ニ革命運動ノ爲メニ活躍シ,
金九ノ中國側ニ對スル信用ヲ博スルニ至ッタノハ一ニ朴南坡ノ力ニ依
ルモノデアリマス. 然ルニ金九ハ朴南坡ヲ通シテ李靑天一派ト合體シ,
洛陽ニ軍官學校ヲ設立シ所謂革命鬪士ノ養成ニ努メルコト, ナッタガ
金九ハ朴南坡ノ爲メニ其ノ地位ヲ得テ置キ乍ラ朴南坡ヲ自己ノ部下ナ
ルガ如キ待遇ヲ爲シ, 洛陽軍官學校モ自分一人ノ力ニ依ッテ設ケタル
ガ如ク振舞フノデ朴南坡ハ之ニ憤慨シ金九派ト關係ヲ絶チ更ニ相抗
爭スルニ至ッタノデアリマス. 頭初中國側ヨリ支給サレル金錢等ハ朴
南坡ヲ經テ金九派ニ支給サレテ居タモノガ客年十二月頃ヨリハ

金九ガ直接受ケル様ニナッタノデアリマス．加之金九ハ右軍官學校經営ニ就テモ自分一人ノ學校ナルガ如キ振舞ヲナス爲メ朴南坡ノミナラズ李青天一味モ不満ヲ懷クニ至リ，最初ハ李青天ガ總監督ノ如クナリ李範奭（王德林ノ部下タリシモノニテ，京城出身當三十六年位，客年三，四月頃王德林ト共ニ南下セルモノ，其ノ後一時上海ニ在リタリト聞ク）ガ教官トナッテ居リマシタガ本年六月十五日頃孰レモ辭任スルニ至ッタ模様デス．然シ只今ノ御尋ネニ對シテハ直接私ノ關係セザル處ナル爲メ確實ニハ判リマセンガ李青天等ノ關内移轉ハ軍官學校經営ニ在ッタト思ヒマス．又之等ノ斡旋ハ朴南坡ガ當ッタコトモ相違アリマセン．

問　軍官學校生徒等ノ動靜如何．

答　學生ハ吾等ノ部下十餘名ト金九派ニ於テ募集シタル者約八十名計九十餘名ナリシガ金九派ノ募集ニ應シ入學シタル者等モ金九ノ野心ニ不満ヲ持チ其ノ後金九反對氣勢ヲ揚クルニ至リタル爲メ本年六月十五日頃金九ハ自己ノ信賴スル二十餘名ヲ連レテ南京ニ歸ッタト云フコトヲ聞キ

3장 이규채 형사소송기록 **647**

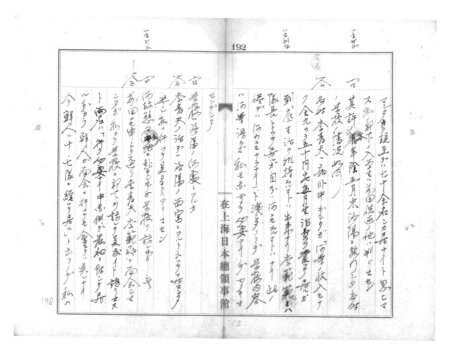

マシタカラ現在デハ七十餘名シカ居ナイト思ヒマス．私ノ部下ノ入學生ハ前回供述ノ他ハ判リマセン．

問　其許ノ本年陰五月末洛陽ニ旅行シタ當時ノ學校ノ情況如何．

答　當時李青天ハ病臥中デシタガ「何等ノ收入モナク金九カラ五十圓宛毎月生活費ヲ貰ッテ居ルガ到底生活ヲ維持スルコトハ出來ナイ．李範奭ハ隊長トナッテ居ルガ自分ハ何ニモスルコトハナイ．此ノ儘デハ何ウニモナラナイ」ト洩シタノミデ學校内容ハ何等語ラズ私モ亦聞ク必要ナイノデ聞キマセンデシタ．

問　學校ハ洛陽ノ何處ニアルカ．

答　李青天ノ話デハ洛陽ノ西宮ニアルト云ッテ居マシタ．然シ私ハ行ッテ見タコトハアリマセン．

問　何故態々同地ニ赴キシモノガ學校ヲ訪レザリシヤ．

答　前回ニモ申シタ通リ李青天, 李範奭ニ面會シマシタガ私カラ學校ニ部下ヲ訪レテ見度イト語リマスト兩名ハ「行ク必要ナイ．中國側デ嚴秘ニ附シテ居ルノダカラ鮮人ガ面會ニ行ッテモ會セテハ吳レナイ．今鮮人ハ十七隊ニ纏ッテ居ル」ト云フノデ私ハ

學校ヘ行キマセンデシタ.

問 第十七隊(鮮人隊)ハ現在モ在ルヤ.

答 本年陰六月末日本側ヨリ抗議ガアリシ爲メ中國側ニ於テ十七隊ヲ廢止シ, 其ノ際金九ハ二十餘名ノ部下ヲ南京ヘ連レ歸リ, 殘留學生ハ中國側各隊ニ分屬セラレタト云フ話ヲ朴南坡ヨリ聞知シマシタ. 其ノ後鮮人隊ガ更ニ出來タ等聞知シタコトハアリマセン.

　先ニ申述ヘタ金九ノ洛陽ヨリ學生ヲ連レ歸ッタコトモ李靑天, 李範奭ノ辭任シタコトモ六月末ノ誤リデス.

問 李靑天ハ其ノ後何ノ目的ニテ漢口ニ赴シヤ.

答 其レハ判リマセン. 私ハ李靑天ガ漢口ニ赴イタコトスラ知ラナカッタノデスガ朴南坡ガ左樣ニ洩シタノデ私ハ「蔣介石ニ面會ニ行ッタモノダラウカ」ト云フト朴ハ「蔣介石ハ今漢口ニハ居ナイ. 然シ何カ活動シテ見ヨウト思ッテ行ッタンダラウ」ト語リマシタ. 私モ同樣ニ思ッテ居マス. 李靑天ノ漢口ニ行ッタノハ本年陰八月頃デアリマス.

問 此ノ指令ハ何ノ爲メノモノナルヤ.

此ノ時本人所持品中ニアリタル絹地指令書ヲ示ス.

答 ソレハ右ノ如ク李青天ハ洛陽ニ居テモ致方ガ無イノデ海外ニ在ル同
胞及各革命團體ノ援助ヲ受ケ獨立黨, 獨立軍ヲ再興セムトシテ私ニ教
ヲ乞ヒ又相談スル爲メニ私ガ南京城内中正街泰來旅館ニ居ル際, 本年
陰六月(七月十五日附ナリ)頃郵送シタモノデス.

之ヲ受ケテ私ノ投宿中ノ旅館ノ向側ノ某旅館ニ在リタル朴南坡ニ
相談シタ處, 現在ノ情勢デハ到底成功ノ見込ミナイカラ其ノ運動ハ暫
ク時期ヲ待ッ他途ハ無イト云フノデ朴南坡宛ノ指令モ崔蒼石(京城出
身, 杭州ニ居住, 中國飛行士)宛ノ指令モ私ガ保管シ, 時機ヲ待ッテ居
タ次第デアリマス.

右指令ハ一括シ證第一號トス.

問 李青天ノ指令書中「在美ノ革命諸同志ト議セシム」トアルハ其許等ガ
渡美スル豫定ナリシ爲メナルヤ.

答 私ガ渡美スル豫定ナリシモノニ非スシテ, 李青天

ガ斯クセバ可ナルベシト考ヘタモノデ私モ朴南坡モ目的ニハ元ヨリ
賛成シ,旦奔走中デアルケレ共第一渡美スルニシテモ旅費カラ無イデ
ハアリマセンカ. ダカラ暫ク時機ヲ待ッテ旅費デモ出來レバ又何ント
カ善イ考ヘモ出ルト思ッテ其ノ儘トナリ, 本年六月(陰)末次ノ如キ意
味ノ回答ヲ發シマシタ. 元ヨリ私ガ其ノ希望ノ無イノデハ無ク獨立
黨, 獨立軍再興ノ爲メニ苦心シテ居ルノデスガ第一渡美スル方法ガ無
イカラデス. 此ノ点云ハナク共御判リト思ヒマスガ尚附言シマス. 李
青天宛ノ回答要旨ハ「現在ノ吾等ノ情勢下ニ於テハ活動シヨウトシテ
モ何ウニモナラナイ, 又美國ニ行クニモ第一其ノ旅費ガ出來ナイ. 爲
メニ兄ノ敎示ヲ履行スルコト出來ズ暫ク時期ヲ待ッコト, シ度シ.」
其ノ後ハ何等ノ消息モアリマセン.

問 其後朴南坡及其許ハ如何ニ再興運動ナセシヤ.

答 其ノ後間モ無ク朴南坡ハ私ニハ何事モ告ケズ江蘇省拓林鎭ノ自宅ニ
歸リマシタ.

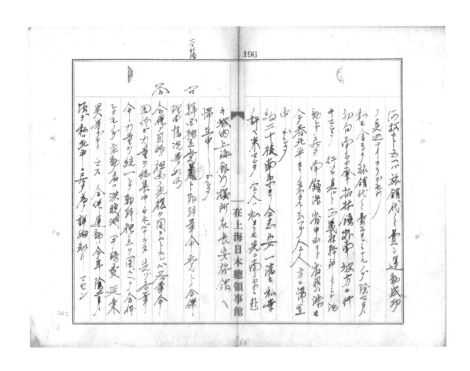

何故カト云ヘバ旅館代ノミ費シ運動成功ノ見込ナイカラデセウ.

　私モ金モナク旅館代ノミ費スコトニナルノデ陰七月初旬南京發拓
林鎭朴南坡方ニ行キマシタ. 行ッテ見ルト正義府幹部トシテ活動シ
テ居タ南鎭浩, 崔中山コト崔明洙モ今春北平ヨリ來タト云ッテ同人方
ニ滯在中デシタ.

　約二十日後南京ヨリ同志安一淸モ私等ノ許ヘ來マシタ. 同人ハ私ヨ
リモ先ニ南京ニ赴キ城內上海銀行橫所在長安旅館ヘ滯在中デシタ.

問　韓國獨立黨ト朝鮮革命常トノ合倂理由, 情況等如何.

答　合倂ノ目的ハ祖國ノ光復ヲ圖ラムトスレバ各革命團體ガ力量ヲ總集
中セネバナラヌ. 先ヅ各革命力量ヲ統一シテ朝鮮獨立ヲ圖ルヘク合
體シタモノデ, 主動者ハ洪晚湖, 尹琦燮, 延秉昊等デアリマス. 合倂運
動ハ今年陰二月頃デ私ハ北平ニ居タ爲メ詳細知リマセン.

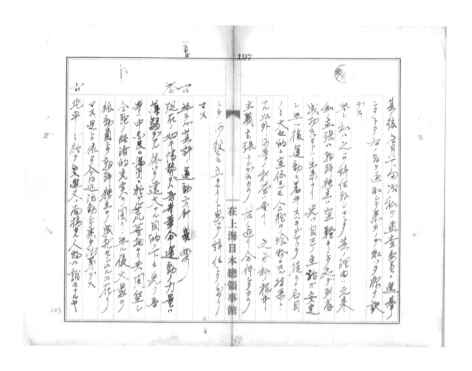

其ノ後同月下旬頃私ヲ監査委員ニ選擧シタトテ右ノ旨ヲ通知シテ來
タノデ知ッタ樣ナ譯デス.

　然シ私ハ之レヲ辭任致シマシタ. 其ノ理由ハ元來私ノ主張ハ朝鮮獨
立ハ空騷キシタ處デ到底成功スルコトハ出來ナイ, 先ツ自己ノ生活ガ
安定シ, 然ル後運動ニ着手スヘキデアッテ徒ラニ名目ノミ大々的ニ宣
傳スルモ同胞ヲ喰物ニスル結果トナル以外何等ノ利益ハ無イ. 之レ
ガ私ノ根本主義主張ナンデスカラ右ノ通リ合體シタカラトテ何ノ役
ニモ立タナイト思ッテ辭任シタノデアリマス.

問 然ラバ其許ノ運動方針如何.

答 現在ノ如キ情勢デハ吾等革命運動ノ力量ハ薄弱デアル. 依ッテ遠大
ナル目的ノ下ニ先ツ吾等ハ中國及ヒ滿洲ニ於ケル荒蕪地ナリ共開墾
シ, 同胞ノ經濟的充實ヲ圖リ然ル後大衆ヲ總動員シテ朝鮮獨立ヲ成就
セシムルニ在リマス. 是レニ依ッテ今日迄活動シテ來タ次第デス.

問 北平ニ於テ交遊又ハ面接セル人物ハ誰々ナルヤ.

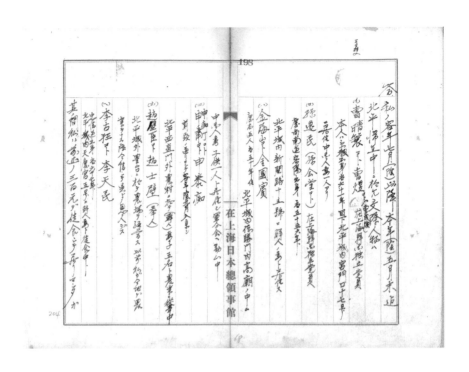

答 私ノ客年七月(陰)以降本年(陰)五月末迄北平滯在中ニ於ケル交際人物ハ
(イ) 曹晴簑コト曹炡コト曹成煥, 在上海韓國獨立黨員

本人ハ京城出身, 當六十一年, 目下北平城內宮門口十七號ニ居住, 中
國人妻一人アリ.

(ロ) 孫逸民(孫會堂コト)在上海韓國獨立黨員. 慶尙南道密陽出身, 當
五十五, 六年. 北平城內新開路十五號ニ鮮人ノ妻ト居住ス.

(ハ) 金海山コト金國賓, 慶尙道人, 當五十年位, 北平城內德勝門內高
廟ノ中ニ中國人妻, 子供一人ト居住シ, 軍分會ヘ勤務中.

(ニ) 申痴丁コト申蕭コト申泰痴, 前顯ノ通リニシテ客年陰九月入京
シ. 北平西直門外農村ニ於テ(鮮人)妻子五名ト農業ニ從事中.

(ホ) 趙壁臣コト趙士壁(華人)

北平城外豊台ニ於テ農場ヲ經營ス. 以前私ガ同地デ農業ヲナス際同
情シテ吳レタ恩人デス.

(ヘ) 李古狂コト李天民, 忠淸道出身, 當六十七年.

北平城內天慶宮五號ニ鮮人妻ト徒食中.

其ノ間私ハ前述ノ三百元デ徒食シテ居リマシタガ

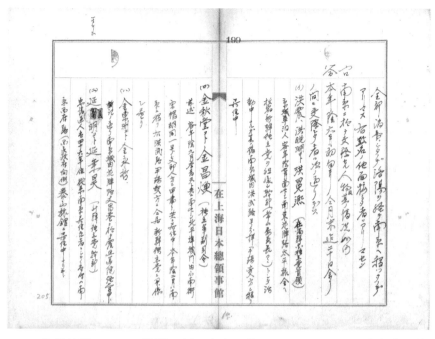

全部消費シタノデ洛陽ヲ經テ南京ヘ移ッタノデアリマス. 右數名ノ他
面接シタ者ハアリマセン.

問 南京ニ於テ交際セル人物及其ノ情況如何.

答 本年陰六月初旬ヨリ同月末迄二十日餘リノ間ニ交際シタ者ハ次ノ通リデス.

(イ) 洪震, 洪晚湖コト洪冕熙(在滿韓國獨立黨首領)

京城車洞人, 客年陰七月南下シ南京花牌路太平旅舍ヘ投宿, 新韓獨立
黨ヲ組織シ幹部(常務委員長?)トシテ活動中ナルガ其ノ後南京城內洪
武路號不詳尹琦變方ニ移リ居位中.

(ロ) 金秋堂コト金昌煥(獨立軍副司令)

前述客年陰九月李青天ト共ニ南下シ, 北平埠城門內小南街宗帽胡同一
號支那人方ニ申肅ト共ニ居住中, 本年陰二月南京ニ移リ右洪武路尹琦
變方ニ同居, 新韓獨立黨ニ關係シ居レリ.

(ハ) 金東洲コト金永哲

前記ノ通リ南京城內花牌路文昌巷ニ於テ震旦醫院經營中.

(ニ) 延圓明コト延秉昊(新韓獨立黨幹部)

忠清道人, 當四十六年位. 從來南京居住スル者ニシテ當時ハ南京國府
路(國民政府向側)泰山旅館ニ居住中ナリキ.

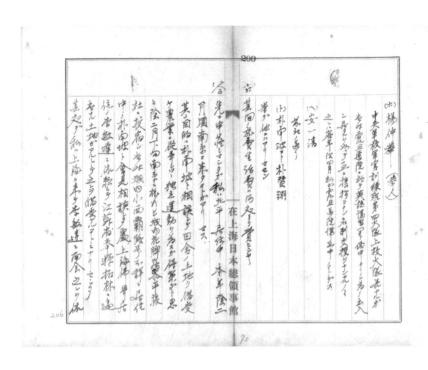

（ホ）楊仲華(華人)

中央軍校軍官訓練班第四大隊上校大隊長ナルガ當時震旦醫院ニ於テ英語講習開催中ナリシ爲メ出入シ居タルヲ以ツテ互ニ挨拶ヲナシ, 名刺交換ヲナシタルノミ. 之レハ客年陰四月私ガ震旦醫院滯在中ノコトデス.

（ヘ）安一清

前記ノ通リ.

（ト）朴南坡コト朴贊翊

等デ他ニハアリマセン.

問 其間ノ旅費, 生活費ハ何處ヨリ貰ヒシヤ.

答 先ニ申落シマシタガ私ハ北平居住中本年陰二月頃南京ニ來タコトガアリマス. 其ノ目的ハ朴南坡ト相談シテ田舍ノ土地ヲ借受ケ農業ニ從事シッ, 獨立運動ヲ爲スガ得策ダト思ヒ, 陰二月下旬南京ニ旅行シ, 城內花牌路泰平旅社ニ投宿シ當時城內小西覇路號不詳ニ居住中ノ朴南坡ト會見相談シタ處, 上海佛界居住ノ李敏達ニ依

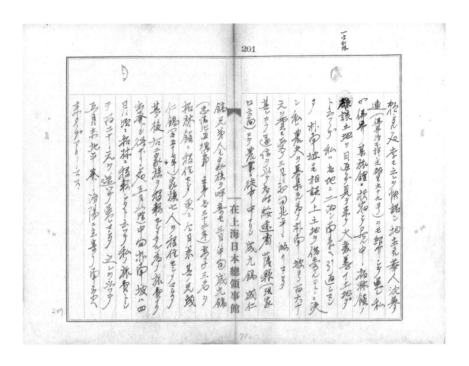

賴シテ江蘇省奉縣拓林ニ適當ナル土地ガアルトテ之レヲ借受ケルコトニナリマシタ.

其處デ私ハ上海ニ來テ李敏達ニ面會之レヲ依賴シタル處李モ之レヲ快諾シ, 地主タル華人沈夢連(佛界路不詳光裕里六十九號)ヲモ紹介シテ吳レ, 私ガ佛界某旅館ニ投宿シテ居ル中拓林鎮ノ該土地ヲ日返リデ見テ來テ大變善イ土地ダト云フノデ私ハ當地ニ二泊シ南京ヘ引返シマシタ.

朴南坡ニモ相談ノ上土地ヲ借受ケルコトニ決シ, 私ハ農夫ヲ募集スル爲メ朴南坡ヨリ百六十元ヲ貰ヒ受ケ三月初旬北平ニ歸リマシタ.

其レカラ通信ヲ以テ當時綏遠省薩縣(張家口方面)ニテ農業ニ從事中ナリシ成九鎬, 成仁鎬兄弟全家族ヲ呼寄セ三月中旬成九鎬(忠淸北道槐山郡出身, 當三十二年)妻子三名ヲ拓林鎭ニ移住セシメ更ニ同月末其ノ兄成仁鎬(當五十七年)家族七人ヲ移住セシメマシタ. 其ノ後右ニ家族ヲ移轉セシメタル爲メ旅費ナク出發シ得ザリシ處, 五月(陰)中旬朴南坡ハ四月頃ニ拓林ニ移轉シタト云ッテ私ノ旅費トシテ百二十元ヲ送ッテ吳レマシタ. 之レヲ以ッテ五月末北平發洛陽ニ立寄リ南京ヘ來タノデアリマス.

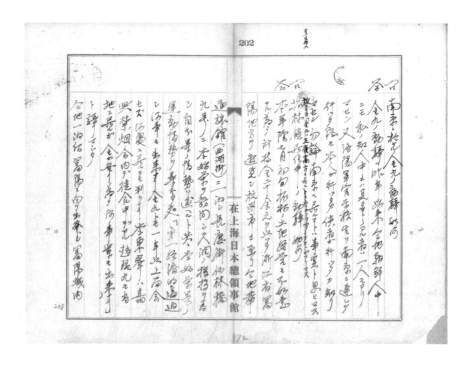

問 南京ニ於ケル金九ノ動靜如何.

答 金九ノ動靜ハ昨年以來同地朝鮮人中ニモ私ノ知人中ニハ見タコトノ
アル者ハ一人モアリマセン. 又洛陽軍官學校生ヲ南京ニ連レテ行ッ
タ際モ本人ガ行ッタカ使者ガ行ッタカ知リマセン.

勿論南京ヘ居ルコトハ事實ト思ヒマス. 誰カラカ「金九ハ王復高方ニ
居ル」トカ云フコトヲ聞イタコトガアリマス.

問 拓林鎭居住中ノ動靜如何.

答 本年陰七月初旬拓林ノ土地經營モ不如意ナル爲メ所持金二十餘元ヲ
以ッテ浙江省富陽地方ヲ遊覽シ, 杭州市ニ至リ同地華通旅館(西湖街)
ニ一泊シ長慶街仙林橋九號ニ李始榮ヲ訪問シ久振ノ挨拶ヲ爲シ, 自分
等ノ情勢ヲ述ヘルト共ニ李始榮等ノ運動情勢ヲ尋ネタ處「第一經濟的
ニ逼迫シ何事モ出來ナイ, 金九トモ一年以上面會セズ何處ニ居ルカモ
判ラナイ, 李東寧ハ嘉興禁烟會内デ徒食中デアル, 趙琬九モ當地ニ居
ルガ金ガ無イ爲メ何ノ事業モ出來ナイ」ト語リマシタ.

同地一泊後富陽ニ向ケ出發シ, 富陽城内

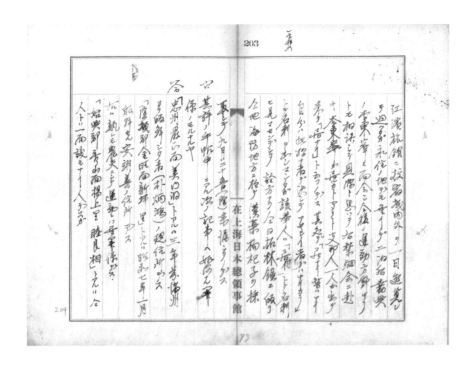

江濱旅館ニ投宿城內外ヲ一日遊覽シテ廻ッタガ永住ノ地デモ無イノ
デ二泊後嘉興ノ李東寧ニ面會シ,今後ノ運動方針ナリトモ相談シテ見
樣ト思ッテ右禁烟會ニ赴キ李東寧ガ居ルカト聞クト支那人一人ガ出
テ來テ「居ナイ」ト云フノデス.

　其處デ「居ナイ筈ハナイ. 自分ハ此樣ナ者デ決シテアヤシイ者デハ
ナイカラ」トテ名刺ヲ出シマシタガ該華人ハ「居ナイ」トテ名刺モ見マ
センデシタ. 詮方ナク同日拓林鎭ニ歸リ同地海防地方ニ於テ漢藥枸
杞子ヲ採取シテ九月二十五日(陰)來滬シタノデス.

問　其許ノ手帖中ニアル次ノ記事ハ如何ナル關係ノモノナルヤ.

答　「忠州嚴正面美門洞」トアルハ三年前滿洲ヨリ歸鮮シタ者(朴炳鴻)ノ
　　現住所デス.「陰城郡金旺面新坪里」トアルハ昭和七年一月歸鮮セル安
　　翊善ノ住所デス.

　右ハ孰レモ農夫ニシテ運動ニハ無關係デス.

　「始興郡秀山面楊上里睦良相」トアルハ同人トハ一面識モナイ人デスガ

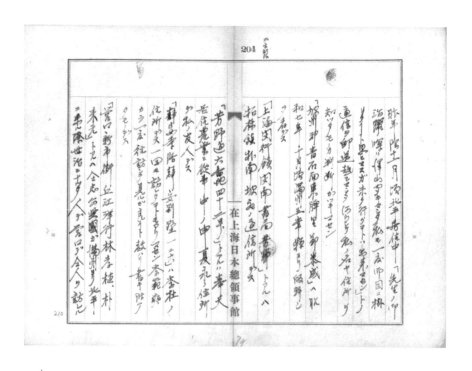

昨年陰十一月頃北平居住中「先生ノ御活躍ノ噂ハ澤山聞キマシタ．私モ一度御目ニ掛リタイト思ヒマスガ未タ行クコトハ出來マセン」トノ通信ヲ郵送越シマシタ．何ウシテ私ノ名ヤ住所ヲ知ッタモノカ判斷ガッキマセン．

「坡州郡青石面東牌里鄭泰成」ハ昭和七年十月頃滿洲五常縣ヨリ歸鮮シタ者デス．

「上海閔行鎭閔南書局」トアルハ拓林鎭朴南坡宛ノ通信所デス．

「芳野通六番地四十二號」トアルハ奉天居住農業ニ從事中ノ申夏永ノ住所デ私ノ友人デス．

「靜安寺路靜安別墅一二六」ハ李杜ノ住所デス．一回モ訪レタコトモアリマセン．李範奭カラ一度往訪シテ見ルガ良イト敎ハリ書キ附ケタモノデス．

「營口新市街丘江洋行林孝植，朴來元」トアルハ同志公興國ガ滿洲ヨリ北平ニ來ル際世話ニナッタ人デ營口デ同人ヲ訪レル

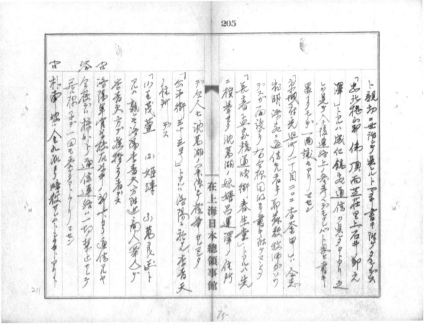

ト親切ニ世話シテ吳レルト聞キ書キ附ケタモノデス.

「忠北槐山郡佛頂面芝莊里上石井鄭元澤」トアルハ成仁鎬宛通信ヲ
吳レタコトアリ,之レヲ見テ今後連絡上ノ參考ヘデモナレバト思ヒ書
キ置イタモノデ一面識モアリマセン.

「京城府光熙町一丁目二〇二李奎甲」ハ同志崔明洙宛ニ通信セル者ニ
テ耶蘇敎牧師ダソウデスガ面識ナク右同樣目的ニテ書キ附ケマシタ.

「長春孟家橋通順街春生堂」トアルハ先ニ檢擧サレタ沈萬湖ノ娘婿
呂運澤ノ住所デ同人モ沈萬湖ノ關係ニテ檢擧サレマシタ.

「公平街三十三號」トアルハ洛陽ニ於ケル李靑天ノ住所デス.

「(1) 王茂萱 (2) 姫溥 (3) 萬良玉」トアルハ孰レモ洛陽李靑天方附近
商人(華人)デ李靑天方デ挨拶シタ者デス.

問 洛陽軍官學校在學中ノ部下ヨリ通信アルヤ.

答 同校デハ校外トノ通信連絡ハ一切禁止サレテ居ル樣子デ一回モ受ケ
タコトアリマセン.

問 朴南坡ハ金九派ヨリ暗殺サレムトシタコトアリト

聞クガ其ノ事實如何.

答 左樣ナ噂ヲ聞知シタコトハアリマス. 又有リソウナコトデス. 雙方抗
　爭狀態ニアルノデスカラ.

問 其ノ原因如何.

答 原因ト問ハルゝ, ト難シイ問題デスガ要スルニ信用競走ガ原因ト云フコ
　トニナリマス.

　　前述ノ如ク金九ハ朴南坡ヲ部下ノ如キ待遇ヲ爲ス爲メ朴南坡モ一
　個ノ革命家トシテ何ニモ金九ニ使ハル, 理由ナク自分自身意ノ儘ニ運
　動セムトシ, 雙方信用競走スルニ至ッタモノデス.

問 南京ニ於ケル革命運動ハ各派分立對抗情態ニ在リト聞クガ事實如何.

答 其レハ存シマセン. 同方面デ畿湖派ト云ヘバ李靑天, 尹琦燮, 延秉昊, 金昌煥,
　朴南坡, 成俊榮(成周寔ノコト, 忠淸道人, 當五十位), 申翼熙等ノコトデス.

問 獨立軍創設狀況如何.

答 韓國獨立軍ハ從來滿洲各地ニ散在シテ居タモノデスガ吾等ノ韓國獨
　立黨軍事部下ニ組織シタ獨立軍ハ十五歲以上四十五歲以下

ノ朝鮮人男子ニシテ國文ヲ解シ意志鞏固ナル者ヲ以ッテ組織シ, 平時
ハ農業其他ノ職業ニ從事シ必要アル場合ニ總司令ヲシテ召集セシム
ルモノデ, 韓國獨立黨組織ト共ニ同軍組織ヲ爲シ, 昭和五年末ニハ約
五, 六百名ニ達シマシタ.

問　其ノ後同軍ヲ最初召集シタルハ何時頃ナルヤ.

答　昭和七年陰一月頃臨時大會ヲ召集, 協議ノ上李靑天ガ召集令ヲ發シマ
　　シタ. 前回供述ノ通リデス.

問　其レ以前召集シタルコトアルベシ.

答　私ハ其ノ事實ナイト思ヒマス. 尙私ハ參謀長ノ職ニ在ッテモ地方巡
　　視ニ廻ッテ居ル爲メ詳細知リマセン.

問　獨立軍ハ昭和七年九月頃雙城縣城內ヲ再度襲擊後額穆地方ニ向ッタ
　　理由如何.

答　詳細ハ知リマセンガ第三軍考鳳林ガ滿洲國ヘ歸化シタ爲メ同軍ト分
　　離シ, 王德林軍ト合同スヘク同地方ヘ向ッタコトヲ後日聞知シマシタ.

問　他ニ申立ツルコトナキヤ.

答 アリマセン.

右録取シ讀ミ聞ケタルニ相違無キ旨申立テ左ニ署名拇印シタリ.

陳述人 李圭彩
昭和九年十二月八日
在上海日本總領事館警察部
司法警察官
外務省警部補 藤 井 忠 夫

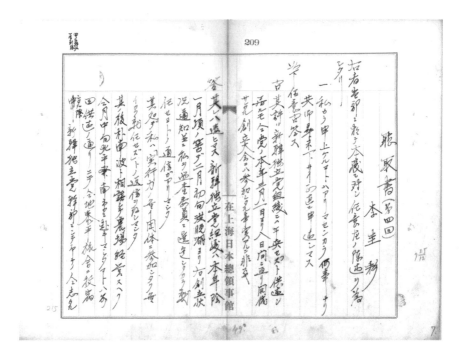

第四回 聽取書

李圭彩

右者當部ニ於テ本職ニ對シ任意左ノ陳述ヲ爲シタリ.

一, 私カラ申上ケルコトハアリマセンカラ何事ナリ共御尋ネ下サイ. 正直ニ申述シマス. 以下任意問答ス.

問　其許ハ新韓獨立黨組織ニハ關與セズト供述シ居ルモ同黨ノ本年三月一日ヨリ八日間ニ亘リ開催サレタル創立大會ニハ參加シタル事實アルニ非スヤ.
答　其レハ違ヒマス. 新韓獨立黨組織ハ本年陰一月頃ノ筈デ二月初旬洪晚湖ヨリ右創立狀況通知幷ニ私ヲ監査委員ニ選定シタカラ就任セヨトノ通信ガアリマシタ. 其處デ私ハ「實行力ノ無イ團體ニ參加シタク無イカラ就任セズ」トノ返信ヲ致シマシタ.
　　其ノ後朴南坡ト相談シテ農場經營スヘク同月中旬北平發南京ニ赴キマシタコトハ前回供述ノ通リニテ同地泰平旅舍ニ投宿シタル際新韓獨立黨幹部ニシテ豫テノ同志タル

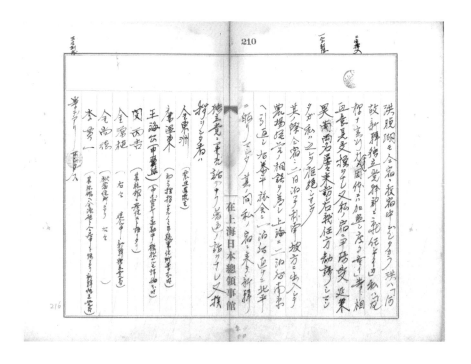

洪晚湖モ同所ニ投宿中デシタカラ洪ハ「何故新韓獨立黨幹部ニ就任シ
ナイカ」,私ハ「左様ナ實行力ナイ團體ニハ加盟シ度ク無イ」等ト相互
意見交換ヲナシ,又私ノ宿ニ尹琦變,延秉昊兩名屢々來訪シ,右就任方
勸誘シマシタガ私ハ之レヲ拒絶シマシタ.

其ノ際同所ニ二日泊ッテ朴南坡方ニ出入シテ農場經營ノ相談ヲ爲シ,
上海ニ二泊後南京ヘ引返シ,右泰平旅舍ニ一泊後直チニ北平ニ歸リマ
シタ. 其ノ間私ノ宿ニ來テ新韓獨立黨ニ關スル話デナク普通ノ話ヲ
ナシ,又挨拶ヲシタ者ハ

金東洲(震旦醫院主)

廉溫東(初メテ挨拶シタルノミニテ職業住所等不明)

王海公(申翼熙,中國官廳ニ通勤中ノ模様ナルモ詳細不明)

閔丙吉(某旅館ニ居住スト語リタリ)

金源植(右同,徒食中新韓獨立黨員)

金尙德(秘密住所ニアリ,右同)

李貫一(某旅館ヘ金源植ト同居中ト語リタリ,新韓獨立黨員)

等デアリマス.

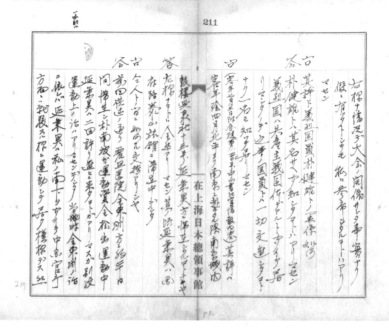

右様ナ情況デ大會ノ開催サレタ事實ナク，假ニ有ッタトシテモ私ハ
參席シタルコトハアリマセン．

問　其許ト義烈團員朴健雄トノ關係如何．

答　朴健雄トハ其名サヘ聞知シタルコトハアリマセン．義烈團ハ共產主義
團體デアルト聞イテ居リマシタノデ之等ノ團員トハ一切交遊シタコ
トナク，一名モ知ッテ居リマセン．

問　(客年七月三日附合機第一四〇號中山書記官情執內容)其許ハ客年陰
四月北平ヨリ南京ニ赴キタル際，南京城內鼓樓興泉社十三號延秉昊方
ニ滯在シタルコトナキヤ．

答　左樣ナコトハ全然アリマセン．其ノ頃延秉昊ハ國府路泰山旅館ニ滯
在中デシタ．

問　同人トノ間ニ如何ナル交渉アリシヤ．

答　前回供述ノ通リ震旦醫院金東洲方ニ約二十日間滯在シ，朴南坡ガ運動
資金捻出運動中延秉昊ハ二回許リ遊ヒニ來タコトガアリマスガ別段
運動上ノ話ハアリマセンデシタ．當時金東洲ノ話ニ依レバ延秉昊ハ私
ノ南下ヲ聞イテ中國官廳方面ニ就職スル樣ニ運動シテ居タ模樣デス．
然

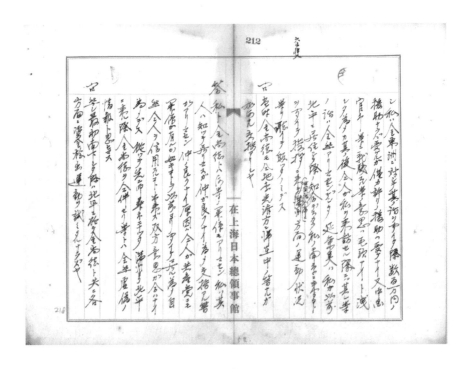

シ私ハ金東洲ニ對シテ其ノ話ヲ聞イタ際數百萬圓ノ援助ナラバ受ケ
ルガ僅カ許リノ援助ハ受ケナイ．又中國官廳等ニ就職スル等ノ意思
ハ毛頭ナイト洩シタ爲メカ其ノ後同人ガ私ヲ來訪セル際ニハ其レ等
ノ話ハ全然アリマセンデシタ．延秉昊ハ私ガ以前北平ニ居住シタ際
ノ知合デスカラ私ノ南京ニ來タコトヲ聞イテ挨拶ニ來テ世間話ノ序
ニ滿洲方面ノ運動狀況等ヲ聽イテ歸ッタノミデス．

問　當時金尙德モ同地李光濟方ニ滯在中ノ筈ナルガ如何ナル交涉アリシヤ．

答　私ト金尙德トハ何等ノ關係モアリマセン．私ハ其人ハ知ッテ居リマ
スガ仲ガ良クナイ爲メ交涉アル筈ガアリマセン．仲ノ良クナイ原因
ハ同人ガ共產黨ニモ關係ガ有ルガ如キコトヲ以前ヨリ聞イテ居ル爲
メ自然同人ヲ信用スルコト出來ズ雙方意思ガ合ハナイ爲メデス．從
ッテ先ニ御尋ネニナッタ滿洲ヨリ北平ニ來ル際金尙德ヲ同伴セリ等
トハ全然虛僞ノ情報ト思ヒマス．

問　然シ最初南下シタ際ハ北平ニ於テ金尙德ト共ニ各方面ニ資金捻出運
動ヲ試ミタルナラズヤ．

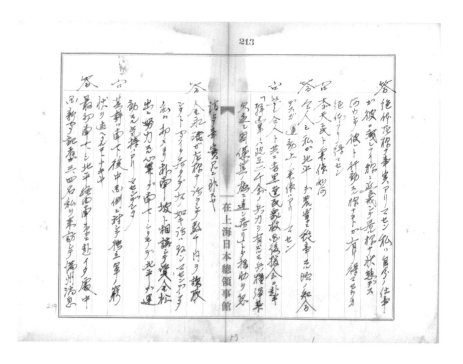

答 絶對左樣ナ事實アリマセン．私ハ自分ノ仕事ガ彼ニ洩レナイ樣ニ警
戒シテ居ル樣ナ狀態デス．何ウシテ彼レト行動スル樣ナコトガ有リ
得マセウカ．絶對アリ得マセン．

問 李天民トノ關係如何．

答 同人モ私ガ北平デ農業ニ從事スル頃ノ知合デスガ運動上ノ關係ハア
リマセン．

問 然シ同人ト共ニ吉黑遼民衆救國後援會ニ赴キ「韓國軍ハ現在二千餘ノ
兵力ヲ有スルモ兵糧，彈藥欠乏シ，困憊其ノ極ニ達シ居レリ」トテ援助
ヲ懇請シタ事實アルニ非スヤ．

答 金永浩ガ左樣ナ話ヲシテ數千圓ヲ詐取シタト聞イテ居ダノテ右ノ如キ
話ハ致シマセンデシタ．私ハ初メヨリ朴南坡ト相談シテ資金捻出ニ努
力スル心算デ南下シタモノデ北平デ運動スル氣持ハアリマセンデシタ．

問 其許ハ南下後，中國側ニ對シテ獨立軍ノ窮狀ヲ述ヘタルコトナキヤ．

答 最初南下シ北平經由南京ニ赴イタ處，中國新聞記者ガ三，四名私ヲ來
訪シテ滿洲消息

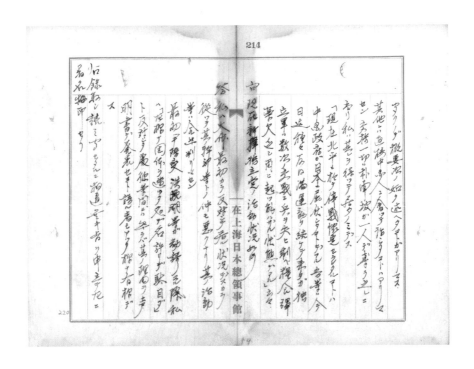

聞クノデ概要次ノ如ク述ヘタコトガアリマス. 其他ニハ直接中國人
ニ會ッテ話シタコトハアリマセン.

交渉一切ハ朴南坡ガ一人デ專ラ之レニ當リ私ハ其レヲ待ッテ居タノミデス.
「現在北平ニ於テ停戰協定セラレタルコトハ中國政府ガ日本ニ屈伏シタコ
トデアル. 吾等ハ今日迄種々反日滿運動ヲ續ケテ來タガ獨立軍ハ數次ノ交
戰ニ兵ヲ失ヒ剩ヘ糧食, 彈藥欠乏シ再ヒ起ツ能ハザル狀能テアル」云々.

問 現在新韓獨立黨ノ活動狀況如何.

答 私ハ大體最初カラ反對シテ居ル狀況デスカラ從ッテ其ノ幹部等トノ
仲モ惡クナリ其ノ活動等ハ全然判リマセン.

最初尹琦變, 洪晚湖等ガ勸誘スル際私ハ「左樣ナ團體ヲ遣ッタ處デ名
許リデ駄目ダ」ト反對シタ處彼等間ニハ然ラバ其ノ理由ヲ聲明書デ發
表セヨト語ル者モアッタ樣ナ有樣デス.

右錄取シ讀ミ聞セタルニ相違無キ旨ヲ申立テ左ニ署名拇印セリ.

陳述人 李 圭 彩

昭和九年十二月十五日

在上海日本總領事館警察部

司法警察官

外務省警察補 藤 井 忠 夫

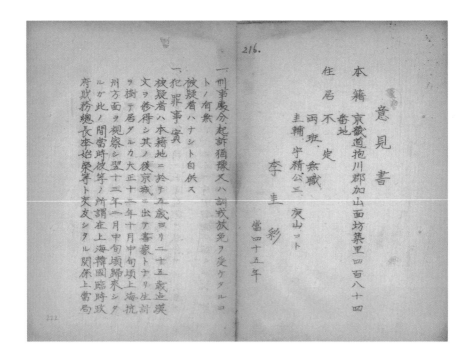

意見書

本籍 京畿道 抱川郡 如山面 坊築里 四百八十四 番地
住居 不定

    兩班 無職

    圭輔 宇精 公三 庚山 コト

李 圭彩
當 四十五年

一, 刑事處分, 起訴猶豫又ハ訓戒放免ヲ受ケタルコトノ有無
被疑者ハナシト自供ス.

一, 犯罪事實

被疑者ハ本籍地ニ於テ五歲ヨリ二十五歲迄漢ヲ修得シ, 其ノ後京城ニ出テ書家トナリ生計ヲ樹テ居タルカ, 大正十二年十月中旬頃上海, 杭州方面ヲ視察シ, 翌十三年二月中旬頃歸來シタルガ此ノ間當時彼等ノ所謂在上海韓國臨時政府財務總長李始榮等ト交友シタル關係上當局

ノ査察取締嚴重トナリ惹テ世間ノ信用ヲ失墜スルニ至リ漸次家計不如意
トナリシ爲自暴自棄的ノ氣分ヲ醸成シ, 斯ノ如キ社會制度ハ畢竟朝鮮總督
ノ壓迫政治ニ因ルモノナリトノ謬見ヲ抱クニ至リ, 寧ロ朝鮮ヲ日本帝國ノ
羈絆ヨリ離脱セシメ完全ナル獨立ヲ爲スニ如ストノ堅キ決意ヲ爲シ, 再ヒ
上海渡航ヲ敢行スルニ至リシモノナル處

第一, 大正十三年三月中旬頃上海ニ渡航シ遠緣ニ當ル朝鮮獨立運動ノ巨
魁ニシテ當時同地韓國臨時政府財務總長タリシ李始榮ヲ賴リ其ノ住居タ
ル上海佛界貝勒路永慶坊十戸ニ同居シ, 其ノ頃同地ニ於テ朝鮮獨立運動ノ
同志トシテ活躍中ノ李始榮, 金九, 呂運亨, 尹琦燮, 趙琬九, 郭憲, 趙完, 崔昌
植等ト機ヲ提ヘテ會合シ, 朝鮮獨立運動ノ實行ニ關シ研究協議シ, 且日ナ
ラスシテ右ノ同志等三十餘名ト共ニ推サレテ朝鮮ノ獨立ヲ圖ルコトヲ目
的トシテ組織シタル結社韓國臨時政府議政院議員トナリ, 大正十四年三月
汔ノ間屢々同院ノ會議ニ列席

シ政治ノ變革ヲ目的トシテ多數共同シテ安寧秩序ヲ妨害シ

第二(イ) 大正十四年三月日不詳韓國臨時政府議政院議員ヲ辭シ, 杭州, 天津, 北平地方ヲ流浪シタル後昭和三年七月下旬頃滿洲國吉林省ニ赴キ同省吉南, 大屯, 同省五常縣沖河等ヲ轉々スル中, 同地方ニ於ケル朝鮮獨立運動者ノ領袖タル通稱李青天コト池大亨ト相知リ提携シテ前示目的達成ノ爲活躍シ, 同五年五月初旬同志朴觀海, 閔武, 鄭信, 申肅, 崔塢, 韓永觀等ト協議ノ結果, 同省賓江縣二道河子朴觀海方ニ於テ朝鮮ノ絶對獨立ヲ目的トスル結社韓國獨立黨ヲ結成スヘク其ノ組織準備委員會ヲ開催シ, 同志ヲ獲得參加セシムル事ヲ協議シ, 尙同年八月上旬同省葦沙縣葦沙驛前崔某方ニ於テ同黨大會ヲ開催シ, 首領ニ洪震ヲ, 軍事委員長ニ李青天ヲ孰レモ選擧シ, 被疑者ハ朴觀海外二十九名ト共ニ其ノ執行委員トナリタルカ, 其ノ後總務委員長ニ就任シ同黨ノ實權ヲ掌握シ專ラ其ノ目的遂行ニ努メ

（ロ）斯クテ被疑者ハ韓國獨立黨ニ隷屬シ李青天ヲ總司令トスル韓國獨立軍ノ參謀トシテ吉林省附近一帶ニ亘リ活潑ナル運動ヲ續クル中, 偶々昭和六年九月十八日滿洲事變勃發シテ朝鮮獨立運動ノ困難ナル客觀的情勢ニ到達シタルノミナラス反滿軍ノ敗殘兵等ハ匪賊化シ加フルニ在滿朝鮮人モ亦被疑者ノ運動ヲ妨害スル等諸種ノ條件ハ擧ケテ自己等ノ運動ニ益々不利トナリタルヲ以テ一策ヲ案シ, 當時吉林省自衛聯合軍總指揮タリシ楊耀鈞ト諮リ朝鮮ノ獨立ト中國ノ失地恢復ヲ目的トシテ中韓合作シテ反滿抗日工作ヲ進メムコトヲ提議シ, 其ノ快諾ヲ得テ同獨立軍ハ吉林省自衛軍第三軍ニ編入サレ被疑者ハ同軍中校參謀トシテ活躍シ, 同軍ト共ニ昭和七年九月中旬以降同省雙城縣其ノ他ノ日滿軍ヲ襲擊シテ兵器, 彈藥ヲ掠奪スル等目的遂行ノ爲ニ活躍シ

（ハ）其ノ後日滿軍ノ討伐愈々峻烈トナリ身邊ノ危險ヲ感スルヤ昭和八年四月下旬頃農夫ニ

變裝シ, 吉林ヨリ徒步新京ニ出テ鐵路, 奉天, 山海關, 北平, 天津經由南京城內花牌路文昌巷震旦醫院金永哲方ニ遁レ, 同志朴南坡コト朴贊翊ヨリ當時北滿ニ在リシ李靑天等ヲ南京方面ニ招致シ同地軍官學校敎官ニ就職セシメムコトヲ協議シ, 其ノ贊同ヲ得テ旅費トシテ中國貨六百圓ノ融通ヲ受ケ昭和八年六月初旬被疑者ハ當時吉林省五常縣向陽山居住ノ李艮ヲ通シテ李靑天ノ使者崔秉權ト同省口前驛滿人氏名不詳方ニ於テ李靑天等ノ南下旅費トシテ金三百圓ヲ手交シテ被疑者ハ直ニ北平ニ引返シ, 同地西城門內巡捕廳胡同十五號ニ滯在シ同年十月下旬頃李靑天一行十三名ト同地ニテ會合, 李靑天ハ中國河南省洛陽軍官學校ニ赴カシメ, 被疑者ハ其ノ後北平, 天津, 南京, 上海等ヲ轉々シ終始一貫目的達成ニ狂奔シ, 昭和九年六月下旬頃證第一號乃至三號ノ如キ白絹布ニ李靑天ノ自書シタル指令書ノ送付ヲ受ケテ勇躍シ, 益々其ノ運動ニ拍車ヲ加ヘ日本帝國ノ國際危局ヲ

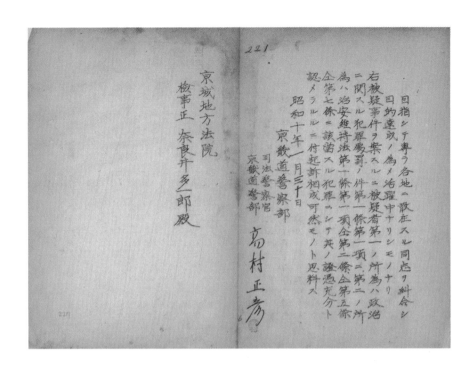

目指シテ専ラ各地ニ散在スル同志ヲ糾合シ

目的達成ノ為メ活躍中ナリシモノナリ.

　右被疑事件ヲ案スルニ被疑者第一ノ所爲ハ政治ニ關スル犯罪處罰ノ件第一條第一項ニ, 第二ノ所爲ハ治安維持法第一條第一項, 同第二條, 同第五條, 同第七條ニ該當スル犯罪ニシテ其ノ證憑充分ト認メラルルニ付起訴相成可然モノト思料ス.

　昭和十年一月三十日

　京畿道警察部

　司法警察官

　京畿道警部 高 村 正 參

　京城地方法院檢事

　檢事正 奈良井多一郎 殿

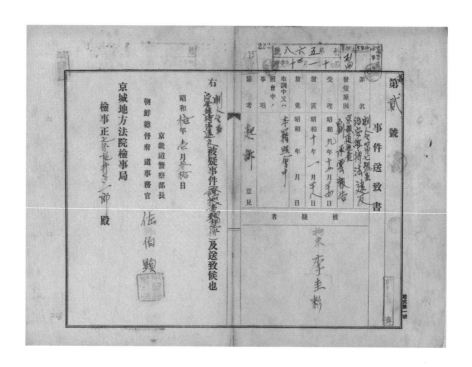

第貳號

事件送致書

		被疑者
罪名	治安維持法違反	拘束 李圭彩
登廳原因	治安維持法違反	
受理	昭和九年十一月卅日	
留置	昭和　年　月　日	
放免	昭和　年　月　日	
取調中又ハ照會中ノ事項	李龍煥取調中	
備考	起訴 意見	

右ノ者ノ
治安維持法違反ノ被疑事件ニ付關係書類一括及送致候也

昭和十年　壹月蓋栺日

京畿道警察部長
朝鮮總督府　道事務官　佐伯顯

京城地方法院檢事局
檢事正　養田井彦一郎　殿

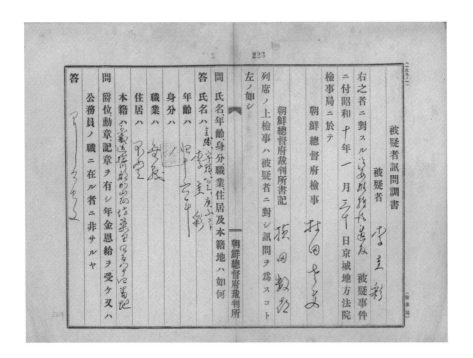

被疑者 訊問調書

被疑者 李 圭 彩

　右之者ニ對スル治安維持法違反被疑事件ニ付昭和十年一月三十日京城地
方法院檢事局ニ於テ
　朝鮮總督府檢事村田左文
　朝鮮總督府裁判所書記 横田數喜
　列席ノ上檢事ハ被疑者ニ對シ訊問ヲ爲スコト左ノ如シ.

問 氏名, 年齡, 身分, 職業, 住居及本籍地ハ如何.

答 氏名ハ圭輔, 宇精, 公三, 庚山コト

　李 圭 彩

　年齡ハ四十六年

　身分ハ――

　職業ハ無職

　住居ハ不定

　本籍ハ京畿道抱川郡加山面坊築里四百八十四番地

問 爵位, 勳章, 記章ヲ有シ年金, 恩給ヲ受ケ又ハ公務員ノ職ニ在ル者ニ

　非サルヤ.

答 アリマセヌ.

問　是迄刑罰ニ處セラレタルコトナキヤ.

答　アリマセヌ.

茲ニ於テ檢事ハ被疑事件ヲ告ケ此ノ事件ニ付陳述スヘキコトアリヤ否ヲ

問ヒタルニ被疑者ハ訊問ニ應シ陳述スヘキコトアル旨答ヘタリ.

問　其方ノ教育程度ハ如何.

答　本籍地テ五歳カラ二十五歳迄漢文ヲ習得シタ外ハアリマセヌ.

問　其方ハ書家タト云フカ左樣カ.

答　左樣テス. 幼少ノ時カラ書ヲ好ミ二十四歳カラ三年間京城府桂洞故
　　玄采先生ニ就キ書ヲ學ヒマシタ.

問　其方ノ家庭ノ狀況ハ如何.

答　母, 兄二人ト其夫婦, 弟夫婦, 私夫婦ニ子供三人テアリマスカ, 私カ出
　　家後十四年間消息カアリマセヌカラ現在如何ニナリ居ルカ, 又妻子ノ
　　居ル所モ判リマセヌ.

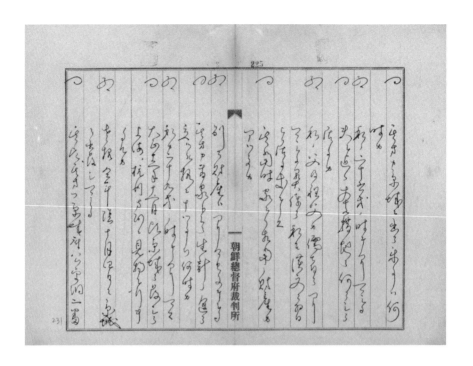

問　其方カ京城ニ出テ來タノハ何時カ.

答　私ノ二十六歳ノ時テアリマシタ.

問　夫レ迄ハ本籍地ニ何ウシテ居タカ.

答　私ハ父及祖父カ儒者テアリマシタ關係テ私モ漢文ヲ習ヒ居タ丈テス.

問　其當時家ニハ相當ノ財産カアッタカ.

答　別ニ財産ハアリマセヌテシタ.

問　其方カ書家トシテ生計ノ途ヲ立ツル樣ニナッタノハ何時カ.

答　私カ二十九歳ノ時テアリマス.

問　大正十二年十一月頃京城ヲ發シテ上海, 杭州方面ニ見物ニ行キタルカ.

答　左樣. 同年陰十月四日ニ京城ヲ出發シマシタ.

問　其頃其方ハ京城府公平洞二番

地ニ創新書畫研究會ヲ創設シ,書ノ指南ヲシテ居タカ.

答 左様テアリマス.

問 前述ノ如ク上海方面ニ旅行シタノハ當時家庭生活ニモ別ニ不自由ハ
　 ナカッタノテ書ヲ支那方面ノ書家ニ就キ研究スル考テ行ッタカ.

答 左様テアリマス.

問 當時上海ニハ朝鮮獨立ノ運動ヲシテ居タ韓國臨時政府カ組織セラレ居
　 テ李始榮,呂運亨,金九等カ主トナッテ活動シテ居タ事ハ相違ナイカ.

答 相違アリマセヌ.

問 右李始榮ハ當時臨時政府ノ財務總長ヲシテ居テ其方トハ遠イ親族ニ
　 當ルト云フテハナイカ.

答 左様.遠イ親族テアリマス.

問 同人トハ何時カラ知合タルカ.

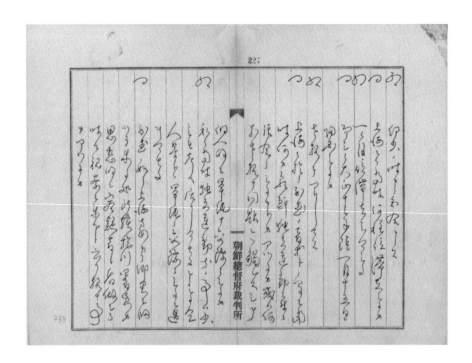

答 幼少ノ時カラ知合テス.

問 上海ニハ當時何程位滯在シタカ.

答 一ケ月位滯在シマシタ.

問 而シテ大正十三年陰一月十五日ニ歸國シタカ.

答 左様テアリマス.

問 上海ニ於テ前述ノ者等トノ間ニ當時何カ朝鮮獨立運動ニ付テ話合ヲ
   シタコトカアッタカ. 或ハ何等左様ナ問題ニハ觸レスシテ個人的ニ
   單純ナ交際ヲシタカ.

答 私ハ當時獨立運動等ノ事ハ少シモ考ヘ居リマセヌテシタ. 同人等ト
   ハ單純ノ交際ヲシタニ過キマセヌ.

問 前述ノ如ク上海方面カラ郷里ニ歸ッテ來タ處, 所轄抱川署員カ思想的
   ニ容疑者ト看做シテ時々視察ニ來ルト云フ様ナ事カアッタカ.

答 其際抱川署ニ三回取調ヲ受ケマシタカ,其以外ノ事ハアリマセヌ.

問 右ノ如ク警察テ取調ヲ受ケタト云フ樣ナ事カラシテ世間ノ信用ヲ失
　墜シ,漸次書家トシテノ收入モ無クナッタノテ家計カ不如意ニナッタ
　ト云フカ左樣カ.

答 左樣テアリマス.

問 其處テ其方ハ經濟的ニ非常ナ打擊ヲ受ケルコトニナッタノテ此樣ナ
　結果ニナルノモ畢竟總督政治ノ爲メテアルト云フ樣ニ考ヘテ何等自
　分ノ如ク朝鮮ノ獨立運動ニ關係ナク獨立運動者ト暫クノ間交友シタ
　ト云フ事カラ三回モ警察ニ取調ヲ受ケルト云フ樣ナ事テアラハ寧ロ
　此際自カラ朝鮮獨立運動者トナッテ朝鮮ノ獨立ヲ圖ロウト決心シテ
　其運動ヲ爲スヘク,大正十三

　年陰二月十七日頃旅費三百圓ヲ携帯シ安東縣, 天津ヲ經由シテ上海ニ
　行クコトニナッタト云フカ左樣カ.

答　左樣テアリマス.

問　大正十三年陰一月十五日ニ本籍地テ上海カラ歸ッテ來テ卽上
　ノ如キ決意ヲシテ上海ニ出發シタノカ同年陰二月十七日頃タト云フ
　カ, 僅カ一ケ月位ノ間ニ世間的信用ヲ失墜シタリ經濟的困難ニ陷リタ
　ト云フ事ハ考ヘラレナイカ如何.

答　歸省致シマシタ處, 創新書畫研究會ノ者モ又友人等モ皆私ヲ危險シテ
　交際スル者カ無クナリ親兄弟モ良ク思ヒ居ラス警察テ取調ヲ受ケタ
　後ハ一層其事カ甚シクナリマシテ話ヲスル者モ無クナリマ

シタ.

問 叙上ノ如ク上海ニ運動スル爲メニ行ッタノハ自分ノ知人テ遠縁ニ當ル前述ノ李始榮カ居ルノテ夫レト共ニ獨立運動ヲスヘク行キタルカ.

答 左様テアリマス.

問 而シテ上海テハ佛租界貝勒路永慶坊十戸ニ李始榮ト同居シ, 獨立運動ノ爲メ同地ノ活躍中テアッタ金九, 呂運亨, 尹琦變, 趙琬九, 郭憲, 趙完, 崔昌植等ト屢々會合シテ朝鮮獨立運動ノ實行ニ關シ色々研究協議ヲナシ, 其後韓國臨時政府議政院議員トナッテ韓國臨時政府カ行フヘキ重要政策ヲ論議議決スル等種々活動シテ居タカ, 其內政府員

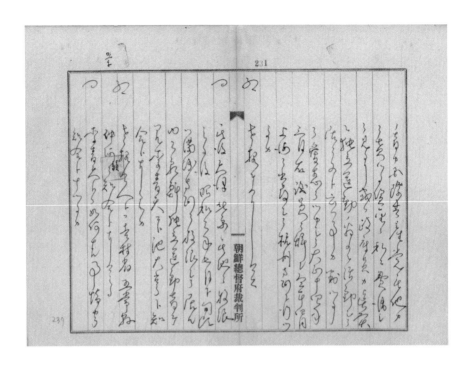

ノ者カ國際共產黨其他カラ貰ッタ資金ヲ私ニ費消シテ見タリ,或ハ政
府員カ眞實ニ獨立運動ノ爲メニ活動シテ居ラヌト云フ事カ判ッタノ
テ愛想ヲツカシテ大正十四年三月右議員ヲ辭シ同年四月上海ヲ出發
シテ杭州方面ニ行ッタノカ.

問　左様テアリマス.

問　其後天津,北京其他ヲ放浪シタ後昭和三年七月下旬頃ハ滿洲方面ヲ放
浪シテ居ル內ニ朝鮮獨立運動者テアル李靑天コト池大亨ト知合トナ
リタルカ.

答　左様. 同人トハ吉林省五常縣仲河鎭テ知合トナリマシタ.

問　李靑天トハ如何ナル事情カラ知合トナッタカ.

答 昭和五年陰一月私ハ農業ニ從事スル爲メ仲河鎭ニ赴キ同地ノ稻田公
　司テ同人ト始メテ挨拶ヲシテ知リマシタ．其際同人カラ獨立運動者
　テアル事モ聞知シマシタ．

問 叙上ノ如ク同人ハ知合ニナッタ後朝鮮ノ獨立運動ニ關シ協議ニ來タカ．

答 其頃共匪ノ爲メ私ハ同年陰二月吉林省楡樹縣ニ逃走シマシタカラ別
　ニ左樣ナ協議ハ出來マセヌテシタ．

問 其方カ楡樹縣ニ留リ居ル內同年陰五月初メ中東線二道河子ニ居ル申
　肅ト云フ者カラ來ル五月五日ニ二道河子ノ朴觀海等カ韓國獨立黨準
　備會ヲ開催スル事ニナッタカラ參加シテ吳レト云フ手紙カ來

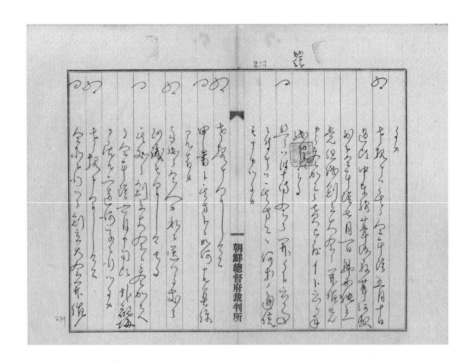

タカ.

答 左様テハ無ク同年陰五月十日過頃中東線葦沙縣葦沙驛前テ同年陰七月一日韓國獨立黨組織創立大會ヲ開催スルカラ參加シテ貰ヒ度イト云フ手紙カ來マシタ.

問 然ラハ準備會ヲ開イタト云フ事ニ付テハ其方ニハ何等ノ通信モナカッタカ.

答 左様テアリマス.

問 申肅ト其方トハ如何ナル關係アル者カ.

答 手紙ヲ同人カ私ニ送ッタ丈テ面識モアリマセヌ.

問 其處テ創立大會ニ參加スヘク同年陰六月中旬頃朴觀海カ居ル二道河子ニ行ッタカ.

答 左様テアリマス.

問 同所ニ行ッテ創立大會開催ノ

準備委員ニナッテ居タ朴觀海, 申肅, 鄭信, 崔塢, 韓永觀, 閔武等ニ會
　タカ.

答　左樣テス.

問　而シテ其準備ニ關シ同人等ト種々相談ノ上愈々同年陰七月一日前述
　ノ葦河驛外崔某方テ創立大會ヲ開イタカ.

答　左樣テアリマス.

問　其創立大會ニハ其方ハ勿論前述ノ者幷ニ各地方代表者等百餘名ノ朝
　鮮獨立運動者カ集リタルカ.

答　左樣テアリマス.

問　而シテ其創立大會テ宣言, 綱領, 綱要, 各機關役員ノ部署等ヲ此樣ニ決
　定シテ茲ニ愈々朝鮮ノ獨立ヲ目的トスル韓國獨立黨ナル結社ヲ組織シ
　タカ.

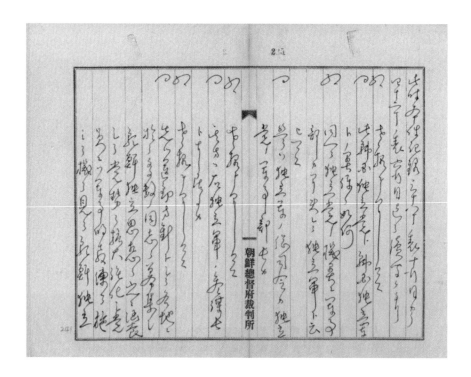

此時本件記録三十八丁ノ表十行目カラ四十二丁ノ表六行目迄ヲ讀聞ケタリ.

　答　左様テアリマス.

　問　此韓國獨立黨ト韓國獨立軍トノ關係ハ如何.

　答　同一テ獨立黨ノ機關ニ軍事部カアリ夫レヲ獨立軍ト云ヒマス.

　問　然ラハ獨立軍ノ總司令カ獨立黨ノ軍事部長カ.

　答　左様テアリマス.

　問　其方ハ右獨立軍ノ參謀長トナリ居タカ.

　答　左様テアリマス.

　問　先ツ運動方針トシテ各地ニ於テ多數ノ同志ヲ募集シ, 朝鮮獨立思想ヲ
　　　之ニ涵養シテ黨勢カ擴大强化シ, 黨員ニハ軍事的敎練ヲ施シテ機ヲ見
　　　テ朝鮮獨立

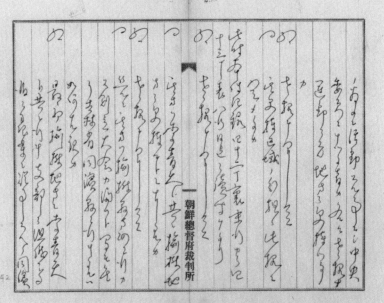

　　ノ爲メニ活動スル事ニシ, 中央委員ニナッタ者カ各々左樣ナ運動ヲス
　　ル地方ヲ受持ッタノカ.

　答　左樣テアリマス.

　問　其受持區域ノ分擔ハ此樣ニ定メタカ.

此時本件記録四十二丁裏末行カラ四十三丁表八行目ヲ讀聞ケタリ.

　答　左樣テアリマス.

　問　其方ハ李靑天ト共ニ楡樹地方ヲ受持コトニナリタルカ.

　答　左樣テアリマス.

　問　然ルニ其方ハ楡樹縣方面ニ行カス創立大會カ濟ムト間モ無ク吉林省
　　同濱縣ニ行キタルハ如何ナル譯カ.

　答　最初楡樹地方ニ李靑天ト共ニ行キ支部ヲ組織シタ後ニ農業ニ從事ス
　　ヘク同濱

縣ニハ昭和六年陰一月ニ行キマシタ.

問 同濱縣ニハ李青天モ同行シタカ.

答 李青天ハ行キマセヌ.

問 警察テハ昭和六年陰一月カラ延壽縣ノ葱家燒堝ニ行ッタト云ヒ居ル
　　カ如何.

答 同濱縣ハ舊名テ現在ハ延壽縣ト稱シ居リマス.

問 同所ニ行ッタ後, 昭和七年陰一月頃ニ吉林省阿城縣大石河テ前述ノ韓
　　國獨立黨臨時大會ヲ開催スルト云フ通知カ來タカ.

答 左樣ナ通知カアリマシタカ, 私ハ滿洲事變ノ爲メ交通カ杜絶シテ參加
　　出來マセヌテシタ. 其後陰二月初旬洪震コト洪冕熙カラ手紙カ來テ,
　　其大

朝鮮總督府裁判所

會テ私ヲ獨立黨ノ總務委員長ニ選擧シタ知セカアリマシタ.

問 先程其方カ云ッタ機關ニハ總務委員長ハ無カッタノテハナイカ.

答 左樣テス. 臨時大會テ以前ノ政治部ヲ改メテ總務部トシタト云フ事テアリマス.

問 昭和七年陰一月汔上ノ如ク臨時大會ヲ開ク汔韓國獨立黨ノ軍事部テアル所謂韓國獨立軍ハ如何ナル活動ヲシタカ.

答 何等活動シタコトハアリマセヌ.

問 臨時大會ニテハ如何ナル事項ヲ決議シタカ.

答 私ハ大會ニ參加シ居リマセヌノテ詳シイ事ハ判リマセ

ヌカ,決議事項ヲ私ノ處ニ通知シ來タノニハ當時滿洲事變テ支那軍隊ハ匪賊ニ化シ,朝鮮人ヲ見テハ準日本人タト稱シ財產ヲ強奪シ虐殺汔モ敢行シ居リマシタ故,在滿洲ノ朝鮮人ノ生命財產ヲ保全スルニハ支那軍隊ト合作スルヨリ外ニ途カナイノテ鮮人ヲ救濟スル爲メ表面ハ日滿軍ニ反對スルト稱シ,支那軍隊ノ歡心ヲ買フテ合作スル樣ニシタト云フ事テアリマシタ.

問　叙上ノ如ク臨時大會ノ決議ニ基キ中國軍ト合作スル爲メ韓國獨立軍ノ總司令テアル李青天ニ於テ獨立軍兵ヲ募集シタ結果六十名ニ達シタノテ之ヲ一隊ニ組織シテ吉林省自衛軍王之維ノ引率スル

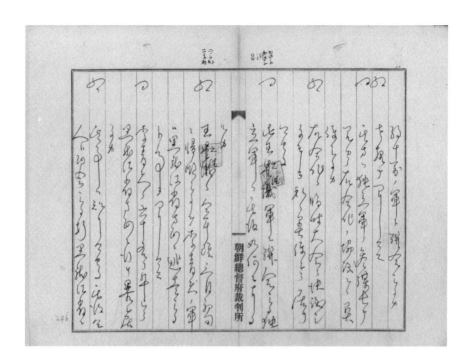

約十萬ノ軍ト聯合シタカ.

答 左様テアリマス.

問 其方ハ獨立軍ノ参謀長テアルカラ右合作ノ協議ニハ關係シタカ.

答 右合作ハ臨時大會テ決議シタモノテ私ハ關係シテ居リマセヌ.

問 此王之維軍ニ聯合シタ獨立軍ハ其後如何ニナリタルカ.

答 王之維ハ同年陰三月初旬ニ歸順シタノテ李青天ノ軍ハ黑龍江省方面
　ニ逃走シタトノ事テアリマス.

問 李青天ハ六十名ヲ率ヒテ黑龍江省方面ニ行キ暴レ居ッタカ.

答 其事ハ知リマセヌ. 其後同人ハ面會シタ折黑龍江省ニ

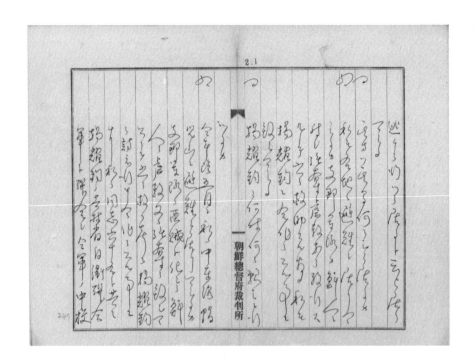

逃ケテ行ッテ居タト云ヒ居リマシタ.

問 其方ハ其間何ヲシテ居タカ.

答 私モ各地ニ避難シ居リマシタカ, 支那軍隊カ鮮人ニ對シ强奪, 虐殺等
　ヲ敢行スルノテ之ヲ救助スル爲〆私モ楊耀鈞ニ合作ヲスル事ニ致シ
　マシタ.

問 楊耀鈞ニ何時何ヲ賴ミニ行ッタカ.

答 同年陰五月ニ私ハ中東線帽兒山ニ避難シ居リマシタカ, 支那軍隊ハ匪
　賊ト化シテ鮮人ヲ虐殺又ハ强奪ヲ致シマスノテ之ヲ救フ考テ楊耀鈞
　ヲ訪ネ行キ合作ヲスル事ニナリ, 私ハ同志六十名ト共ニ楊耀鈞ノ吉林
　省自衛聯合軍ト聯合シ同軍ノ中校

參謀ニ任命セラレマシタ.

問 當時李青天ノ獨立軍ハ何處ニ居タカ.

答 何處ニ居ルカ判リマセヌテシタカ,私ハ李青天ノ事ヲ楊耀鈞ニ話シマ
シタ處,同人カ部下ヲシテ李青天ヲ探サシメタトノ事テ同年陰八月一
日私ノ居ル處ニ李青天モ來リ聯合スル事ニナリマシタ.

問 李青天ハ其方ノ居ル事ヲ知リテ來タカ.

答 左様テス.

問 李青天ハ何人位連レテ來タカ.

答 四百餘名ヲ連レテ來マシタ.

問 其方ノ處ニ李青天カ四百名位ヲ連レテ來タノテ其方カ楊耀鈞ニ賴ミ
李青天ノ

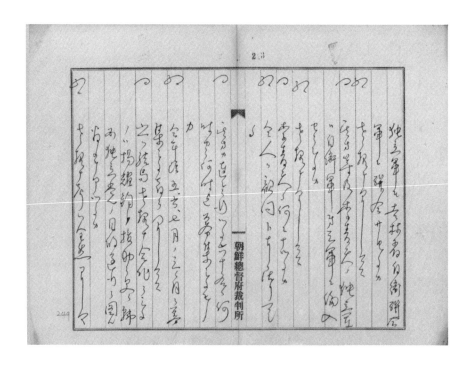

獨立軍モ吉林省自衛聯合軍ニ聯合サセタカ.

答　左様テアリマス.

問　其方等及李青天ノ獨立軍ハ自衛軍第三軍ニ編入セラレタカ.

答　左様テアリマス.

問　李青天ハ何ニナッタカ.

答　同人ハ顧問トナリ居リマシタ.

問　其方カ連レテ行ッタ六十名ハ何時カラ何時頃募集シタモノカ.

答　同年陰五, 六, 七月ノ三ケ月ニ募集シタ者テアリマス.

問　之ハ結局左様ナ合作ヲシタノハ楊耀鈞ノ援助ヲ受ケ韓國獨立黨ノ目
　　的遂行ヲ圖ル爲メテアッタカ.

答　左様ナ考ハ全然アリマ

セヌ. 中東線ニ居タ朝鮮人ノ生命財産ヲ保全スル爲メ不得已其擧ニ
出テタモノテ當時ノ狀況ハ夫レ以外ニハ途カアリマセヌテシタ.

問　吉林省自衛聯合軍トハ何カ.

答　支那ノ軍隊テ滿洲國ニ反對スルト稱シ居リマシタカ, 内容ハ強盗ノ樣
　　ナモノテス.

問　楊耀鈞ハ如何ナル人物カ.

答　支那陸軍中將テアリマシテ聯合軍總指揮官テアリマス. 聯合軍ハ三
　　軍テ約十萬居リマシタ.

問　十萬ノ軍隊ヲ持ッ者カ其方等ト合作スルトモ思ハレス, 又其方ニ中校
　　參謀ヲ任命スルトモ考ヘラレヌカ如何.

答　左樣テハアリマセヌ. 支那

軍人ハ無學ノ者許リテ上官ハ惡事ハ致シマセヌカ,軍人カ勝手ニナス
ノテ鮮人ハ皆相當學問モシテ居リ素行モ良イノテ喜テ歡迎シテ吳レ
マシタ.

問　一體李靑天ハ王之維ト合作スル際ハ六十名テアッタト云フニ楊耀鈞ト
　　合作ノ時ハ四百餘名テアッタト云フカ何處テ左樣ナ者ヲ募集シタカ.

答　同人カ黑龍江省方面ニ募集シタ者テス.同地方テモ自分ノ生命財產
　　ヲ保全スルニハ獨立軍ニ加入スルヨリ外途カナカッタノテ志願シテ
　　來タ者モアル筈テス.

問　叙上ノ如ク自衛軍ノ內ニ編入セラレタ後同年陰八月十五日

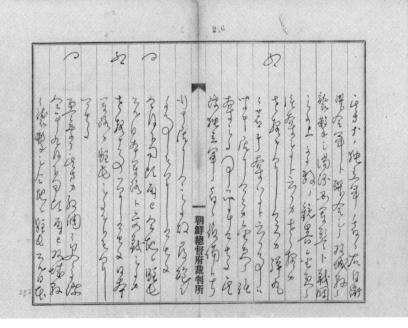

其方等ノ獨立軍ノ者ハ右自衛聯合軍ト聯合シテ雙城縣ヲ襲撃シ滿洲
國軍警ト戰鬪シタ上多數ノ銃器, 金員ヲ强奪シタト云フカ左樣カ.

答　左樣テアリマスカ, 彈丸ヲ若干奪ッタト云フ事ハ聞キ居リマスカ, 金
員ヲ强奪シタ事ハ聞キマセヌ. 其際獨立軍ノ者ハ後備トナリ行キ居
リマシタ故發砲シタ事モアリマセヌ.

問　月下旬頃再ヒ同地ニ駐屯スル日本軍隊ト交戰シタカ.

答　左樣ナ事ハアリマセヌ. 日本軍隊カ駐屯シタコトモアリマセヌ.

問　警祭テ其方カ取調ヲ受ケタ際, 同年九月下旬頃再ヒ雙城縣ヲ襲撃シ,
同地ニ駐屯スル日本軍ト交戰シタカ翌朝日本

軍ノ飛行機ノ襲撃ヲ受ケ退却シタト云フカ如何.

答　左様ナ事ハアリマセヌ.滿洲軍警ト交戰シ居タ際日本飛行機ノ襲撃
　　ヲ受ケ退却シタト云ヒマシタ.

問　雙城縣ノ襲撃ハ其方モ相談ノ上敢行シタカ.

答　左様ナ事ハ私共ニ相談ヲ致シマセヌ.三軍ノ長カ相談ノ上命スルノテ陰
　　八月十五日ニハ私モ行キマシタカ,陰九月下旬ノ時ハ私ハ行キマセヌテ
　　シタ.

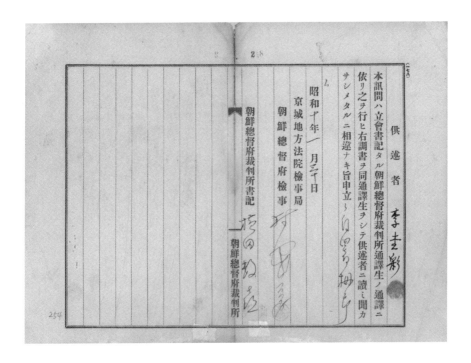

供述者 李圭彩

　本訊問ハ立會書記タル朝鮮總督府裁判所通譯生ノ通譯ニ依リ之ヲ行ヒ右
調書ヲ同通譯生ヲシテ供述者ニ譯ミ聞カサシメタルニ相違ナキ旨申立テ
自署拇印ス.
　昭和十年一月三十日
　京城地方法院檢事局
　朝鮮總督府檢事村田左文
　朝鮮總督府裁判所書記横田數喜

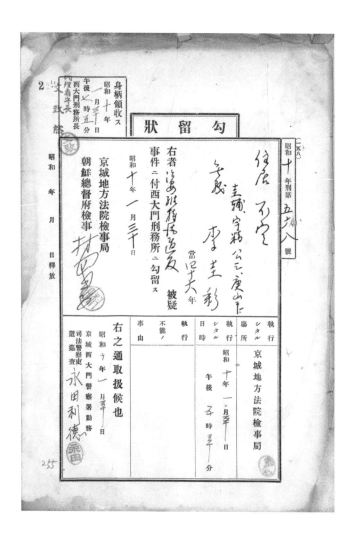

（一五八）

昭和十年刑第五六八號

勾　留　状

右者　　　　　　　　　　　被疑

李圭彩

當四十夫年

事件ニ付西大門刑務所ニ勾留ス

昭和十年一月三十日

京城地方法院檢事局

朝鮮總督府檢事

執行シタル場所	京城地方法院檢事局
執行シタル日時	昭和十年一月三十日午後子時三十分
執行不能ノ事由	

右之通取扱候也

昭和十年一月三十一日

京城西大門警察署勤務

司法警察吏

道巡査　永田利德　㊞

身柄領收ス

昭和十年一月三十一日

午後七時五分

西大門刑務所長

內鯉嘉子長

昭和　年　月　日釋放

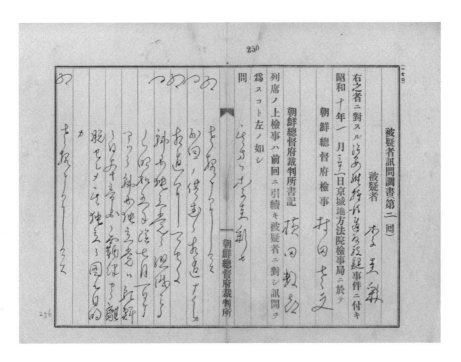

被疑者 訊問調書(第二回)

被疑者 李圭彩

右之者ニ對スル治安維持法違反被疑事件ニ付昭和十年一月三十一日京城地方法院檢事局ニ於テ
朝鮮總督府檢事 村田左文
朝鮮總督府裁判所書記 橫田數喜

列席ノ上檢事ハ前回ニ引續キ被疑者ニ對シ訊問ヲ爲スコト左ノ如シ.

問 其方ハ李圭彩カ.
答 左樣テアリマス.
問 前回ノ供述ハ相違ナイカ.
答 相違アリマセヌ.
問 韓國獨立黨ヲ組織シタノハ昭和五年陰七月一日テアッテ韓國獨立黨ハ朝鮮ヲ日本帝國ノ羈絆カラ離脱セシメ其獨立ヲ圖ル目的カ.
答 左樣テアリマス.

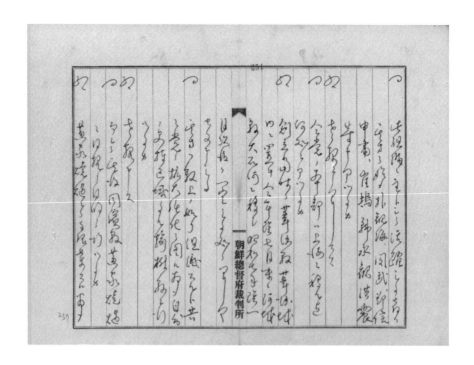

問 此組織ニ主トシテ活躍シタ者ハ其方ヲ始メ朴觀海, 閔武, 鄭信, 申肅, 崔塢, 韓永觀, 洪震等テアッタカ.

答 左樣テアリマス.

問 同黨ノ本部ハ上海ニ移ル迄何處ニアッタカ.

答 創立當時ハ葦沙縣葦沙城內ニ置キ同年陰七月末ニ阿城縣大石河ニ移シ, 昭和七年陰一月以後ハ一定シタ處ハアリマセヌテシタ.

問 其方ハ叙上ノ如ク組織スルト共ニ黨ノ擴大强化ヲ圖ル爲メ自分ノ受持區域タル楡樹縣ニ行ッタカ.

答 左樣テス.

問 而シテ其後同濱縣葱家燒燬ニ同樣ノ目的テ行ッタカ.

答 葱家燒燬ニハ農業スル爲メ

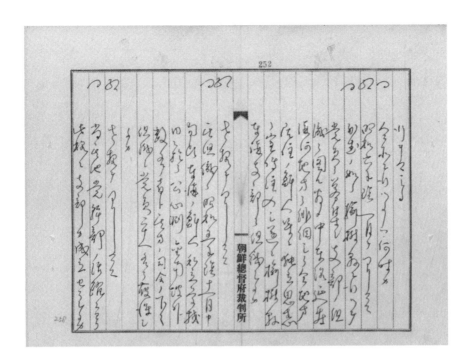

行キマシタ.

問 同所ニ行ッタノハ何時カ.

答 昭和六年陰一月テアリマス.

問 前述ノ如ク楡樹縣ニ行ッテ黨員ヲ募集シ, 支部ノ組織ヲ圖ル爲メ中東線延壽溝河地方ヲ徘徊シテ同地方居住ノ鮮人等ニ獨立思想ヲ宣傳注入シ, 遂ニ楡樹縣東溝支部ヲ組織シタカ.

答 左様テアリマス.

問 其組織ハ昭和五年陰十一月中旬頃, 東溝ノ鮮人私立學校内ニ於テ公心淵, 金南坡外數名ノ者ト其方ノ司會ノ下ニ組織シ, 黨員二十一名ヲ獲得シタカ.

答 左様テアリマス.

問 尚其他黨幹部ノ活躍ニヨリ此様ニ支部カ成立セラレタカ.

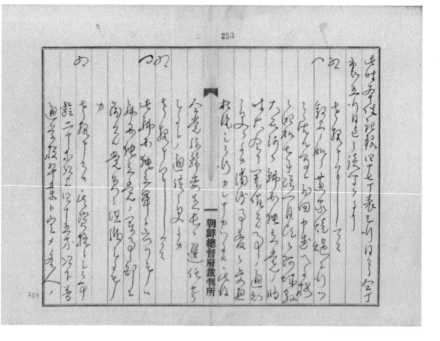

此時本件記錄四十七丁表三行目ヨリ同丁裏五行目迄ヲ讀聞ケタリ.

答　左樣テアリマス.

問　叙上ノ如ク葱家燒燼ニ行ッテ居ル間ニ前回申述ヘタ樣ニ昭和七年陰
　　一月頃ニ阿城縣大石河テ韓國獨立黨ノ臨時大會ヲ開催スル事ノ通知
　　ヲ受ケタカ滿洲事變テ交通杜絶シテ行カレナカッタカ, 其後同黨總務
　　委員長ニ選任セラレタトノ通信ヲ受タカ.

答　左樣テアリマス.

問　此韓國獨立軍ト云フモノハ韓國獨立黨ノ軍事部ニ屬スル黨員テ組織
　　シタモノカ.

答　左樣テスカ其資格トシテ年齡二十歲以上四十五歲以下普通學校卒業
　　ト定メ各人ノ

　　志願又ハ資格者ヲ任命スルモノテス.

問　獨立軍ハ何時組織セラレタカ.

答　昭和五年陰十一月組織セラレマシタ.

問　其方カ同軍ノ參謀長トナリ居タカ.

答　左樣テス.

問　組織當時ノ獨立軍ノ人數ハ如何.

答　三百名位居リマシタ. 同軍ハ一小隊五十名テ三個小隊テ一中隊トナ
　　リ二個中隊丈アリマシタ.

問　當時ノ獨立黨ノ黨員ハ何人居タカ.

答　四百名位居リマシタ.

問　此獨立軍ハ前述ノ其方カ出席出來ナカッタ臨時大會

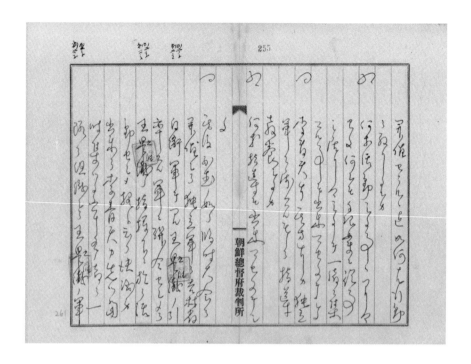

開催セラル,況如何ナル行動ヲ取リタルカ.

答 何等活動シタ事ハアリマセヌ.何レモ農業ニ従事シ居リマシタノテ
　　一緒ニ集マル事モ出來マセヌテシタ.

問 李青天ナリ其方ナリカ獨立軍ニ屬スルモノヲ指導敎養シタカ.

答 何等指導モ出來マセヌテシタ.

問 其後前述ノ如ク臨時大會ヲ開催シテ獨立軍ヲ吉林省自衛軍テアル王
　　之維ノ引率スル軍ニ聯合セシメテ王之維ノ指揮下ニ於テ活動セシメ
　　様ト云フ決議カ出來テ李青天カ先ツ當時集ツタ六十名ノ者テ一隊ヲ
　　組織シテ王之維ノ軍

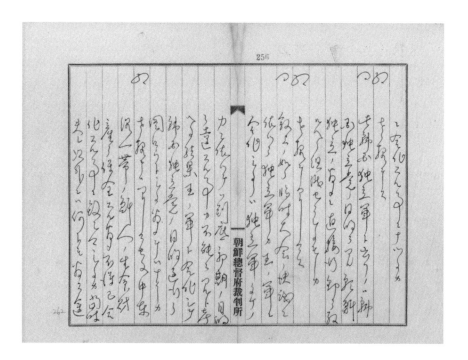

ニ合作スル事ニナッタカ.

答　左様テス.

問　此韓國獨立軍ト云フノハ韓國獨立黨ノ目的テアル朝鮮獨立ノ爲メニ
　　直接行動ヲ取ルヘク組織セラレタモノカ.

答　左様テアリマス.

問　叙上ノ如ク臨時大會ノ決議ニ依ッテ獨立軍カ王ノ軍ニ合作シタノハ
　　獨立軍タケノ力ニ依ッテハ到底所期ノ目的ヲ達スル事カ不能テアル
　　ト考ヘタ結果王ノ軍ト合作シテ韓國獨立黨ノ目的遂行ヲ圖ロウトシ
　　タ爲メテハナイカ.

答　左様テハアリマセヌ. 中東線一帶ノ鮮人ノ生命財産ヲ保全スル爲メ
　　不得已合作スル事ニ致シマシタカ, 當時夫レ以外ニハ何トモ爲ス途

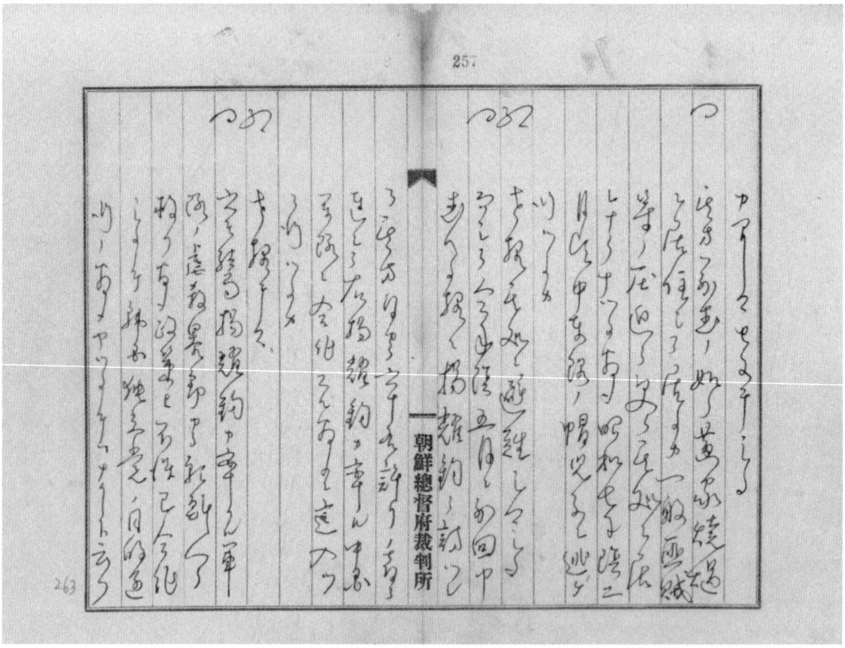

一朝鮮總督府裁判所

カアリマセヌテシタ．

問 其方ハ前述ノ如ク葱家燒燬ニ居住シテ居タカ一般匪賊等ノ壓迫ヲ受ケ其處ニ居レナクナッタ爲メ昭和七年陰二月頃中東線ノ帽兒子ニ逃ケ行ッタカ．

答 左樣．其處ニ避難シマシタ．

問 而シテ同年陰五月ニ前回申述ヘタ樣ニ楊耀鈞ヲ訪問シテ其方自カラ六十名許リノ者ヲ連レテ右楊耀鈞カ率ル中國軍隊ニ合作スル爲メニ這入ッテ行ッタカ．

答 左樣テス．

問 之モ結局楊耀鈞カ率イル軍隊ノ虐殺暴動カラ朝鮮人ヲ救フ爲メ政策上不得已合作シタノテ韓國獨立黨ノ目的遂行ノ爲メヤッタノテハナイト云フ

カ.

答　左様テアリマス.

問　而シテ警察ニ於テハ中韓合作シテ抗日ヲナス事ニハ一ツノ目的テア
　　ッタト云ヒ居ルカ如何.

答　左様テハ無ク楊耀鈞ノ諒解ヲ得ル時方便トシテ左様ナ事ヲ云ッタト
　　答ヘマシタ.

問　楊耀鈞ハ當時何處ニ居ッタカ.

答　阿城縣沙河子ニ居リマシタ.

問　斯クスル内同年陰八月ニ李青天カ約四百名ノ獨立軍ヲ連レテ歸ッテ
　　來タノテ其方ノ幹旋ニヨリ之亦楊耀鈞ノ軍隊ト合作シタカ.

答　左様テアリマス.

問　楊耀鈞ノ牽ル軍隊ハ吉林省自衞聯合軍ト云ヒ居タカ.

答　左様テアリマス.

問　其方ノ韓國獨立軍ハ同自衛聯合軍ノ第三軍ニ編入セラレテ其方ハ同
　　軍中校參謀ニナッタカ.

答　左様テアリマス.

問　叙上ノ如ク楊耀鈞軍ニ合作シタノテ其方カ同軍ト行動ヲ共ニシタノ
　　ハ前回申述ヘタ様ニ昭和七年陰八月十五日ニ雙城縣ノ滿洲國軍警ヲ
　　襲撃シタノト同年陰九月下旬頃ニ矢張同縣ノ滿洲國軍警ヲ襲撃シタ
　　二回丈カ.

答　左様テアリマスカ,私ハ九月下旬ノ襲撃ニハ參加シマセヌテシタ.

問　何故其際行カナカッタカ.

答　私ハ當時合作ヲヤメル考

朝鮮總督府裁判所

テアリマシテ, 其際出動ノ命令モアリマセヌテシタカラ行キマセヌテシタ.

問 陰八月十五日ノ襲撃ノ際ノ相手ハ滿洲國軍警丈テアッタカ.

答 左様テアリマス.

問 其際ノ模様ハ如何.

答 其日午後六時頃カラ午後八時頃汔ノ間二時間位交戰シマシタカ, 楊耀鈞ノ軍ハ四萬人, 獨立軍カ三百餘名テ獨立軍ハ後備ニナリ居リマシタ故發砲シタコトモアリマセヌ. 楊耀鈞ノ軍兵カ城外ニ到着スルト其以前ニ打合セカアッタノカ開門シテ呉レタノテ約千五百名位カ城内ニ侵入シタ時滿洲國ノ軍警ハ逃走シ始メ, 逃走

シテ乍ラ發砲シマシタノテ楊耀鈞ノ軍モ應戰シマシタカ死傷者ハアリマセヌ. 其際彈丸箱及山砲一個ヲ奪ッタト聞キマシタカ, 金員ハ强奪シタコトハアリマセヌ. 尤モ其襲撃シタ後匪賊カ侵入シ放火シタトノ事ヲ聞キマシタカ, 銀行等ハ其前ニ避難シテ居タトノ事テアリマス. 其夜ハ同地ニ滯在シマシタカ翌日日本軍隊カ來ルトノ噂カアッタノテ楊耀鈞ノ軍モ退却シマシタ.

問 其方ノ屬スル第三軍モ行キタルカ.

答 左樣テアリマス.

問 同軍ノ中校參謀トシテ其襲撃ニ關シ, 相談ニ預リタルカ.

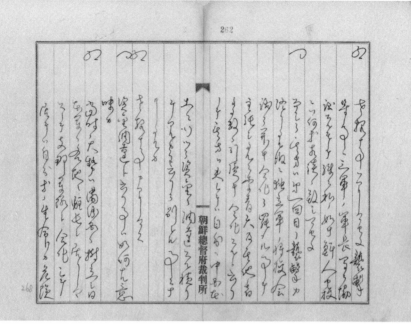

答　左様ナ事ハアリマセヌ．襲撃等ノ事ハ三軍ノ軍長間テ協議スルモノ
　　テ殊ニ私ノ如キ鮮人中校ニハ何等相談ヲ致シマセヌ．

問　而シテ其方ハ第一回目ノ襲撃カ終リタル後ニ獨立軍ノ將校會議ヲ開
　　キ合作ヲ罷メル事ヲ主張シタルニ李靑天及其他ノ者多數ハ引續キ合
　　作スルト云フノテ其方ハ夫レテハ自分ハ中國本土ニ行ッテ資金ヲ調
　　達スル積リテアルカラト云フテ別レル事ニナリタルカ．

答　左様ナ事カアリマス．

問　資金調達ト云フ事ハ如何ナル意味カ．

答　當時ノ大勢ハ滿洲國ヲ樹立シ日本軍ハ各地ニ駐屯シ居リマスノテ支
　　那軍隊ト合作シテ居テハ自分等ノ生命カ危險

アリマスカラ支那本土ニ避難スル外ハアリマセヌ．全部ノ者ヲ避難

セシメ様トセハ相當旅費ヲ要シマスノテ其旅費ニ充當スル資金ヲ調

達スル必要上支那本土ニ行キマシタ．

問　李靑天外多數ノ獨立軍ノ者ハ第二回目ノ雙城縣襲擊ニ參加シ，サンザ

ン失敗シタ爲メ其後額穆縣方面ニ赴キ王德林ト合作シテ生命ヲ保チ

居タカ．

答　左様ナ話ヲ聞キ居リマス．

問　而シテ其方ハ昭和八年陰三月前述ノ阿城縣ヲ發シテ北京ニ赴キタルカ．

答　左様テアリマス．

問　其方カ北京ニ行ク前卽阿城縣ニ居タ頃日本特務機關長竹下大佐カラ

歸順スル様

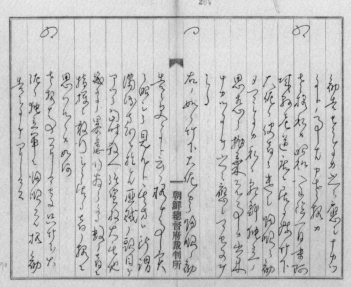

勧告セラレタカ,之ニ應シナカッタトノ事ナルカ左樣カ.

答　左樣.私カ昭和八年陰一月末阿城縣老道店ニ居タ際竹下大佐ハ使者
　　ヲ遣シ歸順ヲ勸メマシタカ,私ハ朝鮮獨立ノ思想ヲ抛棄スル事カ出來
　　ナカッタノテ之ニ應シマセヌテシタ.

問　右ノ如ク竹下大佐カラ歸順ノ勧告ヲ受ケタト云フ樣ナ事實ヲ昭シテ
　　見ルト其方ハ所謂滿洲方面ニ於ケル匪賊ノ頭目テアッテ當時殺人强
　　盜放火其他幾多ノ暴虐行爲ヲ多數ノ者ニ指揮シ敢行シテ居タ者放ノ
　　樣ニ思ハル,カ如何.

答　左樣ナ事ハアリマセヌ.只竹下大佐ハ獨立軍ニ歸順スル樣勧告シタ
　　ノテアリマス.

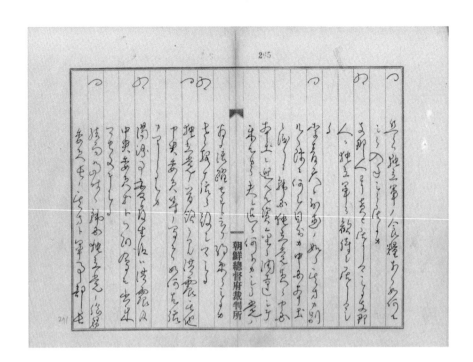

問　然ラハ獨立軍ノ食糧等ハ如何ニシテ入手シテ居タカ.

答　支那人ヨリ貰ヒ居リマシタ. 支那人ハ獨立軍ヲ歡待シ居リマシタ.

問　李靑天ト前述ノ如ク其方カ別ル, 際ニ何レ自分カ中國本土ニ渡リテ
　　韓國獨立黨員ヲ中國本土ニ迎ヘル資金ヲ調達シテ來ルカラ夫レ迄ハ
　　何トカシテ黨ノ爲メ活躍セヨト云フ約束ヲシタカ.

答　左樣ナ話ヲ致シマシタ.

問　獨立黨ノ首領テアル洪震其他中央委員等ノ間ニハ如何ナル話カアリ
　　タルカ.

答　滿洲事變發生後ハ洪震及中央委員等トハ面會モ出來マセヌテシタ.

問　結局當時ハ韓國獨立黨ノ總務委員長ノ其方ト軍事部長

ノ李青天カ全部ノ任務ヲ遂行シテアッタノテ結局李青天ト別レル際ニ韓國獨立黨ノ本部ヲ中國本部ニ移ス樣ナ話カアッタカ.

答 左樣テアリマス.

問 前述ノ如ク北京ニ行キ同年陰四月中旬頃北京ヨリ南京ニ赴キタルカ.

答 左樣テアリマス.

問 其際ハ其方一人テ行キタルカ.

答 左樣テアリマス.

問 而シテ南京ニ於テ當時朝鮮獨立運動ノ爲メ活躍中テアッタ朴南坡ニ會ッテ自分等カ組織シタ韓國獨立黨及獨立軍ノ活動狀況, 其後ノ狀態等ヲ述ヘテ之ヲ滿洲カラ救出シテ中國本土ニ移居セシムル爲メ相當ノ資金カ入ルカラ出シテ貰ヒ度イト

賴ミタルカ.

答　左樣テアリマス.

問　此朴南坡ハ當時義烈團々員テ朝鮮革命幹部學校ノ教官テアッタカ.

答　左樣ナ事ハ知リマセヌ. 上海ノ獨立黨員タト聞キ居リマス.

問　上海ノ其方ノ云フ獨立黨ハ金九一派ノ組織スル朝鮮ノ獨立ヲ目的トスル結社テアッテ朴南坡ハ其外交部代表者テハナカッタカ.

答　左樣ナ事ハ知リマセヌ.

問　何處ノ團體ニ居ルト云フ事モ知ラヌテ其方等カ組織シタ獨立軍ノ活躍狀況ヲ話ス筈カナイト思フカ如何.

答　其者トハ以前カラノ親友テ同人トノ間ニハ何等秘密ハアリマセヌカ, 私ハ其際資金調達ヲ

賴レタノテ自分ノ好マヌ團體カラテモ出金シテ貰ッタ際ニ困ルト考ヘ殊更ニ先方ノ所屬團體等ハ話シ貰ハヌ事ニ致シマシタ.

問　同人ニハ南京ノ何處テ會ッタカ.

答　花牌路文昌巷震旦醫院金永哲方テ會ヒマシタ.

問　而シテ間モ無ク同人カラ中國貨幣六百元ヲ貰ッタノテ同年陰五月二日其金ヲ携ヘテ天津ニ行キ營口,奉天,新京ヲ經テ吉林省ニ到着シタカ.

答　左樣テス.吉林省ニハ陰五月十一,二日頃行キマシタ.

問　而シテ同所ノ農家ヲ轉々シ乍ラ額穆縣方面ニ行ッタト云フ李青天一派ノ獨立軍ノ消息ヲ知ル爲メ李青天ニ付イテ行ッテ居ル矢張獨立軍ノ一人テアル五常縣向陽山ノ李艮ノ家テ自分ハ今此

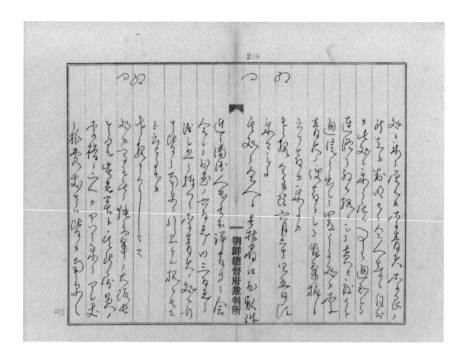

處ニ來テ居ルカ李青天, 李艮ノ所在カ判明セハ同人等ニ自分カ此處ニ
來テ居ル事ヲ通知シテ連絡ヲ取ル樣ニシテ貰ヒ度イト通信ヲ出シテ
置イタ處カ李青天ノ使者トシテ崔秉權ト云フ者カ來タカ.

答 左樣. 同年陰六月二十四, 五日頃來マシタ.

問 其處テ同人ト吉林省ロ前驛附近ノ滿洲人氏名不詳者方テ會合シテ前
述ノ六百元ノ内三百元ヲ渡シ, 之ヲ持ッテ李青天ノ處ニ行キ皆ヲ南京
ニ引上ケル樣ニセヨト云ヒタルカ.

答 左樣テアリマス.

問 處カ間モ無ク獨立軍ノ大隊長テアル吳光善ト其所屬員ノ李椿ノ二人
カヤッテ來テアレ丈ノ旅費丈テハ皆カ南京ニ

引上ケル事カ出來ナイカラ今少シ旅費ヲ都合シ吳レト云ヒ來リタル
カ.

答　左様. 同年陰七月十二日頃同人等カ來リ左様ナ申込ヲ致シマシタ.

問　其處テ其翌日直ニ同人等ト共ニ多クノ資金ヲ調達スヘク一應北京ニ
　　行ッテ朴南坡宛至急ニ資金カ不足タカラ出來丈資金ヲ調達シテ送ッ
　　テ貰ヒ度イト云フ書面ヲ認メ之ヲ吳光善ニ持セテ南京ノ朴南坡方ニ
　　遣シ, 尙其當時吳光善ニ對シ朴南坡カラ資金ヲ受取ッタナラハ直接李
　　青天等ノ處ニ行キ救出シテ連レテ南京ニ來ル様ニセヨト云ヒタルカ.

答　左様テアリマス.

問　當時李青天一派ハ匪賊ト

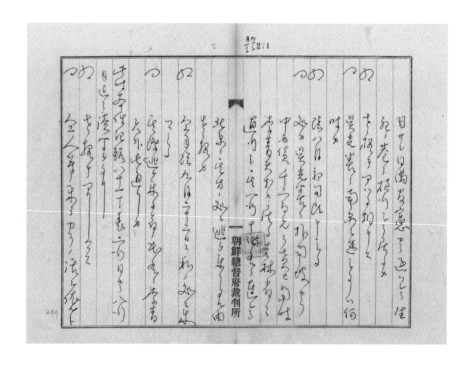

目サレ日滿官憲カラ逐ハレテ生死ノ巷ヲ横行シテ居タカ.

答　左様テアッタ相テス.

問　吳光善ヲ南京ニ遣シタノハ何時カ.

答　陰八月初旬頃テシタ.

問　處カ吳光善ハ朴南坡カラ中國貨千二百元ヲ貰ヒ,當時李青天等カ居タ
　　吉林省ニ直行シ,其一行十餘名ヲ連レテ北京ノ其方ノ處ニ逃ケ來リタ
　　ル由左様カ.

答　同年陰九月二十二日ニ私ノ處ニ來アシタ.

問　其際逃ケ來タ者ノ氏名ハ李青天外此通リカ.

此時本件記錄八十一丁表二行目カラ八行目迄ヲ讀聞ケタリ.

答　左様テアリマス.

問　同人等ノ來テカラノ話ニ依ルト

此獨立軍ハ額穆縣ニ行キ約七, 八百名ノ軍勢ニナッタカ合作シタ王德
林ハ露領ニ其後逃走シ, 殘兵ハ馬賊化シ到底聯合シテ居ル事ハ出來ナ
クナッタノミナラス到ル處テ日滿軍ノ討伐ヲ受ケ逃ケ廻ル際, 共匪ニ
逢遇シテ獨立軍ハ悉ク武裝ヲ解除サレ困窮ノトン底ニ陷リ居ル際, 其
方ノ救ノ手カ行ッタノテ一時解散シ飽迄朝鮮獨立ノ爲ニ動コウト云
フ者十二名カ逃ケ來タト云フ事テアッタカ.

答 左樣テアリマス.

問 此獨立軍ノ武裝ハ如何.

答 銃ヲ持チ居ル丈テス.

問 叙上ノ如ク朴南坡ハ二回ニ亘リ中國貨千八百元ヲ出シテ居ルカ, 其金
ハ何處カラ出タモ

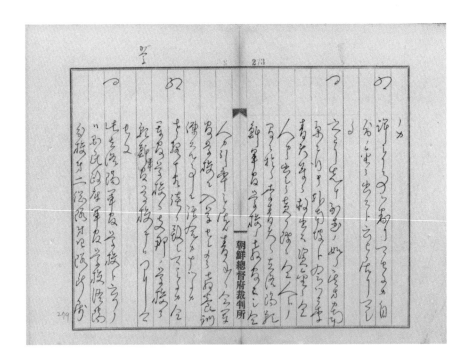

ノカ.

答 詳シイ事ハ判リマセヌカ, 自分ノ金ヲ出スト云ヒ居リマシタ.

問 之ヨリ先キ前述ノ如ク其方カ南京ニ行キ朴南坡ト會ッテ李青天等ヲ
　救出スル資金ヲ同人カラ出シテ貰フ際ニ同人トノ間ニ於テ李青天ハ
　在洛陽朝鮮軍官學校ノ教官ニシ, 同人カ引率シ居ル青年ハ同軍官學校
　ニ入學セシメテ教養訓練スル事ニ話合カナカッタカ.

答 左様ナ相談ハ致シマシタカ, 同軍官學校ハ支那ノ學校テ朝鮮軍官學校
　テハアリマセヌ.

問 此在洛陽軍官學校ト云フノハ國民政府軍官學校洛陽分校第二總隊第
　四隊所屬

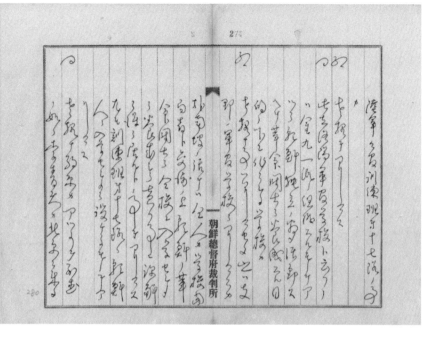

陸軍々官訓練班第十七隊ノ事カ.

答　左樣テアリマス.

問　此在洛陽軍官學校ト云フノハ金九一派ノ組織スルモノテアッテ朝鮮獨
　　立ノ爲メ活動スヘキ革命鬪士ヲ養成スル目的ノ下ニ作ラレタ學校カ.

答　左樣ナ事ハアリマセヌ. 之ハ支那ノ軍官學校テアリマスカ, 朴南坡ハ
　　話テハ同人カ學校當局者ト交涉ノ上朝鮮ノ革命鬪士ヲ同校ニ入學セ
　　メテ養成シテ貰フ事ニ諒解ヲ得テ居ルトノ事テアリマス. 尤モ訓練
　　班十七隊ハ朝鮮人ヲ入學セシメテ設ケタモノテアリマス.

問　左樣ナ約束カアッタノテ前述ノ如ク李靑天カ北京ニ來タ

ノテ李青天, 洪震等ト相談ノ上洪震, 南鎭湖, 其方ハ北京, 南京等ニ於
テ韓國獨立黨ノ爲メ資金ヲ調達スル途ヲ講シ, 李青天ハ隊員十名ヲ引
率シテ洛陽ニ赴キ李青天ハ同校敎官トナリ他ノ隊員ハ同校ニ入學シ
テ敎養ヲ受ケル事ニ協議決定シタル由, 左樣カ.

答 左樣. 同年陰九月二十二日ニ李青天カ隊員十一名ヲ引率シテ北京ニ
來リマシタカラ翌二十三日旣ニ其以前北京テ滿洲方面カラ逃ケテ來
テ居タ洪震ト共ニ種々協議シタ結果, 獨立軍ヲ解散シ李青天ハ洛陽軍
官學校ノ敎官トナリ隊員中南鎭湖ハ年齡ノ關係上同校ニ入學出來ナ

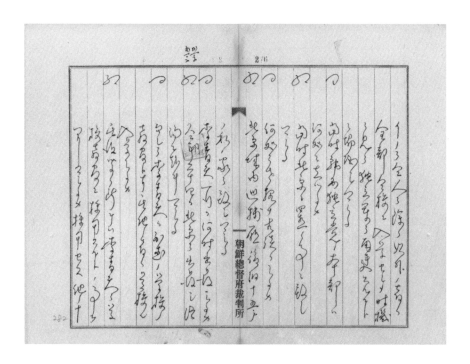

イノテ同人ヲ除ク以外ノ者ハ全部同校ニ入學セシメ, 時機ヲ見テ獨立
軍ヲ再建スルコトヲ協議シマシタ.

問 當時韓國獨立黨ノ本部ハ何處ニ在ッタカ.

答 當時北京ニ置ク事ニ致シマシタ.

問 何處テ左樣ナ相談ヲシタカ.

答 北京城內巡捕廳胡洞十五戶ノ私ノ家テ致シマシタ.

問 李靑天一行ハ何時出發シタカ.

答 同月二十四日北京ヲ出發シ洛陽ニ赴キマシタ.

問 而シテ李靑天ハ前述ノ學校ノ教官トナリ其他ノ者ハ學校ニ入學シタカ.

答 其後聞ク所テハ李靑天ヲ學校教官ニ採用スルトノ事テアリマシタカ,
採用セス他ノ十

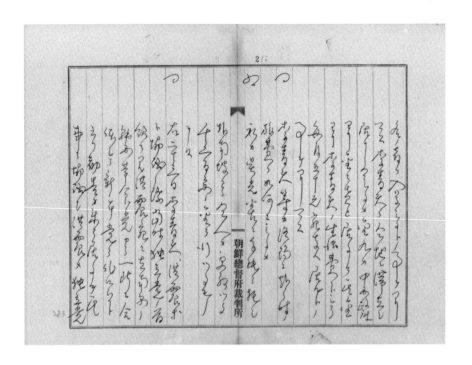

名ノ者ハ入學シタトノ事テアリマス. 李青天ハ同地ニ滯在シ居リマ
シタカ金九カ中國政府ヨリ金ヲ貰ヒ居タノテ其金ヨリ李青天ノ生活
費トシテ毎月五十元宛與ヘ居ルトノ事テアリマス.

問　李青天等カ洛陽ニ赴ク時ノ旅費ハ如何ニシタカ.

答　私カ吳光善ニ手紙ヲ托シ朴南坡ヨリ同人カ受取ッタ千二百元ノ金テ
行ッタモノテス.

問　右二十三日李青天, 洪震等ト協議ノ際當時獨立黨ノ首領テアル洪震宛
ニ在南京ノ韓國革命黨カラ一所ニ合體シテ新シキ黨ヲ作ロウト云フ
勸告カ來テ居タノテ其事ヲ協議シ, 洪震カ獨立黨

テ代表トシテ南京ニ其交渉ニ行キタルカ.

答 左様ナ協議モ致シマシタ. 其際私ハ其事ニ反對シマシタカ, 多數決テ
新ニ黨ヲ革命黨ト合併シテ作ル事ニナリ, 洪震カ獨立黨ノ代表トシテ
南京ニ交渉ノ爲メ同年陰十二月初旬行キマシタ.

問 叙上ノ如ク洪震カ南京ニ行ッタ後昨年陰二月頃, 南京城內花牌路太平
旅舍ノ洪震カラ韓國獨立黨ハ在南京ノ矢張同樣ノ目的ヲ持ッ韓國革
命黨ト合同シテ前同樣ノ目的ヲ有スル新韓獨立黨ヲ組織シテ君ヲ其
監査員ニ選任シタト云フ通信カアッタカ.

答 左様テアリマス.

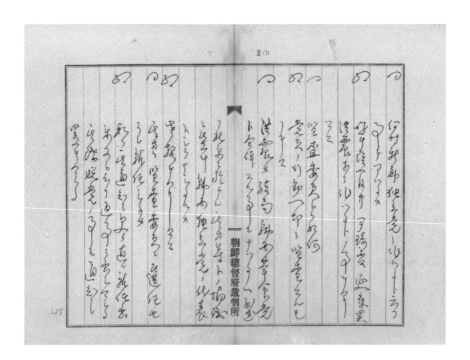

問　何時新韓獨立黨ヲ作ッタト云フ事テアッタカ.

答　昨年陰一月中尹琦變, 延秉昊, 洪震等テ作ッタトノ事テアリマス.

問　監査委員トハ如何.

答　黨員ノ行動一切ヲ監査スルモノテス.

問　洪震カ結局韓國革命黨ト合併スル事ニナッタノハ前述ノ北京ニ於ケル其方等トノ協議ニ基キ韓國獨立黨ノ代表トシテナシタルカ.

答　左様テアリマス.

問　其方ハ監査委員ニ選任セラレ就任シタカ.

答　私ハ其通知ヲ受ケ直ニ就任出來ヌト云フ返事ヲ出シマシタ. 其際脱黨ノ事モ通知シ置キマシタ.

問　何故脱黨シタカ.

答　私ハ協議ノ時モ韓國革命黨ト合併スル事ニハ反對シマシタカ, 當時私
　　ノ考ハ當時ノ狀況ハ經濟的ニ困窮シ居リマス故經濟上ノ向上ヲ圖ラ
　　ス只何々黨タト云フ樣ナ人ノ集リテハ何等目的ヲ達成スルコトハ困難
　　テアリマスカラ其以上ニ生活ノ向上ヲ圖リ然ル後ニ活動スヘキモノ
　　タト主張シマシタ.

問　其方ハ昭和九年陰二月末頃南京ニ行ッタカ.

答　前述ノ如ク私ハ經濟的ニ生活ノ安定ヲ圖リタル後ニ活動スル考テア
　　リマシタカ, 此京テハ官憲ノ警戒カ嚴重テ農業等ヲシテ居ル譯ケニ行
　　カス南京ニ逃レテ其處テ農業ヲ

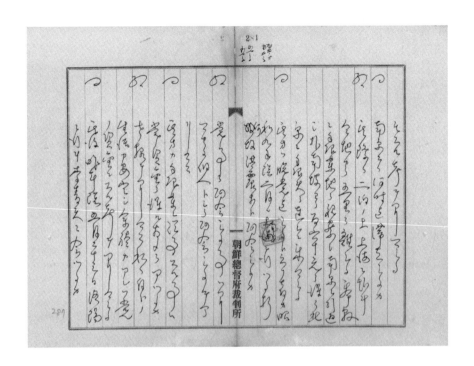

モスル考テアリマシタ.

問 南京ニハ何時迄滯在シタカ.

答 其際ハ二泊ノ上, 上海ニ赴キ同地カラ五里ヲ離レタ奉縣ニ農業地ヲ視
　察シ, 南京ニ引返シ朴南坡ヨリ百六十元ヲ得テ北京ニ農夫ヲ連レニ來
　マシタ.

問 其方ハ脱黨迄シタト云フ者カ昭和九年陰二月ニ南京ニ行ッタ折何故
　洪震等ト面會シタカ.

答 黨ノ事テ面會シタ事ハアリマセヌ. 個人トシテ面會シタノテアリマス.

問 其方カ農業ニ從事スル事ハ黨ノ資金ヲ得ル爲メテアッタカ.

答 左様テアリマス. 私ハ自分ノ生活カ安定シ, 餘裕カアレハ黨ノ資金ニ
　スル考テアリマシタ.

問 其後昨年陰五月二十三日洛陽ニ行キ李青天ニ會ッタカ.

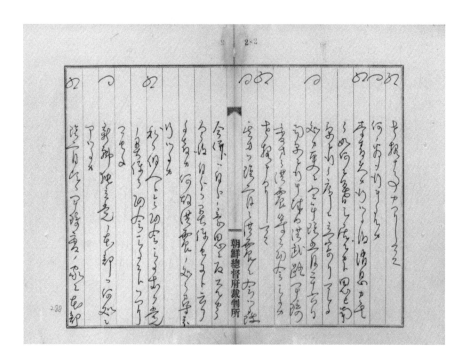

答 左樣ナ事カアリマス.

問 何ノ爲メ行キタルカ.

答 李靑天カ行ッタ後消息カ無ク如何ニ暮シ居ルカト思ヒ南京ニ行ク序
　ニ立寄リマシタ.

問 處カ更ニ同年陰五月二十六日南京ニ行キ城內洪武路尹琦變方ニ洪震
　等ニ面會シタカ.

答 左樣テアリマス.

問 其方ハ陰二月ニ洪震ニ會ッタ際合倂ハ自分ノ意思ニ反スルカラ今後
　自分ハ關係セスト云フタ者カ何故洪震ノ處ヲ尋ネ行ッタカ.

答 私ハ個人トシテ面會シタ丈テ黨ノ關係テ面會シタコトハアリマセヌ.

問 新韓獨立黨ノ本部ハ何處ニアッタカ.

答 陰二月頃ハ尹琦變ノ家ニ本部

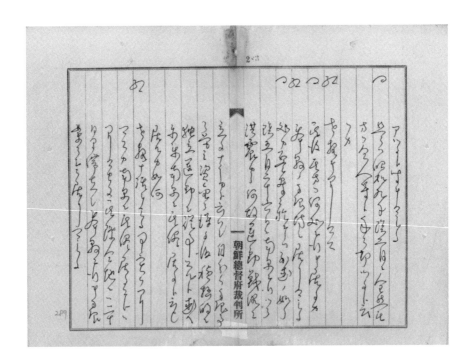

アッタト聞キマシタ.

問 然ラハ昭和九年陰二月ニ全然其方ハ同人等ト手ヲ切ッタト云フカ.

答 左様テアリマス.

問 其後其方ハ何處ニ行キ居タカ.

答 奉縣ノ農場ニ居リマシタ.

問 處カ警察ニ於テハ前述ノ如ク陰五月二十六日ニ南京ニ行ッテ洪震カ
ラ何故運動戰線ニ立タナイカト云ハレ自分ハ農事ヲ營ミ資金ヲ得タ
後積極的ニ獨立運動ニ從事スルト述ヘ, 爾來南京ニ其儘居タト云ヒ居
ルカ如何.

答 左様ナ話ヲシタ事實ハアリマスカ, 南京ニ其儘居タコトハアリマセ
ヌ. 其際同地ニハ二十日間滯在シ奉縣ニ行キ農業ヲシテ居リマシタ.

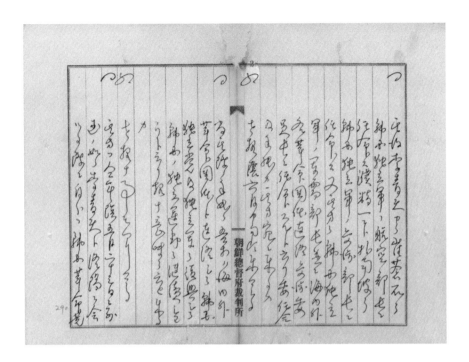

問　其後李靑天カラ崔蒼石ヲ韓國獨立軍ノ航空部長ニ任命ス. 濮精一コ
　　ト朴南坡ヲ韓國獨立軍ノ交涉部長ニ任命ス. 又其方ヲ韓國獨立軍ノ
　　軍需部長并ニ海內外各革命團體連絡交涉委員長ニ任命スルト云フ委
　　任令及手紙カ其方宛ニ來タカ.

答　左樣. 陰六月中旬頃來マシタ.

問　尚其際ノ手紙ハ吾等ハ海內外革命團體ト連絡シテ韓國獨立黨及獨立
　　軍ヲ復興シテ韓國ノ獨立運動ヲ繼續シヨウト云フ樣ナ意味ヲ云ヒ來
　　タカ.

答　左樣ナ事モアリマシタ.

問　其方ハ同年陰五月二十三日ニ前述ノ如ク李靑天ト洛陽ニ會ッタ際ニ
　　自分ハ韓國革命黨

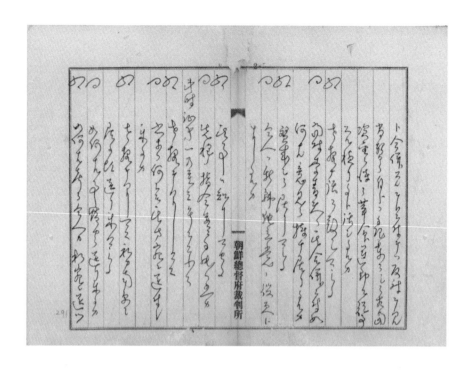

ト合併スルコトニ付テハ反對テアル．尙暫ク自分ハ農業ヲシテ相當資
金ヲ得テ革命運動ニ從事スル積リタト話シタルカ．
答　左樣ナ話ヲ致シマシタ．
問　當時李靑天ハ其合併ニ付如何ナル意見ヲ持チ居リタルカ．
答　贊成シテ居リマシタ．
問　同人ハ新韓獨立黨ノ役員トナリタルカ．
答　其事ハ知リマセヌ．
問　先程ノ指令幷ニ手紙ハ之カ．

此時證第一乃至三號ヲ示ス．

答　左樣テアリマス．
問　之等ハ何レモ其方宛ニ送付シ來タカ．
答　左樣テアリマス．私カ南京ニ居タ頃送リ來マシタ．
問　如何ナル事情カラ送リ來タカ．
答　如何ナル考テ同人カ私宛ニ送ッ？

　來タカ知リマセヌカ, 小包ヲ送リ來マシタノテ朴南坡ニハ交付シマシ
　タ處受取リマセヌテシタ. 崔蒼石トハ其後面會モ出來ス其儘私カ保
　管シ居リマシタ.
問　其方宛ノモノハ如何ニシタカ.
答　私ハ承諾出來ナイト云フ返事ヲナシ, 私ノ分ハ破棄シマシタ.
問　其方ノ分ヲ破棄シタトセハ他ノモノハ何故破棄セナカッタカ.
答　他人ノモノテアリマスカラ其儘ニ私カ保管シ居リマシタ.
問　然ラハ何故返還セナカッタカ.
答　其後李青天ハ他ニ移轉シタト聞キ其行先カ判明シマセヌテシタカラ
　返送ハ出來マセ

ヌテシタ.

問 此様ナ手紙, 指令カ其方宛ニ來タ所カラ見テモ李青天等ト氣流ヲ通シ
　　テ具體的ニ韓國獨立軍ノ活動ヲ劃策シタコトカ明瞭テハナイカ.

答 左様思ハレテモ致方アリマセヌカ, 私ハ全然左様ナ考ハアリマセヌテ
　　シタ.

問 現在ハ如何ニ考ヘ居ルカ.

答 現在ノ情勢テハ韓國獨立等ハ不可能テアリマスカ, 若將來可能性テモ
　　アル様ナ機會カアラハ獨立運動ニ從事スル考テス.

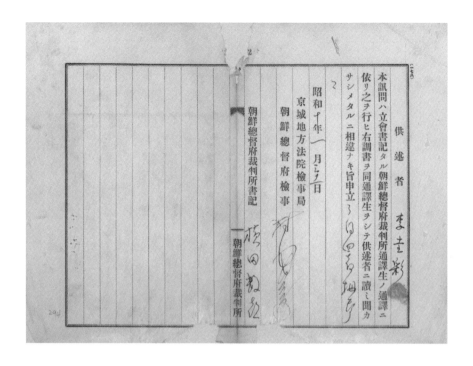

供述者 李圭彩

本訊問ハ立會書記タル朝鮮總督府裁判所通譯生ノ通譯ニ依リ之ヲ行ヒ右調書ヲ同通譯生ヲシテ供述者ニ譯ミ聞カサシメタルニ相違ナキ旨申立テ自署拇印ス．

昭和十年一月三十一日
京城地方法院檢事局
朝鮮總督府檢事 村 田 左 文
朝鮮總督府裁判所書記 横 田 數 喜

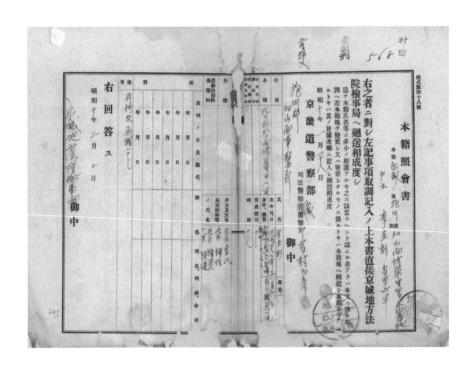

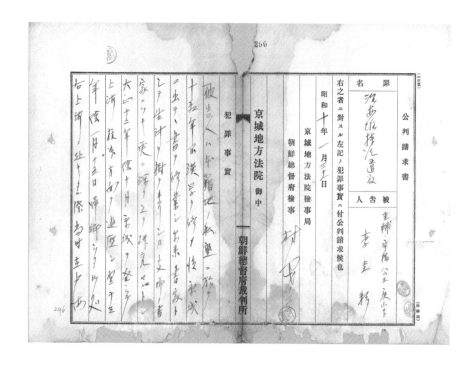

公判請求書

罪名 治安維持法違反, 被告人 圭輔, 宇精, 公三コト 李圭彩

右之者ニ對スル左記ノ犯罪事實ニ付公判請求候也.

昭和十年一月三十一日
京城地方法院檢事局
朝鮮總督府檢事 村 田 左 文
京城地方法院 御中

犯罪事實

被告人ハ本籍地ノ私塾ニ於テ十數年間漢學ヲ修メ後京城ニ出テ, 書ヲ修業シ, 爾來書家トシテ生計ヲ樹テ來リシカ, 支那ノ書家ニツキ更ニ深ク之ヲ研究セントシ大正十二年陰十月京城ヲ發シテ上海, 杭州方面ヲ遊歴シ, 翌十三年陰一月十五日歸鄉シタル處右上海ニ赴キタル際當時在上海

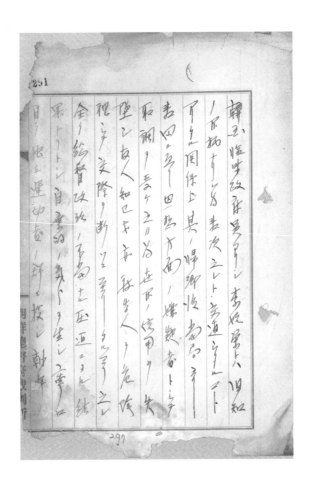

韓國臨時政府員タリシ李始榮トハ舊知ノ間柄ナリシ爲數次之レト交遊シタルコトアリタル關係上其ノ歸鄕後當局ヨリ數回ニ亘リ思想方面ノ嫌疑者トシテ取調ヲ受ケ之カ爲世間ノ信用ヲ失墜シ, 友人知己等亦被告人ヲ危險視シテ交際ヲ斷ツニ至リタルヨリ之レ全ク總督政治ノ不當ナル壓迫ニヨル結果ナリトシ, 自棄的ノ氣分ヲ生シ寧ロ自ラ獨立運動者ノ群ニ投シ朝鮮ノ

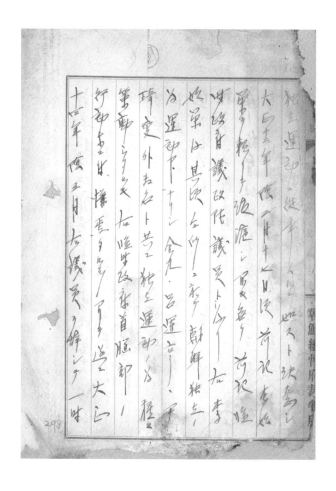

獨立運動ニ從事スルニ如スト決意シ, 大正十三年陰二月十七日頃前記李始
榮ヲ賴リテ渡滬シ間モ無ク前記臨時政府議政院議員ト爲リ右李始榮及其
頃同所ニ於テ朝鮮獨立ノ爲運動中ナリシ金九, 呂運亨, 尹琦變外數名ト共
ニ獨立運動ノ爲種々策動シタルモ右臨時政府首腦部ノ行動等ニ付慊惡タル
モノアリテ遂ニ大正十四年陰三月右議員ヲ辭シテ一時

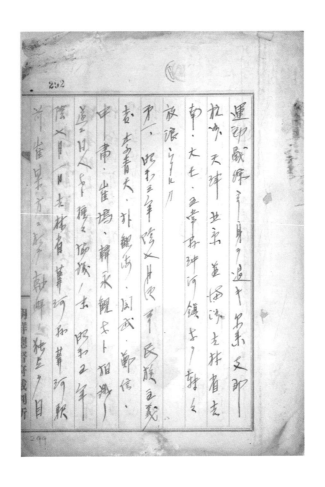

運動戰線ヨリ身ヲ退キ爾來支那杭州, 天津, 北京幷滿洲吉林省吉南, 大屯,
五常縣沖河鎮等ヲ轉々放浪シタルカ.

第一,

昭和三年陰七月頃ヨリ民族主義者李青天, 朴觀海, 閔武, 鄭信, 申肅, 崔塢,
韓永觀等ト相識リ遂ニ同人等ト種々協議ノ末, 昭和五年陰七月一日吉林省
葦河縣葦河驛前崔某方ニ於テ朝鮮ノ獨立ヲ目

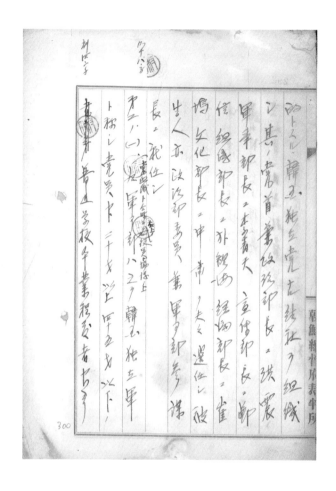

的トスル韓國獨立黨ナル結社ヲ組織シ, 其ノ黨首兼政治部長ニ洪震, 軍事部長ニ李靑天, 宣傳部長ニ鄭信, 組織部長ニ朴觀海, 經濟部長ニ崔塢, 文化部長ニ申肅ヲ夫々選任シ, 被告人亦政治部委員兼軍事部參謀長ニ就任シ.

　第二,

　(一) 黨組織ト同時ニ叙上ノ各役員ト協議ノ上, 右軍事部ハ之ヲ韓國獨立軍ト稱シ黨員中二十歲以上四十五歲以下ノ普通學校卒業程度者間ヨリ

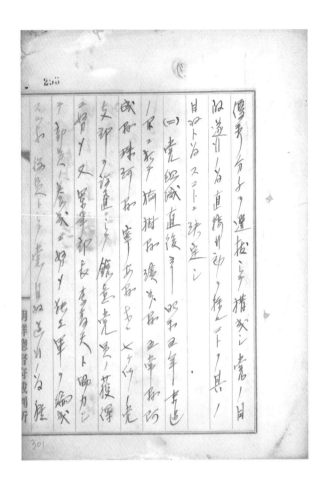

優秀分子ヲ選拔シテ構成シ, 黨ノ目的遂行ノ爲直接行動ヲ採ルコトヲ其ノ
目的ト爲スコトニ決定シ.

（二）黨組織直後ヨリ昭和五年末迄ノ間ニ於テ楡樹縣, 濱州縣, 五常縣, 阿
城縣, 珠河縣, 寧安縣等ニ七ケ所ノ黨支部ヲ設置シテ銳意黨員ノ獲得ニ努
メ又軍事部長李靑天ト協力シテ部員ノ養成ニ努メ獨立軍ヲ編成スル等役
員トシテ黨ノ目的遂行ノ爲種

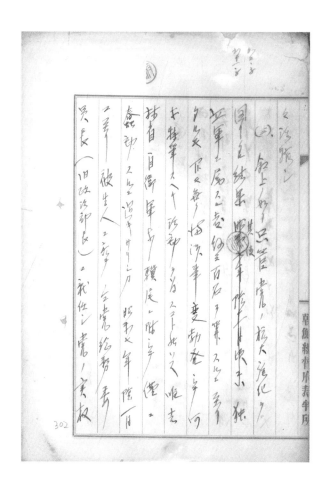

々活躍シ.

　(三) 紋上ノ如ク只管黨ノ擴大強化ヲ圖リタル結果其後獨立軍ニ屬スル者約三百名ヲ算スルニ至リタルモ間モ無ク滿洲事變勃發シテ何等特筆スヘキ活動ヲ爲スコト能ハス唯吉林省自衛軍等ノ驥尾ニ附シテ僅ニ蠢動スルニ過キサリシカ昭和七年陰一月ニ至リ被告人ニ於テ同黨總務委員長(舊政治部長)ニ就任シ黨ノ實權

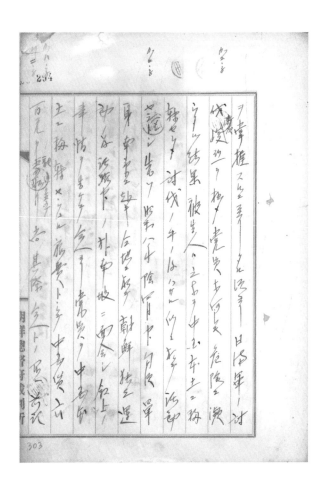

ヲ掌握スルニ至リタル頃ヨリ日滿軍ノ討伐漸次峻烈ヲ極メ黨員等何レモ危險ニ瀕シタル結果被告人ハ之等ヲ中國本土ニ移轉セシメ討伐ノ手ノ及ハサル所ニ於テ活動セシメントシ, 先ッ昭和八年陰四月中旬頃單身南京ニ赴キ同地ニ於テ朝鮮獨立運動ノ爲メ活躍中ノ朴南坡ニ面會, 叙上ノ事情ヲ告ケテ同人ヨリ黨員ヲ中國本土ニ移轉セシムル旅費トシテ中國貨六百元ノ融通ヲ受ケ尚其際同人トノ間ニ前記

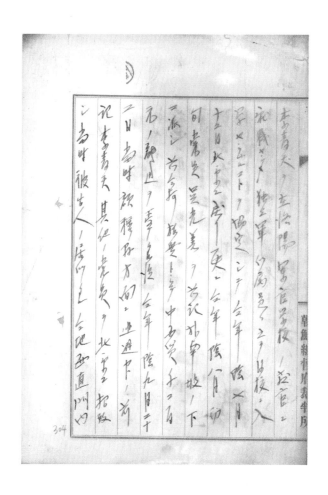

李青天ヲ在洛陽軍官學校ノ教官ニ就職セシメ獨立軍所屬員ハ之ヲ同校ニ
入學セシムルコトヲ協定シテ同年陰七月十二日北京ニ戻リ, 更ニ同年陰八
月初旬黨員吳光善ヲ前記朴南坡ノ下ニ派シ前同樣旅費トシテ中國貨千二
百元ノ融通ヲ受ケタル後, 同年陰九月二十二日當時額穆縣方面ニ逃避中ノ
前記李青天其他ノ黨員ヲ北京ニ招致シ當時被告人ノ居所タル同地西直門
內

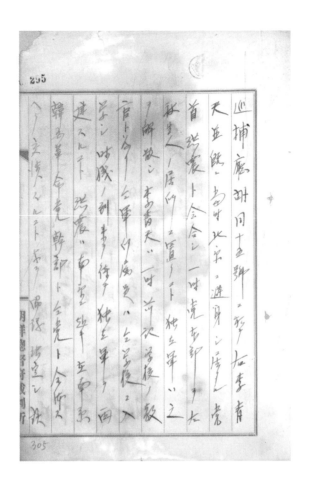

巡捕廳胡同十五號ニ於テ右李青天幷既ニ當時北京ニ避身シ居タル黨首洪震ト會合シ, 一時黨本部ヲ右被告人ノ居所ニ置クコト, 獨立軍ハ之ヲ解散シ李青天ハ一時前記學校ノ教官ト爲リ, 同軍所屬員ハ同學校ニ入學シ時機ノ到來ヲ待テ獨立軍ヲ再建スルコト, 洪震ハ南京ニ赴キ在南京韓國革命黨幹部ト同黨ト合體スヘク交涉スルコト等ヲ協議決定シ, 該

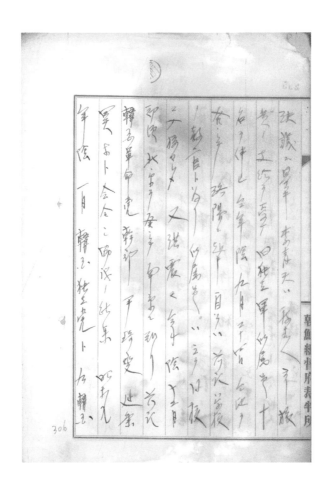

決議ニ基キ李青天ハ被告人ヨリ旅費ノ支給ヲ受ケ舊獨立軍所屬員十名ヲ
伴ヒ同年陰九月二十四日同地ヲ發シテ洛陽ニ赴キ, 自ラハ前記學校ノ教官
ト爲リ, 所屬員ハ之ヲ同校ニ入校セシメ又洪震モ同年陰十二月初頃北京ヲ
發シテ南京ニ到リ前記韓國革命黨幹部尹琦變, 延秉昊等ト會合シ協議シ結
果, 昭和九年陰一月韓國獨立黨ト右韓國

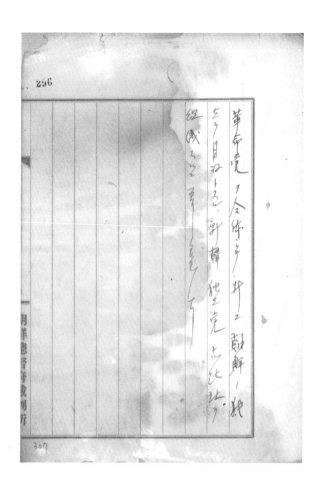

革命黨ヲ合體シテ新ニ朝鮮ノ獨立ヲ目的トスル新韓獨立黨ナル結社ヲ組織スルニ至リタルモノナリ.

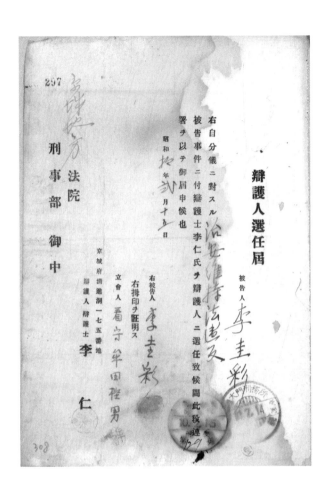

辯護人選任屆

被告人 李圭彩

右自分儀ニ對スル治安維持法違反
被告事件ニ付辯護士李仁氏ヲ辯護人ニ選任致候間此段連
署ヲ以テ御屆申候也

昭和　　年　貳月十二日

京城府清進洞一七五番地
辯護人辯護士　李　　仁

右被告人　李圭彩
右拇印ヲ證明ス
立會人　看守平田桂男　㊞

法院
刑事部　御中

記録閲覧訊

被告人 李圭彩

一、記録番号 昭和十年刑公第　号

一、事件名　治安維持法違反及

右記録方閲覧請求致候也

昭和十年二月十八日

右請求人　李弘

弁護士　李　仁 ㊞

京城地方法院

書記　　御中

記録閲覧訊

被告人 李圭彩

一、記録番号 昭和十年刑公第二四号

一、事件名　治安維持法違反及

右記録方閲覧請求致候也

昭和十年二月十九日

右請求人　李弘

弁護士　李　仁 ㊞

京城地方法院

書記　　御中

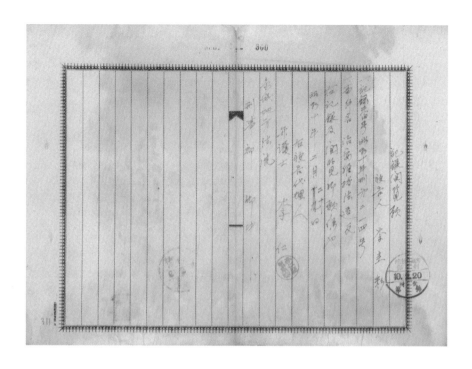

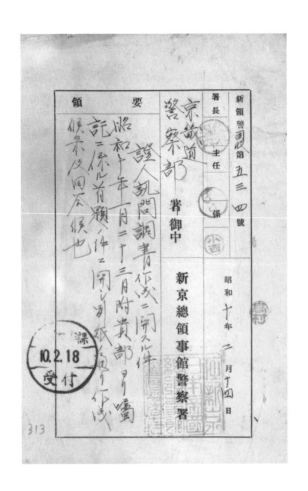

囑託書

事件番號：昭和十年

罪名：治安維持法 違反

被疑者：圭輔, 宇精, 公三, 庚山 コト 李 圭 彩 當 四十五年

囑託事項

目下貴館公判繫續中ニ係ル沈萬湖ニ對シ左記事項取調ノ上右被疑者李圭彩ニ對スル證人訊問調書作成シ御廻送相煩度.

右及囑託候也.

昭和十年一月二十三日

京畿道警察部

司法警察官京畿道警部 高 村 正 彦
在滿洲國新京日本總領事館警察署
司法警察官 殿

　記

一, 證人沈萬湖ハ昭和五年七月一日葦沙縣城內崔某方ニ於テ被疑者李圭
彩外同志數名ト共ニ韓國獨立黨ヲ組織シタルコトアリヤ.

一, 事實アリトセバ獨立黨ノ宣言, 綱領, 目的等ハ如何.

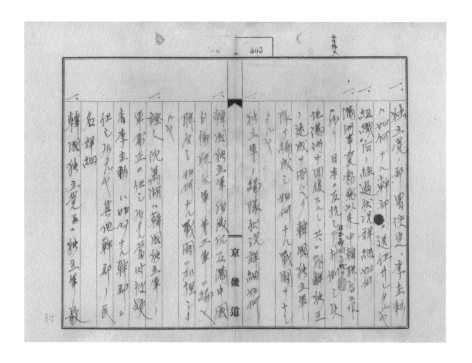

一, 獨立黨ノ部署決定, 李圭彩ハ如何ナル幹部ニ選任サレタルヤ.

一, 組織後ノ經過狀況詳細如何.

一, 滿洲事變勃發以來中韓聯合工作ニ依リ日本ニ反抗シテ日本帝國主義ヲ打倒シ, 失地滿洲ヲ回復スルト共ニ朝鮮獨立ノ速成ヲ圖ルヘク韓國獨立軍隊ヲ編成シ如何ナル戰鬪ヲナシタルヤ.

一, 獨立軍ノ編隊狀況詳細如何.

一, 韓國獨立軍組織後, 反滿中國自衛聯合軍第三軍ニ編入聯合シ如何ナル戰鬪ニ加擔シタルヤ.

一, 證人沈萬湖ハ韓國獨立軍ノ軍需正ニ任シ居タル當時被疑者李圭彩ハ如何ナル幹部ニ任シ居タルヤ. 其他幹部ノ氏名詳細.

一, 韓國獨立黨幷ニ獨立軍ノ最

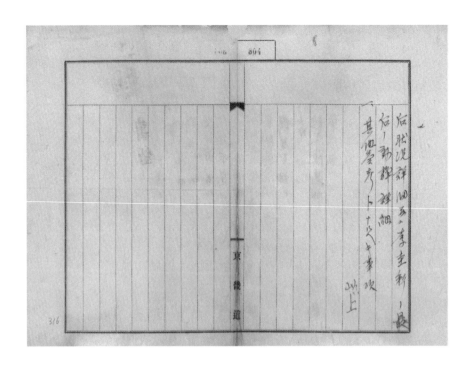

後狀況詳細幷ニ李圭彩ノ最後ノ動靜詳細.

　一,其他參考トナルヘキ事項.

　以上.

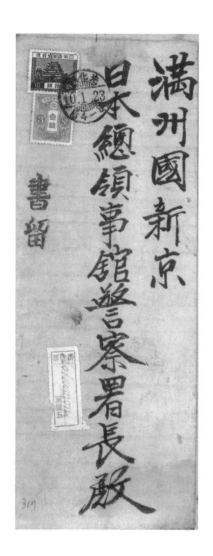

滿州國新京
日本總領事館警察署長殿

書留

京畿道警察部

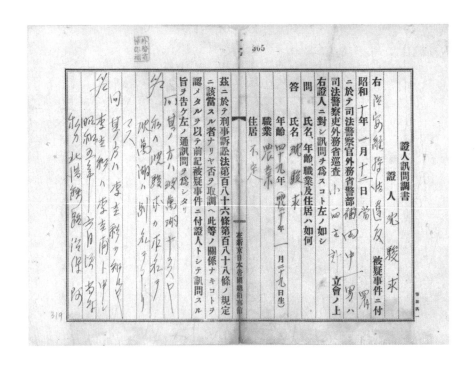

證人 訊問調書

證人 沈駿求

右治安維持法違反被疑事件ニ付昭和十年二月十二日當署ニ於テ司法警察官外務省警部補田中一男ハ司法警察吏外務省巡査小西主計立會ノ上右證人ニ對シ訊問ヲ爲スコト左ノ如シ.

問 氏名, 年齡, 職業及住居ハ如何.

答 氏名 沈駿求

　　年齡 四十九年(明治二十年一月二十九日生)

職業 農業

住居 不定

　茲ニ於テ刑事訴訟法第百八十六條, 第百八十八條ノ規定ニ該當スル者ナ
リヤ否ヲ取調ヘ此等ノ關係ナキコトヲ認メタルヲ以テ前記被疑事件ニ付
證人トシテ訊問スル旨ヲ告ケ左ノ通訊問ヲ爲シタリ.

　問　其ノ方ハ沈萬湖ナラスヤ.
　答　私ハ沈駿求カ本名テ沈萬湖ハ別名テアリマス.
　問　其ノ方ハ李圭彩ヲ知ルヤ.
　答　李圭彩ハ李圭甫ト申シ昭和五年六月頃當時私カ北滿鐵路沿線阿

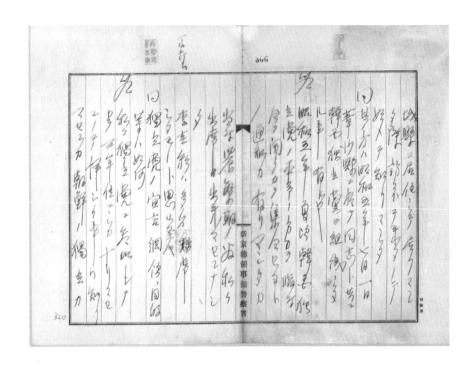

城縣ニ居住シテ居リマシタ際訪ネテ來タノデ始メテ知リマシタ.

問 其ノ方ハ昭和五年七月一日葦沙縣ニ於テ同志ト共ニ韓國獨黨ヲ組織
シタル事有ルヤ.

答 昭和五年夏頃韓國獨立黨ノ本部ノ方カラ臨時會ヲ開クカラ集合セヨ
トノ通知カ有リマシタカ,當時農繁期ノ爲私ハ出席カ出來マセンテシ
タ.李圭彩ハ多分出席シタモノト思ヒマス.

問 獨立黨ノ宣言,綱領,目的等ハ如何.

答 私ハ獨立黨ニ參加シテカラ三年位ニシカナリマセンノテ詳シイ事ハ
知リマセンカ朝鮮ノ獨立カ

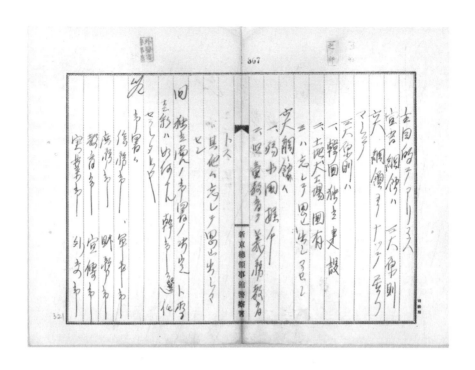

主目的テアリマス.

宣言, 綱領ハ三大願原則, 六大綱領ヨリナッテ居リマシテ三大原則ハ

　一, 韓國獨立建設

　二, 土地, 大工場國有

　三, ハ忘レテ思ヒ出シマセン.

六大綱領ハ

　一, 弱小國握手

　二, 兒童教育ヲ義務教育トス

　其他ハ忘レテ思ヒ出シマセン.

問　獨立黨ノ部署ノ決定ト李圭彩ハ如何ナル幹部ニ選任セラレタルヤ.

答　部署ハ

　　總務部, 軍事部, 庶務部, 財務部, 教育部, 宣傳部, 實業部, 外交部

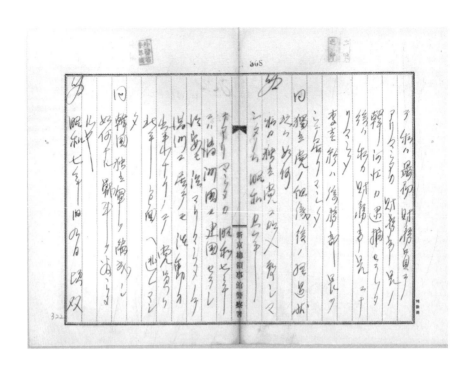

テ私ハ最初財務員テアリマシタカ,財務部長ノ韓河江カ逮捕セラレタ
後ハ私カ財務部長ニナリマシタ. 李圭彩ハ總務部長ヲシテ居リマシ
タ.

問 獨立黨ノ組織後ノ經過狀況ハ如何.

答 私カ獨立黨ニ加入致シマシタノハ昭和五年テアリマシタカ, 昭和七年
ニハ滿洲國モ建國セラレ治安モ治マリマシタノテ滿洲ニ居テモ活動
カ出來ナイノテ黨員ハ北平方面ヘ逃レマシタ.

問 韓國獨立軍ヲ編成シ如何ナル戰鬪ヲ爲シタルヤ.

答 昭和七年九月頃雙

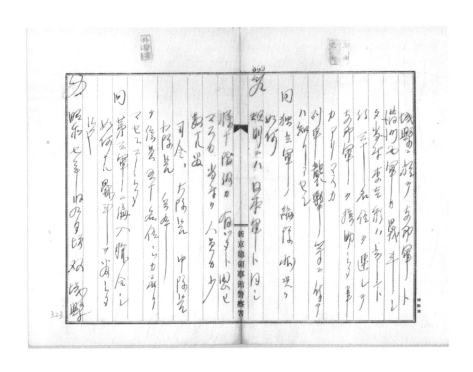

城縣ニ於テ支那軍ト滿洲國軍カ戰鬪シタ當時李圭彩ハ部下約三十名
位ヲ連レテ支那軍ヲ援助シタ事カアリマスカ, 列車襲擊等ニ付テハ知
リマセン.

問 獨立軍ノ編隊狀況ハ如何.

答 規則ニハ日本軍ト同シ樣ナ階級カ有ッタト思ヒマスカ, 當時ハ人員カ
　少數ナル爲, 司令, 大隊長, 中隊長, 小隊長, 兵卒テ總員五十名位シカ
　居リマセンテシタ.

問 第三軍ニ編入聯合シ如何ナル戰鬪ヲ爲シタルヤ.

答 昭和七年舊九月頃雙城縣

城ヲ第二回襲撃シタ際李圭彩, 呉光善カ合計六十餘名ノ部下ヲ統イテ
之ニ參加致シマシタカ, 鮮人ニハ別ニ被害ハアリマセンテシタ.

問 其ノ方カ獨立軍ノ軍需正當時李圭彩ハ如何ナル幹部ニ位シ居タルヤ.
其他幹部ノ氏名詳細.

答 韓國獨立軍テハ總務長テ支那軍テハ參謀ヲシテ居リマシタ.
其ノ當時ノ幹部氏名ハ
司令 李靑天
大隊長 呉光善
中隊長 崔 岳
小隊長 李 某
テアリマシタ.

問 韓國軍ノ最後ノ狀況幷ニ李圭彩ノ最後ノ動靜如

何.

答 昭和八年九月滿洲國モ國礎固マリ治安維持モ保タレテ來タノテ日本
軍ニ逮捕セラルル虞カ有ルノテ獨立軍ハ北平ニ引擧ケ他ノ李圭彩等
ハ更ニ南京ニ行キマシタノテ私ハ其後ノ彼ノ動靜ニ就テハ知リマセ
ン. 私ハ北平ニ家ヲ借リ同年十一月頃迄居リマシタカ私ハ李靑天ヨ
リ李ノ家族カ中東線帽子山ニ居ルノテ同人等ヲ北平ニ連レテ行キ, 又
若イ者ヲ北平ニ連レテ行ク爲李ヨリ金六百三十圓位ヲ持ッテ來タ際
ニ他ノ者ヲ北平ニヤ

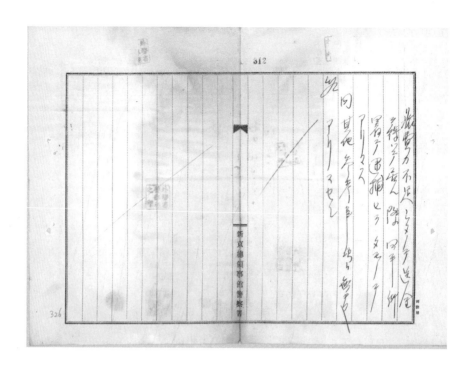

リ旅費カ不足シタノテ送金ヲ待ッテ居ル際日平所署テ逮捕セラレタ

　モノテアリマス.

問　其他參考事項ハ無キヤ.

答　アリマセン.

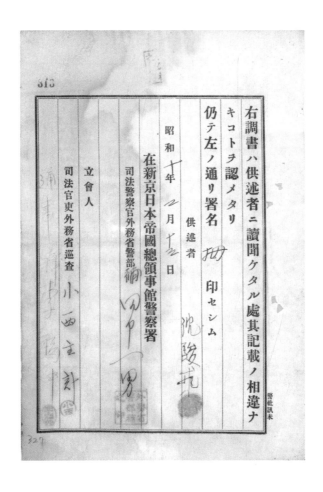

右調書ハ供述者ニ讀聞ケタル處其記載ノ相違ナキコトヲ認メタリ.

仍テ左ノ通リ署名拇印セシム

供述者 沈 駿 求

昭和十年二月十三日

在新京日本帝國總領事館警察署

司法警察官外務省警部補 田 中 一 男

立會人司法官吏外務省巡査 小 西 主 計

通事補 李 福 仲

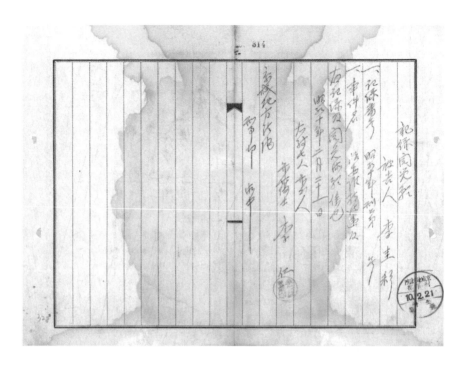

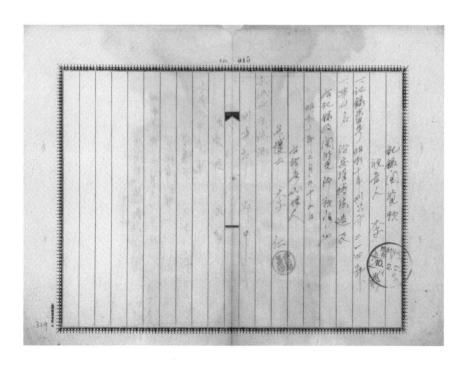

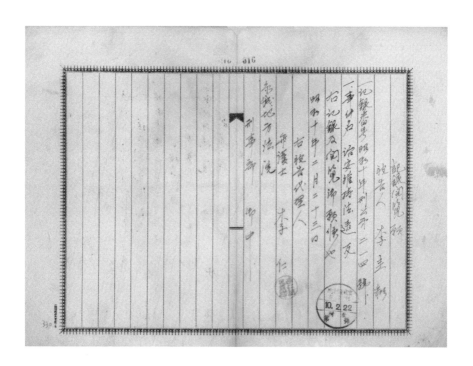

記録閲覧願

被告人　李　圭彩

記録謄写　昭和十年刑第二一四號

一、事件名　治安維持法違反

右記録及閲覧御許與相成度

昭和十年二月二十三日

右被告代理人

辯護士　李　　仁

京城地方法院

刑事部　御中

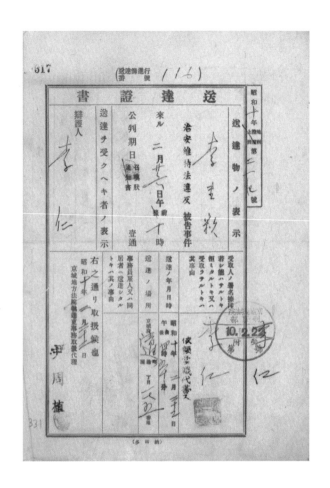

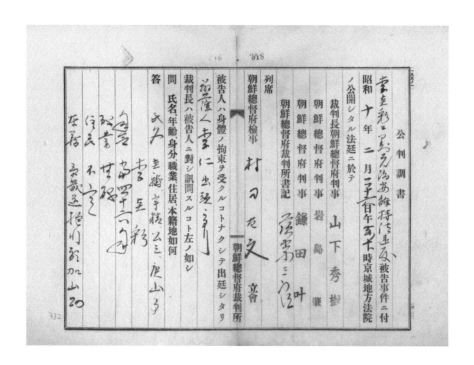

公 判 調 書

李圭彩ニ對スル治安維持法違反被告事件ニ付

昭和十年二月二十六日午前十時京城地方法院ノ公開シタル法廷ニ於テ

　裁判長朝鮮總督府判事 山 下 秀 樹

　朝鮮總督府判事 岩 島 肇

　朝鮮總督府判事 鎌 田 叶

　朝鮮總督府裁判所書記 茨 奈 三 郎

列席

朝鮮總督府檢事 村田左文 立會.

被告人ハ身體ノ拘束ヲ受クルコトナクシテ出廷シタリ.

辯護人 李仁出頭シタリ.

裁判長ハ被告人ニ對シ訊問スルコト左ノ如シ.

問 氏名, 年齡, 身分, 職業, 住居, 本籍地如何.

答 氏名 圭輔, 宇精, 公三, 庚山事 李圭彩

　　年齡 當四十六年

　　職業 無職

　　住居 不定

　　本籍 京畿道 抱川郡 加山面

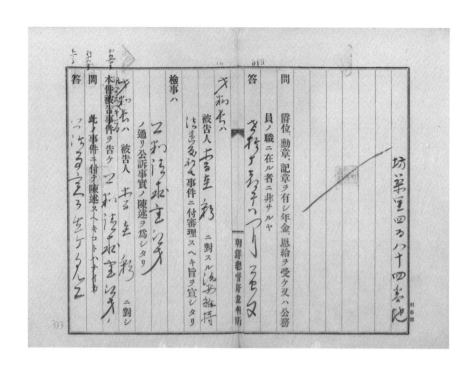

坊築里 四百八十四番地

問 爵位, 勳章, 記章ヲ有シ年金, 恩給ヲ受ケ又ハ公務員ノ職ニ在ル者ニ
非サルヤ.

答 左樣ナ者テハアリマセヌ.

裁判長ハ

被告人李圭彩ニ對スル治安維持法違反被告事件ニ付審理スヘキ旨ヲ宣シ
タリ.

檢事ハ

公判請求書記載ノ通リ 公訴事實ノ陳述ヲ爲シタリ.

裁判長ハ被告人李圭彩ニ對シ訊問スヘキ旨ヲ告ケ公判請求書記載ノ公訴
事實ヲ告ケタルニ

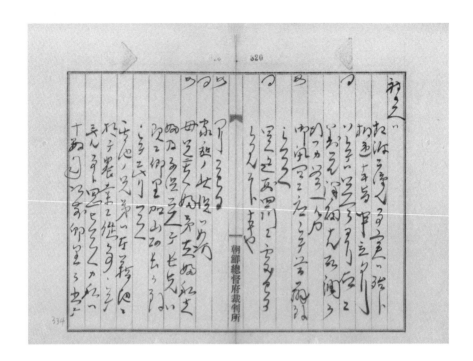

被告人ハ

起訴ニ係ル事實ハ殆ト相違ナキ旨申立タリ.

問　ソレテハ只今ヨリ右ニ對スル詳細ナル取調ヲ行フカ答ヘルカ.

答　御訊問ニ應シテ答辯致シマス.

問　是迄刑罰ニ處セラレタルコトナキヤ.

答　アリマセヌ.

問　家庭ノ狀況ハ如何.

答　母, 兄二夫婦, 私夫婦及子供二人テ長兄ハ現ニ郷里加山面長ヲ致シテ
　　居リマス.

　　　其他ノ兄弟ハ本籍地ニ於テ農業ニ從事シテ居ル事ト思ヒマスカ私
　　ハ十數年以前郷里ヲ出テ

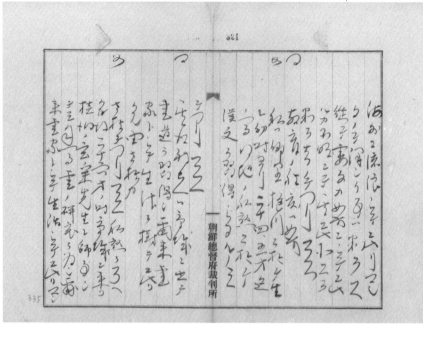

海外ニ流浪シテ居リマシタノテ詳シイ事ハ判ラス從テ妻子カ如何ニ
シテ居ルカ不明ニテ其居所スラ判ラナイノテアリマス.

問 教育ノ程度ハ如何.

答 私ハ鄉里抱川ニ於テ生レ幼時ヨリ二十四, 五歲迄ノ間同地ノ私塾ニ於
テ漢文ヲ習得シタルノミテアリマス.

問 其後被告人ハ京城ニ出テ書道ヲ習得シ, 爾來書家トシテ生計ヲ樹テ居
リタル由, 左樣カ.

答 左樣テアリマス. 私塾ヲ了ヘタル後二十六歲ノ時京城ニ來リ, 桂洞ノ
玄采先生ニ師事シテ三年間書ノ研究ヲ爲シ, 爾來書家トシテ生活シテ
居リマシ

タ．

問 財産ハ有ルカ．

答 財産ハ別ニアリマセヌ．

問 處テ被告人ハ大正十二年陰十月ニ至リ更ニ書ヲ深ク研究スル目的ヲ
以テ京城ヲ出發シテ上海，杭州方面ニ赴キタル由，左樣カ．

答 左樣テアリマス．私ハ書家トシテ生計ヲ樹テ，居リマシタカ，今少シ
書ノ本場タル支那ニ赴キテ研究ヲ重ネル目的ヲ以テ御訊ノ如ク上海，
杭州方面ニ參ッタノテアリマスカ書ノ研究ハ別ニ出來マセヌテシタ．

問 當時上海ニハ被告人ノ遠緣ニ當ル李始榮カ居リ，同人トハ豫テ舊知ノ
間柄ナ

リシヲ以テ被告人ハ屬々同人ト往復シ交際シ居リタリト云フカ左様カ.

答 左様テアリマス.

問 同人ハ當時何ヲシテ居ッタカ.

答 上海臨時政府ノ財務總長ノ職ニ就イテ居リマシタ.

問 同人以外ノ臨時政府要路ノ者等トモ交遊シテ居ッタノテハナイカ.

答 尹琦變, 趙琬九, 金九, 盧伯麟, 呂運亨等ト交遊致シテ居リマシタ.

問 當時被告人ハ右臨時政府トハ何等關係ナカリシヤ.

答 私ハ只今申上ケマシタ如キ臨時政府ノ要人連ト交際ハ致シテ居リマシタカ, 私ハ元々書道研究ノ意思

ヲ以テ渡航シタモノテ獨立運動等ニハ毫モ關心ヲ持ッテ居リマセヌ

テシタノテ臨時政府トハ何等關係アリマセヌテシタ.

問　右ノ者等ヨリ獨立運動ヲ爲スヘキ旨慫慂セラレタ樣ナ事モナカッタカ.

答　左樣ナ事ハ全然アリマセヌテシタ.

問　上海ヨリハ何時歸鄕シタルヤ.

答　前述ノ如ク書ノ研究モ思ワシク參リマセヌテシタノテ翌大正十三年

　　陰一月十五日歸鄕致シマシタ.

問　處テ被告人ハ右ノ如ク上海假政府ノ要人等ト交遊シ居リタル爲歸鄕

　　後思想方

面ノ嫌疑者トシテ所轄抱川警察署員ヨリ取調ヲ受ケタル由, 如何.

答 左様. 私カ上海ニ遊ンタ故ヲ以テ思想方面ノ容疑者ト看做シ抱川署員ヨリ前後三回ニ亘リ嚴重ナル取調ヲ受ケタコトカアリマス.

問 其爲被告人ハ世間ノ信用ヲ失ヒ引イテ書家トシテノ收入モ少クナリ生活ニモ困ル様ナリタル由ナルカ左様カ.

答 左様テアリマス.

問 其處テ被告人ハ之全ク總督政治ノ不當ナル干涉壓迫ニヨルモノナリト思惟シ自暴自棄ノ氣分ニナリ, 寧ロ自ラ獨立運動者ノ群ニ投シテ朝鮮ノ獨立運動ニ從事スルニ如カスト考ヘ獨立

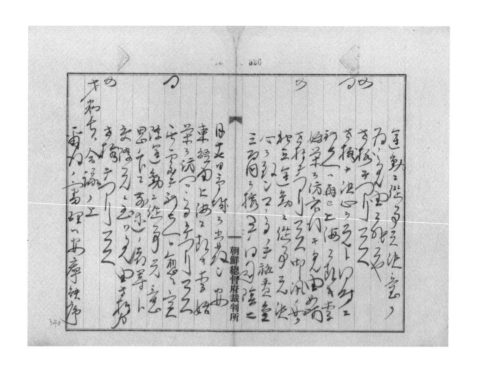

運動ニ從事スル決意ヲ爲シタル由ニ非スヤ.

答 左様テアリマス.

問 左様ナ決心ヲスルト同時ニ被告人ハ再ヒ上海ニ赴キ李始榮ヲ訪ネ行
キタル由, 如何.

答 左様テアリマス. 御訊ノ如ク獨立運動ニ從事スル決心ヲ致シマシタ
ノテ旅費金三百圓ヲ攜ヘテ同年陰二月十七日京城ヲ出發シ, 安東經由
上海ニ赴キ李始榮ヲ訪問シタノテアリマス.

問 其處テ被告人ハ愈々實際運動ニ從事スル意思ノ下ニ前述ノ者等ト交
際スルニ至リタル由, 左様カ.

答 左様テアリマス.

裁判長, 合議ノ上
爾後ノ審理ハ安寧秩序

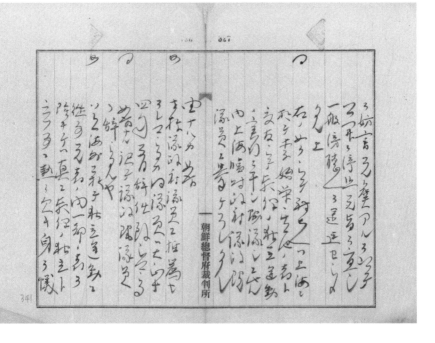

ヲ妨害スル虞アルヲ以テ公開ヲ停止スル旨ヲ宣シ一般傍聽人ヲ退廷
セシメタル上

問 右ノ如クシテ被告人ハ上海ニ於テ李始榮其他ノ者ト交友シテ朝鮮ノ
　　獨立運動ノ實行ニ關シ協議シ居ル內, 上海臨時政府議政院議員ニ擧ケ
　　ラレタリシ由ナルカ如何.
答 左樣. 議政院議員ニ推薦セラレマシタカ, 同議員ハ大正十四年三月辭
　　任致シマシタ.
問 如何ナル譯テ議政院議員ヲ辭シタルヤ.
答 ソレハ海外ニ於テ獨立運動ニ從事スル者ノ內一部ノ者ヲ除キテハ眞
　　ニ朝鮮ノ獨立ト云フ事ニ熱ヲ欠キ身ヲ犧

牲ニシテ難事ニ當ルト云フ風テナク，半ハ職業的ニ爲シ居ル者モアリ
殊ニ國際共産黨ヨリ假政府ノ資金トシテ二百萬圓補助サル，事トナリ
內金六十萬圓ヲ受取リタルニ不拘金立，李東輝兩名カ之レヲ着服シテ
政府ニ納メナカッタ樣ナ事カアリマシタノテ臨時政府首腦者一部ノ
者ノ行動ニ嫌氣カ差シ之等ノ者ト一緒ニ運動スル事ヲ快ク思ヒマセ
ヌテシタノテ議員ヲ辭任シタ譯テアリマス．

問　議政院議員トハ如何ナルモノカ．

答　ソレハ假政府各部總長ノ下ニ位スル假政府ノ幹部

ニテ日本ノ制度ヨリ云ヘハ代議士ニ相當スルモノテアリマス.

問 其處テ被告人ハ獨立運動トハ暫ク手ヲ切リ杭州, 天津, 北京等ヲ放浪
　　シ居リタル由, 左様カ.

答 左様テアリマス. 御訊ノ如ク各地ヲ放浪シテ居リマシタカ, 其間杭州
　　ニ於テハ徐成孝カ出資シテ同人ト共同ニテ紙製造業ヲ爲シ, 天津, 北
　　京ニ於テハ徐成求ト共同ニテ農業ニ從事シテ居ッタノテアリマス.

問 其後被告人ハ滿洲ニ赴キ吉林省吉南, 大屯, 五常縣沖河鎭等ヲ轉々シ
　　居リタル由ニ非スヤ.

答 左様. 相違アリマセヌ.

問 同地方ニハ朝鮮人民族主義者多數居住シ居リタルカ, 昭和三年七月頃
　　ヨリ被告人ハ李青天, 朴觀海, 閔武, 鄭信, 申肅, 韓永觀等ノ民族主義
　　運動者ト相識リ交際スル樣ナリタル由如何.

答 御訊ノ通リ相違アリマセヌ.

問 其處テ右ノ者等ト共ニ朝鮮ノ獨立運動ノ實行ニ付テ話合ヒタル結果,
　　昭和五年陰七月一日吉林省葦沙縣葦沙驛前崔某方ニ右ノ者等及各地
　　ノ代表者等百餘名會合シテ朝鮮ノ獨立ヲ目的トスル韓國獨立黨ナル
　　結社ヲ組織シタル由如何.

答 御訊ノ如クシテ朝鮮ノ絶對獨立ヲ目的トスル韓國獨立黨ト稱スル結
　社ヲ組織シタ事ハ相違アリマセヌ.

問 然ラハ韓國獨立黨ノ役員及部署ハ如何様ニナッテ居ッタカ.

答 黨首兼政治部長ニ洪震, 軍事部長ニ李青天, 宣傳部長ニ鄭信, 組織部
　長ニ朴觀海, 經濟部長ニ崔塢, 文化部長ニ申肅カ夫々選任セラレテ就
　任シ, 私ハ政治部員兼軍事部參謀長ニナッテ居ッタノテアリマス.

問 韓國獨立黨ノ本部ハ何處ニ置イテ居ッタカ.

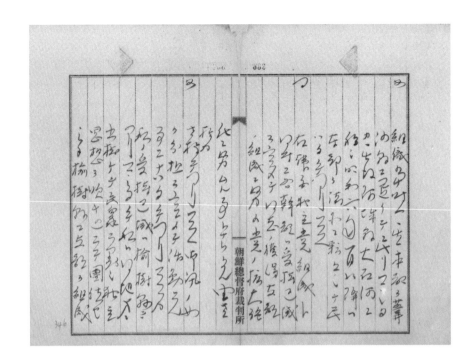

答　組織當時ハ其本部ヲ葦沙縣ニ置イテ居リマシタカ,其後阿城縣大石河ニ
　　移シ,昭和六年一月以降ハ本部ヲ諸所ニ轉々シテ居ッタノテアリマス.

問　右韓國獨立黨組織ト同時ニ各幹部ハ受持區域ヲ定メテ同志ノ獲得,支
　　部ノ組織ニ努メ黨ノ擴大强化ニ努ムル事トナリタル由左樣カ.

答　左樣テアリマス.御訊ノ如ク分擔ヲ定メテ活動スル事ニナッタノテア
　　リマスカ,私ノ受持區域ハ楡樹縣テアリマシタノテ私ハ同地方ニ出掛
　　ケテ民衆ニ對シ獨立思想ヲ吹キ込ンテ團結セシメ楡樹縣ニ支部ヲ組織

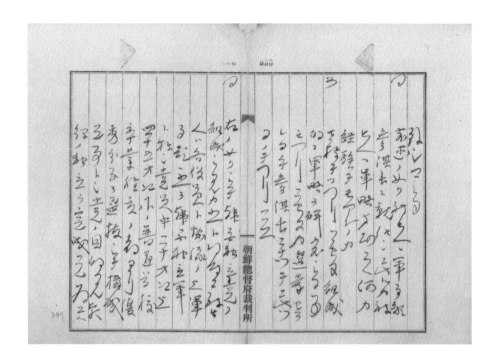

致シマシタ.

問 前述ノ如ク被告人ハ軍事部參謀長ニ就任シ居ルカ,被告人ハ軍略方面
ニハ何カ經驗テモアルノカ.

答 左樣テハアリマセヌ.組織的ニ軍略ヲ研究シタ事モアリマセヌカ,選
擧セラレタノテ參謀長ニナッテ居ッタノテアリマス.

問 右ノ如クシテ韓國獨立黨ヲ組織シタルカ,之ト同時ニ被告人ハ各役員
ト協議ノ上軍事部ハ之ヲ韓國獨立軍ト稱シ,黨員中二十歲以上四十五
歲以下ノ普通學校卒業程度ノ者ヨリ優秀分子ヲ選拔シテ構成スル事
トシ,黨ノ目的スル朝鮮ノ獨立ヲ完成スル爲ニハ

直接行動ヲ採ル事トナシタル由如何.

答　左樣テアリマス．軍事部ヲ改稱シテ韓國獨立軍ト爲シ，黨ノ目的遂行
　　ノ爲直接行動ヲ採ル事ニ方針ヲ決定シタ事ハ相違アリマセヌカ，元來
　　獨立軍ハ滿洲各地ニ居住セル鮮人ニ對スル共產黨員ノ暴虐カ甚シイ
　　ノテ之ヲ防衛スル爲軍隊ヲ募集シタル處之カ三百餘名ニ達シタノテ
　　益々之ヲ擴大シテ朝鮮獨立運動ノ實行ニ當ラス考テアッタノテアリ
　　マス．

問　獨立軍編成當時ハ其數約三百名ニシテ二ケ中隊，六ケ小隊ヲ編成シ居リ

タル由左様カ.

答　左様テアリマシタ.

問　然ルニ昭和六年九月十八日ニ至リ滿洲事變勃發シ日本軍ノ活躍トナ
　　リタルヲ以ッテ獨立軍ハ何等活動ヲ爲サ，ル儘吉林省自衛軍第三軍
　　ト合併スルニ至リタル由如何.

答　御訊ノ通リ相違アリマセヌ.

問　吉林省自衛軍トハ如何ナルモノナリヤ.

答　吉林省自衛軍ハ其數約十萬ヲ算シテ居リマシタカ，其目的ハ滿洲國ノ
　　出現ニ反對スル事ヲ目的トセル軍隊テアリマスカ，日本側ヨリ云ヘハ
　　匪賊ニ外ナラナイノテアリマス.

問　被告人ハ獨立軍ヲ同自衛軍ト合併スルト同時ニ同軍中校參謀ノ職ニ
　　就キタル由左樣カ.

答　左樣. 合併ト同時ニ中佐相當官ナル中校參謀ニ任命セラレマシタカ,
　　私ハ同軍ノ作戰等ノ樞機ニ參劃シタ事ハ全然アリマセヌテシタ.

問　同軍ニ於テハ同年陰八月, 九月ノ二回ニ亘リ雙城縣ニ在リシ滿洲國軍
　　ヲ襲擊シタル事アル由ニアラスヤ.

答　左樣. 御訊ノ如ク二回ニ亘リ滿洲國軍ト交戰シテ之ヲ擊退シ, 多數ノ
　　銃器等ヲ鹵獲シタノテアリマスカ, 第一回襲擊ノ際ニハ私モ參加致シ
　　マシタ.

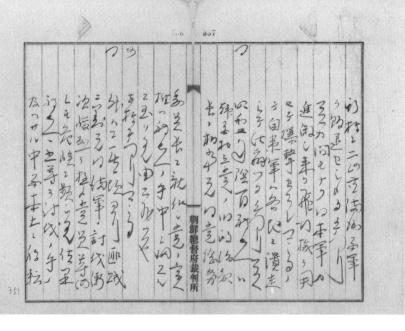

斯樣ニ二回共滿洲國軍ヲ敗退セシメタノテアリマスカ, 間モナク日本軍カ進擊シ來リ飛行機ヲ用ヒテ爆擊セラレマシタノテ自衛軍ハ各地ニ潰走シテ仕舞ッタノテアリマス.

問 昭和七年陰一月被告人ハ韓國獨立黨ノ舊政治部長ニ相當スル同黨總務委員長ニ就任シ, 黨ノ實權ハ被告人ノ手中ニ歸スルニ至リタル由ニ非スヤ.

答 左樣テアリマシタ.

問 然ルニ其頃ヨリ匪賊ニ對スル日滿軍ノ討伐漸次峻烈ヲ極メ黨員等何レモ危險ニ瀕シタル結果, 被告人ハ之等ヲ討伐ノ手ノ及ハサル中國本土ニ移轉

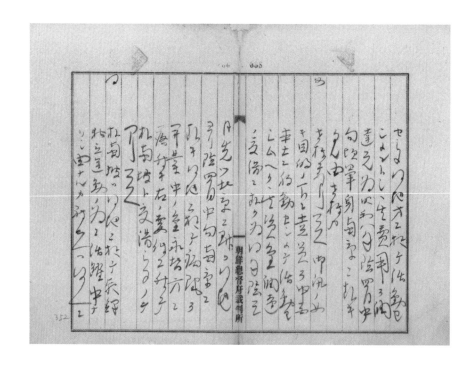

セシメ同地方ニ於テ活動セシメントシ, 其費用ヲ調達スル為昭和八年陰四月中旬頃單身南京ニ赴キタル由左様カ.

答　左様テアリマス. 御訊ノ如キ目的ノ下ニ黨員ヲ中國本土ニ移動セシメテ活動セシムヘク其資金調達ノ交渉ニ赴ク為同年陰三月先ツ北京ニ到リ同地ヨリ陰四月中旬南京ニ赴キ同地ニ於テ病院ヲ開業中ノ金永培方ニ落付キ, 右ノ要件ニ付テ朴南坡ト交渉シタノテアリマス.

問　朴南坡ハ同地ニ於テ朝鮮獨立運動ノ為ニ活躍中ナリシ由ナルカ, 被告人ハ同人ニ

ア對シ右ノ事情ヲ告ケテ黨員ヲ中國本土ニ移動セシムル費用トシテ
中國貨六百元ノ融通ヲ受ケ, 尚其際同人トノ間ニ李靑天ヲ洛陽軍官學
校敎官ニ就職セシメ獨立軍所屬員ハ同軍官學校ニ入校セシムル事ヲ
協定シ來リタル由ニ非スヤ.

答　左様テアリマス.

問　其處テ被告人ハ六百圓ヲ入手シ之ヲ携ヘテ天津, 營口, 奉天, 新京ヲ
經テ吉林城內ニ入リタル由左様カ.

答　左様. 相違アリマセヌ.

問　然ルニ右六百元ヲ以テハ黨員移轉ノ費用ニ不足ナル爲同年陰七月十
二日北京ニ戻リ陰八月初旬頃黨員

吳光善ヲ右朴南坡ノ下ニ遣ハシ,前同様ノ事情ヲ訴ヘテ同人ヨリ中國
貨千二百元ノ融通ヲ受ケタル由左様カ.

答　左様テアリマス.御訊ノ如ク兩度ニ亘リ朴南坡ヨリ黨員移動ニ要ス
　　ル費用ノ融通ヲ受ケマシタノテ,私ハ同年陰九月二十二日吳光善ニ旅
　　費ヲ持タシテ當時額穆縣方面ニ逃避中ノ李靑天外十二名ノ優秀ナル
　　黨員ヲ北京ニ招致シ,同人等ヲ南京ニ赴カシメタノテアリマス.

問　李靑天等ヲ北京ニ招致シタル際被告人ハ當時ノ居所タル北京西直門
　　内巡

捕廳胡同十五號ニ於テ右ノ李靑天及當時北京ニ逃避中ナリシ黨首洪震ト會合シ，一時黨本部ヲ右ノ被告人ノ居所ニ置クコト，獨立軍ハ之ヲ解體シ李靑天ハ囊ニ訊ネタルカ如ク洛陽軍官學校敎官ト爲リ，他ノ同軍所屬員ハ同學校ニ入學シ，時機ノ到來スルヲ待チテ獨立軍ヲ再建スルコト，尙洪震ハ南京ニ赴キ在南京韓國革命黨幹部ト同黨ト韓國獨立黨トノ合體ニ付交涉ヲ爲スヘキ事等ヲ協議決定シタル由ナルカ相違ナイカ.

答 左樣. 何レモ御訊ノ通リ相違アリマセヌ.

問　其處テ李靑天ハ被告人ヨリ旅費ノ支給ヲ受ケテ舊獨立軍所屬員十名
　　ヲ伴ヒテ同年陰九月二十四日北京ヲ出發シテ洛陽ニ赴キ李靑天ハ同
　　地軍官學校教官トナリ,其他ノ者ハ同學校ニ入學シタル由ニアラスヤ.
答　私カ李靑天ニ對シ旅費ヲ與ヘタ事ハアリマセヌカ,其他ノ事實ハ御訊
　　ノ通リ相違アリマセヌ.
問　尙又韓國革命黨幹部ト同黨ト合體スヘキコトヲ交涉スヘキ使命ヲ帶
　　ヒタル韓國獨立黨々首洪震モ同年陰十二月初旬頃北京ヲ出發シテ南
　　京ニ到リ,右韓國革

命黨幹部タル尹琦變, 延秉昊等ト會合シテ協議ノ結果, 昭和九年陰一
月右兩黨ヲ合體シテ新ニ朝鮮ノ獨立ヲ目的トスル新韓獨立黨ト稱ス
ル結社ヲ組織シタル由ナルカ左樣カ.

答 左樣. 御訊ノ如ク經緯ニヨリ兩黨ヲ合體シテ御訊ノ如キ目的ヲ有スル
新韓獨立黨ヲ組織スルニ至リタル事ハ相違アリマセヌカ, 元來私ハ兩
黨ノ合併ニハ反對テアリマシタノテ其後私ハ同黨ト關係ヲ斷ッタノ
テアリマス.

問 然シ被告人ハ新韓獨立黨ノ監査員ニ任命セラ

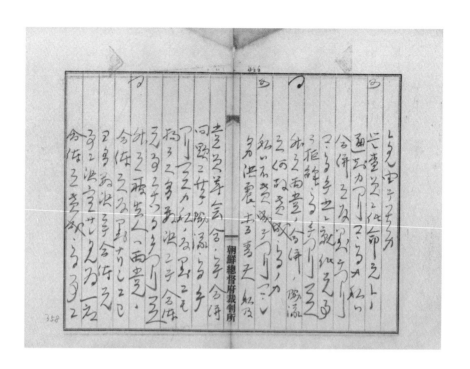

レタル由テハナイカ.

答 監査員ニ任命スルトノ通知カアリマシタカ, 私ハ合併ニハ反對テアリ
　マシタノテ之ニ就任スル事ヲ拒絶シタノテアリマス.

問 然ラハ兩黨ノ合併ノ協議ニハ何故賛成シタノカ.

答 私ハ不賛成テアリマシタカ, 洪震, 李靑天, 私及黨員等會合シテ合併
　問題ニ付テ協議シタノテアリマスカ, 私ノ反對ニモ拘ラス多數決ニテ
　合體スル事ニナッタノテアリマス.

問 然ラハ被告人ハ兩黨ノ合體ニハ反對ナリシニセヨ多數決ニテ合體ス
　ル事ニ決定サレタル爲一應合體ニハ

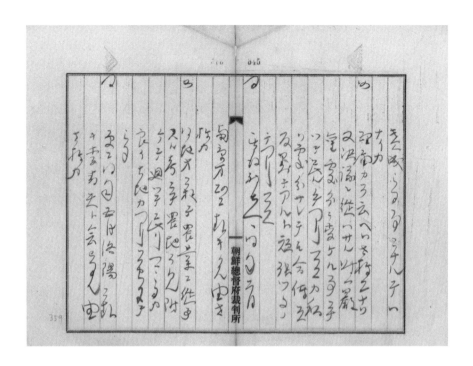

賛成シタ事ニナルテハナイカ.

答 理屈カラ云ヘハ左樣ニナリ, 又決議ニ従ハサル時ハ嚴重處分ヲ受ケル
事ニナッテ居ルノテアリマスカ, 私ハ處分サレテモ合體ニハ反對テア
ルト頑張ッタノテアリマス.

問 其後被告人ハ同年二月南京方面ニ赴キタル由左樣カ.

答 同地方ニ於テ農業ニ従事スル考ニテ農地ヲ見附ケテ廻ッテ居リマシ
タカ, 良イ土地カアリマセヌテシタ.

問 更ニ同年五月洛陽ニ赴キ李靑天ト會ヒタル由左樣カ.

答 左様. 同年五月洛陽ニ行ッタ際李青天ト面會致シマシタカ, 當時私ハ
　　獨立運動等カラ手ヲ引イテ居リマシタノテソレニ付テハ何モ話シマ
　　セヌテシタ.

問 被告人ハ前申立タルカ如ク韓國獨立黨ト韓國革命黨トノ合體ニハ反
　　對ナリシ由ナルカ何故反對ナリシヤ.

答 左様ニシテ種々ノ團體ヲ組織シテモ何等見ルヘキ活動ヲスル事カ出
　　來ナイ事カ判ッテ居ッタノテ其合併ニ反對シテ居ッタノテアリマス.

問 被告人ハ前來訊ネタルカ如ク前後十數年ノ長キニ亘ッテ支那各地ヲ
　　流浪シ

朝鮮總督府裁判所

居リタルカ，其間鄉里ニ歸リ度クハ思ハナカッタカ．

答　私ハ總督政治ノ不當ナル壓迫ニ刺戟セラレテ朝鮮ノ獨立運動ニ身ヲ投シ，朝鮮カ獨立セサル間ハ再ヒ朝鮮ノ土ヲ踏マサル決心ヲ以テ生ミノ親幷ニ兄弟妻子ヲ見棄テ，海外ニ出タ程ノ者テアリマスカラ其間朝鮮ニ歸リ度イ等ト云フ考ハ更ニ起リマセヌテシタ．

問　然シ朝鮮ニ於ケル一般大衆モ爲政當局ノ適切ナル政策ノ遂行ニヨリ漸次精神的，物質的ニ更生サレ，漸次其生活ハ向上ノ一途ヲ辿リツ，アレハ敢テ獨立セス共差支ナイノテハナ

イカ.

答 左様ナ事情モ知ラヌテハアリマセヌカ, 根本的ニ觀念カ違フノテアリ
　マスカラ致方アリマセヌ.

問 被告人モ承知ノ如ク滿洲各地ニハ數百萬ノ鮮農カ移住シ居リ舊張學
　良軍閥ノ下ニ於テハ其暴政ニ呻吟シ居リタルモ日本ノ滿洲出兵, 滿洲
　國出現ノ今日ニ於テハ漸次其生活モ安定シ樂土ト化サレシ居レハ我
　國モ之カ救濟ニハ能フル限リノ努力ヲ傾倒シ居ルノ狀態ナルカ被告
　人ハ之ヲ如何ニ考ヘ居ルヤ.

答 日本ノ滿洲出兵, 滿洲國出現ニ依リ滿洲在住朝鮮

人ノ生活カ非常ニ安定シタ事ハ事實テアリマスカラ私ハ之ニ對シテ
ハ十分好意ヲ以テ迎ヘテ居リ,殊ニ日本ノ滿洲出兵ハ天意ニ基クモノ
ニ外ナラスト考ヘ謝意ヲ表シテ居ル次第テアリマス.

問　左様ニ日本ノ立場幷ニ施政カ理解セラレ居ルナラハ現ニ加山面長ト
　　シテ總督政治ノ中核機關トシテ活躍シ居ル兄第ト提携シテ民衆生活
　　ノ向上ニ努力シテ誤レル獨立思想ノ如キヲ抛棄シ被告人自ラ亦更生
　　ノ途ニ進ム様シテハ如何.

答　私カ日本ノ施政ニ好意ヲ以テ居ル事ト朝鮮ノ獨立

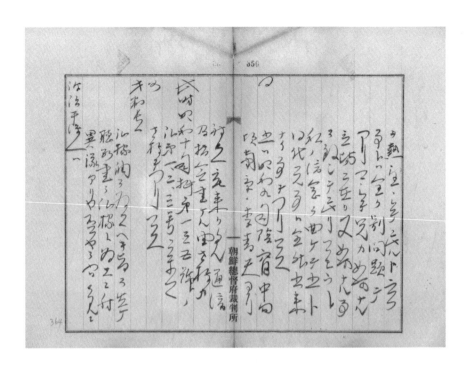

ヲ熱望シテ居ルト云フ事トハ全ク別問題テアリマシテ, 兄カ如何ナル
立場ニ在リ, 又如何ナル事ヲ致シテ居リマセウト私ノ信念ヲ曲ケテ之
ト同化スル事ハ全然出來ナイ事テアリマス.

問　之ハ昭和九年陰六月中旬頃南京ノ李青天ヨリ被告人宛來リタル通信
　　及指令書ナル由左様カ.

此昭和十年押第一三五號ノ證第一, 二, 三號ヲ示ス.

答　左様テアリマス.

裁判長ハ
證據調ヲ爲スヘキ旨ヲ告ケ聽取書ヲ證據ト爲スニ付異議アリヤ否ヤヲ問
ヒタルニ
訴訟關係人ハ

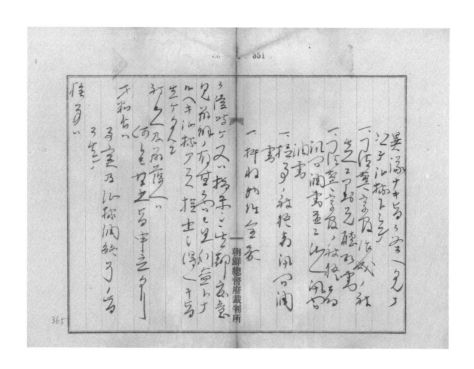

　　異議ナキ旨ヲ答ヘタルヲ以テ證據トシテ

一,司法警察官作成ノ被告人ニ對スル聽取書

一,司法警察官ノ被疑者訊問調書幷ニ證人訊問調書

一,檢事ノ被疑者訊問調書

一,押收物件全部

ヲ讀聞ケ又ハ指示シ其都度意見,辯解ノ有無ヲ問ヒ,且利益トナルヘキ證

據アラハ提出シ得ヘキ旨告ケタルニ

　　被告人及辯護人ハ

　　何レモ無之旨申立タリ.

　　裁判長ハ

　　事實及證據調終了ノ旨ヲ告ケ

　　檢事ハ

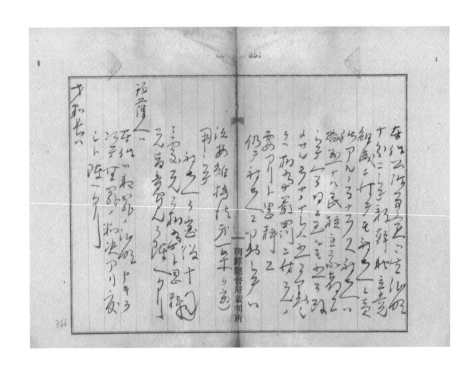

本件公訴事實ハ其證明十分ニシテ新韓獨立黨組織ニ付テモ被告人ニ責任アルノミナラス被告人ハ熾烈ナル民族主義者ニシテ今日ニ至ルモ之ヲ改メサルモノナレハ之ニ對シテハ相當嚴罰ニ付スルノ要アリト思料ス.

仍テ被告人ニ對シテハ治安維持法第一條ヲ適用シテ被告人ヲ懲役十年ニ處スルニ相當ト思料スル旨意見ヲ陳ヘタリ.

辯護人ハ

本件ハ犯罪ノ證明ナキヲ以テ無罪ノ判決アリ度シト陳ヘタリ.

裁判長ハ

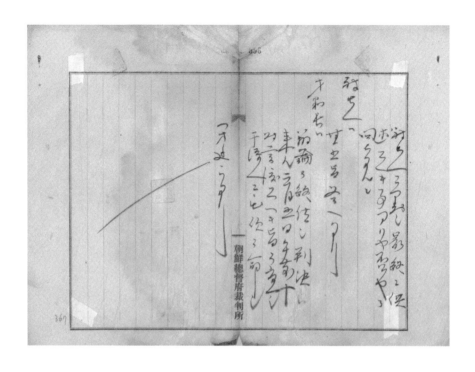

被告人ニ對シ最終ニ供述スヘキ事アリヤ否ヤヲ問ヒタルニ

被告人ハ

無之旨答ヘタリ.

裁判長ハ

辯論ヲ終結シ判決ハ來ル三月五日午前十時言渡スヘキ旨ヲ宣シ關係人ニ
出頭ヲ命シ閉廷シタリ.

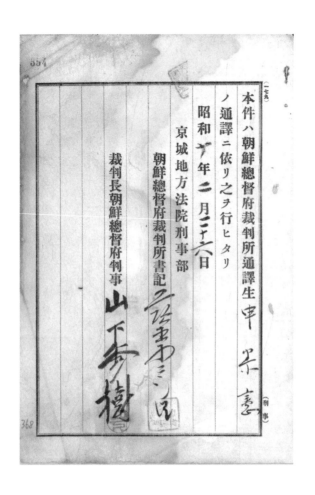

本件ハ朝鮮總督府裁判所通譯生申泰憲ノ通譯ニ依リ之ヲ行ヒタリ.

昭和十年二月二十六日

京城地方法院刑事部

朝鮮總督府裁判所書記 茨 奈 三 郎

裁判長朝鮮總督府判事 山 下 秀 樹

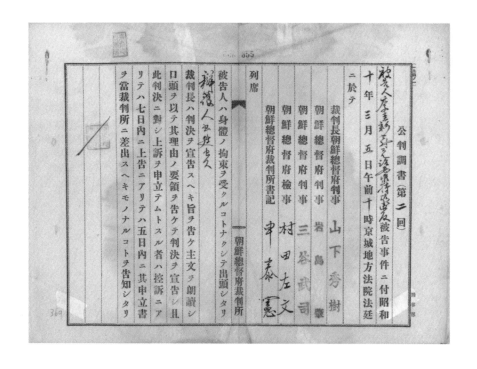

公 判 調 書(第二回)

　被告人李圭彩ニ對スル治安維持法違反被告事件ニ付昭和十年三月五日午前十時京城地方法院法廷ニ於テ
　　裁判長朝鮮總督府判事 山 下 秀 樹
　　朝鮮總督府判事 岩 島 肇
　　朝鮮總督府判事 三 谷 武 司
　　朝鮮總督府檢事 村 田 左 文
　　朝鮮總督府裁判所書記 申 泰 憲

列席

被告人ハ身體ノ拘束ヲ受クルコトナクシテ出頭シタリ.

辯護人出廷セス.

　裁判長ハ判決ヲ宣告スヘキ旨ヲ告ケ主文ヲ朗讀シ口頭ヲ以テ其理由ノ要
領ヲ告ケテ判決ヲ宣告シ且此判決ニ對シ上訴ヲ申立テムトスル者ハ控訴
ニアリテハ七日内ニ, 上告ニアリテハ五日内ニ其申立書ヲ當裁判所ニ差出
スヘキモノナルコトヲ告知シタリ.

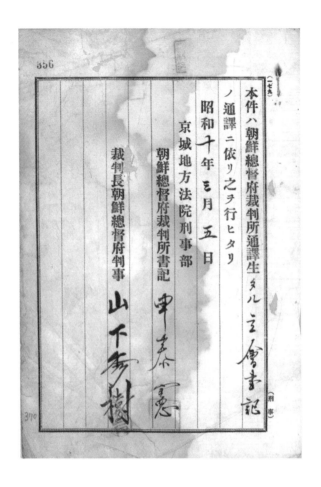

本件ハ朝鮮總督府裁判所通譯生タル立會書記ノ通譯ニ依リ之ヲ行ヒタリ.
昭和十年三月五日
京城地方法院刑事部
朝鮮總督府裁判所書記 申 泰 憲
裁判長朝鮮總督府判事 山 下 秀 樹

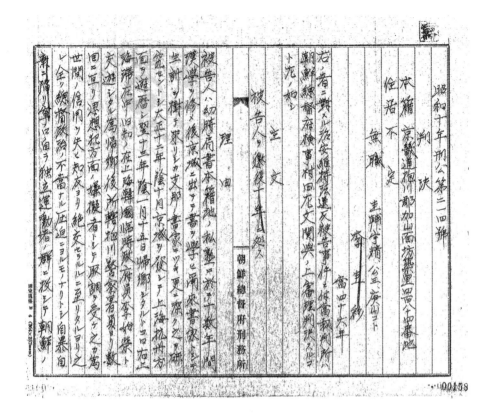

昭和 十年　刑公第二一四號

本籍 京畿道 抱川郡 加山面 坊築里 484番地

住居 不定

無職 圭輔, 宇精, 公三, 庚山コト

李圭彩

當 四十六年

右ノ者ニ對スル治安維持法違反 被告事件ニ付 當裁判所ハ朝鮮總督府檢
事 村田左文關餘ノ上審理裁判スルコト左ノ如シ

　主文

　被告人ヲ 懲役 十年ニ 處ス

理由

　被告人ハ幼詩肩書本籍地ノ私塾ニ於テ十數年間漢學ヲ修メ後京城ニ出テ
テ書ヲ學爾來書家　トシテ生計ヲ樹テ來リシカ支那ノ書家ニツキ更ニ沈ク
之ヲ研究セントシ大正十二年陰十月京城ヲ發シテ上海杭州方面ヲ遊歷シ
翌十三年陰一月十五日歸鄉シタルトコロ右上海滯在中舊知ノ在上海韓國
臨時政府員李始榮ト交遊シタル爲歸鄉後所轄抱川警察署員ヨリ數回ニ亘
リ思想犯方面ノ嫌疑者トシテ取調ヲ受ケ之カ爲世間ノ信用ヲ失ヒ知友ヨ
リ絕交セラルルニ至リタルヨリ之レ全ク　總督政治ノ不當ナル壓迫ニヨル
モノナリトシ自暴自棄ニ陷リ寧口白ヲ獨立運動者ノ群ニ拔シテ朝鮮ノ

獨立運動ニ從事スルニ如スト決意シ同年陰二月十七日頃前期李始榮ヲ賴
リテ再渡航扈シ間モナク前期臨時政府議政員議員トナク右李始榮及其ノ
頃同所ニ於テ獨立運動ノ爲狂奔中ナルシ金九呂運亨尹琦燮外數名ト共ニ
朝鮮獨立ノ爲種種策動シタルモ臨時政府主腦部ノ行動等ニ付嫌焉シタル
モノアリシ爲遂ニ大正十四年陰三月前期議員ヲ辭シテ一時運動戰線ヨリ
身ヲ退キ爾來杭州天津北平竝滿洲吉林省吉南大屯五常縣沖河鎭等ヲ轉轉
放浪シタルカ

昭和三年陰七月頃ヨリ順次民族主義者李青天朴觀海閔武鄭信申肅崔鴻韓
永觀等ト相識リ遂ニ 同人等ト種種協議ノ末昭和五年陰七月一日吉林省葦
河縣前崔某方ニ於テ朝鮮ノ獨立ヲ目的トスル結社韓國獨立黨ヲ組織シ其

ノ黨首兼政治部長ニ洪震軍事部長ニ李靑天宣傳部長ニ鄭信組織部長ニ朴觀海經濟部長ニ崔鴻文化部長ニ申肅ヲ夫々選任シ被告人又政治部委員兼軍事部參謀長ニ就任シ同時ニ敍上ノ各役員ト協議ノ上右軍事部ハ之ヲ韓國獨立軍ト稱シ黨員中二十歲以上四十五歲以下ノ普通學校卒業程度者中ヨリ優秀分子ヲ選拔シテ構成シ黨ノ目的遂行ノ爲直接行動ヲ 採ルコトヲ期ノ目的ト爲スコトニ決定シ其ノ直後ヨリ同年末頃ノ間ニ於テ楡樹縣濱州縣五常縣阿城縣珠河縣寧安縣等ニ七ヶ所ニ黨支部ヲ設置シテ銳意黨員獲得ニ努メ又軍

事部長李靑天ト協力カシテ部院ノ養成ニ努メニ二個中隊三百人ヨリ成ル
獨立軍ヲ編成スル等役員トシテ黨ノ目的遂行ノ爲種種活躍シ來リシカ其
ノ後間モ無ケ昭和六年九月ニ至リ滿洲軍變勃發ニ依リ活動意ノ如クナラ
サリシ爲軍ヲ率中テ反滿抗日團體タル吉林省自衛軍ニ參加シテ日滿軍憲
ニ及抗シ來リシカ昭和七年陰一月ニ至リ被告人ニ於テ同黨總務委員長(舊
政治部長)ニ就任シ黨ノ實權ヲ掌握スルニ至リタル頃ヨリ日滿軍ノ討伐漸
次峻烈ヲ極メ黨員等何レモ危險ニ瀕シタル結果被告人ハ之等ヲ中國本土
ニ移轉セシメ討伐ノ手ノ及ハサル所ニ於テ活動セシメントシ 先ッ昭和八
年陰四月中旬頃軍身南京ニ赴キ同地ニ於テ朝鮮運動ノ爲活躍中ノ朴南坡

ニ面會シ叙上ノ事情ヲ告ケテ同人ヨリ黨員ヲ中國本土ニ移轉セシムル旅費トシテ中國貨六百元ノ融通ヲ受 ケ尙其ノ際同人トノ間ニ前記李靑天ヲ在洛陽軍官學校ノ敎官ニ就職セシメ獨立軍所屬員ハ之 ヲ同校ニ入學セシムルコトヲ協定シテ同年陰七月十二日北京ニ戻リ更ニ同年陰八月初旬黨員吳光善ヲ前期朴南坡ノ下ニ派シ前同樣旅費トシテ中國貨千二百元ノ融通ヲ受ケタル後同年陰九月二十二日當時額穆縣方面ニ逃避中ノ前記李靑天其ノ他黨員ヲ北京ニ招致シ當時被告人ノ居所タル同地西直門內逃捕廳胡同十五號ニ於テ右李靑天竝旣ニ當時北京ニ避身シ居タル黨首洪震ト會合シ一時

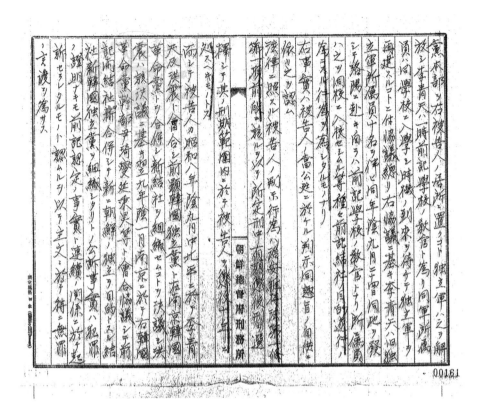

黨本部ヲ右被告人ノ居所ニ置クコト獨立軍ハ之ヲ解放シ李青天ハ一時前
記學校ノ教官ト爲リ同軍所屬員ハ同學校ニ入學シ時機ノ到來ヲ待チテ獨
立軍ヲ再建スルコトニ付協議總リ右協議ニ基キ李青天ハ舊獨立軍所屬員
十名ヲ件ヒ同年陰九月二十四日同地ヲ發シテ洛陽ニ赴キ自ラハ前記學校
ノ教官トナリ所屬員ハ之ヲ同校ニ入校セシムル等種種前記結社目的遂行
ハ爲ニスル行爲ヲ爲シタルモノナリ.

右事實ハ被告人ノ當公廷ニ於ケル判示同趣旨ノ自供ニ依リ之ヲ認ム.

法律ニ照スル被告人ノ判示行爲ハ治安維持法第一條第一項前段ニ該ルヲ
以テ所定刑中有期懲役刑ヲ選擇シテ其ノ刑期範圍內ニ於テ被告人ヲ懲役

十年ニ處スヘキモノトス.

而シテ被告人カ昭和八年陰九月中北平ニ於テ李青天及洪震ト會合シ前顯韓國獨立黨ト在南京韓國革命黨トヲ合併シ新結社ヲ組織セムコトヲ決議シ洪震ハ該決議ニ基キ翌九年陰一月南京ニ於テ右韓國革命黨幹部尹琦爕延秉昊等ト會合協議シテ前記兩結社新合併シテ新ニ朝鮮ノ獨立ヲ目的トスル結社新韓國獨立黨ヲ組織シタリトノ公訴事實ハ犯罪ノ證明ナキモ前記認定ノ事實ト連續ノ關係ニ於テ起訴セラレタルモノト認ムルヲ以テ主文ニ於テ持ニ無罪ノ言渡ヲ爲サス.

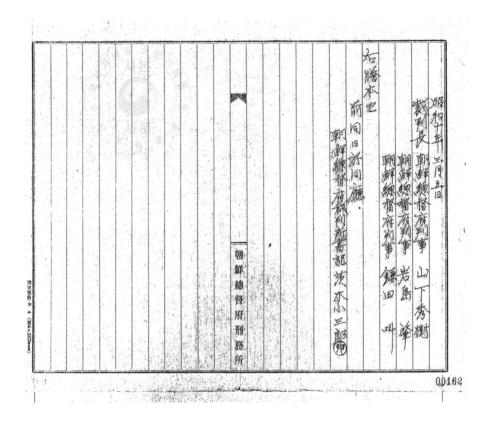

昭和十年二月五日

裁判長 朝鮮總督府判事 山下秀樹

朝鮮總督府判事 岩島 肇

朝鮮總督府判事 鎌田 叫

右謄本也

前同日於同廳

朝鮮總督府裁判所 書記 茨本小三郎

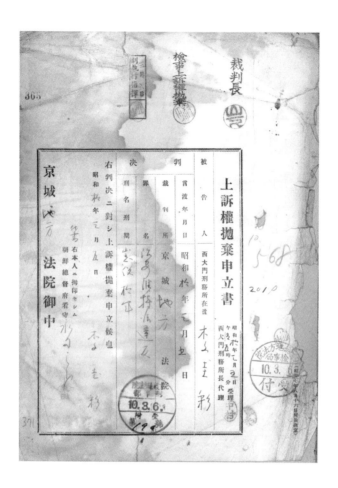

上訴權抛棄申立書

被告人	西大門刑務所在監 李 圭 彩
言渡 年月日	昭和十年三月五日
裁判所	京城地方法院
罪名	治安維持法違反
刑名刑期	懲役十年

右判決ニ對シ上訴權抛棄申立候也.

昭和十年三月五日　　　　　　　　　　　　　　李圭彩

　　代書右本人ニ拇印セシム

　　朝鮮總督府看守

　　　　　　　　　　　　　京城地方法院 御中

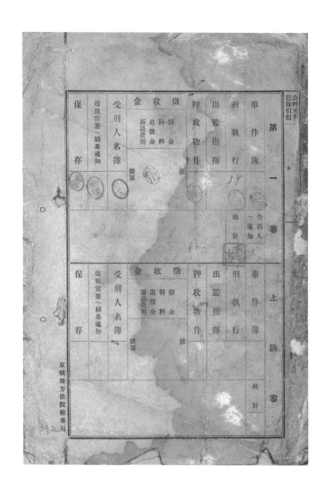

● 찾아보기(인명)

김원식(金源植) 62, 276, 327

김윤철(金潤哲) 332

김응섭(金應燮) 46

김제성(金濟晟) 315, 319

김종완(金鍾完) 72

김좌진(金佐鎭) 46

김준(金俊) 49

김창환(金昌煥) 51, 53, 193, 200, 239, 242, 251, 252, 268, 273, 305, 306, 313, 323, 327

김추당(金秋堂) 239, 251, 252, 268

김태산(金泰山) 239, 313

김해산(金海山) 237, 267

| ㄴ |

나라이 다이치로(奈良井多一郞) 336

나용균(羅容均) 317

나카야마(中山) 276

남진호(南鎭浩) 266, 313, 320, 322, 366

남형우(南亨祐) 293, 316

냉인추(冷仁秋) 63

노백린(盧伯麟) 244, 245, 290, 292, 293, 316, 387

녹종린(鹿從麟) 41

| ㄷ |

다나카 가스오(田中一男) 380, 383

다바타 요이쓰(田畑代一) 281

다케시다(竹下) 257, 258, 309, 360

등정충부(藤井忠夫 : 후지이 다다오) 66

| ㅁ |

마창인(馬蒼仁) 201

만양옥(萬良玉) 64, 272

매점괴(梅占魁 : Bishop Jeam-Josepj-Georges

Deymier) 40

무라타 사몬(村田左文) 337, 351, 352, 374, 375, 384, 401, 402

미타니 다케시(三谷武司) 401

민무(閔武) 234, 288, 296, 298, 301, 334, 343, 352, 376, 390, 403

민병길(閔丙吉) 276

민제호(閔濟鎬) 292, 317

| ㅂ |

박건웅(朴健雄) 276

박관해(朴觀海) 56, 232 234, 248, 251, 256, 288, 296, 298, 303, 334, 343, 352, 376, 390, 391, 403

박남파(朴南波) 62, 238, 240, 242, 243, 250, 260, 261, 262, 263, 264, 265, 266, 269, 270, 271, 272, 273, 275, 276, 278, 288, 310, 311, 312, 320, 322, 324, 325, 326, 327, 330, 335, 361, 362, 363, 364, 365, 366, 367, 369, 371, 373, 377, 393, 394, 404

박도숙(朴道淑) 72

박래원(朴來元) 272

박병홍(朴炳鴻) 271

박성준(朴性俊) 251

박세황(朴世晃) 296, 298

박승직(朴承稷) 55, 56

박암태(朴嚴泰) 295

박영묵(朴英默, 朴泳默) 52, 306

박영희(朴永熙) 237

박용태(朴容泰) 229, 247

박은식(朴殷植) 287, 316

박일만(朴一萬) 46, 230, 232, 248, 295

박진(朴震) 317

박찬익(朴贊翊) 60, 63, 64, 269, 285, 288, 289,

296, 298

이종경(李鍾炯) 189

이종렬(李鍾烈) 36

이지성(李芝性) 41

이진구(李鎭求) 46

이진영(李鎭榮) 47

이천민(李天民) 259, 268, 277

이청천(李靑天) 46, 48, 52, 60, 61, 62, 64, 66,
189, 191, 193, 194, 197, 199, 200, 201, 234,
236, 237, 238, 239, 240, 241, 242, 250, 251,
252, 254, 255, 256, 257, 258, 259, 260, 261,
262, 263, 264, 265, 268, 272, 273, 285, 287,
288, 289, 298, 298, 302, 303, 304, 305, 306,
309, 312, 313, 320, 321, 322, 323 , 324, 325,
326, 327, 330, 331, 334, 335, 342, 345, 347,
348, 349, 350, 355, 359, 360, 361, 363, 364,
365, 366, 367, 370, 371, 372, 373, 376, 377,
382, 383, 390, 391, 394, 395, 396, 398, 403,
404

이춘(李椿) 239, 261, 312, 363

이케다 기요시(池田淸) 280

이탁(李卓) 46

이풍림(李風林) 193

이회영(李會榮) 41

임학근(林學根) 45

| ㅈ |

장개석(蔣介石) 51, 62, 229, 264

장상신(張常臣) 50

장작림(張作霖) 247, 295

장작상(張作相) 187, 191

장재욱(張載旭) 70

장종창(張宗昌) 229, 247, 295

장학량(張學良) 397

전병훈(全秉勳) 41, 44

정건(鄭騫) 250

정남전(鄭南田, 鄭藍田) 61, 250, 256, 301, 303

정만리(程萬里) 41

정신(鄭信) 232, 234, 248, 288, 296, 298, 303,
334, 343, 352, 376, 390, 391, 403

정원택(鄭元澤) 272

정초(丁超) 188, 190

정태성(鄭泰成) 271

조동구(趙東九) 248, 295

조린(趙麟) 51, 53, 56, 193, 252

조벽신(趙壁臣) 268

조사벽(趙士壁) 268

조상갑(趙相甲) 201

조상섭(趙尙燮) 317

조성환(曺成煥) 60, 267, 289

조소앙(趙素昻) 293, 316

조옥서(趙玉書) 53

조완(趙完) 245, 292, 317, 334, 342

조완구(趙琬九) 244, 245, 270, 287, 290, 291,
292, 317, 334, 342, 387

조욱(曺煜) 267

조인(趙麟) 51, 53, 200

조자노(趙子老) 189

조청사(曺晴簑) 267

주덕윤(周德允) 64

주배덕(朱培德) 62

주배덕(朱培德) 66

주요동(朱曜東) 40

죽목(竹木) 58

지대형(池大亨) 250, 251, 252, 287, 288, 306,
334, 342

진립부(陳立夫) 63

| ㅊ |

차식분(車軾分) 254

차철(車轍) 306

최관용(崔寬容) 49, 306

최단주(崔檀舟) 252

최동만(崔東滿) 56, 58, 59

최두(崔㙍) 233, 248, 251, 288, 296, 298, 303, 334, 343, 352, 376, 391, 403

최만취(崔晩翠) 253, 306

최명수(崔明洙) 266, 272

최병권(崔秉權) 56, 58, 59, 61, 62, 239, 261, 288, 312, 335

최송두(崔松) 251

최신(崔信) 251

최악(崔岳) 234, 250, 252, 253, 298, 303, 305, 306, 383

최원주(崔圓舟) 250

최일우(崔一愚) 251

최종원(崔鐘元) 296

최중산(崔中山) 64, 66, 266

최창석(崔蒼石) 242, 265, 324, 325, 331, 371, 373

최창식(崔昌植) 244, 245, 287, 290, 292, 317, 334, 342

최현문(崔鉉文) 262

| ㅍ |

풍점해(馮占海) 56, 63, 188, 190, 191, 192

| ㅎ |

하사기(何斯期) 51

한덕구(韓德求) 72

한동근(韓東根) 250, 252, 303, 305, 306

한영관(韓永觀) 288, 334, 343, 352, 376, 390, 403

한영서(韓永舒) 51, 53

한응호(韓應浩) 47

한하강(韓河江) 250, 252, 253, 256, 381

한형권(韓衡權, 韓阿江) 55, 56, 306, 318

현백당(玄白堂) 38

현채(玄采) 38

형성주(荊成州) 197, 198

홍만호(洪晩湖) 45, 46, 57, 58, 59, 61, 62, 190, 250, 266, 268, 275, 278

홍면희(洪冕熙)(홍만호洪晩湖의 이명) 233, 234, 250, 268, 294, 297, 301, 303, 313, 320, 321, 323, 327, 346

홍진(洪震) 233, 234, 240, 242, 250, 255, 268, 288, 323, 334, 346, 352, 361, 366, 367, 368, 369, 370, 371, 376, 377, 391, 394, 395, 396, 403, 404

황규성(黃葵性) 44

황몽수(黃夢手) 251

황부(黃孚) 59

황채성(黃蔡性) 292

황학수(黃學秀, 黃鶴秀) 45, 251, 303

황해정(黃海情) 313

황해청(黃海淸) 239

후경소(候景昭) 41

후지이 다다오(藤井忠夫) 243, 274, 279

희박(姬璞) 64

희부(姬溥) 272

희흡(熙洽) 187

● 찾아보기(사항)

이규채 기억록

펴낸곳 도서출판 일빛
지은이 이규채
엮은이 박경목

등록일 1990년 4월 6일
등록번호 제10-1424호

초판 인쇄일 2019년 7월 10일
초판 발행일 2019년 7월 15일

주소 03993 서울시 마포구 동교로27길 12 동교씨티빌 201호
전화 02) 3142-1703~4 팩스 02) 3142-1706
전자주소 ilbit@naver.com

값 45,000원
ISBN 978-89-5645-183-1 (03910)